Kauderwelsch plus
Band 49

AF196534

Dattelpalme

Impressum

Kauderwelsch plus

Mina Djamtorki
Persisch – Wort für Wort
plus
Wörterbuch Persisch

erschienen im
REISE KNOW-HOW Verlag Peter Rump GmbH
Osnabrücker Str. 79, D-33649 Bielefeld
info@reise-know-how.de

© REISE KNOW-HOW Verlag Peter Rump GmbH
1. Auflage 2017
Konzeption, Gliederung, Layout und Umschlagklappen
wurden speziell für die Reihe „Kauderwelsch" entwickelt
und sind urheberrechtlich geschützt.
Alle Rechte vorbehalten.

Bearbeitung	Peter Rump
Layout	Oliver A. Iggesen
Layout-Konzept	Günter Pawlak, FaktorZwo! Bielefeld
Umschlag	Peter Rump (Titelfoto: Mina Djamtorki)
Kartographie	Iain Macneish
Fotos	Mina Djamtorki
Druck & Bindung	Media-Print Informationstechnologie GmbH, Paderborn

ISBN: 978-3-8317-6506-5
Printed in Germany

Wer im Buchhandel kein Glück hat, bekommt unsere
Bücher zuzüglich Porto- und Verpackungskosten auch
direkt über unseren Internet-Shop: *www.reise-know-how.de*

Die Internetseiten mit Aussprachebeispielen und der
Zugriff auf diese über QR-Codes sind eine freiwillige,
kostenlose Zusatzleistung des Verlages. Der Verlag behält sich
vor, die Bereitstellung des Angebotes und die Möglichkeit der
Nutzung zeitlich und inhaltlich zu beschränken.
Der Verlag übernimmt keine Garantie für das Funktionieren der
Seiten und keine Haftung für Schäden, die aus dem
Gebrauch der Seiten resultieren. Es besteht ferner kein
Anspruch auf eine unbefristete Bereitstellung der Seiten.

Der Verlag möchte die **Reihe Kauderwelsch** weiter ausbauen
und **sucht Autoren!** Mehr Informationen finden Sie unter
www.reise-know-how.de/verlag/mitarbeit

Kauderwelsch plus

Mina Djamtorki

Persisch

Wort für Wort

Wörterbuch
Persisch

Kauderwelsch heißt:

- Schnell mit dem **Sprechen** beginnen, auch wenn nicht immer alles korrekt ist.
- Von der **Grammatik** wird nur das Wichtigste in einfachen Worten erklärt.
- Alle Beispielsätze werden doppelt ins Deutsche übertragen: erst **Wort-für-Wort,** dann in normales Deutsch. Die Wort-für-Wort-Übersetzung hilft, die neue Sprache schneller zu durchschauen, außerdem lassen sich dadurch leichter einzelne Wörter im fremdsprachigen Satz austauschen.
- Es geht um die **Alltagssprache,** also das, was man tatsächlich auf der Straße hört.
- Die **Autoren** sind entweder Reisende, die die Sprache im Land selbst gelernt haben oder Muttersprachler.

Kauderwelsch-Sprachführer sind keine Lehrbücher, aber viel mehr als traditionelle Reisesprachführer. Wer ein wenig Zeit investiert, einige Vokabeln lernt und die Sprache im Land anwendet, wird **Türen öffnen,** ein Lächeln ins Gesicht zaubern und reichere Erfahrungen machen.

Talk to each other!

Kauderwelsch zum Anhören

Einzelne Sätze und Ausdrücke aus diesem Buch können Sie sich **kostenlos anhören.** Diese **Aussprachebeispiele** erreichen Sie über die im Buch abgedruckten QR-Codes oder diese Adresse: www.reise-know-how.de/kauderwelsch/049

Die Aussprachebeispiele im Buch sind Auszüge aus dem umfassenden Tonmaterial, das unter dem Titel **„Kauderwelsch Aussprachetrainer Persisch"** separat erhältlich ist – als Download über Online-Hörbuchshops (ISBN 978-3-95852-101-8) oder als CD im Buchhandel (ISBN 978-3-95852-351-7). Beide Versionen erhalten Sie auch über unsere Internetseite:

● **www.reise-know-how.de**

Alle Sätze, die Sie auf dem Aussprachetrainer hören können, sind in diesem Buch mit einem 𝄞 gekennzeichnet.

Inhalt

Grammatik

Inhalt

Golestān-Palast in Teheran

Vorwort

Sie spielen mit dem Gedanken, die persische Sprache zu erlernen? Sie trauen es sich aber nicht ganz zu? Sie glauben vielleicht, dass Ihnen die Aussprache nicht gelingen würde, weil sie Ihnen sozusagen „spanisch" vorkommt? Und diese gekritzelte Schrift, wie soll man das bloß lernen?

Habe ich Ihre Gedanken richtig erraten? Ja? – Vergessen Sie sie! Ich verspreche, Ihnen die persische Sprache auf so einfache Art und Weise beizubringen, dass Sie in kurzer Zeit und ohne Mühe eine kleine Unterhaltung führen können. Ich will Ihnen so viel Grammatik beibringen wie notwendig, ohne Sie mit 1001 Regeln und Ausnahmeregeln zu verwirren. Die Schrift können Sie lernen, wenn Sie möchten, aber es geht mit diesem Buch auch sehr gut ohne. Ich muss Ihnen aber gestehen, dass ich ohne Ihre aktive Beteiligung dieses Versprechen nicht einhalten kann. Ein bisschen Grammatik und Vokabeln büffeln, das müssen Sie schon.

Ich bin sicher, wenn Sie sich jetzt entschließen, die persische Sprache zu erlernen, werden Sie viel Spaß haben. Ich möchte Sie aber zu nichts überreden. Sie können es ja einmal probieren. Sie können auch persisch essen gehen. Mit Sicherheit bekommen Sie dann auch Appetit auf die Sprache.

Viel Spaß und / oder guten Appetit!

Hinweise zur Benutzung

Der Kauderwelsch-Band *Persisch* ist in drei wichtige Abschnitte gegliedert:

Die **Grammatik** beschränkt sich auf das Wesentliche und ist so einfach gehalten wie möglich. Deshalb sind auch nicht sämtliche Ausnahmen und Unregelmäßigkeiten der Sprache erklärt. Wer nach der Lektüre gerne noch tiefer in die Grammatik eindringen möchte, findet im Anhang einige Tipps zum Weiterlernen. Natürlich kann man die Grammatik auch überspringen und sofort mit dem Konversationsteil beginnen. Wenn dann Fragen auftauchen, kann man immer noch in der Grammatik nachsehen.

Im Abschnitt **Konversation** finden Sie Sätze aus dem Alltagsgespräch, die Ihnen einen ersten Eindruck davon vermitteln sollen, wie Persisch „funktioniert", und die Sie auf das vorbereiten sollen, was Sie später im Iran hören werden.

Jede Sprache hat ein typisches Satzbaumuster. Um die sich vom Deutschen unterscheidende Wortfolge der persischen Sätze zu verstehen, ist die **Wort-für-Wort-Übersetzung** in *kursiver* Schrift gedacht. Jedem persischen Wort entspricht ein Wort in der Wort-für-Wort-Übersetzung. Wird *ein* persisches Wort im Deutschen durch *zwei* Wörter wiedergegeben, werden diese zwei Wörter in der Wort-für-Wort-Übersetzung mit einem Bindestrich verbunden.

„-G" in der Wort-für-Wort-Zeile steht für das wortverbindende grammatische Element -e / -ye, das u. a. die Funktion des Genitivs (2. Fall) erfüllt.

كيف چرمى سفيد زن‌م

ķif·e tscharmi·ye ßefid·e zan·am

Tasche-G ledern-G weiß-G Frau-mein

die lederne weiße Handtasche meiner Frau

Werden in einem Satz mehrere Wörter angeben, die man untereinander austauschen kann, steht ein Schrägstrich zwischen diesen.

قالى هاى / فرش هاى قشنگ گران

ghāli·hā·ye / farsch·hā·ye ghaschang·e gerān
Teppich-Mz-G / Teppich-Mz-G schön-G teuer
die schönen teuren Teppiche

Mit Hilfe der Wort-für-Wort-Übersetzung können Sie bald eigene Sätze bilden. Sie können die Beispielsätze als Fundus von Satzschablonen und -mustern benutzen, die Sie selbst Ihren Bedürfnissen anpassen. Mit einem kleinen bisschen Kreativität und Mut können Sie sich auf dieser Grundlage praktisch unbegrenzt viele neue Sätze „zusammenbauen".

Das **Wörterbuch** im zweiten Teil dieses Kauderwelsch-plus-Bandes hilft Ihnen dabei. Sie enthalten einen umfangreichen Wortschatz Deutsch–Persisch und Persisch–Deutsch. Ein separates Reisewörterbuch ist nicht erforderlich. Dieses Buch kann auch als Nachschlagewerk für den Hausgebrauch verwendet werden.

Die **Umschlagklappen** helfen, die wichtigsten Sätze und Formulierungen stets parat zu haben. Aufgeklappt ist der Umschlag eine wesentliche Erleichterung, da nun die gewünschte Satzkonstruktion mit dem entsprechenden Vokabular aus den einzelnen Kapiteln oder dem Wörterbuchteil kombiniert werden kann.

Wenn alles nicht mehr weiterhilft, dann ist vielleicht das Kapitel „Nichts verstanden? – Weiterlernen!" der richtige Tipp. Es befindet sich ebenfalls im Umschlag, stets bereit, mit der richtigen Formulierung für z. B. „*Ich habe leider nicht verstanden*" oder „*Wie bitte?*" auszuhelfen.

Und nun geht's los. Viel Spaß dabei!

Bei Wörtern in Lautschrift dient ein kleiner, mittig angeordneter Punkt zur Identifizierung von wichtigen grammatischen Vor- und Nachsilben im Persischen.

In diesem Buch wird, wie in den anderen Titeln der Kauderwelsch-Reihe eine auf leichte und unmissverständliche Lesbarkeit für deutschsprachige Lernanfänger abzielende Lautschrift verwendet. Sie orientiert sich überwiegend an der Rechtschreibung des Deutschen. Demnach benutze ich keine der in der Iranistik bzw. Orientalistik gebräuchlichen wissenschaftlichen Transkriptionssysteme: Dennoch wird ein hohes Maß an phonetischer Exaktheit erzielt.

Seitenzahlen

Um Ihnen den Umgang mit den Zahlen zu erleichtern, ist auf jeder Seite die Seitenzahl auch auf Persisch angegeben!

Die Sprache

Fārßi, das heute im Iran und in weiten Teilen Afghanistans gesprochene Persisch, gehört der indoeuropäischen Sprachfamilie an. Sie werden dies daran merken, dass Persisch im Satzbau und z. T. im Grundwortschatz dem Deutschen sehr ähnelt.

Beispiele:
mādar *(Mutter)*
dochtar *(Tochter)*

Nach der Eroberung des Iran durch die Araber 642 n. Chr. hat die persische Sprache viele arabische Wörter aufgenommen. Die arabische Schrift wurde übernommen und um zusätzlich vier Buchstaben zur Darstellung speziell persischer Mitlaute, die im Arabischen nicht vorhanden waren, erweitert. Trotz der Übernahme der arabischen Schrift ist die Aussprache der einzelnen Buchstaben im Persischen zum Teil anders.

Die richtige Schreibweise der arabischen Lehnwörter kann allerdings manchmal Kopfschmerzen bereiten, weil diese persisch ausgesprochen werden und nicht arabisch. Um diese Wörter richtig schreiben zu können, gibt es nur eine gute Lösung, nämlich sie auswendig zu lernen. Hinzu kommt noch, dass es im Persischen für manche Laute zwei oder mehrere gleich klingende Buchstaben gibt, die im Arabischen unterschiedlich ausgesprochen werden.

Die persische Sprache weist wie jede andere Sprache verschiedene Dialekte auf. Hier wird die Aussprache der Teheraner als Maßstab genommen. Dabei ist zwischen der Schriftsprache und der Alltagssprache zu unterscheiden. Die Schriftsprache dient natürlich an erster Stelle zum Schreiben; gesprochen wird sie in Nachrichtensendungen des Rundfunks und Fernsehens, bei öffentlichen Reden oder förmlichen Gesprächen. Die Umgangssprache weicht insofern von der Schriftsprache ab, als einige Vor- und Nachsilben anders ausgesprochen werden, bestimmte Wörter zusammengezogen oder einfach weggelassen werden. Nicht selten entsteht im gesprochenen Wort eine Mischung aus beidem.

Zu den besonders auffälligen Merkmalen der Umgangssprache gehört, dass der lange Selbstlaut آ = ā vor dem Mitlaut ن = n häufig als u ausgesprochen und z. T. auch so geschrieben wird (d. h. mit dem Buchstaben و).

فرش های گران
farsch·hā·ye gerān
Teppich-Mz-G teuer
die teuren Teppiche

فرش های گرون
farsch·hā·ye gerun
Teppich-Mz-G teuer(U)
die teuren Teppiche

Die umgangssprachlichen Formen stehen alternativ nach einem Schrägstrich und sind in der Wort-für-Wort-Übersetzung mit *(U)* gekennzeichnet. Allerdings können aus Platzgründen nicht alle Sätze auch in umgangssprachlicher Form wiedergegeben werden. Versuchen Sie, diese anhand der Erläuterungen selbst zu bilden. Das übt.

Andere umgangssprachliche Formen sind zwar in schriftlicher Form eher ungebräuchlich, werden aber in diesem Buch dennoch mitaufgeführt und ebenfalls in persischer Schrift wiedergegeben. Allerdings lassen sich nicht alle Ausspracheunterschiede zwischen der Schrift- und der Umgangssprache mit den persischen Buchstaben nachbilden. Bleibt bei unterschiedlich gesprochenen Varianten die persische Schreibung gleich, wird das entsprechende Wort in der Originalschriftzeile auch nur einmal aufgeführt (d. h. in der Lautschrift steht dann ein Schrägstrich, in der persischen Schrift aber nicht).

Windturm in Kermān

Karte des Iran

Alphabet & Aussprache

In der arabisch-persischen Schrift werden die Buchstaben ganz überwiegend so wie in unserer Schreibschrift miteinander verbunden geschrieben (die Ausnahmen folgen festen Regeln!). Daraus ergeben sich oft verschiedene Buchstabenformen je nach der Position im Wort.

Ich möchte Ihnen in Kürze einiges über die Schrift mitteilen, damit Sie zumindest Hinweisschilder, Schlagzeilen in Zeitungen oder die Speisekarte „entschlüsseln" können. Vielleicht möchten Sie ja auch mal einen Postkartengruß in fārßi schreiben.

Nachfolgend wird das persische Alphabet, das aus 32 Buchstaben besteht, aufgeführt. Zunächst nenne ich Ihnen den Namen des Buchstaben und in Klammern seine Position im Alphabet sowie in arabischer Schrift die Schreibweise des allein stehenden Buchstabens und seiner Varianten am Wortanfang, in der Wortmitte und am Wortende. Beachten Sie in diesem Zusammenhang: Da gewisse

Buchstaben nicht nach links verbunden werden können, kann man die Anfangs- oder Endformen dieser Buchstaben durchaus auch im Wortinneren antreffen, nämlich eben immer dort, wo es nach links nicht mehr weitergeht. Unter den Buchstabenformen steht in der Tabelle die verwendete Lautschriftwiedergabe des Buchstabens mit weiteren Erklärungen. Sie finden manchmal in der Tabelle mehrere Buchstaben für einen Laut zusammengefasst. Diese werden dann im Persischen – anders als im Arabischen – gleich ausgesprochen.

Die zusätzlichen vier Buchstaben im Persischen pe = پ, tsche = چ, je = ژ und gāf = گ, die im Arabischen nicht existieren, sind in der Umschrifttabelle mit einem * gekennzeichnet.

Beachten Sie, dass eine Reihe von Buchstaben dieselben Grundformen haben, aber durch ein bis drei zusätzliche Pünktchen darüber oder darunter voneinander unterschieden werden. Diese Pünktchen dürfen nicht verwechselt werden, weil sich sonst der Wortsinn ändern kann!

Handschriftlich wird oft statt zwei Punkten ein – und statt drei Punkten ein ℓ gesetzt.

Die persischen Buchstaben im Einzelnen

Buchstabe	Ende	Mitte	Anfang	einzeln
alef (1)	ل	ا , ا	ا	ا

Dient am Wortanfang als Selbstlautträger:
für a in **abr** ابر (Wolke),
für e in **ezdewādj** ازدواج (Heirat),
für o in **otu** اطو (Bügeleisen)
Das Zusatzzeichen madd über dem alef (آ)
kennzeichnet das lange ā am Wortanfang:
ādam آدم (Mensch)
Zwei kleine Schrägstriche ˝ (tanwin)
über einem alef am Wortende spricht man an:
maßalan مثلاً (zum Beispiel)

| be (2) | ب | ب | ب | ب |

b wie in „**B**ier": **bā** با (mit)

| che (9) | خ | خ | خ | خ |

ch wie in „Ko**ch**": **chodā** خدا (Gott)

Handschriftlich werden che (9) خ, hā (8) ح, tsche (7) چ und djim (6) ج in der Wortmitte und am Wortende so geschrieben: z. B. in kodjā کُجا (wo), kadj کَج (schief).

dāl (10)	لد	لد	د	د

d wie in „**d**a": **dāß** داس (Sense)

| **djim** (6) | ج | جـ | ـجـ | ـج |

dj wie in engl. „**j**ob": **djā** جا (Ort, Platz)

| **eyn** (21) | ع | عـ | ـعـ | ـع |

' Leichter Knacklaut in der Kehle (Wortmitte oder Wortende). In der Wortmitte wie der Stimmabsatz in „Be|amter" oder „Ver|ein": **ma'ruf** معروف (berühmt)

Am Wortende scharf und kurz abgehackt sprechen: **rob'** ربع (Viertel)

Am Wortanfang als Selbstlaut sprechen:

- a in **akß** عکس (Bild)
- e in **elm** علم (Wissen)
- o in **omr** عمر (Leben)
- ā in **ādat** عادت (Gewohnheit)

| **fe** (23) | ف | فـ | ـفـ | ـق |

f wie in „**f**ein": **fargh** فرق (Unterschied, Scheitel)

| **gāf*** (26) | گ | گـ | ـگـ | ـگ |

g wie in „**G**eld": **garm** گرم (warm)

Am Wortende weicher: **barg** برگ (Blatt)

| **gheyn** (22) | غ | غـ | ـغـ | ـغ |
| **ghāf** (24) | ق | قـ | ـقـ | ـق |

gh: wie ein am Gaumen geriebenes (also nicht gerolltes) „r": **ghurbāghe** قورباقه (Frosch)

Nach langem Selbstlaut steht he allein, weil es nicht nach links verbunden werden kann. he wird dann voll ausgesprochen, z. B.:
kuh کوه *(Berg)*
schāh شاه *(König)*

| **hā** (8) | ح | حـ | ـحـ | ـح |
| **he** (31) | ه | هـ | ـهـ | ـه |

h wie in „**h**eiß": **hab(b)** حب (Tablette)

Am Wortende klingt der Buchstabe he wie ein kurzes betontes e: **teschne** تشنه (durstig)

| **je*** (14) | ژ | ژ | ـژ | ـژ |

j wie in frz. „bon**j**our": **ejdehā** اژدها (Drache)

| **kāf** (25) | ک | کـ | ـکـ | ـک |

k wie in „**K**ind": **kaf** کف (Schaum)

Der Buchstabe lām (27) wird zusammen mit dem langen ā als لا geschrieben, z. B. in lāle لاله (Tulpe).

| **lām** (27) | ل | لـ | ـلـ | ـل |

l wie in „**L**eid": **lāl** لال (stumm)

| **mim** (28) | م | مـ | ـمـ | ـم |

m wie in „**M**ann": **mār** مار (Schlange)

nun (29) ن نـ ـنـ ـن

n wie in „**N**atur": **nān** نان (*Brot*)

pe* (3) پ پـ ـپـ ـپ

p wie in „**P**reis": **pā** پا (*Fuß, Bein*)

re (12) ر ر ـر ـر

r wie in „**r**aten": **rāz** راز (*Geheimnis*)

ße (5) ث ثـ ـثـ ـث

ßin (15) س سـ ـسـ ـس

ßād (17) ص صـ ـصـ ـص

ß wie in „Bi**ss**": **ßabt** ثبت (*Eintragung*)

schin (16) ش شـ ـشـ ـش

sch wie in „**sch**ön": **schāch** شاخ (*Horn*)

te (4) ت تـ ـتـ ـت

tā (19) ط طـ ـطـ ـط

t wie in „**T**ee": **tā** تا (*bis*)

tsche* (7) چ چـ ـچـ ـچ

tsch wie in „Deu**tsch**": **tschāp** چاپ (*Druck*)

wāw (30) و و ـو ـو

w wie in „**W**asser": **wazn** وزن (*Gewicht*)

Als Selbstlaut:

  o in **to** تو *du*, u in **kabutar** کبوتر (*Taube*)

Als Doppelselbstlaut:

  ou wie in engl. „goal" in **goud** گود (*tief*)

wāw nach ch gefolgt von ā oder i wird nicht
gesprochen: **chānande** خواننده (*Sänger/-in*),
chischāwand خویشاوند (*Verwandter*)

ye (32) ی یـ ـیـ ـی

y wie in „**j**a": **yā** یا (*oder*)

Als langer Selbstlaut i am Wortanfang: **irān**
ایران (*Iran*), in der Wortmitte und am Wortende **bini** بینی (*Nase*), sowie als Doppelselbstlaut ey wie in engl. „m**a**de": **key** کی (*wann*)
Bei Folgen von zwei ye kann das erste durch
ein hamze ء ersetzt werden, welches über das
ye gesetzt wird. Das zweite wird dann als i
ausgesprochen. „Tee" kann also wie folgt
geschrieben werden:
tschāyi چایی, **tschā'i** چائی, **tschāy** چای

---

*Die Häkchen bei
ßin (15) س und
schin (17) ش müssen
genau gezählt sein. Oft
werden sie durch einen
Längsstrich ﺲ bzw.
ﺶ ersetzt. Aber
Achtung: auch andere
Buchstaben werden so
„kosmetisch" gelängt.*

*Das Wort wa و (und)
besteht nur aus dem
Buchstaben wāw.
Bei Wortzusammen-
setzungen wird es
meist o ausgesprochen.
Am Wortanfang
immer wa ausprechen!*

*Handschriftlich wird ye
(32) am Wortende
meistens wie folgt
ﮯ geschwungen
geschrieben.*

Das Zeichen hamze ˒
dient entweder als
stummer Selbstlaut-
träger oder als Mitlaut
und wird im letzteren
Fall ebenso wie ع = ˒
ausgesprochen:
ßo'āl سؤال *(Frage).*

zāl (11)	ﻠﺬ	ﺬ	ذ	ذ
ze (13)	ﺰ	ﺰ	ز	ز
zād (18)	ﺾ	ﻀ	ﺿ	ض
zā (20)	ﻆ	ﻈ	ظ	ظ

z stimmhaft wie in „**S**eide": **zāt** ذات *(Wesen)*

Doppelte Mitlaute
werden mit dem
Zusatzzeichen taschdid
über dem entspre-
chenden Buchstaben
gekennzeichnet. Eine
Verdopplung des Buch-
stabens ist daher nicht
nötig: ammā امّا *(aber).*
In unserer Lautschrift
wird der betreffende
Buchstabe aber doch
doppelt geschrieben.

āzar *ist auch ein*
Mädchenname

Schreibregeln

Die arabisch-persische Schrift kennt keine Groß- und Kleinschreibung oder Block-schrift. Innerhalb von Wörtern werden die Buchstaben von rechts nach links miteinander verbunden und gelesen. Ausnahmen bilden die folgenden Buchstaben, die nicht nach links verbunden werden können.

ا	a	از	**az**	von, aus, seit
آ	ā	آب	**āb**	Wasser
د	d	آرد	**ārd**	Mehl
ز	z	آزاد	**āzād**	frei
ر	r	در	**dar**	Tür; in
ذ	z	آذر	**āzar**	9. Monat
				(iran. Kalender)
ژ	j	دژ	**dej**	Festung, Burg
و	w	آواز	**āwāz**	Lied, Gesang

lange Selbstlaute

ā dunkler als in „R**a**sen", eher wie in (amerikan.-)engl. „c**a**r": **chām** خام *(unreif)*; Wortanfang: alef (1) ا + آ = آ; **āb** آب *(Wasser)*; Wortende: **chodā** خدا *(Gott)*; Wortmitte: **āzād** آزاد *(frei)*

u wie in „M**u**sik": **musch** موش *(Maus)*; Wortanfang: alef ا + wāw (30) و = او; **u** او *(er, sie)*; Wortmitte / -ende: wāw (30) و; **ghu** قو *(Schwan)*, **pußt** پوست *(Haut, Schale)*

---

i wie in „I**d**ee": **schir** شیر (*Milch, Löwe*);
Wortanfang: alef (1) ا + ye (32) ى (bzw. als
Anfangsform: ایـ = یـ) : **imān** ایمان (*Glaube*)
Wortmitte: ye (32) ى: **ßini** سینی (*Tablett*)
Wortende: ebenfalls ye (32) ى:
chāli خالی (*leer*),
oder alef (1) ا + ye (32) ى = ای: خالی
nāme'i نامه‌ای ((*irgend*)*ein Brief*)

---

kurze Selbstlaute

Kurze Selbstlaute werden meist nicht ge-schrieben, manchmal aber doch mit speziel-len Vokalzeichen markiert.

---

a norddeutsches „a" wie in „k**a**lt":
gard گرد (*Staub*) (kurzer Schrägstrich oben)

e offen wie in „H**e**ft": **gerd** گِرد (*rund*)
(kurzer Schrägstrich unten)

o offen wie in „**o**ft": **gord** گرد (*Held*)
(kleines wāw (30) darüber)

Der lange Vokal ā darf nicht mit dem kurzen
a verwechselt werden, da es sonst leicht zu
Missverständnissen kommen kann:

Diese arabischen Hilfs-zeichen heißen fathe *(für das a),* kaßre *(für das e) und* zamme *(für das o). Allerdings werden sie, wie auch das Zeichen für die Verdopplung von Mitlauten* taschdid ّ *und oft auch das* hamze ء, *im Persischen nur selten geschrieben. Sie stehen dann nur zur Vermeidung von Missverständnissen.*

خار	**chār**	Dorn
خر	**char**	Esel
باد	**bād**	Wind
بد	**bad**	schlecht
تاب	**tāb**	Schaukel
تب	**tab**	Fieber
چاپ	**tschāp**	Druck, Auflage
چپ	**tschap**	links
ماست	**māßt**	Joghurt
مست	**maßt**	betrunken

Betonung

Im Allgemeinen wird die letzte Silbe eines Wortes betont. Bestimmte Vorsilben wie be oder mi sowie die Verneinung na bzw. ne, ni ziehen jedoch die Wortbetonung auf sich.

Wörter, die weiterhelfen

Um die Anwendung hilfreicher Ausdrücke wie „Wo ist ... ?", „Ich möchte ...", „Haben Sie ... ?" oder „Was kostet ... ?" zu erklären, bedarf es eigentlich einer näheren grammatikalischen Erläuterung.

Es wird Sie aber an dieser Stelle weiterbringen, wenn Sie folgende Ausdrücke erst einmal anwenden, ohne sich um die Grammatik zu kümmern. Suchen Sie sich aus der Vokabelliste Hauptwörter aus, die für Sie in Frage kommen und setzen Sie sie entsprechend den folgenden Beispielen ein:

هتل کجا است / کجاست؟

hotel(·e ...) kodjā aßt / kodjā-ßt?
Hotel(-G ...) wo ist(es) / wo-ist(es)(U)
Wo ist das Hotel (... *XY*) ?

من اتاق میخواهم / میخام.

man otāgh mi·chāh·am / mi·chā·m.
ich Zimmer will(ich) / will(ich)(U)
Ich möchte ein Zimmer.

شما اتاق دارید / دارین؟

schomā otāgh dār·id / dār·in?
ihr Zimmer habt(ihr) / habt(ihr)(U)
Haben Sie ein Zimmer?

اتاق چند میشود / میشه؟

otāgh tschand mi·schaw·ad / mi·sch·e?

Zimmer wie-viel wird(es) / wird(es)(U)

Was kostet das Zimmer?

Hauptwörter

Die Hauptwörter (Substantive) im Persischen haben kein Geschlecht. Es gibt keinen bestimmten Artikel („der, die, das").

عروس	**aruß**	die Braut, die Schwiegertochter
داماد	**dāmād**	der Bräutigam, der Schwiegersohn
شوهر	**schouhar**	der Ehemann
آقا	**āghā**	der Herr
خانم / زن	**chānom / zan**	die (Ehe-)Frau
مرد	**mard**	der Mann
پسر	**peßar**	der Junge, Sohn
دختر	**dochtar**	das Mädchen, die Tochter
aber: همسر	**ham-ßar**	der Ehemann, die Ehefrau

Hinweis zu den Tabellen in diesem Buch: Da die persische Schrift von rechts nach links läuft, steht bei Wörtern, die in der Lautschrift durch einen Schrägstrich getrennt sind, das erste von diesen in der Originalschrift ganz rechts und alle anderen links davon (also genau spiegelverkehrt gegenüber der Lautschrift)!

Ein Hauptwort gilt dann als „bestimmt", wenn es durch den Kontext oder als allgemeingültige Aussage dem Hörer / Leser bereits bekannt ist. Das Persische hat dafür, anders als das Deutsche, kein standardmäßiges grammatisches Ausdrucksmittel. Allerdings kann man mit den hinweisenden Fürwörtern *in (dieser)* und *ān (jener)* gewissermaßen ersatzweise doch grammatische Bestimmtheit andeuten:

Beispiele:

pandjere bāz aßt.

= Das Fenster ist offen.

waght talā aßt.

= (Die) Zeit ist Gold.)

*Anmerkung zur **Wort-stellung** im persischen Satz: Die einzige weit-gehend feste Position darin nimmt die Satz-aussage (das Prädikat) ein. Diese steht fast immer am Satzende.*

این دوربین

in dur-bin

dieser Fotoapparat

آن باغ

ān bāgh

jener Garten

Ist die Angabe des Geschlechts notwendig, so wird es durch Anhängen von mard *(Mann)*, zan *(Frau)*, peßar *(Junge)* sowie dochtar *(Mädchen)* angezeigt. Die Verbindung wird durch die un-betonte Endung -e / -ye hergestellt (Näheres dazu im weiteren Verlauf dieses Kapitels):

Für -e / -ye steht in der Wort-für-Wort-Zeile „-G" (d. h. Genitiv).

مسافر مرد

moßāfer·e mard

Reisender-G Mann

der Reisende

فروشنده‌ی زن

foruschande·ye zan

Verkäufer-G Frau

die Verkäuferin

دوست دختر

dußt·e dochtar

Freund-G Mädchen

die Freundin

دوست پسر

dußt·e peßar

Freund-G Junge

der Freund

Tiere

Bei Tieren kann das Geschlecht mit nar *(männ-lich)* und māde *(weiblich)* verdeutlicht werden.

خوک	**chuk**	das Schwein
خوک نر	**chuk·e nar**	der Eber
خوک ماده	**chuk·e māde**	die Sau
سگ	**ßag**	der Hund
سگ نر	**ßag·e nar**	der Rüde
سگ ماده	**ßag·e māde**	die Hündin
مرغ	**morgh**	das Huhn, die Henne
aber: خروس	**choruß**	der Hahn

unbestimmter Artikel

Es gibt im Persischen keinen unbestimmten Artikel. Der deutsche unbestimmte Artikel („ein, eine") kann aber durch ein angehängtes unbetontes -i oder durch die vorgestellte Zahl yek (eins) ausgedrückt werden:

Es können auch beide Formen kombiniert vorkommen:
yek mard·i
(irgendein Mann)

مردی	**mard·i**	(irgend)ein Mann
یک مرد	**yek mard**	ein Mann

Mehrzahl (Plural)

Zur Mehrzahlbildung wird die Nachsilbe -hā angehängt (in der Wort-für-Wort-Zeile: *Mz*):

In der Lautschrift werden der unbestimmte Artikel und die verschiedenen Mehrzahlendungen durch ein Pünktchen angezeigt.

توپ	**tup**	der Ball
توپ ها	**tup·hā**	die Bälle
کاخ	**kāch**	der Palast
کاخ ها	**kāch·hā**	die Paläste

Bei einigen Wörtern kommt auch die Endung -ān vor, z. B. bei Lebewesen (einschließlich Pflanzen) und Körperteilen. Endet ein Wort auf -e, wird vor -ān ein -g- eingefügt. Dabei entfällt dann der Buchstabe ه he in der Schrift. Bei Wörtern auf -ā, -i oder -u wird schließlich der Laut -y- vor -ān gesetzt.

چشم ها / چشمان	**tscheschm·hā / tscheschm·ān**	die Augen
کودک ها / کودکان	**kudak·hā / kudak·ān**	die Kinder
پرنده ها / پرندگان	**parande·hā / parande·gān**	die Vögel
آقا ها / آقایان	**āghā·hā / āghā·yān**	die Herren
ایرانی ها / ایرانیان	**irāni·hā / irāni·yān**	die Iraner
دانشجو ها / دانشجویان	**dānesch-dju·hā / dānesch-dju·yān**	die Studenten

Wenn ein Wort auf zwei Mitlaute endet, wird in der Umgangssprache vereinfacht:
tscheschm·hā = tschesch·hā *(Augen)*
daßt·hā = daß·hā *(Hände)*
dußt·hā = duß·hā *(Freunde)*
pußt·hā = puß·hā *(Häute)*

Nach Zahlwörtern steht das Hauptwort immer in der Einzahl (Singular):

یک سنگ	**yek ßang**	ein Stein
دو سنگ	**do ßang**	zwei Steine

Ebenso kann man die Einzahl statt der Mehrzahl benutzen, wenn es sich um allgemeine Feststellungen, eine unbestimmte Menge, Körperteile oder Ergänzungen der Satzaussage (des Prädikats) handelt:

قیمت خانه در لندن خیلی بالا است.
gheymat·e chāne dar landan cheyli bālā aßt.
Preis-G Haus in London sehr hoch ist(er)
Die Häuserpreise in London sind sehr hoch.

Dann gibt es noch die arabischen Mehrzahlformen bei Lehnwörtern. Bleiben Sie ruhig bei -hā, das ist immer richtig. Dennoch folgen hier ein paar Beispiele:

من کفش زیاد دارم.
man kafsch ziyād dār·am.
ich Schuh viel habe(ich)
Ich habe viele Schuhe.

ettelā' – ettelā'·āt *(Information – Informationen)*

دستم تمیز است.
daßt·am tamiz aßt.
Hand-mein sauber ist(sie)
Meine Hände sind sauber.

moßāfer – moßāfer·in *(Reisender – Reisende)*

ما خلبان هستیم.
mā chal(a)bān haßt·im.
wir Pilot sind(wir)
Wir sind Piloten.

dāru – dāru·djāt *(Arznei – Arzneien)*

Eigenschaftswörter bleiben ebenfalls in der Einzahl, wenn das Bezugswort in der Mehrzahl steht:

طوطی های / بلبل های زیبا / خوشگل
tuti·hā·ye / bolbol·hā·ye zibā / choschgel
Papagei-Mz-G / Nachtigall-Mz-G schön / schön
die schönen Papageien / Nachtigallen

ezāfe-Verbindung

Wie schon wiederholt am Rande angedeutet, können mit Hilfe der so genannten ezāfe-Konstruktion („Hinzufügung"), d. h. der unbetonten Endung -e / -ye, die an ein Hauptwort antritt, verschiedene nähere Bestimmungen (Attribute) mit diesem verbunden werden. Ein solches Attribut kann ein Hauptwort, ein Eigenschaftswort, ein Umstandswort, ein Fürwort, ein Partizip (Mittelwort) der Vergangenheit oder ein Zahlwort sein. Es handelt sich bei dieser Konstruktion also keineswegs immer um einen Genitiv im Sinne des Deutschen.

آب دریا

āb·e daryā

Wasser-G Meer

das Wasser des Meeres

پل قشنگ

pol·e ghaschang

Brücke-G schön

die schöne Brücke

ماه گذشته

māh·e gozaschte

Monat-G vergangen

der vergangene Monat

بالای کمد

bālā·ye komod

oben-G Schrank

oben auf dem Schrank

پری خوب

pari·ye chub

Fee(Mädchenname)-G gut

die gute Pari

لانۀ پرنده

lāne·ye parande

Nest-G Vogel

das Nest des Vogels

سال اول

ßāl·e awwal

Jahr-G erstes

das erste Jahr

راه دور

rāh·e dur

Weg-G weit

der weite Weg

زیر پتوی گرم

zir·e patu·ye garm

unter-G Decke-G warm

unter der warmen Wolldecke

پول من

pul·e man

Geld-G ich

mein Geld

Zur Schrift: Die Variante -e wird nicht geschrieben (nur gelegentlich umgangsschriftlich), und -ye wird zumeist durch ى wiedergegeben. In Wörtern, die auf -e (geschrieben als ه he) enden, kann man zur Wiedergabe von -ye auf das ه auch ein Hamze ٴ setzen, anstatt ى zu schreiben. Nach ى -i als Endvokal wird -ye gar nicht geschrieben (dennoch aber ausgesprochen).

In der Lautschrift steht vor der ezāfe-Endung stets ein Pünktchen.

Bei manchen festste-
henden Wortzusammen-
setzungen entfällt
-e / -ye:
ßorch-pußt *(Indianer)*
hezār-pā
(Tausendfüßler)
ßang-del *(hartherzig)*

ezāfe-Verbindungen können auch aneinander gereiht werden:

درخت لانهٔ پرنده

deracht·e lāne·ye parande
Baum-G Nest-G Vogel
der Baum des Nestes des Vogels
(= der Baum mit dem Vogelnest)

Wenfall (Akkusativ)

in der Wort-für-Wort-
Zeile mit „4" wieder-
gegeben

Auch vor rā steht in der
Lautschrift ein
Pünktchen.

Der 4. Fall wird durch das Element rā gebildet, das dem bestimmten direkten Objekt folgt. Es wird meist als einzelnes Wort geschrieben, bei Fürwörtern aber auch als Endung. Bei mehreren aufeinanderfolgenden -e/-ye-Verbindungen wird rā an das letzte Wort gesetzt. Im Plural steht rā nach der Mehrzahlendung. Ist das Hauptwort unbestimmt, steht rā ebenfalls an letzter Stelle. In diesem Fall wird etwas Unbestimmtes zu „einem gewissen XY", also sozusagen „halb-bestimmt" gemacht.

او نامه را نوشت.

u nāme rā newescht.
er Brief 4 schrieb(er)
Er schrieb den Brief.

او بچه ها را بیدار کرد.

u batschtsche·hā rā bidār kard.
sie Kind-Mz 4 wach machte(sie)
Sie weckte die Kinder.

پری دزدی را دید.

pari dozd·i rā did.
Fee Dieb-ein 4 sah(sie)
Pari sah einen (gewissen) Dieb.

Der Wemfall (Dativ) wird im Kapitel „Persönliche Fürwörter" vorgestellt.

Eigenschaftswörter

Das Eigenschaftswort bleibt in Fall, Geschlecht und Zahl unverändert. Es wird mit Hilfe von -e / -ye hinter das Hauptwort gesetzt.

چمدان سنگین
tschamadān·e ßangin
Koffer-G schwer
der schwere Koffer

موی قشنگ
mu·ye ghaschang
Haar-G schön
das schöne Haar

شاعر بزرگ
schā'er·e bozorg
Dichter-G groß
der große Dichter

پالتوی گرم
pālto·ye garm
Mantel-G warm
der warme Mantel

Auch bei Hauptwörtern in der Mehrzahl bleibt das Eigenschaftswort in der Einzahl:

بطری های خالی
botri·hā·ye chāli
Flasche-Mz-G leer
die leeren Flaschen

بچه های لوس
batschtsche·hā·ye luß
Kind-Mz-G frech
die frechen Kinder

Folgen mehrere Eigenschaftswörter, wird zwischen alle Wörter ein -e / -ye gesetzt:

دوست / دوس عزیز خوب من
dußt·e / dußß·e aziz·e chub·e man
Freund-G / Freund-G(U) lieb-G gut-G ich
mein lieber guter Freund /
meine liebe gute Freundin

قصر های زیبای معروف ایران / ایرون
ghaßr·hā·ye zibā·ye ma'ruf·e irān / irun
Schloss-Mz-G schön-G berühmt-G Iran / Iran(U)
die schönen berühmten Schlösser des Iran

Eigenschaftswörter bilden

In der Umgangssprache wird in einigen Haupt- und Eigenschaftswörtern usw., die mit ān beginnen oder enden, diese Silbe oft als un ausgesprochen, d. h. der lange Selbstlaut ā wird vor einem Mitlaut zu u. Dies gilt auch für Wörter, die auf -dān oder -tān enden. Aber Vorsicht: Es ändert sich zwar umgangssprachlich irāni in iruni (iranisch), aber ālmāni (deutsch) bleibt auch in der Umgangssprache unverändert. Ebenso bleibt bei manchen Wörtern mit der Mehrzahlendung -ān diese gleich, z. B. daßtān (Hände). Unveränderlich bleibt -ān auch, wenn es bereits ein anderes (ansonsten lautglei- ches) Wort mit -un gibt z. B. chān (Fürst), chun (Blut).

Endet ein Wort auf -e (im Schriftbild der Buchstabe he), wird vor das -i noch ein g gesetzt.

Durch Anfügen eines betonten -i an ein Hauptwort lassen sich Eigenschaftswörter bilden:

آب	**āb**	Wasser
آبی	**ābi**	blau
نارنج	**nārandj**	Orange
نارنجی	**nārandji**	orangefarben
خاكستر	**chākeßtar**	Asche
خاكسترى	**chākeßtari**	grau
صورت	**ßurat**	Gesicht
صورتى	**ßurati**	rosa
قهوه	**ghahwe**	Kaffee
قهواى	**ghahweyi**	braun
زمستان	**zemeßtān**	Winter
زمستانى	**zemeßtāni**	winterlich
آلمان	**ālmān**	Deutschland
آلمانى	**ālmāni**	deutsch
پشم	**paschm**	Wolle
پشمى	**paschmi**	wollig
چرم	**tscharm**	Leder
چرمى	**tscharmi**	ledern

Ebenso lassen sich durch das betonte -i viele abstrakte Hauptwörter aus Eigenschaftswör- tern sowie aus anderen Hauptwörtern bilden.

خوب	**chub**	gut
خوبى	**chubi**	Güte
خسته	**chaßte**	müde
خستگى	**chaßtegi**	Müdigkeit
آزاد	**āzād**	frei
آزادى	**āzādi**	Freiheit
تنبل	**tambal**	faul
تنبلى	**tambali**	Faulheit
گرسنه	**goroßne**	hungrig
گرسنگى	**goroßnegi**	Hunger

تشنه	**teschne**	durstig
تشنگی	**teschnegi**	Durst
عروس	**aruß**	Braut
عروسی	**arußi**	Hochzeit
دزد	**dozd**	Dieb
دزدی	**dozdi**	Diebstahl

Viele Ausdrücke, die im Deutschen Eigenschaftswörter sind, werden im Persischen aus einem Hauptwort mit Hilfe des Verhältniswortes bā *(mit)* oder bi *(ohne)* gebildet:

وفا	**wafā**	Treue
با وفا	**bā-wafā**	treu
بی وفا	**bi-wafā**	untreu, treulos
نمک	**namak**	Salz
با نمک	**bā-namak**	gesalzen*
بی نمک	**bi-namak**	ungesalzen
هوش	**husch**	Intelligenz, Bewusstsein
با هوش	**bā-husch**	intelligent
بی هوش	**bi-husch**	dumm, ohnmächtig
پول	**pul**	Geld
با پول	**bā-pul**	reich**
بی پول	**bi-pul**	arm***
ادب	**adab**	Höflichkeit
با ادب	**bā-adab**	höflich

auch ironisch: „Wie witzig! / Wie niedlich!"

** *auch ßerwatmand (reich, wohlhabend), von ßerwat (Reichtum, Vermögen),*

*** *auch faghir (arm, mittellos)*

Persönliche Fürwörter

Im Persischen ist es besser, Sie duzen nicht, denn gewöhnlich wird gesiezt, aus Höflichkeit und Respekt auch in der Familie, unter Freunden und Verwandten. Sogar Kinder und Jugendliche werden gesiezt. Darum wird scho-mā als gebräuchliche Anrede benutzt. Spre-

ischān bezieht sich im heutigen Persisch auch auf einzelne Personen, erfordert aber beim Verb die Mehrzahl!

Für Dinge bzw. als sächliches „es" benutzt man stattdessen das hinweisende Fürwort in *(diese/-r/-s) bzw.* ān *(un) (jene/-r/-s).*

chen Sie über einen einzelnen Dritten, ist ischān (im Prinzip die 3. Person *Mehrzahl*) die höflichere Form.

من	**man**	ich
تو	**to**	du
او (ايشان)	**u (ischān)**	er / sie
ما	**mā**	wir
شما	**schomā**	ihr / Sie
آنها (ايشان)	**ān·hā (ischān)**	sie *(Mz)*

Die Beugung der Fürwörter erfolgt analog zur Beugung der Hauptwörter.

Wesfall (Genitiv)

Der zweite Fall wird, wie bereits gelernt, durch die ezāfe-Verbindung (-e / -ye) gebildet.

پایتخت کشور
pāye-tacht·e keschwar
Hauptstadt-G Land
die Hauptstadt des Landes

Wemfall (Dativ)

Der 3. Fall (Antwort auf „wem?") wird mit Hilfe des Verhältniswortes be *(nach, zu)* gebildet. Aber auch bā *(mit)* oder az *(von, aus)* können einem deutschen Dativ entsprechen, nämlich in Form einer Ergänzung dieser Verhältniswörter. be wird oft mit dem nachfolgenden Wort (vielfach einem Fürwort) zusammengeschrieben, wobei in der Schrift dann der Buchstabe he entfällt.

Auch hierbei steht in der Lautschrift ein Pünktchen.

به من	**be man**	mir
به تو	**be to**	dir
به پدر	**be pedar**	dem Vater
به پیر زن	**be pir·e zan**	der alten Frau

هما به من پول داد.

homā be man pul dād.

Homā zu ich Geld gab(er)

Homā gab mir Geld.

با تو   شعر از او است / اوست.

sche'r az u aßt / u-ßt.   **bā to**

Gedicht von er ist(es)

Das Gedicht ist von ihm.   mit dir

Wenfall (Akkusativ)

Umgangssprachlich kann rā vor allem (aber nicht nur) in Kombination mit dem persönlichen Fürwort Sonderformen erhalten:

In Verbindung mit den persönlichen Fürwörtern wird rā oft als eine Endung interpretiert.

من را / مرا	**man·rā / ma·rā**	mich
مرو / منو	**ma·ro** (U) / **man·o** (U)	
تورا	**to·rā**	dich
تورو	**to·ro** (U)	
اورا	**u·rā**	ihn / sie
اورو / اونو	**u·ro** (U) / **un·o** (U)	
مارا	**mā·rā**	uns
مارو	**mā·ro** (U)	
شمارا	**schomā·rā**	euch / Sie
شمارو	**schomā·ro** (U)	
ایشان را	**ischān·rā**	ihn / sie /
ایشان رو / ایشون رو /	**ischān·ro** (U) / **ischun·ro** (U) /	sie (Mz)
ایشونو	**ischun·o** (U)	
آنها را	**ān·hā rā**	sie (Mz)
آنها رو /	**ān·hā ro** (U) /	
اونهارو / اونارو	**un·hā·ro** (U) / **un·ā·ro** (U)	

Hinweisende Fürwörter

Für Tiere und Sachen, aber auch für Personen wird in der 3. Person Einzahl und 3. Person Mehrzahl das hinweisende Fürwort in *(dieser)* bzw. ān *(jener)* gebraucht.

Umgangssprachlich kann man in·ā bzw. un·ā anstelle von in·hā bzw. ān·hā sagen. Ebenso sagt man dann·in·ā·ro statt in·hā rā, und un·ā·ro statt ān·hā rā.

1. Fall:		
آن / این	**ān / in**	er / sie / es
آنها / اینها	**ān·hā / in·hā**	sie *(Mz)*
3. Fall:		
به آن / به این	**be ān / be in**	ihm / ihr
به آنها /	**be ān·hā /**	ihnen
به اینها	**be in·hā**	
4. Fall:		
آن را / این را	**ān rā / in rā**	ihn / sie / es
آنها را /	**ān·hā rā /**	sie *(Mz)*
اینها را	**in·hā rā**	

Soll ān bzw. in besonders hervorgehoben werden, steht die Partikel ham *(eben, auch)* davor.

همین ستاره	**ham·in ßetāre**	genau dieser Stern
همان گل	**ham·ān gol**	genau jene Blume

ham kommt aber auch als alleinstehendes Wort vor.

من هم با شما میایم/ میام.
man ham bā schomā mi·āy·am / mi·y·ām.
ich auch mit ihr komme(ich) / komme(ich)(U)
Ich komme auch mit euch.

Außerdem steht es in zusammengesetzten Wörtern, z. B. ham-kār *(Mitarbeiter)* und ham-ßen *(Gleichaltriger)*.

Besitzanzeigende Fürwörter

Wie bereits weiter oben erwähnt, dienen die persönlichen Fürwörter, die durch -e/-ye-Verbindung dem Hauptwort nachgestellt werden, als besitzanzeigende Fürwörter:

شلوار من

schalwār·e man

Hose-G ich

meine Hose

گربهٔ من

gorbe·ye man

Katze-G ich

meine Katze

Mit māl *(Besitz)* kann man ebenfalls auf ein Besitztum hinweisen:

مال من	**māl·e man**	meines / das meinige
مال تو	**māl·e to**	deines / das deinige

Im Allgemeinen wird jedoch das Besitzverhältnis durch die folgenden Personalendungen, die übrigens nicht nur zur Besitzanzeige dienen, zum Ausdruck gebracht:

Auch die Personalendungen werden in allen ihren Verwendungen durch Pünktchen gekennzeichnet.

ـام-	**-am**	mein(-e); mir, mich
ـات-	**-at**	dein(-e); dir, dich
ـاش-	**-asch**	sein(-e), ihr(-e); ihm, ihn, ihr, sie
ـامان-	**-emān**	unser(-e); uns, uns
ـاتان-	**-etān**	euer (eure); euch, euch; Ihnen, Sie
ـاشان-	**-eschān**	ihr(-e) *(Mz)*; sie, ihnen

لباسم	**lebāß·am**	mein Kleid
جورابت	**djurāb·at**	dein Strumpf
جاروبش	**djāru·yasch**	sein / ihr *(Ez)* Besen
کشتی‌مان	**keschti·yemān**	unser Schiff
کتابهایتان	**ketāb·hā·yetān**	eure Bücher
خانه هایشان	**chāne·hā·yeschān**	ihre *(Mz)* Häuser

Besitzanzeigende Fürwörter

Nach Wörtern, die auf Selbstlaut enden, wird vor diesen Endungen noch ein -y- als Übergangslaut eingefügt.

In der Umgangssprache wird häufig die 2. Person Einzahl zu -et und die 3. Person Einzahl zu -esch. Die umgangssprachliche Umwandlung von -ān zu -un findet auch hier statt, und zwar bei den Mehrzahlendungen. Daraus ergeben sich dann die Formen -emun, -etun und -eschun. Ferner kann der Anfangslaut der Personenendungen entfallen, wenn das Wort, an das diese gehängt werden, auf einen langen Vokal endet. Das -y-, das bei zwei aufeinander folgenden Vokalen üblicherweise eingefügt wird, entfällt dann auch.

موی من / موم	**mu·ye man / mu·m**	mein Haar
دوای او / دواش	**dawā·ye u / dawā·sch**	sein Medikament
قیچی تو / قیچیت	**gheytschi·ye to / gheytschi·t**	deine Schere

Bei -e/-ye-Verbindungen wird das besitzanzeigende Fürwort an das letzte Wort gehängt.

کوله پشتی قدیمی زرد من
kule-poschti·ye ghadimi·ye zard·e man
Rucksack-G alt-G gelb-G ich
mein alter gelber Rucksack

■ Iranisches Reisebüro

Rückbezügliche Fürwörter

Mit Hilfe von chod, an das die bereits im Kapitel „Persönliche Fürwörter" vorgestellten Personalendungen angefügt werden, erhält man das rückbezügliche Fürwort „sich" bzw. „selbst" (oder auch rückbezüglich-besitzanzeigend „eigenes").

خودم اورا / اونو آنجا / اونجا دیدم.

chod·am u·rā / un·o ān·djā / un·djā did·am.

eigen-mein er-4 / er-4(U) dort / dort(U) sah(ich)

Ich selbst / persönlich sah ihn dort.

من خودم را در آئینه میبینم.

man chod·am rā dar ā'ine mi·bin·am.

ich selbst-mein 4 in Spiegel sehe(ich)

Ich sehe mich selbst im Spiegel.

ما با ماشین خودمان میاییم.

mā bā māschin·e chod·emān mi·āy·im.

wir mit Auto-G eigen-unser kommen(wir)

Wir kommen mit unserem eigenen Auto.

Unbestimmte Fürwörter

Wie bereits im Kapitel „Hauptwörter" erwähnt, kann grammatische Unbestimmtheit durch die Nachsilbe -i oder vorangestelltes yek *eins* ausgedrückt werden. Auf diese Weise bildet man auch unbestimmte Fürwörter:

Auch hier tritt nach auslautendem Selbstlaut die aussprache-erleichternde Variante -yi auf.

(یک) جایی	**(yek) djā·yi**	irgendwo *(djā Ort)*
(یک) کسی	**(yek) kaß·i**	(irgend)jemand *(kaß Person)*
(یک) چیزی	**(yek) tschiz·i**	(irgend)etwas *(tschiz Sache, Ding)*
(یک) کمی	**(yek) kam·i**	ein wenig, etwas *(kam wenig)*
یکی	**yek·i**	einer, jemand

یکی در میزند / میزنه.

yek·i dar mi·zan·ad / mi·zan·e.

eins-ein Tür schlägt(er) / schlägt(er)(U)

Jemand klopft an die Tür.

In negativen Sätzen bedeutet djā·yi „nirgend-wo", kaß·i „niemand", und tschiz·i „nichts".

کسی در اتاق نیست.

kaß·i dar otāgh nißt.

jemand-ein in Zimmer nicht-ist(er)

Es ist niemand im Zimmer.

من جایی نمیروم / نمیرم.

man djā·yi ne·mi·raw·am / ne·mi·r·am.

ich Ort-ein nicht-gehe(ich) / nicht-gehe(ich)(U)

Ich gehe nirgendwohin.

من چیزی نمیخواهم / نمیخام.

man tschiz·i ne·mi·chāh·am / ne·mi·chā·m.

ich Ding-ein nicht-will(ich) / nicht-will(ich)(U)

Ich möchte nichts.

har – jeder

har bedeutet „jede/-r/-s" und muss mit einem Bezugswort verwendet werden. An dieses kann auch die Unbestimmtheitsendung -i an-treten.

هر شخص /	**har schachß /**	jeder, jedermann
هر شخصی	**har schachß·i**	(jede Person)
هرکی / هرکه	**har ki / har ke**	wer auch immer
هرچیز /	**har tschiz /**	was / wie auch immer
هرچیزی / هرچه	**har tschiz·i / har tsche**	(jedes Ding)
هرجا /	**har djā /**	wo auch immer
هرجایی	**har djā·yi**	(jeder Ort)
هرکدام /	**har kodām /**	welche(r) auch immer
هرکدوم	**har kodum** (U)*	

هر روز آفتابی بود.

har ruz āftābi bud.

jeder Tag sonnig war(er)

Jeden Tag schien die Sonne.

*Umgangssprachlich verwandeln auch manche Wörter, die auf -ām enden, den Vokal ā zu u, z. B. kodām = kodum *(welcher/-e/-s).*

hitsch – nichts

In negativen Sätzen und als Hervorhebung der Verneinung kann hitsch z. B. „nichts" oder „überhaupt kein" bedeuten. Die unbestimmte Endung -i kann auch noch hinzutreten.

Umgangssprachlich wird oft hisch *statt* hitsch *gesagt.*

هیچ کس /	**hitsch-kaß /**	niemand, keine(r)
هیچ کسی	**hitsch-kaß·i**	(nichts Person)
هیچ وقت /	**hitsch-waght /**	nie(mals)
هیچ وقتی	**hitsch-waght·i**	(nichts Zeit; waght Zeit, Stunde; ugs. oft wacht)
هیچ جا /	**hitsch-djā /**	nirgendwo
هیچ جایی	**hitsch-djā·yi**	(nichts Ort)
هیچ چیز /	**hitsch-tschiz /**	nichts
هیچ چیزی /	**hitsch-tschiz·i /**	(nichts Ding)
هیچی	**hitsch-tschi** (U)	

هوا امروز هیچ خوب نیست.

hawā emruz hitsch chub nißt.

Wetter heute nichts gut nicht-ist(es)

Das Wetter ist heute überhaupt nicht gut.

In Fragen bedeutet hitsch auch „vielleicht":

هیچ میدانی / میدونی / او کجا است/ کجاست؟

hitsch mi·dān·i / mi·dun·i u kodjā aßt / kodjā-ßt?

nichts weißt(du) / weißt(du)(U) er wo ist(er) / wo-ist(er)(U)

Weißt du vielleicht / überhaupt, wo er ist?

hame – alle

hame *(alle, alles)* kann als Fürwort, aber auch als Umstandswort vorkommen:

همه در هتل هستند / هتلن.

hame dar hotel haßt·and / hotel·an.

alle in Hotel sind(sie) / Hotel-sind(sie)(U)

Alle sind im Hotel.

Umgangssprachlich kann tschiz in Verbindung mit har, hitsch oder hame zu tschi werden.

همه چیز / همه چی آماده است.

hame tschiz / hame tschi āmāde aßt.

alles Ding / alles Ding(U) fertig ist(es)

Alles ist fertig / steht bereit.

همه جا تاریک بود.

hame djā tārik bud.

alle Ort dunkel war(er)

Überall war es dunkel. / Alles war dunkel.

■ Āli-Qāpu-Palast, Isfahan

Das Wörtchen „digar" & Verdopplungen

Digar *(anderes)* ist ein wichtiges Wörtchen im Persischen und wird dementsprechend oft benutzt. digar kann als alleinstehendes unbestimmtes Fürwort auftreten, aber auch u. a. im Sinne von „kein(e) ... mehr", „nicht mehr", „noch", „schon". In der Umgangssprache sagt man dann dige.

دیگر	**digar**	andere(-r, -s)
دیگری	**digar·i**	ein(e) andere(-r, -s)

من دیگه حوصله ندارم.
man dige houßele na·dār·am.
ich anderes Geduld nicht-habe(ich)
Ich habe keine Lust mehr.

او دیگه چی گفت؟
u dige tschi goft?
er anderes was sagte(er)
Was hat er noch gesagt?

او دیگه چیزی نگفت.
u dige tschiz·i na·goft.
er anderes Ding-ein nicht-sagte(er)
Er hat nichts mehr gesagt.

تو دیگه چیزی لازم داری / نداری؟
to dige tschiz·i lāzem dār·i / na·dār·i?
*du anderes Ding-ein nötig hast(du) /
nicht-hast(du)*
Brauchst du noch / nicht noch irgendetwas?

من دیگه چیزی لازم ندارم.
man dige tschiz·i lāzem na·dār·am.
ich anderes Ding-ein nötig nicht-habe(ich)
Ich brauche nichts mehr.

دیگه منتظر چی هستی / چیی؟

dige montazer·e tschi haßt·i / tschi·yi?

anderes warten-G was bist(du) / was-bist(du)(U)

Worauf wartest du noch?

فقط / فقد دو تومان دیگه دارم.

man faghat / faghad do tumān dige dār·am.

ich nur / nur(U) zwei Tuman anderes habe(ich)

Ich habe nur noch zwei Tuman.

بیا دیگه.

biy·ā dige.

komm(du) anderes

Komm endlich / schon!

آمدم / اومدم دیگه.

āmad·am / umad·am dige.

komme(ich) / komme(ich)(U) anderes

Ich komme ja schon.

چرا دیگه؟	دیگه چی؟
tscherā dige?	**dige tschi?**
warum anderes	*anderes was*
Warum denn? / Aber sicher!	Was noch?

Wortverdopplungen

Aus Haupt- und Eigenschaftswörtern kann man durch Verdopplungen neue Ausdrücke bilden, die vor allem als Umstandswörter (Adverbien) verwendet werden.

کم کم	**kam-kam**	allmählich, nach und nach
آهسته آهسته	**āheßte-āheßte**	langsam, sachte
یواش یواش	**yawāsch-yawāsch**	langsam, allmählich
دسته دسته	**daßte-daßte**	gruppenweise
قطره قطره	**ghatre-ghatre**	tropfenweise
پاره پاره	**pāre-pāre**	zerrissen, zerstückelt

Steigern & Vergleichen

Der Komparativ eines Eigenschaftsworts wird ausgedrückt, indem man dem Adjektiv die Nachsilbe -tar anfügt. Ein gesteigertes Eigenschaftswort folgt seinem Bezugswort.

ارزان	**arzān**	billig
ارزانتر	**arzān·tar**	billiger
(ارزان تر)*		
سفید	**ßefid**	weiß
سفیدتر	**ßefid·tar**	weißer
دور	**dur**	weit
دورتر	**dur·tar**	weiter
تند	**tond**	schnell
تندتر	**tond·tar**	schneller

Die Endung wird bei nach links verbindenden Buchstaben getrennt oder zusammen geschrieben.

خواهر جوانتر / مسن تر
chāhar·e djawān·tar / moßen·tar
Schwester jünger / älter
die jüngere / ältere Schwester

Im Superlativ erhält das Adjektiv die Endung -tarin und steht vor dem Bezugswort.

کوچکترین / کوچیکترین اتاق
kutschek·tarin / kutschik·tarin otāgh
kleinstes / kleinstes(U) Zimmer
das kleinste Zimmer

Alternativ kann man den Superlativ auch durch die Kombination von az hame *(von allen)* mit dem Komparativ ausdrücken. Das entspricht dann dem deutschen „am ... -sten".

از همه کمتر
az hame kam·tar
von alle weniger
am wenigsten

از همه گرانتر
az hame gerān·tar
von alle teurer
am teuersten

خوب	**chub**			gut
خوبتر	**chub·tar**	بهتر	**beh·tar**	besser
خوبترین	**chub·tarin**	بهترین	**beh·tarin**	bester
زیاد	**ziyād**			viel, sehr
زیادتر	**ziyād·tar**	بیشتر	**bisch·tar**	mehr
زیادترین	**ziyād·tarin**	بیشترین	**bisch·tarin**	viel mehr

beh- ist die „klassische" unregelmäßige Steigerungsstamm-Variante für „gut" (vgl. deutsch „bess-er").

Man vergleicht Personen oder Dinge miteinander, indem der Vergleichsmaßstab mit dem Verhältniswort az *(von)* angeschlossen wird:

تو زیباتر از فرشته هستی.

to zibā·tar az fereschte haßt·i.

fereschte ist auch ein Mädchenname

du schöner von Engel bist(du)
Du bist schöner als ein Engel.

Bei Gleichheit („so ... wie") geht man so vor: als erstes das Verhältniswort be *(zu)*, danach folgt das Eigenschaftswort, das aber durch die betonte Endung -i in ein abstraktes Hauptwort umgewandelt wird, und daran schließt man den Vergleichsmaßstab mit -ye an.

Umgangssprachlich lautet dieser Beispielsatz so:
otāgh·et be bozorgi·ye
otāgh·am e.

اتاق تو به بزرگی اتاق من است.

otāgh·e to be bozorgi·ye otāgh·e man aßt.

Zimmer-G du zu Größe-G Zimmer-G ich ist(es)
Dein Zimmer ist so groß wie mein Zimmer.

Liste wichtiger Tätigkeitswörter

Kauderwelsch hin, Kauderwelsch her, Vokabeln lernen muss sein. In der folgenden Tabelle finden Sie neben der Grundform (Infinitiv) der wichtigsten Tätigkeitswörter (Verben) in der dritten Spalte auch den jeweiligen

Gegenwartsstamm, der für die Beugung in
der Gegenwartszeit erforderlich ist und der
manchmal von der Grundform abweicht. Die
Beugung in der Gegenwart selbst wird dann
im nächsten Kapitel erklärt.

رسیدن	**raßidan**	raß-	ankommen
پوشیدن	**puschidan**	pusch-	anziehen, bedecken
پرداختن	**pardāchtan**	pardāz-	bezahlen
ماندن	**māndan**	mān-	bleiben
فشردن	**feschordan**	feschor-	drücken
خوردن	**chordan**	chor-	essen, trinken
پرسیدن	**porßidan**	porß-	fragen
ترسیدن	**tarßidan**	tarß-	sich fürchten
زاییدن	**zāyidan**	zāy-	gebären
دادن	**dādan**	dah-	geben
پسندیدن	**paßandidan**	paßand-	Gefallen finden, passen
رفتن	**raftan**	raw-	gehen
آوردن	**āwardan**	āwar-	holen, bringen
شنیدن	**schenidan**	schenaw-	hören, zuhören
جنگیدن	**djangidan**	djang-	kämpfen
خریدن	**charidan**	char-	kaufen
پختن	**pochtan**	paz-	kochen
آمدن	**āmadan**	āy-	kommen
توانستن	**tawāneßtan**	tawān-	können
بوسیدن	**bußidan**	buß-	küssen
خندیدن	**chandidan**	chand-	lachen
دویدن	**dawidan**	daw-	laufen, rennen
گذاشتن	**gozāschtan**	gozār-	legen, stellen
خواندن	**chāndan**	chān-	lesen
بایستن	**bāyeßtan**	bāy-	müssen, sollen
دوختن	**duchtan**	duz-	nähen
برداشتن	**bar-dāschtan**	bar-dār-	nehmen, aufheben
گرفتن	**gereftan**	gir-	nehmen, bekommen
کاشتن	**kāschtan**	kār-	pflanzen, säen
گفتن	**goftan**	guy-	sagen, reden
فرستادن	**fereßtādan**	fereßt-	schicken
خوابیدن	**chābidan**	chāb-	schlafen
زدن	**zadan**	zan-	schlagen

بستن	**baßtan**	band-	schließen, binden
بریدن	**boridan**	bor-	schneiden
نوشتن	**neweschtan**	newiß-	schreiben
دیدن	**didan**	bin-	sehen
نشستن	**neschaßtan**	neschin-	sitzen
ایستادن	**ißtādan**	ißt-	stehen
دزدیدن	**dozdidan**	dozd-	stehlen
مردن	**mordan**	mir-	sterben
بافتن	**bāftan**	bāf-	stricken, weben
رقصیدن	**raghßidan**	raghß-	tanzen
بردن	**bordan**	bar-	tragen, mitnehmen
نوشیدن	**nuschidan**	nusch-	trinken
فروختن	**foruchtan**	forusch-	verkaufen
باختن	**bāchtan**	bāz-	verlieren, verspielen
بخشیدن	**bachschidan**	bachsch-	verschenken, entschuldigen
فهمیدن	**fahmidan**	fahm-	verstehen
دانستن	**dāneßtan**	dān-	wissen, kennen
شستن	**schoßtan**	schuy-	waschen
انداختن	**andāchtan**	andāz-	werfen
ارزیدن	**arzidan**	arz-	wert sein, kosten
شمردن	**schomordan**	schomor-	zählen
شکستن	**schekaßtan**	schekan-	zerbrechen
لرزیدن	**larzidan**	larz-	zittern

Gegenwart

Die Grundform (Infinitiv) der Tätigkeitswörter endet auf -an, dem stets noch ein -d- oder -t- vorangeht. Um ein Verb dann aber beugen zu können, muss man auch noch dessen Gegenwartsstamm und Vergangenheitsstamm kennen.

Bei regelmäßigen Verben erhält man den Gegenwartsstamm, indem man das -tan / -dan der Grundform wegstreicht. So entsteht aus bāftan (*stricken, weben*) dessen Gegenwartsstamm bāf-. Bei Verben auf -idan und -eßtan muss dazu auch noch -id- bzw. -eß- gestrichen werden, ansonsten sind sie immer regelmäßig: charidan (*kaufen*) hat so als Gegenwartsstamm char-. Die unregelmäßigen Verben muss man leider auswendig lernen. Dazu gehören insbesondere auch budan (*sein*) und dāschtan (*haben*), die im folgenden Kapitel näher behandelt werden.

Im Gegensatz dazu enthält der Vergangenheitsstamm stets das -d- / -t- der Infinitivformen.

An den Stamm, in diesem Fall an den Gegenwartsstamm, werden dann folgende Personalendungen angehängt:

	Einzahl		Mehrzahl	
1. Person	-am	ام-	-im	ايم-
2. Person	-i	ى-	-id	ايد-
3. Person	-ad	اد-	-and	اند-

Umgangssprachlich wird die 3. Person Einzahl zu -e / -ye. Die 2. und 3. Person Mehrzahl werden zu -in bzw. -an.

Diese Endungen gelten für alle Verben und alle Zeitstufen. Eine Ausnahme ist die 3. Person Einzahl der Vergangenheit. Hier bleibt es beim bloßen Vergangenheitsstamm; es tritt also in dieser Form keinerlei Endung an den Stamm an.

Mit der betonungstragenden Vorsilbe mi-, dem Gegenwartsstamm und den Personalendungen bildet man nun die Präsensformen:

mi wird im Allgemeinen mit dem Verbstamm zusammengeschrieben, kommt aber auch getrennt vor.

ميكنم	**mi·kon·am**	ich tue / mache
ميكنى	**mi·kon·i**	du tust / machst
ميكند	**mi·kon·ad**	er / sie tut / macht
ميكنيم	**mi·kon·im**	wir tun / machen
ميكنيد	**mi·kon·id**	ihr tut / Sie tun / ihr macht / Sie machen
ميكنند	**mi·kon·and**	sie tun / machen

Diese (und andere) Vorsilben des Verbs werden ebenso wie die Personalendungen in der Lautschrift mit einem Pünktchen abgetrennt.

Wörter, deren Präsens-
stamm auf -aw- oder
-guy- lauten, ziehen
diese Silben in der
Umgangssprache oft
mit der Vorsilbe
zusammen, z. B.
man mi·guy·am =
man mi·g·am (ich sage).

من (به) بازار میروم / میرم.

man (be) bāzār mi·raw·am / mi·r·am.

ich(zu) Bazar gehe(ich) / gehe(ich)(U)

Ich gehe zum Bazar.

من کار میکنم.

man kār mi·kon·am.

ich Arbeit mache(ich)

Ich arbeite.

Verlaufsform der Gegenwart

Will man eine Handlung ausdrücken, die gerade geschieht, verwendet man den personengebeugten Gegenwartsstamm dār- von däschtan (haben) als Hilfsverb (siehe folgendes Kapitel) vor dem bedeutungtragenden Hauptverb. Das Hauptverb wird ebenfalls gebeugt; hier steht dann die Vorsilbe mi-.

من دارم ناهار میخورم.

man dār·am nāhār mi·chor·am.

ich habe(ich) Mittagessen esse(ich)

Ich esse gerade zu Mittag.

Sein & Haben

Das Verb däschtan (haben) hat den Gegenwartsstamm dār- und wird folgendermaßen gebeugt:

دارم	**dār·am**	ich habe
داری	**dār·i**	du hast
دارد	**dār·ad**	er / sie hat
داریم	**dār·im**	wir haben
دارید	**dār·id**	ihr habt / Sie haben
دارند	**dār·and**	sie haben

من تو را دوست دارم.

man to·rā dußt dār·am.

ich du-4 Freund habe(ich)

Ich habe dich lieb.

او پول دارد / داره.

u pul dār·ad / dār·e.

er Geld hat(er) / hat(er)(U)

Er hat Geld.

dußt dāschtan (lieben, mögen)
Statt mit rā geht dieser Satz aber auch folgendermaßen:
man duß(t)·at dār·am /
man duß·et dār·am.

Das Hilfsverb budan *(sein)* wird in der Gegenwart gebeugt, als wäre es (h)aßtan. In der 3. Person Einzahl wird keine Endung angehängt, d. h. es bleibt bei (h)aßt. Die persönlichen Fürwörter für den Satzgegenstand (Subjekt) sind im Persischen in der gesprochenen Sprache übrigens nicht obligatorisch und werden oft weggelassen. Die Schriftsprache ist da strenger.

هستم	**haßt·am**	ich bin
هستی	**haßt·i**	du bist
است / هست	**aßt / haßt**	er / sie ist
هستیم	**haßt·im**	wir sind
هستید	**haßt·id**	ihr seid / Sie sind
هستند	**haßt·and**	sie sind

Nach Wörtern, die auf die Vokale ā, i, o oder u auslauten, können diese in der Umgangssprache in der 3. Person Einzahl mit (h)aßt verschmelzen, d. h. das a wird dann nicht gesprochen (wohl aber geschrieben). Oder aber (h)aßt fällt ganz weg und wird dann durch ein an das vorangehende Wort angehängtes -e / -ye ersetzt. Die dritte Möglichkeit ist es, die Personalendungen mit den entsprechenden umgangssprachlichen Formen an die Ergänzung einer Satzaussage mit „sein" anzuhängen.

من خسته هستم.

man chaßte haßt·am.

ich müde bin(ich)

Ich bin müde.

او مسافرت است / مسافرته.

u moßäferat aßt / moßäferat·e.

er Reise ist(er) / Reise-er(U)

Er ist verreist.

این مال تو است / تو ست.

in mäl·e to aßt / to-ßt.

dieser Besitz-G du ist / du-ist(U)

Das gehört dir.

او آلمانی است / آلمانیست.

u ālmāni aßt / ālmāni-ßt.

er Deutscher ist(er) / Deutscher-ist(U)

Er ist Deutscher.

من بیدارم.

man bidār·am.

ich wach-bin(ich)

Ich bin wach.

او خواب است / خابه.

u chāb aßt / chāb·e.

er Schlaf ist(er) / Schlaf-ist(er)(U)

Er schläft.

او اینجا است / اینجاست.

u in·djā aßt / in·djā-ßt.

er hier ist(er) / hier-ist(er)(U)

Er ist hier.

Um Sätze vom Typ „Du bist es!" auszu-
drücken, hängt man die Personalendungen
direkt (bzw. nach dem Übergangslaut -y-) an
die jeweiligen persönlichen Fürwörter an.

منم	**man·am**	ich bin es
تویی	**to·yi**	du bist es
او است / اوست	**u·aßt / u·ßt**	er / sie ist es
ماییم	**mā·yim**	wir sind es
شمایید	**schomā·yid**	ihr seid es
ایشانند	**ischān·and**	sie sind es

Nach einem persönlichen Fürwort steht das als Ergänzung der Satzaussage mit „sein" dienende Hauptwort immer in der Einzahl:

ما دانشجو / توریست هستیم.

mā dānesch-dju* / turißt haßt·im.
wir Student / Tourist sind(wir)
Wir sind Studenten / Touristen.

*dānesch-dju *setzt sich zusammen aus* dānesch *(Wissen) und* dju- */ djuy-, dem Gegenwartsstamm von* djoßtan *(suchen, ausfindig machen). Es gibt im Persischen noch weitere solche Verbstämme, die als Nachsilbe angehängt neue Hauptwörter bilden können. Auch sonst ist das Persische reich an wortbildenden Vor- und Nachsilben, die aber in diesem Buch aus Platzgründen nicht weiter behandelt werden können.*

Vergangenheit

Den Vergangenheitsstamm aller Verben erhält man, wenn vom Infinitiv lediglich die Endung -an weggelassen wird (bāftan – bāft-). An diesen somit stets auf -t oder -d auslautenden Vergangenheitsstamm werden dann die Personalendungen angehängt. Eine Ausnahme ist die 3. Person Einzahl. Deren Form entspricht dem bloßen Vergangenheitsstamm.

رفتم	**raft·am**	ich ging
رفتی	**raft·i**	du gingst
رفت	**raft**	er / sie ging
رفتیم	**raft·im**	wir gingen
رفتید	**raft·id**	ihr gingt
رفتند	**raft·and**	sie gingen

من (یک) نامه نوشتم.

man (yek) nāme newescht·am.

ich (eins) Brief schrieb(ich)

Ich schrieb einen Brief.

من (در) بازار بودم.

man (dar) bāzār bud·am.

ich (in) Bazar war(ich)

Ich war im Bazar.

او به هتل رفت.

u be hotel raft.

sie zu Hotel ging(sie)

Sie ging ins Hotel.

Für sich wiederholende (bzw. gewohnheits-mäßige) Handlungen in der Vergangenheit verwendet man die Vorsilbe mi- in Kombination mit dem Vergangenheitsstamm.

من دو روز در هفته کار میکردم.

man do ruz dar hafte kār mi·kard·am.

ich zwei Tag in Woche Arbeit machte(ich)

Ich arbeitete zwei Tage in der Woche.

vollendete Gegenwart

Wenn man die Infinitivendung -an weglässt und stattdessen ein -e anhängt, erhält man das Partizip Perfekt (Mittelwort der Vergangenheit), z. B. karde (gemacht). Wenn man an diese Form noch die Personalendungen anhängt, entsteht der Ausdruck für die vollendete Gegenwart (Perfekt). Diese Zeitstufe wird also ähnlich wie im Deutschen gebildet, wird allerdings im Persischen seltener gebraucht als die einfache Vergangenheit. Oft wird dabei in der 3. Person Einzahl aßt weggelassen.

کرده‌ام	**karde·am**	ich habe gemacht
کرده‌ای	**karde·i**	du hast gemacht
کرده (است)	**karde (aßt)**	er / sie hat gemacht
کرده‌ایم	**karde·im**	wir haben gemacht
کرده‌اید	**karde·id**	ihr habt gemacht
کرده‌اند	**karde·and**	sie haben gemacht

Zum Passiv nur soviel: Man bildet es mit dem Hauptverb als Partizip der Vergangenheit und dem gebeugten Hilfs-verb schodan *(werden) (Gegenwartsstamm* schaw-*). Bei zusam-mengesetzten Tätig-keitswörtern (siehe das gleichnamige Kapitel weiter unten) wird* kardan *durch* schodan *ersetzt.*

او نان / نون خریده (است).

u nān / nun charide (aßt).

er Brot / Brot(U) gekauft (ist(er))

Er hat Brot gekauft.

من خوراک خورده‌ام.

man chorāk chorde·am.

ich Essen gegessen(ich)

Ich habe gegessen.

vollendete Vergangenheit

Mit Hilfe des nicht personengebeugten Parti-zips Perfekt und den gebeugten Formen des Vergangenheitsstammes bud- von budan *(sein)* erhält man die vollendete Vergangenheit (das Plusquamperfekt).

ما (به) بازار رفته بودیم.

mā (be) bāzār rafte bud·im.

wir (zu) Basar gegangen waren(wir)

Wir waren zum Bazar gegangen.

Verlaufsform der Vergangenheit

Es gibt auch eine Verlaufsform in der Vergan-genheit. Diese bildet man parallel zu der in der Gegenwart, nur dass das Hilfsverb däsch-tan hierbei in der einfachen Vergangenheit steht und das Hauptverb in einer Form, die ebenfalls der einfachen Vergangenheit ent-spricht (also der personengebeugte Vergan-

genheitsstamm), allerdings mit der Vorsilbe
mi-. In anderen Worten, es werden alle Be-
standteile der Verlaufsform der Gegenwart in
die Vergangenheit gesetzt.

من داشتم میرفتم.
man dāscht·am mi·raft·am.
ich hatte(ich) ging(ich)
Ich ging gerade.

Zukunft

Mit chāh-, dem Gegenwartsstamm des
Hilfsverbs chāßtan *(wollen)*, und den Personalendungen bildet man die Zukunftszeit. Darauf folgt am Satzende das bedeutungstragen-
de Hauptverb im Vergangenheitsstamm, d. h.
ohne Personalendung.

خواهم کرد	**chāh·am kard**	ich werde machen
خواهی گفت	**chāh·i goft**	du wirst sagen
خواهد خورد	**chāh·ad chord**	er / sie wird essen
خواهیم گرفت	**chāh·im gereft**	wir werden nehmen
خواهید رفت	**chāh·id raft**	ihr werdet gehen
خواهند نوشت	**chāh·and newescht**	sie werden schreiben

من تلفن خواهم کرد.
man telefon chāh·am kard.
ich Telefon will(ich) machte
Ich werde anrufen.

من مواظب خواهم بود.
man mowāzeb chāh·am bud.
ich vorsichtig will(ich) war
Ich werde aufpassen.

من فردا خواهم رفت.

man fardā chāh·am raft.

ich morgen will(ich) ging

Ich werde morgen gehen.

Wie im Deutschen kann man aber auch die Gegenwartsform für die Zukunft benutzen.

من فردا میروم / میرم.

man fardā mi·raw·am / mi·r·am.

ich morgen gehe(ich) / gehe(ich)(U)

Ich gehe morgen.

Zusammengesetzte Tätigkeitswörter

Es gibt eine Vielzahl von zusammengesetzten Verben. Hier verbindet sich ein einfaches Tätigkeitswort, z. B. kardan *(machen),* mit einem Hauptwort, Eigenschaftswort usw. und bildet so einen neuen Begriff mit Verbcharakter. Dabei wird nur das Tätigkeitswort personengebeugt.

جواب دادن	**djawāb dādan**	antworten *(Antwort geben)*
کار کردن	**kār kardan**	arbeiten *(Arbeit machen)*
دست انداختن	**daßt andāchtan**	auslachen *(Hand werfen)*
سفارش کردن	**ßefāresch kardan**	(etwas) ausrichten *(Bestellung machen)*
تشکر کردن	**taschakkor kardan**	sich bedanken *(Dank machen)*
سفارش دادن	**ßefāresch dādan**	bestellen *(Bestellung geben)*

خواهش کردن	**chāhesch kardan**	bitten *(Bitte machen)*
خبر کردن	**chabar kardan**	benachrichtigen *(Nachricht machen)*
شکایت کردن	**schekāyat kardan**	sich beschweren *(Beschwerde machen)*
لازم داشتن	**lāzem dāschtan**	brauchen, benötigen *(nötig haben)*
طول کشیدن	**tul keschidan**	dauern *(Dauer ziehen)*
فکر کردن	**fekr kardan**	denken, meinen *(Gedanke machen)*
معذرت خواستن عذر خواستن	**ma'zerat chāßtan, ozr chāßtan**	sich entschuldigen *(Entschuldigung wollen)*
دریافت کردن	**daryāft kardan**	erhalten *(Erhalt machen)*
سرما خوردن	**ßarmā chordan**	sich erkälten *(Kälte essen)*
غذا خوردن	**ghazā chordan**	essen *(Essen essen)*
روزه گرفتن	**ruze gereftan**	fasten *(Fasten nehmen)*
تب کردن	**tab kardan**	Fieber bekommen *(Fieber machen)*
پیدا کردن	**peydā kardan**	finden *(sichtbar machen)*
فرار کردن	**farār kardan**	flüchten *(Flucht machen)*
سؤال کردن	**ßo'āl kardan**	fragen *(Frage machen)*
پر کردن	**por kardan**	füllen, aufladen *(voll machen)*
تبریک گفتن	**tabrik goftan**	gratulieren *(Glückwunsch sagen)*
اعتبار داشتن	**e'tebār dāschtan**	gültig sein, gelten *(Geltung haben)*
کمک کردن	**komak kardan**	helfen *(Hilfe machen)*

زمین خوردن	**zamin chordan**	hinfallen *(Erde essen)*
امیدوار بودن	**omid·wār budan**	hoffen *(von omid Hoffnung)*
اشتباه کردن	**eschtebāh kardan**	sich irren *(Fehler machen)*
زنگ زدن	**zang zadan**	klingeln *(Klingel schlagen)*
دوست داشتن	**dußt dāschtan**	lieben, mögen *(Freund haben)*
عقیده داشتن	**aghide dāschtan**	meinen *(Meinung haben)*
خبر دادن	**chabar dādan**	mitteilen *(Nachricht geben)*
باز کردن	**bāz kardan**	öffnen *(offen machen)*
درست کردن	**doroßt kardan**	in Ordnung bringen *(richtig machen)*
امتحان کردن	**emtehān kardan**	prüfen *(Prüfung machen)*
تعمیر کردن	**ta'mir kardan**	reparieren *(Reparatur machen)*
بو دادن	**bu dādan**	riechen, stinken *(Geruch geben)*
صدا کردن، صدا زدن	**ßedā kardan, ßedā zadan**	rufen *(Stimme machen, Stimme schlagen)*
تمیز کردن، پاک کردن	**tamiz kardan, pāk kardan**	säubern *(sauber machen)*
ضرر کردن	**zarar kardan**	Schaden erleiden *(Schaden machen)*
خجالت کشیدن	**chedjālat keschidan**	sich schämen *(Scham ziehen)*
حرف زدن	**harf zadan**	sprechen *(Buchstabe schlagen)*
معاینه کردن	**mo'āyene kardan**	untersuchen *(Arzt) (Untersuchung machen)*
فراموش کردن	**farāmusch kardan**	vergessen *(Vergessen machen)*

قرض دادن	**gharz dādan**	verleihen, ausleihen *(Schulden geben)*
عاشق شدن	**āschegh schodan**	sich verlieben *(verliebt werden)*
حدس زدن	**hadß zadan**	vermuten *(Vermutung schlagen)*
سفر کردن مسافرت کردن	**ßafar kardan, moßāferat kardan**	verreisen *(Reise machen)*
قول دادن	**ghoul dādan**	versprechen *(Versprechen geben)*
خیال کردن	**chiyāl kardan**	sich vorstellen *(Vorstellung machen)*
تکرار کردن	**tekrār kardan**	wiederholen *(Wiederholung machen)*
گوش کردن	**gusch kardan**	zuhören *(Ohr machen)*
شک داشتن	**schakk dāschtan**	zweifeln *(Zweifel haben)*

Befehlsform

Zur Bildung der Befehlsform (Imperativ) setzt man vor den Gegenwartsstamm die Vorsilbe be-. Die 2. Person Mehrzahl erhält die Personalendung -id.

بپوش	**be·pusch**	Zieh dich an!
بگیر	**be·gir**	Nimm!
ببین	**be·bin**	Sieh!
بخرید	**be·char·id**	Kauft!

In bestimmten lautlichen Umgebungen wird die Vorsilbe be- zu bi- abgewandelt. Bei Verben mit vokalisch anlautendem Gegenwartsstamm tritt dann z. B. die Kombination bi- + Übergangslaut -y- auf. Andererseits fällt das zum Stamm gehörende -y- in Verben auf -āy- und -uy- (z. B. āy- (kommen), guy- (sagen)) in der Befehlsform aus.

بياور /	**biy·āwar /**	Bring!
بيار	**biy·ār** (U)	
بيا	**biy·ā**	Komm!

Man kann hier biy- *als eine rein lautliche Variante zu* bi- *betrachten.*

Als Ausnahme nicht mit bi- (bzw. biy-):

ايست	**ißt**	Stehen bleiben!
بايست	**be·ißt**	Bleib stehen!

Umgangssprachlich wird be·ißt *(von* ißtādan *(stehen, anhalten)) zu* wāßtā.

Außerdem tritt auch, ebenfalls aus lautlichen Gründen, die Variante bo- anstelle von be- auf:

بخور	**bo·chor**	Iss!
بخوريد	**bo·chor·id**	Esst!
بكن	**be·kon / bo·kon**	Mach!
بكنيد	**be·kon·id / bo·kon·id**	Macht!
بگو	**be·gu / bo·gu**	Sage!

Betroffen sind hiervon u. a. kardan *und* chordan.

In der persischen Schrift werden die hier dargestellten Aussprachevarianten nicht unterschieden.

Bei Gegenwartsstämmen auf -aw- (z. B. dawidan (laufen)) wird diese Lautkombination in der Befehlsform (insbesondere in der Einzahl) zu -ou bzw. -o und kann dann wiederum die lautliche Vorsilben-Variante bo- nach sich ziehen.

بدو	**be·dou / bo·do(u)**	Lauf!
بدويد	**be·daw·id / bo·do(u)·id**	Lauft!
برو	**bo·r·o(u)**	Geh!

aber:

برويد / بريد	**be·raw·id / be·r·id** (U)	Geht!

Für raw- *zu* raft·an *(gehen) gilt das ausdrücklich nur in der Befehlsform Einzahl. Daran sieht man, dass diese Regeln nicht automatisch anwendbar sind, sondern letztlich nur fallweise für einzelne Vokabeln gelten.*

برو بيرون.
bo·rou birun.
geh draußen
Geh hinaus!

Bei zusammengesetzten Verben tritt be- vor
das Grundverb, also effektiv zwischen die Ergänzung und den Verbstamm.

گوش بدهيد.   خجالت بكش.
gusch be·dah·id.   chedjālat be·kesch.
Ohr gebt(ihr)   *Scham ziehe*
Hört zu!   Schäm dich!

Bei zusammengesetzten Tätigkeitswörtern
mit kardan *(machen)* wird die Vorsilbe be- meistens weggelassen.

باز كن / بكن.   فكر كن / بكن.
bāz kon / be·kon.   fekr kon / be·kon.
offen mache / mache *Gedanke mache / mache*
Mach auf!   Denk nach!

Die Befehlsform von bud·an *(sein)* wird vom Gegenwartsstamm bāsch- gebildet, und die von
däschtan *(haben)* mit Hilfe von dessen Partizip
der Vergangenheit dāscht·e plus bāsch-.

مواظب باش.   ساكت باشيد.
mowāzeb bāsch.   ßāket bāsch·id.
vorsichtig sei   *leise seid(ihr)*
Sei vorsichtig!   Seid leise!

داشته باش.
dāscht·e bāsch.
gehabt sei
Behalte es!

Bei verneinten Befehlen wird die Vorsilbe be-
(bzw. ihre lautlichen Varianten bi- und bo-)
durch na- ersetzt.

نکن	**na·kon**	Mach das nicht!
نرو	**na·r·ou**	Gehe nicht!
نیا	**na·yā**	Komm nicht!
نگیر	**na·gir**	Nimm das nicht!
نترس	**na·tarß**	Habe keine Angst!

سؤال نکن.
ßo'āl na·kon.
Frage nicht-mache
Frage nicht!

فراموش نکنید.
farāmusch na·kon·id.
Vergessen nicht-macht
Vergesst es nicht!

Modalverben

Es gibt natürlich auch im Persischen eine
Reihe von Hilfsverben, die mit bedeutungs-
tragenden Hauptverben kombiniert werden
können, um diesen eine „modale" Bedeu-
tungsnuance hinzuzufügen. Zu diesen Nuan-
cen gehören z. B. „Wollen", „Können" oder
„Müssen". Die persischen Modalverben erfordern zumeist die Möglichkeitsform (Kon-
junktiv) des Hauptverbs. Diese wird gebildet
aus dem Gegenwartsstamm mit der Vorsilbe
be-. Im Persischen wird die Möglichkeitsform
angewandt, wenn eine Aussage als nicht sicher, sondern nur als möglich als oder wün-
schenswert gilt. In Modalkonstruktionen
wird sowohl das modale Hilfsverb als auch
das Hauptverb (in der Möglichkeitsform) gebeugt. Wunschsätze werden oft mit kāsch oder
kāschki *(wenn doch nur … !)* gebildet. Auch schāyad *(vielleicht)* zieht die Möglichkeitsform

nach sich, ohne selbst ein Modalverb zu sein.
Das Verb budan *(sein)* hat in der Möglichkeitsform den bloßen Stamm bāsch- (ohne be-),
und dāschtan *(haben)* zeigt hier dāschte (Partizip der Vergangenheit) zusammen mit bāsch-.

Die Verneinung erfolgt
mit na-.

شاید کار نداشته باشم.

schāyad kār na·dāschte bāsch·am.

vielleicht Arbeit nicht-gehabt dass-sei(ich)
Vielleicht habe ich nichts zu tun.

کاش / کاشکی (او) زودتر خوب بشود.

käsch / käschki (u) zud·tar chub be·schaw·ad!

hoffentlich / hoffentlich (er/sie) schneller gut
dass-werde(er/sie)
Wenn er / sie bloß schneller gesund würde! /
Hoffentlich wird er / sie schneller gesund!

können (tawāneßtan) / wollen (chāßtan)

او میخواهد / میخاد یک هدیه بخرد.

**u mi·chāh·ad / mi·chā·d yek hadiyye
be·char·ad.**

er will(er) / will(er)(U) eins Geschenk
dass-kaufe(er)
Er will ein Geschenk kaufen.

Umgangssprachlich
wird tawāneßtan
zu tuneßtan, *d. h.* -aw-
wird zu -u-.

من نمیتوانم فارسی بنویسم.

man ne·mi·tawān·am fārßi be·newiß·am.

ich nicht-kann(ich) Persisch dass-schreibe(ich)
Ich kann nicht Persisch schreiben.

müssen / sollen (bāyeßtan)

bāyeßtan wird gewöhnlich in der unpersön-
lichen Form bāyad *(es muss)* ausgedrückt. Diese Form bleibt bei allen Personen unverändert, d. h. sie erhält keine Personalendungen.
Im Persischen besteht zwischen „müssen"
und „sollen" kein Unterschied.

من بايد وزن كم بكنم.

man bāyad wazn kam be·kon·am.

ich muss(es) Gewicht wenig dass-mache(ich)

Ich muss abnehmen.

تو بايد فردا بليط بخرى.

to bāyad fardā belit be·char·i.

du muss(es) morgen Fahrkarte dass-kaufest(du)

Du musst morgen eine Fahrkarte kaufen.

Übrigens drückt man das deutsche unpersönliche „man" im Persischen z. B. durch ādam bzw. enßān *(Mensch)* oder durch Tätigkeitswörter in der 3. Person Mehrzahl, dann aber in jedem Fall ohne persönliches Fürwort, aus.

آدم / انسان بايد كار بكند.

ādam / enßān bāyad kār be·kon·ad.

Mensch / Mensch muss(es) Arbeit dass-mache(er)

Man muss arbeiten.

mögen *(meyl dāschtan / māyel budan)*

Man verwendet diese Modalausdrücke hauptsächlich, wenn man jemanden höflich zu einer Tätigkeit auffordern will, nicht jedoch als Vollverb wie in „ich mag dich". Beide Ausdrücke hören sich ein bisschen übertrieben an, so dass Sie getrost in vielen Situationen auf chāßtan ausweichen können.

من ميل دارم ماهى بخورم.

man meyl dār·am māhi bo·chor·am.

ich Wunsch habe(ich) Fisch dass-esse(ich)

Ich möchte Fisch essen.

تو مایل هستی این کار را برای من بکنی؟

to māyel haßt·i in kār rā barāye man be·kon·i?

du wünschend bist(du) diese Arbeit 4 für ich dass-machest(du)

Möchtest du diese Arbeit für mich erledigen?

تو چیزی میل داری بخوری؟

to tschiz·i meyl dār·i bo·chor·i?

du Ding-ein Wunsch hast-(du) dass-essest(du)

Möchtest du etwas essen?

dürfen *(edjāze dāschtan)*

Statt tawāneßtan *(können)* kann man auch edjāze dāschtan *(Erlaubnis haben)* sagen.

اجازه دارم از شما عکس بگیرم؟

edjāze dār·am az schomā akß be·gir·am?

Erlaubnis habe(ich) von ihr Bild dass-nehme(ich)

Darf ich Sie fotografieren?

Ja & Nein

„**J**a" heißt auf Persisch bale oder āre, wobei sich āre allerdings nicht gepflegt anhört. „Nein" drückt man mit na oder cheyr *(Wohltat)*, oder kombiniert als na-cheyr aus. Je nach Betonung kann (na-)cheyr auch sehr streng klingen.

تو پول داری؟	بله، من پول دارم.
to pul dār·i?	**bale, man pul dār·am.**
du Geld hast(du)	*ja ich Geld habe(ich)*
Hast du Geld?	Ja, ich habe Geld.

تو انگلیسی هستی؟	بله	نخیر
to engeliß·i haßt·i?	**bale.**	**na-cheyr.**
du Engländer bist(du)	*ja*	*nein-Wohltat*
Bist du Engländer(in)?	Ja.	Nein.

نه، من آلمانی هستم.

na, man ālmāni haßt·am.

nein ich Deutscher bin(ich)

Nein, ich bin Deutscher / Deutsche.

اجازه دارم؟

edjāze dār·am?

Erlaubnis habe(ich)

Darf ich?

بله بفرمایید.

bale be·farmāy·id.

ja befehlt(ihr)

Ja, bitte!

farmudan (befehlen) ist eine höflichere Ausdrucksweise, um jemanden aufzufordern, um etwas zu bitten, zu erfragen usw.

Verneinung des Verbs

Die Verneinung wird mit der betonungstragenden Vorsilbe na- gebildet:

ما پول نداریم.

mā pul na·dār·im.

wir Geld nicht-haben(wir)

Wir haben kein Geld.

من تورا دیروز ندیدم، کجا بودی؟

man to·rā diruz na·did·am, kodjā bud·i?

ich dich-4 gestern nicht-sah(ich) wo warst(du)

Ich sah dich gestern nicht; wo warst du?

من نخواهم رفت.

man na·chāh·am raft.

ich nicht-will(ich) ging

Ich werde nicht gehen.

Vor der Gegenwartsvorsilbe mi- wandelt sich die Verneinungssilbe na- zu ne-.

من سیگار نمیکشم.

man ßigār ne·mi·kesch·am.

ich Zigarette nicht-ziehe(ich)

Ich rauche nicht.

من فارسی نمیفهمم.

man fārßi ne·mi·fahm·am.

ich Persisch nicht-verstehe(ich)

Ich verstehe kein Persisch.

من شوخی نمیکنم.

von schuch *(lustig,*
humorvoll)

man schuchi ne·mi·kon·am.

ich Scherz nicht-mache(ich)

Ich scherze nicht.

Verneinung von „sein"

Die Verneinung von budan in der Gegenwart
erfolgt durch nißt-. Das heißt, bei haßt- wird die
Lautfolge ha- durch ni- ersetzt.

نیستم	**nißt·am**	ich bin nicht
نیستی	**nißt·i**	du bist nicht
نیست	**nißt**	er / sie ist nicht
نیستیم	**nißt·im**	wir sind nicht
نیستید	**nißt·id**	ihr seid nicht / Sie sind nicht
نیستند	**nißt·and**	sie sind nicht

او (در) اداره نیست / نیستش / نیش.

u (dar) edāre nißt / nißt·asch / niß·esch.

er (in) Büro nicht-ist(er) / nicht-ist(er)(U)

Er ist nicht im Büro.

من اصلاً خسته نیستم.

man aßlan chaßte nißt·am.

ich überhaupt müde nicht-bin(ich)

Ich bin überhaupt nicht müde.

In der Vergangenheit werden budan und däschtan mit na- verneint.

من در اتاق نبودم.

man dar otāgh na·bud·am.

ich in Zimmer nicht war(ich)

Ich war nicht im Zimmer.

من وقت نداشتم.

man waght na·däscht·am.

ich Zeit nicht hatte(ich)

Ich hatte keine Zeit.

Fragen & Fragesätze

Ja-Nein-Fragen, also Fragesätze ohne spezielles Fragewort, gleichen im Satzbau einem Aussagesatz. Es muss lediglich durch den Tonfall deutlich gemacht werden, dass es sich um eine Frage handelt. Außerdem kann man Ja-Nein-Fragen auch mit āyā *(ob, etwa)* einleiten.

Das Fragezeichen ؟ wird wie auch das Komma ، in der persisch-arabischen Schrift entsprechend der Schreibrichtung umgekehrt gesetzt. Das Komma ist aber in der Schriftsprache selten.

وقت دارید / دارین؟

waght dār·id / dār·in?

Zeit habt(ihr) / habt(ihr)(U)

Haben Sie Zeit?

گریه میکنی؟

gerye mi·kon·i?

Träne machst(du)

Weinst du?

برویم / بریم؟

be·raw·im / be·r·im?

dass-gehen(wir) / dass-gehen(wir)(U)

Gehen wir?

شما موسیقی ایرانی را دوست دارید / دارین؟

schomā mußighi·ye irāni rā dußt dār·id / dār·in?

ihr Musik-G iranisch 4 Freund habt(ihr) / habt(ihr)(U)

Mögen Sie die iranische Musik?

آیا شما ... دارید / دارین؟

āyā schomā ... dār·id / dār·in?

ob ihr ... habt(ihr) / habt(ihr)(U)

Haben Sie vielleicht ... ?

Spezielle Fragewörter, die nach einem konkreten Satzteil fragen, stehen, anders als im Deutschen, oft vor der Satzaussage bzw. an der Stelle im Satz, an der das entsprechende Satzteil im antwortenden Aussagesatz auch stehen würde.

کی	**ki**	wer
چی / چه	**tschi / tsche**	was, wie
کی	**key**	wann
کجا	**kodjā**	wo
کدام / کدوم (U)	**kodām / kodum** *(U)*	welcher
چند	**tschand**	wie viel
چرا	**tscherā**	warum

کی میایی؟

key mi·āy·i / miy·āy·i?

wann kommst(du) / kommst(du)(U)

Wann kommst du?

تو کی هستی؟

to ki haßt·i?

du wer bist(du)

Wer bist du?

■ Grabmal des Kurosch (Kyros) bei Shiraz

چی می‌گویید / میگین؟

tschi mi·guy·id / mi·g·in?

was sagt(ihr) / sagt(ihr)(U)

Was sagen Sie?

چه خبر (است) / خبره؟

tsche chabar aßt / chabar·e?

was Nachricht ist(es) / Nachricht-ist(es)(U)

Was ist los?

چرا ناراحت هستی / ناراحتی؟

tscherã nā·rāhat haßt·i / nā·rāhat·i?

warum Kummer bist(du) / Kummer-bist(du)(U)

Warum bist du traurig?

از کدام سمت؟

az kodām ßamt?

von welche Richtung

Aus welcher Richtung?

این چی است؟

in tschi aßt?

dieses was ist(es)

Was ist das?

این چند است / چنده؟

in tschand aßt / tschand·e?

dieses wie-viel ist(es) / wie-viel-ist(es)(U)

Was kostet das?

کیفم کجا است / کجاست؟

kif·am kodjā aßt / kodjā·ßt?

Tasche-meine wo ist(sie) / wo-ist(sie)(U)

Wo ist meine Handtasche?

هیچ میدانی راننده کجا است؟

hitsch mi·dān·i rānande kodjā aßt?

nichts weißt(du) Fahrer wo ist(er)

Weißt du vielleicht, wo der Fahrer ist?

Durch die Vorsilbe nā-wird ein positiv verstandenes Wort zu einem negativen: rāhat (Ruhe, Stille) nā·rāhat (Unruhe; traurig).

Umgangssprachlich kann man auch ku statt kodjā aßt sagen, aber dann darf kein aßt folgen.

پاسم کو؟
pāß·am ku?
Pass-mein wo
Wo ist mein Pass?

نرگس کو؟
nargeß ku?
Narzisse wo
Wo ist Narges?

nargeß (Narzisse) ist ein Mädchenname

Mit tsche *(was)* – allerdings nicht mit tschi – sowie der betonten Endung -i am Hauptwort (bzw. dessen Wortgruppe) kann der Ausruf „was für ein … !" ausgedrückt werden:

چه دنیایی.
tsche donyā·yi!
was welt-lich
Was für eine Welt!

چه زن زیبایی.
tsche zan·e zibā·yi!
was Frau-G schön-lich
Was für eine schöne Frau!

zusammengesetzte Fragewörter

Im Folgenden einige immer wiederkehrende Fragewörter, die mit tsche *(was, wie)* und einem nachfolgenden Hauptwort gebildet werden:

چه جور / چطور؟
tsche-tour / tsche-djur?
was-Art / was-Weise
Wie?, Wieso?

چه وقت؟
tsche-waght?
was-Zeit
Wann?

چقدر؟
tsche-ghad(a)r?
was-Wert
Wie viel?

چه مدت؟
tsche-moddat?
was-Dauer
Wie lange?

چه نوع؟
tsche-nou?
was-Sorte
Welche Art?

چه جا؟
tsche-djā?
was-Ort
Wo?

حال شما چطور است؟

hāl·e schomā tsche-tour aßt?

Zustand-G ihr was-Art ist(er)

Wie geht es Ihnen?

*Hier kann man nur
-tour verwenden,
nicht -djur!*

چطوری؟

tsche-tour·i?

was-Art-dein

Wie geht's? / Wie?

خوبی؟

chub·i?

gut-bist(du)

Geht's dir gut?

از کی	**az key**	seit wann (von wann)
تا کی	**tā key**	bis wann
از کجا	**az kodjā**	woher (von wo)
به کجا	**be kodjā**	wohin (nach wo)
چند تا	**tschand tā**	wie viele (wie-viel Stück)
برای چی	**barāye tschi**	wofür, weswegen (für was)

Auf eine negativ formulierte Frage kann man mit tscherā *(warum)* antworten, was dann so viel wie „doch, aber sicher, gewiss doch" bedeutet:

تو غذا نخورده‌ای؟

to ghazā na·chorde·i?

du Speise nicht-gegessen-hast(du)

Hast du nicht gegessen?

چرا، من غذا خورده‌ام

tscherā, man ghazā chorde·am.

warum ich Speise gegessen-habe(ich)

Doch, ich habe gegessen.

Verhältniswörter

In der Tabelle finden Sie die einfachen, also nicht zusammengesetzten Verhältniswörter (Präpositionen) des Persischen:

از	**az**	von, aus, seit
با	**bā**	mit
بر	**bar**	an, auf, über *(auch Vorsilbe)*
به	**be**	zu, nach, in, auf, vor, an
بی / بدون	**bi / bedun·e**	ohne
در	**dar**	in, auf
جز / بجز	**djoz / be-djoz**	außer
تا	**tā**	bis
برای	**barāye**	für

به فرانکفورت
be frānkfurt
nach Frankfurt

در اتریش
dar otrisch
in Österreich

با تو
bā to
mit dir

از لندن تا مونیخ
az landan tā munich
von London bis München

جز / بجز من
djoz / be-djoz man
außer mir

به / برای مدت
be / barāye moddat·e
von / für Dauer-G
für die Dauer von

wa (und) kann zwischen zwei Wörtern auch als o ausgesprochen werden; man schreibt aber bei beiden Aussprachen و.

برای من و تو
barāye man wa / o to
für ich und / und(U) du
für mich und dich

بی / بدون پول   به دلیل / به علت

bi / bedun·e pul   **be dalil·e / be ellat·e**

ohne Geld   *von Grund-G*

ohne Geld, arm   wegen

Wenn ein persönliches Fürwort als Ergänzung eines Verhältniswortes dient, kann man dessen normale Form als eigenständiges Wort verwenden. Umgangssprachlich können stattdessen aber auch die Personalendungen, wie Sie sie aus dem Kapitel „Besitzanzeigende Fürwörter" kennen, eine enge Verbindung mit dem Verhältniswort eingehen. Bei dieser Verbindung geht man wie folgt vor: Bei bā / be entfällt in der Einzahl das -a- der Personalendung; so entsteht z. B. für die 1. Person Einzahl bā·m bzw. be·m. In der Mehrzahl entfällt das -e-, daher z. B. in der 1. Person Mehrzahl bā·mun bzw. be·mun. Beim Verhältniswort barāye entfällt zusätzlich noch dessen Bestandteil -ye, und man erhält barā·m, barā·t usw. Bei bā und be kann man auch noch hā bzw. he vor der Endung einfügen, daher z. B. bā·hā·m, be·he·m usw. Bei az und dar kann in der 2. und 3. Person Einzahl das -a- der Personalendung zu -e- werden, also z. B. az·et, az·esch. In der Mehrzahl wiederum kann im Gegenzug das -e- auch zu -a- werden, z. B. az·a-schun usw.

او با من / باهام / بام تا برلین آمد / اومد.

u bā man / bā·hā·m / bā·m tā berlin āmad / umad.

er mit ich / mit-ich(U) / mit-ich(U) bis Berlin kam(er) / kam(er)(U)

Er kam mit mir bis nach Berlin.

Neben den einfachen gibt es im Persischen auch zusammengesetzte Verhältniswörter, die z. B. von Hauptwörtern abgeleitet werden.

Diese werden entweder durch -e / -ye oder durch eine einfache Präposition in Beziehung zum nachfolgenden Wort gebracht:

سر راه
ßar·e räh
Kopf/Spitze/auf-G Weg
unterwegs

لب آب
lab·e āb
Lippe/Rand/an-G Wasser
am Wasser

طرف ظهر
taraf·e zohr
Seite/gegen-G Mittag
gegen Mittag

پشت پرده
poscht·e parde
Rücken/hinter-G Gardine
hinter der Gardine

روی صندلی
ru·ye ßandal·i
Gesicht/auf-G Stuhl
auf dem Stuhl

خارج از مملکت
chāredj az mamlekat
Äußeres/außerhalb von Land
außerhalb des Landes

توی کمد / غار
tu·ye komod / ghār
Inneres/in-G Schrank / Höhle
im Schrank / in der Höhle

پیش / پس از غذا
pisch / paß az ghazā
vor/früher / nach von Essen

vor / nach dem Essen

کنار من
kenār·e man
Rand/neben-G ich
bei / neben mir

پهلوی مادرم
pahlu·ye mādar·am
Seite/neben-G Mutter-mein
bei / neben meiner Mutter

نزدیک مجسمه
nazdik·e modjaßßame
Nähe/nahe-G Statue
nahe der Statue

بیرون منزل
birun·e manzel
Äußeres/außerhalb-G Haus
außerhalb des Hauses

وسط شهر	مقابل در
waßat·e schahr	**moghābel·e dar**
Mitte/inmitten-G Stadt	*gegenüber-G Tür*
mitten in der Stadt	gegenüber der Tür

Bindewörter

Es gibt einfache Bindewörter wie z. B.:

و	**wa**	und
که	**ke**	dass, denn, weil, damit, als
تا	**tā**	damit, seit, solange, bis
اگر / اگه	**agar / age** *(U)*	wenn, falls
پس	**paß**	also, folglich, dann
یا	**yā**	oder
اما / ولی	**ammā / wali**	aber
فقط	**faghat**	nur
چون	**tschon**	weil, da
زیرا	**zirā**	weil, denn
هم	**ham**	auch
حتی	**hattā**	sogar
بلکه	**balke**	sondern

ke dient ganz allgemein zur Einleitung von Nebensätzen und kann daher nicht am Satzanfang stehen. Dieses Wörtchen wird u. a. zur Bildung von Relativsätzen verwendet.

Es gibt auch zweigliedrige Bindewörter:

یا ... یا	**yā ... yā**	entweder ... oder
هم ... هم	**ham ... ham**	sowohl ... als auch
نه ... نه	**na ... na**	weder ... noch

Neben den einfachen Bindewörtern gibt es im Persischen noch jede Menge mehrteilige Bindewörter, die sich aus Haupt-, Verhältniswörtern usw. zusammensetzen. Diese werden vornehmlich mit ke gebildet.

پیش از اینکه	**pisch az in-ke**	bevor
ازوقتی که	**az waght·i ke**	seitdem
با اینکه	**bā in-ke**	obwohl, trotzdem
بدون اینکه	**bedun·e in-ke**	ohne dass
بعد از اینکه	**ba'd az in-ke**	nachdem
برای اینکه	**barāye in-ke**	damit, weil

■ Frau im Tschador

Zahlen & Zählen

Die Zahlen werden (in persisch-arabischen Ziffern), anders als die Buchstaben, von links nach rechts geschrieben.

Einige Zahlwörter haben umgangssprachliche Varianten, die häufig gebraucht werden. Allerdings gilt auch hier, dass die umgangssprachlichen Formen kaum geschrieben werden, wenn man denn die Zahlwörter in Buchstaben ausschreibt.

۰	0	صفر	**ßefr**
۱	1	یک/ یه	**yek / ye** (U)
۲	2	دو	**do**
۳	3	سه	**ße**
۴	4	چهار	**tschahär / tschär** (U)
۵	5	پنج	**pandj**
۶	6	شش / شیش	**schesch / schisch** (U)
۷	7	هفت	**haft**
۸	8	هشت	**hascht**
۹	9	نه	**noh**
۱۰	10	ده	**dah**
۱۱	11	یازده	**yāzdah**
۱۲	12	دوازده	**dawāzdah**
۱۳	13	سیزده	**ßizdah**
۱۴	14	چهارده	**tschahārdah / tschārdah** (U)
۱۵	15	پانزده / پونزده	**pānzdah / punzdah** (U)
۱۶	16	شانزده / شونزده	**schānzdah / schunzdah** (U)
۱۷	17	هفده / هیوده	**hefdah / hiwdah** (U)
۱۸	18	هجده / هیجده	**hedjdah / hidjdah** (U)
۱۹	19	نوزده	**nuzdah**

۲۰	20	بیست	**bißt**
۳۰	30	سی	**ßi**
۴۰	40	چهل	**tschehel / tschel** (U)
۵۰	50	پنجاه	**pandjāh**
۶۰	60	شصت	**schaßt**
۷۰	70	هفتاد	**haftād**
۸۰	80	هشتاد	**haschtād**
۹۰	90	نود	**nawad**

Die Zahlen 4, 5 und 6 werden oft auch so geschrieben:

٤
٥
٦

Die Zahlen von 11 bis 19 enden auf dah (zehn).

Das Zahl yek *(eins)* wird in der Umgangssprache oft verkürzt wie ye ausgesprochen, allerdings niemals beim Abzählen („eins, zwei, drei").

Zahlen & Zählen

۱۰۰	100	صد	**ßad**
۲۰۰	200	دویست	**dewißt**
۳۰۰	300	سیصد	**ßißad**
۴۰۰	400	چهارصد	**tschahārßad / tschārßad** (U)
۵۰۰	500	پانصد / پونصد	**pānßad / punßad** (U)
۶۰۰	600	ششصد / شیشصد	**scheschßad / schischßad** (U)
۷۰۰	700	هفتصد / هفصد	**haftßad / hafßad** (U)
۸۰۰	800	هشتصد / هشصد	**haschtßad / haschßad** (U)
۹۰۰	900	نهصد	**nohßad**

Die Zahlen von 300 bis 900 enden auf ßad (hundert).

۱۰۰۰	1.000	(یک) هزار	**(yek) hezār**
	2.000	دو هزار	**do·hezār**
۱۰۰۰۰	10.000	ده هزار	**dah·hezār**
۱۰۰۰۰۰	100.000	صد هزار	**ßad·hezār**
۱۰۰۰۰۰۰	1 Mio.	یک میلیون	**yek milyun**
۱۰۰۰۰۰۰۰۰۰	1 Mrd.	یک میلیارد	**yek milyārd**

Die Zahlen von 1.000 bis 900.000 enden auf hezār (tausend).

Zusammengesetzte Zahlen werden stets von groß nach klein gebildet. Zwischen die Gruppen tritt jeweils „und" (gesprochen o, aber geschrieben wie wa).

۲۱	بیست و یک
21	**bißt o yek**
۱۵۲	صد و پنجاه و دو
152	**ßad o pandjāh o do**
۷۲۷۷	هفت هزار و دویست و هفتاد و هفت
7.277	**haft hezār o dewißt o haftād o haft**
۱۲۹۸۷	دوازده هزار و نهصد و هشتاد و هفت
12.987	**dawāzdah hezār o nohßad o haschtād o haft**

Nach Zahlen steht das Gezählte im Singular:

هفت روز / هفته / ماه / سال

haft ruz / hafte / māh / ßāl

sieben Tag / Woche / Monat / Jahr

sieben Tage / Wochen / Monate / Jahre

Kategoriewörter

Wenn Hauptwörter in Verbindung mit Zahlen stehen, schiebt sich im Persischen oft ein so genanntes Kategorie- oder Zählwort zwischen diese beiden. Im Deutschen sind Ausdrücke wie z. B. „zwei Laib Brot" (statt „zwei Brote") damit vergleichbar. Man verwendet im Persischen im Allgemeinen das Allzweck-Zählwort tā „Stück" für alle Hauptwörter, wobei diese dann in der Einzahl stehen. Allerdings kann tā nach der Zahl yek *(eins)* nicht verwendet werden.

In der folgenden Tabelle finden Sie speziellere Kategoriewörter:

دانه	**dāne**	Korn, Stück *(für Samen, Obst)*
جفت	**djoft**	Paar *(für Schuhe, Paare von Gegenständen im Allgemeinen, auch Tiere)*
دست	**daßt**	Hand, Anzüge, Kostüme, Geschirr, Möbel *(für Zusammengehöriges)*
دسته	**daßte**	Bund, Strauß *(für Gemüse, Blumen)*
كلاف / كلافه	**kalāf / kalāfe**	Knäuel *(für Wolle)*
نفر	**nafar**	Person *(für Menschen)*
جلد	**djeld**	Band *(für Bücher)*

دو تا كيسه	يك / يه دسته گل
do tā kiße	**yek / ye daßte gol**
zwei (Stück) Beutel	*eins / eins(U) Strauß Blume*
zwei Beutel	ein Strauß Blumen

یک / یه دست کت و شلوار

yek / ye daßt kot o schalwār

eins / eins(U) Hand Jackett und Hose

ein Anzug

یک / یه جفت کفش

yek / ye djoft kafsch

eins / eins(U) Paar Schuh

ein Paar Schuhe

دو كلاف / كلافه كانوا

do kalāf / kalāfe kānwā

zwei Knäuel / Knäuel Strickwolle

zwei Knäuel Strickwolle

Das Kategoriewort kann aber oft auch fehlen:

یک / یه (دانه / دونه) نان / نون

yek / ye (dāne / dune) nān / nun

eins / eins(U) (Stück / Stück(U)) Brot / Brot(U)

ein Brot

دو (جلد / تا) كتاب

do (djeld / tā) ketāb

zwei (Band / Stück) Buch

zwei Bücher

دو نفر / تا سرباز / گدا / رقاص / عكاس

Ɓar-bāz *(Soldat) von* **do nafar / tā ßar-bāz / gedā / raghghāß /**
Ɓar *(Kopf) und* bāz **akkāß**
(offen) *zwei Person / Stück Soldat / Bettler / Tänzer /*
Fotograf

zwei Soldaten / Bettler / Tänzer / Fotografen

Ordnungszahlen

Ordnungszahlen bildet man durch Anfügen der Endung -om bzw. -omin an die Grundzahlen. Die Zahlen do und ße werden mit der Endung zusätzlich durch ein verdoppeltes -w- verbunden.

erster	یکم / یکمین	**yekom / yekomin**
zweiter	دوم / دومین	**dowwom / dowwomin**
dritter	سوم / سومین	**ßewwom / ßewwomin**
vierter	چهارم / چهارمین	**tschahārom / tschahāromin**
zehnter	دهم / دهمین	**dahom / dahomin**

Für „erster" kann auch awwal oder awwalin (seltener außerdem nachoßt bzw. nachoßtin) gesagt werden. Die Ordnungszahl awwal und diejenigen mit der Endung -om stehen nach dem Hauptwort und erfordern die -e/-ye-Verbindung:

روز هفتم
ruz·e haftom
Tag-G siebte
der siebte Tag

درس اول
darß·e awwal
Lektion-G erste
die erste Lektion

Dagegen werden awwalin und jene mit der Endung -omin stets vor das Hauptwort gestellt, und zwar ohne -e/-ye-Verbindung:

اولین بار
awwalin bār
erste Mal
das erste Mal

سومین شب
ßewwomin schab
dritte Nacht
die dritte Nacht

Bruchzahlen

Brüche werden aus den Grundzahlen und den Ordnungszahlen gebildet:

یک سوم	**yek ßewwom**	ein Drittel *(eins drittes)*
سه چهارم	**ße tschahārom**	drei Viertel *(drei viertes)*

„Hälfte, halb" heißt auch neßf:

Die Wörter nim *(Hälfte, halb)* und rob' *(Viertel)* werden benutzt, wenn eine ganze Zahl mit einer Bruchzahl verbunden werden soll. Dazwischen wird wiederum o *(und)* eingefügt.

neßf·e nān
= Hälfte des Brotes (hier nicht nim!*),*
aber:

هفت و نیم	پنج و ربع
haft o nim	**pandj o rob'**
sieben und halb	*fünf und viertel*
7 ½ (7,5)	5 ¼ (5,25)

neßf·e / nim·e schab
= Mitternacht

Zahlwörter können mit der Mehrzahlendung hā *eine unbestimmte Anzahl ausdrücken:*
hezār·hā parande
(Zigtausende Vögel)

Wiederholungszahlen

Umstandsangaben, die die Anzahl von Wiederholungen einer Handlung ausdrücken (deutsch mit „-mal") werden im Persischen mit bār, daf'e oder martabe gebildet.

یک بار / یک دفعه / یک مرتبه	**yek bār / yek daf'e / yek martabe**	einmal
دو بار / دو دفعه / دومرتبه	**do bār / do daf'e / do martabe**	zweimal

صد بار به تو / بهت / بت گفتم که ...
ßad bār be to / be·h·et / be·t goft·am ke ...
hundert mal zu dir / zu-dir(U) / zu-dir(U) sagte(ich) dass
Ich habe dir hundert Mal gesagt, dass ...

Zeitangaben

Das Hauptwort ßā'at bedeutet sowohl „Uhr" als auch „Stunde". Auf die Frage nach der Uhrzeit wird ßā'at mit einem -e der Zahl vorangestellt. Fragt man jedoch nach der Zeitdauer, so muss ßā'at nach der Zahl stehen.

Bei Verabredungen ist es empfehlenswert, die Tageszeit mitanzugeben, da ab zwölf Uhr wieder ein Uhr, zwei Uhr usw. gesagt wird.

ساعت چند همدیگر را / همدیگه رو ببینیم؟

ßā'at·e tschand ham-digar rā / ham-dige·ro be·bin·im?

Uhr-G wie-viel einander 4 / einander-4(U) dass-sehen(wir)

Um wie viel Uhr wollen wir uns treffen?

ساعت هفت شب

ßā'at·e haft·e schab

Uhr-G sieben-G Abend

sieben Uhr abends

سر ساعت هفت.

ßar·e ßā'at·e haft.

Kopf-G Stunde-G sieben

Genau um sieben Uhr.

دو و پانزده / دو و ربع

do o rob' / do o pānz·dah

zwei und ¼ / zwei und 15

2:15 Uhr / 14:15 Uhr

ده و نیم / ده و سی

dah o ßi / dah o nim

zehn und dreißig / zehn und halb

10:30 Uhr

ساعت چند است؟ / چنده؟

ßā'at tschand aßt / tschand·e?

Uhr wie-viel ist(sie) / wie-viel-ist(sie)(U)

Wie spät ist es?

سه پنج کم است / کمه.

ße pandj kam aßt / kam·e.

drei fünf wenig ist(es) / wenig-ist(es)(U)

Es ist fünf vor drei.

سه ربع به دوازده است.

ße rob' be dawāzdah aßt.

drei viertel zu zwölf ist(es)

Es ist viertel nach elf.

ده دقیقه از نه گذشته (است).

dah daghighe az noh gozaschte (aßt).

zehn Minute von neun vergangen (ist(sie))

Es ist zehn nach neun.

نزدیک به هفت و نیم است / نیمه.

nazdik be haft o nim aßt / nim·e.

nahe zu sieben und halb ist(es) / halb-ist(es)(U)

Es ist kurz vor 7:30 Uhr.

پنج دقیقه و ده ثانیه مانده (است) / مونده.

pandj daghighe o dah ßāniye mānde (aßt) / munde.

fünf Minute und zehn Sekunde übrig (ist(sie)) / übrig-ist(sie)(U)

Es sind noch fünf Minuten und zehn Sekunden.

سه ساعت صبر کردم.

ße ßā'at ßabr kard·am.

drei Stunde Geduld machte(ich)

Ich habe drei Stunden gewartet.

ساعتم خوابیده / ایستاده (است).

ßā'at·am chābide / ißtāde (aßt).

Uhr-mein eingeschlafen / gestanden (ist(sie))

Meine Uhr ist stehen geblieben.

ساعتم زنگ نزد.

ßā'at·am zang na·zad.

Uhr-mein Klingel nicht-schlug(sie)

Mein Wecker hat nicht geklingelt.

ساعتم جلو / عقب میرود / میره.

ßā'at·am djelou / aghab mi·raw·ad / mi·re.

Uhr-mein vorne / hinten geht(sie) / geht(sie)(U)

Meine Uhr geht vor / nach.

ساعتم کوک نیست.

ßā'at·am kuk nißt.

Uhr-mein Aufziehen nicht-ist(sie)

Meine Uhr ist nicht aufgezogen.

ساعتم درست سه است.

ßā'at·am doroßt ße aßt.

Uhr-mein genau drei ist(sie)

Meine Uhr zeigt genau 15:00.

Wochentage

Die persische Woche beginnt mit dem Samstag (schambe). Der Freitag (djom'e) entspricht dem westlichen Sonntag.

schambe *wird im Persischen* schanbe *geschrieben, aber ein* n *wird vor* b *generell wie* m *ausgesprochen.*

شنبه	**schambe**	Samstag
یک شنبه	**yek-schambe**	Sonntag *(eins-Samstag)*
دو شنبه	**do-schambe**	Montag *(zwei-Samstag)*
سه شنبه	**ße-schambe**	Dienstag *(drei-Samstag)*
چهار شنبه	**tschahār-schambe**	Mittwoch *(vier-Samstag)*
پنج شنبه	**pandj-schambe**	Donnerstag *(fünf-Samstag)*
جمعه	**djom'e**	Freitag

Zeitadverbien

امروز	**emruz**	heute
دیروز	**diruz**	gestern
پریروز	**pariruz**	vorgestern
فردا	**fardā**	morgen
امشب	**emschab**	heute Abend / Nacht
دیشب	**dischab**	gestern Abend / Nacht
پریشب	**parischab**	vorgestern Abend / Nacht
امسال	**emßāl**	dieses Jahr
پارسال	**pārßāl**	voriges Jahr
حالا	**hālā**	jetzt, sofort, gleich
هنوز	**hanuz**	wieder, noch immer
همیشه	**hamische**	immer
گاهی	**gāhi**	manchmal
اغلب	**aghlab**	meistens
هرگز	**hargez**	nie, niemals
پس فردا	**paß-fardā**	übermorgen
امروز صبح	**emruz ßobh**	heute Morgen
دیر	**dir**	spät
زود	**zud**	früh
فوراً	**fouran**	sofort
بعد	**ba'd**	danach
هفتهٔ پیش	**hafte·ye pisch**	vorige Woche
هفتهٔ آینده	**hafte·ye āyande**	nächste Woche

امروز چند شنبه است؟
emruz tschand schambe aßt?
heute wie-viel Samstag ist(er)
Welcher Wochentag ist heute?

„Heute Morgen"-Gasse

امروز جمعه است.
emruz djom'e aßt.
heute Freitag ist(er)
Heute ist Freitag.

Tageszeiten

صبح	ßobh	Morgen, morgens
شب	schab	Abend, Nacht
غروب	ghorub	gegen Sonnenuntergang
عصر	aßr	(später) Nachmittag
ظهر	zohr	Mittag
پیش از ظهر	pisch az zohr	vormittags
بعد ازظهر	ba'd az zohr	nachmittags
نیم شب / نصف شب	nim·e schab / neßf·e schab	Mitternacht
وسط شب	waßt·e schab	mitten in der Nacht

سال آینده امتحان دارم.

ßāl·e āyande emtehān dār·am.

Jahr-G nächstes Prüfung habe(ich)

Nächstes Jahr habe ich Prüfung.

سال گذشته ایران بودم.

ßāl·e gozaschte irān bud·am.

Jahr-G vergangen Iran war(ich)

Letztes Jahr war ich im Iran.

Neujahr *(nou-ruz)*

Das Kalenderjahr beginnt mit dem Frühlingsanfang. Im Iran fällt der erste Tag des Jahres auf den europäischen Kalendertag 20. / 21. März. An diesem Tag feiert man nou-ruz *(neuer Tag)*, das Neujahrsfest. Das Fest dauert 13 Tage, wobei die Tage der ersten Woche sowie der 13. Tag als offizielle Feiertage gelten.

Das iranische Neujahrsfest und viele seiner Traditionen stammen aus der altiranischen Antike.

Traditionsgemäß zündet man am Vorabend des letzten Mittwochs des alten Jahres ein Feuer an, das tschahār-schambe ßuri. Man trägt Äste zu vielen kleinen Haufen zusammen. Jung und alt, Freunde und Nachbarn springen über das Feuer und singen dabei ein Lied, dass alles Böse und Schlechte von einem fern gehalten werden und dass das neue Jahr Gesundheit und Glück bringen soll.

Bis zum Neujahrsfest muss das Haus komplett geputzt (chāne-takāni) werden, und man kleidet sich neu ein. Auf jeden Fall wird am Neujahrstag ein festlicher Tisch, die ßofre bzw. ßofre-ye haft ßin, gedeckt. Auf den Tisch werden sieben (haft) verschiedene Lebensmittel gelegt, die alle mit dem Buchstaben ßin („s") beginnen:

In der nebenstehenden Tabelle steht in kursiver Schrift in Klammern, was diese Lebensmittel jeweils symbolisieren.

سیب	**ßib**	Apfel	(*Gesundheit*)
سرکه	**ßerke**	Essig	(*Sauberkeit*)
سیر	**ßir**	Knoblauch	(*Medizin*)
سمنو	**ßamanu**	Mehlspeise aus Malz (*Ernte*)	
سبزه	**ßabze**	Grünes = Linsen und Weizenkeime (*Natur*)	
سماق	**ßomāgh**	Sumach-Gewürz (*Würze*)	
سنجد	**ßendjed**	Mehlbeere (*Liebe*)	

Das säuerliche Gewürz Sumach wird meistens für gegrilltes Fleisch (kabāb) verwendet. Es gilt als typisch iranisch.

ßabze wird ungefähr einen Monat vor nou-ruz in einem hübschen Behälter ausgesät, so dass es am Neujahrstag eine Höhe von ca. 15 cm hat. Man bindet eine rote Schleife darum.

Natürlich kommen auch andere Speisen auf den Tisch, z. B. bunt bemalte Eier, Granatäpfel, Brot, aber auch ein Spiegel, Hyanzinthen, Kerzen, ein Goldfisch in einem hübschen Wasserglas und der ghorān (Koran), bei den Zarathustriern deren heiliges Buch, das aweßtā.

Traditionell tritt auch der hādji firuz auf, ein Mann, der sich schwarz angemalt hat. Er trägt eine schwarze Bluse mit einem roten Rock, eine Pluderhose und einen spitzen Magierhut. Mit satirischen Liedern bringt er die Leute zum Lachen. Dafür wird er mit Geldmünzen und Süßigkeiten beschenkt.

Zum Jahreswechsel wünscht man sich:

عيد شما مبارک (باشد / باشه)!

eyd·e schomā mobārak (bāsch·ad / bāsch·e)!

Neujahr-G ihr Segen (dass-sei(er) / dass-sei(er)(U))

Frohes Neues Jahr!

سال نو / نوروزتان مبارک (باشد / باشه)!

ßāl·e nou / nou-ruz·etān mobārak (bāsch·ad / bāsch·e)!

Jahr-G neu / neu Tag-euer Segen (dass-sei(er) / dass-sei(er)(U))

Frohes Neues Jahr!

سال نو را به شما تبریک میگویم.

ßāl·e nou rā be schomā tabrik mi·guy·am.

Jahr-G neu 4 zu ihr Glückwunsch sage(ich)

Ich gratuliere Ihnen zum Neuen Jahr.

Neujahrsgeschenke (eydi) werden von Älteren an Jüngere gegeben. Goldmünzen oder ein nagelneuer Geldschein sind am beliebtesten. In den ersten zwölf Tagen besuchen sich Verwandte und Bekannte gegenseitig, und zwar besuchen zuerst die Jüngeren die Älteren. Ein nicht erwiderter Besuch wird als grobe Unhöflichkeit oder gar Beleidigung empfunden. Den 13. Tag (ßiz·dah be dar), an dem böse Geister ihr Unwesen im Haus treiben sollen, verbringt man möglichst außer Haus, und picknickt im Grünen. Die ßabze nimmt man mit und wirft sie in einen Teich oder Bach, damit irgendwo neues Grün entsteht. Den Goldfisch setzt man ebenfalls in einem Teich aus.

Die Floskel mobārak bedeutet ungefähr „Segnung" oder „Glückwunsch". Man kann sich damit auch zu anderen Ereignissen oder sogar hinsichtlich einer Sache gratulieren:

كريسمس مبارك!

kriß-maß mobārak!

Weihnachten Glückwunsch

Frohe Weihnachten!

عيد پاک مبارک!

eyd·e pāk mobārak!

Feiertag-G rein Glückwunsch

Frohe Ostern!

تولدت مبارک!

tawallod·at mobārak!

Geburtstag-dein Glückwunsch

Herzlichen Glückwunsch zum Geburtstag!

کت نو ات / نوت مبارک!

kot·e nou·at / nou·et / nou·t / no·t mobārak!

*Jacke-G neu-dein / neu-dein(U) / neu-dein(U) /
neu-dein(U) Glückwunsch*

Glückwunsch zu deiner neuen Jacke!

Jahreszeiten (faßl·hā)

بهار	**bahār**	Frühling
تابستان	**tābeßtān**	Sommer
پائیز / پاییز	**pā'iz / pāyiz**	Herbst
زمستان	**zemeßtān**	Winter

Umgangssprachlich:
bāhār, tābeßtun,
pāiz, zemeßtun.

Monatsnamen

*Das iranische
Sonnenjahr wird ßāl·e
schamßi oder ßāl·e
chorschidi genannt, das
christliche Jahr ßāl·e
maßihi (von maßih
((Christus) oder ßāl·e
milādi (von milād
(Geburt))*

Das persische Jahr, das wie unseres zwölf Monate zählt, beginnt zum Frühlingsanfang am
20. / 21. März (dem nou-ruz) mit dem ersten
farwardin.

فروردین	**farwardin**	21.03. – 20.04.
اردیبهشت	**ordi-behescht**	21.04. – 21.05.
خرداد	**chordād**	22.05. – 21.06.
تیر	**tir**	22.06. – 22.07.
مرداد	**mordād**	23.07. – 22.08.
شهریور	**schahriwar**	23.08. – 22.09.
مهر	**mehr**	23.09. – 22.10.
آبان	**ābān**	23.10. – 21.11.
آذر	**āzar**	22.11. – 21.12.
دی	**dey**	22.12. – 20.01.
بهمن	**bahman**	21.01. – 19.02.
اسفند	**eßfand**	20.02. – 20.03.

Die ersten sechs Monate haben 31 Tage, die nächsten fünf Monate 30 Tage, und der letzte Monat im Jahr hat 29 Tage (in einem Schaltjahr 30 Tage).

Das Datum wird von rechts nach links geschrieben, also mit dem Jahr zuerst, aber wie bei uns gesprochen. Man kann vor den Tag noch ruz·e, vor den Monat māh·e und vor das Jahr ßāl·e setzen.

چهارم یازده هزار و سیصد و نود و یک

tschahārom·e yāzdah·e hezār o ßißad o nawad o yek

1391/11/4 = 23. 01. 2013

Die auf die altiranische Antike zurückgehenden persischen Monatsnamen haben jeweils eine feste Bedeutung. Der eigentümliche Name mordād *(„sterben") stand ursprünglich für* amordad *(unsterblich).*

oder kürzer:
tschahār·e yāzdah·e nawad o yek

امروز چندم است / چندمه؟

emruz tschandom aßt / tschandom·e?

heute wievielter ist(er) / wievielter-ist(er)(U)
Der Wievielte ist heute?

Die Monate des westlichen Kalenders benennt man mit den französischen Bezeichnungen.

امروز هفتم تیر است / تیره.

emruz haftom·e tir aßt / tir·e.

heute siebte-G Tir ist(er) / Tir-ist(er)(U)
Heute ist der siebte Tir.

Tourist vor dem Reliefdenkmal der Investitur Ardaschirs II., Tāgh-e Bostān (bei Kermānschāh)

Mini-Knigge

Als Frau sollten Sie Ihre Kleidung an die Sitten des Landes anpassen. Sie brauchen keinen Schleier, den tschādor *(Zelt),* zu tragen, aber auf jeden Fall ein großes Kopftuch (ru-ßari) und einen langen Mantel (mānto), der bis zu den Knien reichen muss. Haare dürfen normalerweise nicht zu sehen sein, aber es ist wie bei der Schminke: Mal wird es streng, mal nicht so streng geahndet. In der Öffentlichkeit ist das Tragen von kurzen Röcken oder ärmelloser und eng sitzender Kleidung unzulässig!

Es gibt in moslemischen Gesellschaften bestimmte Gepflogenheiten, nach denen Sie sich richten müssen – besonders als Frau! Bedenken Sie, dass Sie sich in einem anderen Kulturkreis bewegen, der sich in den Wert- und Verhaltensnormen von Ihrem Heimatland unterscheidet. Versuchen Sie das Wertesystem des Gastlandes als kulturgebunden zu akzeptieren. Das Nichtbeachten kann unerwünschte Reaktionen auslösen! Wenn Sie als Frau eine Reise in ein islamisches Land planen, würde ich Ihnen empfehlen, diese Reise nur in Begleitung anzutreten! Wenn Sie alleine reisen, ist die Gefahr, von einigen Männern als „Freiwild" betrachtet zu werden, besonders groß. Das Knüpfen von Freundschaften zu Männern sollte daher gemieden werden. Auf irgendwelche Kontaktwünsche oder Annäherungsversuche sollten Sie sich nicht einlassen. Werden Sie auf der Straße angesprochen, reagieren Sie absolut nicht darauf, denn die kleinste Reaktion kann als Provokation ausgelegt werden. Müssen Sie sich nach einer Adresse usw. erkundigen, fragen Sie immer eine Frau!

Mini-Knigge

Sollten Sie unterwegs als Frau einen männlichen Reisenden treffen (und sei es auch ein Bekannter von ihnen), oder umgekehrt, bloß nicht vor Freude ihm / ihr um den Hals fallen! Küsschen hier, Küsschen dort, Händchenhalten, Umarmungen, Streicheln – all das ist nur unter völligem Ausschluss der Öffentlichkeit möglich.

Als Mann sollten Sie in islamischen Ländern keine fremde Frau ansprechen oder gar Annäherungsversuche unternehmen.

Was die Kleidung angeht, ist es nicht üblich, einen Schlips (kerāwāt) umzubinden, da dieser als westlich gilt. Bedecken Sie Ihren Oberkörper und tragen Sie keine kurzärmligen Hemden und auch keine kurzen Hosen.

wichtige Regeln

Während des Fastenmonats ramazān darf von Sonnenaufgang bis Sonnenuntergang weder gegessen, getrunken noch geraucht werden. Auch Sex ist dann nicht erlaubt!

Auf den Koran darf kein anderes Buch oder ein anderer Gegenstand gelegt werden. Während man den Koran liest, darf nicht gegessen, getrunken oder geraucht werden. Wenn jemand im Koran liest oder betet, darf er / sie nicht gestört bzw. angesprochen werden.

Das Essen von Schweinefleisch und nicht ausgeblutetem Fleisch (d. h. das Fleisch, das nicht aus einer rituellen Schlachtung kommt) ist verboten (harām / harum (U) (unrecht)).

Das Trinken von alkoholischen Getränken ist ebenfalls verboten! Inzwischen gibt es aber alkoholfreies Bier.

Ziehen Sie Ihre Schuhe aus, wenn Sie in eine Moschee gehen. Nur in ganz wenigen Moscheen ist das Tragen der Schuhe erlaubt. Schuhe werden im Allgemeinen auch ausgezogen, wenn man ein Haus betritt.

Die linke Hand ist unrein, da man sich mit dieser z. B. auf der Toilette reinigt. Daher sollte man mit der linken Hand keine Nahrung anfassen oder andere Leute begrüßen.

Hunde gelten als unrein. Also nicht mit ihnen spielen, sie berühren oder füttern!

Es ist verboten Militärgelände oder amtliche Einrichtungen wie Polizeistationen, aber auch bestimmte Moscheen zu fotografieren bzw. zu filmen. Respektieren Sie es, wenn Personen nicht fotografiert werden möchten. Versetzen Sie sich bitte z. B. in die Lage, ob sie beim Beten in der Kirche fotografiert werden möchten!

Anrede

Die offizielle Anredeform ist bei der Frau chānom und beim Mann āghā. Es wird generell gesiezt. Duzen ist sehr vertraulich; es ist vornehmlich in der Familie und unter guten Freunden üblich.

رئیس	**ra'iß**	Direktor, Chef
جناب	**djenāb**	Exzellenz
دوشیزه	**duschize**	Fräulein
خانم	**chānom**	Frau
آقا	**āghā**	Herr
استاد	**oßtād**	Professor
حاجی	**hādjdji**	Mekkapilger

Bei der förmlichen Anrede werden āghā, chānom, djenāb mit -e/-ye-Verbindung versehen, wenn diese Wörter dem Namen vorangestellt werden. Vor- und Nachnamen können auch umgangssprachlich mit -e / -ye verbunden werden.

Aus Höflichkeit werden meist mehrere Anreden zugleich benutzt, z. B.: djenāb·e āghā·ye ra'iß ... Ebenso wird ein Mädchen häufig mit duschize chānom angeredet.

Zur Bedeutung der unten genannten Personennamen: panāh „Zuflucht" āzād „frei" zibā „schön" moghaddaß „heilig, Heiligtum"

آقای دکتر پناه	**āghā·ye doktor panāh**	Herr Doktor Panah
خانم آزاد	**chānom·e āzād**	Frau Azad
نرگس زیبا	**nargeß·e zibā**	Narges Ziba
رضا مقدس	**rezā moghaddaß**	Reza Moghaddas

Die Ehefrauen von Ärzten, Ingenieuren usw. werden aus Höflichkeitsgründen ebenfalls mit den Titeln ihrer Männer geschmückt.

In diesem Fall gibt es keine -e/-ye-Verbindung. Eine etwas lockerere Anredeform erfolgt dadurch, dass man den Vornamen bzw. Nachnamen dem āghā bzw. der chānom voranstellt.

مروارید خانم سلام.

🔊 **morwārid chānom ßalām.**

Perle(Madchenname) Frau Friede

Guten Tag, Frau Morwarid!

علی آقا خدا حافظ.

🔊 **ali āghā chodā-hāfez.**

Ali Herr Gott-Beschützer

Gott schütze Sie, Herr Ali! /
Auf Wiedersehen, Herr Ali!

Auch nicht so nahestehende Personen können so wortreich angeredet werden, aber dann sind noch zusätzlich formelle Anredeformen erforderlich. Die vertrauliche Anrede erfolgt durch den Vornamen, Titel usw. und djān / djun (U) (Seele / Leben), aziz (lieb) oder mehrabān / mehrabun (U) (lieb, gütig). Es sind auch ellenlange Kombinationen dieser Ausdrücke möglich. Das wirkt auf die Iraner nicht kitschig, sondern es ehrt sie!

مادر جان	**mādar djān**	liebe Mutter
خواهر جان عزیز	**chāhar djān·e aziz**	liebe, liebe Schwester
خاله عزیز	**chāle·ye aziz**	liebe Tante
دوست مهربان	**dußt·e mehrabān**	liebe(r) Freund(in)
فرزند عزیزم	**farzand·e aziz·am**	mein liebes Kind

Redewendungen

Die übliche Begrüßung im Iran heißt ßalām. Sie steht für „Guten Morgen", „Guten Tag", „Guten Abend" und bedeutet *„Frieden"*.

سلام، حالتان چطور است؟
ⓢ **ßalām, hāl·etān tsche-tour aßt?**
Frieden Zustand-euer wie-Art ist(er)
Guten Tag, wie geht es Ihnen?

Mit einem Smartphone können Sie sich die mit einem ⓢ gekennzeichneten Sätze dieses Kapitels anhören. Scannen Sie einfach den QR-Code mit Hilfe einer kostenlosen App (z. B. „Barcoo" oder „Scanlife").

سلام، مرسی، حال من خوب است.
ⓢ **ßalām, merßi, hāl·e man chub aßt.**
Frieden danke Zustand-G ich gut ist(er)
Guten Tag, danke, es geht mir gut.

حال شما چطور است، خوب هستید؟
ⓢ **hāl·e schomā tsche-tour aßt, chub haßt·id?**
Zustand-G ihr wie-Art ist gut seid(ihr)
Wie geht es Ihnen, geht es Ihnen gut?

مرسی، حال من بد نیست.
ⓢ **merßi, hāl·e man bad nißt.**
danke Zustand-G ich schlecht nicht-ist(er)
Danke, mir geht es nicht schlecht.

حال شما خوب است؟
hāl·e schomā chub aßt?
Zustand-G ihr gut ist(er)
Geht es Ihnen gut?

So kann es eine Weile weitergehen, ohne dass jemand diese Wiederholungen als störend empfindet. Als nächstes erkundigt man sich nach dem gleichen Schema nach dem Befinden der Verwandten, meist Mutter, Vater und Geschwister, denen man auch beim Verabschieden Grüße ausrichtet.

Redewendungen

سلام مرا به ... برسانید.

🔊 **ßalām·e ma·rā be ... be·raßān·id.**

Frieden-G ich-4 zu ... hinbringt(ihr)

Grüßen Sie ... von mir!

مرسی، سلام مرا هم به ... برسانید.

🔊 **merßi, ßalām·e ma·rā ham be ... be·raßān·id.**

danke Frieden-G ich-4 auch zu ... hinbringt(ihr)

Danke, grüßen Sie auch ... von mir!

Bei der Abschieds- خدا حافظ / خدافظ.
floskel chodā-hāfez gilt
wiederum das bereits 🔊 **chodā-hāfez / chodā-fez!**
an verschiedener Stelle *Gott-Beschützer / Gott-Beschützer(U)*
Gesagte, dass die Auf Wiedersehen! / Gott schütze Sie!
umgangssprachliche

Variante zwar im خدا نگهدار. تا بعد.
Prinzip in persischer
Schrift geschrieben 🔊 **chodā negah·dār.** **tā ba'd!**
werden kann, dies *Gott beschützend*
aber ganz unüblich ist. Gott schütze Sie! / Bis dann!
Auf Wiedersehen!

Guten Morgen / Guten Tag / Gute Nacht

Für „guten Morgen", „guten Tag", „guten
Abend" beschränkt man sich üblicherweise auf
ßalām. Sie können aber auch Folgendes sagen:

صبح بخیر.	🔊 **ßobh be·cheyr.**	Guten Morgen!
روز بخیر.	🔊 **ruz be·cheyr.**	Guten Tag!
شب بخیر.	🔊 **schab be·cheyr.**	Guten Abend! / Gute Nacht!

Danke

Im Allgemeinen genügt es, wenn man sich mit merßi bedankt. Geläufig sind auch folgende Dankesfloskeln:

تشكر ميكنم.

🔊 **taschakkor mi·kon·am.**

Dank mache(ich)

Ich bedanke mich.

taschakkor kardan
= *sich bedanken*

خيلى ممنون / ممنونم.

🔊 **cheyli mamnun / mamnun·am.**

sehr dankbar / dankbar(ich)

Danke sehr / schön.

mamnun budan /
motaschakker budan
= *dankbar sein*

قلباً تشكر ميكنم.

ghalban taschakkor mi·kon·am.

herzlich Dank mache(ich)

Ich bedanke mich herzlich. /
Herzlichen Dank.

متشكرم.

motaschakker·am / motschakker·am.

dankbar-bin(ich) / dankbar-bin(ich)(U)

Ich bedanke mich. / Danke schön.

Die Schreibweise ändert sich in der umgangssprachlichen Form nicht.

Bitte

Als Antwort auf „Danke" oder „Entschuldigung" sagt man Folgendes:

خواهش ميكنم.

🔊 **chāhesch mi·kon·am.**

Bitte mache(ich)

Keine Ursache. / Bitte sehr.

Redewendungen

Bei Aufforderung, Bitte oder Wunsch verwendet man generell lotfan *(bitte)* oder chāhesch *(Bitte)*:

لطفاً کمی بلندتر صحبت بکنید.

🔊 **lotfan kam·i boland·tar ßohbat be·kon·id.**

bitte etwas lauter Gespräch macht(ihr)

Bitte sprechen Sie etwas lauter!

خواهش میکنم سیگار نکشید.

chāhesch mi·kon·am ßigār na·kesch·id.

Bitte mache(ich) Zigarette nicht-zieht(ihr)

Ich bitte Sie, nicht zu rauchen.

Im Sinne von „Wie bitte, was haben Sie gesagt?" muss man allerdings so fragen:

بله، چی گفتید / فرمودید؟

🔊 **bale, tschi goft·id / farmud·id?**

ja was sagtet(ihr) / befahlt(ihr)

Wie bitte, was haben Sie gesagt?

معذرت میخواهم، نفهمیدم.

🔊 **ma'zerat mi·chāh·am, na·fahmid·am.**

Entschuldigung will(ich) nicht-verstand(ich)

Entschuldigen Sie, ich habe nicht verstanden.

Entschuldigung

Eine Möglichkeit sich zu entschuldigen, kennen Sie bereits. Es geht aber auch mit bachschidan *(verschenken / entschuldigen)*:

ببخشید، لطفاً کمکم بکنید.

🔊 **be·bachsch·id, lotfan komak·am be·kon·id.**

entschuldigt(ihr) bitte Hilfe-mein macht(ihr)

Entschuldigen Sie, bitte helfen Sie mir!

میبخشید، این یعنی چی؟

🔊 **mi·bachsch·id, in ya'ni tschi?**

entschuldigt(ihr) dieses nämlich was

Entschuldigen Sie, was bedeutet das?

عذر میخواهم من وقت ندارم.

🔊 **ozr mi·chāh·am man waght na·dār·am.**

Entschuldigung will(ich) ich Zeit nicht-habe(ich)

Entschuldigen Sie, ich habe keine Zeit.

„Höflichkeitsfloskeln"

Die meisten der folgenden Floskeln können einen ironischen Unterton haben. Man sollte sie nur verwenden, wenn man sich sicher ist, dass es keine Missverständnisse gibt.

Oft wird das Wort ghorbān *(Opfer)* als Zeichen der Treue, Opferbereitschaft, Dankbarkeit gebraucht. Besonders wird es in Briefen als Abschiedsgruß und beim Beenden eines Telefonats gebraucht. Oft sagt man es zu Kindern und drückt so aus, wie niedlich sie sind.

Eine der wichtigsten Höflichkeitsregeln, die man beachten sollte, ist, dass man einem anderen nicht den Rücken zukehrt. Außerdem sollte lautes Schnäuzen unterlassen werden!

قربانت.

ghorbān·at.

Opfer-dein

Ich bin dir treu ergeben.

Folgendes sagt man, wenn man etwas Bestimmtes tun will, sein Vorhaben dann aber ausführt, ohne auf die Antwort zu warten, so etwa wenn man möchte, dass einem beim Vorbeigehen Platz gemacht wird.

بااجازه.

🔊 **bā edjāze.**

mit Erlaubnis

Darf ich?

Redewendungen

Will man sich von jemandem verabschieden, kann man sagen:

فرمایشی ندارید؟

🔊 **farmāyesch·i na·dār·id?**

Befehl-ein nicht-habt(ihr)

Haben Sie noch einen Wunsch?

Folgenden Ausdruck benutzt man gerne, auch wenn man sich nicht persönlich kennt, um zum Ausdruck zu bringen, dass das Gegenüber hoffentlich nicht von der Arbeit bzw. vom Alltag ermüdet und erschöpft ist:

خسته نباشید.

chaßte na·bāsch·id.

müde dass-nicht-seiet(ihr)

Ich hoffe, Sie sind nicht ermüdet.

Wenn man sich mit Nachdruck für eine Sache bedanken will, sagt man:

دست شما درد نکند / نکنه.

daßt·e schomā dard na·kon·ad / na·kon·e.

Hand-G ihr Schmerz dass-nicht-mache(sie) / dass-nicht-mache(sie)(U)

Möge Ihre Hand nicht schmerzen!

= Vielen Dank für Ihre Mühe!

Der folgende Ausdruck, den Sie besonders oft beim Bezahlen oder Bewundern eines Gegenstandes zu hören bekommen, soll nicht bedeuten, dass Sie den Gegenstand nicht bezahlen müssen bzw. ihn behalten dürfen.

قابل / قابلی ندارد / نداره.

🔊 **ghābel / ghābel·i na·dār·ad / na·dār·e.**

Wert / Wert(-ein) nicht-hat(es) / nicht-hat(es)(U)

Es ist nicht der Rede wert!

Sonstiges

واقعاً؟
ᵍ wāghe'an?
Wirklich?, Tatsächlich!

خب؟
chob?
Und?, Und dann?

خیلی خب.
cheyle chob!
In Ordnung!, Schon gut!

باشه!
ᵍ bāsch·e!
Einverstanden!

البته!
ᵍ albatte!
Sicher!, Gewiss doch!

مهم نیست!
mohem nißt!
Keine Ursache!

این محاله.
ᵍ in mahāl·e!
Das ist unmöglich!

راستی؟
ᵍ rāßti?
Ach ja?, Ist das wahr?

موفق باشید! حالا؟ چطور؟
tsche-tour? **hālā?** **mowaffagh bāsch·id!**
Wie denn das? Und nun? Viel Glück!

Ausrufe

ای وای	**ey wāy**	Ach, du lieber Himmel!
وای خدا / یا خدا	**wāy chodā / yā chodā**	O Gott!, Ach du großer Gott!
به به	**bah bah**	Toll!, Hmm, wie schön! *(für Geruch)*
ده	**de**	Äh, was du nicht sagst!
هان	**hān**	Was?, Ja?, Was ist denn?
آهان	**āhān**	Ach so!
آهای	**āhāy**	Hallo, Sie da!
آفرین	**āfarin**	Bravo!, Prima!
حیف / افسوس	**heyf / afßuß**	Schade!
عجب	**adjab**	Das gibt's doch nicht!, Na so was!
اه	**ah**	Igitt!

hey bedeutet „immer wieder, andauernd":

چرا هی میخندی؟

tscherã hey mi·chand·i?

warum andauernd lachst(du)

Warum lachst du andauernd?

Religion & Alltagskultur

Bis auf eine kleine Minderheit sind die Iraner Moslems und gehören der schiitischen Richtung innerhalb des Islams an. Die Religion Altirans vor der Islamisierung war die des Propheten Zartoscht (Zarathustra). Sie lebt in der kleinen Minderheit der Zartoschtis (Zarathustrier) fort.

Der Fravahar

Das Symbol des zarathustrischen Glaubens heißt fravahar. Es besagt u. a. „Gutes denken!", „Gutes sagen!" und „Gutes tun!"

Religion

دین / مذهب	**din / mazhab**	Religion, Glaube
مقدس	**moghaddaß**	heilig, Heiligtum
نماز / دعا	**namāz / do'ā**	Gebet
مسیحی	**maßihi**	Christ, christlich
یهودی / کلیمی	**yahudi / kalimi**	Jude, jüdisch
زرتشتی / زردشتی	**zartoschti / zardoschti**	Zarathustrier
مسجد	**maßdjed**	Moschee
پیغمبر	**peygham-bar**	Prophet (Botschafter)
آخوند / ملا	**āchund / mollā**	geistlicher Prediger
شیخ	**scheych**	Scheich
سید	**ßeyyed**	Nachkomme des Propheten
بهشت	**behescht**	Paradies
جهنم	**djahanam**	Hölle
کلیسا	**kelißā**	Kirche
صلیب	**ßalib**	Kreuz
زنگ	**zang**	Glocke, Klingel
کشیش	**keschisch**	Priester
راهبه	**rāhebe**	Nonne
قسم / سوگند	**ghaßam / ßougand**	Schwur, Eid
حقیقت	**haghighat**	Wahrheit
دروغ	**dorugh**	Lüge
رمضان	**ramazān**	Fastenmonat

Im Fastenmonat ramazān wird von Sonnenaufgang bis Sonnenuntergang weder gegessen, getrunken noch geraucht. Bitte nehmen Sie Rücksicht und halten Sie sich in der Öffentlichkeit strengstens an diese Regeln!

تو روزه نمیگیری؟

to ruze ne·mi·gir·i?

du Fasten nicht-nimmst(du)

Fastest du nicht?

چرا، من روزه میگیرم.

tscherā, man ruze mi·gir·am.

warum ich Fasten nehme(ich)

Doch, ich faste.

Verreisen bei den Iranern

Wer eine Reise antreten will, verabschiedet sich von den nahen Verwandten und Freunden und begibt sich damit gleichzeitig in die Gefahr, mit tausend Geschenkwünschen, die direkt oder indirekt zum Ausdruck kommen, überhäuft zu werden. Von der Reisenden – nehmen wir an, sie heißt parwāne *(Schmetterling)* – wird „im Stillen" erwartet, dass sie von der Reise ein Geschenk (ßoughāti) mitbringt. Wer kann, begleitet parwāne bis zum Abfahrtsort und schenkt ihr meist Süßigkeiten. Manchmal – dies ist etwas altmodisch – wird nach ihrer Abreise von der Familie āsch·e resch·te, eine dickflüssige Suppe aus selbstgemachten Nudeln, mit Hülsenfrüchten, Petersilie, Dill usw., gekocht, und Verwandte und Freunde werden eingeladen. Bei der Begrüßung gedenken die Eingeladenen der Verreisten mit den Worten:

djā·ye ... chāli na·bāsch·ad / na·bāsch·e *oder* djā·(y)eschān / djā·schun *(U)* chāli sagt man üblicherweise, wenn jemand bei einem Ereignis, Treffen usw. nicht anwesend ist oder war.

جای پروانه خالی (نباشد).

djā·ye parwāne chāli (na·bāsch·ad).

Ort-G Schmetterling leer dass-nicht-sei(er)

Möge der Platz der Verreisten nicht leer bleiben!

Selbstverständlich wird parwāne in den meisten Fällen bei ihrer Rückkehr wieder abgeholt und dann von den Verwandten und Freunden zu Hause besucht, die im Geheimen auch neugierig auf die mitgebrachten ßoughāti sind.

خب، تعرف بکن، خوش گذشت؟

chob, ta'rif be·kon, chosch gozascht?

gut Schilderung mach glücklich verbracht

Na dann, erzähl schon, war es schön?

Meist fängt parwāne dann so an:

مرسی، جای شما خالی، خیلی خوش گذشت.

merßi, djā·ye schomā chāli, cheyli chosch gozascht.

danke Ort-G ihr leer sehr glücklich verbracht

Danke, euer Platz war leer, es war sehr schön.

Wenn parwāne keine ßoughāti verteilt, dann wird sie halb scherzhaft gefragt:

خب، پس سوغاتی ما کو؟

chob, paß ßoughāti·ye mā ku?

gut dann Reisegeschenk-G wir wo

Na, wo bleibt denn unser Reisegeschenk?

Verkaufsstand für Reiseproviant

استراحت	**eßterāhat**	Erholung, Ruhe
گردش	**gardesch**	Spaziergang
تعطیلات	**ta'tilāt**	Ferien
فرهنگ	**farhang**	Kultur
برگشت	**bar·gascht**	Rückkehr
رسم / آداب	**raßm / ādāb**	Sitte, Brauch
سفر / مسافرت	**ßafar / moßāferat**	Reise
مرخصی	**morachchaßi**	Urlaub
آفریقا	**āfrighā**	Afrika
آمریکا	**āmrikā**	Amerika
آسیا	**āßiyā**	Asien
استرالیا	**oßtorāliyā**	Australien
اروپا	**orupā**	Europa

Zu Gast sei

Mit einem Smartphone können Sie sich die mit einem 🔊 gekennzeichneten Sätze dieses Kapitels anhören.

Als Gast wird man mit Gastfreundschaft regelrecht überschüttet. Man wird ständig aufgefordert, etwas zu essen oder etwas zu erzählen, am liebsten natürlich über die liebe Verwandtschaft. Ist man zu Mittag oder zum Abendessen eingeladen, wird der Tisch großzügig mit verschiedenen würzigen Speisen gedeckt. In vielen Haushalten, besonders auf dem Lande, wird auf dem Fußboden gegessen. Hierzu wird ein Tischtuch (سفره ßofre) ausgebreitet, und man setzt sich um dieses herum. Abgezählte Mengen und Stücke je Person gibt es nicht! Auch wenn man im Grunde satt ist, sollte man nach Möglichkeit nicht ablehnend reagieren. Man darf auf gar keinen Fall versäumen, immer wieder die Kochkünste der Hausfrau zu loben:

به به، غذا چه خوشمزه است!

🔊 **bah bah, ghazā tsche chosch-maze aßt!**

hmm hmm Essen wie wohl-Geschmack ist(es)

Hmm, das Essen schmeckt hervorragend!

Wer unangemeldet zum Mittagessen oder zum Abendbrot Leute besucht, wird garantiert aufgefordert zu bleiben und mitzuessen. Das verlangt die Gastfreundschaft.

Aber der Reihe nach! So wird man begrüßt:

خوش آمدید، بفرمایید تو.

🔊 **chosch āmad·id, be·farmāy·id tu.**

fröhlich kamt(ihr) befehlt(ihr) hinein

Herzlich willkommen, treten Sie ein!

بفرمایید بنشینید.

be·farmāy·id be·neschin·id.

befehlt(ihr) (dass-)setzt(ihr)

Bitte nehmen Sie Platz!

اسمتان چی است؟

🔊 **eßm·etān tschi aßt?**

Name-euer was ist(er)

Wie heißen Sie?

اسم من پتر است.

🔊 **eßm·e man peter aßt.**

Name-G ich Peter ist(er)

Ich heiße Peter.

من پترم.

🔊 **man peter·am.**

ich Peter-bin(ich)

Ich bin Peter.

Umgangssprachlich sagt man: eßm·am peter·e.

شما فارسی میفهمید؟

🔊 **schomā fārßi mi·fahm·id?**

ihr Persisch versteht(ihr)

Verstehen Sie Persisch?

شما (زبان) فارسی بلد هستید؟

🔊 **schomā (zabān·e) fārßi balad haßt·id?**

ihr (Sprache-G) Persisch wissen seid(ihr)

Können Sie Persisch sprechen?

بله، من کمی فارسی میفهمم.

🔊 **bale, man kam·i fārßi mi·fahm·am.**

ja ich wenig-ein Persisch verstehe(ich)

Ja, ich kann etwas Persisch.

من فارسی خوب بلد نیستم.

🔊 **man fārßi chub balad nißt·am.**

ich Persisch gut wissen nicht-bin(ich)

Ich kann nicht gut Persisch.

لطفاً این را به فارسی بنویسید.

🔊 **lotfan in rā be fārßi be·newiß·id.**

bitte dieses 4 in Persisch schreibt(ihr)

Schreiben Sie dies bitte auf Persisch auf!

این را به فارسی چی میگویند / میگن؟

🔊 **in rā be fārßi tschi mi·guy·and / mi·g·an?**

dieses 4 in Persisch was sagen(sie) / sagen(sie)(U)

Wie sagt man das auf Persisch?

شما اهل کجا هستید؟

schomā ahl·e kodjā haßt·id?

ihr Bürger-G wo seid(ihr)

Wo kommen Sie her?

من آلمانی هستم / آلمانیم.

🔊 **man ālmāni haßt·am / ālmāni·yam.**

ich Deutscher bin(ich) / Deutscher-bin(ich)

Ich bin Deutsche(r).

چقدر ایران میمانید؟

tsche-ghad(a)r irān mi·mān·id?

was-wert Iran bleibt(ihr)

Wie lange bleiben Sie im Iran?

شاید دو سه هفته.

schāyad do ße hafte.

vielleicht zwei drei Woche

Vielleicht zwei, drei Wochen.

شما چند سالتان است / سالتونه؟
schomā tschand ßāl·etān aßt / ßāl·etun·e?
ihr wie-viel Jahr-euer ist(es) / Jahr-euer-ist(es)(U)
Wie alt sind Sie?

من بیست و هفت سالم است / سالمه.
man bißt o haft ßāl·am aßt / ßāl·am·e.
ich zwanzig und sieben Jahr-mein ist(es) /
Jahr-mein-ist(es)(U)
Ich bin 27 Jahre alt.

ßāl·am nicht mit ßalām
verwechseln!

شما ازدواج کرده‌اید؟
schomā ezdewādj karde·id?
ihr Heirat gemacht-habt(ihr)
Sind Sie verheiratet?

Wichtige Wörter in
diesem Zusammen-
hang:
modjarrad *(ledig)*
mota'ahhel *(verheiratet)*

شما بچه دارید؟
schomā batschtsche dār·id?
ihr Kind habt(ihr)
Haben Sie Kinder?

بله، من سه تا بچه دارم.
bale, man ße tā batschtsche dār·am.
ja ich drei Stück Kind habe(ich)
Ja, ich habe drei Kinder.

Hier muss man tā
sagen, und nicht
etwa nafar (Person)!

ما نامزد هستیم.
mā nāmzad haßt·im.
wir Verlobte(r) sind(wir)
Wir sind verlobt.

من طلاق گرفته‌ام.
man talāgh gerefte·am
ich Scheidung genommen(ich)
Ich bin geschieden.

ما با هم زندگی میکنیم.

mā bā·ham zendegi mi·kon·im.

wir mit-alle Leben machen(wir)

Wir leben zusammen.

من تنها سفر میکنم.

man tanhā ßafar mi·kon·am.

ich allein Reise mache(ich)

Ich reise allein.

میبخشید که دیر کردم.

mi·bachsch·id ke dir kard·am.

entschuldigt(ihr) dass spät machte(ich)

Entschuldigen Sie, dass ich mich
verspätet habe!

شغل شما چی است؟

🔊 **schoghl·e schomā tschi aßt?**

Beruf-G ihr was ist(er)

Was ist Ihr Beruf?

من ... هستم.

🔊 **man ... haßt·am.**

ich ... bin(ich)

Ich bin ... .

Viele Berufsbezeichnungen für Handwerker
kann man mit dem Wort forusch *(Verkauf)* und
dem entsprechenden Gegenstand, der verkauft wird, bilden.

گل فروش	**gol-forusch**	Blumenhändler
طلا فروش	**talā-forusch**	Goldjuwelier
نقره فروش	**noghre-forusch**	Silberjuwelier
قالی فروش /	**ghāli-forusch /**	Teppichhändler
فرش فروش	**farsch-forusch**	
پارچه فروش	**pärtsche-forusch**	Stoffhändler
کتاب فروش	**ketāb-forusch**	Buchhändler
ساعت ساز	**ßā'atßāz**	Uhrmacher

قناد	**ghannād**	Konditor
نانوا	**nānwā**	Bäcker
قصاب	**ghaßßāb**	Fleischer
نجار	**nadjdjār**	Tischler
خياط	**chayyāt**	Schneider
باغبان	**bāghbān**	Gärtner
كفاش	**kaffāsch**	Schuster
تاجر / بازرگان	**tādjdjer / bāzargān**	Kaufmann
عكاس	**akkāß**	Fotograf
دلال	**dallāl**	Makler
منشی	**monschi**	Sekretär
معلم / آموزگار	**mo'allem / āmuz(e)gār**	Lehrer
نويسنده	**newißande**	Schriftsteller
مترجم	**motardjem**	Übersetzer
مهندس	**mohandeß**	Ingenieur
وكيل	**wakil**	Anwalt
سرايدار	**ßarāy-dār**	Hausmeister
بازنشسته	**bāz-neschaßte**	Rentner

من كارگر / كارمند اداره هستم.

🔊 **man kārgar / kārmand·e edāre haßt·am.**

ich Arbeiter / Angestellter-G Büro bin(ich)

Ich bin Arbeiter / Büroangestellter.

من بی كار هستم / بی كارم.

🔊 **man bi-kār haßt·am / bi-kār·am.**

ich ohne-Arbeit bin(ich) / ohne-Arbeit-bin(ich)

Ich bin arbeitslos.

من كار آزاد ميكنم.

🔊 **man kār·e āzād mi·kon·am.**

ich Arbeit-G frei mache(ich)

Ich bin freiberuflich tätig.

از دعوت شما خيلی تشكر ميكنم.

🔊 **az da'wat·e schomā cheyli taschakkor mi·kon·am.**

von Einladung-G ihr sehr Dank mache(ich)

Ich bedanke mich sehr für Ihre Einladung.

Sehr gerne wird bei solchen Danksagungen noch zusätzlich gesagt: daßt·e schomā dard na·kon·ad. *(„Möge Ihre Hand nicht schmerzen!" = Vielen Dank für Ihre Mühe!)*

die liebe Verwandtschaft

Traditionell spielt die Großfamilie und die Pflege von verwandtschaftlichen Beziehungen in der iranischen Gesellschaft eine große Rolle. Nicht selten werden aus Gründen des Familienzusammenhalts Ehen innerhalb der Verwandtschaft geschlossen. Junge Männer und Frauen bleiben so lange im Hause der Eltern, bis sie heiraten. Bei den heranwachsenden Töchtern wird strengstens auf ihre Keuschheit geachtet.

Während der Sohn mit der Volljährigkeit die Zustimmung des Vaters für eine Eheschließung nicht benötigt, ist dessen Einwilligung bei der Tochter, unabhängig vom Alter, immer notwendig.

Wenn ein Paar heiratet, dann gratuliert man nicht nur den beiden, sondern auch ihren Verwandten. Jeder möchte auf der Hochzeitsfeier dabei sein. Erstens gibt es reichlich zu essen, zweitens können sich junge Leute dort kennen lernen, und drittens, was noch wichtiger ist, können neue Paare von den Verwandten „ins Auge gefasst" werden.

Wenn unter Freunden bekannt bzw. gemunkelt wird, dass jemand heiraten will, dann wird er bzw. sie geneckt:

schirin (süß) ist auch ein beliebter Mädchenname.

شیرینی کی میدهی / میدی؟

schirini key mi·dah·i / mi·d·i?

Süßigkeit wann gibst(du) / gibst(du)(U)
Na, wann gibt's den Hochzeitskuchen?

Familie (*chāne-wāde*)

پدر	**pedar**	Vater
مادر	**mādar**	Mutter
براد	**barādar**	Bruder
خواهر	**chāhar**	Schwester
پدر بزرگ	**pedar-bozorg**	Großvater
مادر بزرگ	**mādar-bozorg**	Großmutter
بچه	**batschtsche**	Kind, Nachwuchs
نوه	**nawe**	Enkel, Enkelin

عمو	**amu**	Onkel *väterlicherseits*
دائی (دایی)	**dā'i (dāyi)**	Onkel *mütterlicherseits*
عمه	**amme**	Tante *väterlicherseits*
خاله	**chāle**	Tante *mütterlicherseits*
برادر زاده	**barādar-zāde**	Neffe, Nichte *(Kind des Bruders)*
خواهر زاده	**chāhar-zāde**	Neffe, Nichte *(Kind der Schwester)*
پسر برادر	**peßar-barādar**	Neffe *(Sohn des Bruders)*
پسر خواهر	**peßar-chāhar**	Neffe *(Sohn der Schwester)*
دختر برادر	**dochtar-barādar**	Nichte *(Tochter des Bruders)*
دختر خواهر	**dochtar-chāhar**	Nichte *(Tochter der Schwester)*
پسرعمه	**peßar-amme**	Cousin *väterlicherseits*
پسر خاله	**peßar-chāle**	Cousin *mütterlicherseits*
دخترعمه	**dochtar-amme**	Cousine *väterlicherseits*
دختر خاله	**dochtar-chāle**	Cousine *mütterlicherseits*
پدر شوهر	**pedar-schouhar**	Schwiegervater *(Vater des Mannes)*
پدر زن	**pedar-zan**	Schwiegervater *(Vater der Frau)*
مادر شوهر	**mādar-schouhar**	Schwiegermutter *(Mutter des Mannes)*
مادر زن	**mādar-zan**	Schwiegermutter *(Mutter der Frau)*

„Nachbar" heißt auf Persisch ham-ßāye. Nach Feierabend treffen sich Nachbarn, jung und alt, gern vor der Haustür zu einem kleinen Plausch und auf ein paar Knabbereien. Geknabbert werden Pistazien und geröstete Honig- oder Wassermelonenkerne.

Ruinenfeld Tacht-e Soleymān

Essen & Trinken

Mit Leib und Seele wird im Iran ungeachtet der Figur Reis gegessen. Reis und Brot gehören zu jedem Fleisch- oder Gemüsegericht.

Gerichte

چلو tschelou aus Reis wird mit کباب kabāb, gegrilltem Lammfleisch, serviert. kabāb-kubide ist aus Hackfleisch. djudje *(Küken)* kabāb ist aus Hähnchen, und natürlich nicht aus Küken.

Zu پلو polou, auch aus Reis, wird خورش / خورشت chorescht / choresch gegessen, eine dickflüssige Grundsoße aus Fleisch, Geflügel, Gemüse, Früchten (oder einer Kombination davon) mit Gewürzen und Kräutern.

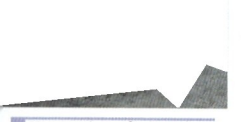

■ Kräutereintopf mit Joghurt

Sollte polou tatsächlich nicht am gleichen Tag aufgegessen werden, kann man daraus کته kateh zubereiten. Dazu wird alles solange gedünstet, bis der Boden schön knusprig ist. آبگوشت āb-guscht wird aus Kichererbsen, weißen Bohnen, kleinen gewürfelten Lammfleischstücken und Kartoffeln zubereitet. Für کوکو kuku werden Petersilie, Dill, Koriander und Porree zerkleinert, mit Ei vermischt und in der Pfanne gebräunt (ist auch kalt sehr gut!).

Die Bedeutung von Eintopfgerichten in der iranischen Küche kann man schon daran erkennen, dass der Koch āsch-paz *genannt wird, von* āsch *(Eintopf) und paz-, dem Gegenwartsstamm von* pochtan *(kochen).*

غذا / خوراک بسيار خوشمزه است!
ghazā / chorāk beß(i)yār chosch-maze aßt!
Essen / Essen sehr wohl-Geschmack ist(es)
Das Essen schmeckt sehr gut.

مانده / مونده	**mānde / munde** (U)	alt (nicht frisch)
تلخ	**talch**	bitter
کره	**kare**	Butter
چاق	**tschāgh**	dick
لاغر	**lāghar**	dünn
تخم مرغ	**tochm·e morgh**	Hühnerei
روغن	**roughan**	Fett, Öl
تازه	**tāze**	frisch
صبحانه / ناشتائی	**ßobhāne / nāschtā'i**	Frühstück
چنگال	**tschangāl**	Gabel
بو	**bu**	Geruch
وزن	**wazn**	Gewicht
لیوان / گیلاس	**liwān / gilāß**	Glas
داغ	**dāgh**	heiß
عسل	**aßal**	Honig
ماست	**māßt**	Joghurt
سرد	**ßard**	kalt
پنیر	**panir**	Käse
دیگ	**dig**	Kochtopf
یخچال	**yach-tschāl**	Kühlschrank
قاشق	**ghaschogh**	Löffel
مربا	**morabbā**	Marmelade
کارد / چاقو	**kārd / tschāghu**	Messer
ناهار	**nāhār**	Mittagessen
املت	**omlet**	Omelett
ماهی تابه	**māhi-tābe**	Pfanne
فلفل	**felfel**	Pfeffer
ماستینه	**māßtine**	Quark
نمک	**namak**	Salz
سیر	**ßir**	satt
ترش	**torsch**	sauer
تیز	**tiz**	scharf
خردل	**chardal**	Senf
سوس	**ßouß**	Soße
بستنی	**baßtani**	Speiseeis
نیمرو	**nim-ru**	Spiegelei
شیرین	**schirin**	süß
فنجان / استکان	**fendjān / eßtekān**	Tasse
قوری	**ghuri**	Teekanne

بشقاب	**boschghāb**	Teller
نعلبکی	**na'l-baki**	Untertasse
کتری	**ketri**	Wasserkessel
شکر / قند	**schekar / ghand**	Zucker*

*Würfelzucker heißt immer nur ghand.

Fisch / Fleisch / Geflügel

ماهی	**māhi**	Fisch
شامی	**schāmi**	Frikadelle
جوجه	**djudje**	Hähnchen *(Küken)*
مرغ	**morgh**	Huhn
ماهیچه	**māhitsche**	Keule *(Muskel)*
میگو	**meygu**	Krabben
جگر / جیگر *(U)*	**djegar / djigar** *(U)*	Leber
قلوه	**gholwe**	Niere
کالباس / کالواس *(U)*	**kālbāß / kālwāß** *(U)*	Wurst
گوشت چرخ کرده	**guscht·e tscharch-karde**	Hackfleisch
گوشت بره	**guscht·e barre**	Hammelfleisch
گوشت گوساله	**guscht·e gußāle**	Kalbfleisch
گوشت گوسفند	**guscht·e gußfand**	Lammfleisch
گوشت گاو	**guscht·e gāw**	Rindfleisch

کی ناهار / شام میخوریم؟
key nāhār / schām mi·chor·im?
wann Mittagessen / Abendessen essen(wir)
Wann essen wir zu Mittag / Abend?

Umgangssprachlich man großnam·e *oder* man goschnam·e.

من گرسنه‌ام.
man goroßne·am.
ich hungrig-bin(ich)
Ich bin hungrig.

من سیرم.
man ßir·am.
ich satt-bin(ich)
Ich bin satt.

من فقط نوشابه میخواهم / میخام.
man faghat nusch-āb·e mi·chāh·am / mi·chā·m.
ich nur Getränk will(ich) / will(ich)(U)
Ich möchte nur etwas trinken.

من اشتها ندارم.

man eschtehā na·dār·am.

ich Appetit nicht-habe(ich)

Ich habe keinen Appetit.

میتوانم این را بچشم؟

mi·tawān·am in rā be·tschesch·am?

kann(ich) dieses 4 dass-probiere(ich)

Kann ich das probieren?

Hühner und Hühnereier

این غذا سرد / شور / چرب / خام است.

in ghazā ßard / schur / tscharb / chām aßt.

dieses Essen kalt / salzig / fett / ungekocht ist(es)

Dieses Essen ist kalt / salzig / fett / nicht gar.

گوشت خوب پخته / سرخ / برشته نیست.

guscht chub pochte / ßorch / bereschte nißt.

Fleisch gut gekocht / gebraten / knusprig nicht-ist(es)

Dieses Fleisch ist nicht gut gekocht / gebraten / knusprig.

من گوشت نمیخورم.

man guscht ne·mi·chor·am.

ich Fleisch nicht-esse(ich)

Ich esse kein Fleisch.

نوش جان!

nusch·e djān!

trinken-G Leben

Guten Appetit!

nusch- *ist der Gegenwartsstamm von* nuschidan *(trinken).*

یک / یه کارد / قاشق / چنگال کم است / کمه.

yek / ye kārd / ghāschogh / tschangāl kam aßt / kam·e.

eins / eins(U) Messer / Löffel / Gabel wenig ist(es) / wenig-ist(es)(U)

Hier fehlt ein Messer / ein Löffel / eine Gabel.

(آیا) ممکن است کمی دیگر / دیگه
... برایم بیاورید / بیارید؟
(āyā) momken aßt kam·i digar / dige
... barāy·am biy·āwar·id / biy·ār·id?
(ob) möglich ist(es) wenig-ein anderes / anderes(U)
für-mich dass-bringet(ihr) / dass-bringet(ihr)(U)
Könnten Sie mir etwas mehr ... bringen?

مرسی، کافی است.
merßi, kāfi aßt.
danke genug ist(es)
Danke, das ist genug.

لطفاً روی میز را تمیز بکنید.
lotfan ruy·e miz·rā tamiz be·kon·id.
bitte Gesicht-G Tisch-4 sauber macht(ihr)
Bitte machen Sie den Tisch sauber!

یک / یه پرس کوچک / کوچیک برای بچه‌ام.
yek / ye porß·e kutschek / kutschik barāye
batschtsche·am.
eins / eins(U) Portion-G klein / klein(U) für
Kind-mein
Eine kleine Portion für mein Kind!

غذای بدون گوشت دارید؟
ghazā·ye bedun·e guscht dār·id?
Essen-G ohne Fleisch habt(ihr)
Haben Sie Gerichte ohne Fleisch?

پیش غذا / دسر دارید / دارین؟
pisch-ghazā / deßer dār·id / dār·in?
Vorspeise / Nachtisch habt(ihr) / (U)
Gibt es Vorspeisen / Nachtisch?

من این غذا را سفارش ندادم.
man in ghazā·rā ßefāresch na·dād·am.
ich dieses Essen-4 Bestellung nicht-gab(ich)
Ich habe dieses Essen nicht bestellt.

نمكش كم است / كمه.

namak·asch kam aßt / kam·e.

Salz-sein wenig ist / wenig-ist(U)

Da fehlt ein bisschen Salz.

لطفاً صورت حساب، با هم / جداگانه.

🎧 **lotfan ßurat-heßāb, bā-ham / djodāgāne.**

bitte Gesicht-Rechnung mit-alle / getrennt

Bitte die Rechnung, zusammen / getrennt.

شما زياد حساب كرده‌ايد.

schomā ziyād heßāb karde·id.

ihr viel Rechnung gemacht(ihr)

Sie haben zu viel berechnet.

باقی‌اش برای شما.

bāghi·yasch barāye schomā.

Rest-sein für ihr

Der Rest ist für Sie.

اين هم دستمزد / انعام شما.

in ham daßt-mozd·e / en'ām·e schomā.

dieses auch Hand-Lohn-G / Trinkgeld-G ihr

Das ist Ihr Trinkgeld.

ميخواهم برای امشب جا / ميز رزرو بكنم.

mi·chāh·am barāye emschab djā / miz rezerw be·kon·am.

will(ich) für heute-Abend Platz / Tisch Reservierung mache(ich)

Ich möchte für heute Abend einen Platz / Tisch reservieren.

چرا اينقدر / اينقد طول ميكشد / ميكشه؟

tscherā in·ghadr / in·ghadar / in·ghad tul mi·kesch·ad / mi·kesch·e?

warum so-lange / so-lange(U) / so-lange(U) Dauer zieht(es) / zieht(es)(U)

Warum dauert es so lange?

Iraner kaufen oft bis zu 20 Brote auf ein-mal, und es kommt zu Warteschlangen. Wer nur ein, zwei Brote will, wird meist vorbei-gelassen. Vorsicht, das Brot ist sehr heiß, daher ein Tuch o. ä. zum Ein-wickeln mitnehmen!

Die persischen Brote بربری barbari, لواش lawäsch oder سنگک ßangak gehören zu jeder Haupt-mahlzeit. Die Brote sind ca. 70 cm lang und ca. 30 cm breit oder rund (Durchmesser 50 cm). Sie sind so dünn, dass man sie zusam-menfalten kann. Man backt sie im تنور tanur, einem bienenkorbförmigen Lehmofen.

چند تا نان / نون میخواهید؟

🖉 **tschand tā nān / nun mi·chāh·id?**
wie-viel Stück Brot / Brot(U) wollt(ihr)
Wie viel Brot möchten Sie?

من سه تا نان میخواهم.

🖉 **man ße tā nān mi·chāh·am.**
ich drei Stück Brot will(ich)
Ich möchte drei Stück Brot.

این نان خیلی سوخته (است).

🖉 **in nān cheyli ßuchte (aßt).**
dieses Brot sehr verbrannt (ist(es))
Dieses Brot ist sehr angebrannt.

Getränke

Zu den Mahlzeiten wird gern دوغ dugh, ein sehr erfrischendes Getränk aus Joghurt, geriebe-ner Gurke, Minze und Salz getrunken. An den Getränkekiosken werden auch Säfte verkauft, u. a. Granatapfel-, Honig- und Wassermelo-nensaft. Letzterer sollte nur bestellt werden, wenn man sehen kann, dass er auch frisch ge-presst wird, denn er wird schnell gammelig.

Beim Mineralwasser wichtig: gāz (Gas, Koh-lensäure), also bā gāz oder gāz-dār (mit Koh-lensäure) bzw. bedun·e gāz (ohne Kohlen-säure).

آب میوه / آب جو / آب معدنی دارید / دارین؟

🖉 **āb·e miwe / āb·e djou / āb·e ma'dani dār·id / dār·in?**
Wasser-G Obst / Wasser-G Gerste / Wasser-G bergwerkliches habt(ihr) / habt(ihr)(U)
Haben Sie Fruchtsaft / Bier / Mineralwasser?

من شیر برای بچه‌ام میخواهم.
**man schir barāye batschtsche·am
mi·chāh·am.**
ich Milch für Kind-mein will(ich)
Ich möchte Milch für mein Kind.

من تشنه‌ام.
man teschne·am.
ich durstig-bin(ich)
Ich bin durstig.

به سلامتی!
be ßalāmati!
zu Gesundheit
Zum Wohl!, Prost!

آب یخ دارید؟
āb·e yach dār·id?
Wasser-G Eis habt(ihr)
Haben Sie eiskaltes Wasser?

Hier gibt es frischeBio-Säfte

لطفاً یک / یه شیشه (ی) آب.
lotfan yek / ye schische(·ye) āb.
bitte eins / eins(U) Flasche(-G) Wasser
Eine Flasche Wasser, bitte!

چایی مینوشید / میخورید؟
tschāyi mi·nusch·id / mi·chor·id?
Tee trinkt(ihr) / esst(ihr)
Trinken Sie Tee?

*Es ist üblich, auch bei
Getränken* chordan
(essen) statt nuschidan
(trinken) zu sagen.

چایی پر رنگ یا کم رنگ میخورید؟
tschāyi·ye por rang yā kam rang mi·chor·id?
Tee-G voll Farbe oder wenig Farbe esst(ihr)
Trinken Sie den Tee stark oder schwach?

Obst & Gemüse

سیب زمینی درشت و خوب دارید / دارین؟
**ßib-zamini·ye doroscht o chub dār·id /
dār·in?**
*Apfel-irdisch-G groß und gut habt(ihr) /
habt(ihr)(U)*
Haben Sie große und schöne Kartoffeln?

(اینها) خیلی ریزند / ریزن.

(in·hā) cheyli riz·and / riz·an.

(diese) sehr winzig-sind(sie) / winzig-sind(sie)(U)

Die sind aber sehr winzig!

لطفاً نیم کیلو سیب بدهید.

🔊 **lotfan nim kilo ßib be·dah·id.**

bitte halb Kilo Apfel gebt(ihr)

Geben Sie ein halbes Kilo Äpfel!

گوجهٔ تازه دارید؟

🔊 **goudje·ye tāze dār·id?**

Mirabelle-G frisch habt(ihr)

Haben Sie frische Tomaten?

Tomaten heißen auf Persisch eigentlich goudje farangi *(europäische Mirabellen). Wenn der Kontext eindeutig ist, sagt man nur* goudje *(Mirabellen).*

من توت فرنگی دوست ندارم.

🔊 **man tut farangi dußt na·dār·am.**

ich Beere europäisch lieb nicht-habe(ich)

Ich mag keine Erdbeeren.

زرد آلو	**zard-ālu**	Aprikose
موز	**mouz**	Banane
گلابی	**golābi**	Birne
خرما	**chormā**	Dattel
شوید	**schewid**	Dill
انجیر	**andjir**	Feige
سبزی	**ßabzi**	Gemüse, Kräuter
خیار	**chiyār**	Gurke
خربزه	**charbuze**	Honigmelone
نخد	**nochod**	(Kicher-)Erbse
گیلاس	**gilāß**	Kirsche
سیر	**ßir**	Knoblauch
کاهو	**kāhu**	Kopfsalat
زیتون	**zeytun**	Olive
جعفری	**dja'fari**	Petersilie
هلو	**holu**	Pfirsich
آلو	**ālu**	Pflaume
قارچ	**ghārtsch**	Pilz
به	**beh**	Quitte

تربچه	**torobtsche**	Radieschen
برنج	**berendj**	Reis
انگور	**angur**	Traube
هندوانه / هندونه	**hendewāne /** **hendune** *(U)*	Wassermelone
لیمو	**limu**	Zitrone*
پیاز	**piyāz**	Zwiebel
رسیده	**raßide**	reif
نارس	**nā·raß**	unreif
پوسیده	**pußide**	verfault
نرم	**narm**	weich
سفت	**ßeft**	hart
شل	**schol**	locker

Es gibt süße und saure Zitronen. Die sauren kennt man ja. Die süßen sind ebenfalls gelb, dabei rund wie Apfelsinen, haben aber eine viel dünnere und glattere Schale. Wenn man sie schneidet, muss man die Frucht sofort essen bzw. den Saft sofort trinken, sonst werden sie bitter.

من ... میخواهم.
man ... mi·chāh·am.
Ich möchte ...

... نیم کیلو پیاز ...
... nim kilo piyāz ...
halb Kilo Zwiebel
... 1/2 Kilo Zwiebeln.

... صد گرم قارچ ...
... ßad geram ghārtsch ...
100 Gramm Pilz
... 100 Gramm Pilze.

... ربع کیلو پنیر ...
... rob' kilo panir ...
Viertel Kilo Käse
... ein halbes Pfund Käse.

... سه تا لیمو ترش / لیمو شیرین ...
... ße tā limu-torsch / limu-schirin ...
drei Stück Zitrone-sauer / Zitrone-süß
... drei saure / süße Zitronen.

Übernachten

Viele (Luxus-)Hotels bieten neben komfortablen Übernachtungen reichhaltige traditionelle warme und kalte Buffets auch für Nicht-Hotelgäste an.

هتل یا مهمانخانه‌ای خوبی میشناسید؟

hotel yā mehmān-chāne-ye chub·i mi·schenāß·id?

Hotel oder Gast-Haus-G gut-ein kennt(ihr)

Kennen Sie ein gutes Hotel oder Gasthof?

اتاق خالی دارید / دارین؟

otāgh·e chāli dār·id / dār·in?

Zimmer-G leer habt(ihr) / habt(ihr)(U)

Haben Sie ein freies Zimmer?

یک اتاق دو نفره دارید / دارین؟

yek otāgh·e do nafar·e dār·id / dār·in?

eins Zimmer-G zwei Person habt(ihr) / habt(ihr)(U)

Haben Sie ein Doppelzimmer?

آیا میتوانم / میتونم اتاق را ببینم؟

āyā mi·tawān·am / mi·tun·am otāgh rā be·bin·am?

vielleicht kann(ich) / kann(ich)(U) Zimmer-4 dass-sehe(ich)

Könnte ich vielleicht das Zimmer ansehen?

اتاق بهتری / بزرگتری دارید / دارین؟

otāgh·e beh·tar·i / bozorg·tar·i dār·id / dār·in?

Zimmer-G besser-ein / größer-ein habt(ihr) / habt(ihr)(U)

Haben Sie ein besseres / größeres Zimmer?

شاید دو یا سه روز بمانم / بمونم.

🔊 **schāyad do yā ße ruz be·mān·am / be·mun·am.**

vielleicht zwei oder drei Tag dass-bleibe(ich) / dass-bleibe(ich)(U)

Vielleicht bleibe ich zwei oder drei Tage.

اتاق من آب گرم ندارد.

🔊 **otāgh·e man āb·e garm na·dār·ad.**

Zimmer-G ich Wasser-G warm nicht-hat(es)

Mein Zimmer hat kein warmes Wasser.

برق رفته / قطع است.

bargh rafte / ghat' aßt.

Strom gegangen / Abschneiden ist(er)

Es gibt keinen Strom.

کولر کار نمیکند.

kuler kār ne·mi·kon·ad.

Klimaanlage Arbeit nicht-macht(sie)

Die Klimaanlage geht nicht.

شیر آب چکه میکند / میکنه.

schir·e āb tschekke mi·kon·ad / mi·kon·e.

Löwe-G Wasser Tropfen macht(er) / macht(er)(U)

Der Wasserhahn tropft.

لطفاً این ملافه ها را عوض بکنید.

lotfan in malāfe·hā rā awaz be·kon·id.

bitte diese Laken-Mz- 4 Tausch macht(ihr)

Bitte wechseln Sie diese Bettlaken!

لطفاً ساعت هفت مرا بیدار بکنید.

🔊 **lotfan ßā'at·e haft ma·rā bidār be·kon·id.**

bitte Uhr-G sieben mich-4 wach macht(ihr)

Bitte wecken Sie mich um sieben Uhr!

Um Wasser (āb) und Strom (bargh) zu sparen, wird vor allem im Sommer sehr oft bezirksweise für ein paar Stunden das Wasser bzw. der Strom abgeschaltet. Es schadet daher nicht, wenn Sie eine Flasche Wasser (botri ye āb) bzw. eine Taschenlampe (tscherāgh-ghowwe) dabei haben.

لطفاً یک تاکسی برایم خبر بکنید.

lotfan yek tākßi barāy·am chabar be·kon·id.

bitte ein Taxi für-ich Nachricht macht(ihr)

Bitte bestellen Sie ein Taxi für mich!

من دیشب خیلی بد خوابیدم.

man dischab cheyli bad chābid·am.

ich gestern-Abend sehr schlecht schlief(ich)

Ich habe letzte Nacht sehr schlecht geschlafen.

کجا میتوانم چادر بزنم؟

kodjā mi·tawān·am tschādor be·zan·am?

wo kann(ich) Zelt dass-schlage(ich)

Wo kann ich zelten?

Toiletten

Toiletten im Iran sind Stehklos. Anstelle von Toilettenpapier wird die Reinigung mit Wasser aus einem Wasserbehälter (ähnlich einer Gießkanne) oder auch aus einem Wasserschlauch mit der linken Hand vorgenommen. Hierin liegt auch der Grund, warum diese Hand als unrein angesehen wird. In vielen Hotels, Restaurants oder Wohnhäusern gibt es neben den Stehklos auch die europäischen Toiletten.

Richtung WC

oder auch:

مردانه mardāne
(Männer / männlich)

زنانه zanāne
(Frauen / weiblich)

آقایان	**āghā·yān**	Herren
خانم ها	**chānom·hā**	Frauen
بانوان	**bāno·wān**	Damen

میبخشید، توالت کجا است / کجاست؟

🔊 **mi·bachsch·id, tuālet kodjā aßt / kodjā-ßt?**

entschuldigt(ihr) Toilette wo ist(sie) / wo-ist(sie)(U)

Entschuldigen Sie, wo ist die Toilette?

حمام	**hammām**	Bad *(öffentlich oder privat)*
جارو (ب)	**djāru(b)**	Besen
تخت خواب	**tacht(·e)-chāb**	Bett *(von tacht (Thron), chāb (Schlaf))*
ملافه	**malāfe**	Betttuch
سطل	**ßatl**	Eimer
سطل آشغال	**ßatl·e āschghāl**	Mülleimer
طبقه	**tabaghe**	Etage
آسانسور	**āßānßor**	Fahrstuhl
پنجره	**pandjare**	Fenster
آتش	**ātasch**	Feuer
لامپ / چراغ	**lāmp / tscherāgh**	Glühbirne, Lampe
چراغ قوه	**tscherāgh-ghowwe**	Taschenlampe
حوله	**houle**	Handtuch
شانه	**schāne**	Kamm
تميز	**tamiz**	sauber
كثيف	**kaßif**	schmutzig
صابون	**ßābun**	Seife
قفل	**ghofl**	Schloss
كمد	**komod**	Schrank
ليف	**lif**	Schwamm
آئينه	**ā'ine**	Spiegel
گرد	**gard**	Staub
صندلی	**ßandali**	Stuhl
ميز	**miz**	Tisch
كاغذ توالت	**kāghaz·e tuālet**	Toilettenpapier
پله	**pelle**	Treppe
انعام	**en'ām**	Trinkgeld
پنكه	**panke**	Ventilator
منزل	**manzel**	Wohnung
مسواك	**meßwāk**	Zahnbürste

Unterwegs

Die meisten von Ihnen dürften mit dem Flugzeug im Iran gelandet sein und benutzen in der Stadt zumeist Taxis und Minibusse.

mit dem Taxi

Wenn Sie mit einem تاکسی tākßi *(Taxi)* fahren wollen, brauchen Sie sich lediglich an den Straßenrand zu stellen. Ein vorbeikommender Taxifahrer wird Sie sofort als Fahrgast identifizieren und Kurs auf Sie nehmen. Das Taxi bremst kurz vor Ihren Füßen und Sie brauchen dem Fahrer nur den Straßennamen oder den Gebäudenamen zuzurufen. Wenn Ihr Ziel in seiner Richtung liegt, nimmt er Sie auch mit, wenn er bereits andere Fahrgäste hat. Man muss bei einem weit entfernten Ziel lange warten, bis ein freies Taxi in Ihre gewünschte Richtung fährt. So ist es manchmal sinnvoll, mehrmals in andere Taxis umzusteigen. Man gibt z. B. erst die nächstgrößere Straße oder Kreuzung an und geht von dort aus dann entweder zu Fuß oder wechselt nach diesem Schema die Taxen, bis das Ziel erreicht ist. Man kann aber auch gegen Aufpreis als Einzelfahrgast direkt zum gewünschten Ziel fahren. Dazu sollten Sie, wenn Sie ein leeres Taxi sehen, dem Fahrer dar-baßt *(voll, geschlossen)* oder noch einfacher tak *(einzeln)* zurufen. Den fälligen Aufschlag sollten Sie vorher erfragen. In Teheran können Sie auch die U-Bahn (مترو metro) benutzen.

Das Logo der Metro

Hier heißt es mi·raw·id (geht), und nicht etwa mi·rān·id (fährt).

شما به خیابان ... میروید؟
schomā be chiyābān·e ... mi·raw·id?
ihr zu Straße-G ... geht(ihr)
Fahren Sie zur / in die ... -Straße?

لطفاً من را به این آدرس ببرید / ببرین.

🔊 lotfan man·rā be in ādreß be·bar·id / be·bar·in.

bitte ich-4 zu diese Adresse bringt(ihr) /
bringt(ihr)(U)

Bitte fahren Sie mich zu dieser Adresse!

Hier verwendet man
bordan ((weg)tragen),
und nicht etwa
rāndan (fahren).

لطفاً به فرودگاه.

🔊 lotfan be forudgāh.

bitte zu Flughafen

Zum Flughafen, bitte!

لطفاً تند نرانید / نروید.

🔊 lotfan tond na·rān·id / na·raw·id.

bitte schnell nicht-fahrt(ihr) / nicht-geht(ihr)

Fahren Sie bitte nicht schnell!

Geschwindigkeit reduzieren!

به دست راست / به طرف راست

be daßt·e rāßt / be taraf·e rāßt

zu Hand-G / zu Richtung-G rechts

nach rechts

به دست چپ / به طرف چپ

be daßt·e tschap / be taraf·e tschap

zu Hand-G / zu Richtung-G links

nach links

مستقیم

moßtaghim

geradeaus

لطفاً سر کوچه نگه / نگر دارید.

🔊 lotfan ßar·e kutsche negah / negar dār·id.

bitte Kopf-G Gasse Blick / Blick(U) habt(ihr)

Bitte halten Sie an der Straßenecke!

negah dāschtan
(stoppen, halten),
von negāh / negah
(Blick, Beobachtung)

چند میشود / میشه؟

🔊 tschand mi·schaw·ad / mi·sch·e?

wie-viel wird(es) / wird(es)(U)

Was macht das?

zu Fuß

من پیاده میروم / میرم.
man piyāde mi·raw·am / mi·r·am.
ich zu-Fuß gehe(ich) / gehe(ich)(U)
Ich gehe zu Fuß.

این خیابان به ... میرود / میخوره؟
in chiyābān be ... mi·raw·ad / mi·chor·e?
diese Straße nach ... geht(sie) / isst(sie)(U)
Führt diese Straße nach ... ?

اسم این خیابان چی است؟
eßm·e in chiyābān tschi aßt?
Name-G diese Straße wie ist(er)
Wie heißt diese Straße?

پیاده خیلی دور است / دوره؟
piyāde cheyli dur aßt / dur e?
zu-Fuß sehr weit ist(es) / weit-ist(U)
Ist es zu Fuß sehr weit?

Berlin-Gasse

به من روی نقشه نشان بدهید / بدید.
be man ru·ye naghsche neschān be·dah·id / be·d·id.
zu ich auf-G Karte Zeichen gebt(ihr) / gebt(ihr)(U)
Zeigen Sie es mir auf der Karte!

من راه را گم کردهام.
man rāh rā gom karde·am.
ich Weg 4 Verlust gemacht-habe(ich)
Ich habe mich verlaufen.

سفر خوش!	**ßafar-chosch! /**	Gute Reise!
سفر بخیر!	**ßafar be·cheyr!**	
خوش بگزرد!	**chosch begzar·ad!**	Viel Spaß!
خوش آمدید!	**chosch āmad·id!**	Willkommen!

mit Bus & Bahn

Wenn Sie Städte besuchen wollen, empfehle ich mit dem Reisebus zu fahren. Erstens ist es billiger als mit der Bahn, und zweitens sieht man viel mehr von der abwechslungsreichen Landschaft und den vielen kleineren Ortschaften.

Fahrkarten für den Bus müssen Sie vorher am Kiosk kaufen, Fahrkarten für den Zug am Bahnhof.

ایستگاه اتوبوس / راه آهن کجا است؟

ißtgāh·e otobuß / rāh-āhan kodjā aßt?

Haltestelle-G Bus / Weg-Eisen wo ist(sie)

Wo ist die Bushaltestelle /
der Hauptbahnhof?

قطار تأخیر دارد / داره؟

ghatār ta'chir dār·ad / dār·e?

Zug Verspätung hat(er) / hat(er)(U)

Hat der Zug Verspätung?

قطار چقدر تأخیر دارد؟

ghatār tsche-ghad(a)r ta'chir dār·ad?

Zug wie-viel Verspätung hat(er)

Wie viel Verspätung hat der Zug?

آیا باید قطار عوض بکنم؟

āyā bāyad ghatār awaz be·kon·am?

ob muss(es) Zug Wechsel dass-mache(ich)

Muss ich umsteigen?

قطار بعدی کی می‌آید؟

ghatār·e ba·di key mi·āy·ad?

Zug-G nächster wann kommt(er)

Wann kommt der nächste Zug?

قطار ... به ... کی حرکت می‌کند؟

ghatār·e ... be ... key harakat mi·kon·ad?

Zug-G ... zu ... wann Bewegung macht(er)

Wann fährt der Zug ... nach ... ab?

از کدام / کدوم سکو؟

az kodām / kodum ßakku?

von welcher / welcher(U) Bahnsteig

Von welchem Bahnsteig?

کی به ... می‌رسیم؟

key be ... mi·raß·im?

wann in ... ankommen(wir)

Wann kommen wir in ... an?

این بلیط تا کی اعتبار دارد / داره؟

in belit tā key e'tebār dār·ad / dār·e?

diese Fahrkarte bis wann Gültigkeit hat(sie) / hat(sie)(U)

Wie lange ist diese Fahrkarte gültig?

با اتوبوس چند ساعت طول خواهد کشید؟

bā otobuß tschand ßā·at tul chāh·ad kesch·id?

mit Bus wie-viel Zeit Dauer will(es) zieht(ihr)

Wie lange wird es mit dem Bus dauern?

یک بلیط درجه دو / دو سره / رفت و برگشت.

yek belit·e daradje do / do-ßar·e / raft-o-bargascht.

eins Fahrkarte-G Klasse zwei / zwei Weg / hingehen-und-zurückkehren

Eine Fahrkarte zweiter Klasse / hin und zurück.

اطلاعات / گیشه کجا است؟

ettelā'āt / gische kodjā aßt?

Information / Schalter wo ist(sie/er)

Wo ist die Information / der Schalter?

این جا خالی / اشغال است؟

in djā chāli / eschghāl aßt?

dieser Platz leer / besetzt ist(er)

Ist dieser Platz frei / besetzt?

من میخواهم کنار پنجره بنشینم / بشینم.

**man mi·chāh·am kenār·e pandjere
be·neschin·am / be·schin·am.**

*ich will(ich) Rand-G Fenster dass-sitze(ich) /
dass-sitze(ich)(U)*

Ich möchte am Fenster sitzen.

اجازه دارم پنجره را ببندم؟

edjāze dār·am pandjere rā be·band·am?

Erlaubnis habe(ich) Fenster 4 dass-schließe(ich)

Darf ich das Fenster schließen?

چند تا ایستگاه دیگر مانده (است) / مونده؟

**tschand tā ißtgāh digar mānde (aßt) /
munde?**

*wie-viel bis Haltestelle anderes geblieben ist(es) /
geblieben(U)*

Wie viele Stationen sind es noch?

خواهش میکنم به من بگویید / بگید
کجا باید پیاده بشوم / بشم.

**chāhesch mi·kon·am be man be·guy·id / be·g·id
kodjā bāyad piyāde be·schaw·am / be·sch·am.**

*Bitte mache(ich) zu ich dass-saget(ihr) /
dass-saget(ihr)(U) wo muss(es) zu-Fuß
dass-werde(ich) / dass-werde(ich)(U)*

Bitte sagen Sie mir, wo ich aussteigen muss!

mit dem Flugzeug

پرواز بعدی کی است؟
parwāz·e ba'di key aßt?
Flug-G nächster wann ist(er)
Wann ist der nächste Flug?

این چمدان من نیست.
in tschamadān·e man nißt.
dieser Koffer-G ich nicht-ist(er)
Das ist nicht mein Koffer!

چمدان های من نرسیده‌اند.
tschamadān·hā·ye man na·raßide·and.
Koffer-Mz-G ich nicht-angekommen-sind(sie)
Meine Koffer sind nicht angekommen.

mit dem eigenen Auto

(از) کجا میتوانم / میتونم ماشین /
دوچرخه کرایه بکنم؟
**(az) kodjā mi·tawān·am / mi·tun·am māschin /
do-tscharch·e kerāye be·kon·am?**
*(von) wo kann(ich) / kann(ich)(U) Auto /
Zweirad Miete dass-mache(ich)*
Wo kann ich ein Auto / Fahrrad mieten?

نزدیکترین پمپ بنزین کجا است / کجاست؟
🔊 **nazdik·tarin pomp·e benzin kodjā aßt /
kodjā·ßt?**
*nächste Pumpe-G Benzin wo ist(sie) /
wo-ist(sie)(U)*
Wo ist die nächste Tankstelle?

لطفاً تانک را پر بکنید.
🔊 **lotfan tānk rā por be·kon·id.**
bitte Tank 4 voll macht(ihr)
Bitte tanken Sie voll!

رسید خود پرداز پارک
و ایام تعطیل

■ Parken nur mit Parkschein!

کمک لازم دارید / دارین؟

komak lāzem dār·id / dār·in?

Hilfe nötig habt(ihr) / habt(ihr)(U)

Brauchen Sie Hilfe?

میتوانید / میتونید کمکم بکنید؟

mi·tawān·id / mi·tun·id komak·am be·kon·id?

könnt(ihr) / könnt(ihr)(U) Hilfe-ich
dass-machet(ihr)

Könnten Sie mir behilflich sein?

تایر ماشینم پنچر شده (است).

🔊 **tāyer·e māschin·am pantschar schode (aßt).**

Reifen-G Auto-mein Platten geworden (ist)

Ich habe eine Reifenpanne.

ماشینم خراب است / خرابه.

🔊 **māschin·am charāb aßt / charāb·e.**

Auto-mein kaputt ist / kaputt-ist(U)

Mein Auto ist kaputt.

ماشینم روشن نمیشود / نمیشه.

🔊 **māschin·am rouschan ne·mi·schaw·ad /**
ne·mi·sch·e.

Auto-mein hell nicht-wird(es) / nicht-wird(es)(U)

Mein Auto springt nicht an.

تعمیرگاه امروز باز است / بازه؟

🔊 **ta'mirgāh emruz bāz aßt / bāz·e?**

Werkstatt heute offen ist(sie) / offen-ist(sie)(U)

Ist die Werkstatt heute geöffnet?

خواهش میکنم باتری را پر بکنید.

🔊 **chāhesch mi·kon·am bātri rā por be·kon·id.**

Bitte mache(ich) Batterie 4 voll dass-machet(ihr)

Laden Sie bitte die Batterie auf!

لطفاً ترمز را درست بكنيد.

lotfan tormoz rā doroßt be·kon·id.

bitte Bremse 4 genau dass-machet(ihr)

Bitte reparieren Sie die Bremse!

كى حاضر ميشود / ميشه؟

key hāzer mi·schaw·ad / misch·e?

wann anwesend wird(es) / wird(es)(U)

Wann wird es fertig?

ما راه را گم كرده‌ايم.

mā rāh rā gom karde·im.

wir Weg 4 verlieren gemacht-haben(wir)

Wir haben uns verfahren.

مركز شهر كجا است؟

markaz·e schahr kodjā aßt?

Mitte-G Stadt wo ist(sie)

Wo ist das Stadtzentrum?

تا مرز / سرحد راه خيلى است؟

tā marz / ßar-hadd rāh cheyli aßt?

bis Grenze / Grenze Weg viel ist(er)

Ist es noch weit bis zur Grenze?

راه به ... خوب / درست است / خوبه / درسته؟

rāh(·e) be ... chub / doroßt aßt / chub·e / doroßt·e?

Weg(-G) nach ... gut / richtig ist(er) / gut-ist(er)(U) / richtig-ist(er)(U)

Ist der Weg nach ... gut / befahrbar?

راه به ... خيلى خراب است / خرابه.

rāh(·e) be ... cheyli charāb aßt / charāb·e.

Weg(-G) nach ... sehr kaputt ist(er) / kaputt-ist(er)(U)

Der Weg nach ... ist sehr schlecht.

چه خبر است / خبره؟
tsche chabar aßt / chabar·e?
was Nachricht ist(sie) / Nachricht-ist(sie)(U)
Was ist los?

شما شاهد بودید / بودین.
schomā schāhed bud·id / bud·in.
ihr Zeuge wart(ihr) / wart(ihr)(U)
Sie waren Zeuge.

پلیس / پاسبان را صدا میزنم / میکنم.
🔊 **poliß / pāßbān rā ßedā mi·zan·am / mi·kon·am.**
Polizei / Polizei 4 Stimme schlage(ich) / mache(ich)
Ich rufe die Polizei!

تقصیر من نیست.
taghßir·e man nißt.
Schuld-G ich nicht-ist
Es ist nicht meine Schuld.

اسم بیمهٔ شما چی است / چیست؟
🔊 **eßm·e bime·ye schomā tschi aßt / tschi·ßt?**
Name-G Versicherung-G ihr was ist(er) / was-ist(er)(U)
Wie heißt Ihre Versicherung?

این ماشین بیمهٔ کامل دارد / داره؟
🔊 **in māschin bime·ye kāmel dār·ad / dār·e?**
dieses Auto Versicherung-G vollständig hat(es) / hat(es)(U)
Ist dieses Auto vollkaskoversichert?

خروج (خروجی)	**chorudj (chorudji)**	Ausfahrt, Ausgang
اگزوس	**egzoß**	Auspuff
ماشین	**māschin**	Auto
کوه	**kuh**	Berg
پل	**pol**	Brücke
ده	**deh**	Dorf
ورود (ورودی)	**worud (worudi)**	Einfahrt, Eingang
قطار	**ghatār**	Eisenbahn, Zug
شوفر / راننده	**schufer / rānande**	Fahrer
بلیط	**belit**	Fahrkarte
طیاره / هواپیما	**tayyāre / hawā-peymā**	Flugzeug
دنده	**dande**	Gang, Getriebe
کوهستان	**kuheßtān**	Gebirge
خطر	**chatar**	Gefahr
اسباب / اثاثیه	**aßbāb / aßāßiye**	Gegenstände, Gepäck
سرعت	**ßor'at**	Geschwindigkeit
مرز / سرحد	**marz / ßar-hadd**	Grenze
لاستیک	**lāßtik**	Gummi, Reifen
حیاط	**hayāt**	Hof
زنجیر	**zandjir**	Kette
درجه	**daradje**	Klasse
رادیاتور	**rādiyātor**	Kühler
کلاچ	**kelātsch**	Kupplung
آهسته / یواش	**āheßte / yawāsch**	langsam
دریا	**daryā**	Meer
کرایه	**kerāye**	Miete
پشه بند	**pasche-band**	Moskitonetz (*Mücke-Band*)
روغن	**roughan**	Öl
چرخ	**tscharch**	Rad
کشتی	**keschti**	Schiff
تند	**tond**	schnell
پیچ	**pitsch**	Schraube; Kurve
آچار	**ātschār**	Schraubenschlüssel
شهر	**schahr**	Stadt
جریمه	**djarime**	Strafe
دره	**darre**	Tal, Schlucht
تصادف	**taßādof**	Unfall
ساحل	**ßāhel**	Ufer, Strand
بیمه	**bime**	Versicherung

احتیاط	**ehtiyāt**	Vorsicht
جنگل	**djangal**	Wald
آبشار	**āb-schār**	Wasserfall
بیابان	**biyābān**	Wüste *(Ort ohne Wasser)*
شمع	**scham'**	Zündkerze *(Kerze)*
سیلندر	**ßilandr**	Zylinder

Himmelsrichtungen & Wetter

شمال	**schomāl**	Norden
جنوب	**djonub**	Süden
غرب	**gharb**	Westen
شرق	**schargh**	Osten
رطوبت	**rotubat**	Feuchtigkeit
تگرگ	**tagarg**	Hagel
آسمان	**āß(e)mān**	Himmel
سرد	**ßard**	kalt
سرما	**ßarmā**	Kälte
مه	**meh**	Nebel
مهی	**mehi**	neblig
باران	**bārān**	Regen
بارانی	**bārāni**	regnerisch
برف	**barf**	Schnee
برفی	**barfi**	verschneit
خورشید	**chorschid**	Sonne
آفتاب	**āftāb**	Sonnenschein
آفتابی	**āftābi**	sonnig
توفان	**tufān**	Sturm
توفانی	**tufāni**	stürmisch
سیل	**ßeyl**	Überschwemmung
خشک	**choschk**	trocken
خشکی	**choschki**	Trockenheit
گرم	**garm**	warm
گرما	**garmā**	Wärme
هوا	**hawā**	Wetter, Luft
باد	**bād**	Wind
بادی	**bādi**	windig
ابر	**abr**	Wolke
ابری	**abri**	wolkig

امروز چند درجه است؟

emruz tschand daradje aßt?

heute wie-viel Grad ist(es)

Wie viel Grad ist es heute?

امروز هوا خیلی گرفته.

emruz hawā cheyli gerefte.

heute Wetter sehr stickig

Heute ist es sehr stickig.

Kaufen & Feilschen

Mit einem Smartphone können Sie sich die mit einem 🎵 gekennzeichneten Sätze dieses Kapitels anhören.

Es ist doch merkwürdig: Wenn man vom Bazar spricht, denkt man sofort ans Feilschen. Feilschen will aber gelernt sein. Vergleichen Sie vorher die Preise! Dort, wo die Ware mit Preisschildern versehen ist, z. B. in Warenhäusern und bei Lebensmittelhändlern, wird im Allgemeinen nicht gehandelt. Wenn Sie Schmuck oder Teppiche kaufen wollen, können Sie trotz der Preisschilder vorsichtig um „Nachlass" bitten und die Reaktion abwarten.

Nun, wo auch immer man einkauft, auf gar keinen Fall sollte man den Eindruck erwecken, dass man die Ware dringend benötigt oder unter Zeitdruck steht.

آن را / اونو میتوانم / میتونم ببینم؟

ān rā / un·o mi·tawān·am / mi·tun·am be·bin·am?

jenes 4 / jenes-4(U) kann(ich) / kann(ich)(U) dass-sehe(ich)

Könnte ich das da mal sehen?

(قیمت) این چند / چقدر است
چنده / چقدره؟

🔊 **(gheymat·e) in tschand / tsche-ghad(a)r aßt / tschand·e / tsche-ghadr·e?**

Preis-G dieses wie-viel / was-Wert ist(es) / wie-viel-ist(U) / was-Wert-ist(U)

Was kostet das?

صد تومان / تمن است.

🔊 **ßad tumān / toman aßt.**

hundert Tuman / Tuman(U) ist(es)

100 Tuman.

■ Souvenirladen im Basar

این زیاد / خیلی گران است / گرونه.

🔊 **in ziyād / cheyli gerān aßt / gerun·e.**

dieses viel / sehr teuer ist(es) / teuer-ist(es)(U)

Das ist sehr teuer!

نه.   ارزانتر / ارزونتر چیزی ندارید؟

🔊 **arzān·tar / arzun·tar tschiz·i na·dār·id? na.**

billiger / billiger(U) Ding-ein nicht-habt(ihr)

Haben Sie nichts Billigeres?   Nein.

تخفیف نمیدهید / نمیدین؟

🔊 **tachfif ne·mi·dah·id / ne·mi·d·in?**

Ermäßigung nicht-gebt(ihr) / nicht-gebt(ihr)(U)

Geben Sie keine Ermäßigung?

نود تومان، بیشتر نه.

🔊 **nawad tumān, bisch·tar na.**

neunzig Tuman mehr nein

90 Tuman, nicht mehr.

بله.   این آخرین قیمتتان است / قیمتتونه؟

🔊 **in ācharin gheymat·etān aßt /
gheymat·etun·e?**   **bale.**

*dieses letzte Preis-euer ist(er) /
Preis-euer-ist(er)(U)*

Ist das Ihr letzter Preis / Angebot?   Ja.

هشتاد تومان، راضی هستید؟

🔊 **haschtād tumān, rāzi haßt·id?**

achtzig Tuman zufrieden seid(ihr)

80 Tuman, sind Sie damit einverstanden?

هشتاد و پنج تومان.

🔊 **haschtad o pandj tumān.**

achtzig und fünf Tuman

85 Tuman.

نه مرسی، پس خدا حافظ.

na merßi, paß chodā-hāfez.

nein danke dann Gott-Beschützer

Nein danke, dann auf Wiedersehen.

بیا، هشتاد تومان.

biy·ā, haschtād tumān.

komm(du) achtzig Tuman

Also dann, 80 Tuman.

لطفاً یک پاکت به من بدهید / بدید.

lotfan yek pākat be man be·dah·id / be·d·id.

bitte ein Paket zu ich gebt(ihr) / gebt(ihr)(U)

Bitte geben Sie mir eine Tüte!

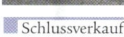

Schlussverkauf

رنگ / اندازهٔ دیگری دارید؟

rang·e / andāze·ye digar·i dār·id?

Farbe-G / Größe-G andere-eine habt(ihr)

Haben Sie eine andere Farbe / Größe?

میتوانم این را عوض بکنم؟

mi·tawān·am in rā awaz be·kon·am?

kann(ich) dieses 4 Austausch dass-mache(ich)

Kann ich das umtauschen?

این را میخواهم پس بدهم / بدم.

in rā mi·chāh·am paß be·dah·am / be·d·am.

dieses 4 will(ich) zurück dass-gebe(ich) /
dass-gebe(ich)(U)

Ich möchte das zurückgeben.

دارم فقط نگاه میکنم.

dār·am faghat negāh mi·kon·am.

habe(ich) nur Blick mache(ich)

Ich schaue nur.

این انگشتر ساخت ایران است / ایرانه؟

in angoscht·ar ßächt·e irān aßt / irān·e?

dieser Ring Herstellung-G Iran ist(er) / Iran-ist(er)(U)

Ist dieser Ring im Iran hergestellt?

این گوشواره از آب طلا است / آب طلاست؟

in guschwāre az āb-talā aßt / āb-talā-ßt?

dieser Ohrring von Wasser-Gold ist(er) / Wasser-Gold-ist(er)(U)

Ist dieser Ohrring vergoldet?

این کفش تنگم است / تنگمه.

in kafsch tang·am aßt / tang·am·e.

dieser Schuh eng-mir ist(er) / eng-mir-ist(er)(U)

Dieser Schuh ist mir zu eng.

این پارچه آب میرود / میره؟

in pārtsche āb mi·raw·ad / mi·r·e?

dieser Stoff Wasser geht(er) / geht(er)(U)

Läuft dieser Stoff ein?

مویم را / مومو کوتاه بکنید.

mu·yam rā / mu·m·o kutāh be·kon·id.

Haar-mein 4 / Haar-mein-4(U) kurz macht(ihr)

Schneiden Sie meine Haare kurz!

ریشم را لازم نیست بزنید.

risch·am rā lāzem nißt be·zan·id.

Bart-mein 4 nötig nicht-ist dass-schneidet(ihr)

Meinen Bart brauchen Sie nicht zu schneiden!

أبی	**ābi**	blau
زرد	**zard**	gelb
سبز	**ßabz**	grün
بنفش	**banafsch**	lila
سرخ / قرمز	**ßorch / ghermez**	rot
سیاه / مشکی	**ßiyāh / meschki**	schwarz
سفید	**ßefid**	weiß
گلدار	**gol-dār**	geblümt
ساده	**ßāde**	uni
راه راه (راه راهی)	**rāh-rāh (rāh-rāhi)**	gestreift

دراز	**derāz**	lang
درازا	**derāzā**	Länge
کوتاه	**kutāh**	kurz
تنگ	**tang**	eng
گشاد	**goschād**	weit
پهن	**pahn**	breit
پهنا	**pahnā**	Breite
کهنه	**kohne**	alt
نو	**nou**	neu
دست بند	**daßt-band**	Armband
حراجی	**harādji**	Ausverkauf
عینک	**eynak**	Brille
فندک	**fandak**	Feuerzeug
قصابی	**ghaßßābi**	Fleischerei
سلمانی	**ßalmāni**	Friseur
کمر بند	**kamar-band**	Gürtel
گلوبند / گردن بند	**galu-band / gardan-band**	Halskette
شلوار	**schalwār**	Hose
کلاه	**kolāh**	Hut
دگمه	**dogme**	Knopf
قنادی	**ghannādi**	Konditorei
مغازه	**maghāze**	Laden, Geschäft
بقالی	**baghghāli**	Lebensmittelladen
سوزن	**ßuzan**	Nähnadel
رسید	**raßid**	Quittung, Rechnung
قیمت	**gheymat**	Preis
عروسک	**arußak**	Puppe

زیپ	**zip**	Reißverschluss
دامن	**dāman**	Rock
قیچی	**gheytschi**	Schere
چتر	**tschatr**	Schirm
کفش	**kafsch**	Schuhe
کفاشی	**kaffāschi**	Schuhgeschäft
اسباب بازی	**aßbāb-bāzi**	Spielzeug
چکمه	**tschakme**	Stiefel
پارچه	**pārtsche**	Stoff
کبریت	**kebrit**	Streichholz
توتون	**tutun**	Tabak
کیف	**kif**	Tasche
سینی	**ßini**	Tablett
قالی / فرش	**ghāli / farsch**	Teppich
ارزش / قدر	**arzesch / ghad(a)r**	Wert

Bank, Post, Behörden

Mit einem Smart-phone können Sie sich die mit einem 🔊 gekennzeichneten Sätze dieses Kapitels anhören.

Viele Angestellte dieser Branchen beherr-schen die englische Sprache gut, so dass man mit wenig Persisch zurecht kommen müsste.

Bank

Kreditkarten und Reiseschecks werden im Iran im Allgemeinen nicht angenommen. Es ist auch fraglich, ob größere Hotels diese ak-zeptieren. Daher ausreichend Bargeld mit-nehmen, am besten in großen Scheinen, die Sie eventuell zu einem günstigeren Kurs wechseln können als kleinere. Dies können Sie z. B. in einer Wechselstube (صرافی ßarāfi) tun. Es gibt inzwischen auch Geldautomaten, aber nur für Kunden mit einem Giro- bzw. Sparkonto bei der entsprechenden Bank.

یورو چند است / چنده؟

yuro tschand aßt / tschand·e?

Euro wie-viel ist(er) / wie-viel-ist(er)(U)

Wie ist der Wechselkurs des Euro?

میتوانم با کردیت کارت بپردازم؟

mi·tawān·am bā kredit-kārt be·pardāz·am?

kann(ich) mit Kredit-Karte dass-bezahle(ich)

Kann ich mit der Kreditkarte bezahlen?

من پول خرد لازم دارم.

man pul·e chord lāzem dār·am.

ich Geld-G winzig nötig habe(ich)

Ich brauche Kleingeld.

لطفاً اسکناس کوچک بدهید.

lotfan eßkenāß·e kutschek be·dah·id.

Bitte Banknote-G klein gebt(ihr)

Bitte geben Sie kleine Scheine!

یورو	**yuro**	Euro
دلار	**dolār**	Dollar
فرانک سویس	**fränk·e ßuiß**	Schweizer Franken
اسکناس	**eßkenāß**	Banknote
نقد	**naghd**	bar
ارز	**arz**	Devisen
نرخ	**nerch**	Kurs
کارت اعباری /	**kārt·e etebāri /**	Kreditkarte
کردیت کارت	**kredit-kārt**	
کارت عابر بانک /	**kārt·e āber·e bānk /**	Scheckkarte
کارت خود پرداز	**kārt·e chod-pardāz**	
عابر بانک /	**āber·e bānk /**	Geldautomat
خود پرداز	**chod-pardāz**	
چک مسافرتی	**tschek·e moßāferati**	Reisescheck
مبلغ	**mablagh**	Betrag
حواله	**hawāle**	Überweisung

Telefonieren

Für Telefonzellen اتاق تلفن **otāgh·e telefon** *müssen Sie Münzen dabei haben.*

Die Telefonkarte müssen Sie im Laden beantragen. Die Freischaltung erfolgt dann ein bis zwei Tage später, mit ein wenig Druck eventuell auch schneller.

Die iranischen Mobiltelefonsysteme sind denen der europäischen Länder noch nicht angepasst (außer über Satellit). Ihr Mobiltefon (**mobāyl**) können Sie im Iran nicht benutzen. Die SIM-Karten (**ßim-kārt**) sind sehr teuer und kommen einer Neuanschaffung plus Vertragsabschluss gleich. Daher sollten Sie immer aus dem Festnetz telefonieren, oder noch günstiger mit Telefonkarte.

Wenn das Telefon klingelt, meldet man sich mit **bale** *(ja)*. Eine höflichere Variante ist **bale** kombiniert mit **farmudan** *(befehlen)*, und zwar so:

بله بفرمائید.
bale be·farmāy·id.
ja befehlt(ihr)
Ja bitte, Sie wünschen?

میتوانم / میتونم با ... صحبت بکنم؟
mi·tawān·am / mi·tun·am bā ... ßohbat be·kon·am?
kann(ich) / kann(ich)(U) mit ... Gespräch dass-mache(ich)
Könnte ich mit ... sprechen?

لطفاً به ... بگویید / بگید به من زنگ بزند.
lotfan be ... be·guy·id / be·g·id be man zang be·zan·ad.
bitte zu ... sagt(ihr) / sagt(ihr)(U) zu ich Klingel dass-schlage(er)
Bitte sagen Sie ... , er / sie möge mich anrufen!

ایشان / ایشون کی بر میگردند؟
ischān / ischun key bar·mi·gard·and?
sie / sie(U) wann zurückkehren(sie)
Wann kommt er / sie zurück?

من دو باره زنگ میزنم.

man do-bāre zang mi·zan·am.

ich zweite-mal Klingel schlage(ich)

Ich rufe wieder an.

شماره(ی) عوضی گرفته‌اید.

schomāre(·ye) awazi gerefte·id.

Zahl verkehrt genommen-habt(ihr)

Sie haben sich verwählt.

پیش شماره به ... چی است؟

pisch-schomāre be ... tschi aßt?

Vor-Zahl zu ... was ist(sie)

Wie ist die Vorwahl nach ... ?

سیم تلفن خراب است / خرابه.

🔊 **ßim·e telefon charāb aßt / charāb e.**

Draht-G Telefon kaputt ist(er) / kaputt-ist(er)(U)

Die Leitung ist gestört.

گوشی تلفن دستتان (باشد).

🔊 **guschi(·ye) telefon daßt·etān (bāsch·ad).**

Hörer(-G) Telefon Hand-eure (dass-sei(sie))

Bitte bleiben Sie am Apparat!

خط تلفن گرفته / آزاد است / آزاده.

🔊 **chatt·e telefon gerefte / āzād aßt / āzād e.**

Linie-G Telefon genommen / frei ist(sie) / frei-ist(sie)(U)

Die Leitung ist besetzt / frei.

شماره / نمره گرفته / اشغال است / اشغاله.

schomāre / nomre gerefte / eschghāl aßt / eschghāl·e.

Zahl genommen / besetzt ist / besetzt-ist(U)

Die Nummer ist besetzt.

شمارهٔ تلفنتان چند است / چنده / چیه؟

schomāre·ye telefon·etān tschand aßt /
tschand·e / tschi·ye?

Zahl-G Telefon-eure wie-viel ist(sie) /
wie-viel-ist(sie)(U) / was-ist(sie)(U)

Wie ist Ihre Telefonnummer?

کسی جواب نمیدهد / نمیده.

kaß·i djawāb ne·mi·dah·ad / ne·mi·d·e.

Person-ein Antwort nicht-gibt(sie) /
nicht-gibt(sie)(U)

Niemand antwortet.

Post

Beim Versand von Paketen müssen Sie wie
auch hierzulande ein Formular mit den übli-
chen Angaben über Absender, Empfänger, Inhalt usw. ausfüllen. Im Allgemeinen wird
auch eine Kopie Ihres Ausweises verlangt.

Dies geschieht, um bei
eventuellem Verlust des
Versandguts besser
nachforschen zu
können.

Bei der Anschrift wird zuerst der Ort (und
bei Auslandspost auch das Land) angegeben,
dann die Straße und Hausnummer (eventuell
noch die Etage), dann die Postleitzahl (kod·e
poßti), und erst zum Schluss der Empfänger-
name.

با پست زمینی	با پست هوائی
bā poßt·e zamini	**bā poßt·e hawāyi**
mit Post-G irdisch	*mit Post-G luftig*
mit normaler Post	per Luftpost

فرستنده	fereßtande	Absender
جواب	djawāb	Antwort
اشغال	eschghāl	besetzt
مداد	medād	Bleistift
نامه	nāme	Brief
صندوق پست	ßandugh·e poßt	Briefkasten
تمبر	tamb(a)r / tamr (U)	Briefmarke
پستچی	poßttschi	Briefträger
تاریخ	tārich	Datum
نامه فوری	nāme·ye fouri	Eilbrief
نامه سفارشی	nāme·ye ßefāreschi	Einschreiben
گیرنده	girande	Empfänger
سؤال	ßo'āl	Frage
تقویم	taghwim	Kalender
خود کار	chod-kār	Kugelschreiber
بسته	baßte	Paket
پست خانه	poßt-chāne	Postamt
مهر	mohr	Stempel
پاکت	pākat	Umschlag
مجله	madjalle	Zeitschrift
روز نامه	ruz-nāme	Zeitung

کی صندوق پست را / پست رو خالی
میکنند؟

**key ßandugh·e poßt rā / poßt·ro chāli
mi·kon·and?**

*wann Kasten-G Post 4 / Post-4(U) leer
machen(sie)*

Wann wird der Briefkasten geleert?

پستچی معمولاً کی میاید / میاد؟

poßttschi ma'mulan key mi·āy·ad / miy·ād?

*Briefträger gewöhnlich wann kommt(er) /
kommt(er)(U)*

Wann kommt der Briefträger für
gewöhnlich?

Iranischer Briefkasten

Internet

Die Sprache des Internets ist auch im Iran das Englische. Das Internet (internet) gehört inzwischen im modernen Iran so zum Alltag wie anderswo auf der Welt.

كافی نت	**kāfi-net**	Internet-Café
ايميل / پست الكترونيكی	**imeyl / poßt·e elektroniki**	Email
چک كردن	**tschek kardan**	abrufen
فرستادن / سند	**fereßtādan / ßend**	versenden
چاپ كردن / پرينت	**tschäp kardan / print**	ausdrucken

🔲 Zum Internet-Café

كافی نت اينجا كجا است / كجا ست؟
🔊 **kāfi-net in-djā kodjā aßt / kodjā-ßt?**
Internet-Café hier wo ist(es) / wo-ist(es)(U)
Wo gibt es hier ein Internet-Café?

من ميخواهم ايميلم را چک بكنم.
🔊 **man mi·chāh·am imeyl·am rā tschek be·kon·am.**
ich will(ich) Email-ich 4 Prüfung dass-mache(ich)
Ich möchte Emails abrufen.

من ميخواهم ايميل بفرستم.
🔊 **man mi·chāh·am imeyl be·fereßt·am.**
ich will(ich) Email-ich 4 dass-sende(ich)
Ich möchte Emails versenden.

اينترنت ساعتی چند ميشود / ميشه؟
🔊 **internet ßā'ati tschand mi·schaw·ad / mi·sch·e?**
Internet stündlich wie-viel wird(es) / wird(es)(U)
Was kostet eine Stunde Internet?

Behörden

سفارت آلمان کجا است / کجا ست؟

ßefārat·e ālmān kodjā aßt / kodjā·ßt?

Botschaft-G Deutschland wo ist(sie) / wo-ist(sie)(U)

Wo ist die deutsche Botschaft?

نزدیکترین کلانتری کجا است / کجا ست؟

nazdik·tarin kalāntari kodjā aßt? / kodjā·ßt?

nächste Polizeiwache wo ist(sie) / wo-ist(sie)(U)

Wo ist die nächste Polizeiwache?

من گذرنامه را گم کرده‌ام.

man gozar·nāme·am rā gom karde·am.

ich Reisepass-mein 4 Verlust gemacht-habe(ich)

Ich habe meinen Reisepass verloren.

کمک، کیفم را دزدید!

komak, kif·am rā dozd·id!

Hilfe Tasche-meine 4 gestohlen-hat(er)

Hilfe, er hat meine Tasche gestohlen!

من میخواهم با وکیلم حرف بزنم.

man mi·chāh·am bā wakil·am harf be·zan·am.

ich will(ich) mit Anwalt-mein Buchstabe dass-schlage(ich)

Ich möchte mit meinem Anwalt sprechen.

من از شما شکایت خواهم کرد.

man az schomā schekāyat chāh·am kard.

ich von ihr Beschwerde werde(ich) machte

Ich werde mich über Sie beschweren.

شما اجازهٔ اقامت دارید / دارین؟

schomā edjāze·ye eghāmat dār·id / dār·in?

ihr Erlaubnis-G Aufenthalt habt(ihr) / habt(ihr)(U)

Haben Sie eine Aufenthaltserlaubnis?

> gozar-nāme = *Reisepass,*
> *von* gozaschtan
> *(durchgehen, vorbei-*
> *gehen) und* nāme
> *(Brief, Schreiben,*
> *Urkunde)*

من ویزا برای دو ماه لازم دارم.

man wizā barāye do māh lāzem dār·am.

ich Visum zwei Monat nötig habe(ich)

Ich brauche ein Visum für zwei Monate.

من وقت / وخت زیاد ندارم.

man waqht / wacht ziyād na·dār·am.

ich Zeit / Zeit(U) viel nicht-habe(ich)

Ich habe nicht viel Zeit.

اقامت	**eghāmat**	Aufenthalt
خارجی	**chāredji**	Ausländer
اداره / دفتر	**edāre / daftar**	Büro
دزد	**dozd**	Dieb
اجازه	**edjāze**	Erlaubnis
طبقه	**tabaghe**	Etage
شرکت	**scherkat**	Firma, Gesellschaft
زندان	**zendān**	Gefängnis
کنسولگری	**konßulgari**	Konsulat
خبر (اخبار)	**chabar (achbār)**	Nachricht(en)
عمومی	**omumi**	öffentlich
رسمی	**raßmi**	offiziell
ملی	**melli**	national *(von melliyat (Nationalität))*
پلیس / پاسبان	**poliß / pāßbān**	Polizei
کلانتری	**kalāntari**	Polizeiwache
گذرنامه	**gozar-nāme**	Reisepass
جلسه	**djalaße**	Sitzung
دولتی	**doulati**	staatlich
قرارداد	**gharār-dād**	Vertrag
شاهد	**schāhed**	Zeuge, Zeugin
گمرک	**gomrok**	Zoll

Krank sein

Werden Sie während Ihrer Reise ernsthaft krank, erkundigen Sie sich am besten nach dem nächsten Krankenhaus. Viele Ärzte arbeiten morgens oder nachmittags in den Krankenhäusern, so dass ihre Praxen zu diesen Zeiten geschlossen sind.

Mit einem Smartphone können Sie sich die mit einem *gekennzeichneten Sätze dieses Kapitels anhören.*

کمک! دکتر خوبی میشناسید؟

 komak!   **doktor·e chub·i mi·schenäß·id?**

Arzt-G gut-ein kennt(ihr)

Hilfe!   Kennen Sie einen guten Arzt?

پزشک پوست	**pezeschk·e pußt**	Hautarzt
پزشک عمومی	**pezeschk·e omumi**	Allgemeinarzt
دندان پزشک	**dandän-pezeschk**	Zahnarzt
پزشک زنان	**pezeschk·e zan·än**	Frauenarzt
پزشک چشم	**pezeschk·e tscheschm**	Augenarzt

نزدیکترین بیمارستان / مریض خانه
کجا است / کجا ست؟

 nazdik·tarin bimäreßtän / mariz-chäne kodjä aßt / kodjä-ßt?

nächstes Krankenhaus / krank-Haus wo ist(es) / wo-ist(es)(U)

Wo ist das nächste Krankenhaus?

Wenn Sie auf Medikamente angewiesen sind, wenden Sie sich an die Zentralapotheke in größeren Städten. Dort kann man fast alle verschriebenen Medikamente bekommen. Ansonsten ist es sehr sinnvoll, eine kleine Reiseapotheke mit sich zu führen, so dass man sich in Notfällen selbst helfen kann.

دارو خانه / دوا خانه مرکزی
کجا است / کجا ست؟

**dāru-chāne / dawā-chāne·ye markazi
kodjā aßt / kodjā-ßt?**

*Arznei-Haus / Medikament-Haus-G Zentrale-ein
wo ist / wo-ist(U)*

Wo ist die Zentralapotheke?

من مریض هستم.

man mariz haßt·am.

ich krank bin(ich)

Ich bin krank.

حالم خوب نیست.

hāl·am chub nißt.

Zustand-mein gut nicht-ist

Es geht mir nicht gut.

لطفاً دکتر / پرستار را صدا بکنید.

lotfan doktor / paraßtār rā ßedā be·kon·id.

bitte Arzt / Schwester 4 Laut macht(ihr)

Bitte rufen Sie den Arzt / die Schwester!

کجایتان / کجاتون درد میکند؟

kodjā·yetān / kodjā·tun dard mi·kon·ad?

wo-euch / wo-euch(U) Schmerz macht(es)

Wo tut es Ihnen weh?

من تب دارم.

man tab dār·am.

ich Fieber habe(ich)

Ich habe Fieber.

من سرگیجه دارم.

man ßar-gidje dār·am.

ich Kopf-Schwindel habe(ich)

Mir ist schwindelig.

شکمم / دلم درد میکند.

schekam·am / del·am dard mi·kon·ad.

Bauch-mein / Herz-mein Schmerz macht(er/es)

Ich habe Bauchschmerzen.

حالم بد است / بده.

🔊 **hāl·am bad aßt / bad·e.**

Zustand-mein schlecht ist(er) / schlecht-ist(er)(U)

Mir ist schlecht.

فشار خونم / قندم بالا است / بالایه / پائین است / پائینه.

feschār·e chun·am / ghand·am bālā aßt / bālā·ye / pā'in aßt / pā'in·e.

Druck-G Blut-mein / Zucker-mein oben ist(er) / oben-ist(er)(U) / unten ist(er) / untern-ist(er)(U)

Mein Blutdruck / Zucker ist hoch / niedrig.

دندانم درد میکند / میکنه.

🔊 **dandān·am dard mi·kon·ad / mi·kon·e.**

Zahn-mein Schmerz macht(er) / macht(er)(U)

Ich habe Zahnschmerzen.

من سرما خوردهام.

🔊 **man ßarmā chorde·am.**

ich Kälte gegessen-habe(ich)

Ich habe mich erkältet.

انگشت دستم شکسته (است).

🔊 **angoscht·e daßt·am schekaßte (aßt).**

Finger-G Hand-mein gebrochen (ist)

Mein Finger ist gebrochen.

من به ... حساسیت دارم.

🔊 **man be ... haßāßiyat dār·am.**

ich zu ... Empfindlichkeit habe(ich)

Ich bin allergisch gegen ... .

angoscht heißt im Prinzip bereits „Finger". Für die Zehe wird ebenfalls angoscht *bzw. verdeutlichend* angoscht·e pā *(pā = Fuß, Bein), umgangssprachlich auch* schaßt·e pā *gesagt (schaßt = Daumen). Um deutlich zu machen, dass es sich um die Finger handelt, kann man noch* daßt *(Hand) hinzufügen.*

Krank sein

من بی حالم.

man bi-hāl·am.

ich ohne-Zustand-mein

Ich fühle mich schlapp.

من زمین خورده ام.

man zamin chorde·am.

ich Erde gegessen-habe(ich)

Ich bin hingefallen.

من از آمپول / سوزن زدن میترسم.

man az āmpul / ßuzan zadan mi·tarß·am.

ich von Spritze / Nadel schlagen fürchte(ich)

Ich habe Angst vor der Spritze.

پای چپم خواب رفته (است).

pā·ye tschap·am chāb rafte (aßt).

Fuß-mein links Schlaf gegangen (ist(er))

Mein linker Fuß / Bein ist eingeschlafen.

قوزک پایم / پام در رفته (است).

dar-raftan   **ghuzak·e pā·yam / pā·m dar-rafte (aßt).**

= verstauchen   *Knöchel-G Fuß-mein / Fuß-mein(U)*

(aber auch „flüchten")   *Tür-gegangen (ist(er))*

Ich habe mir den Knöchel verstaucht.

من حامله هستم.

man hāmele haßt·am.

ich schwanger bin(ich)

Ich bin schwanger.

چند ماهتان / ماهتون است؟

tschand māh·etān / māh·etun aßt?

wie-viel Monat-euer / Monat-euer(U) ist(er)

Im wievielten Monat sind Sie?

من رسید برای بیمه‌ام میخواهم / میخام.

man raßid baräye bime·am mi·chäh·am / mi·chä·m.

ich Quittung für Versicherung-mein will(ich) / will(ich)(U)

Ich brauche eine Quittung für meine Versicherung.

من گواهی نامه لازم دارم.

man gawähi-näme läzem där·am.

ich Bescheinigung nötig habe(ich)

Ich brauche eine Bescheinigung.

Wenn Sie eine Körperteilbezeichnung mit dard (Schmerz) kombinieren, können Sie genau lokalisieren, wo Sie Schmerzen haben: pä-dard (Schmerzen im Fuß / Bein), ßar-dard (Kopfschmerzen) usw.

بازو	**bäzu**	Arm
مطب	**matabb**	Arztpraxis
شکم / دل	**schekam / del**	Bauch
پا	**pä**	Bein, Fuß
خون	**chun**	Blut
روده	**rude**	Darm
اسهال	**eßhäl**	Durchfall
انگشت	**angoscht**	Finger, Zehe
گردن	**gardan**	Hals
دست	**daßt**	Hand
قلب / دل	**ghalb / del** (*literar.*)	Herz
سکتهٔ قلبی	**ßekte·ye ghalbi**	Herzinfarkt
زانو	**zänu**	Knie
سر	**ßar**	Kopf
مریض / بیمار	**mariz / bimär**	krank, Kranker
مریض شدن	**mariz schodan**	krank werden, erkranken
جگر	**djegar**	Leber (*auch:* Lunge)
ریه	**riye**	Lunge
معده	**me'de**	Magen

ناخن	**nāchon**	(Finger- / Zehen-)Nagel
بینی / دماغ	**bini / damāgh**	Nase
کلیه / قلوه	**koliye / gholwe**	Niere
عصب	**aßab**	Nerv
نسخه	**noßche**	Rezept
سکتهٔ مغزی	**ßekte·ye maghzi**	Schlaganfall
قرص / حب	**ghorß / hab(b)**	Tablette, Pille
حامله	**hāmele**	schwanger
ادرار	**edrār**	Urin
مجروح / زخمی	**madjruh / zachmi**	Verletzter
پنبه	**pambe**	Watte *(Baumwolle)*
زخم	**zachm**	Wunde
دندان	**dandān**	Zahn
شیاف	**schiyāf**	Zäpfchen
زبان / زبون (U)	**zabān / zabun** (U)	Zunge *(auch: Sprache)*

Freizeit

Es folgen nun einige Freizeitaktivitäten, die Sie im Iran ausüben können. Frauen durften in der Vergangenheit kein Fahrrad fahren; mittlerweile wird es vielfach toleriert, aber die Bekleidungsvorschriften müssen dabei beachtet werden. Strände und Schwimmbäder sind nach Geschlechtern getrennt.

گردش کردن	**gardesch kardan**	spazieren, bummeln
پیاده روی	**piyāde-rawi**	Wandern
اسب سواری	**aßb-ßawāri**	Reiten
توپ بازی	**tup-bāzi**	Ballspiel
کوه نوردی	**kuh-nawardi**	Bergsteigen
قایقرانی	**ghāyegh-rāni**	Segeln
ماهی گیری	**māhi-giri**	Angeln

من هر روز نیم ساعت ورزش میکنم.

man har ruz nim ßā'at warzesch mi·kon·am.

ich jeder Tag halb Stunde Sport mache(ich)

Ich mache jeden Tag eine halbe Stunde Sport.

بیا فردا برویم / بریم لب دریا.

biy·ā fardā be·raw·im / be·r·im lab·e daryā.

komm morgen dass-gehen(wir) /
dass-gehen(wir)(U) Rand-G Meer

Lass uns morgen ans Meer gehen / fahren!

حوصله داری کمی قدم بزنیم؟

houßele dār·i kam·i ghadam be·zan·im?

Geduld hast(du) wenig-ein Schritt dass-schlagen(wir)

Hast du Lust, ein wenig spazieren zu gehen?

■ Alter Wasserspeicher in Yazd

Literaturtipps

Gratuliere! Sie haben sich bis hierher tapfer durchgeschlagen und möchten sich jetzt intensiver mit der persischen Sprache befassen. Hierzu folgende Buchempfehlungen:

Langenscheidt Praktisches Lehrbuch Persisch, Bozorg Alavi & Manfred Lorenz, Langenscheidt, Berlin / München 1999 – *Die Grammatik wird ausführlich behandelt. Das Persische wird in Umschrift wiedergegeben. Jedes Kapitel mit eigener Vokabelliste, gefolgt von Textübungen.*

Sprachkurs Persisch: Einführung in die persische Sprache der Gegenwart, Faramarz Behzad & Soraya Divshali, Alefba Verlag, Bamberg 2004– *Sehr empfehlenswertes Lehrbuch.*

Persisch-Deutsches Wörterbuch, Prof. H. Junker & Prof. B. Alavi, Verlag Hueber, VBL Verlag Enzyklopädie Leipzig 2002 – *Sehr gutes Nachschlagewerk mit ca. 50.000 Einträgen. Das Persische wird in Umschrift wiedergegeben.*

Deutsch-Persisches Wörterbuch, Dr. Amir Aschraf Aryanpour, Verlag Kamangir, Teheran 1999 – *Enthält etwa 50.000 Einträge, das Persische hat keine Umschrift.*

An Intermediate Persian Dictionary, Dr. Mohammad Mo'in,Verlag Amir Kabir, Teheran 1998 – *Sechsbändiges Wörterbuch, ein wahrer Goldschatz! Alles wird auf Persisch erklärt, also muss man die Sprache auch schon richtig lesen können. Nur die Stichwörter sind auch in Umschrift.*

Die Autorin

Mina Djamtorki: Ich wurde in Ahvaz geboren und bin dort zur Schule gegangen. In Deutschland habe ich nach einer fotografischen Ausbildung ein interdiziplinäres Studium mit Schwerpunkt Betriebswirtschaftslehre erfolgreich absolviert. Nach langjähriger Berufstätigkeit trieb mich die Routine, aber auch der Wunsch mehr über mein Land, meine Kultur und letztendlich über mich selbst zu erfahren, wieder auf die Schulbank zurück. Das Studium der Iranistik und der Islamwissenschaft beendete ich mit dem Abschluss der Magistra Artium. Mit diesem Büchlein möchte ich dazu beitragen, eine Brücke zwischen der deutschen und der persischen Kultur zu schlagen.

Wörterbuch
Persisch – Deutsch
Deutsch – Persisch

Ein gutes Wörterbuch ist in der
Fremde mehr wert als ein Schwert.
(arabische Redensart)

Das persische Alphabet

ا, ب, پ, ت, ث, ج, چ, ح, خ, د, ذ, ر, ز, ژ, س, شِ,
صِ, ض, ط, ظ, ع, غ, ف, ق, کِ, گ, ل, م, ن, و, هِ, ی

Entsprechend einer auch in anderen Wörterbüchern gängigen Praxis wird das nur am Wortanfang stehende Zeichen آ aufgrund seines häufigen Vorkommens wie ein eigenständiger Buchstabe behandelt und in der alphabetischen Reihenfolge vor dem einfachen ا (d. h. Alef ohne Zusatzzeichen) eingeordnet. Alle sonstigen Sonderzeichen der persisch-arabischen Schrift werden bei der Sortierung allerdings nicht berücksichtigt.

Abkürzungen und Zeichen

adj	Eigenschaftswort (Adjektiv)
adv	Umstandswort (Adverb)
	sowie adverbial verwendete Ausdrücke
conj	Bindewort (Konjunktion)
Ez.	Einzahl (Singular)
interj	Ausruf (Interjektion)
m	männliches Hauptwort (Maskulinum)
Mz	Mehrzahl (Plural)
num	Zahlwort (Numerale)
prep	Verhältniswort (Präposition)
pron	Fürwort (Pronomen)
s	sächliches Hauptwort (Neutrum)
ugs.	umgangssprachlicher Ausdruck
v	Tätigkeitswort (Verb)
w	weibliches Hauptwort (Femininum)
1., 2., 3. ...	die Zahlen zeigen unterschiedliche Bedeutungen bei lautlich und orthographisch identischen Stichwörtern an
~	Wiederholung des Stichworts in einem Ausdruck, Beispielsatz oder einer Wortzusammensetzung

Hinweis: Deutschsprachige Stichwörter und Übersetzungen mit Personenbezug stehen in diesem Wörterbuch fast immer nur in der männlichen Form (generisches Maskulinum). Der Bezug auf weibliche Personen ist dabei aber mitgemeint. Diese Praxis ist der Platzersparnis und der Vermeidung von übermäßig zahlreichen Wortvopplungen geschuldet. Es ist damit keine gesellschaftspolitische Wertung beabsichtigt. Im Persischen sind Hauptwörter mit männlichem und weiblichem Bezug ohnehin fast ausnahmslos identisch.

ßad o schaßt o pandj صد و شصت و پنج 165

١

آب [āb] Wasser *s*

آب آشامیدنی [āb.e āschāmidani] Trinkwasser *s*

آبان [ābān] 8. Monat des iran. Sonnenkalenders (23.10.-21.11.)

آب انبار [āb-ambār] Brunnen *m*, Zisterne *w*

آب بینی [āb.e bini] Nasenschleim *m*

آب پاش [āb-pāsch] Gießkanne *w*

آب پاشیدن [āb pāschidan] besprengen *v*

آب پرتقال [āb(.e)-porteghāl] Orangensaft *m*

آب پز [āb-paz] gar *adj* (Kochen)

آبتنی [āb-tani] kurzes Bad *s*

آبتنی کردن [āb-tani kardan] baden *v*, sich waschen *v*

آب جو [āb(.e)-djou] Bier *s*

آب خوردن [āb.e chordan] Trinkwasser *s*

آب دادن [āb dādan] (be)gießen *v*

آبدار [āb-dār] saftig *adj*

آب دماغ [āb.e damāgh] Nasenschleim *m*

آب دهن [āb.e dahan] / آب دهان [āb.e dahān] Speichel *m*, Spucke *w*

آب رفتن [āb raftan] eingehen *v* (Stoff)

آبرنگ [āb-rang] Tusche *w*

آبرو [āb(e)ru] Ehre *w*, Ansehen *s*, Ruf *m*

آبرو بردن [āb(e)ru raftan] Gesicht verlieren *v*

آبرو ریختن [āb(e)ru richtan] sich blamieren *v*

آبروریزی [āb(e)ru-rizi] Blamage *w*, Gesichtsverlust *m*, Fehltritt *m*

آبروریزی کردن [āb(e)ru-rizi kardan] (j-n) blamieren *v*, bloßstellen *v*

آبرومند [āb(e)rumand] angesehen *adj*, ehrwürdig *adj*

آبستن [ābeßtan] schwanger *adj*

آب سیاه [āb-ßiyā] Grüner Star *m*

آب سیب [āb.e ßib] Apfelsaft *m*

آبشار [āb-schār] Wasserfall *m*

آب شدن [āb schodan] schmelzen *v*, tauen *v*

آب قوره [āb.(e)-ghure] Traubensaft *m* (aus sauren, unreifen Trauben, zu Speisen gereicht)

آبکش [āb-kesch] Sieb *s*, Wasserträger *m*

آب کشیدن [āb keschidan] abwaschen *v*, abspülen *v*

آبکی [ābaki] flüssig *adj* (ugs.), wässrig *adj*

آب گوشت [āb-guscht] Fleischbrühe *w*, Lammeintopf *m*

آبله [ābele] Pocken *Mz*

آبله کوبی [ābele-kubi] Pockenimpfung *w*

آبله مرغان [ābele morghān] Windpocken *Mz*

آب لیمو [āb(.e)-limu] Zitronensaft *m*

آب مروارید [āb-morwārid] Grauer Star *m*

آب معدنی [āb.e ma'dani] Mineralwasser *s*

آب میوه [āb(.e)-miwe] Fruchtsaft *m*

آب نبات [āb-nabāt] Bonbon *s*, Kandis *m*

آب و هوا [āb-o-hawā] Klima *s*, Wetter *s*

آبی [ābi] blau *adj*

آبی پررنگ [ābi.ye por-rang] dunkelblau *adj*

آبی روشن [ābi.ye rouschan] hellblau *adj*

آبی سیر [ābi.ye ßir] dunkelblau *adj*

آبیاری کردن [ābyāri kardan] bewässern *v*

آپاندیس [āpāndiß] Blinddarm *m*

آتش [ātasch] / [ātesch] Feuer *s*, Brand *m*

آتش بس [ātasch-baß] Feuerpause *w*

آتش خاموش کردن [ātasch chāmusch kardan] Feuer löschen *v*

آتش خاموش کن [ātasch chāmusch-kon] Feuerlöscher *m*

آتش روشن کردن [ātasch rouschan kardan] Feuer anzünden *v*

آتش زدن [ātasch zadan] anzünden *v*

آتشفشان [ātasch-feschān] Vulkan *m*

آتش کده [ātaschkade] Feuertempel *m*

آتشگاه [ātaschgāh] Feuertempel m

آتش گرفتن [ātasch gereftan] brennen v, Feuer fangen v

آتش نشان [ātasch-neschān] Feuerwehrmann m

آتش نشانی [ātasch-neschāni] Feuerwehr w

آتی [āti] (zu)künftig adj

آثار باستانی [āßār.e bāßtāni] (Mz. zu اثر [aßar]) Altertümer Mz (archäolog. Denkmäler)

آجر [ādjor] Ziegelstein m

آجیل [ādjil] Nussmischung w (mit Trockenfrüchten)

آچار [ātschār] Schraubenschlüssel m, Schraubenzieher m

آخر [āchar] (Mz.: اواخر [awācher]) Ende s, Schluss m, letzter adj

آخرت [ācherat] Jenseits s

آخرخط [āchar.e chatt] Endstation w

آخرسال [āchar.e ßāl] Jahresende s

آخرهفته [āchar.e hafte] Wochenende s

آخرین [ācherin] letzter adj

آخوند [āchond] Mullah m (islam. Geistlicher)

آداب [ādāb] (Mz. zu ادب [adab]) Manieren Mz, Anstand m

آداب معاشرت [ādāb.e mo'āscherat] Umgangsformen Mz

آداب و رسوم [ādāb-o-roßum] Anstand m, Brauch m, Sitte w

آدامس [ādāmß] Kaugummi m

آدرس [ādreß] Anschrift w, Adresse w

آدم [ādam] Mensch m, Person w; man pron

آدم خوار [ādam-chor] Kannibale m

آدم ربایی [ādam-robāyi] Entführung w

آدم کش [ādam-kosch] Mörder m

آدم کشی [ādam-koschi] Mord m, Totschlag m

آدمیزاد [ādami-zād] Mensch m (wörtl.: Sohn Adams)

آذر [āzar] 9. Monat des iran. Sonnenkalenders (22.11.-21.12.)

آذوقه [āzughe] Lebensmittel Mz, Proviant m

آرام [ārām] ruhig adj, still adj

آرام کردن [ārām kardan] beruhigen v, besänftigen v

آرام گاه [ārāmgāh] Mausoleum s, Ruhestätte w

آرام گرفتن [ārām gereftan] ruhig werden v

آرامش [ārāmesch] innere Ruhe w

آرایش [ārāyesch] Make-up s, Schminke w, Gestaltung w

آرایش کردن [ārāyesch kardan] frisieren v, schminken v, schmücken v

آرایش مو [ārāyesch.e mu] Frisur w

آرایشگاه [ārāyeschgāh] Friseursalon m

آرایشگر [ārāyeschgar] Friseur m

آرد [ārd] Mehl s

آرزو [ārezu] Wunsch m

آرزو داشتن [ārezu dāschtan] Wunsch haben v, wünschen v

آرزو کردن [ārezu kardan] (etw.) wünschen v

آرم [ārm] Wappen s

آرنج [ārandj] Ell(en)bogen m

آره [āre] ja adv (ugs.)

آروغ [ārogh] Rülpser m

آروغ زدن [ārogh zadan] rülpsen v

آری [āri] ja adv (literar.)

آزاد [āzād] frei adj

آزاد کردن [āzād kardan] befreien v

آزادی [āzādi] Freiheit w

آزار [āzār] Qual w, Kummer w

آزار دادن [āzār dādan] quälen v, kränken v

آزردن [āzordan] (präs. آزار [āzār-]) quälen v, kränken v

آزمایش [āzmāyesch] Experiment s, Versuch m, Test m

Wörterbuch Persisch – Deutsch

آزمایش کردن [āzmāyesch kardan] experimentieren v, versuchen v, testen v, untersuchen v, prüfen v

آزمایشگاه [āzmāyeschgāh] Labor s

آژانس [ājānß] Agentur w

آژانس مسافرتی [ājānß.e moßāferati] Reisebüro s

آژیر [ājir] Sirene w, Alarm m

آسان [āßān] einfach adj, leicht adj

آسانسور [āßānßor] Fahrstuhl m, Lift m

آسان کردن [āßān kardan] erleichtern v, vereinfachen v

آسان گرفتن [āßān gereftan] leicht / auf die leichte Schulter nehmen v

آسایش [āßāyesch] Ruhe w, Wohl s

آستر [āßtar] Futter s (Kleidung)

آستین [āßtin] Ärmel m

آسم [āßm] Asthma s

آسمان [āß(e)mān] Himmel m

آسمان خراش [āß(e)mān-charāsch] Wolkenkratzer m

آسمان غرش [āß(e)mān-ghoresch] Donner m

آسمانی [āß(e)māni] hellblau adj, himmlisch adj

آسوده [āßude] friedfertig adj, ruhig adj, bequem adj

آسیا [āßiyā] Asien s

آسیاب [āßiyāb] Mühle w

آسیایی [āßiyāyi] Asiat m, asiatisch adj

آسیب [āßib] Beschädigung w, Unglück s

آسیب دیدن [āßib didan] Schaden erleiden v

آسیب رساندن [āßib raßāndan] beschädigen v, Schaden zufügen v

آش [āsch] Eintopf m

آشامیدن [āschāmidan] (präs. آشام [āschām-]) trinken v

آشامیدنی [āschāmidani] Getränk s, trinkbar adj

آشپز [āsch-paz] Koch m

آشپزخانه [āsch-paz-chāne] Küche w

آشتی [āschti] Versöhnung w

آشتی دادن [āschti dādan] versöhnen v

آشتی کردن [āschti kardan] sich versöhnen v

آشغال [āschghāl] Abfall m, Müll m

آشفته [āschofte] zerstreut adj, niedergeschlagen adj, betrübt adj

آشنا [āschnā] Bekannter m, vertraut adj, bekannt adj

آشنا شدن [āschnā schodan] kennen lernen v

آشنا کردن [āschnā kardan] bekannt machen v, (j-n) vorstellen v

آشنایی [āsch(e)nāyi] Bekanntschaft w, Kenntnis w

آشوب [āschub] Unruhe w (polit.), Tumult m

آغاز [āghāz] Anfang m, Beginn m, Start m

آغاز کردن [āghāz kardan] anfangen v, beginnen v

آغوش [āghusch] Umarmung w

آفتاب [āftāb] Sonne w, Sonnenschein m

آفتاب زدگی [āftāb-zadegi] Sonnenstich m

آفتابه [āftābe] Gießkanne w (für die Toilette)

آفتابی [āftābi] sonnig adj, hell adj

آفریدن [āfaridan] (er)schaffen v

آفریده [āfaride] Mensch m, Geschöpf s

آفریدگار [āfarid(e)gār] Schöpfer m, Gott m

آفریقا [āfrighā] Afrika s

آفریقایی [āfrighāyi] Afrikaner m, afrikanisch adj

آفرین [āfarin] Lob s, Beifall m; ausgezeichnet!, bravo!

آقا [āghā] Herr m

آگاه [āgāh] wissend adj, kundig adj

آگاه داشتن [āgāh dāschtan] informiert sein v, Bescheid wissen v

آگاه کردن [āgāh kardan] (j-n) informieren *v*, benachrichtigen *v*

آگهی [āgahi] Anzeige *w*, Werbung *w*

آگهی دادن [āgahi dādan] bekannt machen *v*, Anzeige aufgeben *v*, inserieren *v*

آلبالو [āl-bālu] Sauerkirsche *w*

آلمان [ālmān] Deutschland *s*

آلمانی [ālmāni] deutsch *adj*, Deutscher *m*

آلو [ālu] Pflaume *w*

آلوبالو [ālu-bālu] Sauerkirsche *w*

آلوچه [ālutsche] Zwetschge *w*

آلو زرد [ālu-zard] Mirabelle *w*

آلودگی [āludegi] Verschmutzung *w*

آلوده [ālude] schmutzig *adj*

آمادگی [āmādegi] Bereitschaft *w*, Vorbereitung *w*

آماده [āmāde] bereit *adj*, fertig *adj*

آماده شدن [āmāde schodan] sich fertigmachen *v*

آماده کردن [āmāde kardan] zubereiten *v*, vorbereiten *v*

آمبولانس [āmbulānß] Krankenwagen *m*

آمپول [āmpul] Spritze *w*, Ampulle *w*

آمپول زدن [āmpul zadan] Injektion geben *v*, spritzen *v*

آمدن [āmadan] (*präs.* آی [āy-]) kommen *v*, ankommen *v*

آمریکا [āmrikā] Amerika *s*

آمریکایی [āmrikāyi] Amerikaner *m*, amerikanisch *adj*

آموختن [āmuchtan] (*präs.* آموز [āmuz-]) lehren *v*, (er)lernen *v*

آموزش [āmuzesch] Ausbildung *w*, Unterricht *w*

آموزشگاه [āmuzeschgāh] Lehranstalt *w*, Schule *w*

آموزشگاه شبانه روزی [āmuzeschgāh.e schabāne-ruzi] Internat *s*

آموزگار [āmuz(e)gār] Lehrer *m*

آموزنده [āmuzande] lehrreich *adj*

آن [ān] es *pron*, jener *pron*

آنتن [ānten] Antenne *w*

آنتن ماهواره ای [ānten.e māh-wāre'i] Satellitenschüssel *w*

آنتیک [āntik] Antiquität *w*

آنجا [ān-djā] da *adv*, dort *adv*

آنچنان [ān-tschen.ān] derartiger *adj*, solch ein *adj*, so *adv*, dermaßen *adv*

آنچه [ān-tsche] das, was ... *pron*, was auch immer *pron*

آن روز(ها) [ān ruz(.hā)] einst *adv*, damals *adv*

آنزمان [ān zamān] damals *adv*, zu jener Zeit *adv*, einst *adv*

آن سمت [ān ßamt] drüben *adv*, jenseits *adv* / *prep*

آن طرف [ān taraf] drüben *adv*, jenseits *adv* / *prep*

آن وقت [ān waght] dann *adv*, damals *adv*

آنفولانزا [ānfulānzā] Grippe *w*

آن ور [ān-war] (ugs.) drüben *adv*, jenseits *adv* / *prep*

آنها [ān.hā] sie *pron* (Mz), jene *pron* (Mz)

آواره [āwāre] obdachlos *adj*, Vagabund *m*

آواز [āwāz] Gesang *m*, Lied *s*

آواز خواندن [āwāz chāndan] singen *v*

آوازدسته جمعی [āwāz.e daßt(.e)-djam'i] Chor *m*

آوردن [āwardan] (*präs.* آور [āwar-] / آر [ār-]) bringen *v*, holen *v*

آوریل [āwril] April *m*

آویزان کردن [āwizān kardan] aufhängen *v* (Wäsche usw.), erhängen *v*

آویشن [āwischan] Oregano *m*, Thymian *m*

آه [āh] ach! *interj*, o je! *interj* (Seufzer)

آهار [āhār] Stärke *w*, Steife *w* (Wäsche)

آهسته [āheßte] langsam *adj*, leise *adj*

آهک [āhak] Kalk *m*

آه کشیدن [āh keschidan] stöhnen *v*, seufzen *v*

آهن [āhan] Eisen *s*

آهن ربا [āhan-robā] Magnet *m*

آهنگ [āhang] Melodie *w*, Ton *m*

آهنگر [āhangar] Schmied *m*

آهنگساز [āhang-ßāz] Komponist *m*

آهو [āhu] Reh *s*

آه و ناله [āh-o-nāle] Gejammer *s*

آیا [āyā] ob *conj*

آینده [āyande] Zukunft *w*, zukünftig *adj*

آینه [āyne] Spiegel *m*

آیین [āyin] Regel *w*, Brauch *m*, Zeremonie *w*, Statut *s*

آیینه [āyine] / آئینه [ā'yine] Spiegel *m*

ا

ابتداء [ebtedā'] Anfang *m*

ابد [abad] Ewigkeit *w*

ابدأ [abadan] gar nicht *adv*, niemals *adv*, keineswegs *adv*

ابدی [abadi] ewig *adj*

ابر [abr] Wolke *w*; Schwamm *m*

ابرناک [abrnāk] wolkig *adj*, bewölkt *adj*

ابرو [abru] Augenbraue *w*

ابری [abri] wolkig *adj*, bewölkt *adj*

ابریشم [abrischam] Seide *w*

ابریشمی [abrischami] seiden *adj*

ابزار [abzār] Gerät *s*, Werkzeug *s*

ابلیس [ebliß] Teufel *m*, Satan *m*

اتاق [otāgh] Zimmer *s*, Raum *m*

اتاق انتظار [otāgh.e entezār] Warte-zimmer *s*

اتاق پذیرایی [otāgh.e pazirāyi] Wohn-zimmer *s*

اتاق خواب [otāgh.e chāb] Schlafzimmer *s*

اتاق دو تخته [otāgh.e do-tachte] Doppel-zimmer *s*

اتاق دو نفره [otāgh.e do-nafare] Doppel-zimmer *s*

اتاق رختکن [otāgh.e racht-kan] Ankleidekabine *w*

اتاق غذا خوری [otāgh.e ghazā-chori] Esszimmer *s*

اتاق ناهار خوری [otāgh.e nāhār-chori] Esszimmer *s*

اتاق نشیمن [otāgh.e neschiman] Wohn-zimmer *s*

اتحادیه [ettehādiye] Gewerkschaft *w*, Vereinigung *w*

اتریش [otrisch] Österreich *s*

اتریشی [otrischi] Österreicher *m*, österreichisch *adj*

اتصال [etteßāl] Verbindung *w*, Kontakt *m* (elektr.)

اتصالی [etteßāli] Kurzschluss *m*

اتفاق [ettefāgh] Ereignis *s*, Zufall *m*

اتفاقاً [ettefāghan] zufälligerweise *adv*

اتفاق افتادن [ettefāgh oftādan] sich ereignen *v*, geschehen *v*, passieren *v*

اتفاقی [ettefāghi] zufällig *adj*

اتو [otu] Bügeleisen *s*

اتوبوس [otobuß] Bus *m*

اتوبوس مسافرتی [otobuß.e moßāferati] Reisebus *m*

اتو زدن [otu zadan] bügeln *v*

اتو کردن [otu kardan] bügeln *v*

اتو کشیدن [otu keschidan] bügeln *v*

اتومبیل [otomobil] Auto *s*, Wagen *m*

اتهام [ettehām] Anklage *w*

اثاثیه [aßāßiye] Möbel *Mz*, Hausrat *m*, Gepäck *s*

اثر [aßar] Eindruck *m*, Wirkung *w*, Spur *w*, Narbe *w*

اثر داشتن [aßar dāschtan] Wirkung haben *v*, wirksam sein *v*

اثر گذاشتن [aßar gozāschtan] Eindruck machen *v*, beeinflussen *v*

اجاره [edjāre] Miete *w*, Pacht *w*

Wörterbuch Persisch – Deutsch

اجاره دادن [edjāre dādan] vermieten *v*

اجاره کردن [edjāre kardan] mieten *v*, pachten *v*

اجاره نشین [edjāre-neschin] Mieter *m*

اجازه [edjāze] Genehmigung *w*, Erlaubnis *w*

اجازهٔ اقامت [edjāze(.ye)-eghāmat] Aufenthaltserlaubnis *s*

اجازه دادن [edjāze dādan] erlauben *v*, gestatten *v*, zulassen *v*

اجازه داشتن [edjāze dāschtan] berechtigt sein *v*, dürfen *v*

اجازه کار [edjāze(.ye)-kār] Arbeitserlaubnis *s*

اجازه گرفتن [edjāze gereftan] um Erlaubnis bitten *v*

اجاق [odjāgh] Herd *m*, (Back-)Ofen *m*

اجاق برقی [odjāgh.e barghi] Elektroherd *m*

اجاق گازی [odjāgh.e gāzi] Gasherd *m*

اجبار [edjbār] Zwang *m*

اجباراً [edjbāran] notgedrungen *adv*, zwangsweise *adv*

اجباری [edjbāri] zwanghaft *adj*, zwangsläufig *adj*, verbindlich *adj*

اجتماع [edjtemā'] Gesellschaft *w*, Öffentlichkeit *w*

اجتماعی [edjtemā'i] gesellschaftlich *adj*

اجداد [adjdād] (*Mz zu* جد [djadd]) Vorfahren *Mz*, Ahnen *Mz*

اجرا کردن [edjrā kardan] ausführen *v*, tätigen *v*, betreiben *v*, durchführen *v*

احترام [ehterām] Respekt *m*, (Hoch-)Achtung *w*

احترام گذاشتن [ehterām gozāschtan] achten *v*, respektieren *v*, wertschätzen *v*

احتمال [ehtemāl] Vermutung *w*, Wahrscheinlichkeit *w*

احتمالاً [ehtemālan] möglicherweise *adv*, vermutlich *adv*, wahrscheinlich *adv*

احتیاج [ehtiyādj] Not *w*, Bedürfnis *w*, Notwendigkeit *w*

احتیاج داشتن [ehtiyādj dāschtan] benötigen *v*, brauchen *v*

احتیاط [ehtiyāt] Vorsicht *w*, Achtung *w*

احتیاطاً [ehtiyātan] vorsichtshalber *adv*

احتیاط کردن [ehtiyāt kardan] vorsichtig sein *v*, aufpassen *v*

احساس [ehßāß] (*Mz.:* احساسات [ehßāßāt]) Gefühl *s*, Wahrnehmung *w*

احساساتی [ehßāßāti] sentimental *adj*, empfindlich *adj*

احساس کردن [ehßāß kardan] empfinden *v*, fühlen *v*, spüren *v*

احسنت [ahßant] / احسن [ahßan] bravo! *interj*, ausgezeichnet! *interj*

احضار کردن [ehzār kardan] vorladen *v*, einberufen *v*

احمق [ahmagh] Dummkopf *m*, Idiot *m*, dumm *adj*

احمقانه [ahmaghāne] idiotisch *adj*, dumm *adj*

احمقی [ahmaghi] Dummheit *w*

احوال [ahwāl] (*Mz zu* حال [hāl]) Befinden *s*, Lage *w*, Zustand *m*, Gegenwart *w*

احوال پرسی کردن [ahwāl-porßi kardan] sich nach j-s Wohlbefinden erkundigen *v*

احیاناً [ahiyānan] womöglich *adv*, eventuell *adv*, vielleicht *adv*

اخبار [achbār] (*Mz zu* خبر [chabar]) Nachrichten *Mz*

اختاپوس [ochtāpuß] Krake *m*

اختراع [echterā'] Erfindung *w*

اختراع کردن [echterā' kardan] erfinden *v*, entwickeln *v*

اختلاف [echtelāf] Unterschied *m*, Konflikt *m*

اختلاف نظر [echtelāf.e nazar] Meinungsverschiedenheit *w*

اخته [achte] kastriert *adj*

اختیار [echtiyār] Wille m, Befugnis w, Macht w

اختیارى [echtiyāri] freiwillig adj, willkürlich adj

اخراج شدن [echrādj schodan] entlassen werden v

اخراج کردن [echrādj kardan] entlassen v, kündigen v

اخطار [echtār] Warnung w, Mahnung w

اخطار کردن [echtār kardan] warnen v, mahnen v

اخطاریه [echtāriye] Mahnung w (schriftl.), Benachrichtigung w

اخلاق [achlāgh] (Mz. zu خلق [chalgh]) Charakter m, Moral w

اخم [achm] Verdrießlichkeit w, Stirnrunzeln s

اخم (وتخم) کردن [achm(-o-tachm) kardan] finster blicken v, Stirn runzeln v

اخمو [achmu] aufgebracht adj, mürrisch adj, griesgrämig adj

اخوى [achawi] Bruder m

اخیراً [achiran] kürzlich adv, neulich adv

اداره [edāre] Behörde w, Büro s, Verwaltung w

ادارۀ ثبت احوال [edāre.ye ßabt.e ahwāl] Standesamt s

ادارۀ راهنمایی و رانندگى [edāre.ye rāh-namāyi wa rānandegi] Verkehrsbüro s

ادارۀ کار [edāre.ye kār] Arbeitsamt s

اداره کردن [edāre kardan] leiten v, verwalten v, führen v, betreiben v

ادامه [edāme] Fortsetzung w

ادامه دادن [edāme dādan] weitermachen v, fortsetzen v

ادامه دارد [edāme dār.ad] Fortsetzung folgt

ادامه داشتن [edāme dāschtan] andauern v, anhalten v

ادب [adab] (Mz.: آداب [ādāb]) Anstand m, Benehmen s

ادبیات [adabiyāt] Literatur w

ادرار [edrār] Urin m

ادعا [edde'ā] Behauptung w, Anspruch m, Forderung w

ادعا کردن [edde'ā kardan] behaupten v, beanspruchen v

ادویه [adwiye] Gewürz s

ادویه زدن [adwiye zadan] würzen v

اذان [azān] Gebetsruf m

اذیت [aziyat] Belästigung w, Quälerei w

اذیت کردن [aziyat kardan] belästigen v, quälen v

اراده [erāde] Wille m

ارتباط [ertebāt] Beziehung w, Verbindung w

ارتباط داشتن [ertebāt dāschtan] Beziehung unterhalten v, Verbindung haben v

ارتش [artesch] Armee w, Militär s

ارتفاع [ertefā'] Höhe w

ارث [erß] Erbe s

ارث بردن [erß bordan] erben v

ارجمند [ardj(o)mand] angesehen adj, geehrt adj

اردک [ordak] Ente w

اردن [ordon] Jordanien s

اردو [ordu] Camp s, Zeltplatz m

اردو زدن [ordu zadan] zelten v, campen v

اردوگاه [ordugāh] Campingplatz m, Zeltplatz m, Stützpunkt m (militär.)

اردیبهشت [ordi-behescht] 2. Monat des iran. Sonnenkalenders (22.04.-21.05.)

ارز [arz] Währung w, Devisen Mz

ارزان [arzān] billig adj

ارزان کردن [arzān kardan] Preis reduzieren v, herabsetzen v

ارزش [arzesch] Wert m

ارزش داشتن [arzesch dāschtan] wert sein v, sich lohnen v

ارزن [arzan] Hirse w

Wörterbuch Persisch – Deutsch

ارزیدن [arzidan] (*präs.* ارز [arz-]) kosten *v*, wert sein *v*, sich lohnen *v*

ارسال [erßāl] Lieferung *w*, Sendung *w*

ارسال کردن [erßāl kardan] befördern *v*, schicken *v*, senden *v*

ارک [ark] / ارگ [arg] Zitadelle *w*, Burg *w*

ارگ [org] Orgel *w*

ارمنستان [armaneßtān] Armenien *s*

ارمنی [armani] Armenier *m*

اروپا [orupā] Europa *s*

اروپایی [orupāyi] Europäer *m*, europäisch *adj*

اره [arre] Säge *w*

اره کردن [arre kardan] sägen *v*

اریب [orib] schräg *adj*, quer *adv*

از [az] aus *prep*, von *prep*, seit *prep*, durch *prep*, wegen *prep*, als *conj* (Komparativ)

از امروز به بعد [az emruz be ba'd] von heute an *adv*

از این به بعد [az in be ba'd] von jetzt an *adv*

از این رو [az in ru] daher *adv*

از این گذشته [az in gozaschte] darüber hinaus *adv*, überhaupt *adv*, daher *adv*

از این لحاظ [az in lehāz] insofern *adv*

از بغل [az baghal] seitlich *adv*, um die Ecke *adv*, von der Seite *adv*

از پس چیزی / کسی برآمدن [az paß.e tschiz.i / kaß.i bar-āmadan] mit etw. / j-m fertig werden *v*, bewältigen *v*

از دست دادن [az daßt dādan] verlieren *v*, versäumen *v*, verpassen *v*

از دست در رفتن [az daßt dar-raftan] entwischen *v*, verspielen *v*, entkommen *v*, verpassen *v* (Zug)

از جمله [az djomle] unter anderem *adv*

از خواب پریدن [az chāb paridan] aus dem Schlaf springen *v*

از خود بافتن [az chod bāftan] etw. von sich aus erfinden *v*, erdichten *v*

از خود در آوردن [az chod dar-āwardan] etw. von sich aus erfinden *v*, Geschichten erfinden *v*

از خود راضی [az chod rāzi] arrogant *adj*, eingebildet *adj*, eitel *adj*

از روی [az ru.ye] gemäß *prep*, aus *prep* (Erfahrung, Eifersucht usw.)

ازدواج [ezdewādj] Ehe *w*, Trauung *w*

ازدواج کردن [ezdewādj kardan] Ehe schließen *v*, heiraten *v*

از سر تا ته [az ßar tā tah] von vorn bis hinten *adv*

از سر دور کردن [az ßar dur kardan] sich etw. aus dem Kopf schlagen *v*

از سوی [az ßu.ye] seitens *prep*

از سیستم خارج شدن [az ßißtem chāredj schodan] sich ausloggen *v* (Computer)

از طرف [az taraf.e] seitens *prep*

از طرفی ... از طرفی دیگر [az tarafi ... az tarafi digar] einerseits ... andererseits *conj*

از طریق [az tarigh.e] seitens *prep*, per *prep*

از قبل [az ghabl] im voraus *adv*, vorher *adv*

از قرار معلوم [az gharār.e ma'lum] anscheinend *adv*, angeblich *adj*

از کجا [az kodjā] woher *adv*

از لای [az lā.ye] durch *prep*, zwischen *prep*

از مد افتاده [az mod oftāde] altmodisch *adj*

از مدت اعتبارگذشته [az moddat.e e'tebār gozaschte] abgelaufen *adj* (Pass u.ä)

از نظر [az nazar.e] aus der Sicht von *prep*, wegen *prep*

از همان اول [az ham.ān awwal] von Anfang an *adv*, von vornherein *adv*

از هم جدا شدن [az ham djodā schodan] auseinandergehen *v*, sich trennen *v*

از هم جدا کردن [az ham djodā kardan] trennen *v*, auseinandernehmen *v*, losbekommen *v*

از همدیگر [az ham-digar] voneinander *adv*

از همه بیشتر [az hame bisch.tar] am meisten *adv*

از همه طرف [az hame taraf] von allen Seiten *adv*

از همین حالا [az ham.in hālā] ab sofort *adv*, ab jetzt *adv*

اژدها [aj-dahā] Drache *m* (Fabelwesen)

اساس [aßāß] Basis *w*, Grundlage *w*

اساسی [aßāßi] wesentlich *adj*, hauptsächlich *adj*

اسانس [aßānß] Essenz *w*, Aroma *s*

اسب [aßb] Pferd *s*

اسب آبی [aßb.e ābi] Flusspferd *s*

اسباب بازی [aßbāb-bāzi] Spielzeug *s*

اسباب کشی [aßbāb-keschi] Umzug *m*

اسباب کشی کردن [aßbāb-keschi kardan] umziehen *v*, ausziehen *v*

اسباب و اثاثیه [aßbāb-o-aßāßiye] Möbel *Mz*, Hausrat *m*

اسب دوانی [aßb-dawāni] Pferderennen *s*

اسب سفید [aßb.e ßefid] Schimmel *m* (weißes Pferd)

اسب سواری کردن [aßb-ßawāri kardan] reiten *v* (Pferd)

اسپانیا [aßpāniyā] Spanien *s*

اسپانیایی [aßpāniyāyi] Spanier *m*

اسپری [aßperey] Deodorant *s*, Haarspray *m*

استاد [oßtād] Meister *m*, Professor *m*

استارت [eßtārt] Anlasser *m*

استان [oßtān] Provinz *w*

استثناء [eßteßnā'] Ausnahme *w*

استثنائاً [eßteßnā'an] ausnahms-weise *adv*

استخدام [eßtechdām] Einstellung *w*, Anstellung *w* (Personal)

استخدام کردن [eßtechdām kardan] j-n beschäftigen *v*, j-n einstellen *v*

استخر [eßtachr] Schwimmbad *s*

استخر سرباز [eßtachr.e ßar-bāz] Freibad *s*

استخرسرپوشیده [eßtachr.e ßar-puschide] Hallenbad *s*

استخوان [oßtochān] Knochen *m*

استخوانی [oßtochāni] knochig *adj*, mager *adj*

استراحت [eßterāhat] Erholung *w*, Ruhe *w*

استراحت کردن [eßterāhat kardan] sich entspannen *v*, sich erholen *v*

استعداد [eßte'dād] Qualifikation *w*, Begabung *w*, Fähigkeit *w*

استعفاء [eßte'fā'] Rücktritt *m (Amt)*, Kündigung *w*

استعفاء دادن [eßte'fā' dādan] zurücktreten *v*, kündigen *v*

استفاده [eßtefāde] Gebrauch *m*, Nutzen *m*, Verwendung *w*, Verbrauch *m*

استفاده شده [eßtefāde-schode] gebraucht *adj*

استفاده کردن [eßtefāde kardan] benutzen *v*, verwenden *v*, verbrauchen *v*

استفراغ کردن [eßtefrāgh kardan] erbrechen *v*

استقامت [eßteghāmat] Standhaftigkeit *w*, Beharrlichkeit *w*

استقبال کردن [eßteghbāl kardan] Gästen entgegengehen *v*, begrüßen *v*

استقلال [eßteghlāl] Unabhängigkeit *w*

استکان [eßtekān] Trinkglas *s* (für Tee)

استوار [oßtowār] standhaft *adj*

اسرارآمیز [eßrār-āmiz] geheimnisvoll *adj*, rätselhaft *adj*

اسراف [eßrāf] Verschwendung *w*

اسراف کردن [eßrāf kardan] verschwenden *v*, vergeuden *v*

اسرائیل [eßrā'il] Israel *s*

اسرائیلی [eßrā'ili] Israeli *m*, israelisch *adj*

اسفناج [eßfenādj] Spinat *m*

اسفنج [eßfandj] (Bade-)Schwamm *m*

اسفند [eßfand] 12. Monat des iran. Sonnenkalenders (20.02.-20.03.)

Wörterbuch Persisch – Deutsch

اسقف [oßghof] Bischof *m*

اسكله [eßkele] Kai *m*

اسكناس [eßkenāß] Geldschein *m*

اسكى [eßki] Ski *m*

اسكى بازى [eßki-bāzi] Ski fahren *v*

اسلام [eßlām] Islam *m*

اسلامى [eßlāmi] islamisch *adj*

اسلحه [aßlahe] Waffe *w*

اسم [eßm] Name *m*, Bezeichnung *w*

اسم بردن [eßm bordan] nennen *v*

اسم كوچک [eßm.e kutschek] Vorname *m*

اسم نويسى [eßm-newißi] Anmeldung *w* (Schule)

اسم نويسى كردن [eßm-newißi kardan] anmelden *v* (Schule), einschreiben *v*

اسهال [eßhāl] Durchfall *m*

اسهال گرفتن [eßhāl gereftan] Durchfall bekommen *v*

اسيد [aßid] Säure *w*

اسير [aßir] Gefangener *m*, gefangen *adj*

اسيركردن [aßir kardan] gefangen nehmen *v*

اشاره [eschāre] Andeutung *w*, Zeichen *s*, Hinweis *m*, Tipp *m*

اشاره كردن [eschāre kardan] andeuten *v*, hinweisen *v*

اشتباه [eschtebāh] Versehen *s*, Fehler *m*, Irrtum *m*, falsch *adj*

اشتباه كردن [eschtebāh kardan] sich irren *v*, Fehler begehen *v*

اشتباهاً [eschtebāhan] irrtümlicherweise *adv*, versehentlich *adv*

اشتها [eschtehā] Appetit *m*

اشتها آور [eschtehā-āwar] appetitlich *adj*, appetitanregend *adj*

اشتهاء داشتن [eschtehā' dāschtan] Appetit haben *v*

اشعه [ascha'e] Lichtstrahl *m*, Röntgenstrahlung *w*

اشغال [eschghāl] besetzt *adj*

اشغال كردن [eschghāl kardan] besetzen *v*

اشک [aschk] Träne *w*

اشک ریختن [aschk richtan] weinen *v*, tränen *v*

اشكال [eschkāl] Schwierigkeit *w*, Hindernis *s*

اشكال گرفتن [eschkāl gereftan] bemängeln *v*, nach Fehlern suchen *v*

اصرار [eßrār] Beharrlichkeit *w*, Aufdringlichkeit *w*

اصرار كردن [eßrār kardan] beharren *v*, auf etw. bestehen *v*, drängen *v*

اصل [aßl] echt *adj*, Herkunft *w*, Prinzip *s*, Ursprung *m*, Original *s*

اصلاح كردن [eßlāh kardan] rasieren *v*, Bart abschneiden *v*, etw. zurechtmachen *v*

اصلاً [aßlan] eigentlich *adv*, überhaupt *adv* (mit Verneinung)

اصلى [aßli] wesentlich *adj*, echt *adj*, Haupt-

اصولاً [oßulan] grundsätzlich *adj*, im Prinzip *adv*, überhaupt *adv*

اضافه [ezāfe] Hinzufügung *w*, Vermehrung *w*

اضافه بار [ezāfe-bār] Übergewicht *s* (Koffer)

اضافه برداشت [ezāfe bar-dāscht] überziehen *v* (Konto)

اضافه بها [ezāfe-bahā] Aufpreis *m*, Zuschlag *m*

اضافه حقوق [ezāfe-hoghugh] Gehaltserhöhung *w*

اضافه كار [ezāfe-kār] Überstunde *w*

اضافه كردن [ezāfe kardan] hinzufügen *v*, vermehren *v*

اضافه وزن [ezāfe-wazn] Übergewicht *s*

اضافى [ezāfi] zusätzlich *adj*, Zuschlags-

اطاعت [etā'at] Gehorsam *m*

اطاعت كردن [etā'at kardan] gehorchen *v*

اطاق [otāgh] Zimmer *s*, Raum *m*

اطراف [atrāf] (*Mz. zu* طرف [taraf])
Umkreis *m*, Umgebung *w*

اطلاع [ettelā'] (*Mz.:* اطلاعات [ettelā'āt])
Information *w*, Benachrichtigung *w*,
Mitteilung *w*

اطلاع دادن [ettelā' dādan] bekanntgeben
v, mitteilen *v*, informieren *v*, melden *v*

اطلاع داشتن [ettelā' dāschtan] Bescheid
wissen *v*, informiert sein *v*

اطلاعات [ettelā'āt] (*Mz zu* اطلاع [ettelā'])
Daten *Mz*, Informationsbüro *s*,
Auskunft *w*

اطلس [atlaß] Welt *w*, Satin *m*

اطمینان [etmīnān] Vertrauen *s*,
Zuversicht *w*

اطمینان کردن [etmīnān kardan] vertrauen
v, sich auf j-n verlassen *v*

اطمینان داشتن [etmīnān dāschtan]
Vertrauen haben *v*, zuversichtlich
sein *v*

اطو [otu] Bügeleisen *s*

اظهار [ezhār] Aussage *w*, Erklärung *w*

اظهار کردن [ezhār kardan] anmerken *v*,
äußern *v*

اعتبار [e'tebār] Geltung *w*, Ansehen *s*

اعتبار داشتن [e'tebār dāschtan] gültig sein
v, gelten *v*

اعتراض [e'terāz] Einwand *m*, Protest *m*,
Widerspruch *m*

اعتراض کردن [e'terāz kardan] Einwand
erheben *v*, protestieren *v*

اعتراف [e'terāf] Geständnis *s*,
Bekenntnis *s*

اعتراف کردن [e'terāf kardan] eingestehen
v, zugeben *v*, beichten *v*

اعتصاب [e'teßāb] Streik *m*, Protest *m*

اعتصاب کردن [e'teßāb kardan] streiken *v*

اعتقاد [e'teghād] Überzeugung *w*,
Glaube *m*, Vertrauen *s*

اعتماد [e'temād] Vertrauen *s*,
Überzeugung *w*, Zuversicht *w*

اعتماد به نفس [e'temād(.e) be nafß] Selbstbewusstsein *s*, Selbstvertrauen *s*

اعتماد کردن [e'temād kardan] vertrauen *v*,
sich verlassen *v*

اعتناء [e'tenā'] Achtung *w*, Aufmerksamkeit *w*

اعتنا کردن [e'tenā kardan] beachten *v*

اعدام [e'dām] Hinrichtung *w*

اعدام کردن [e'dām kardan] hinrichten *v*,
(er)hängen *v*

اعلام [e'lām] Meldung *w*,
Bekanntmachung *w*

اعلام کردن [e'lām kardan] ankündigen *v*,
bekanntmachen *v* (öffentl.)

اعلامیه [e'lāmiye] Bekanntmachung *w*,
Veröffentlichung *w* (Anzeige, Flugblatt)

اعیان [a'yān] vornehm *adj*, reich *adj*

اغراق [eghrāgh] Übertreibung *w*

اغراق کردن [eghrāgh kardan] übertreiben
v, zu weit gehen *v*

اغلب [aghlab] häufig *adj / adv*, meistens
adv, oft *adv*, überwiegend *adv*

افاده [efāde] Wichtigtuerei *w*,
Arroganz *w*

افاده کردن [efāde kardan] prahlen *v*,
wichtig tun *v*

افت کردن [oft kardan] absenken *v* (Straße,
Wasserspiegel), fallen *v* (Preise)

افتادن [oftādan] (hin)fallen *v*, stürzen *v*

افتاده [oftāde] bescheiden *adj*

افتتاح [eftetāh] Eröffnung *w*,
Einweihung *w*

افتتاح کردن [eftetāh kardan] eröffnen *v*,
einweihen *v*

افتخار [eftechār] Ehre *w*, Ruhm *m*,
Stolz *m*

افتخاری [eftechāri] ehrenamtlich *adj*

افتضاح [eftezāh] Schande *w*

افراط [efrāt] Übertreibung *w*

افراط کردن [efrāt kardan] übertreiben *v*, zu weit gehen *v*

افزایش [afzāyesch] Zunahme *w*, Vermehrung *w*

افزودن [afzudan] erhöhen *v*, steigern *v*, anwachsen *v*

افسار [afßār] Zügel *m*

افسانه [afßāne] Märchen *s*, Sage *w*

افسر [afßar] Offizier *m*

افسرده [afßorde] bedrückt *adj*, traurig *adj*, enttäuscht *adj*

افسوس [afßuß] Bedauern *m*, wie schade! *interj*, o je! *interj*

افسوس خوردن [afßuß chordan] bedauern *v*, beklagen *v*

افغانی [afghāni] Afghane *m*, afghanisch *adj*

افغانستان [afghāneßtān] Afghanistan *s*

افق [ofogh] Horizont *m*

افقی [ofoghi] horizontal *adj*

اقامت [eghāmat] Aufenthalt *m*

اقتصاد [eghteßād] Wirtschaft *w*

اقدام [eghdām] Vorgehensweise *w*, Maßnahme *w*

اقدام کردن [eghdām kardan] Maßnahmen ergreifen *v*, handeln *v*

اقرار [eghrār] Geständnis *s*, Bekenntnis *s*

اقرار کردن [eghrār kardan] gestehen *v*, einräumen *v*, bekennen *v*

اقلاً [aghallan] mindestens *adv*, wenigstens *adv*

اقلیت [aghalliyat] Minderheit *w*

اقیانوس [oghiyānuß] Ozean *m*

اکتبر [oktobr] Oktober *m*

اکثراً [akßaran] meistens *adv*, überwiegend *adv*

اکثریت [akßariyat] Mehrheit *w*

اکسیژن [okßijen] Sauerstoff *m*

اکنون [aknun] jetzt *adv*, nun *adv*

اکیب [ekib] Freundeskreis *m*, Clique *w*

اکیداً [akidan] ausdrücklich *adv*, streng genommen *adv*

اگر [agar] falls *conj*, wenn *conj*

اگر که [agar ke] insofern *conj*, für den Fall, dass *conj*

اگر چه [agar tsche] wenn auch *conj*, obwohl *conj*, zwar *conj*

اگزوز [egzoß] Auspuff *m*

الاغ [olāgh] Esel *m*

الآن [al-ān] soeben *adv*, jetzt *adv*, nun *adv*, sofort *adv*, schon *adv*

البته [albatte] selbstverständlich! *interj*, allerdings! *interj*, gewiss! *interj*

التماس [eltemāß] Flehen *s*

التماس کردن [eltemāß kardan] flehen *v*, eindringlich um etw. bitten *v*

الفباء [alef-bā'] Alphabet *s*

الک [alak] Sieb *s* (Sand, Erde)

الک دو لک [alak-dolak] Wippe *w*

الکل [alkol] Alkohol *m*

الکلی [alkoli] Alkoholiker *m*, Trinker *m*, alkoholisch *adj*

الگو [olgu] Muster *s*, Schnitt *m* (Schneidern)

الله [allāh] Gott *m*

الماس [almāß] Diamant *m*

النگو [alangu] Armband *s*

الی [elā] bis *prep*

اما [ammā] aber *conj*, dennoch *conj*, jedoch *conj*, doch *conj*

امام [emām] Imam *m*

امتحان [emtehān] (*Mz.:* امتحانات [emtehānāt]) Prüfung *w*, Examen *s*, Untersuchung *w*, Test *m*

امتحان دادن [emtehān dādan] Prüfung ablegen *v*

امتحان کردن [emtehān kardan] prüfen *v*, testen *v*, probieren *v*

امتیاز [emtiyāz] Punkt *m* (Sport), Privileg *s*

امر [amr] Befehl *m*

امرداد [amordād] 5. Monat des iran. Sonnenkalenders (23.07.-22.08.)

امر کردن [amr kardan] befehlen *v*

امروز [emruz] heute *adv*

امروزه [emruze] heutzutage *adv*

امروزی [emruzi] modern *adj*, zeitgemäß *adj*

امسال [emßāl] dieses Jahr *adv*

امشب [emschab] heute Abend *adv*, heute Nacht *adv*

امضاء [emzā'] Unterschrift *w*

امضاء کردن [emzā' kardan] unterschreiben *v*

امکان [emkān] (*Mz.:* امکانات [emkānāt]) Möglichkeit *w*, Aussicht *w*

امکان پذیر [emkān-pazir] möglich *adj*, denkbar *adj*

املاء [emlā'] Rechtschreibung *w*, Diktat *s* (Schule)

املی [ommoli] altmodisch *adj*

امن [amn] sicher *adj*, gefahrlos *adj*

امنیت [amniyat] Sicherheit *w*

امید [omid] Hoffnung *w*, Aussicht *w*

امید داشتن [omid dāschtan] hoffen *v*

امیدوار [omidwār] hoffnungsvoll *adj*, zuversichtlich *adj*

انار [anār] Granatapfel *m*

انبار [ambār] (Vorrats-)Lager *s*, Speicher *m*, Abstellraum *m*, Scheune *w*

انبار کردن [ambār kardan] speichern *v* (Ware), hamstern *v*

انبر(دست) [ambor(-daßt)] Zange *w*

انتخاب [entechāb] (*Mz.:* انتخابات [entechābāt]) Wahl *w*, Auswahl *w*

انتخاب کردن [entechāb kardan] (aus)wählen *v*, aussuchen *v*

انتشار [enteschār] (*Mz.:* انتشارات [enteschārāt]) Veröffentlichung *w*

انتشار کردن [enteschār kardan] veröffentlichen *v*, herausbringen *v*

انتظار [entezār] Erwartung *w*

انتظار داشتن [entezār dāschtan] erwarten *v*

انتظار کشیدن [entezār keschidan] (er)warten *v* (ungeduldig, hoffend)

انتقاد [enteghād] Kritik *w*

انتقاد کردن [enteghād kardan] kritisieren *v*

انتقال [enteghāl] Übertragung *w*, Übergabe *w*, Verlegung *w*

انتقال دادن [enteghāl dādan] übertragen *v*, weiterleiten *v*, verlegen *v*

انتقام [enteghām] Rache *w*

انتقام جو [enteghām-dju] rachsüchtig *adj*

انتقام گرفتن [enteghām gereftan] sich rächen *v*

انجام دادن [andjām dādan] tätigen *v*, machen *v*, betreiben *v*, ausführen *v*, ausüben *v*, erfüllen *v*, erledigen *v*

انجام گرفتن [andjām gereftan] stattfinden *v*

انجمن [andjoman] Gemeinschaft *w*, Verein *m*

انجیر [andjir] Feige *w*

انداختن [andāchtan] (*präs.* انداز [andāz-]) werfen *v*, einstecken *v*

اندازه [andāze] Ausmaß *m*, Größe *w*

اندازه گرفتن [andāze gereftan] messen *v*, maßnehmen *v*

اندازه گیری [andāze-giri] Maßnehmen *s*

اندام [andām] Figur *w*, Linie *w* (Körper)

اندرز [andarz] Ratschlag *m*

اندیشیدن [andischidan] (*präs.* اندیش [andisch-]) nachdenken *v*

انرژی [enerji] Energie *w*

انسان [enßān] Mensch *m*

انسانی [enßāni] menschlich *adj*

انسانیت [enßāniyat] Menschlichkeit *w*

انشاء [enschā'] Aufsatz *m* (Schule)

انشاءالله [enschā'allāh] so Gott will *interj*, hoffentlich *adv*

انصاف [enßāf] Gerechtigkeit *w*, Gewissenhaftigkeit *w*

انعام [en'ām] Trinkgeld *s*

انعكاس [ene'kāß] Echo *s*

انفجار [enfedjār] Explosion *w*

انقلاب [enghelāb] Revolution *w*

انكار [enkār] Dementi *s*, Verleugnung *w*

انكار كردن [enkār kardan] dementieren *v*, verleugnen *v*

انگار كه [engār ke] als ob *conj*, anscheinend *adj*, offenbar *adv*

انگشت [angoscht] Finger *m*

انگشت اشاره [angoscht.e eschāre] Zeigefinger *m*

انگشتانه [angoschtāne] Fingerhut *m*

انگشت پا [angoscht.e pā] Zehe *w*

انگشتر [angoschtar] Ring *m* (Schmuck)

انگشت دست [angoscht.e daßt] Finger *m*

انگشت كوچک [angoscht.e kutschek] kleiner Finger *m*

انگشت ميانه [angoscht.e miyāne] Mittelfinger *m*

انگشت وسط [angoscht.e waßat] Mittel-finger *m*

انگلستان [engeleßtān] England *s*

انگليس [engeliß] England *s*

انگليسى [engelißi] Engländer *m*, englisch *adj*

انگور [angur] Weintraube *w*

او [u] er *pron*, sie *pron* (w Ez), es *pron*

اواسط [awāßet] (*Mz zu* وسط [waßat]) Mitte *w*, mittlere Tage *Mz* (des Monats)

اوايل [awāyel] (*Mz zu* اول [awwal]) Anfang *m*, Anfangstage *Mz* (des Monats)

اوت [ut] August *m*

اوج [oudj] Höhepunkt *m*

اورژانس [ourjānß] Notdienst *m*

اوستا [aweßtā] heiliges Buch *s* (der Zarathustrier)

اوضاع [ouzā'] (*Mz zu* وضع [waz']) Zustand *m*, Lage *w*, Befinden *s*, Verhältnis *s*

اوقات [oughāt] (*Mz zu* وقت [waght]) Stimmung *w*, Verhältnisse *Mz*, Zeit *w*

اوقات تلخى [oughāt-talchi] Wut *w*, Zorn *m*, Empörung *w*

اول [awwal] (zu)erst *adv*

اولاً [awwalan] erstens *adv*, zuerst *adv*

اولاد [oulād] (*Mz zu* ولد [walad]) Nachkomme *m*, Kind *s*, Sohn *m*

اولين [awwalin] erster *adj*

اه [ah] abscheulich! *interj*, pfui! *interj*

اه [eh] so einfach? *interj*, ach so! *interj*

اهانت [ehānat] Beleidigung *w*, Hohn *m*

اهانت آميز [ehānat-āmiz] zynisch *adj*, beleidigend *adj*, kränkend *adj*

اهانت كردن [ehānat kardan] beleidigen *v*, kränken *v*

اهريمن [ahriman] Teufel *m*, Dämon *m*

اهل [ahl] Einwohner *m*, Bürger *m*

اهلى [ahli] zahm *adj*

اهميت [ahammiyat] Wichtigkeit *w*, Bedeutung *w*

اهميت دادن [ahammiyat dādan] Wert legen *v*, Bedeutung beimessen *v*

اهميت گذاشتن [ahammiyat gozäschtan] Wert legen *v*, Bedeutung beimessen *v*

ايتاليا [itāliyā] Italien *s*

اتاليايى [itālyāyi] Italiener *m*

ايجاد كردن [idjād kardan] verursachen *v*, schaffen *v*

ايده [ide] Idee *w*

ايراد [irād] Einwand *m*, Kritik *w*

ايراد گرفتن [irād gereftan] beanstanden *v*, kritisieren *v*, bemängeln *v*, nörgeln *v*

ايراد گير [irād-gir] Querulant *m*, nörglerisch *adj*

ايران [irān] Iran *m*, Persien *s*

ايران شناسى [irān-schenāßi] Iranistik *w*

ایرانی [irāni] Iraner *m*, Perser *m*, iranisch *adj*, persisch *adj*

ایزد [izad] Gott *m*

ایستادگی [ißtādegi] Widerstand *m*, Standhaftigkeit *w*

ایستادن [ißtādan] (*präs.* ایست [ißt-]) stehen *v*, anhalten *v*

ایست کردن [ißt kardan] anhalten *v*, stoppen *v*

ایستگاه [ißtgāh] Haltestelle *w*, Station *w*

ایستگاه آخر [ißtgāh.e āchar] Endstation *w*

ایستگاه راه آهن [ißtgāh.e rāh(.e)-āhan] Bahnhof *m*

ایکس ری [ikß-rey] Röntgenaufnahme *w*

ایمان [imān] Glaube *m*

ایمان داشتن [imān dāschtan] glauben *v*

این [in] dieser *pron*, derselbe *pron*

این بار [in bār] diesmal *adv*

اینجا [in-djā] hier *adv*, hierher *adv*

اینجور [in-djur] so *adv*

اینجوری [in-djuri] solch ein(er) *adj*

این دفعه [in daf'e] diesmal *adv*

این روزها [in ruz.hā] heutzutage *adv*

اینطور [in-tour] so *adv*, auf diese Weise *adv*

اینقدر [in-ghad(a)r] so viel *adv*, so weit *adv*, so sehr *adv*

این مرتبه [in-martabe] diesmal *adv*

اینک [inak] jetzt *adv*, also *adv*, somit *adv*, nun *adv*

اینها [in.hā] diese *pron* (Mz)

این همه [in-hame] so viel *pron*

ایوان [iwān] Terrasse *w*

اینور و آنور [in-war-o-ān-war] hin und her *adv*, kreuz und quer *adv*

ب

با [bā] mit *prep*, durch *prep*, trotz *prep*

با احترام [bā-ehterām] hochachtungs-voll *adj*

با احتیاط [bā-ehtiyāt] vorsichtig *adj*

با ادب [bā-adab] brav *adj*, höflich *adj*

با اراده [bā-erāde] willensstark *adj*

با ارزش [bā-arzesch] wertvoll *adj*

با استعداد [bā-eßte'dād] begabt *adj*

با انصاف [bā-enßāf] gerecht *adj*, fair *adj*

با این حال [bā in hāl] dennoch *adv*, so *adv*, trotzdem *conj / adv*

با اینکه [bā in-ke] trotzdem *conj / adv*, obwohl *conj*

با این وجود [bā wodjud.e in] nichtsdesto-weniger *conj / adv*, trotz *prep*

باب [bāb] Tür *w*, Kapitel *s*

بابا [bābā] Väterchen *s*

بابا بزرگ [bābā-bozorg] Opa *m*

بابت [bābat.e] wegen *prep*, betreffend *prep*, entsprechend *prep*

باب روز [bāb.e ruz] modern *adj*, aktuell *adj*

بابونه [bābune] Kamille *w*

با تربیت [bā-tarbiyat] brav *adj*, anständig *adj*

باتری [bātri] Batterie *w*

باتلاق [bātlāgh] Sumpf *m*, Moor *s*

باجه [bādje] Schalter *m* (Post, Bank usw.)

باجه تلفن [bādje.ye telefon] Telefonzelle *w*

با حال بودن [bā-hāl budan] munter / ausgelassen sein *v*

با حوصله [bā-houßele] geduldig *adj*

با خبر [bā-chabar] informiert *adj*, erfahren *adj*

با خبر بودن [bā-chabar budan] im Bilde sein *v*, informiert sein *v*

با خبر شدن [bā-chabar schodan] informiert werden *v*

با خبر کردن [bā-chabar kardan] informieren *v*, Bescheid sagen *v*

باخت [bācht] Niederlage *w*, Verlust *m*

باختن [bāchtan] (*präs.* باز [bāz-]) verlieren *v*, verspielen *v*

Wörterbuch Persisch – Deutsch

باد [bād] Wind *m*

بادام [bādām] Mandel *w*

بادام زمینی [bādām(.e)-zamini] Erdnuss *w*

بادام سوخته [bādām-ßuchte] gebrannte Mandeln *Mz*

بادام هندی [bādām(.e)-hendi] Cashewnuss *w*

بادبادک [bād-bādak] Drachen *m* (Papier)

بادبان [bādbān] Segel *s*

بادبزن [bād-bezan] Fächer *m*

بادکنک [bād-konak] Luftballon *m*

بادمجان [bādemdjān] Aubergine *w*

با دوام [bā-dawām] dauerhaft *adj*, haltbar *adj*

بار [bār] Gepäck *s*, Fracht *w*, Last *w*; Mal *s*

باران [bārān] Regen *m*

باران آمدن [bārān āmadan] regnen *v*

بارانی [bārāni] regnerisch *adj*; Regenmantel *m*

باربر [bār-bar] Gepäckträger *m*, Kofferträger *m*

باربند اتومبیل [bār-band.e otomobil] Gepäckträger *m* (Auto)

بار دستی [bār.e daßti] Handgepäck *s*

بار زبان [bār.e zabān] belegte Zunge *w*

بار زدن [bār zadan] (auf)laden *v* (Ware)

بارک الله [bārekallāh] sehr gut! *interj*, bravo! *interj*, prima! *interj*

بار کردن [bār kardan] (auf)laden *v* (Ware)

بارندگی [bārandegi] Niederschlag *m* (Regen)

باروت [bārut] Schießpulver *s*

بارها [bār.hā] mehrmals *adv*, zigmal *adv*, wiederholte Male *adv*

باریدن [bāridan] (*präs.* بار [bār-]) regnen *v*, schneien *v*

باریک [bārik] schmal *adj*, dünn *adj*, eng *adj*

باز [bāz] Falke *m*, Habicht *m*; offen *adj*, geöffnet *adj*, weiter *adv*, abermals *adv*, schon wieder *adv*, trotzdem *adv*

بازار [bāzār] Markt *m*, Basar *m*

بازار سرپوشیده [bāzār.e ßar-puschide] Markthalle *w*

بازار سیاه [bāzār.e ßiyāh] Schwarzmarkt *m*

بازپرسی [bāz-porßi] Verhör *s*, Vernehmung *w*

بازجویی [bāz-djuyi] Untersuchung *w* (polizeil.), Verhör *s*

بازداشت [bāz-dāscht] Festnahme *w*, Arrest *m*

بازداشت کردن [bāz-dāscht kardan] festnehmen *v*, verhaften *v*

بازرس [bāz-raß] Kontrolleur *m*, Schaffner *m*

بازرسی [bāz-raßi] Kontrolle *w* (Zoll)

بازرگان [bāzargān] Geschäftsmann *m*, Händler *m*

باز کردن [bāz kardan] aufschließen *v*, aufschlagen *v* (Buch, Augen)

باز کن [bāz-kon] Öffner *m*

باز گذاشتن [bāz gozāschtan] auflassen *v* (Tür), offen lassen *v*

بازگشت [bāz-gascht] Rückkehr *w*

بازگشتن [bāz-gaschtan] zurückkehren *v*

بازماندگان [bāz-mānde.gān] Hinterbliebene *Mz*

بازنشستگی [bāz-neschaßtegi] Ruhestand *w*, Pensionierung *w*

بازنشسته [bāz-neschaßte] Rentner *m*

بازو [bāzu] Arm *m*, Oberarm *m*

بازی [bāzi] Spiel *s*

بازی کردن [bāzi kardan] spielen *v*

بازیگر [bāzigar] Darsteller *m*, Schauspieler *m*

باستان شناس [bāßtān-schenāß] Archäologe *m*

باستان شناسی [bāßtān-schenäßi] Archäologie w

باستانی [bāßtāni] altertümlich adj, antik adj, historisch adj

باسليقه [bā-ßalighe] geschmackvoll adj

باسواد [bā-ßawād] lese- und schreibkundig adj, gebildet adj

با شرف [bā-scharaf] ehrlich adj, ehrenwert adj

باشعور [bā-scho'ur] klug adj

باشگاه [bāschgāh] Klub m

باشه [bāsch.e] also gut!, in Ordnung!

باطل [bātel] ungültig adj

باطلاق [bātlāgh] Sumpf m, Moor s

باطل کردن [bātel kardan] annullieren v, entwerten v, stornieren v

باطنی [bātani] innerlich adj

باعث [bā'eß] Ursache w, Grund m

باعث شدن [bā'eß schodan] zur Folge haben v, verursachen v, nach sich ziehen v

باعجله [bā-adjale] eilig adj

باغ [bāgh] Garten m

باغبان [bāghbān] Gärtner m

باغچه [bāghtsche] Beet s

باغ ملی [bāgh.e melli] Stadtpark m

باغ وحش [bāgh.e wahsch] Zoo m

بافتن [bāftan] (präs. باف [bāf-]) stricken v, weben v

بافتنی کردن [bāftani kardan] stricken v, weben v

باقلا / باقلی [bāghelā] / [bāgheli] dicke Bohnen Mz, Schweinsbohnen Mz

باقی [bāghi] übrig adj, Rest m

باقی گذاشتن [bāghi gozäschtan] übriglassen v

باقی مانده [bāghi-mānde] Rest m, übrig geblieben adj

باک بنزین [bāk.e benzin] Benzintank m

باکره [bākere] Jungfrau w, jung-

با کمال میل [bā kamāl.e meyl] mit Vergnügen adv, sehr gern adv

بال [bāl] Flügel m (Vogel); Ball m (Tanz)

بال ماهی [bāl.e māhi] Flosse w (Fisch)

بالا [bālā] oben adv

بالا آوردن [bālā āwardan] erbrechen v (ugs.)

بالا بردن [bālā bordan] erhöhen v, steigern v (Preis), nach oben bringen v

بالا رفتن [bālā raftan] (an)steigen v, hinaufsteigen v, klettern v

بالا زدن [bālā zadan] umkrempeln v (Ärmel)

بالا کشیدن [bālā keschidan] hochziehen v

بالاخره [be-l-āchare] endlich adv, schließlich adv

بالای [bālā.ye] (oben) auf prep, über prep

بالش [bālesch] Kopfkissen s

بالغ [bālegh] reif adj, volljährig adj, erwachsen adj

بام [bām] (Flach-)Dach s

با محبت [bā-mohabbat] freundlich adj, liebenswürdig adj, zärtlich adj

بامداد [bāmdād] Morgen m, Tagesanbruch m

بامزه [bā-maze] drollig adj, witzig adj, lustig adj, schmackhaft adj

باند [bānd] Binde w, Verband m

باند پیچی کردن [bānd-pitschi kardan] Verband anlegen v

بانداژ [bāndāj] Verband m (medizin.)

بانک [bānk] Bank w (Geldinstitut)

با نمک [bā-namak] drollig adj, goldig adj, niedlich adj, salzig adj

بانو [bānu] (Mz.: بانوان [bānawān]) Frau w, Hausherrin w, Dame w

باور [bāwar] Glaube m, Überzeugung w, Vertrauen s

باور کردن [bāwar kardan] glauben *v*, überzeugen *v*, vertrauen *v*

با وفا [bā-wafā] anhänglich *adj*, treu *adj*

باهم [bā-ham] gemeinsam *adv*, zusammen *adv*

با هم دیگر [bā-ham digar] beisammen *adv*, miteineinander *adv*

باهوش [bā-husch] geistreich *adj*, klug *adj*, schlau *adj*, intelligent *adj*

با یکدیگر [bā yek-digar] zusammen *adv*, miteinander *adv*

بایستن [bāyeßtan] (*präs.* بای [bāy-]) müssen *v*, sollen *v*

بایگانی کردن [bāygāni kardan] aufbewahren *v* (Safe), archivieren *v*

ببر [babr] Tiger *m*

بپا [be-pā] sei vorsichtig! *interj* (ugs.)

بت [bot] Götze *m*

بتن [beton] Beton *m*

بجا [be-djā] angemessen *adj*

بجز [be-djoz] außer *prep*

بچگانه [batschtschegāne] kindisch *adj*, kindlich *adj*

بچگی [batschtschegi] Kindheit *w*

بچه [batschtsche] Kind *s*, Baby *s*

بحث [bahß] Debatte *w*, Diskussion *w*

بحث کردن [bahß kardan] erörtern *v*, debattieren *v*, diskutieren *v*

بحران [bohrān] Krise *w*

بحرانی [bohrāni] kritisch *adj* (Situation)

بخار [bochār] Dampf *m*, Dunst *m*

بخار دادن [bochār dādan] dampfen *v*

بخار گرفتن [bochār gereftan] beschlagen *v* (Glas)

بخاری [bochāri] Ofen *m*

بخت [bacht] Glück *s*, Schicksal *s*

بخش [bachsch] Abschnitt *m*, Bereich *m*, Kapitel *s*, Station *w* (Krankenhaus)

بخش بر [bachsch bar] geteilt durch (mathemat.)

بخش کردن [bachsch kardan] dividieren *v*

بخشش [bachschesch] Spende *w*, Gabe *w*

بخشیدن [bachschidan] (*präs.* بخش [bachsch-]) schenken *v*, spenden *v*, entschuldigen *v*, begnadigen *v*

بخصوص [be-choßuß] ausdrücklich *adj* / *adv*, insbesondere *adj*

بخیل [bachil] neidisch *adj*

بخیه [bachiye] Naht *w* (chirurg.)

بخیه زدن [bachiye zadan] nähen *v* (chirurg.)

بخیه کردن [bachiye kardan] nähen *v* (chirurg.)

بد [bad] schlecht *adj*, schlimm *adj*, übel *adj*, böse *adj*

بد آوردن [bad āwardan] Unglück haben *v*

بد اخلاق [bad-achlāgh] unfreundlich *adj*, knurrig *adj*

بد بخت [bad-bacht] unglücklich *adj*, armer Teufel *m*

بدبخنانه [bad-bachtāne] leider *adv*, unglücklicherweise *adv*

بدبختی [bad-bachti] Unglück *s*, Elend *s*

بدبین [bad-bin] Pessimist *m*, Schwarzseher *m*

بدر [badr] Vollmond *m*

بدرد بخور [be dard bo-chor] zweckmäßig *adj*, brauchbar *adj*

بدرقه کردن [badraghe kardan] j-n zum Abschied begleiten *v*

بدشانسی [bad-schānßi] Unglück *s*, Pech *s*

بدشانسی آوردن [bad-schānßi āwardan] Pech haben *v*, kein Glück haben *v*

بد قولی کردن [bad-ghouli kardan] sein Wort brechen *v*

بد گمان [bad-gamān] misstrauisch *adj*

بد گمانی [bad-gamāni] Misstrauen *s*

بدلی [badali] künstlich *adj*, unecht *adj*

بد موقع [bad-mough'] ungelegen *adj* (zeitl.)

بدن [badan] Körper *m*, Leib *m*

بدنه [badane] Rumpf *m*, Körper *m*

بدون [bedun.e] ohne *prep*, außer *prep*

بدون استثناء [bedun.e eßteßnā'] ausnahmslos *adj / adv*, durchweg *adv*

بدون اینکه [bedun.e in-ke] ohne dass *conj*

بدون توقف [bedun.e tawaghghof] direkt *adj* (ohne Stopp / Zwischenlandung)

بدون چون و چرا [bedun.e tschun-o-tscherā] bedingungslos *adj*, anstandslos *adj*

بدون خانه و زندگی [bedun.e chāne-o-zendegi] obdachlos *adj*

بدون خدا حافظی [bedun.e chodā-hāfezi] grußlos *adj / adv*

بدون زحمت [bedun.e zahmat] mühelos *adj*

بدون شرط و شروط [bedun.e schart-o-schorut] bedingungslos *adj*, ohne wenn und aber (ugs.)

بدون هدف [bedun.e hadaf] wahllos *adj*, ziellos *adj*

بدهکار [bedehkār] Schuldner *m*

بدهکار بودن [bedehkār budan] j-m etw. schulden *v*

بدهکار شدن [bedehkār schodan] sich verschulden *v*

بدهی [bedehi] Schulden *Mz*

بر [bar] auf *prep*, über *prep*, gegen *prep*, an *prep*

برآمدگی [bar-āmadegi] Erhebung *w*, Wölbung *w*

برآوردن [bar-āwardan] verwirklichen *v*, hervorbringen *v*, erfüllen *v*

برآورده کردن [bar-āwarde kardan] leisten *v*, erfüllen *v* (Wunsch)

برابر [barābar] gleich *adj*; unentschieden *adj* (Sport)

برابری [barābari] Gleichheit *w*, Gleichberechtigung *w*

برادر [barādar] Bruder *m*

برادرانه [barādarāne] brüderlich *adj*

برادرزاده [barādar-zāde] Neffe *m* (Bruderssohn), Nichte *w* (Bruderstochter)

برادر زن [barādar-zan] Schwägerin *w* (Bruder der Ehefrau)

برادرشوهر [barādar-schouhar] Schwager *m* (Bruder des Ehemannes)

برادر ناتنی [barādar.e nā.tani] Halbbruder *m*, Stiefbruder *m*

براق [barrāgh] blank *adj*, glänzend *adj*

برای [barāye] für *prep*, um *prep*, wegen *prep*

برای چه [barāye tsche] wieso *adv*, weshalb *adv*, wofür *adv*, wozu *adv*

برای مثال [barāye meßāl] beispielsweise *adv*

برای مدت [barāye moddat.e] für die Dauer von *prep*

برای همیشه [barāye hamische] für immer *adj / adv*, lebenslänglich *adj / adv*

برباد دادن [bar bād dādan] verschwenden *v*

بربط [barbat] Laute *w*

برج [bordj] Turm *m*

بر خلاف [bar-chalāf.e] im Gegensatz zu *prep*, entgegen *prep*

برخورد [bar-chord] Begegnung *w*, Zusammenstoß *m*

برخورد کردن [bar-chord kardan] sich begegnen *v*, zusammentreffen *v*, auf j-n stoßen *v*

برخی [barchi] einige *pron*, manche *pron*

برداشت [bar-dāscht] Meinung *w*

برداشت کردن [bar-dāscht kardan] ersehen *v*, entnehmen *v*

برداشتن [bar-dāschtan] (*präs.* بردار [bar-dār-]) wegnehmen *v*, mitnehmen *v*, abschaffen *v*, abhängen *v* (von Wand), absetzen *v* (Brille, Hut)

بردن [bordan] (*präs.* بر [bar-]) gewinnen *v*, siegen *v*, erlangen *v*, (weg)tragen *v*, gefahren werden *v*

برده [barde] Sklave *m*

بررسی [bar-raßi] Untersuchung w, Überprüfung w

بررسی کردن [bar-raßi kardan] untersuchen v, überprüfen v, einsehen v (Akten)

برزدن [bor zadan] mischen v (Spielkarten)

برس [boroß] Bürste w

برس زدن [boroß zadan] bürsten v

برش [boresch] (Schnitt-)Muster s, Zuschnitt m, Scheibe w (abgeschnitten)

برشته [bereschte] knusprig adj

برشته کردن [bereschte kardan] rösten v (knusprig), toasten v

برضد [bar-zedd.e] (ent)gegen prep

برعکس [bar-akß] umgekehrt adj / adv, andersherum adv, dagegen adv

برعلیه [bar-aleyhe] dagegen adv

برف [barf] Schnee m

برف آمدن [barf āmadan] schneien v

برف باریدن [barf bāridan] schneien v

برف پاک کن [barf-pāk-kon] Scheiben-wischer m

برفی [barfi] verschneit adj

برق [bargh] Elektrizität w, Strom m, Blitzschlag m

برق انداختن [bargh andāchtan] Glanz verleihen v, polieren v

برق زدن [bargh zadan] blitzen v, glänzen v (Gegenstand, Augen)

برقرار کردن [bar-gharār kardan] herstellen v, kontaktieren v

برکت [barakat] Segen m

برگ [barg] Blatt s (Laub), Bogen m (Papier)

برگرداندن [bar-gardāndan] (präs. برگرد [bar-gard-]) umdrehen v, wenden v, zurückerstatten v, erbrechen v, umkrempeln v (Ärmel)

برگزار شدن [bar-gozār schodan] statt-finden v

برگزار کردن [bar-gozār kardan] veranstalten v, begehen v (Feier)

برگشت [bar-gascht] Rückkehr w (Reise)

برگشتن [bar-gaschtan] zurückfahren v, wenden v, umkehren v

برنامه [bar-nāme] Plan m, Programm s, Veranstaltung w (Theater), Sendung w (Rundfunk)

برنامه ریزی [bar-nāme-rizi] Planung w, Programmierung w

برنامه ریزی کردن [bar-nāme-rizi kardan] planen v

برنج [berendj] Reis m; Messing s

برنده [barande] Gewinner m, Sieger m

برنده شدن [barande schodan] gewinnen v, siegen v

برنز [boronz] Bronze w

بروشور [broschur] Prospekt m

بره [barre] Lamm s

برهنه [berahne] nackt adj, bloß adj

برهنه کردن [berahne kardan] (sich) entkleiden v, (sich) ausziehen v

بریان [beryān] Braten m

بریان (شده) [beryān(-schode)] gebraten adj

بریان کردن [beryān kardan] braten v, rösten v

بریدن [boridan] (präs. بر [bor-]) schneiden v

بز [boz] Ziege w

بزرگ [bozorg] groß adj

بزرگراه [bozorg-rāh] Autobahn w, Fernstraße w, Schnellstraße w

بزرگسال [bozorg-ßāl] Erwachsene Mz, Alte Mz

بزرگ شدن [bozorg schodan] wachsen w

بزرگ کردن [bozorg kardan] vergrößern v, erziehen v

بزرگی [bozorgi] Größe w, Erhabenheit w

بزغاله [boz-ghāle] Zicklein s

بزکوهی [boz.e kuhi] Steinbock m

بزم [bazm] Feier w

بس [baß] genug adv, genügend adj

بستری [baßtari] krank adj, bettlägerig adj

بستری شدن [baßtari schodan] bettlägering werden v

بستگان [baßte.gān] Angehörige Mz, Verwandte Mz

بستگی [baßtegi] Bindung w, Beziehung w (zu einer Person)

بستگی داشتن [baßtegi däschtan] zu etw. / j-m Beziehung haben v, von etw. abhängen v

بستن [baßtan] (präs. بند [band-]) (ab)schließen v (Tür, Laden, Konto, Vertrag), binden v (Blumenstrauß), absperren v (Straße), packen v (Koffer), schnüren v (Schuhe)

بستنی [baßtani] Speiseeis s

بسته [baßte] geschlossen adj (Fenster,Tür); Sendung w, Paket s

بسته بندی [baßte-bandi] Verpackung w

بسته بندی کردن [baßte-bandi kardan] einwickeln v, verpacken v

بسیار [beß(i)yār] viel adj / adv, sehr adv

بشر [baschar] Mensch m

بشریت [baschariyat] Menschheit w

بشقاب [boschghāb] Teller m

بشکن زدن [beschkan zadan] schnippen v (mit Fingern)

بشکه [boschke] Fass s, Tonne w

بطری [botri] Flasche w

بطری باز کن [botri-bāz-kon] Korkenzieher m, Flaschenöffner m

بطور متوسط [be-tour.e motawaßßet] durchschnittlich adj

بعد [ba'd] dann adv, nachher adv, nach prep

بعد از ظهر [ba'd az zohr] Nachmittag m, nachmittags adv

بعد از مدتی [ba'd az moddati] nach einiger Zeit adv

بعداً [ba'dan] später adv, nachher adv

بعدی [ba'di] nächster adj, folgender adj

بعضی [ba'zi] einige adj / pron Mz, manche pron Mz

بعضی اوقات [ba'zi oughāt] manchmal adv, ab und zu adv

بعضیها [ba'zi.hā] manche adj / pron Mz (ugs.)

بعلاوه [be-'alāwe] unter anderem adv, zusätzlich adv, außerdem adv, einschließlich prep, sowie conj

بعنوان مثال [be-'onwān.e meßāl] beispielsweise adv

بعوض [be-'awaz.e] anstatt prep

بغل [baghal] neben prep, bei prep (ugs.), Achselhöhle w

بغل کردن [baghal kardan] umarmen v

بغل گرفتن [baghal gereftan] umarmen v, j-n drücken v

بغل هم [baghal.e ham] nebeneinander adv

بقال [baghghāl] Krämer m

بقالی [baghghāli] Krämerladen m

بقچه [boghtsche] Bündel s

بقیه [baghiye] die übrigen adj / pron Mz, die anderen adj / pron Mz, Rest m, Fortsetzung w

بکسل کردن [bokßel kardan] abschleppen v (Auto)

بکلی [be-kolli] durch und durch adv, völlig adv

بلا [balā] Unglück s, Katastrophe w, Schalk m (ugs.)

بلافاصله [belā-fāßele] unverzüglich adv, direkt adv, sofort adv, umgehend adj

بلال [balāl] Mais m (gegrillt)

بلبل [bolbol] Nachtigall w

بلد بودن [balad budan] sich auskennen *v*, wissen *v*

بلژیک [beljik] Belgien *s*

بلعیدن [bal'idan] fressen *v*, in sich hineinstopfen *v*

بلغارستان [bolghāreßtān] Bulgarien *s*

بلکه [balke] aber *conj*, sondern *conj*, sogar *adv*

بلند [boland] lang *adj*, hoch *adj*, groß *adj*, laut *adj*

بلند کردن [boland kardan] heben *v*, stehlen *v*, verschwinden lassen *v*

بلند گو [boland-gu] Lautsprecher *m*

بلندی [bolandi] Höhe *w*

بلور [bolur] Kristall *m*

بلوز [boluz] Bluse *w*

بلوط [balut] Eiche *w*

بله [bale] ja *adv*

بلیط / بلیت [belit] Fahrkarte *w*

بلیط دو سره [belit.e do-ßare] Hin- und Rückfahrkarte *w*

بلیط رفت و برگشت [belit.e raft-o-bar-gascht] Hin- und Rückfahrkarte *w*

بلیط فروش [belit-forusch] Fahrkarten-verkäufer *m*

بلیط ورودی(ی) [belit.e worud(i)] Eintrittskarte *w*

بمب [bomb] Bombe *w*

بمباران کردن [bombārān kardan] bombardieren *v*

بمب انداختن [bomb andāchtan] Bombe werfen *v*

بمب گذاشتن [bomb gozäschtan] Bombe legen *v*

بموقع [be-moughe'] rechtzeitig *adv / adj*

بنا [bannā] Maurer *m*

بنا [banā] Bau *m*, Bauwerk *s*, Gebäude *s*

بنا بر این [banā bar in] demnach *adv*, folglich *adv*, somit *adv*, also *conj*

بنا کردن [banā kardan] bauen *v*

بنای تاریخی [banā.ye tārichi] Denkmal *s* (histor.)

بن بست [bon-baßt] Sackgasse *w*

بنجل [bondjol] Ramsch *m*, Ladenhüter *m*

بند [band] Schnur *w*, Binde *w*, Auflage *w* (Buch)

بند آمدن [band āmadan] aufhören *v* (Regen)

بند آوردن [band āwardan] blockieren *v* (Straße)

بند انداختن [band andāchtan] Körperhaare mit Faden entfernen *v*

بند شلوار [band.e schalwār] Hosen-träger *m*

بند کفش [band.e kafsch] Schnürsenkel *m*

بندر [bandar] Hafen *m*

بنزین زدن [benzin zadan] (auf)tanken *v*

بنفش [banafsch] violett *adj*, lila *adj*

بنفشه [banafsche] Stiefmütterchen *s*

بنگاه [bongāh] Lager *s*, Unternehmen *s*

بو [bu] Geruch *m*

بو بردن [bu bordan] Verdacht schöpfen *v*

بوت کردن [but kardan] hochfahren *v*, laden *v* (Computer)

بوته [bute] Busch *m*, Strauch *m*

بوته زار [bute-zār] Gebüsch *s*, Gestrüpp *s*

بو دادن [bu dādan] riechen *v*, rösten *v* (Kaffee)

بو داده [bu-dāde] geräuchert *adj*, geröstet *adj*

بودجه [buddje] Budget *s*

بودن [budan] sein *v* (Hilfsverb), vorkommen *v*, sich befinden *v*

بور [bur] blond *adj*

بوران برف [burān(.e barf)] Schnee-schauer *m*

بورس [burß] Börse *w*, Wechselkurs *m*

بورس تحصیلی [burß.e tahßili] Stipendium *s*

بوزینه [buzine] Affe *m*

بوس [buß] Kuss *m*

بوستان [bußtān] Obstgarten *m* (literar.)

بوسه [buße] Kuss *m*

بوسیدن [bußidan] (*präs.* بوس [buß-])
küssen *v*

بوف [buf] Eule *w*, Uhu *m*

بوق [bugh] Hupe *w*

بوق آزاد [bugh.e āzād] Freizeichen *s*

بوق زدن [bugh zadan] hupen *v*

بوقلمون [bughalamun] Pute *w*

بوکشیدن [bu keschidan] riechen *v*

بوگرفته [bu-gerefte] ranzig *adj*

بومی [bumi] Eingeborener *m*,
einheimisch *adj*

بوی دهن [bu.ye dahan] Mundgeruch *m*

بویژه [be-wije] insbesondere *adv*,
speziell *adj*

بوی گند [bu.ye gand] Gestank *m* (ugs.)

به [be] in *prep*, auf *prep*, nach *prep*, zu
prep, gegen *prep*

به [beh] Quitte *w*

بها [bahā] Preis *m*, Wert *m*

به احتمال قوی [be ehtemāl.e ghawi]
höchstwahrscheinlich *adj*

بهار [bahār] Frühling *m*

به اصطلاح [be eßtelāh] sogenannt *adj*,
sozusagen *adv*

به اضافه [be ezāfe] zuzüglich *prep*,
einschließlich *prep*

به افتخار [be eftechār.e] zu Ehren
von *prep*

به امید خدا [be omid.e chodā] hoffentlich
adv / *interj*, so Gott will *interj*

به آنجا [be ān-djā] dorthin *adv*

به اندازه کافی [be andāze.ye kāfi] genügend
adj, ausreichend *adj*

به انگشت کردن [be angoscht kardan]
anstecken *v* (Ring)

بهانه [bahāne] Ausrede *w*, Vorwand *m*

بهانه جستن [bahāne djoßtan] Vorwand
suchen *v*

بهانه جویی کردن [bahāne-djuyi kardan]
nörgeln *v*, nach Ausreden suchen *v*

بهانه درآوردن [bahāne dar-āwardan]
Ausrede finden *v*

بهانه گرفتن [bahāne gereftan] Ausrede
finden *v*, meckern *v*

به این ترتیب [be in tartib] daher *adv*,
somit *adv*

به به [bah bah] bravo! *interj*, wie schön!
interj, hmm! *interj*

بهبود یافتن [behbud yāftan] genesen *v*

به تازگی [be tāzegi] kürzlich *adv*,
neulich *adv*

بهتر [beh.tar] besser *adj*

به تفاهم رسیدن [be tafāhom raßidan]
übereinkommen *v*, sich einigen *v*

به توافق رسیدن [be tawāfogh raßidan]
übereinkommen *v*, sich einigen *v*

به توسط [be tawaßßot.e] mittels *prep*

به جای [be djā.ye] anstelle von *prep*

به چنگ آوردن [be tschang āwardan]
ergattern *v*

به حال آمدن [be hāl āmadan] zu sich
kommen *v* (aus Ohnmacht)

به حرف درآوردن [be harf dar-āwardan] zum
Sprechen bringen *v*

به حساب گذاشتن [be heßāb gozāschtan]
anschreiben *v* (Rechnung, auch figur.)

به حساب ریختن [be heßāb richtan]
in Rechnung stellen *v*

به حساب نوشتن [be heßāb neweschtan]
gutschreiben *v*

به خاطر [be chāter.e] wegen *prep*

به خاطر آوردن [be chāter āwardan] sich
erinnern an *v*, einfallen *v*

به خاک سپردن [be chāk ßepordan]
beerdigen *v*

به خانه رفتن [be chāne raftan] nach Hause
gehen *v*, heimgehen *v*

به خطر انداختن [be chatar andāchtan] j-n in
Gefahr bringen *v*

به خنده انداختن [be chande andāchtan] j-n zum Lachen bringen *v*

به خود آمدن [be chod āmadan] zu sich kommen *v*

به خود بالیدن [be chod bālidan] sich brüsten *v*

به خود رسیدن [be chod raßidan] sein Äußeres pflegen *v*

به خود گرفتن [be chod gereftan] persönlich nehmen *v*, etw. auf sich beziehen *v*

به خود نازیدن [be chod nāzidan] prahlen *v*, kokettieren *v*

بهداشت [beh-dāscht] Hygiene *w*

به دلیل [be dalil.e] anlässlich *prep*, aufgrund von *prep*

به دنیا آمدن [be donyā āmadan] geboren werden *v*

به دور گردن انداختن [be dour.e gardan andāchtān] etw. um den Hals legen *v*

به ذهن کسی رسیدن [be zehn.e kaß.i raßidan] etw. einfallen *v*

به راحتی [be rāhati] mühelos *adj*

به رسمیت شناختن [be raßmiyat schenāchtan] anerkennen *v* (offiziell)

بهره [bahre] Zins *m*, Rendite *w*

به زمین افتادن [be zamin oftādan] zu Boden fallen *v*, (her)abstürzen *v*

به زمین نشستن [be zamin neschaßtan] auf Boden setzen *v*, landen *v* (Flugzeug)

به زندان انداختن [be zendān andāchtan] einsperren *v*, ins Gefängnis werfen *v*

به زور [be zur] gewaltsam *adj*

به سختی [be ßachti] mühsam *adj*

به ستوه آمدن [be ßotuh āmadan] Geduld verlieren *v*

به سلامت [be ßalāmat] lebe wohl!

به سلامتی [be ßalāmati] zum Wohl!

به سمت [be ßamt.e] in Richtung *prep*, nach *prep* (örtl.)

به سوی [be ßu.ye] in Richtung *prep*, nach *prep* (örtl.)

بهشت [behescht] Paradies *s*

به شک افتادن [be schak oftādan] zweifeln *v*

به شک انداختن [be schak andāchtan] Zweifel erregen *v*

به شرط اینکه [be schart.e in-ke] unter der Voraussetzung, dass *conj*

به طرف [be taraf.e] in Richtung *prep*, nach *prep* (örtl.)

به طور قطعی [be tour.e ghat'i] endgültig *adj*

به طور کلی [be tour.e kolli] im großen und ganzen *adv*

به طورمتوسط [be tour.e motawaßßet] im Durchschnitt *adv*

به طور مثال [be tour.e meßāl] beispiels- weise *adv*

به عقب انداختن [be aghab andāchten] verschieben *v* (zeitl.)

به علت [be ellat.e] anlässlich *prep*, wegen *prep*

به عهده گرفتن [be ohde gereftan] Verant- wortung übernehmen *v*

به غیراز [be gheyr az] außer *prep*

به فرزندی قبول کردن [be farzandi ghabul kardan] adoptieren *v*

به فکر فرو رفتن [be fekr foru raftan] grübeln *v*, in Gedanken vertieft sein *v*

به قدرت رسیدن [be ghodrat raßidan] an die Macht kommen *v*

به قصد [be ghaßd.e] zwecks *prep*, mit der Absicht *prep*

به کار بردن [be kār bordan] anwenden *v*

به کاری پرداختن [be kāri pardāchtan] sich einer Sache widmen *v*

به کجا [be kodjā] wohin *adv*

به کنار رفتن [be kenār raftan] zur Seite gehen *v*

به گردن گرفتن [be gardan gereftan] etw. auf sich nehmen *v*

به گریه افتادن [be gerye oftädan] in Tränen ausbrechen *v*

به گریه انداختن [be gerye andächtan] j-n zum Weinen bringen *v*

به لکنت افتادن [be loknat oftädan] zu stottern beginnen *v*

به محض اینکه [be mahz.e in-ke] sobald *conj*, in dem Moment, als *conj*

به مرور زمان [be morur.e zamän] im Laufe der Zeit *adv*

به مسؤلیت خود [be maß'uliyat.e chod] auf eigene Verantwortung *adv*

بهمن [bahman] 11. Monat des iran. Sonnenkalenders (21.01. -19.02.); Lawine *w*

به مناسبت [be monäßebat.e] anlässlich *prep*

به موقع [be moughe'] pünktlich *adj*, rechtzeitig *adj*

به ندرت [be nodrat] kaum *adv*, vereinzelt *adv / adj*, selten *adv / adj*

به نسبت [be neßbat] verhältnismäßig *adv*

به نصف قیمت [be neßf.e gheymat] zum halben Preis *adj*

به نظر آمدن [be nazar ämadan] aussehen *v*, scheinen *v*

به نظر رسیدن [be nazar raßidan] j-m wie etw. vorkommen *v*, scheinen *v*, nach etw. aussehen *v*

به نفع [be naf'.e] zugunsten *prep*

به نمایش گذاشتن [be namäyesch gozäschtan] ausstellen *v* (Waren, Bilder)

به نوبت [be noubat] abwechselnd *adv / adj*, der Reihe nach *adv*

به نیت [be niyat.e] zwecks *prep*

به وجود آمدن [be wodjud ämadan] entstehen *v*

به وجود آوردن [be wodjud äwardan] erschaffen *v*, verursachen *v*

به وسیله [be waßile.ye] mittels *prep*

به هدر دادن [be hadar dädan] verschwenden *v*, vergeuden *v*

به هدف رسیدن [be hadaf raßidan] Ziel erreichen *v*

به هر حال [be har häl] jedenfalls *adv*, sowieso *adv*

به هم آمدن [be-ham ämadan] zueinander passen *v*, sich miteinander vertragen *v* (Personen / Farben)

بهم پاشیده [be-ham päschide] unordentlich *adj*, chaotisch *adj*

به هم تعلق داشتن [be-ham ta'alogh däschtan] zusammenhängen *v*

به هم خوردن [be-ham chordan] zusammenstoßen *v*, auseinandergehen *v* (Ehe, Freundschaft; ugs.), zueinander passen *v*, sich miteinander vertragen *v* (Personen / Farben)

بهم رفتن [be-ham raftan] sich gleichen *v*

بهم ریخته [be-ham richte] unordentlich *adj*, chaotisch *ad*, zerzaust *adj*

به هم زدن [be-ham zadan] durcheinander bringen *v*, (ver)mischen *v*, platzen lassen *v* (Verlobung, Verabredung), auflösen *v*

به هم فشردن [be-ham feschordan] zusammendrücken *v*

به هم وصل کردن [be-ham waßl kardan] zusammenfügen *v*, zusammenschließen *v*

به همین خاطر [be ham.in chäter] deshalb *adv*, deswegen *adv*

به همین علت [be ham.in ellat] deshalb *adv*

به هوا پریدن [be hawä paridan] aufspringen *v*, hochspringen *v*

به هوش آمدن [be husch ämadan] zu Bewusstsein kommen *v*

به هیجان افتادن [be hayadjän oftädan] gespannt sein *v*, aufgeregt sein *v*

به هیچ وجه [be hitsch wadjh] auf gar keinen Fall *adv*, keineswegs *adv*, überhaupt nicht *adv*

بی آزار [bi-āzār] harmlos *adj*

بیابان [biyābān] Wüste *w*

بیان [bayān] Ausdruck *m*, Rede *w*

بیان کردن [bayān kardan] zum Ausdruck bringen *v*, sich ausdrücken *v*

بی احترامی [bi-ehterāmi] Beleidigung *w*, Missachtung *w*

بی احترامی کردن [bi-ehterāmi kardan] beleidigen *v*, missachten *v*

بی احتیاط [bi-ehtiyāt] unvorsichtig *adj*

بی ادب [bi-adab] taktlos *adj*, unhöflich *adj*, unanständig *adj*, ungezogen *adj*

بی ادبی [bi-adabi] Unhöflichkeit *w*, Taktlosigkeit *w*

بی اراده [bi-erāde] willensschwach *adj*

بی ارزش [bi-arzesch] wertlos *adj*

بی استعداد [bi-eßte'tād] unfähig *adj*, unbegabt *adj*

بی اعتمادی [bi-etemādi] Misstrauen *s*

بی اعتنایی کردن [bi-e'tenāyi kardan] missachten *v*

بی انتها [bi-entehā] endlos *adj*

بی اندازه [bi-andāze] in hohem Maße *adv*, außerordentlich *adv / adj*

بی انصاف [bi-enßāf] ungerecht *adj*, gewissenlos *adj*

بی انصافی [bi-enßāfi] Unrecht *w*

بی بو [bi-bu] geruchlos *adj*

بی پروا [bi-parwā] lustlos *adj*

بی پول [bi-pul] arm *adj*

بی پولی [bi-puli] Armut *w*

بی تربیت [bi-tarbiyat] ungezogen *adj*, unhöflich *adj*, taktlos *adj*

بی تربیتی [bi-tarbiyati] Unhöflichkeit *w*, Taktlosigkeit *w*

بی تجربه [bi-tadjrobe] unerfahren *adj*

بی تردید [bi-tardid] zweifellos *adj*

بی تفاوت [bi-tafāwot] gleichgültig *adj*

بی تقصیر [bi-taghßir] unschuldig *adj*

بی ثمر [bi-ßamar] unfruchtbar *adj*, nutzlos *adj*

بی جا [bi-djā] unpassend *adj*

بی چارگی [bi-tschāregi] Hoffnungslosigkeit *w*, Verzweiflung *w*

بی چاره [bi-tschāre] hilflos *adj*, bedauernswert *adj*, armer Schlucker *m* (ugs.), Ausweglosigkeit *w*

بی چون و چرا [bi-chun-o-tscherā] unweigerlich *adv*

بی حال [bi-hāl] krank *adj*, schlapp *adj*

بی حال و حوصله [bi-hāl-o-houßele] schlapp *adj*

بی حجاب [bi-hedjāb] unverschleiert *adj*

بی حس [bi-heßß] gefühllos *adj*, betäubt *adj*

بیخ هم [bich.e ham] eingepfercht *adj* (ugs.)

بیخود [bi-chod] vergeblich *adj / adv*

بی خیال [bi-chiyāl] unbekümmert *adj*, gedankenlos *adj*, mach dir nichts draus!

بید [bid] Motte *w*

بیدار [bidār] wach *adj*

بیدار شدن [bidār schodan] aufwachen *v*

بیدار کردن [bidār kardan] (auf)wecken *v*

بیدار ماندن [bidār māndan] wach bleiben *ı*

بید خورده [bid-chorde] von Motten zerfressen *adj*

بید زده [bid-zade] von Motten zerfressen *adj*

بی دغدغه [bi-daghdaghe] sorglos *adj*

بی دقت [bi-deghghat] nachlässig *adj*

بی دین [bi-din] ungläubig *adj*, Heide *m*

بیراهه [bi-rāhe] Umweg *m*

بی رحم [bi-rahm] erbarmungslos *adj*, grausam *adj*, unbarmherzig *adj*

بی رحمانه [bi-rahmāne] grausam adj, erbarmungslos adj

بی رمق [bi-ramagh] schlapp adj

بی رنگ [bi-rang] farblos adj

بیرون [birun] (dr)außen adv, hinaus adv, außerhalb adv

بیرون آمدن [birun āmadan] herauskommen v

بیرون انداختن [birun andāchtan] (etw.) hinauswerfen v, entlassen v

بیرون آوردن [birun āwardan] herausziehen v (Stecker, Schlüssel)

بیرون رفتن [birun raftan] hinausgehen v, hinausfahren v

بیرون ریختن [birun richtan] auslaufen v (Flüssigkeit), wegwerfen v, hinausschmeißen v (ugs.)

بیرون غذا خوردن [birun ghazā chordan] außer Haus essen gehen v

بیرون کردن [birun kardan] entlassen v (Arbeitnehmer)

بیرون کشیدن [birun keschidan] abziehen v, herausziehen v

بیرون گذاشتن [birun gozāschtan] etw. nach draußen stellen v

بیزار بودن [bi-zār budan] hassen v, verabscheuen v

بیزار شدن [bi-zār schodan] überdrüssig werden v

بی زحمت [bi-zahmat] mühelos adj

بی سابقه [bi-ßābeghe] einzigartig adj, einmalig adj

بیست [bißt] zwanzig num

بی سر و ته [bi-ßar-o-tah] zusammenhanglos adj

بی سر و صدا [bi-ßar-o-ßedā] lautlos adj, leise adj

بیسکویت [bißkwit] Gebäck s, Keks m

بی سلیقه [bi-ßalighe] geschmacklos adj (Mode)

بی سواد [bi-ßawād] Analphabet m, ungebildet adj

بیسوادی [bi-ßawādi] Analphabetismus m

بی سیم [bi-ßim] drahtlos adj

بی شخصیت [bi-schachßiyat] charakterlos adj

بی شعور [bi-scho'ur] Idiot m, dumm adj

بی شعوری [bi-scho'uri] Unwissenheit w, Dummheit w

بی شمار [bi-schomār] zahlreich adj, unendlich adj

بیش از اندازه [bisch az andāze] übermäßig adj

بیش از این [bisch az in] mehr als das adv

بیشتر [bisch.tar] mehr pron / adv, überwiegend adv, öfter adv

بیشتراوقات / وقتها [bisch.tar.e oughāt / waght.hā] öfter adv, die meiste Zeit adv

بیضی [beyzi] oval adj

بی صاحب [bi-ßāheb] herrenlos adj

بی صبر و حوصله [bi-ßabr-o-houßele] ungeduldig adj

بی طرف [bi-taraf] objektiv adj, neutral adj, unparteiisch adj

بی طعم [bi-ta'm] geschmacklos adj (Essen)

بی فایده [bi-fāyede] nutzlos adj, sinnlos adj, vergeblich adj

بیفتک [biftak] Beefsteak s

بی فرهنگ [bi-farhang] ungebildet adj

بی فکری [bi-fekri] Gedankenlosigkeit w, Sorglosigkeit w

بیکار [bi-kār] arbeitslos adj

بیکاری [bi-kāri] Arbeitslosigkeit w

بی کس [bi-kaß] einsam adj, verlassen adj

بیگانه [bigāne] Fremder m

بی گناه [bi-gonāh] unschuldig adj

بیگودی [bigudi] Lockenwickler m

بیعانه [bey'āne] Anzahlung w

بیعانه دادن [bey'āne dādan] anzahlen v

بيل [bil] Spaten *m*, Schaufel *w*

بيل زدن [bil zadan] schaufeln *v*

بيمار [bimār] krank *adj*, Patient *m*

بيمارستان [bimāreßtān] Krankenhaus *s*

بيمار شدن [bimār schodan] erkranken *v*

بيمارى [bimāri] Krankheit *w*

بيمارى قند [bimāri.ye ghand] Diabetes *m*

بى محلى كردن [bi-mahali kardan] j-n ignorieren *v*

بى مزه [bi-maze] fade *adj*, geschmacklos *adj* (Essen), albern *adj*

بى مصرف [bi-maßraf] nutzlos *adj*

بى معنى [bi-ma'ni] sinnlos *adj*, bedeutungslos *adj*

بى مو [bi-mu] glatzköpfig *adj*

بى مورد [bi-moured] abwegig *adj*, grundlos *adj*

بى موقع [bi-mough'] ungelegen *adj* (zeitl.)

بيمه [bime] Versicherung *w*

بيمه درمانى [bime.ye darmāni] Kranken-versicherung *w*

بيمه عمر [bime.ye omr] Lebens-versicherung *w*

بيمه كردن [bime kardan] versichern *v* (Vertrag)

بين [beyn] zwischen *prep*, unter *prep*

بين المللى [beyno-l-melali] inter-national *adj*

بين راه [beyn.e rāh] unterwegs *adj*

بى نظم [bi-nazm] chaotisch *v*, unordentlich *adj*

بى نظمى [bi-nazmi] Unordnung *w*, Wirrwarr *m*

بى نظير [bi-nazir] einzigartig *adj*, einmalig *adj*

بى نهايت [bi-nahāyat] außerordentlich *adj / adv*

بينى [bini] Nase *w*

بى وفا [bi-wafā] untreu *adj*, treulos *adj*

بى وفايى [bi-wafāyi] Untreue *w*, Treulosigkeit *w*

بيوه [biwe] Witwer *m*, Witwe *w*

بى همتا [bi-hamtā] einzigartig *adj*

بيهوده [bi-hude] sinnlos *adj*, vergeblich *adj*, zwecklos *adj*

بيهوش [bi-husch] ohnmächtig *adj*, bewusstlos *adj*

بيهوش شدن [bi-husch schodan] ohnmächtig werden *v*

بيهوش كردن [bi-husch kardan] betäuben *v*

بيهوشى [bi-huschi] Ohnmacht *w*, Betäubung *w*

پ

پا [pā] Bein *s*, Fuß *m*

پا برهنه [pā-berahne] barfuß *adv*

پاپ [pāp] Papst *m*

پاتوق [pātugh] Stammplatz *m* (beliebter Treffpunkt)

پاچه [pātsche] Hosenbein *s*, Haxe *w* (Fleisch)

پاداش [pādāsch] Belohnung *w*

پاداش دادن [pādāsch dādan] belohnen *v*

پادشاه [pād(e)-schāh] König *m*

پادگان [pād(e)gān] Kaserne *w*

پارتى [pārti] Party *w*

پارتى بازى [pārti-bāzi] Vettern-wirtschaft *w*

پارچه [pārtsche] Stoff *m*

پارس كردن [pārß kardan] bellen *v*

پارسال [pārßāl] letztes Jahr *adv*

پارك [pārk] Park *m*

پارك كردن [pārk kardan] parken *v*

پارك ملى [pārk.e melli] Stadtpark *m*

پاركينگ [pārking] Parkplatz *m*

پارگى [pāregi] Riss *m* (Stoff)

پارلمان [pārlemān] Parlament *s*

پارو [pāru] Ruder *s*

پارو زدن [pāru zadan] rudern *v*

پاره [pāre] Fetzen *m*

پاره (پاره) کردن [pāre(-pāre) kardan] (ab)reißen *v*, zerreißen *v*

پاس [pāß] Reisepass *m* (ugs.)

پاساژ [pāßāj] Einkaufspassage *w*

پاسبان [pāßbān] Polizist *m*

پاسپورت [pāßport] Reisepass *m*

پاسخ [pāßoch] Antwort *w*

پاسخ دادن [pāßoch dādan] antworten *v*

پاسدار [pāß-dār] Wache *w*

پاشنه [pāschne] Ferse *w*, Absatz *m* (Schuh)

پاشیدن [pāschidan] (*präs.* پاش [pāsch-]) spritzen *v*, sprühen *v*

پاطوق [pātugh] Stammplatz *m* (beliebter Treffpunkt)

پاک [pāk] sauber *adj*, rein *adj*

پاکت [pākat] Tüte *w*, Umschlag *m*

پا کردن [pā kardan] anprobieren *v*, anziehen *v* (Schuhe, ugs.)

پاک کردن [pāk kardan] reinigen *v*, säubern *v*, putzen *v*, (ab)wischen *v*, radieren *v*, entfernen *v*

پاکت نامه [pākat.e nāme] Brief-umschlag *m*

پاکوبی [pā-kubi] Tanzabend *m*

پاکی [pāki] Reinheit *w*, Sauberkeit *w*

پاکیزه [pākize] rein *adj*, sauber *adj*

پالایشگاه [pāl(āy)eschgāh] Raffinerie *w*

پالتو [pālto] Mantel *m*

پالتوی پوست [pālto.ye pußt] Pelzmantel *m*

پالتوی زمستانی [pālto.ye zemeßtāni] Wintermantel *m*

پامال کردن [pā-māl kardan] zerquetschen *v*

پانزده [pānzdah] fünfzehn *num*

پانسمان [pānßemān] Verband *m* (medizin.)

پانسمان کردن [pānßemān kardan] Wunde verbinden *v*

پانصد [pānßad] fünfhundert *num*

پاورچین رفتن [pā-war-tschin raftan] huschen *v*, auf Zehenspitzen gehen *v*

پایان [pāyān] Ende *s*, Schluss *m*

پایان نامه [pāyān-nāme] Dissertation *w*, Doktorarbeit *w*

پایتخت [pāy(e)-tacht] Hauptstadt *w*

پایداری [pāy-dāri] Standhaftigkeit *w*

پایمال کردن [pāy-māl kardan] zerquetschen *v*

پایه [pāye] Bein *s* (Tisch, Stuhl), Basis *w*, Grundlage *w*

پاییدن [pāyidan] (*präs.* پای [pāy-]) (sich) hüten *v*, bewachen *v*

پاییز [pāyiz] Herbst *m*

پایین [pāyin] unterhalb *prep*, unter *prep*, unten *adv*, hinunter *adv*

پتو [patu] Wolldecke *w*

پچ (و) پچ کردن [petsch(-o)-petsch kardan] flüstern *v*, wispern *v*, tuscheln *v*

پختن [pochtan] (*präs.* پز [paz-]) kochen *v*, backen *v*

پخته [pochte] gar *adj*, gekocht *adj*, reif *adj* (Person)

پخش کردن [pachsch kardan] verteilen *v*, verbreiten *v*, senden *v*, übertragen *v* (Rundfunk)

پدر [pedar] Vater *m*

پدر بزرگ [pedar-bozorg] Großvater *m*

پدرزن [pedar-zan] Schwiegervater *m* (Vater der Ehefrau)

پدرشوهر [pedar-schouhar] Schwiegervater (Vater des Ehemannes)

پدرناتنی [pedar.e nā.tani] Stiefvater *m*

پذیرایی [pazirā'i] Empfang *m*, Bewirtung *w* (Gäste)

پذیرایی کردن [pazirā'i kardan] bewirten *v* (Gast)

پذیرش [paziresch] Zulassung *w* (Studium), Rezeption *w*

پذیرفتن [paziroftan] (*präs.* پذیر [pazir-]) akzeptieren *v*, annehmen *v*,

Wörterbuch Persisch – Deutsch

bewilligen *v*

پر [par] Flügel *m* (Vogel), Feder *w*

پر [por] voll *adj*, überfüllt *adj*

پرارزش [por-arzesch] wertvoll *adj*, kostbar *adj*

پراکنده [parākande] verstreut *adj*

پرانتز [parāntez] Klammer *m* (Satzzeichen)

پرپر زدن [par-par zadan] flattern *v*

پرپر کردن [por(-e)-por] kardan] randvoll machen *v*

پرت [part] abgelegen *adj*

پرتاب کردن [partāb kardan] schleudern *v*, schmeißen *v*, abschießen *v* (Pfeil)

پرت شدن [part schodan] (ab)stürzen *v*, fallen *v*, abweichen *v* (Thema)

پرت کردن [part kardan] schleudern *v*, schmeißen *v*, abschießen *v* (Pfeil)

پرتقال [portoghāl] Orange *w*; Portugal *s*

پرتگاه [partgāh] Abgrund *m*

پرتوقع [por-tawaghgho'] anspruchsvoll *adj*

پرثمر [por-ßamar] fruchtbar *adj*, rentabel *adj*

پرجمعیت [por-djam'iyat] bevölkerungsreich *adj*

پرچربی [por-tscharbi] fettig *adj*

پرچم [partscham] Fahne *w*, Flagge *w*

پرحرف [por-harf] gesprächig *adj*, geschwätzig *adj*, Schwätzer *m*

پرخور [por-chor] gefräßig *adj*

پرداخت [pardācht] Einzahlung *w*, Bezahlung *w*

پرداخت کردن [pardācht kardan] bezahlen *v*, auszahlen *v*, einzahlen *v*

پرداختن [pardāchtan] (*präs.* پرداز [pardāz-]) bezahlen *v*, auszahlen *v*, einzahlen *v*

پردردسر [por-dard.e ßar] mühevoll *adj*, kompliziert *adj*, umständlich *adj*

پرده [parde] Vorhang *m*, Gardine *w*, Szene *w* (Theater, Film)

پردۀ سینما [parde.ye ßinamā] Kinoleinwand *w*

پردۀ گوش [parde.ye gusch] Trommelfell *s*

پرزحمت [por-zahmat] mühevoll *adj*, anstrengend *adj*

پرس [porß] Portion *w*

پرستار [paraßtār] Krankenschwester *w*

پرستاری [paraßtāri] Krankenpflege *w*

پرستاری کردن [paraßtāri kardan] pflegen *v* (Kranken)

پرستشگاه [paraßteschgāh] Tempel *m*

پرستو [paraßtu] Schwalbe *w*

پرستیدن [paraßtidan] verehren *v* (Gott), anbeten *v*

پر سروصدا [por-ßar-o-ßedā] laut *adj*

پرسش [porßesch] Frage *w*, Anfrage *w*

پرسش نامه [porßesch-nāme] Fragebogen *m*, Antrag *m*

پرس و جو کردن [porß-o-dju kardan] umhören *v*

پرسیدن [porßidan] (*präs.* پرس [porß-]) fragen *v*, anfragen *v*

پرش [paresch] Sprung *m*

پرطاقت [por-tāghat] zäh *adj* (Person), geduldig *adj*

پرکردن [por kardan] füllen *v*, hineinstopfen *v*, ausfüllen *v* (Formular), aufladen *v* (Akku)

پرمدعا [por-modda'ā] anspruchsvoll *adj*, erwartungsvoll *adj*

پرنده [parande] Vogel *m*

پرو کردن [poro(w) kardan] anprobieren *v* (beim Schneider)

پرواز [parwāz] Flug *m*, Abflug *m*

پرواز برگشت [parwāz.e bar-gascht] Rückflug *m*

پرواز داخلی [parwāz.e dācheli] Inlandsflug *m*

پرواز کردن [parwāz kardan] fliegen *v*, starten *v* (Flugzeug), abheben *v*

پرواز مستقیم [parwāz.e moßtaghim] Direktflug *m*

پروانه [parwāne] Schmetterling *m*, Schiffsschraube *w*

پروردگار [parward(e)gār] Gott *m*

پرورش دادن [parwaresch dādan] erziehen *v*, ernähren *v*, züchten *v*

پرونده [parwande] Akte *w*

پرهیز [parhiz] Diät *w*

پرهیز کردن [parhiz kardan] vermeiden *v*, Speisevorschriften beachten *v*

پری [pari] Fee *w*

پریدن [paridan] (*präs.* پر [par-]) fliegen *v*, (ab)springen *v*, j-n anschnauzen *v* (ugs.)

پریروز [pariruz] vorgestern *adv*

پریز(برق) [priz(.e bargh)] Steckdose *w*

پریشان [parischān] zerstreut *adj*, durcheinander *adj*, konfus *adj*

پریشان کردن [parischān kardan] j-n durcheinander bringen *v*

پریشب [parischab] vorgestern Abend / Nacht *adv*

پز دادن [poz dādan] / پز آمدن [poz āmadan] prahlen *v*, protzen *v*, sich brüsten *v*

پزشک [pezeschk] Arzt *m*

پزشک استخوان [pezeschk.e oßtochān] Orthopäde *m*

پزشک اضطراری [pezeschk.e ezterāri] Notarzt *m*

پزشک اطفال [pezeschk.e atfāl] Kinderarzt *m*

پزشک پوست [pezeschk.e pußt] Hautarzt *m*

پزشک چشم [pezeschk.e tscheschm] Augenarzt *m*

پزشک داخلی [pezeschek.e dācheli] Internist *m*

پزشک زنان [pezeschk.e zan.ān] Frauenarzt *m*

پزشک عمومی [pezeschk.e omumi] Allgemeinarzt *m*

پزشک کودکان [pezeschk.e kudak.ān] Kinderarzt *m*

پژمرده [pajmorde] verblüht *v*, welk *adj*

پژوهش [pajuhesch] Forschung *w*, Wissenschaft *w*

پژوهش کردن [pajuhesch kardan] (er)forschen *v*, recherchieren *v*

پژوهشگر [pajuheschgar] Wissenschaftler *m*, Forscher *m*

پس [paß] zurück *adv*, also *conj*, demnach *adv*

پس از [paß az] danach *adv*

پس از آنکه [paß az ān-ke] nachdem *conj*

پس انداز [paß-andāz] Ersparnis *w*

پس انداز کردن [paß-andāz kardan] sparen *v*

پس برگرداندن [paß bar-gardāndan] zurückgeben *v*, zurücksenden *v*

پس پرداخت کردن [paß-pardācht kardan] abzahlen *v*, zurückzahlen *v*

پس پرداختن [paß pardāchtan] nachzahlen *v*, zurückzahlen *v*

پس پریروز [paß-pariruz] vorvorgestern *adv*

پست [poßt] Posten *m*, Stellung *w* (Beruf)

پستان [peßtān] Busen *m*, Brust *w*, Euter *s*

پستانک [peßtānak] Schnuller *m*

پستچی [poßttschi] Briefträger *m*, Postbote *m*

پستخانه [poßt-chāne] Post *w*, Postamt *s*

پست کردن [poßt kardan] abschicken *v*

پست هوائی [poßt.e hawāyi] Luftpost *w*

پسته [peßte] Pistazie *w*

پستو [paßtu] Vorratskammer *m*

پس دادن [paß dādan] zurückerstatten *v*, zurückgeben *v*

پسر [peßar] Junge *m*, Sohn *m*

پسر بچه [peßar-batschtsche] Knabe *m*, Bursche *m*

پسربرادر [peßar.e barādar] Neffe *m* (Sohn des Bruders)

پسر خاله [peßar-chāle] Cousin *m* (Sohn der Mutterschwester)

پسرخواهر [peßar.e chāhar] Neffe *m* (Sohn der Schwester)

پسردایی [peßar-dāyi] Cousin *m* (Sohn des Mutterbruders)

پسرعمو [peßar-amu] Cousin *m* (Sohn des Vaterbruders)

پسرعمه [peßar-amme] Cousin *m* (Sohn der Vatersschwester)

پس فردا [paß-fardā] übermorgen *adv*

پس فرستادن [paß fereßtādan] zurücksenden *v*

پس گذاشتن [paß gozāschtan] zurücklegen *v*

پس گردن [paß.e gardan] Nacken *m*

پسند کردن [paßand kardan] gefallen *v*, ansprechend sein *v*, billigen *v*

پسندیدن [paßandidan] (*präs.* پسند [paßand-]) gefallen *v*, ansprechend sein *v*, billigen *v*

پسین فردا [paßin-fardā] überübermorgen *adv*

پشت [poscht] Rückseite *w*, Rücken *m*, hinter *prep*

پشت دست [poscht.e daßt] Handrücken *m*

پشت سر [poscht.e ßar] hinter dem Rücken *m*

پشت سر گذاشتن [poscht.e ßar gozāschtan] eine Strecke zurücklegen *v*

پشت سر هم [poscht.e ßar.e ham] hintereinander *adv*, ununterbrochen *adj*

پشتک [poschtak] Salto *m*, Purzelbaum *m*

پشت گردن [poscht.e gardan] Nacken *m*

پشت و رو کردن [poscht-o-ru kardan] etw. seitenverkehrt umdrehen *v*

پشتی [poschti] Kissen *s*, Lehne *w*

پشتیبانی [poschtibāni] Unterstützung *w*, Beistand *m*, Verteidigung *w*

پشم [paschm] Wolle *w*

پشمالو [paschmālu] pelzig *adj*, behaart *adj* (ugs.)

پشمک [paschmak] Zuckerwatte *w*

پشمی [paschmi] wollig *adj*

پشه [pasche] Mücke *w*

پشه بند [pasche-band] Moskitonetz *s*

پشیمان [paschimān] reumütig *adj*

پشیمان شدن [paschimān schodan] bereuen *v*

پشیمانی [paschimāni] Reue *w*

پف کردن [pof kardan] anschwellen, aufgehen *v* (Kuchen)

پک [pok] Zug *m* (aus Zigarette)

پک زدن [pok zadan] an Zigarette ziehen *v*

پکر [pakar] apathisch *adj*

پکرشدن [pakar schodan] geknickt sein *v*

پل [pol] Brücke *w*

پل چوبی [pol.e tschubi] Holzbrücke *w*

پلاسیدن [plāßidan] welken *v*

پلاسیده [plāßide] welk *adj*, verblüht *adj*

پلاک [pelāk] Schild *s* (Haus-, Nummern-)

پلاک در [pelāk.e dar] Türschild *s*

پلک (چشم) [pelk(.e tscheschm)] Augenlid *s*

پلمب [plomb] Plombe *w*, Füllung *w* (Zahn)

پلنگ [palang] Leopard *m*

پلو [polo] gekochter, körniger Reis *m*

پله [pelle] Treppe *w*, Stufe *w*

پله برقی [pelle-barghi] Rolltreppe *w*

پلیس [poliß] Polizei *w*, Polizist *m*

پلیور [poliwer] Pullover *m*

پماد [pomād] Salbe *w*

پمپ بنزین [pomp(.e)-benzin] Tankstelle *w*

پناه [panāh] Schutz *m*, Zuflucht *w*

پناه آوردن [panāh āwardan] Zuflucht suchen *v*, Schutz suchen *v*

پناه بردن [panāh bordan] Zuflucht suchen *v*, Schutz suchen *v*

پناه دادن [panāh dādan] schützen *v*, Schutz gewähren *v*

پناهگاه [panāhgāh] Zufluchtsort *m*

پناهندگی [panāhandegi] Asyl *s*

پناهنده [panāhande] Asylsuchender *m*

پنبه [pambe] Baumwolle *w*, Watte *w*

پنج [pandj] fünf *num*

پنج شنبه [pandj-schambe] Donnerstag *m*

پنجاه [pandjāh] fünfzig *num*

پنجره [pandjare] Fenster *s*

پنجم [pandjom] fünftens *num / adv*

پنجمین [pandjomin] fünfter *num / adj*

پنجه [pandje] Pfote *w*, Kralle *w*

پنجری [pantschari] Reifenpanne *w*, Platten *m*

پند [pand] Ratschlag *m*

پنکه [panke] Ventilator *m*

پنهان [penhān] versteckt *adj*, verborgen *adj*

پنهان کردن [penhān kardan] verheimlichen *v*, verstecken *v*, verbergen *v*

پنیر [panir] Käse *m*

پوتین [putin] Stiefel *m*

پوچ [putsch] belanglos *adj*, nutzlos *adj*

پودر [pudr] Pulver *s*

پودر رخت شویی [pudr.e racht-schuyi] Waschpulver *s*

پودر زدن [pudr zadan] pudern *v*

پودر لباس شویی [pudr.e lebāß-schuyi] Waschpulver *s*

پودرظرف شویی [pudr.e zarf-schuyi] Reinigungsmittel *s* (Geschirr)

پودر و ماتیک [pudr-o-mātik] Schminke *w*

پودر و ماتیک زدن [pudr-o-mātik zadan] schminken *v*

پوره [pure] Püree *s*

پوز [puz] Schnauze *w*, Maul *s* (Tier)

پوزخند زدن [puz-chand zadan] grinsen *v*

پوزش [puzesch] Entschuldigung *w*, Verzeihung *w*

پوزش خواستن [puzesch chāßtan] um Verzeihung bitten *v*

پوزه [puze] Schnauze *w*, Maul *s* (Tier)

پوست [pußt] Haut *w*, Fell *s*, Pelz *m*, Rinde *w*

پوست تخم مرغ [pußt.e tochm.e morgh] Eierschale *w*

پوست کردن [pußt kardan] schälen *v*

پوست کندن [pußt kandan] schälen *v*

پوست گرفتن [pußt gereftan] schälen *v*

پوست نشده [pußt-na.schode] ungeschält *adj*

پوسته [pußte] Rinde *w*

پوسیده [pußide] faul *adj* (Lebensmittel), vergammelt *adj*, verdorben *adj*

پوشاک [puschāk] Kleidung *w*

پوشاندن [puschāndan] (*präs.* پوش [pusch-]) verhüllen *v*, bedecken *v*, überziehen *v*

پوشه [pusche] Mappe *w*

پوشیدن [puschidan] (*präs.* پوش [pusch-]) anziehen *v*, tragen *v*, anhaben *v* (Kleidung)

پوک [puk] hohl *adj* (Nuss)

پول [pul] Geld *s*

پولاد [pulād] Stahl *m*

پول تقلبی [pul.e taghallobi] Falschgeld *s*

پول تمبر [pul.e tamb(a)r] Porto *s*

پول خرد [pul.e chord] Kleingeld *s*, Wechselgeld *s*

پول خرد کردن [pul chord kardan] Geld kleinmachen *v*

پول دار [pul-dār] reich *adj*, vermögend *adj*

پول در آوردن [pul dar-āwardan] Geld verdienen *v*

پول قلابی [pul.e ghollābi] Falschgeld *s* (ugs.)

پولک [pulak] Schuppen *Mz* (Fisch, ugs.)

Wörterbuch Persisch – Deutsch

پول نقد [pul.e naghd] Bargeld s

پهلو [pahlu] Seite w, Flanke w

پهلوان [pahlewān] Held m, Champion m

پهلو گرفتن [pahlu gereftan] anlegen v (Schiff)

پهلوی [pahlu.ye] bei prep, neben prep

پهلوی هم [pahlu.ye ham] beisammen adv, nebeneinander adv

پهن [pahn] breit adj, weit adj

پهن [pehen] Mist m (vom Tier)

پهنا [pahnā] Breite w

پهن کردن [pahn kardan] ausbreiten v (Tuch)

پیاده [piyāde] zu Fuß adv / adj

پیاده رفتن [piyāde raftan] zu Fuß gehen v

پیاده رو [piyāde-rou] Bürgersteig m, Fußgängerüberweg m

پیاده روی [piyāde-rawi] Wanderung w, Spaziergang m

پیاده شدن [piyāde schodan] absteigen v, aussteigen v, von Bord gehen v

پیاده کردن [piyāde kardan] j-n aussteigen lassen v, absetzen v

پیاز [piyāz] Zwiebel w

پیازچه [piyāztsche] Lauchzwiebel w

پیاله [piyāle] Schale w

پیام [payām] Botschaft w, Mitteilung w

پیام گیر [payām-gir] Anrufbeantworter m, Bote m

پیامبر [payām-bar] Prophet m, Bote m (relig.)

پی بردن [pey bordan] begreifen v

پیپ [pip] Pfeife w (Tabak)

پیپ کشیدن [pip keschidan] Pfeife rauchen v

پیت [pit] Kanister m

پیچ [pitsch] Schraube w, Kurve w, Krümmung w

پیچاندن [pitschāndan] (präs. پیچ [pitsch-]) schrauben v

پیچ خوردن [pitsch chordan] sich winden v, sich einrollen v, umknicken v, verstauchen v

پیچ زدن [pitsch zadan] abbiegen v (Fahrtrichtung)

پیچ کردن [pitsch kardan] schrauben v

پیچ گوشتی [pitsch-guschti] Schraubenzieher m

پیچیدن [pitschidan] (präs. پیچ [pitsch-]) abbiegen v, einwickeln v, zusammenrollen v

پیچیده [pitschide] schwierig adj, rätselhaft adj

پیدا [peydā] sichtbar adj, offensichtlich adj

پیدا کردن [peydā kardan] (heraus)finden v

پیر [pir] alt adj

پیرارسال [pirār-ßāl] voriges Jahr adv

پیراهن [pirāhan] Hemd s

پیراهن خواب [pirāhan.e chāb] Nachthemd s

پیرزن [pir(.e)-zan] Greisin w

پیرشدن [pir schodan] altern v

پیرمرد [pir(.e)-mard] Greis m

پیروز [piruz] siegreich adj, erfolgreich adj

پیروز شدن [piruz schodan] gewinnen v, siegen v

پیروزی [piruzi] Sieg m, Erfolg m

پیژامه [pijāme] Nachthemd s, Schlafanzug m

پیش [pisch] vor prep, zu prep, bei prep, neben prep, früher adv

پیش آمد [pisch-āmad] Ereignis s, Vorfall m

پیش آمدن [pisch-āmadan] sich ereignen v, geschehen v, passieren v, entgegen-kommen v

پیش آهنگ [pisch-āhang] Pfadfinder m

پیشاپیش [pischāpisch] im Voraus adv

پیشانی [pischāni] Stirn w

پیشباز رفتن [pisch-bāz raftan] Gästen entgegengehen v

پیش بردن [pisch-bordan] (etw.) erreichen v, durchsetzen v

پیش بند [pisch-band] Schürze w

پیش بینی [pisch-bini] Vorhersage w, Vorschau w

پیش بینی کردن [pisch-bini kardan] vorhersagen v

پیش پا افتاده [pisch.e-pā-oftāde] gewöhnlich adj, banal adj

پیش پرداخت [pisch-pardācht] Anzahlung w, Vorschuss m

پیش پرداخت کردن [pisch-pardācht kardan] anzahlen v

پیش پرده [pisch-parde] Vorschau w (Kino)

پیش شماره [pisch-schomāre] Vorwahl w

پیش غذا [pisch-ghazā] Vorspeise w

پیش قسط [pisch-gheßt] Anzahlung w

پیشخدمت [pisch-chedmat] Kellner m

پیشخدمتی کردن [pisch-chedmati kardan] dienen v, arbeiten v (als Kellner / Hausangestellte)

پیشرفت [pisch-raft] Fortschritt m, Erfolg m

پیشرفت شغلی [pisch-raft.e schoghli] Karriere w

پیشرفت کردن [pisch-raft kardan] Karriere machen v, Fortschritte machen v

پیشرفته [pisch-rafte] fortgeschritten adj

پیش قسط دادن [pisch-gheßt dādan] anzahlen v

پیشگفتار [pisch-goftār] Einleitung w, Vorwort s

پیشگیری کردن [pisch-giri kardan] vorbeugen v, verhindern v

پیشنهاد [pisch-nehād] Angebot s, Vorschlag m

پیشنهاد کردن [pisch-nehād kardan] vorschlagen v, empfehlen v,

anbieten v

پیشه [pische] Handwerk s, Gewerbe s

پیشه ور [pischewar] Handwerker m, Gewerbetreibender m

پیغام [peyghām] Mitteilung w, Botschaft w

پیغام رساندن [peyghām raßāndan] ausrichten v, mitteilen v

پیغام فرستادن [peyghām fereßtādan] Bescheid sagen v, Nachricht übermitteln v

پیغام گیر [peyghām-gir] Anrufbeantworter m, Bote m

پیغمبر [peygham-bar] Prophet m. Bote m (relig.)

پیک نیک [pik-nik] Ausflug m, Picknick s

پینه [pine] Hornhaut w

پیوست [peywaßt] Anlage w (Dokument)

پیوستن [peywaßtan] (präs. پیوند [peywand-]) sich vereinigen v, sich zusammentun v

پیوست کردن [peywaßt kardan] anfügen v, hinzufügen v

پیوند [peywand] Vereinigung w, Bündnis s

پیوند زناشویی [peywand.e zanā-schuyi] Ehe w, Eheschließung w

پیه [pih] Schmalz s, Talg m

ت

تا [tā] bis prep, um zu conj, dass conj; Stück s, Falte w

تا آخر [tā āchar] bis zuletzt adv

تا آنجا که [tā ān-djā ke] so weit, dass conj, insofern adv

تا ابد [tā abad] für immer adv, lebenslänglich adv

تا اندازه ای [tā andāze'i] einigermaßen adv, teilweise adv, gewissermaßen adv

تاب [tāb] Schaukel *w*, Schwingung *w*

تاب خوردن [tāb chordan] schaukeln *v*, schwingen *v*

تابستان [tābeßtan] Sommer *m*

تابستانی [tābeßtāni] sommerlich *adj*

تابع [tābe'] abhängig *adj*, gehorsam *adj*

تابعیت [tāb'iyat] Staatsangehörigkeit *w*

تابلو [tāblo] Schild *s*, Gemälde *s*

تابوت [tābut] Sarg *m*

تا به حال [tā be hāl] bisher *adv*, jemals *adv*

تابیدن [tābidan] (*präs.* تاب [tāb-]) leuchten *v*, erstrahlen *v*

تأثیر [ta'ßir] Eindruck *m*, Einfluss *m*, Wirkung *w*

تأثیر گذاشتن [ta'ßir gozāschtan] wirken *v*, beeinflussen *v*

تاج [tādj] Krone *w*, Zahnkrone *w*, Kamm *m* (Hahn)

تاجر [tādjdjer] Geschäftsmann *m*, Händler *m*

تاج گذاری [tādj-gozāri] Thronbesteigung *w*

تا حالا [tā hālā] bis jetzt *adv*, bisher *adv*

تا حد امکان [tā hadd.e emkān] möglichst *adv*

تا حدی [tā haddi] teilweise *adv*, einigermaßen *adv*

تا خورده [tā-chorde] faltig *adj*

تأخیر [ta'chir] Verspätung *w*, Verzögerung *w*

تأخیر داشتن [ta'chir dāschtan] sich verspäten *v*, sich verzögern *v*

تأخیر کردن [ta'chir kardan] sich verspäten *v*, sich verzögern *v*

تار [tār] glanzlos *adj*, trübe *adj*, verschwommen *adj*; Laute *w* (Musik)

تارک دنیا [tārek.e donyā] Mönch *m*

تاریخ [tārich] Datum *s*, Geschichte *w*

تاریخ انقضاء [tārich.e enghezā'] Verfallsdatum *s*

تاریخ خروج [tārich.e chorudj] Abreisedatum *s*

تاریخ ورود [tārich.e worud] Ankunftsdatum *s*

تاریک [tārik] dunkel *adj*, finster *adj*

تاریکی [tāriki] Dunkelheit *w*, Finsternis *w*

تا زمانی که [tā zamāni ke] solange bis *conj*

تازه [tāze] frisch *adj* (Obst, Gemüse), neu *adj*, nur *adv*, bloß *adv*, erst *adv*

تازه کار [tāzekār] Anfänger *m*, unerfahren *adj*

تاس [tāß] Würfel *m*, Schüssel *w*

تأسف [ta'ßßof] Bedauern *s*

تأسف آور [ta'ßßof-āwar] bedauernswert *adj*

تا شده [tā-schode] faltig *adj*, zerknittert *adj*

تا کردن [tā kardan] falten *v* (Papier, Stoff), sich verständigen *v*, übereinkommen *v*

تاکسی [tākßi] Taxi *s*

تأکید [tā'kid] Betonung *w*, Bekräftigung *w*

تأکید کردن [tā'kid kardan] betonen *v*, bekräftigen *v*

تالار [tālār] Halle *w*, Saal *m*

تانک [tānk] Panzer *m*, Tank *m* (Behälter)

تایر [tāyer] Reifen *m*

تایر زاپاس [tāyer.e zāpāß] Ersatzreifen *m*

تایر یدکی [tāyer.e yadaki] Ersatzreifen *m*

تأمین [ta'min] Versorgung *w*, Sicherung *w* (Bedürfnisse)

تأمین کردن [ta'min kardan] versorgen *v*, sichern *v* (Bedürfnisse)

تأیید کردن [ta'yid kardan] beglaubigen *v*, bestätigen *v*, unterstreichen *v* (Argument)

تب [tab] Fieber *s*

تبخال [tab-chāl] Ausschlag *m*, Herpes *m*

تبدیل [tabdil] Veränderung *w*, Umtausch *m*

تبدیل کردن [tabdil kardan] (um)tauschen *v*, wechseln *v* (Geld)

تبر [tabar] Axt *w*, Beil *s*

تبریک [tabrik] Glückwunsch *m*

تبریک گفتن [tabrik goftan] gratulieren *v*

تبسم [tabaßßom] Lächeln *s*

تبسم کردن [tabaßßom kardan] lächeln *v*, schmunzeln *v*

تبعه [taba'e] Bürger *m*

تب کردن [tab kardan] Fieber bekommen *v*

تب گرفتن [tab gereftan] Fieber messen *v*, Fieber bekommen *v*

تبگیر [tab-gir] Thermometer *s* (ugs.)

تبلیغ [tabligh] (*Mz.:* تبلیغات [tablighāt]) Werbung *w*, Reklame *w*

تبلیغ کردن [tabligh kardan] werben *v*

تب و لرز [tab-o-larz] Schüttelfrost *m*

تپش [tapesch] Schlag *m*, Erzittern *s*

تپش قلب [tapesch.e ghalb] Herzklopfen *s*

تپل [topol] mollig *adj*, pummelig *adj*

تپه [tappe] Hügel *m*

تپه شنی [tappe.ye scheni] Düne *w*

تجارت [tedjārat] Handel *m*

تجارت کردن [tedjārat kardan] Handel treiben *v*

تجارتی [tedjārati] kommerziell *adj*, geschäftlich *adj*

تجاوز [tadjāwoz] Vergewaltigung *w*, Übertretung *w* (Grenze)

تجاوز کردن [tadjāwoz kardan] vergewaltigen *v*, übertreten *v* (Grenze)

تجدید کردن [tadjdid kardan] erneuern *v* (Vertrag, Pass)

تجدید نظرکردن [tadjdid.e nazar kardan] überdenken *v*

تجربه [tadjrobe] Erfahrung *w*

تجسم [tadjaßßom] Vorstellung *w*, Imagination *w*

تجسم کردن [tadjaßßom kardan] sich etw. vorstellen *v*

تجمل [tadjammol] Luxus *m*

تحت فشار قرار دادن [taht.e feschār gharār dādan] j-n unter Druck setzen *v*, erpressen *v*

تحت کنترل [taht.e kontrol] unter Kontrolle *adv*

تحریک [tahrik] Provokation *w*, Aufwiegelung *w*

تحریک کردن [tahrik kardan] provozieren *v*, reizen *v*

تحریم [tahrim] Boykott *m*, Sanktion *w*

تحسین [tahßin] Lob *m*, Beifall *m*

تحسین کردن [tahßin kardan] bewundern *v*, Lob / Beifall spenden *v*

تحصیل [tahßil] (*Mz.:* تحصیلات [tahßilāt]) Bildung *w*, Studium *s*

تحصیلات دانشگاهی [tahßilāt.e dāneschgāhi] Universitätsstudium *s*

تحصیل کردن [tahßil kardan] studieren *v*, sich Bildung aneignen *v*

تحصیل کرده [tahßil-karde] gebildet *adj*, studiert *adj*

تحقیر [tahghir] Verachtung *w*, Erniedrigung *w*

تحقیرکردن [tahghir kardan] verachten *v*, erniedrigen *v*

تحقیق [tahghigh] Forschung *w*, Untersuchung *w*

تحقیق کردن [tahghigh kardan] erforschen *v*, recherchieren *v*, untersuchen *v*

تحمل [tahammol] Ausdauer *w*, Geduld *w*

تحمل کردن [tahammol kardan] aushalten *v*, durchhalten *v*, ertragen *v*

تحویل [tahwil] Lieferung *w*, Übergabe *w*

تحویل دادن [tahwil dādan] liefern *v*, übergeben *v*, aushändigen *v*

تحویل گرفتن [tahwil gereftan] annehmen *v*, empfangen *v* (Ware, Paket)

تخت [tacht] flach *adj*, eben *adj*; Thron *m*

تخت جمشید [tacht.e djamschid] Persepolis *s* (histor.)

تخت خواب [tacht(.e)-chāb] Bett *s*

تخت کفش [tacht.e kafsch] Schuhsohle *w*

تخته [tachte] Brett *s*, Tafel *w*

تخته سنگ [tachte-ßang] (Stein-)Platte *w*, Fels(en) *m*

تخفیف [tachfif] Ermäßigung *w*, Preisnachlass *m*, Rabatt *m*

تخفیف دادن [tachfif dādan] Preisnachlass gewähren *v*

تخلیه [tachliye] Räumung *w*

تخلیه کردن [tachliye kardan] räumen *v*

تخم [tochm] Samen *m* (Pflanze), Korn *s* (Getreide), Kern *m* (Nuss), Hoden *m*

تخمدان [tochmdān] Eierstock *m*

تخم پاشیدن [tochm pāschidan] säen *v*

تخم کاشتن [tochm kāschtan] säen *v* (ugs.)

تخم مرغ [tochm.e morgh] Ei *s*

تخم مرغ نیمرو [tochm.e morgh.e nim-ru] Spiegelei *s*

تخمه [tochme] Mischung aus gerösteten Kürbis- und Melonenkernen *w*

تدارک [tadārok] Vorbereitung *w*, Zubereitung *w*

تدارک دیدن [tadārok didan] etw. vorbereiten *v*, besorgen *v*

تدریس [tadriß] Unterricht *m*

تدریس کردن [tadriß kardan] lehren *v*, unterrichten *v*

تدفین [tadfin] beerdigen *v*

تذکر [tazakkor] Bemerkung *w*, Mahnung *w*, Hinweis *m*

تذکر دادن [tazakkor dādan] bemerken *v*, hinweisen *v*, mahnen *v*

تر [tar] feucht *adj*, nass *adj*

ترازو [tarāzu] Waage *w*

تراشیدن [tarāschidan] (*präs.* تراش [tarāsch-]) kratzen *v*, rasieren *v*, fällen *v*

تراموا(ی) [t(e)rāmwā(y)] Straßenbahn *w*

ترانه [tarāne] Lied *s*

ترانه خواندن [tarāne chāndan] Lied singen *v*

ترب [torob] Rettich *m*

تربچه [torobtsche] Radieschen *s*

تربیت [tarbiyat] Erziehung *w*

تربیت کردن [tarbiyat kardan] erziehen *v*

ترتیب دادن [tartib dādan] für etw. sorgen *v*, veranlassen *v*, regeln *v*

ترجمه [tardjome] Übersetzung *w*

ترجمه کردن [tardjome kardan] übersetzen *v*, dolmetschen *v*

ترجیح دادن [tardjih dādan] bevorzugen *v*

ترخون [tarchun] Estragon *m*

ترد [tord] mürbe *adj* (Gebäck,Teig), locker *adj*

ترس [tarß] Angst *w*, Schrecken *m*

ترس آور [tarß-āwar] beängstigend *adj*

ترس داشتن [tarß dāschtan] (be)fürchten *v*

ترساندن [tarßāndan] (*präs.* ترس [tarß-]) j-n erschrecken *v*

ترسناک [tarßnāk] beängstigend *adj*

ترسو [tarßu] ängstlich *adj*, feige *adj*, Feigling *m*

ترسیدن [tarßidan] (*präs.* ترس [tarß-]) sich fürchten *v*, sich erschrecken *v*

ترش [torsch] sauer *adj* (Geschmack)

ترش کردن [torsch kardan] Sodbrennen bekommen *v*

ترشی [torschi] Eingemachtes *s* (sauer)

ترقه [taraghe] Feuerwerkskörper *m*

ترقی [taraghi] Fortschritt *m*, Verbesserung *w*

ترقی کردن [taraghi kardan] Erfolg haben *v*, vorankommen *v*

ترک [tork] Türke *m*

ترک [tark] Verlassen *s*, Verzicht *m*

ترک [tarak] Riss *m*, Spalt *m*, Sprung *m* (Glas)

ترک خوردن [tarak chordan] platzen *v*, springen *v* (Holz, Glas)

ترک خورده [tarak-chorde] gesprungen *adj* (Glas), rissig geworden *adj* (Holz)

ترک دوچرخه [tark.e do-tscharche] Gepäckträger *m* (Fahrrad)

ترک عادت دادن [tark.e ādat dādan] sich abgewöhnen *v*

ترک کردن [tark kardan] verlassen *v*, aufgeben *v*

ترکی [torki] türkisch *adj*

ترکیدن [tarakidan] (*präs.* ترک [tarak-]) platzen *v*, explodieren *v*, springen *v* (Glas)

ترکیده [tarakide] gesprungen *adj* (Glas), gerissen *adj* (Holz), geplatzt *adj*

ترکیه [torkiye] Türkei *w*

ترم [term] Semester *s*

ترمز [tormoz] Bremse *w*

ترمزدستی [tormoz(.e)-daßti] Handbremse *w*

ترمز کردن [tormoz kardan] bremsen *v*

ترمز گرفتن [tormoz gereftan] bremsen *v*

تره [tarre] Schnittlauch *m*

تره فرنگی [tarre(.ye)-farangi] Porree *m*

تریاک [taryāk] Opium *s*

تریاکی [taryāki] drogensüchtig *adj*

تز [tez] Dissertation *w*

تزیین کردن [tazin kardan] verzieren *v*, schmücken *v*

تست کردن [toßt kardan] toasten **v**

تسلیت [taßliyat] Beileid *s*

تسمه [taßme] Riemen *m*

تشخیص دادن [taschchiß dādan] wahrnehmen *v*, erkennen *v*, unterscheiden *v*

تشر زدن [taschar zadan] anschnauzen *v*

تشریف داشتن [taschrif dāschtan] anwesend sein *v*

تشک [toschak] Matratze *w*

تشکر [taschakkor] Dank *m*

تشکر کردن [taschakkor kardan] danken *v*

تشکیل [taschkil] (*Mz.:* تشکیلات [taschkilāt]) Gestaltung *w*, Einrichtung *w*

تشکیل دادن [taschkil dādan] organisieren *v*, Familie gründen *v*

تشکیل شدن [taschkil schodan] sich zusammensetzen *v* (aus Teilen)

تشنگی [teschnegi] Durst *m*

تشنه [teschne] durstig *adj*, gierig *adj*

تشویق [taschwigh] Beifall *m*, Aufmunterung *w*

تشویق کردن [taschwigh kardan] aufmuntern *v*, zujubeln *v*

تصادف [taßādof] Unfall *m* (Auto), Zusammenstoß *m*

تصادفاً [taßādofan] zufälligerweise *adv*

تصادف کردن [taßādof kardan] zusammenstoßen *v*, Unfall bauen *v*

تصادفی [taßādofi] zufällig *adj*

تصحیح [taßhih] Verbesserung *w*, Berichtigung *w*

تصحیح کردن [taßhih kardan] verbessern *v*, berichtigen *v*

تصدیق [taßdigh] Bescheinigung *w*, Beglaubigung *w*, Führerschein *m*

تصدیق رانندگی [taßdigh.e rānandegi] Führerschein *m*

تصدیق کردن [taßdigh kardan] beglaubigen *v*, bestätigen *v*

تصرف کردن [taßarrof kardan] besetzen *v* (Land, Haus), erobern *v*

تصفیه حساب کردن [taßfiye-heßāb kardan] abrechnen *v* (Rechnung)

Wörterbuch Persisch – Deutsch

تصميم [taßmim] Entscheidung *w*, Beschluss *m*

تصميم داشتن [taßmim dāschtan] vorhaben *v*, erwägen *v*

تصميم گرفتن [taßmim gereftan] Beschluss fassen *v*, Entscheidung treffen *v*

تصور [taßawwor] Vorstellung *w*, Ansicht *w*, Vermutung *w*

تصور كردن [taßawwor kardan] sich vorstellen *v*, vermuten *v*

تصويب [taßwib] Bestätigung *w*, Bewilligung *w*

تصويب كردن [taßwib kardan] bestätigen *v*, bewilligen *v*, beschließen *v* (Gesetz)

تصوير [taßwir] Abbildung *w*

تصوير كردن [taßwir kardan] abbilden *v*

تظاهرات [tazahorāt] Demonstration *w*

تظاهر كردن [tazahor kardan] sich verstellen *v*, heucheln *v*

تعادل [ta'ādol] Gleichgewicht *s*

تعارف [ta'ārof] Austausch von Höflichkeiten / Schmeicheleien *m*

تعارف كردن [ta'ārof kardan] Höflichkeiten austauschen *v*, schmeicheln *v*

تعبير [ta'bir] Auslegung *w*, Deutung *w*

تعبير كردن [ta'bir kardan] auslegen *v*, deuten *v*

تعجب [ta'djob] Verwunderung *w*

تعجب آور [ta'djob-āwar] verwunderlich *adj*, erstaunlich *adj*

تعجب كردن [ta'djdjob kardan] sich wundern *v*, staunen *v*

تعداد [te'dād] Anzahl *w* (von Personen)

تعرفه [ta'refe] Tarif *m*

تعريف [ta'rif] Kompliment *s*, Lob *s*

تعريف كردن [ta'rif kardan] erzählen *v*, schildern *v*, loben *v*

تعطيل [ta'til] geschlossen *adj* (Geschäft, Büro, Schule)

تعطيلات [ta'tilāt] Ferien *Mz*

تعطيلات تابستانى [ta'tilāt.e tābeßtāni] Sommerferien *Mz*

تعطيل كردن [ta'til kardan] schließen *v*, zumachen *v*

تعظيم كردن [ta'zim kardan] sich verbeugen *v*

تعقيب كردن [ta'ghib kardan] fahnden *v*, verfolgen *v*

تعلق داشتن [ta'llogh dāschtan] (an)gehören *v*

تعليم [ta'lim] Ausbildung *w*, Unterricht *w*

تعليم دادن [ta'lim dādan] unterrichten *v*, ausbilden *v*, lehren *v*

تعمير [ta'mir] Reparatur *w*

تعمير كردن [ta'mir kardan] instand setzen *v*, reparieren *v*

تعميرگاه [ta'mirgāh] (Reparatur-) Werkstatt *w*

تعيين كردن [ta'yin kardan] ansetzen *v*, bestimmen *v* (Termin, Sitzung)

تغذيه [taghziye] Ernährung *w*, Verpflegung *w*

تغيير [taghyir] Veränderung *w*, Umwandlung *w*

تغيير دادن [taghyir dādan] verändern *v*, umwandeln *v*

تغيير كردن [taghyir kardan] sich verändern *v*, sich wandeln *v*

تف [tof] Spucke *w*, Speichel *m*

تفاوت [tafāwot] Unterschied *m*, Verschiedenheit *w*

تفاوت داشتن [tafāwot dāschtan] sich unterscheiden *v*

تفتيش [taftisch] Leibeskontrolle *w*, Durchsuchung *w* (Polizei)

تفتيش كردن [taftisch kardan] durchsuchen *v* (Polizei)

تفريح [tafrih] Vergnügen *s*, Unterhaltung *w*, Zeitvertreib *m*

تفریح کردن [tafrih kardan] sich amüsieren v, sich vergnügen v

تفریق کردن [tafrigh kardan] subtrahieren v

تف کردن [tof kardan] spucken v

تفنگ [tofang] Gewehr s

تقاضا [taghāzā] Nachfrage w, Anfrage w

تقاضا کردن [taghāzā kardan] sich bewerben v, fordern v, beantragen v

تقاضا نامه [taghāzā-nāme] Antrag m, Bewerbung w

تقاطع [taghāto'] Kreuzung w

تقدیم کردن [taghdim kardan] anbieten v, überreichen v

تقریباً [taghriban] um prep, ungefähr adv, etwa adv, zirka adv, beinahe adj, fast adv, ziemlich adv

تقسیم بر [taghßim bar] geteilt durch adj (mathemat.)

تقسیم بندی کردن [taghßim-bandi kardan] einteilen v

تقسیم کردن [taghßim kardan] dividieren v, verteilen v, aufteilen v

تقصیر [taghßir] Schuld w, Vergehen s

تقلا [taghallā] Bemühung w, Anstrengung w

تقلا کردن [taghallā kardan] sich bemühen v, ringen nach v

تقلب [taghallob] Fälschung w, Betrug m

تقلب کردن [taghallob kardan] fälschen v, schummeln v, abschreiben v (Mitschüler)

تقلبی [taghallobi] unecht adj, falsch adj

تقلید کردن [taghlid kardan] nachahmen v

تقویم [taghwim] Kalender m

تک [tak] einmalig adj, einzigartig adj (ugs.), großartig adj

تکان [takān] Bewegung w, Ruck m

تکان خوردن [takān chordan] bewegen v, wackeln v

تکان دادن [takān dādan] bewegen v, schütteln v

تکاندن [takāndan] (präs. تکان [takān-]) klopfen v, rütteln v, schütteln v

تک تک [tak-tak] einzeln adj / adv

تکذیب کردن [takzib kardan] dementieren v, widerlegen v

تکرار [tekrār] Wiederholung w

تکرار کردن [tekrār kardan] wiederholen v

تکراری [tekrāri] sich wiederholend adj

تکلیف [taklif] Pflicht w, Aufgabe w

تکمیل کردن [takmil kardan] vervollständigen v, ergänzen v

تکنیسین [teknißiyen] Techniker m

تک و تنها [tak-o-tanhā] mutterseelenallein adj

تک و توک [tak-o-tuk] vereinzelt adj (ugs.)

تکه [tekke] Teil m, Fetzen m, Stück s; toller Typ m (ugs.)

تکه کردن [tekke kardan] hacken v, zerreißen v, zerteilen v

تکیه دادن [takiye dādan] sich anlehnen v, sich stützen v

تکیه کردن [takiye kardan] sich anlehnen v, sich stützen v

تکیه گاه [takiyegāh] Stütze w, Halt m, Lehne w

تگرگ [tagarg] Hagel m

تگرگ باریدن [tagarg bāridan] hageln v

تلاش [talāsch] Anstrengung w, Bemühung w, Mühe w

تلاش کردن [talāsch kardan] sich anstrengen v, sich bemühen v, sich Mühe geben v, versuchen v

تلافی کردن [talāfi kardan] sich revanchieren v, wiedergutmachen v

تلخ [talch] bitter adj

تلفظ [talafoz] Aussprache w

تلفظ کردن [talafoz kardan] aussprechen v

تلف کردن [talaf kardan] Zeit vergeuden v

Wörterbuch Persisch – Deutsch

تلفن [telefon] Telefon s, Telefongespräch s

تلفنخانه [telefon-chāne] Telefonzelle w

تلفن زدن [telefon zadan] telefonieren v,
anrufen v

تلفن کردن [telefon kardan] telefonieren v,
anrufen v

تلقین کردن [talghin kardan] sich
einbilden v

تلمبه [tolombe] (Luft-)Pumpe w

تلمبه زدن [tolombe zadan] pumpen v

تلوتلو خوردن [telou-telou chordan] wanken
v, schwanken v, taumeln v

تلویزیون [telewizion] Fernseher m

تلویزیون تماشا کردن [telewizion tamāschā
kardan] fernsehen v

تلویزیون نگاه کردن [telewizion negāh kardan]
fernsehen v

تله [tale] Falle w (Tier)

تله موش [tale-musch] Mausefalle w

تماس [tamāß] Berührung w, Verbindung
w, Anschluss m, Kontakt m

تماس گرفتن [tamāß gereftan]
kontaktieren v

تماشا [tamāschā] Besichtigung w,
Betrachtung w

تماشاچی [tamāschātschi] Zuschauer m,
Publikum s

تماشا کردن [tamāschā kardan] ansehen v,
besichtigen v, zuschauen v

تماشاگر [tamāschāgar] Zuschauer m

تماشایی [tamāschāyi] Sehenswürdigkeit
w, sehenswert adj

تمام [tamām] alles pron, gesamt adj,
ganz adj; fertig adj, endgültig adj

تمام شدن [tamām schodan] zu Ende
gehen v, ausgehen v

تمام عمر [tamām.e omr] ein Leben
lang adv

تمام کردن [tamām kardan] aufhören v,
beenden v, zu Ende führen v

تمام مدت [tamām.e moddat] die ganze
Zeit adv

تمام نشدنی [tamām-na.schodani]
endlos adj

تماماً [tamāman] durchweg adv,
völlig adv

تمبر [tamb(a)r] Briefmarke w

تمبر زدن [tamb(a)r zadan] frankieren v

تمدید [tamdid] Verlängerung w (Dokument,
Pass)

تمدید کردن [tamdid kardan] verlängern v
(Dokument, Pass)

تمرین [tamrin] Probe w (Theater, Musik)

تمرین کردن [tamrin kardan] trainieren v,
proben v, üben v

تمسخر [tamaßchor] Hohn m, Spott m

تمسخرآمیز [tamaßchor-āmiz] zynisch adj,
spöttisch adj

تمشک [tameschk] Himbeere w,
Brombeere w

تمیز [tamiz] sauber adj, rein adj

تمیزکردن [tamiz kardan] reinigen v,
säubern v, putzen v, wischen v

تمیزی [tamizi] Sauberkeit w

تن [tan] Körper m, Leib m

تن [ton] Tonne w (Gewichtseinheit)

تن به تن [tan-be-tan] Mann gegen
Mann adv

تن کردن [tan kardan] anprobieren v,
anziehen v, tragen v (Kleidung)

تن کردن [ton kardan] tönen v (Haare)

تنباکو [tambāku] Tabak m

تنبک [tombak] Trommel w (tradition. pers.
Handtrommel)

تنبک زدن [tombak zadan] trommeln v

تنبل [tambal] faul adj, träge adj,
Faulenzer m

تنبلی [tambali] Faulheit w, Trägheit w

تنبلی کردن [tambali kardan] faulenzen v

تنبیه [tambih] Strafe w, Tadel m

تنبیه کردن [tambih kardan] strafen v, tadeln v

تند [tond] schnell adj; scharf adj (pikant)

تندرست [tan-doroßt] gesund adj

تندرستی [tan-doroßti] Gesundheit w

تند کردن [tond kardan] beschleunigen v, sich beeilen v

تنظیم کردن [tanzim kardan] Programm einstellen v

تنفر [tanaffor] Abneigung w, Ekel m, Hass m

تنفرآمیز [tanaffor-āmiz] abscheulich adj, ekelhaft adj

تنفرآور [tanaffor-āwar] abscheulich adj, ekelhaft adj, abstoßend adj

تنفر داشتن [tanaffor dāschtan] hassen v, sich ekeln v, verabscheuen v

تنفس [tanaffoß] Atmung w, Ruhe w, Pause w

تنفس کردن [tanaffoß kardan] atmen v, Luft holen v, Pause einlegen v

تنگ [tang] eng adj, schmal adj; eng sitzend adj (Kleidung)

تنگ [tong] Kanne w

تنگه [tange] Schlucht w, Meerenge w

تنگ هم [tang.e ham] eingepfercht adj

تنور [tanur] Backofen m (aus Lehm)

تنوع [tanawwo'] Abwechslung w, Vielfältigkeit w

تنه [tane] Stamm m (Baum), Rumpf m, Körper m; Stoß m

تنها [tanhā] einsam adj, allein adj

تنها گذاشتن [tanhā gozāschtan] verlassen v (Person)

تنهایی [tanhāyi] Einsamkeit w, Alleinsein s

تنه زدن [tane zadan] anrempeln v, schubsen v, drängeln v, stoßen v

تو [to] du pron

تو [tu] drinnen adv

توافق [tawāfogh] Kompromiss m, Übereinstimmung w

توافق کردن [tawāfogh kardan] sich einigen v, Kompromiss schließen v

توالت [tuālet] Toilette w

توان [tawān] Kraft w, Macht w

توانا [tawānā] kräftig adj, mächtig adj, fähig adj

توانایی [tawānāyi] Kraft w, Macht w

توانستن [tawāneßtan] (präs. توان [tawān]) können v, imstande sein v

توبه [toube] Buße w, Reue w

توبه کردن [toube kardan] bereuen v

توپ [tup] Ball m, Kanone w

توپ بازی [tup-bāzi] Ballspiel s

توپیدن [tupidan] (be)drohen v, schelten v

توتون [tutun] Tabak m

توجه [tawadjdjoh] Aufmerksamkeit w, Achtung w

توجه کردن [tawadjdjoh kardan] beachten v

توچال [tow-tschāl] Gletscher m

تو خالی [tu-chāli] hohl adj, nichtssagend adj

توت [tut] Beere w, Maulbeere w

توت فرنگی [tut-farangi] Erdbeere w

تور [tur] Netz s, Spitze w, Tüll m; Tour w

توردریایی [tur.e daryāyi] Kreuzfahrt w

تو رفتن [tu raftan] eintreten v, hineingehen v

تورلیدر [tur-lider] Reiseführer m

تورمسافرتی [tur.e moßāferati] Pauschalreise w

توری [turi] Einkaufsnetz s

توصیه [toußiye] Empfehlung w, Ratschlag m

توصیه کردن [toußiye kardan] empfehlen v, anraten v

توضیح [touzih] Bemerkung w, Erklärung w

Wörterbuch Persisch – Deutsch

توضیح دادن [touzih dādan] erklären v, beschreiben v, aufklären v

توقع [tawaghgho'] Erwartung w, Anspruch m

توقع داشتن [tawaghgho' dāschtan] erwarten v

توقف [tawaghghof] Aufenthalt m, Pause w

توقف کردن [tawaghghof kardan] anhalten v, stehen bleiben v, pausieren v

توقیف [toughif] Festnahme w, Verhaftung w

توقیف کردن [toughif kardan] festnehmen v, verhaften v, beschlagnahmen v

تو گفتن [to goftan] duzen v

تولد [tawallod] Geburt w

توله سگ [tule-ßag] Welpe m

تولید [toulid] Produktion w, Erzeugnis s

تولید کردن [toulid kardan] herstellen v, erzeugen v, produzieren v

تولید مثل کردن [toulid.e meßl kardan] sich fortpfanzen v

توهین [touhin] Beleidigung w

توهین کردن [touhin kardan] beleidigen v

توی [tu.ye] im Inneren von prep

توی حرف کسی افتادن [tu.ye harf.e kaß.i oftādan] j-m ins Wort fallen v, j-n unterbrechen v (ugs.)

توی حرف کسی پریدن [tu.ye harf.e kaß.i paridan] j-m ins Wort fallen v, j-n unterbrechen v (ugs.)

توی ذوق کسی زدن [tu.ye zough.e kaß.i zadan] j-m die Laune verderben v (ugs.)

توی راه [tu.ye rāh] unterwegs adv (ugs.)

توی صف ایستادن [tu.ye ßaf ißtādan] in der Schlange stehen v

توی فکر بودن [tu.ye fekr budan] in Gedanken sein v

توی نوبت ایستادن [tu.ye noubat ißtādan] in der Schlange stehen v

توی هم [tu.ye ham] ineinander adv

ته [tah] Boden m (Gefäß, Koffer), Grund m, Ende w

ته ته [tah.e tah] in der hintersten Ecke prep

ته خط [tah.e chatt] Endstation w, Ende der Straße w

ته دیگ [tah-dig] gebratene Kruste w (Kartoffeln oder Reis)

ته گرفتن [tah gereftan] ansetzen v, anbrennen v (Essen)

تهدید [tahdid] Bedrohung w

تهدید کردن [tahdid kardan] erpressen v, (be)drohen v

تهمت [tohmat] Unterstellung w, Verleumdung w

تهمت زدن [tohmat zadan] unterstellen v, verleumden v

تهوع [tahawwo'] Übelkeit w

تهیه [tahiye] Vor- / Zubereitung w

تهیه کردن [tahiye kardan] besorgen v, vorbereiten v

تیپا [tipā] Fußtritt m

تیپا زدن [tipā zadan] tretem v, Fußtritt versetzen v

تیپا خوردن [tipā chordan] Fußtritt bekommen v

تیتر [titr] Überschrift w, Schlagzeile w, Titel m

تیر [tir] 4. Monat des iran. Sonnenkalenders (22.06.-22.07.); Schuss m, Pfeil m, Pfahl m

تیراندازی کردن [tir-andāzi kardan] schießen v, feuern v

تیرباران کردن [tir-bārān kardan] (er)schießen v, feuern v

تیرزدن [tir zadan] schießen v, feuern v

تیرخوردن [tir chordan] erschossen werden v

تیروکمان [tir-o-kamān] Pfeil und Bogen m

تیره [tire] dunkel adj (Farbe)

تیز [tiz] scharf *adj* (Klinge, Geschmack), spitz *adj*, pikant *adj*

تیغ [tigh] Klinge *w*, Stachel *m*

تیغ ریش تراشی [tigh.e risch-tarāschi] Rasierklinge *w*

تیغ ماهی [tigh.e māhi] Gräte *w* (Fisch)

تیکه [tikke] Teil *m*, Fetzen *m*, Stück *s*; toller Typ *m* (ugs.)

تیکه پاره [tikke-pāre] in Stücke gerissen *adj*; Frechdachs *m*

تیکه پاره کردن [tikke-pāre kardan] in Stücke reißen *v*, zerfleischen *v*

تیمارستان [timārestān] Irrenanstalt *w*

تیوب [tiyub] Tube *w*, Schlauch *m* (Fahrrad)

ث

ثابت [ßābet] konstant *adj*, fest *adj* (Preis, Kundschaft)

ثابت کردن [ßābet kardan] beweisen *v*

ثانیاً [ßānian] zweitens *num adv*

ثانیه [ßāniye] Sekunde *w*

ثبت کردن [ßabt kardan] registrieren *v*, speichern *v* (Computer)

ثبت نام [ßabt.e nām] Anmeldung *w* (Kurs / Schule), Eintragung *w*

ثبت نام کردن [ßabt.e nām kardan] anmelden *v* (Kurs / Schule), einschreiben *v*

ثروت [ßerwat] Besitz *m*, Eigentum *s*, Vermögen *s*, Reichtum *m*

ثروتمند [ßerwatmand] vermögend *adj*, reich *adj*

ثلث [ßolß] Drittel *s*

ثمر [ßamar] Resultat *s*, Nutzen *m*, Frucht *w*

ثواب [ßawāb] Belohnung *w* (von Gott), gute Tat *w*

ثواب کردن [ßawāb kardan] gute Tat vollbringen *v*

ج

جا [djā] Ort *m*, Stelle *w*, Platz *m*, Sitz *m*, Raum *m*, Unterkunft *w*

جا انداختن [djā andāchtan] Zeile überspringen *v*, einrenken *v*

جا بجا کردن [djā-be-djā kardan] verschieben *v*, etw. an anderen Ort verlegen *v*

جا تخم مرغی [djā-tochm.e morghi] Eierbecher *m*

جا خوردن [djā chordan] sich erschrecken *v*, zusammenzucken *v*

جا دادن [djā dādan] unterbringen *v*, Platz schaffen *v*

جا داشتن [djā dāschtan] Platz haben *v*

جا دکمه ای / جا دگمه ای [djā-dogme'i] / [djā-dokme'i] Knopfloch *s*

جادو [djādu] Zauber *m*, Zauberei *w*

جادوگر [djādugar] Zauberer *m*, Hexe *w*

جاده [djādde] Landstraße *w*, Weg *m*

جاده انحرافی [djādde.ye enherāfi] Umleitung *w*, Umgehungsstraße *w*

جاده سازی [djādde-ßāzi] Baustelle *w* (Straße)

جاده فرعی [djādde.ye far'i] Seiten-straße *w*

جا رختی [djā-rachti] Garderobe *w*, Kleiderhaken *m*

جارو(ب) [djāru(b)] Besen *m*

جارو(ب) زدن [djāru(b) zadan] fegen *v*

جارو(ب) کردن [djāru(b) kardan] fegen *v*

جاروبرقی [djāru-barghi] Staubsauger *m*

جارو جنجال [djār-o-djandjāl] Krach *m*, Lärm *m*, Aufsehen *s*

جارو جنجال راه انداختن [djār-o-djandjāl rāh andādachtan] Aufsehen erregen *v*, Unruhe bereiten *v*

جاری [djāri] strömend *adj*, fließend *adj*

جاری بودن [djāri budan] fließen *v*

جاسوس [djāßuß] Spion *m*

جاسوسی کردن [djäßußi kardan] spionieren v

جا شمعی [djä-scham'i] Kerzenhalter m

جا صابونی [djä-ßäbuni] Seifenbehälter m

جا عینکی [djä-eynaki] Brillenetui s

جا کره ای [djä-kare'i] Butterbehälter m

جا گذاشتن [djä gozäschtan] liegen lassen v, vergessen v

جالب [djäleb] interessant adj

جا لباسی [djä-lebäßi] Garderobe w

جا ماندن [djä mändan] zurückbleiben v

جان سالم بدر بردن [djän.e ßälem be dar bordan] mit dem Leben davonkommen v

جانشین [djä-neschin] Ersatz m, Vertreter m, Nachfolger m

جانشین شدن [djä-neschin schodan] an j-s Stelle treten v

جان کندن [djän kandan] sich abrackern v, schuften v

جای خالی [djä.ye chäli] Lücke w, Leerstelle w

جای خود گذاشتن [djä.ye chod gozäschtan] etw. an seinen Platz zurücklegen v

جای زخم [djä.ye zachm] Narbe w

جایزه [djäyeze] Belohnung w, Preis m (Sport usw.)

جایزه بردن [djäyeze bordan] Preis gewinnen v

جبران کردن [djobrän kardan] wiedergutmachen v, nachholen v, ausgleichen v

جبهه [djebhe] Schlachtfeld s, Front w

جد [djad(d)] Vorfahren Mz

جدا [djodä] getrennt adj, einzeln adj

جدا کردن [djodä kardan] (ab)trennen v, losmachen v, lösen v, aussortieren v

جداگانه [djodägäne] getrennt adj, separat adj

جدایی [djodäyi] Trennung w

جداً [djeddan] ernst adv, wirklich adv

جدول [djadwal] Tabelle w

جدی [djeddi] ernst adj, wirklich adj

جدی گرفتن [djeddi gereftan] ernst nehmen v

جدید [djadid] neu adj, aktuell adj

جدیداً [djadidan] neulich adv, vor kurzem adv

جذاب [djazzäb] bezaubernd adj, anziehend adj, attraktiv adj

جذام [djozäm] Lepra w

جذامی [djozämi] Aussätziger m

جرأت [djor'at] Mut m, Tapferkeit w

جرأت داشتن [djor'at däschtan] mutig / tapfer sein v

جرأت کردن [djor'at kardan] sich trauen v, wagen v

جراح [djarräh] Chirurg m

جراحی [djarrähi] Operation w

جراحی پلاستیک [djarrähi.ye peläßtik] Schönheitsoperation w

جرثقیل [djarr(e)-ßaghil] Kran m

جر دادن [djer dädan] zerreißen v

جرقه [djaraghe] Funke m

جرم [djorm] Verbrechen s, Straftat w

جرم دندان [djerm.e dandän] Zahnbelag m

جرم کردن [djorm kardan] anklagen v, Straftat begehen v

جروبحث [djarr-o-bahß] Streitgespräch s

جرو بحث کردن [djarr-o-bahß kardan] debatieren v

جریمه [djarime] Bußgeld s, Strafe w

جریمه کردن [djarime kardan] (be)strafen v, Geldstrafe verhängen v

جز [djoz] ausgenommen prep, außer prep

جزء [djoz'] (Mz.: جزئیات [djoz'iyät]) Teil m, Bestandteil m; Einzelheit w

جزئی [djoz'i] nebensächlich adj, geringfügig adj

جزر [djazr] Ebbe w

جزر و مد [djazr-o-madd] Gezeiten Mz

جزیره [djazire] Insel *w*

جستن [djoßtan] (*präs.* جو [dju-] / [djuy-]) suchen *v*

جست وجو کردن [djoßt-o-dju kardan] durchsuchen *v*, untersuchen *v*

جسد [djaßad] Leiche *w*

جسور [djaßur] mutig *adj*, tapfer *adj*, vorlaut *adj*

جشن [djaschn] Fest *s*, Feier *w*

جشن عروسی [djaschn.e arußi] Hochzeitsfeier *w*

جشن گرفتن [djaschn gereftan] feiern *v*

جشنواره [djaschnwäre] Festspiele *Mz*

جعبه [dja'be] Kasten *m*, Kiste *w*, Schachtel *w*, Karton *m*, Etui *s*

جعبه کمک های اولیه [dja'be.ye komak.hā.ye awwaliye] Verbandkasten *m*

جعفری [dja'fari] Petersilie *w*

جغد [djoghd] Eule *w*

جفت [djoft] Paar *s*, ein paar *pron*

جفتگیری کردن [djoft-giri kardan] sich paaren *v* (Tiere)

جک [djak] Wagenheber *m*

جگر [djegar] Leber *w*

جلاد [djallād] Henker *m*

جلب توجه کردن [djalb.e tawadjdjoh kardan] auffallen *v*, Aufmerksamkeit erregen *v*

جلد [djeld] Hülle *w* (Buch)

جلد کردن [djeld kardan] binden *v* (Buch)

جلز ولز کردن [djellez-wellez kardan] brutzeln *v*

جلسه [djalaße] Versammlung *w*, Sitzung *w*

جلو [djelou] vorne *adv*

جلو رفتن [djelou raftan] vorangehen *v*, vorwärts gehen *v*, vorgehen *v* (Uhr)

جلو زدن [djelou zadan] überholen *v*

جلوگیری [djelou-giri] Aufhalten *s*, Verbieten *s*, Verhindern *s*

جلوگیری کردن [djelou-giri kardan] verhindern *v*, verhüten *v*, aufhalten *v*

جلوی چیزی را گرفتن [djelou.ye tschiz.i rā gereftan] verhindern *v*, verhüten *v*, aufhalten *v*

جلوی خود را گرفتن [djelou.ye chod-rā gereftan] sich beherrschen *v*, unterdrücken *v* (Lachen, Gähnen)

جلوی دید کسی را گرفتن [djelou.ye did.e kaß.i rā gereftan] j-m die Sicht nehmen *v*

جلوی کسی را گرفتن [djelou.ye kaß.i rā gereftan] hindern *v*, abhalten *v*

جلیقه [djelighe] Weste *w*

جلیقه نجات [djelighe.ye nedjāt] Schwimmweste *w*

جمجمه [djomdjome] Schädel *m*

جمع [djam'] Versammlung *w*, Runde *w*, Addition *w*, Summe *w*

جمعاً [djam'an] insgesamt *adv*

جمع زدن [djam' zadan] addieren *v*

جمع شدن [djam' schodan] sich versammeln *v*, sich zusammentun *v*

جمع کردن [djam' kardan] (ein)sammeln *v*, abräumen *v*

جمع کل [djam' koll] Gesamtbetrag *m*

جمع وجورکردن [djam'-o-djur kardan] aufräumen *v*, in Ordnung bringen *v*

جمعه [djom'e] Freitag *m*

جمعیت [djam'iyat] Menschenmenge *w*, Bevölkerung *w*

جمله [djomle] Satz *m* (Sprache)

جمهوری [djomhuri] Republik *w*

جمهوری فدرال آلمان [djomhuri.ye federāl.e ālmān] Bundesrepublik Deutschland *w*

جن [djen] Geist *m*, Gespenst *s*

جنازه [djenāze] Leiche *w*

جنایت [djenāyat] Straftat *w*, Verbrechen *s*

جنایتکار [djenāyatkār] Verbrecher *m*

جنباندن [djombāndan] (*präs.* جنب [djomb-]) rütteln *v*, schaukeln *v*

جنبش [djombesch] Schwanken *s*, Bewegung *w*

جنبیدن [djombidān] (*präs.* جنب [djomb-]) bewegen *v*, wackeln *v*

جنجال به پا کردن [djandjāl be-pā kardan] randalieren *v*

جنجال به راه انداختن [djandjāl be-rāh andāchtan] randalieren *v*

جنس [djenß] Art *w*, Sorte *w*, Geschlecht *s*, Artikel *m*, Ware *w*, Qualität *w* (Ware)

جنس حراج [djenß.e harādj] Sonderangebot *s*

جنسی [djenßi] geschlechtlich *adj*, sexuell *adj*

جنسیت [djenßiyat] Geschlecht *s*

جنگ [djang] Kampf *m*, Krieg *m*

جنگ داخلی [djang.e dācheli] Bürgerkrieg *m*

جنگ کردن [djang kardan] Krieg führen *v*, kämpfen *v*

جنگل [djangal] Wald *m*, Dschungel *m*

جنگیدن [djangidan] (*präs.* جنگ [djang-]) Krieg führen *v*, kämpfen *v*

جنوب [djonub] Süden *m*

جنون [djonun] Wahnsinn *m*

جو [dju] Bach *m*

جو [djou] Gerste *w*

جو دو سر [djou. e do-ßar] Hafer *m*

جوی [djuy] Bach *m*

جواب [djawāb] Antwort *w*

جواب دادن [djawāb dādan] antworten *v*

جواب رد [djawāb.e radd] Absage *w*, Ablehnung *w*

جواب رد دادن [djawāb.e radd dādan] ablehnen *v*, verneinen *v*

جواب سرسری [djawāb.e ßar-ßari] ausweichende Antwort *w*

زواج [djawāz] Zulassung *w* (Auto), Lizenz *w*

جوان [djawān] jung *adj*, Jugendlicher *m*

جوانان [djawān.ān] junge Leute *Mz*, Jugend *w*

جوانک [djawānak] Bursche *m*

جوانه [djawāne] Keimling *m*, Sprössling *m*, Knospe *w*

جوانی [djawāni] Jugend *w*

جواهر [djawāher] (*Mz.:* جواهرات [djawāherāt]) Schmuck *m*, Juwel *s*

جواهر فروش [djawāher-forusch] Juwelier *m*

جوب [djub] Abflussinne *w* (oberirdisch)

جوجه [djudje] Küken *s*, Hähnchen *s*

جوجه تیغی [djudje-tighi] Igel *m*, Stachelschwein *s*

جور [djur] Art *w*, Sorte *w*

جوراب [djurāb] Strumpf *m*, Socke *w*

جوراب پوشیدن [djurāb puschidan] Strumpf anziehen *v*

جوراب در آوردن [djurāb dar-āwardan] Strumpf ausziehen *v*

جوراب شلواری [djurāb-schalwāri] Strumpfhose *w*

جور بجور [djur-be-djur] verschieden *adj*, unterschiedlich *adj*

جور دیگر [djur.e digar] anders *adv*, verschieden *adj / adv*

جور شدن [djur schodan] gelingen *v*, klappen *v*, passen *v*

جور کردن [djur kardan] sortieren *v*, regeln *v*, organisieren *v*

جوروا جور [djur-wā-djur] verschieden *adj*, unterschiedlich *adj*

جوز هندی [djouz.e hendi] Muskatnuss *w*

جوش [djusch] Akne *w*, Pickel *m*

جوش آمدن [djusch āmadan] quellen *v*, überkochen *v* (Milch, Wasser)

جوشانیدن / جوشاندن [djuschāndan] / [djuschānidan] (*präs.* جوش [djusch-]) kochen *v*, sieden *v*

جوش خوردن [djusch chordan] schweißen *v*, löten *v*, sich Sorgen machen *v*

جوش دادن [djusch dādan] schweißen *v*, löten *v*

جوش زدن [djusch zadan] sieden *v*, aufkochen *v*, sich aufregen *v*

جوش شیرین [djusch.e schirin] Natron *s*

جوگندمی [djou-gandomi] grau *adj* (Haar)

جوهر [djouhar] (*Mz.*: جواهر [djawäher]) Edelstein *m*; Tinte *w*; Wesen *s*

جویدن [djawidan] (*präs.* جو [djaw-]) kauen *v*

جهاد [djehäd] heiliger Krieg *m*

جهاز [djahäz] Aussteuer *w*, Mitgift *w*

جهان [djahän] Erde *w*, Planet *m*, Welt *w*

جهان سوم [djahän.e ßewwom] Dritte Welt *w*

جهانگرد [djahän-gard] Reisender *m*, Weltenbummler *m*

جهانگردی [djahän-gardi] Weltreise *w*

جهت [djahat] Richtung *w*, Seite *w*

جهش [djahesch] Sprung *m*

جهنم [djahanam] Hölle *w*

جیب [djib] Tasche *w* (in Kleidung)

جیب بر [djib-bor] Taschendieb *m*

جیپ [djip] Geländewagen *m* (Allrad)

جیر [djir] Wildleder *s*

جیره بندی [djire-bandi] Rationierung *w* (Lebensmittel)

جیش [djisch] Pipi *w* (Urin)

جیغ [djigh] Schrei *m*, Gekreische *s*

جیغ زدن [djigh zadan] (auf)schreien *v*

جیغ جیغو [djigh-djighu] Schreihals *m*

جیغ کشیدن [djigh keschidan] kreischen *v*, schreien *v*

جیغ و داد [djigh-o-däd] Geschrei *s*, Gekreische *s*

جیک [djik] Gezwitscher *s*

جیک جیک کردن [djik-djik kardan] zwitschern *v*, piepen *v* (Vogel)

جیک کسی در نیامدن [djik.e kaß.i dar nay.ämadan] keinen Mucks sagen *v*

جیم شدن [djim schodan] sich davonmachen *v*, abhauen *v*

چ

چاپ [tschäp] Druck *m*, Auflage *w*, Band *m* (Buch), Ausgabe *w* (Zeitung), Abzug *m* (Foto)

چاپخانه [tschäp-chäne] Druckerei *w*

چاپ کردن [tschäp kardan] drucken *v*, auflegen *v* (Buch)

چاپلوس [tschäpluß] Schmeichler *m*, Heuchler *m*

چادر [tschädor] Schleier *m*, Zelt *s*, Camp *s*

چادر زدن [tschädor zadan] zelten *v*

چارقد [tschär-ghad] Kopftuch *s*

چارقد بستن [tschär-ghad baßtan] Kopftuch tragen *v*

چارقد سر کردن [tschär-ghad ßar kardan] Kopftuch tragen *v*

چاق [tschägh] dick *adj*, korpulent *adj*

چاقالو [tschäghälu] pummelig *adj*, mollig *adj*, Dickerchen *s*

چاقو [tschäghu] Messer *s*, Taschenmesser *s*

چاقو کشی [tschäghu-keschi] Messerstecherei *w*

چاک [tschäk] Riss *m*, Schlitz *m*

چاله [tschäle] Graben *m*

چانه [tschäne] Kinn *s*

چانه زدن [tschäne zadan] feilschen *v*

چای [tschäy] Tee *m*

چای خوردن [tschäy chordan] Tee trinken *v*

چای درست کردن [tschäy doroßt kardan] Tee kochen *v*

چای دم کردن [tschäy dam kardan] ziehen *v* (Tee), aufbrühen *v*

چایی [tschäyi] Tee *m*

چپ [tschap] links *adv*, linker *adj*

چپاندن [tschapändan] (*präs.* چپان [tschapän-]) (hinein)stopfen *v*

چپق [tschopogh] Pfeife *w*

Wörterbuch Persisch – Deutsch

چپق کشیدن [tschopogh keschidan] Pfeife rauchen *v*

چپه شدن [tschape schodan] kentern *v*, umkippen *v*

چپه کردن [tschape kardan] umwerfen *v*, umkippen *v*

چپی [tschapi] Linker *m*, links *adj* (polit.)

چتر [tschatr] (Regen-)Schirm *m*

چتر آفتابی [tschatr.e āftābi] Sonnen- schirm *m*

چتر نجات [tschatr.e nedjāt] Fallschirm *m*

چرا [tscherā] warum *adv*, wieso *adv*, doch *adv* (bejahend)

چراغ [tscherāgh] Licht *s*, Lampe *w*

چراغ راهنما [tscherāgh.e rāh-namā] Blinker *m* (Auto)

چراغ راهنما زدن [tscherāgh.e rāh-namā zadan] blinken *v* (Auto)

چراغ راهنمایی [tscherāgh.e rāh-namāyi] Verkehrsampel *w*

چراغ عقب [tscherāgh.e aghab] Rücklicht *s*

چراغ قوه [tscherāgh-ghowwe] Taschen- lampe *w*

چراگاه [tscharāgāh] Weide *w* (Tier)

چرب [tscharb] fett *adj*, fettig *adj*, ölig *adj*

چرب زبان [tscharb-zabān] Schmeichler *m*

چرب زبانی [tscharb-zabāni] Schmeichelei *w*

چرب زبانی کردن [tscharb-zabāni kardan] schmeicheln *v*, schönreden *v*

چربی [tscharbi] Fett *s*, Schmalz *s*

چرخ [tscharch] Rad *s*, Reifen *m*

چرخاندن [tscharchāndan] (*präs.* چرخ [tscharch-]) sich drehen *v* (im Kreis), wenden *v*, betreiben *v* (Betrieb, Geschäft, Situation)

چرخ خوردن [tscharch chordan] kreisen *v*, sich drehen *v*

چرخ دادن [tscharch dādan] drehen *v*

چرخ زاپاس [tscharch.e zāpāß] Ersatz- reifen *w*, Reserverad *s*

چرخ زدن [tscharch zadan] um eigene Achse kreisen *v*

چرخ خیاطی [tscharch(.e)-chayyāti] Nähmaschine *w*

چرخ فلک [tscharch.e falak] Karussell *s*

چرخ کردن [tscharch kardan] hacken *v* (Fleisch, im Fleischwolf)

چرخیدن [tscharchidan] (*präs.* چرخ [tscharch-]) sich um eigene Achse drehen *v*, kreisen *v*

چرخ یدکی [tscharch.e yadaki] Ersatzreifen *w*, Reserverad *s*

چرک [tscherk] Eiter *m*, Schmutz *m*, schmutzig *adj*

چرم [tscharm] Leder *s*

چروک [tschoruk] Falte *w*, Runzel *w*

چروک خورده [tschoruk-chorde] faltig geworden *adj*, knitterig *adj*

چروک کردن [tschoruk kardan] runzeln *v*, zerknittern *v*

چروکیده [tschorukide] faltig *adj*, zerknittert *adj*

چریدن [tscharidan] (*präs.* چر [tschar-]) weiden *v*, grasen *v*

چسب [tschaßb] Klebstoff *m*, Leim *m*

چسبان [tschaßbān] hauteng *adj*

چسباندن [tschaßbāndan] (*präs.* چسب [tschaßb-]) zukleben *v*, anleimen *v*

چسبناک [tschaßbnāk] klebrig *adj*

چسب زخم بندی [tschaßb.e zachm-bandi] Pflaster *s*

چسب زدن [tschaßb zadan] kleben *v*, leimen *v*

چسبیدن [tschaßbidan] (*präs.* چسب [tschaßb-]) (fest)kleben *v*

چسبیده [tschaßbide] zusammen- geklebt *adj*

چسپ [tschaßp] Klebstoff *m*, Leim *m*

چس فیل [tschoß.e fil] Popcorn *s*

چشم [tscheschm] Auge *s*

چشم بسته [tscheschm-baßte]

blindlings *adv*

چشمک زدن [tscheschmak zadan] zwinkern *v*, Lichthupe betätigen *v*

چشمه [tscheschme] Quelle *w*, Ursprung *m*

چشیدن [tscheschidan] (*präs.* چش [tschesch-]) probieren *v*, kosten *v*, abschmecken *v*

چطور [tsche-tour] wie *adv*, auf welche Weise *adv*

چطور مگه / چطور مگر [tsche-tour magar] / [tsch-tour mage] wieso denn? (ugs.)

چغر [tschaghar] zäh *adj* (Fleisch, ugs.)

چغندر [tschoghondar] Zuckerrübe *w*, Rote Bete *w*

چفت [tschoft] Klinke *w*

چفت کردن [tschoft kardan] (ab)schließen *v*

چقدر [tsche-ghad(a)r] wie viel *adv*

چک [tschak] Ohrfeige *w*, Backpfeife *w*

چک [tschek] Scheck *m*

چک خوردن [tschak chordan] Ohrfeige bekommen *v*

چک زدن [tschak zadan] Ohrfeige geben *v*

چک کردن [tschek kardan] überprüfen *v* (ugs.)

چک مسافرتی [tschek.e moßāferati] Reisescheck *m*

چکش [tschakkosch] Hammer *m*

چکش زدن [tschakkosch zadan] hämmern *v*

چکمه [tschakme] Stiefel *m*

چکمۀ لاستیکی [tschakme.ye lāßtiki] Gummistiefel *m*

چک و چانه زدن [tschak-o-tschāne zadan] feilschen *v* (ugs.)

چکه [tschekke] Tropfen *m*

چکه چکه [tschekke-tschekke] tropfenweise *adv*

چکه کردن [tschekke kardan] tropfen *v*, lecken *v*

چکیدن [tschekidan] (*präs.* چک [tschek-]) tropfen *v*, lecken *v*

چگونه [tsche-gune] wie *adv*, auf welche Art *adv*

چلاق [tscholāgh] Krüppel *m*

چلاندن [tschelāndan] (*präs.* چلان [tschelān-]) wringen *v*, zusammenquetschen *v*

چلانیدن [tschelānidan] (*präs.* چلان [tschelān-]) wringen *v*, zusammenquetschen *v*

چلچله [tscheltschele] Schwalbe *w*

چلو [tschelou] gekochter, körniger Reis *m*

چماق [tschomāgh] Keule *w*, Knüppel *m*

چمدان [tschamedān] Koffer *m*

چمن [tschaman] Wiese *w*, Rasen *m*

چمن زدن [tschaman zadan] mähen *v* (Rasen)

چنان [tschen.ān] solcher *adj*, so *adv*

چنانچه [tschen.ān-tsche] wenn *conj*, falls *conj*, für den Fall, dass *conj*, sofern *conj*

چنانکه [tschen.ān-ke] so wie *conj*

چند [tschand] wie viel(e) *pron*, einige *pron*

چند باری [tschand bāri] mehrmals *adv*, einige Male *adv*

چند تایی [tschand tāyi] ein paar Stück *pron*

چند زبانه [tschand-zabāne] mehrsprachig *adj*

چند لحظه پیش [tschand lahze pisch] vorhin *adv*

چنگ [tschang] Kralle *w*, Pfote *w*, Harfe *w*

چنگال [tschangāl] Gabel *w*

چنین [tschen.in] solcher *pron*, derart *adv*

چوب [tschub] Holz *s*

چوب اسکی [tschub.e eßki] Skistock *m*

چوب پنبه [tschub-pambe] Korken *m*

چوب رختی [tschub-rachti] Kleiderbügel *m*

چوب شور [tschub-schur] Salzstange *w*

چوب کبریت [tschub-kebrit] Streichholz *s*

چوب لباسی [tschub-lebāßi] Kleider-bügel *m*

چوبی [tschubi] hölzern *adj*

چوپان [tschupān] Hirte *m*, Schäfer *m*

چون [tschon] weil *conj*, da *conj*

چون که [tschon-ke] weil *conj*, da *conj*, denn *conj*, deshalb *adv*, nämlich *adv*

چه [tsche] was *pron*, welcher *pron*, was für ein *pron*, wie *adv*

چه بهتر [tsche beh.tar] um so besser

چه جالب [tsche djāleb] wie interessant!

چه جور [tsche-djur] wie *adv*, auf welche Art und Weise *adv*

چه حیف [tsche heyf] wie schade!

چه خبر [tsche chabar] was gibt's (Neues)?

چه خوب [tsche chub] wie schön!

چه شده [tsche schode] was ist geschehen?

چهار [tschahār] vier *num*

چهارپایه [tschahār-pāye] Hocker *m*

چهارچوب [tschahār-tschub] Holzrahmen *m*

چهارخانه [tschahār-chāne] kariert *adj*

چهارده [tschahārdah] vierzehn *num*

چهارراه [tschahār-rāh] Kreuzung *w*

چهارشنبه [tschahār-schambe] Mittwoch *m*

چهارگوشه [tschahār-gusche] viereckig *adj*

چهل [tschehel] vierzig *num*

چهل چراغ [tschehel-tscherāgh] Kron-leuchter *m*

چی [tschi] was *pron* (ugs.), wie *pron* (ugs.)

چیدن [tschidan] (*präs.* چین [tschin-]) abschneiden *v* (Haare, Fingernägel, Blumen), ernten *v* (Getreide, Obst), pflücken *v*, auslegen *v* (Ware)

چیز [tschiz] Ding *s*, Gegenstand *m*, Sache *w*

چیزنا چیز [tschiz.e nā.tschiz] Kleinigkeit *w*

چیزجزئی [tschiz.e djoz'i] Kleinigkeit *w*

چین [tschin] Falte *w* (Kleidung, Haut); China *s*

چین دادن [tschin dādan] falten *v*

چین دار [tschin-dār] faltig *adj*

چینی [tschini] Porzellan *s*; Chinese *m*, chinesisch *adj*

ح

حاج / حاجی [hādjdj] / [hādjdji] Mekka-pilger *m*

حادثه [hādeße] Ereignis *s*, Unfall *m*

حاشا زدن [hāschā zadan] abstreiten *v*, (ver)leugnen *v*

حاشیه [hāschiye] Kante *w*, Saum *m*, Rand *m*

حاصل [hāßell] Ergebnis *s*, Ernte *w*

حاضر [hāzer] anwesend *adj*, bereit *adj*, fertig *adj*

حاضرشدن [hāzer schodan] sich bereit machen *v*, erscheinen *v*

حاضر کردن [hāzer kardan] bereiten *v*, vorbereiten *v*

حاضرنگه داشتن [hāzer negah-dāschtan] bereithalten *v*

حاضر و آماده [hāzer-o-āmāde] griffbereit *adj*

حافظه [hāfeze] Gedächtnis *s*

حال [hāl] (*Mz.:* احوال [ahwāl]) Befinden *s*, Stimmung *w*, Laune *w*, Umstand *m*, Gegenwart *m*, jetzt *adv*, soeben *adv*

حالا [hālā] soeben *adv*, jetzt *adv*, nun *adv*, heutzutage *adv*, nur *adv*, bloß *adv*

حال اضطراری [hāl.e ezterāri] Notfall *m*

حالت تهوع داشتن [hāl.at tahawwo' dāschtan] übel sein *v* (Brechgefühl)

حال داشتن [hāl dāschtan] Lust haben auf *v*, gut gelaunt sein *v*

حال کسی را گرفتن [hāl.e kaß.i rā gereftan] j-m die Laune verderben *v*

حال و حوصله [hāl-o-houßele] Lust und Laune *w*

حامله [hāmele] schwanger *adj*

حاملگی [hāmelegi] Schwangerschaft *w*

حب [habb] Pille *w*, Tablette *w*

حباب [hobāb] Blase *w*

حب خواب [habb.e chāb] Schlaftablette *w*

حبس [habß] Verhaftung *w*

حبس ابد [habß.e abad] lebenslängliche Haft *w*

حبس کردن [habß kardan] einsperren *v*

حبوبات [hobubāt] Hülsenfrüchte *Mz*

حتماً [hatman] bestimmt *adj*, gewiss *adv*, sicherlich *adv*, unbedingt *adv*

حتی [hattā] sogar *adv*, so dass *conj*

حتی اگر [hattā agar] selbst wenn *conj*

حج [hadjdj] Pilgerfahrt *w*

حجاب [hedjāb] Schleier *m* (islam.)

حجله [hedjle] Brautgemach *s*

حجم [hadjm] Volumen *s*, Inhalt *m*, Umfang *m*

حد [hadd] Maß *s*, Grad *m*, Umfang *m*, Grenze *w*

حداقل [hadd.e aghall] mindestens *adv*, wenigstens *adv*

حد اکثر [hadd.e akßar] höchstens *adv*

حدس [hadß] Ahnung *w*, Vermutung *w*

حدس زدن [hadß zadan] einschätzen *v*, vermuten *v*, ahnen *v*, (er)raten *v*

حدوداً [hodudan] ungefähr *adv*, annähernd *adv*, zirka *prep*, um *prep*

حراج [harādj] Ausverkauf *m*, Schluss-verkauf *m*

حراج کردن [harādj kardan] versteigern *v*, Ware billig verkaufen *v*

حراجی [harādji] Ausverkauf *m*, Schluss-verkauf *m*

حرارت [harārat] Temperatur *w*

حرام [harām] verboten *adj* (islam.)

حرص و جوش خوردن [herß-o-djusch chordan] sich aufregen *v*

حرص و جوش زدن [herß-o-djusch zadan] sich aufregen *v*

حرف [harf] (*Mz.*: حروف [horuf]) Buchstabe *w*, Rede *w*

حرف خود را تمام کردن [harf chod-rā tamām kardan] ausreden *v*, zu Ende reden *v*

حرف خود را زدن [harf.e chod-rā zadan] ausreden *v*, zu Ende reden *v*

حرف زدن [harf zadan] reden *v*, sprechen *v*

حرف شنو [harf-schenou] gehorsam *adj*

حرف قطع کردن [harf ghat' kardan] j-m das Wort abschneiden *v*

حرف گوش کردن [harf gusch kardan] gehorchen *v*

حرفه [herfe] Handwerk *s*, Gewerbe *s*

حرفه ای [herfe'i] professionell *adj*

حرکت [harakat] Bewegung *w*; Abfahrt *w*, Abreise *w*

حرکت دادن [harakat dādan] bewegen *v*

حرکت کردن [harakat kardan] wegfahren *v*, abreisen *v*, starten *v* (Flugzeug), auslaufen *v* (Schiff)

حرم سرا [haram-ßarā] Harem *m*

حریص [hariß] gierig *adj*

حریف شدن [harif schodan] sich mit j-m messen können *v*

حزب [hezb] Partei *w*

حزب مخالف [hezb.e mochālef] Opposition *w*

حس [heßß] Gefühl *s*, Empfindung *w*, Sinn *m*

حساب [heßāb] Rechnen *s*, Rechnung *w*, Konto *s*

حساب بستن [heßāb baßtan] Konto schließen v

حساب جاری [heßāb.e djāri] Girokonto s

حسابدار [heßāb-dār] Buchhalter m

حساب داری کردن [heßāb-dāri kardan] Buch führen v

حساب کردن [heßāb kardan] rechnen v, zählen v

حس کردن [heßß kardan] spüren v, fühlen v, empfinden v

حسادت [heßādat] Eifersucht w, Neid w

حسادت کردن [heßādat kardan] beneiden v, eifersüchtig sein v

حساس [haßßäß] empfindlich adj, sensibel adj

حساسیت [haßßäßiyat] Empfindlichkeit w, Sensibilität w

حساسیت داشتن به [haßßäßiyat dāschtan be] allergisch / empfindlich sein gegen v

حسود [haßud] eifersüchtig adj, neidisch adj

حسودی [haßudi] Eifersucht w, Neid m

حسودی کردن [haßudi kardan] beneiden v

حشره [haschare] Insekt s

حصیر [haßir] Strohmatte w, Bastmatte w

حضرت [hazrat] Titel für hochstehende Personen (Monarchen, Propheten usw.)

حضور [hozur] Anwesenheit w

حضور داشتن [hozur dāschtan] anwesend sein v, dabei sein v

حظ بردن [hazz bordan] genießen v, sich erfreuen v

حفاظت [hefāzat] Schutz m, Sorgfalt w

حفاظت کردن [hefāzat kardan] bewachen v, beschützen v, schützen v

حفاظت محیط زیست [hefāzat.e mohit.e zißt] Umweltschutz m

حفظ کردن [hefz kardan] bewahren v, auswendig lernen v

حق [haghgh] Recht s, Gerechtigkeit w

حق تقدم [haghgh.e taghaddom] Vorfahrt w

حق داشتن [haghgh dāschtan] berechtigt sein v, recht haben v

حقوق [hoghugh] Einkommen s, Gehalt s, Lohn m

حقوق بازنشستگی [hoghugh.e bāz-neschaßtegi] Rente w, Pension w

حقه باز [hoghghe-bāz] Betrüger m, Scharlatan m, Schwindler m

حقه بازی [hoghghe-bāzi] Betrugerei m, Schwindelei w

حقه زدن [hoghghe zadan] betrügen v, schwindeln v, lügen v, vortäuschen v

حقیقت [haghighat] Wahrheit w, Wirklichkeit w, Tatsache w

حقیقتاً [haghighatan] wahrlich adv, in der Tat adv

حکایت [hekāyat] Anekdote w, Erzählung w

حکم [hokm] Entscheidung w (gerichtl.), Urteil s, Befehl m

حکم اعدام [hokm.e e'dām] Todesurteil s

حکم صادرکردن [hokm ßāder kardan] entscheiden v (gerichtl.), urteilen v

حکم کردن [hokm kardan] anordnen v (gerichtl.), urteilen v

حکومت [hokumat] Regierung w, Regime s

حکومت کردن [hokumat kardan] regieren v

حکومت ملی [hokumat.e melli] Demokratie w

حکومت نظامی [hokumat.e nezāmi] Ausnahmezustand m (militär.)

حل کردن [hall kardan] auflösen v (Flüssigkeit), lösen v (Problem, Aufgabe)

حل نشدنی [hall-na.schodani] unlösbar adj

حلبی [halabi] Blech s

حلزون [halazun] Schnecke w, Spirale w

حلق [halgh] Kehle w, Hals m, Rachen m

حلقه [halghe] Ring *m*, Schlinge *w*

حلقه نجات [halghe.ye nedjāt] Rettungs. ring *m*

حماقت [hemāghat] Dummheit *w*

حمام [hammām] Badezimmer *s*, Bad *s*

حمام کردن [hammām kardan] baden *v*, Bad nehmen *v*

حمایت [hemāyat] Unterstützung *w*

حمایت کردن [hemāyat kardan] fördern *v*, schützen *v*, unterstützen *v*

حمل کردن [haml kardan] transportieren *v*, tragen *v*, schleppen *v*

حمل و نقل [haml-o-naghl] Güterverkehr *m*, Transport *m*

حمله [hamle] Angriff *m*, Überfall *m*

حمله کردن [hamle kardan] stürmen *v*, angreifen *v*, überfallen *v*

حواس پرت [hawāßß-part] geistes-abwesend *adj*

حواس خود را جمع کردن [hawāßß.e chod-rā djam' kardan] sich konzentrieren *v*

حواله [hawāle] Überweisung *w*, Geldanweisung *w*

حواله کردن [hawāle kardan] überweisen *v*

حوالی [hāwali] Umgebung *w*, Umkreis *m*, um *prep* (herum)

حوری [huri] Fee *w*

حوزه [houze] Bereich *m*, Region *w*, Zone *w*

حوصله [houßele] Laune *w*, Geduld *w*

حوصله داشتن [houßele dāschtan] Lust auf etw. haben *v*, geduldig sein *v*

حوصله کسی سر رفتن [houßele kaß.i ßar raftan] sich langweilen *v*, ungeduldig werden *v*

حوض [houz] Schwimmbecken *s* (klein)

حوله [houle] Badetuch *s*, Handtuch *s*

حیاط [hayāt] Hof *m*

حیاط مدرسه [hayāt.e madreße] Schulhof *m*

حیا کردن [hayā kardan] sich schämen *v*

حیثیت [heyßiyat] Ansehen *s*, Ehre *w*, Ruf *m*

حیف [heyf] schade! *interj*

حیله [hile] Betrug *m*, Trick *m*

حیوان [heywān] Tier *s*

حیوان خانگی [heywān.e chānegi] Haustier *s*

حیوان درنده [heywān.e darande] Raubtier *s*

حیوانات شکاری [heywānāt.e schekāri] (Jagd-)Wild *s*

حیوانات وحشی [heywānāt.e wahschi] Wildtiere *Mz*

خ

خائن [chā'en] Verräter *m*

خاتم کاری [chātam-kāri] Einlegearbeit *w*

خاتمه [chāteme] Schluss *m*, Ende *s*

خاتمه دادن [chāteme dādan] beenden *v*, aufhören *v*

خاتمه یافتن [chāteme yāftan] enden *v*

خار [chār] Dorn *m*, Stachel *m*

خاراندن [chārāndan] (*präs.* خار [chār-]) kratzen *v*

خارپشت [chār-poscht] Igel *m*

خارج [chāredj] Ausland *s*

خارج از [chāredj az] außerhalb *prep*, abseits von *prep*

خارج شدن [chāredj raftan] hinausgehen *v*, ausfahren *v*

خارجی [chāredji] Ausländer *m*, Fremder *m*, ausländisch *adj*

خارش [chāresch] Juckreiz *m*

خارش کردن [chāresch kardan] jucken *v*

خاریدن [chāridan] (*präs.* خار [chār-]) kratzen *v*, jucken *v*

خاص [chāß] charakteristisch *adj*, speziell *adj*

خاطر جمع کردن [chāter-djam' kardan] versichern *v*, überzeugen *v*

خاطرخواه [chāter-chāh] Fan *m*, Geliebte *w*, Geliebter *m*

خاطره [chātere] (*Mz.:* خاطرات [chāterāt])
Erinnerung *w*

خاک [chāk] Erde *w*, Boden *m*, Staub *m*

خاک سپاری [chāk-ßepāri] Beerdigung *w*

خاکستر [chākeßtar] Asche *w*

خاکستری [chākeßtari] grau *adj*

خاک کردن [chāk kardan] beerdigen *v*

خاکی [chāki] staubig *adj*

خال [chāl] Leberfleck *m*, Muttermal *s*

خالص [chāleß] pur *adj*, rein *adj*,
unverfälscht *adj*, unbearbeitet *adj*

خالکوبی کردن [chāl-kubi kardan]
tätowieren *v*

خاله [chāle] Tante *w* (Muttersschwester)

خالی [chāli] leer *adj*, frei *adj* (Platz usw.)

خالی کردن [chāli kardan] leeren *v*,
(aus)räumen *v*, abladen *v*, entladen *v*

خام [chām] roh *adj* (Lebensmittel)

خاموش [chāmusch] abgeschaltet *adj*,
schweigsam *adj*

خاموش کردن [chāmusch kardan]
ausschalten *v* (Licht, Motor, Radio);
ausmachen *v* (Zigarette)

خامه [chāme] Sahne *w*

خامه ای [chāme'i] cremig *adj*, sahnig *adj*

خانگی [chānegi] hausgemacht *adj*,
häuslich *adj*

خانم [chānom] (Ehe-)Frau *w*, Dame *w*

خانم خانه [chānom.e chāne] Hausfrau *w*

خانوادگی [chānewādegi] häuslich *adj*,
familiär *adj*

خانواده [chānewāde] Familie *w*

خانه [chāne] Haus *s*, Wohnung *w*

خانه تکانی [chāne-takāni] Hausputz *m*

خانه داری [chāne-dāri] Haushalt *m*,
Haushaltsführung *w*

خانه سالمندان [chāne.ye ßāl-mandān]
Altenheim *s*

خانه ییلاقی [chāne.ye yeylāghi] Villa *w*,
Landhaus *s*, Ferienhaus *s*

خاور [chāwar] Osten *m*

خاویار [chāwiyār] Kaviar *m*

خب [chob] gut! *interj*, also! *interj*,
na und! *interj*

خبر [chabar] (*Mz.:* اخبار [achbār])
Nachricht *w*, Neuigkeit *w*, Bescheid *m*,
Meldung *w*, Mitteilung *w*

خبر چینی کردن [chabar-tschini kardan]
tratschen *v*, petzen *v*

خبر دادن [chabar dādan] mitteilen *v*,
melden *v*, benachrichtigen *v*,
informieren *v*

خبرداشتن [chabar dāschtan] Bescheid
wissen *v*

خبر رساندن [chabar raßāndan] mitteilen *v*,
ausrichten *v* (Nachricht)

خبر کردن [chabar kardan] mitteilen *v*,
benachrichtigen *v*

خبرنگار [chabar-negār] Journalist *m*,
Reporter *m*

ختنه [chatne] Beschneidung *w* (islam.)

خجالت آور [chedjālat-āwar] beschämend
adj, peinlich *adj*

خجالت کشیدن [chedjālat keschidan] sich
schämen *v*

خجالتی [chedjālati] scheu *adj*,
schüchtern *adj*

خدا [chodā] Gott *m*

خدا حافظ [chodā-hāfez] auf Wiedersehen!, lebe wohl!, tschüss!

خدا حافظی [chodā-hāfezi] Abschied *m*

خدا حافظی کردن [chodā hāfezi kardan] sich
verabschieden *v*

خداوند [chodāwand] Gott *m*

خدمات اضطراری [chademāt.e ezterāri]
Notdienst *m*

خدمت [chedmat] (*Mz.:* خدمات [chademāt])
Bedienung *w*, Dienst *m*, Service *m*

خدمت کردن [chedmat kardan] dienen *v*
(bei Behörde, Militär usw.)

خر [char] Esel *m*

خراب [charāb] defekt *adj*, kaputt *adj*

خراب کردن [charāb kardan] zerstören *v*, kaputtmachen *v*, abreißen *v* (Gebäude)

خرابه [charābe] Ruine *w*

خرابی [charābi] Zerstörung *w*, Wrack *s*

خراش [charāsch] Schramme *w*

خراشیدن [charāschidan] (*präs.* خراش [charāsch-]) (ab)kratzen *v*, ritzen *v*

خرافات [chorāfāt] (*Mz. zu* خرافات [chorāfat]) Aberglaube *m*

خرافاتی [chorāfāti] abergläubisch *adv*

خربزه [charbuze] Honigmelone *w*

خرج [chardj] (*Mz.:* مخارج [machāredj]) Ausgabe *w* (Geld), Kosten *Mz*

خرج کردن [chardj kardan] ausgeben *v* (Geld)

خرجی [chardji] Unterhaltungskosten *Mz*, Ausgaben *Mz*

خرجی دادن [chardji dādan] j-n finanziell unterstützen *v*

خرجیهای اضافی [chardji.hā.ye ezāfi] Nebenkosten *Mz*

خرچنگ [char-tschang] Krebs *m*

خرحمالی کردن [char-hammāli kardan] schuften *v*

خرخر کردن [chor-chor kardan] schnarchen *v*

خرخره [cher-chere] Kehlkopf *m*, Gurgel *w*

خرد [chord] klein *adj*, winzig *adj*

خرد [cherad] Vernunft *w*, Verstand *m*

خرداد [chordād] 3. Monat des iran. Sonnenkalenders (22.05-21.06.)

خرد سال [chord-ßāl] minderjährig *adj*

خرد کردن [chord kardan] zerbrechen *v*, zerstückeln *v*, klein machen *v* (Geld)

خردل [chardal] Senf *m*

خردمند [cheradmand] weise *adj*

خرده [chorde] Splitter *m*

خرده ریز [chorde-riz] Kleinkram *m*

خرده شیشه [chorde-schische] Glas-splitter *m*

خرده فرش [chorde-forusch] Einzelhändler *m*, Kleinhändler *m*

خرده فروشی [chorde-foruschi] Einzelhandel *m*

خرس [cherß] Bär *m*

خرطوم [chortum] Rüssel *m*

خرگوش [char-gusch] Hase *m*, Kaninchen *s*

خرما [chormā] Dattel *w*

خرمایی [chormāyi] braun *adj* (Haare)

خرناس [chornāß] Schnarchen *s*

خرناس کشیدن [chornāß keschidan] schnarchen *s*

خروار [charwār] Gewichtseinheit (300 kg)

خروج [chorudj] Ausgang *m*, Ausfahrt *w*, Ausreise *w*

خروجی [chorudji] Ausgang *m*, Ausfahrt *w*

خروجی اضطراری [chorudji.ye ezterāri] Notausgang *m*

خروس [choruß] Hahn *m*

خرید [charid] (Ein-)Kauf *m*

خریدار [charidār] Käufer *m*

خرید کردن [charid kardan] (ein)kaufen *v*

خریدن [charidan] (*präs.* خر [char-]) (ein)kaufen *v*, erwerben *v*

خرید و فروش [charid-o-forusch] Handel *m*, An- und Verkauf *m*

خزیدن [chazidan] (*präs.* خز [chaz-]) kriechen *v*

خسارت [cheßārat] Schaden *m*, Verlust *m*, Beschädigung *w*, Entschädigung *w*

خسارت دادن [cheßārat dādan] entschädigen *v*

خسارت دیدن [cheßārat didan] Verlust erleiden *v*, beschädigt werden *v*

خسارت رساندن [cheßārat raßāndan] beschädigen *v*

خسارت مادی [cheßārat.e mādi] Sachschaden *m*

Wörterbuch Persisch – Deutsch

خستگی [chaßtegi] Müdigkeit *w*

خستگی در کردن [chaßtegi dar kardan] sich erholen *v*, sich ausruhen *v*

خسته [chaßte] müde *adj*

خسته شدن [chaßte schodan] ermüden *v*

خسته کننده [chaßte-konande] ermüdend *adj*, langweilig *adj*

خسیس [chaßiß] geizig *adj*

خشت [chescht] Lehmziegel *m*, Karo *s* (Spielkarte)

خشخاش [chaschchäsch] Mohn *m*

خشک [choschk] trocken *adj*, unfreundlich *adj*

خشک زدن [choschk zadan] vor Schreck erstarren *v*

خشک شدن [choschk schodan] vertrocknen *v*, eingehen *v* (Pflanze)

خشک کردن [choschk kardan] (ab)trocknen *v*

خشکشویی [choschk-schuyi] chemische Reinigung *w*

خشکی [choschki] Trockenheit *w*, Dürre *w*

خشکیدن [choschkidan] (*präs.* خشک [choschk-]) vertrocknen *v*

خشم [chaschm] Wut *w*, Zorn *m*

خشمگین [chaschmgin] wütend *adj*, zornig *adj*

خشن [chaschen] derb *adj*, grob *adj*, rau *adj*, aggressiv *adj*, brutal *adj*

خشونت [choschunat] Aggression *w*

خصوصاً [choßußan] ausdrücklich *adv*

خصوصی [choßußi] persönlich *adj*, privat *adj*, vertraulich *adj*

خط [chatt] Schrift *w*, Strich *m*; Streifen *m*, Linie *w* (a. Nahverkehr), Spur *w* (Straße)

خط آهن [chatt.e ähan] Gleis *s*

خطا [chatä] Irrtum *m*, Versehen *s*

خطاب کردن [chatäb kardan] anreden *v*

خط جاده [chatt.e djädde] Fahrspur *w*

خط زدن [chatt zadan] (durch)streichen *v*

خط عبور [chatt.e obur] Fahrspur *w*

خط کش [chatt-kesch] Lineal *s*

خط میخی [chatt.e michi] Keilschrift *w*

خطر [chatar] Gefahr *w*

خطرناک [chatarnäk] gefährlich *adj*, riskant *adj*

خفاش [chaffäsch] Fledermaus *w*

خفه شدن [chafe schodan] ersticken *v*

خفه کردن [chafe kardan] (er)würgen *v*

خفه کننده [chafe-konande] drückend *adj* (Wetter)

خل [chol] verrückt *adj*, wahnsinnig *adj*, Verrückter *m*, Idiot *m*

خلاص شدن [chaläß schodan] loswerden *v*, befreit werden *v*

خلاصه [choläße] Zusammenfassung *w*, kurz gefasst *adj*

خلاصه کردن [choläße kardan] kürzen *v*, zusammenfassen *v*, abkürzen *v*

خلاف قانون [chaläf.e ghänun] rechtswidrig *adj*

خلاف کردن [chaläf kardan] sich strafbar machen *v*

خلال [chaläl] Zahnstocher *m*

خلبان [chal(a)bän] Pilot *m*, Flugkapitän *m*

خل شدن [chol schodan] überschnappen *v*, verrückt werden *v*

خلق [chalgh] Volk *s*, Geschöpf *s*

خلوت [chalwat] menschenleer *adj*

خلیج [chalidj] Bucht *w*, Meerbusen *m*

خمار [chomär] schläfrig *adj*, unausgeschlafen *adj*

خمره [chomre] Fass *s*

خم شدن [cham schodan] sich neigen *v*, sich verbeugen *v*, sich ducken *v*

خم شدنی [cham-chodani] biegsam *adj*

خم کردن [cham kardan] biegen *v*, sich beugen *v*

خمیازه [chamiyäze] Gähnen *s*

Wörterbuch Persisch – Deutsch

خمیازه کشیدن [chamiyāze keschidan] gähnen v

خمیر [chamir] Teig m, Paste w

خمیر دندان [chamir-dandān] Zahnpasta w

خمیرترش [chamir.e torsch] Sauerteig m

خنجر [chandjar] Dolch m

خنده [chande] Lachen s

خنده آور [chande-āwar] lustig adj, witzig adj, lächerlich adj

خنده دار [chande-dār] komisch adj, lächerlich adj

خنده رو [chande-ru] lustig adj, fröhlich adj (mit fröhl. Gesicht)

خندۀ زورکی [chande.ye zuraki] gezwungenes Lachen s

خنده کردن [chande kardan] lachen v

خندیدن [chandidan] (präs. خند [chand-]) lachen v

خنک [chonak] kühl adj

خواب [chāb] Schlaf m, Traum m

خواب آلود [chāb-ālud] schläfrig adj, unausgeschlafen adj

خواب بردن [chāb bordan] einschlafen v

خواب دیدن [chāb didan] träumen v

خواب رفتن [chāb raftan] einschlafen v

خواباندن [chābāndan] (präs. خواب [chāb-]) Kind zu Bett bringen v, einlegen v (in Essig od. Salz)

خوابگاه [chābgāh] Wohnheim s

خوابیدن [chābidan] (präs. خواب [chāb-]) schlafen v, liegen v; stehenbleiben (Uhr, ugs.)

خواربارفروشی [chār-bār-foruschi] Lebensmittelladen m

خواستگاری [chāßtgāri] Heiratsantrag m, Brautwerbung w

خواستن [chāßtan] wollen v, verlangen v, mögen v

خوانا [chānā] lesbar adj, deutlich adj

خواندن [chāndan] (präs. خوان [chān-]) lesen v

خواننده [chānande] Leser m, Sänger m

خواهر [chāhar] Schwester w

خواهرزاده [chāhar-zāde] Neffe m, Nichte w (Schwesterkind)

خواهر زن [chāhar-zan] Schwägerin w (Schwester der Frau)

خواهر شوهر [chāhar-schouhar] Schwägerin w (Schwester des Mannes)

خواهرناتنی [chāhar.e nā.tani] Halbschwester w

خواهر و برادر [chāhar-o-barādar] Geschwister Mz

خواهش [chāhesch] Bitte w

خواهش کردن [chāhesch kardan] bitten v

خواه نا خواه [chāh-nā-chāh] wohl oder übel adv, ohnehin adv, sowieso adv

خوب [chub] gut adj, schön adj

خوب شدن [chub schodan] genesen v, durchkommen v (Kranker)

خوب و بد [chub-o-bad] Gut und Böse Mz

خوبی [chubi] Güte w

خود [chod] eigen adj, selbst pron

خود به خود [chod-be-chod] von selbst adv

خود پرداز [chod-pardāz] Geldautomat m

خود خواه [chod-chāh] Egoist m, eingebildet adj

خودکار [chod-kār] automatisch adj; Kugelschreiber m

خود کشی [chod-koschi] Selbstmord m

خود کشی کردن [chod-koschi kardan] Selbstmord begehen v

خودمانی [chodemāni] familiär adj, privat adj, vertraulich adj

خودنویس [chod-newiß] Federhalter m

خوراک [chorāk] Essen s, Gericht s, Speise w, Mahlzeit w, Nahrung w

خوراک اصلی [chorāk.e aßli] Hauptgericht s

خوراک خوردن [chorāk chordan] essen v

خوراک دادن [chorāk dādan] verpflegen v (Essen), füttern v (Tiere)

خوراک نوزاد **خوراک** [chorāk.e nou-zād] Babynahrung *w*

خوراکی **خوراکی** [chorāki] Essen *s*, Essbares *s*

خورجین **خورجین** [chor-djin] Satteltasche *w*

خوردن **خوردن** [chordan] (*präs.* خور [chor-]) essen *v*, trinken *v*, schlucken *v* (Geld, von Automat); stehlen *v* (ugs.); auf etw. stoßen *v*

خوردنی **خوردنی** [chordani] Verpflegung *w*, essbar *adj*

خورد و خوراک **خورد و خوراک** [chord-o-chorāk] Verpflegung *w*

خورش **خورش** [choresch] / خورشت [chorescht] Eintopf *m* (aus Fleisch, Gemüse u.a.)

خورشید **خورشید** [chorschid] Sonne *w*

خوش **خوش** [chosch] fröhlich *adj*, angenehm *adj*, wohl *adv*

خوش آمدن **خوش آمدن** [chosch āmadan] mögen *v*, gefallen *v*, j-n leiden können *v*

خوش آیند **خوش آیند** [chosch-āyand] willkommen *adj*, angenehm *adj*

خوش باور **خوش باور** [chosch-bāwar] gutgläubig *adj*

خوشبخت **خوشبخت** [chosch-bacht] glücklich *adj*

خوشبختانه **خوشبختانه** [chosch-bachtāne] glücklicher- weise *adv*

خوشبختی **خوشبختی** [chosch-bachti] Glück *s*

خوشبو **خوشبو** [chosch-bu] wohlriechend *adj*

خوشحال **خوشحال** [chosch-hāl] froh *adj*, fröhlich *adj*

خوشحال شدن **خوشحال شدن** [chosch-hāl schodan] sich freuen *v*

خوشحالی **خوشحالی** [chosch-hāli] Freude *w*, Fröhlichkeit *w*

خشک شوئی **خشک شوئی** [choschk-schuyi] chemische Reinigung *w*

خوش بودن **خوش بودن** [chosch budan] sich vergnügen *v*

خوش بو و طعم **خوش بو و طعم** [chosch-bu-o-ta'm] würzig *adj*

خوش بین **خوش بین** [chosch-bin] Optimist *m*

خوش حرف **خوش حرف** [chosch-harf] gesprächig *adj*

خوش سلیقه **خوش سلیقه** [chosch-ßalighe] mode- bewusst *adj*, geschmackvoll *adj* (Mode)

خوش صحبت **خوش صحبت** [chosch-ßohbat] gesprächig *adj*

خوش طعم **خوش طعم** [chosch-ta'm] lecker *adj*, wohl- schmeckend *adj*, würzig *adj*

خوش قلب **خوش قلب** [chosch-ghalb] gutmütig *adj*, herzlich *adj*

خشک وخالی **خشک وخالی** [choschk-o-chāli] kahl *adj*

خوش گذراندن **خوش گذراندن** [chosch gozarāndan] sich amüsieren *v*, sich vergnügen *v*

خوشگل **خوشگل** [choschgel] hübsch *adj*, schön *adj*

خوش مزه **خوش مزه** [chosch-maze] lecker *adj*, wohlschmeckend *adj*,

خوشنودی **خوشنودی** [choschnudi] Zufriedenheit *w*, Fröhlichkeit *w*

خوشوقتم **خوشوقتم** [chosch-waght.am] angenehm! (bei Begrüßung)

خوک **خوک** [chuk] Schwein *s*

خوک دریایی **خوک دریایی** [chuk.e daryāyi] Robbe *w*

خوک وحشی **خوک وحشی** [chuk.e wahschi] Wild- schwein *s*

خون **خون** [chun] Blut *s*

خون خوار **خون خوار** [chun-chār] blutrünstig *adj*

خونریزی **خونریزی** [chun-rizi] Blutung *w*, Blutvergießen *s*

خونسرد **خونسرد** [chun-ßard] kaltblütig *adj*, gelassen *adj*

خونی **خونی** [chuni] blutig *adj*

خویشاوند **خویشاوند** [chischāwand] Familie *w*, Angehöriger *m*, Verwandtschaft *w*

خیابان **خیابان** [chiyābān] Straße *w*, Fahrbahn *w*

خیابان اصلی **خیابان اصلی** [chiyābān.e aßli] Haupt- straße *w*

خیابان فرعی **خیابان فرعی** [chiyābān.e far'i] Querstraße *w*, Seitenstraße *w*

خیابان یکطرفه **خیابان یکطرفه** [chiyābān.e yek-tarafe] Einbahnstraße *w*

خیار **خیار** [chiyār] Gurke *w*

خیارشور **خیارشور** [chiyār-schur] Salzgurke *w*

خیاط [chayyāt] Schneider *m*

خیاطی کردن [chayyāti kardan] schneidern *v*

خیال [chiyāl] Vorstellung *w*, Phantasie *w*, Absicht *w*

خیال داشتن [chiyāl dāschtan] vorhaben *v*, beabsichtigen *v*

خیال کردن [chiyāl kardan] sich einbilden *v*, sich etw. vorstellen *v*

خیال کردی [chiyāl kard.i] denkste!

خیانت [chiyānat] Verrat *m*, Ehebruch *m*

خیانتکار [chiyānatkār] Verräter *m*

خیانت کردن [chiyānat kardan] Verrat / Ehebruch begehen *v*

خیر [cheyr] Wohltat *w*; nein *adv*

خیس [chiß] nass *adj*, durchnässt *adj*

خیساندن [chißāndan] (*präs.* خیس [chiß-]) einweichen *v*, nass machen *v*

خیس خیس [chißechiß] völlig durchnässt *adj*

خیس کردن [chiß kardan] einweichen *v*, nass machen *v*

خیش [chisch] Pflug *m*

خیلی [cheyli] reichlich *adj*, viel *adj / adv*, sehr *adv*

خیلی زیاد [cheyli ziyād] sehr viel *adj / adv*

خیلیها [cheyli.hā] manche *pron* (Mz., ugs.), viele *(Mz., ugs.)*

خیمه شب بازی [cheyme-schab-bāzi] Puppenspiel *s*

د

داخل [dāchel] innen *adv*, Inneres *s*

داخل شدن [dāchel schodan] hineingehen *v*, eintreten *v*

داخل کردن [dāchel kardan] einstecken *v* (Stecker)

داد [dād] Justiz *w*; (Hilfe-)Schrei *m*

داد زدن [dād zadan] schreien *v* (bes. um Hilfe)

دادستان [dād-ßetān] Staatsanwalt *m*

دادگاه [dādgāh] Gericht *s* (Justiz)

دادگستری [dād-goßtari] Justiz *w*

دادن [dādan] (*präs.* ده [dah-]) geben *v*, reichen *v*

داد و بیداد کردن [dād-o-bi-dād kardan] Lärm machen *v*, Unruhe bereiten *v*

داد و فریاد [dād-o-faryād] Lärm *m*, Geschrei *s*

داد و قال [dād-o-ghāl] Lärm *m*, Krach *m*

دارا [dārā] vermögend *adj*, reich *adj*

دارایی [dārāyi] Besitz *m*, Eigentum *s*, Vermögen *s*, Reichtum *s*

داربست [dār-baßt] (Bau-)Gerüst *s* (ugs.)

دارچین [dār-tschin] Zimt *m*

دار زدن [dār zadan] aufhängen *v* (Person)

دارکوب [dār-kub] Specht *m*

دارو [dāru] Arznei *w*, Medikament *s*

داروخانه [dāru-chāne] Apotheke *w*

دار و دسته [dār-o-daßte] Clique *w* (ugs.)

داس [dāß] Sense *w*

داستان [dāßtān] Geschichte *w*, Erzählung *w*, Märchen *s*, Roman *m*

داستان مصور [dāßtān.e moßawwar] Comic *m*

داشبرد [dāsch-bord] Handschuhfach *s*

داشتن [dāschtan] (*präs.* دار [dār-]) haben *v*, besitzen *v*

داغ [dāgh] heiß *adj*

داغ کردن [dāgh kardan] glühen *v*, heiß machen *v*

دالان [dālān] Flur *m*, Korridor *m*

دام [dām] Vieh *s*, Wild *s*; (Wild-)Falle *w*

داماد [dāmād] Bräutigam *m*, Schwiegersohn *m*

دامپزشک [dām-pezeschk] Tierarzt *m*

دامداری [dām-dāri] Viehzucht *w*

دامن [dāman] Rock *m*

دامنه [dāmane] Abhang *m*

دانا [dānā] wissend *adj*, weise *adj*

دانستن [dāneßtan] (*präs.* دان [dān-]) wissen *v*

دانش [dānesch] Bildung *w*, Wissen *s*, Wissenschaft *w*

دانش آموز [dānesch-āmuz] Schüler *m*

دانشجو [dānesch-dju] Student *m*

دانشگاه [dāneschgāh] Universität *w*

دانشمند [dāneschmand] Wissenschaftler *m*, Gelehrter *w*

دانمارک [dānmārk] Dänemark *s*

دانمارکی [dānmārki] Däne *m*, dänisch *adj*

دانه [dāne] Korn *s*, Stück *s*

داور [dāwar] Schiedsrichter *m*

داوطلبانه [dāwtalabāne] freiwillig *adv*

دایره [dāyere] Kreis *m*

دایم [dāyem] andauernd *adj*, ständig *adj*, regelmäßig *adj*

دائماً [dāyeman] andauernd *adv*, ständig *adv*, regelmäßig *adv*

دایمی [dāyemi] dauerhaft *adj*, dauernd *adj*

دایی [dāyi] Onkel *m* (mütterlicherseits)

دبستان [dabeßtān] Grundschule *w*

دبیرستان [dabireßtān] Gymnasium *s*

دخالت [dechālat] Einmischung *w*

دخالت کردن [dechālat kardan] sich einmischen *v*

دختر [dochtar] Mädchen *s*, Tochter *w*

دخترانه [dochtarāne] mädchenhaft *adj*

دختربرادر [dochtar.e barādar] Nichte *w* (Bruderstochter)

دختربچه [dochtar-batschtsche] kleines Mädchen *s*

دخترخاله [dochtar-chāle] Cousine *w* (Tochter der Mutterschwester)

دخترخواهر [dochtar.e chāhar] Nichte *w* (Tochter der Schwester)

دختردایی [dochtar-dāyi] Cousine *w* (Tochter des Mutterbruders)

دخترعمو [dochtar-amu] Cousine *w* (Tochter des Vaterbruders)

دخترعمه [dochtar-amme] Cousine *w* (Tochter der Vatersschwester)

در [dar] in *prep*, an *prep*, auf *prep*, bei *prep*; Tür *w*, Tor *s*, Deckel *m*, Verschluss *m*

درآخر [dar āchar] zuletzt *adv*

درآغاز [dar āghāz] am Anfang *adv*

درآغوش گرفتن [dar āghusch gereftan] umarmen *v*

درآمد [dar-āmad] Einkommen *s*, Gehalt *s*

درآمدن [dar-āmadan] herauskommen *v*, auslaufen *v* (Flüssigkeit)

درآن زمان [dar ān zamān] damals *adj*, einst *adj*

درآوردن [dar-āwardan] herausziehen *v*, abmachen *v*, aufmachen *v*, ausziehen *v* (Schuh)

درآینده [dar āyande] (zu)künftig *adv*

درآینده نزدیک [dar āyande.ye nazdik] in naher Zukunft *adv*

درابتداء [dar ebtedā'] anfangs *adv*, ursprünglich *adv*

دراز [derāz] lang *adj*

درازا [derāzā] Länge *w*

دراز کشیدن [derāz keschidan] sich hinlegen *v*, sich ausruhen *v*

دراثر [dar aßar.e] dank *prep*, wegen *prep*, aufgrund *prep*

دراطراف [dar atrāf] um *prep* (örtl.)

در امتداد [dar emtedād.e] an ... entlang *prep*

دراین باره [dar in bāre] dazu *adv*, hierüber *adv*

دراین بین [dar in beyn] währenddessen *adj*, inzwischen *adv*, mittlerweile *adv*

دراین فاصله [dar in fāßele] währenddessen *adj*, zwischenzeitlich *adv*, mittlerweile *adv*

در این مورد [dar in moured] dazu *adv*, hierüber *adv*, in diesem Zusammenhang *adv*

در این میان [dar in miyān] währenddessen *adj*, inzwischen *adv*, mittlerweile *adv*

درب [darb] Tür *w*, Tor *s*

درباره [dar bāre.ye] wegen *prep*, bezüglich *prep*

دربان [darbān] Pförtner *m*

در بطری [dar.e botri] Verschluss *m* (Flasche)

درجا [dar-djā] im Nu *adv*, sofort *adv* (ugs.), fristlos *adj / adv*

در جریان بودن [dar djarayān budan] auf dem Laufenden sein *v*

درجه [daradje] Rang *m*, Klasse *w*, Temperatur *w*

در حال حاضر [dar hāl.e hāzer] derzeit *adv*, zur Zeit *adv*, im Moment *adv*

در حالی که [dar hāli ke] indem *conj*, wobei *conj*, während *conj*

در حدود [dar hodud.e] um *prep* (zeitl.)

در حقیقت [dar haghighat] eigentlich *adv*, im Grunde genommen *adv*

در حین [dar heyn.e] während *conj*

در خارج [dar chāredj] im Ausland *adv*

درخت [deracht] Baum *m*

درخشان [derachschān] glänzend *adj*, blank *adj*

درخشیدن [derachschidan] (*präs.* [derachsch-]) glänzen *v*, leuchten *v*, scheinen *v*

در خواست (نامه) [dar-chāßt(-nāme)] Bewerbung *w*, Antrag *m*

درخواست کردن [dar-chāßt kardan] sich bewerben *v*, beantragen *v*, bitten *v*

درد [dard] Schmerz *m*

در داخل [dar dāchel.e] innerhalb von *prep*

در درجه اول [dar daradje.ye awwal] in erster Linie *adv*

در دسترس داشتن [dar daßt-raß dāschtan] bei der Hand haben *v*

در دسترس گذاشتن [dar daßt-raß gozāschtan] zugänglich machen *v*

درد دل کردن [dard.e del kardan] sich aussprechen *v*, j-m sein Herz ausschütten *v*

درد سر [dard.e ßar] Unannehmlichkeiten *Mz*, Ärger *m*

درد سر درست کردن [dard.e ßar doroßt kardan] Unannehmlichkeiten bereiten *v*, Ärger machen *v*

درد کشیدن [dard keschidan] quälen *v*, Schmerzen erleiden *v*

درد گرفتن [dard gereftan] wehtun *v*

دردناک [dardnāk] schmerzhaft *adj*, tragisch *adj*

در رفتن [dar-raftan] entkommen *v*, fliehen *v*, weglaufen *v*

درز [darz] Naht *w*, Lücke *w*, Schlitz *m*, Riss *m*

در زدن [dar zadan] anklopfen *v* (Tür)

درز گرفتن [darz gereftan] zusammennähen *v*

درس [darß] Unterricht *m*, Lektion *w*

درس خواندن [darß chāndan] lernen *v*

درس دادن [darß dādan] unterrichten *v*, lehren *v*

درس نظری [darß.e nazari] Vorlesung *w*

درس و مشق [darß-o-maschgh] Hausaufgabe *w* (Schule)

درست سر ساعت [doroßt ßar.e ßā'at.e] pünktlich um *prep*

درست و حسابی [doroßt-o-heßābi] gründlich *adj* (ugs.)

درست شدن [doroßt schodan] gelingen *v*, klappen *v*

درست کردن [doroßt kardan] anfertigen *v*, bilden *v* (formen), zubereiten *v* (Essen), bauen *v*, ermöglichen *v*, regeln *v*, organisieren *v*, reparieren *v*

درشت [doroscht] groß *adj*, grob *adj*

درشکه [doroschke] Kutsche *w*

درصد [dar-ßad] Prozent *s*

در صورت امکان [dar ßurat.e emkān] unter Umständen *adv*

در صورت نیاز [dar ßurat.e niyāz] bei Bedarf *adv*

در صورتیکه [dar ßurati ke] für den Fall, dass *conj*, falls *conj*, insofern *conj*

درضمن [dar zemn] nebenbei (bemerkt) *adv*, übrigens *adv*

درضمن آنکه [dar zemn.e ān-ke] indem *conj*

در فرار [dar.e farār] Notausgang *m*

درکشیدن [dar-keschidan] abziehen *v*, herausziehen *v*

در مورد [dar moured.e] bezüglich *prep*, wegen *prep*

در نزدیکی [dar nazdiki.ye] in der Nähe *adv*, in naher Zukunft *adv*

درظرف [dar zarf.e] binnen *prep*

درعرض [dar arz.e] binnen *prep*

درعقب [dar.e aghab] Hintertür *w*

درعوض [dar awaz.e] anstelle von *prep*, als Ersatz für *prep*

درعین حال [dar eyn.e hāl] dabei *adv*, gleichzeitig *adv*

درغربت [dar ghorbat] in der Fremde *adv*

درغیر این صورت [dar gheyr.e in ßurat] sonst *adv*, andernfalls *adv*

درک کردن [dark kardan] begreifen *v*

درگذشتن [dar-gozaschtan] sterben *v*

درگذشته [dar gozaschte] in der Vergangenheit *adv*

درگیرشدن [dar-gir schodan] hineingeraten *v*, verwickelt werden *v* (prekäre Situation)

درگیری [dar-giri] Auseinandersetzung *w*, Ärger *m*

درمان [darmān] Heilung *w*, Medizin *w*, Behandlung *w* (ärztl.)

درمان کردن [darmān kardan] behandeln *v*, (ärztl.), heilen *v*, therapieren *v*

درمدت [dar moddat.e] während *prep*

درمنزل [dar manzel] zu Hause *adv*

درمیان [dar miyān.e] inmitten *prep*

در نظر داشتن [dar nazar dāschtan] etw. ins Auge fassen *v*, beabsichtigen *v*

درنظرگرفتن [dar nazar gereftan] etw. ins Auge fassen *v*, beabsichtigen *v*

در وسط [dar waßat.e] inmitten *prep*

درو کردن [derou kardan] ernten *v* (Getreide), mähen *v*

دروازه [darwāze] Tor *s* (Stadt-, Fußball)

دروازه بان [darwāzebān] Torwart *m*

درواقع [dar wāghe'] eigentlich *adv*, im Grunde genommen *adv*, sozusagen *adv*

درود [dorud] Gruß *m*, Segen *m*, Heil *s*

دروغ [dorugh] Lüge *w*

دروغ گفتن [dorugh goftan] lügen *v*

دروغگو [dorugh-gu] Lügner *m*, Schwindler *m*, unehrlich *adj*

دروغی [doroughi] geheuchelt *adj*

درویش [darwisch] Derwisch *m*, Wanderer *m*

دره [darre] Tal *s*

درهر حال [dar har hāl] sowieso *adv*, auf jeden Fall *adv*

درهر صورت [dar har ßurat] jedenfalls *adv*, auf jeden Fall *adv*

درهم برهم [dar-ham bar-ham] durcheinander *adv*, chaotisch *adj / adv*, Wirrwarr *s*

درهم شکستن [dar-ham schekaßtan] zusammenbrechen *v*

درهنگام [dar hengām.e] während *prep*

دریا [daryā] Meer *s*; See *m*

دریاچه [daryātsche] kleiner See *m*, Teich *m*

دریافت [dar-yāft] Empfang *m*, Erhalt *m*

دریافت کردن [dar-yāft kardan] bekommen v, erhalten v, annehmen v

دریدن [daridan] (präs. در [dar-]) zerfleischen v

دریل [deril] Bohrmaschine w

دزد [dozd] Dieb m, Räuber m, Einbrecher m

دزدکی [dozdaki] heimlich adj, verstohlen adj

دزدی [dozdi] Diebstahl m, Raub m, Einbruch m

دزدی کردن [dozdi kardan] bestehlen v, berauben v, einbrechen v

دزدیدن [dozdidan] (präs. دزد [dozd-]) stehlen v, rauben v, entführen v

دژ [dej] Burg w, Festung w

دسامبر [deßämbr] Dezember m

دست [daßt] Hand w; Garnitur w (Kleidung, Geschirr)

دست انداختن [daßt andächtan] sich über j-n lustig machen v, verspotten v, hänseln v

دست انداز [daßt-andāz] holprig adj, Schlagloch s

دست برداشتن [daßt bar-däschtan] aufhören v, absehen v, in Frieden lassen v (ugs.)

دست بسر کردن [daßt-be-ßar kardan] j-n abwimmeln v

دست بکار شدن [daßt-be-kār schodan] sich an die Arbeit machen v, handeln v

دستبند [daßt-band] Armband s, Handschellen Mz

دست پاچه [daßt-pātsche] nervös adj, aufgeregt adj, gespannt adj, verlegen adj

دست پاچه شدن [daßt-pātsche schodan] nervös werden v, hektisch werden v

دست پاچه کردن [daßt-pātsche kardan] j-n verwirren v

دست تکان دادن [daßt takān dādan]

winken v

دستجمعی [daßt(.e)-djam'i] kollektiv adj

دست خط [daßt-chatt] Handschrift w

دست خورده [daßt-chorde] abgegriffen adj

دست دادن [daßt dādan] Hand schütteln v

دسترس / دسترسی [daßt-raß] / [daßt-raßi] Zugang m (zu etw.), Erreichbarkeit w

دست زدن [daßt zadan] berühren v, anfassen v; Beifall klatschen v

دست شویی [daßt-schuyi] Waschbecken s; Toilette w (gepflegter Ausdruck)

دستکش [daßt-kesch] Handschuh m

دست کشیدن [daßt keschidan] aufhören v, ablassen v

دست کم [daßt.e kam] mindestens adv, wenigstens adv

دستگاه [daßtgäh] Apparat m, Automat m

دستگاه شارژکن [daßtgäh.e schärj-kon] Ladegerät s

دستگاه مخلوط کن [daßtgäh.e machlut-kon] Mixer m

دستگیر کردن [daßt-gir kardan] ergreifen v, verhaften v, festnehmen v, fassen v (Dieb)

دستگیره [daßt-gire] Griff m, Henkel m, Klinke w

دستگیرهٔ در [daßt-gire.ye dar] Türknauf m

دستمال [daßt-māl] Taschentuch s

دستمال کاغذی [daßt-māl-kāghazi] Papier-serviette w

دست مالیده شده [daßt-mālide-schode] abgegriffen adj

دستمزد [daßt-mozd] Lohn m

دست نخورده [daßt-na.chorde] unbenutzt adj (nicht angefasst)

دست و پا زدن [daßt-o-pā zadan] strampeln v, zappeln v

دست و دل باز [daßt-o-del-bāz] groß-zügig adj

دستور [daßtur] Befehl m, Vorschrift w

دستورآشپزی [daßtur.e āsch-pazi] Kochrezept s

دستور دادن [daßtur dādan] befehlen v,
vorschreiben v

دستور زبان [daßtur.e zabān] Grammatik w

دستورغذا [daßtur.e ghazā] Kochrezept s

دسته [daßte] Griff m, Stiel m, Halterung
w; Gruppe w

دسته دسته [daßte-daßte] gruppenweise adv

دسته گل [daßte gol] Blumenstrauß m

دسته صندلی [daßte.ye ßandali] Stuhllehne w

دستهٔ عینک [daßte.ye eynak] Brillen-
gestell s

دستی [daßti] bewusst adj,
absichtlich adj

دسر [deßer] Nachtisch m, Dessert s

دشت [dascht] Ebene w, Grassteppe w

دشت و صحرا [dascht-o-ßahrā] Wald und
Wiese Mz (ugs.)

دشک [doschak] Matratze w

دشمن [doschman] Feind m

دشمنانه [doschmanāne] feindlich adj

دشمنی [doschmani] Feindschaft w

دعا [do'ā] Gebet s

دعا کردن [do'ā kardan] beten v, segnen v

دعوا [da'wā] Streit m, Schlägerei w,
Zwist m

دعوا کردن [da'wā kardan] streiten v,
zanken v, sich herumschlagen v

دعوت [da'wat] Einladung w,
Aufforderung w

دعوت کردن [da'wat kardan] einladen v,
auffordern v

دعوت نامه [da'wat-nāme] Einladungsschreiben s

دفاع [defā'] Abwehr w, Verteidigung w

دفاع کردن [defā' kardan] für j-n Partei
ergreifen v, sich verteidigen v

دفتر [daftar] Büro s, Verwaltung w,
Kanzlei w, Notariat s; Heft s

دفتر اسناد رسمی [daftar.e aßnād.e raßmi]
Notariat s

دفترچه یاد داشت [daftartsche.ye
yād-dāscht] Notizblock m

دفتر(راهنمای) تلفن [daftar.e (rāh-namā.ye)
telefon] Telefonbuch s

دفتر رسمی ازدواج [daftar.e raßmi.ye
ezdewādj] Standesamt s

دفتردار اسناد رسمی [daftar-dār.e aßnād.e
raßmi] Notar m

دفعه [daf'e] Mal s

پیش دفعه [daf'e.ye pisch] voriges Mal adv

دفعه دیگر [daf'e.ye digar] nächstes
Mal adv

دفن کردن [dafn kardan] beerdigen v

دقت [deghghat] Aufmerksamkeit w,
Vorsicht w, Sorgfalt w

دقت کردن [deghghat kardan] aufpassen v,
aufmerksam sein v, beachten v

دقیق [daghigh] aufmerksam adj, genau
adj, gründlich adj, sorgfältig adj

دقیقاً [daghighan] genau adv

دقیقه [daghighe] Minute w

دکان [dokkān] Geschäft s, Laden m

دکتربچه [doktor.e batschtsche] Kinderarzt
m (ugs.)

دکمه [dokme] Knopf m, Taste w

دکه [dakke] Verkaufsbude w, Kiosk m

دگمه [dogme] Knopf m, Taste w

دل [del] Herz s (a. im Kartenspiel)

دلال [dallāl] Vermittler m, Makler m

دلخواه [del-chāh] beliebig adj

دلخور شدن [del-chor schodan]
einschnappen v, übel nehmen v

دلخور کردن [del-chor kardan]
enttäuschen v, verärgern v

دلخوری [del-chori] Enttäuschung w

دل درد [del-dard] Bauchschmerzen Mz

دلداری [del-dāri] Trost m

دلداری دادن [del-dāri dādan] trösten *v*, vertrösten *v*

دلداری کردن [del-dāri kardan] trösten *v*, vertrösten *v*

دل زدن [del zadan] etw. überbekommen *v*, satt haben *v*

دلربا [del-robā] zauberhaft *adj*

دلسرد شدن [del-ßard schodan] frustriert werden *v*

دلسرد کردن [del-ßard kardan] j-n entmutigen *v*

دلقک [dalghak] Narr *m*, Clown *m*

دلو [dalw] Wassermann *m* (Horoskop)

دل واپس بودن [del-wāpaß budan] besorgt sein *v*

دل و روده [del-o-rude] Eingeweide *s*

دلیر [dalir] kühn *adj*

دلیل [dalil] Beweis *m*; Ursache *w*, Grund *m*, Anlass *m*

دلیل آوردن [dalil āwardan] beweisen *v*; begründen *v*

دم [dam.e] bei *prep*, neben *prep*, an *prep* (örtl., ugs.)

دم [dom] Schwanz *m*

دم اسب [dom.e aßb] Pferdeschwanz *m*

دم اسبی [dom-aßbi] Pferdeschwanz *m* (Frisur)

دماغ [damāgh] Nase *w*

دماغ گرفتن [damāgh gereftan] sich schnäuzen *v*

دم به دم [dam-be-dam] andauernd *adj*

دم پایی [dam-pāyi] Pantoffel *m*, Hausschuh *m*

دم پخت کردن [dam-pocht kardan] dünsten *v*

دم دست [dam.e daßt] griffbereit *adj*

دمدمی [dam-dami] launisch *adj*

دمده [demode] altmodisch *adj*

دمر / دمرو [damar] / [damaru] auf dem Bauch liegend *adj*, mit dem Gesicht nach unten liegend *adj*

دم کردن [dam kardan] ziehen *v* (Tee), aufbrühen *v*

دم کشیدن [dam keschidan] ziehen *v* (Tee), aufbrühen *v*

دنبال کردن [dombāl kardan] verfolgen *v* (Ziel, Interesse)

دنبال کسی افتادن [dombāl kaß.i oftādan] j-n verfolgen *v*

دنبال کسی رفتن [dombāl.e kaß.i raftan] j-n abholen *v*

دنبال کسی فرستادن [dombāl.e kaß.i fereßtādan] nach j-m schicken *v*

دنباله [dombāle] Fortsetzung *w*

دنباله دارد [dombāle dār.ad] Fortsetzung folgt

دنج [dendj] kuschelig *adj*, gemütlich *adj*

دندان [dandān] Zahn *m*

دندان آسیاب [dandān.e āßiyāb] Backenzahn *m*

دندان پزشک [dandān-pezeschk] Zahnarzt *m*

دندان در آوردن [dandān dar-āwardan] zahnen *v*

دندان درد [dandān-dard] Zahnschmerz *m*

دندان عقل [dandān.e aghl] Weisheitszahn *m*

دندان قرچه [dandān-gheretsche] Zähneknirschen *s*

دندان کشیدن [dandān keschidan] Zahn ziehen *v*

دندان کندن [dandān kandan] Zahn ziehen *v* (ugs.)

دندان مصنوعی [dandān.e maßnu'i] Zahnersatz *m*

دنده [dande] Gang *m* (Auto), Rippe *w*

دندۀ جلو [dande.ye djelou] Vorwärtsgang *m*

دندۀ خلاص [dande.ye chalāß] Leerlauf *m* (Gang)

دنده زدن [dande zadan] schalten *v* (Gang)

Wörterbuch Persisch – Deutsch

عقب دنده [dande.ye aghab] Rückwärtsgang m

دنیا [donyā] Erde w, Planet m, Welt w

ود [do] zwei num

دو [dou] Lauf m, Laufen s

دوا [dawā] Arznei w, Medikament s

داروخانه [dawā-chāne] Apotheke w

دوازده [dawāzdah] zwölf num

دوام داشتن [dawām dāschtan] haltbar sein v

دوای شکم کارکن [dawā.ye schekam kār-kon] Abführmittel s (ugs.)

دوباره [do-bāre] zum zweiten Male adv, nochmals adv

دو باره جوشاندن [do-bāre djuschāndan] aufwärmen v (Wasser, Milch u. ä)

دو برابر [do-barābar] zweimal adv, doppelt adj / adv

دوتا دوتا [do-tā do-tā] paarweise adj

دوتایی [do tāyi] zu zweit adv

دو جین [do-djin] Dutzend s

دو زبانه [do-zabāne] zweisprachig adj, doppelzungig adj

دوچرخه [do-tscharche] Fahrrad s

دوچرخه سواری [do-tscharche-ßawāri] Fahrradfahrt w, Fahrradausflug m

دوختن [duchtan] (präs. دوز [duz-]) nähen v, schneidern v

دود [dud] Rauch m, Qualm m

دود دادن [dud dādan] räuchern v

دود زدن [dud zadan] räuchern v

دود زده [dud-zade] geräuchert adj, verqualmt adj

دود کردن [dud kardan] räuchern v, qualmen v

دود کش [dud-kesch] Schornstein m, Abzug m

دودل [do-del] unentschlossen adj, unsicher adj

دودی [dudi] geräuchert adj

دور [dur] weit adv, fern adj

دورافتاده [dur-oftāde] weit entfernt adj, abgelegen adj

دوران [dourān] Umlauf m, Zeitalter s

دورانداختن [dur andāchtan] wegschmeißen v

دوربین [dur-bin] Kamera w

دوربین دو چشمی [dur-bin.e do-tscheschmi] Fernglas s

دوربین دیجیتال [dur-bin.e didjitāl] Digitalkamera w

دوربین عکاسی [dur-bin.e akkāßi] Fotoapparat m

دوربین فیلم برداری [dur-bin.e film-bar-dāri] Filmkamera w

دورتا دور [dour-tā-dour] ringsum adv, rundherum adv

دور دنیا [dour.e donyā] rund um die Welt adv

دور ریختن [dur richtan] wegschütten v

دور زدن [dour zadan] (um eigene Achse) drehen v, kreisen v, um etw. herumgehen v, wenden v (Auto)

دورسرچرخاندن [dour.e ßar tscharchāndan] j-n an der Nase herumführen v

دور شدن [dur schodan] sich entfernen v (a. von Thema), abweichen v

دورگشتن [dour gaschtan] kreisen v

دو رگه [do-rage] Mischling m

دو رو [do-ru] unehrlich adj

دوره [doure] Kurs m, Lehrgang m, Periode w, Runde w (Versammlung)

دوره مقدماتی [doure.ye moghademāti] Vorschule w

دوری [duri] Entfernung w

دوری زدن [douri zadan] Runde drehen v

دوری کردن [duri kardan] vermeiden v, sich fernhalten v

دوست [dußt] Freund m, Kamerad m

دوستانه [dußtāne] freundlich adj, freundschaftlich adj

دوست پسر [dußt.e peßar] (fester) Freund m

دوست داشتن [dußt däschtan] lieben v, mögen v

دوست داشتنی [dußt-däschtani] beliebt adj, sympathisch adj, nett adj

دوست دختر [dußt.e dochtar] (feste) Freundin w

دوست خوب [dußt.e chub] (guter) Freund m, (gute) Freundin w

دوست صمیمی [dußt.e ßamimi] (guter / enger) Freund m, (gute / enge) Freundin w

دوستی [dußti] Freundschaft w

دوش [dusch] Schulter w; Dusche w

دوشاخه [do-schäche] Stecker m

دوش به دوش [dusch-be-dusch] Schulter an Schulter adv

دوش گرفتن [dusch gereftan] duschen v

دوشنبه [do-schambe] Montag m

دوشیدن [duschidan] (präs. دوش [dusch-]) melken v

دوشیزه [duschize] Fräulein s

دوطرفه [do-tarafe] gegenseitig adj

دوغ [dugh] Joghurtgetränk s

دوقلو [do-gholu] Zwilling m

دولابچه [dulābtsche] Schränkchen s

دولا شدن [dolā schodan] sich beugen v, sich ducken v, sich bücken v

دولا کردن [dolā kardan] falten v (Papier, Stoff), umknicken v; sich beugen v, sich ducken v, sich bücken v

دولت [doulat] Regierung w, Staat m

دولتی [doulati] staatlich adj

دولتی کردن [doulati kardan] verstaat-lichen v

دوماً [dowwoman] zweitens num adv

دومرتبه [do-martabe] nochmals adv, wieder adv

دومی [dowwomi] zweiter num adj

دومین [dowwomin] zweiter num adj

دونده [dawande] Läufer m

دویدن [dawidan] (präs. دو [daw-]) laufen v, rennen v

دویست [dewißt] zweihundert num

ده [dah] zehn num

ده [deh] (Mz.: دهات [dehāt]) Dorf s

ده [de] so? interj, na so was! interj, was du hier sagst! interj (ugs.)

دهاتی [dehāti] bäuerlich adj, dörflich adj

دهان [dahān] Mund m

دهقان [dehghān] Bauer m, Dörfler m

دهکده [dehkade] Dorf s

دهم [dahom] zehnter num adj

دهن [dahan] Mund m

دهن کجی کردن [dahan-kadji kardan] Grimasse ziehen w

دهه [dahe] Jahrzehnt s

دی [dey] 10. Monat des iran. Sonnenkalenders (22.12.-20.01.)

دیابت [diyābet] Zuckerkrankheit w

دیباچه [dibātsche] Vorwort s (Buch)

دیپلم دورهٔ متوسطه [diplom.e doure.ye motawaßßete] Abitur s

دید [did] Sicht w, Aussicht w, Anblick m

دیدار [didār] Treffen s, Wiedersehen s

دیدار کردن [didār kardan] sich treffen v, besuchen v

دیدگاه [didgāh] Aussichtspunkt m

دیدن [didan] (präs. بین [bin-]) sehen v; erleben v

دیدن کردن [didan kardan] aufsuchen v, besuchen v, sich treffen v

دیدنی [didani] Sehenswürdigkeit w, sehenswert adj

دید و بازدید کردن [did-o-bāz-did kardan] sich gegenseitig besuchen v

دیر [dir] spät adj

دیروز [diruz] gestern adv

دیروز صبح [diruz ßobh] gestern früh adv

Wörterbuch Persisch – Deutsch

دير كردن [dir kardan] sich verspäten *v*, unpünktlich sein *v*

ديريا زود [dir yā zud] früher oder später *adv*, über kurz oder lang *adv*

ديزى [dizi] Lammeintopf *m*

ديسک [dißk] Bandscheibe *w*

ديشب [dischab] letzte Nacht *adv*, gestern Abend *adv*

ديكته [dikte] Diktat *s* (Schule)

ديكته كردن [dikte kardan] diktieren *v*

ديگ [dig] (Koch-)Topf *m*

ديگ زودپز [dig.e zud-paz] Schnellkochtopf *m*

ديگر [digar] / ديگه [dige] (ugs.) anderer *adj* / *pron*; weiter *adv*, noch *adv*, nicht mehr *adv* (verneinte Sätze), schon *adv*, doch *adv*

ديلم [deylam] Hebel *m*

دين [din] Religion *w*

ديو [diw] Dämon *m*, Teufel *m*

ديوار [diwār] Wand *w*, Mauer *w*

ديوان [diwān] Diwan *m* (Gedichtsammlung)

ديوانگى [diwānegi] Wahnsinn *m*, Verrücktheit *v*

ديوانه [diwāne] verrückt *adj*, wahnsinnig *adj*, blöd *adj*

ديوانه شدن [diwāne schodan] verrückt werden *v*, überschnappen *v*

ذ

ذات [zāt] Natur *w*, Wesen *s*

ذاتاً [zātan] von Natur aus *adv*, dem Wesen nach *adv*

ذخيره [zachire] Vorrat *m*

ذخيره كردن [zachire kardan] Vorräte anlegen *v*, speichern *v*

ذرت [zorrat] Mais *m*

ذره [zarre] Atom *s*

ذره بين [zarre-bin] Lupe *w*

ذغال [zoghāl] Kohle *w*

ذكر كردن [zekr kardan] erwähnen *v*, angeben *v*, nennen *v*

ذوق [zough] Begeisterung *w*

ذهن [zehn] Gedächtnis *s*, Bewusstsein *s*

ر

را [rā] (Akkusativzeichen)

رابطه [rābete] (*Mz.*: روابط [rawābet])
Beziehung *w*, Verhältnis *s*, Kontakt *m*

رابطه داشتن [rābete dāschtan] Umgang haben *v*, Verhältnis haben *v*

رابطه جنسى [rābete.ye djenßi] Geschlechtsverkehr *m*

رابطه عاشقانه [rābete.ye āscheghāne] Liebesbeziehung *w*

راجع به [rādj' be] bezüglich *prep*, wegen *prep*, über *prep*

راحت [rāhat] gemütlich *adj*, bequem *adj*

راحت گذاشتن [rāhat-gozāschtan] in Frieden lassen *v*

راز [rāz] Geheimnis *s*

رازيانه [rāziyāne] Fenchel *m*

راست [rāßt] gerade *adj*, aufrecht *adj*, wahr *adj*

راست ايستادن [rāßt ißtādan] aufrecht stehen *v*

راست گفتن [rāßt goftan] Wahrheit sagen *v*, ohne Umschweife sagen *v*

راست و پوست كنده [rāßt-o-pußt-kande] klipp und klar *adv*

راست و صاف [rāßt-o-ßāf] klipp und klar *adv*

راسته [rāßte] Filet *s*

راستى [rāßti] Wahrheit *w*; übrigens *adv*

راضى [rāzi] zufrieden *adj*

راضى شدن [rāzi budan] zufrieden sein *v*, einwilligen *v*, einverstanden sein *v*

راضى كردن [rāzi kardan] zufriedenstellen *v*, überzeugen *v*, überreden *v*

راكت [rāket] Rakete w; Schläger m (Tennis)

رام [rām] zahm adj

رام كردن [rām kardan] zähmen v

ران [rān] Oberschenkel m

راندن [rāndan] (präs. ران [rān-]) fahren v (Auto), steuern v, lenken v

رانندگی كردن [rānandegi kardan] Auto fahren v

راننده [rānande] Fahrer m, Chauffeur m

راه [rāh] Weg m, Durchgang m

راه آهن [rāh-āhan] Eisenbahn w

راه افتادن [rāh oftādan] sich auf den Weg machen v, abfahren v, losgehen v

راه انداختن [rāh andāchtan] abfertigen v

راهب [rāheb] Mönch m

راهبه [rāhebe] Nonne w

راه بندان [rāh-bandān] Stau m

راه پله [rāh-pelle] Treppenhaus s

راه پيمايى [rāh-peymāyi] Wanderung w

راه دادن [rāh dādan] den Weg freigeben v, einlassen v

راه حل [rāh.e hall] Lösung w, Ausweg m

راه راه [rāh-rāh] gestreift adj (Muster)

راه رفتن [rāh raftan] spazierengehen v, gehen v

راه عبور [rāh.e obur] Durchgang m

راهرو [rāh-rou] Korridor m, Flur m

راهنما [rāh-namā] Wegweiser m, Führer m

راهنمايى [rāh-namāyi] Führung w, Hinweis m

راهنمايى كردن [rāh-namāyi kardan] führen v, Hinweis geben v

رأى [ra'y] Abstimmung w, Stimme w (Wahl)

رأى دادگاه [ra'y.ye dādgāh] Gerichtsurteil s

رأى دادن [ra'y dādan] abstimmen v, wählen v

رأى كسى را زدن [ra'y.ye kaß.i rā zadan] abraten v, umstimmen v

رايگان [rāy(e)gān] kostenlos adj, gratis adv, umsonst adv

رأى گيرى [ra'y-giri] Abstimmung w

ربط [rabt] Zusammenhang m

ربط داشتن [rabt dāschtan] betreffen v, zusammenhängen v

ربع [rob'] Viertel s

ربودن [robudan] (präs. ربا [robā-]) rauben v, stehlen v, entführen v

رجوع كردن [rodju' kardan] Bezug nehmen v, sich wenden (an) v

رحم [rahem] Gebärmutter w

رحم [rahm] Erbarmen s, Mitleid s

رحم آوردن [rahm āwardan] bemitleiden v

رحم كردن [rahm kardan] sich erbarmen v

رختخواب [racht.e chāb] Bett s

رخ دادن [roch dādan] sich ereignen v, geschehen v, passieren v

رد [radd.e pā] (Fuß-)Spur w, Ablehnung w, Absage w

رد شدن [radd schodan] durchfahren v, durchgehen v, vorbeifahren v, vorbeigehen v, überqueren v, sitzen bleiben v (Schule)

رد كردن [radd kardan] ablehnen v, zurückweisen v

رد و بدل كردن [radd-o badal kardan] austauschen v (Blicke, Worte)

رديف [radif] Reihe w

رديف به رديف [radif-be-radif] der Reihe nach adv

رز [roz] Rose w

رزرو جا [rezerw.e djā] Buchung w, Reservierung w (Flug, Platz)

رزرو كردن [rezerw kardan] buchen v, reservieren v, bestellen v (Flug, Platz, Tisch, Zimmer)

رژه [reje] Parade w (militär.)

رژه رفتن [reje raftan] marschieren *v* (militär.)

رژیم [rejim] Diät *w*; Regime *s*

رژیم گرفتن [rejim gereftan] Diät halten *v*

رساندن [raßāndan] (*präs.* رس [raß-]) liefern *v*, übergeben *v*, hinbringen *v*

رسم [raßm] (*Mz.:* رسوم [roßum]) Brauch *m*, Ritual *s*, Sitte *w*

رسماً [raßman] offiziell *adv*

رسم و رسوم [raßm(-o-roßum)] Tradition *w*, Brauch *m*

رسمی [raßmi] amtlich *adj*, offiziell *adj*; fest *adj* (Anstellung)

رسوا کردن [roßwā kardan] bloßstellen *v*

رسوایی [roßwāyi] Blamage *w*, Schande *w*

رسید [raßid] Quittung *w*

رسید بانکی [raßid.e bānki] Kontoauszug *m*

رسیدگی [raßidegi] Kontrolle *w*, Untersuchung *w*

رسیدگی کردن [raßidegi kardan] bearbeiten *v*, beaufsichtigen *v*, untersuchen *v*

رسیدن [raßidan] (*präs.* رس [raß-]) ankommen *v*, eintreffen *v*, erreichen *v*; reifen *v* (Obst)

رسیده [raßide] reif *adj* (Obst)

رشتن [reschtan] (*präs.* ریس [riß-]) spinnen *v* (Faden)

رشته [reschte] (Studien-)Fach *s*, (Fach-)Bereich *m*

رشته فرنگی [reschte-farangi] Nudel *w*

رشد [roschd] Entwicklung *w*

رشد کردن [roschd kardan] sich entwickeln *v*, wachsen *v* (Pflanzen)

رشوه [reschwe] Bestechung *w*, Schmiergeld *s*

رشوه خوار [reschwe-chār] Korrupter *m*

رشوه خواری [reschwe-chāri] Bestechung *w*

رشوه خوردن [reschwe chordan] Bestechung annehmen *v*

رشوه دادن [reschwe dādan] bestechen *v*

رشوه گرفتن [reschwe gereftan] Bestechung annehmen *v*

رضایت [rezāyat] Zustimmung *w*, Zufriedenheit *w*

رضایت دادن [rezāyat dādan] zustimmen *v*, einwilligen *v*

رطوبت [rotubat] Feuchtigkeit *w*

رعایت [re'āyat] Berücksichtigung *w*, Rücksicht *w*

رعایت کردن [re'āyat kardan] beachten *v*, berücksichtigen *v*, einhalten *v* (Vorschrift, Verpflichtung)

رعد [ra'd] Donner *m* (Gewitter)

رعد و برق [ra'dd-o-bargh] Gewitter *s*

رعیت [ra'yat] Landwirt *m*, Bauer *m*

رفاقت [refāghat] Freundschaft *w*

رفتار [raftār] Benehmen *s*, Verhalten *s*

رفتار کردن [raftār kardan] sich benehmen *v*, sich verhalten *v*

رفتگر [roftgar] Straßenkehrer *m*

رفتن [raftan] (*präs.* رو [raw-]) gehen *v*, fahren *v*, weggehen *v*, wegfahren *v*

رفت و آمد [raft-o-āmad] Umgang *m*, Verkehr *m*, gegenseitige Besuche *Mz*

رفت و آمد کردن [raft-o-āmad kardan] verkehren *v*, sozialen Kontakt pflegen *v*, sich gegenseitig besuchen *v*

رفت و برگشت [raft-o-bar-gascht] hin und zurück *adv*, Hin- und Rückfahrt *w*

رفته رفته [rafte-rafte] allmählich *adv*, nach und nach *adv*

رفوزه شدن [rofuze schodan] sitzen bleiben *v*, durchfallen *v* (Schule)

رفو کردن [rofu kardan] ausbessern *v*, stopfen *v*, flicken *v*

رفیق [rafigh] Freund *m*, Kamerad *m*

رقابت [reghābat] Wettbewerb m, Konkurrenz w, Rivalität w

رقابت کردن [reghābat kardan] konkurrieren v, rivalisieren v

رقص [raghß] Tanz m

رقاص [raghghāß] Tänzer m

رقص عربی [raghß.e arabi] Bauchtanz m

رقصیدن [raghßidan] (präs. رقص [raghß-]) tanzen v

رقم [ragham] Zahl w, Ziffer w

رقیب [raghib] Gegner m, Rivale m

رقیق [raghigh] flüssig adj, wässrig adj

رقیق کردن [raghigh kardan] verdünnen v

رک [rok] aufrichtig adj, klipp und klar adv

رکاب [rekāb] Steigbügel m, Pedal s (Fahrrad)

رکلام [reklām] Werbung w, Reklame w

رکیک [rakik] anstößig adj, derb adj

رگ [rag] Ader w, Vene w

رگبار [rag-bār] Regenschauer m

رگ به رگ شده [rag-be-rag-schode] verstaucht adj

رگل [regl] Menstruation w

رل [rol] Lenkrad s; (Film-)Rolle w

رمضان [ramazān] Ramadan m (Fastenmonat, 9. Monat des islam. Mondjahres)

رم کردن [ram kardan] durchgehen v (Pferd)

رنج [randj] Qual w, Leid s

رنج بردن [randj bordan] sich quälen v, leiden v

رنج دادن [randj dādan] quälen v, Leid zufügen v

رنج کشیدن [randj keschidan] sich quälen v, leiden v

رنده [rande] Reibe w, Hobel m

رنده کردن [rande kardan] reiben v (Kartoffeln, Karotten usw.), hobeln v

رنگ [rang] Farbe w, Lack m

رنگارنگ [rangārang] bunt adj, verschiedenfarbig adj

رنگ باختن [rang bāchtan] erblassen v

رنگ به رنگ [rang-be-rang] bunt adj

رنگ پریده [rang-paride] blass adj

رنگ زدن [rang zadan] malen v (Wand), anstreichen v, färben v, tönen v (Haare)

رنگ و رو رفته [rang-o-ru-rafte] verblichen adj, verwaschen adj (Stoff usw., ugs.)

رنگی [rangi] farbig adj, bunt adj

رنگین کمان [rangin-kamān] Regenbogen m

روان [rawān] fließend adj, strömend adj; Seele w

روانشاد [rawān-schād] selig adj; Verstorbener m

روان شدن [rawān schodan] fließen v

روانشناس [rawān-schenāß] Psychiater m

روانی [rawāni] psychisch adv, psychisch krank adj

روبالشی [ru-bāleschi] Kissenbezug m

روباه [rubāh] Fuchs m

روبدوشامبر [robdeschān] (ugs.) Morgenrock m

روبرو [ru-be-ru] gegenüber adv

روبرو شدن [ru-be-ru schodan] konfontiert werden v, sich gegenüberstehen v

رو به رو کردن [ru-be-ru kardan] konfrontieren v

روبروی [ru-be-ru.ye] gegenüber prep

روپوش [ru-pusch] Schuluniform w

روتخت خوابی [ru-tacht(-e)-chābi] Bettdecke w

روتختی [ru-tachti] Decke w, Bettbezug m

روح [ruh] Seele w, Geist m

روحاً [ruhan] seelisch adv, geistig adv

روحانی [rouhāni] Geistlicher m, heilig adj, seelisch adj

رود [rud] Fluss m, Strom m

رودخانه [rud-chāne] Fluss m, Strom m

Wörterbuch Persisch – Deutsch

روده [rude] Darm *m*

روز [ruz] Tag *m*

روز آزاد [ruz.e āzād] freier Tag *m*

روزانه [ruzāne] alltäglich *adj*, täglich *adv / adj*

روز بعد [ruz.e ba'd] am anderen Tag *adv*

روز به روز [ruz-be-ruz] Tag für Tag *adv*

روزتعطیل [ruz.e ta'til] Feiertag *m*

روزتولد [ruz.e tawallod] Geburtstag *m*

روز شوم [ruz.e schum] Unglückstag *m*

روز مادر [ruz.e mādar] Muttertag *m*

روز نحس [ruz.e nahß] Unglückstag *m*

روزبخیر [ruz-be-cheyr] guten Tag!

روزمره [ruz-marre] alltäglich *adj*, gewöhnlich *adj*

روزنامه [ruz-nāme] Zeitung *w*, Presse *w*

روزنامه فروش [ruz-nāme-forusch] Zeitungsverkäufer *m*

روزنامه نگار [ruz-nāme-negār] Journalist *m*

روزه [ruze] Fasten *s* (islam.)

روزه گرفتن [ruze gereftan] fasten *v* (islam.)

روزی [ruz.i] eines Tages *adv*, einst *adv*

روژ(لب) [ruj(.e lab)] Lippenstift *m*

روس [ruß] Russe *m*

روستا [rußtā] Dorf *s*, Siedlung *w*

روستایی [rußtāyi] ländlich *adj*, bäuerlich *adj*

روسری [ru-ßari] Kopftuch *m*

روسری سر کردن [ru-ßari ßar kardan] Kopftuch tragen *v*

روسی [rußi] russisch *adj*

روسیه [rußiye] Russland *s*

روش [rawesch] Verfahren *s*, Methode *w*, Art (und Weise) *w*

روشن [rouschan] hell *adj*, klar *adj* (Wetter), übersichtlich *adj*, deutlich *adj*, verständlich *adj*

روشنایی [rouschanāyi] Helligkeit *w*

روشن شدن [rouschan schodan] hell werden *v*, aufklaren *v* (Wetter)

روشن کردن [rouschan kardan] einschalten *v*, anmachen *v* (Licht, Gerät, Motor, Heizung), anzünden *v* (Feuer, Zigarette), klären *v* (Frage, Problem)

روضه خواندن [ruze chāndan] predigen *v*

روغن [roughan] Speiseöl *s*, Schmieröl *s*

روغن زدن [roughan zadan] ölen *v* (Maschine)

روغن زیتون [roughan(.e)-zeytun] Olivenöl *s*

روغن کنجد [roughan.e kondjed] Sesamöl *s*

روغن نباتی [roughan-nabāti] Margarine *w*, Pflanzenöl *s*

روغنی [roughani] ölig *adj*, schmierig *adj*, fettig *adj*

روکش دندان [ru-kesch.e dandān] Zahnkrone *w*

روکش کردن [ru-kesch kardan] beziehen *v* (Kissen, Bett)

رومانی [romāni] Rumänien *s*, rumänisch *adj*, Rumäne *m*

رومیزی [ru-mizi] Tischdecke *w*

رونق گرفتن [rounagh gereftan] aufblühen *v*

رونوشت [ru-neutest] Kopie *w*

رونوشت برداشتن [ru-newescht bar-dāschtan] fotokopieren *v*

رونویس کردن [ru-newiß kardan] abschreiben *v*, Zweitschrift anfertigen *v*

روی [ru.ye] auf *prep*

روی هم رفته [ru.ye ham-rafte] alles in allem *adv*, insgesamt *adv*

رها کردن [rahā kardan] befreien *v*, laufenlassen *v*

رهایی [rahāyi] Befreiung *w*

رهبر [rah-bar] Führer *m* (polit.)

رهبری کردن [rah-bari kardan] führen *v* (polit.)

رهن [rahn] Hypothek w

ریاست [riyāßat] Leitung w, Politik w

ریاضی [riyāzi] Mathematik w

ریال [riāl] Rial m (iran. Währungseinheit)

ریحان [reyhān] Basilikum s

ریختن [richtan] (präs. ریز [riz-])
(ein)gießen v, einschenken v,
verschütten v, (her)abfallen v (Blätter),
ausfallen v (Haare)

ریز [riz] klein adj, winzig adj

ریزریز کردن [riz-riz kardan] zerkleinern v,
in Stücke reißen v, zerhacken v

ریسک [rißk] Risiko s

ریسمان [rißmān] Schnur w

ریسیدن [rißidan] (präs. ریس [riß-])
spinnen v (Faden)

ریش [risch] Bart m

ریش تراشی [risch-tarāschi] Rasierapparat m

ریش تراشیدن [risch-tarāschidan]
rasieren v

ریش خند [risch-chand] Hohn m, Spott m

ریش خند زدن [risch-chand zadan] spotten
v, verhöhnen v

ریش دار [risch-dār] bärtig adj

ریشو [rischu] bärtig adj

ریشه [rische] Wurzel w, Herkunft w,
Ursprung m, Stamm m (Wort)

ریشه ریشه [rische-rische] fusslig adj,
zerfranst adj

ریگ [rig] Kiesel m

ریل [reyl] Schiene w, Gleis s

ریمل [rimel] Wimperntusche w

ریواس [riwāß] Rhabarber m

رئیس [ra'iß] Chef m, Direktor m

رئیس جمهور [ra'iß-djomhur] Präsident m

ریه [riye] Lunge w

ز

زاد [zād] Geburt w

زاپاس [zāpāß] Ersatz m, Reserve w

زاغ [zāgh] Krähe w

زالو [zālu] Blutegel m

زانو [zānu] Knie s

زانو زدن [zānu zadan] knien v

زاویه [zāwiye] Winkel m

زایمان [zāyemān] Entbindung w,
Geburt w

زاییدن [zāyidan] (präs. زای [zāy-])
gebären v

زباله [zobāle] Abfall m, Müll m

زبان [zabān] Zunge w; Sprache w

زبان خارجی [zabān.e chāredji] Fremdsprache w

زبان عامیانه [zabān.e āmiyāne]
Umgangssprache w

زبان مادری [zabān.e mādari] Muttersprache m

زبان محلی [zabān.e mahalli] Dialekt m

زبر [zebr] rau adj (bei Berührung)

زبردست [zebar-daßt] geschickt adj

زبر و زرنگ [zebar-o-zerang] schlagfertig
adj, findig adj, clever adj, flink adj

زجر [zadjr] Folter w, Qual w

زجردادن [zadjr dādan] foltern v, quälen v

زجر کشیدن [zadjr keschidan] sich quälen
v, Qualen (er)leiden v

زحمت [zahmat] Bemühung w, Mühe w

زحمت دادن [zahmat dādan] j-m Mühe
bereiten v

زحمت کش [zahmat-kesch] tüchtig adj,
fleißig adj

زحمت کشیدن [zahmat keschidan] sich
bemühen v, sich anstrengen v

زخم [zachm] Verletzung w, Wunde w,
Schramme w

زخم بندی [zachm-bandi] Verband m
(medizin.)

زخم بندی کردن [zachm-bandi kardan]
verbinden v (Wunde)

Wörterbuch Persisch – Deutsch

زخم معده [zachm.e me'de] Magengeschwür s

زخمی [zachmi] verletzt adj,
verwundet adj

زخمی شدن [zachmi schodan] sich
verletzen v, verwundet werden v

زخمی کردن [zachmi kardan] verletzen v,
verwunden v

زدن [zadan] (präs. زن [zan-]) schlagen v,
hauen v, klopfen v, abschneiden v
(Haare, Nägel)

زد وخورد [zad-o-chord] Schlägerei w

زراعت [zerā'at] Ackerbau m, Landwirtschaft w

زراعت کردن [zerā'at kardan] anbauen v
(Landwirtschaft)

زرافه [zarrāfe] Giraffe w

زرتشت [zartoscht] Zarathustra (Prophet)

زرتشتی [zartoschti] Zarathustrier m
(Religionsangehöriger)

زرد [zard] gelb adj

زردآلو [zard-ālu] Aprikose w

زرد چوبه [zard-tschube] Kurkuma w

زردشت [zardoscht] Zarathustra (Prophet)

زردک [zardak] Möhre w

زرده [zarde] Dotter s, Eigelb s

زر زدن [zer zadan] quatschen v,
schwatzen v

زرشک [zereschk] Berberitze w

زرگر [zargar] Juwelier m, Goldschmied m

زرنگ [zerang] fleißig adj, tüchtig adj,
pfiffig adj, schlau adj

زرورق آلومینیومی [zar-waragh.e āluminiumi]
Alufolie w

زرین [zarrin] golden adj

زشت [zescht] hässlich adj, gemein adj,
unanständig adj

زعفران [za'farān] Safran m

زغال اخته [zoghāl-achte] Preiselbeere w

زکام [zokām] Schnupfen m, Grippe w

زلال [zolāl] durchsichtig adj, klar adj
(Wasser)

زل زدن [zol zadan] anstarren v, schief
ansehen v

زلزله [zelzele] Erdbeben s

زلف [zolf] Locke w

زمان [zamān] Zeit w, Zeitraum m,
Zeitalter s, Epoche w

زمخت [zomocht] rau adj (Stoff, Leder), grob
adj, zäh adj

زمزمه کردن [zem-zeme kardan] summen
v, murmmeln v

زمستان [zemeßtān] Winter m

زمستانی [zemeßtāni] winterlich adj

زمین [zamin] Erdboden m, Grund und
Boden m, Grundstück s

زمین افتادن [zamin oftādan] hinfallen v
(zu Boden)

زمین خوردن [zamin chordan] hinfallen v
(zu Boden)

زمین گذاشتن [zamin gozāschtan] etw. auf
Boden legen / stellen v, absetzen v

زمین ورزش [zamin.e warzesch] Sportplatz m

زمینه [zamine] Bereich m, Gebiet s,
Hintergrund m, Grundlage w

زن [zan] Frau w, Ehefrau w

زناء [zenā'] Ehebruch m

زناشویی [zannā-schuyi] Ehe w

زناء کردن [zenā' kardan] Ehebruch
begehen v, fremdgehen v

زنانه [zanāne] weiblich adj, feminin adj

زن برادر [zan-barādar] Schwägerin w
(Ehefrau des Bruders)

زنبور [zambur] Wespe w

زنبیل [zambil] Korb m

زنجبیل [zandjabil] Ingwer m

زنجیر [zandjir] Kette w, Fessel w

زن خانه دار [zan.e chāne-dār] Hausfrau w

زندان [zendān] Gefängnis s

زندانی [zendāni] Gefangener m

زندانی سیاسی [zendāni.ye ßiyāßi] politischer Gefangener *m*

زندانی کردن [zendāni kardan] ins Gefängnis werfen *v*, einsperren *v*

زن دایی [zan-dāyi] Tante *w* (Ehefrau des Mutterbruders)

زندگی [zendegi] Leben *s*

زندگی کردن [zendegi kardan] leben *v*, wohnen *v*

زنده [zende] lebendig *adj*

زنده باد [zende bād] es lebe hoch!, gut gemacht!

زنده پخش کردن [zende pachsch kardan] live übertragen v

زنده ماندن [zende māndan] überleben *v*

زن عمو [zan-ammu] Tante *w* (Ehefrau des Vaterbruders)

زنگ [zang] Glocke *w*, Klingel *w*; Rost *m*

زنگ تفریح [zang.e tafrih] Pause *w* (Schule)

زنگ خطر [zang.e chatar] Sirene *w*, Alarm *m*

زن گرفتن [zan gereftan] (Frau) heiraten *v*

زنگ زدن [zang zadan] läuten *v*, klingeln *v*, anrufen *v*; rosten *v*

زنگ زده [zang-zade] rostig *adj*

زنگوله [zangule] Glocke *w*, Glöckchen *s*

زننده [zanande] abstoßend *adj*, anstößig *adj* (z. B. Kleidung), knallig *adj*

زن و شوهر [zan-o-schouhar] Ehepaar *s*

زوال [zewāl] Untergang *m* (Volk)

زوال یافتن [zewāl yāftan] untergehen *v* (Volk)

زوج [zoudj] gerade Zahl *w*, Gatte *w*

زوجه [zoudje] Gattin *w*

زود [zud] schnell *adj*, bald *adv*, früh *adv*

زود باور [zud-bāwar] leichtgläubig *adj*

زودتر [zud.tar] eher *adv*, früher *adv*

زور [zur] Gewalt *w*, Zwang *m*, Stärke *w*, Macht *w*

زورآوردن [zur āwardan] erpressen *v*, j-n zu etw. zwingen *v*

زورخانه [zur-chāne] Sport- und Kampfstätte *w* (tradition.)

زور زدن [zur zadan] sich anstrengen *v*, Kraft aufbringen *v*

زورکی [zuraki] zwanghaft *adj*, unnatürlich *adv*, ungern *adv*

زورکی خندیدن [zuraki chandidan] zwanghaft lachen *v*

زورگفتن [zur goftan] Unmögliches verlangen *v*

زوزه [zuze] Geheule *s*, Gewinsel *s*, Gejaule *s* (Hund, Wolf)

زوزه کشیدن [zuze keschidan] heulen *v*, winseln *v*, jaulen *v* (Hund, Wolf)

زهر [zahr] Gift *s*

زهردادن [zahr dādan] vergiften *v*

زهرخوردن [zahr chordan] sich vergiften **v**

زهرکردن [zahr kardan] j-m etw. vermiesen *v*

زهره ترک شدن [zahre-tarak schodan] sich zu Tode erschrecken *v* (figurativ)

زهری [zahri] giftig *adj*

زیاد [ziyād] sehr *adv*, viel *adv / adj*

زیاد آمدن [ziyād āmadan] übrigbleiben *v*

زیاد کردن [ziyād kardan] erhöhen *v*, vergrößern *v*, steigern *v*

زیاده روی [ziyāde-rawi] Übertreibung *w*

زیاده روی کردن [ziyāde-rawi kardan] übertreiben *v*, zu weit gehen *v*

زیادی [ziyādi] überflüssig *adj*, Überfluss *m*

زیارت [ziyārat] Wallfahrt *w*, Pilgerfahrt *w*

زیارتگاه [ziyārat-gāh] Wallfahrtsort *m*

زیبا [zibā] schön *adj*, hübsch *adj*

زیبائی [zibāyi] Schönheit *w*

زیپ [zip] Reißverschluss *m*

زیتون [zeytun] Olive *w*

زیر [zir] unten *adv*, unterhalb *adv*

زیر [zir.e] unter *prep*, unterhalb *prep*

زیرا [zirā] denn *conj*, weil *conj*,

nämlich *adv*

زیرپیراهنی / زیرپیراهن [zir-pirāhan] / [zir-pirāhani] Unterhemd *s*

زیرچشمی [zir-tscheschmi] verstohlen *adj*

زیر چشمی نگاه کردن [zir-tscheschmi negāh kardan] schielen (nach) *v*, verstohlen gucken *v*

زیر خنده زدن [zir.e chande zadan] in Lachen ausbrechen *v*

زیرزمین [zir-zamin] Keller *m*

زیر سیگاری [zir-ßigāri] Aschenbecher *m*

زیرشلواری [zir-schalwāri] Unterhose *w*

زیرکردن [zir kardan] j-n überfahren *v*

زیرگرفتن [zir gereftan] j-n überfahren *v*

زیر گریه زدن [zir.e gerye zadan] in Tränen ausbrechen *v*

زیرلب خندیدن [zir.e lab chandidan] schmunzeln *v*

زیر و رو کردن [zir-o-ru kardan] durchwühlen *v*

زیره [zire] Kümmel *m*

زیست [zißt] Dasein *s*, Umwelt *w*

زین [zin] Sattel *m*

زینت دادن [zinat dādan] schmücken *v*, verzieren *v*

زینت کردن [zinat kardan] schmücken *v*, verzieren *v*

ژ

ژاپن [jāpon] Japan *s*

ژاپنی [jāponi] Japaner *m*, japanisch *adj*

ژاکت [jākat] Strickjacke *w*

ژامبون [jāmbon] Schinken *m*

ژانویه [jānwiye] Januar *m*

ژتون [jeton] Spielmarke *w*, Wertmarke *w*

ژست آمدن [jeßt āmadan] aufblähen *v*, protzen *v*

ژست گرفتن [jeßt gereftan] aufblähen *v*, protzen *v*

ژله [jele] Gel *s*

ژن [jen] Gen *s*

ژوئن [ju'an] Juni *m*

ژولیده [julide] wuschelig *adj*, zerzaust *adj* (Haar)

ژوئیه / ژونیه [juye] / [ju'ye] Juli *m*

ژیمناستک [jimnäßtik] Gymnastik *w*

س

سابق [ßābegh] ehemalig *adj*, vorig *adj*, früher *adv*, einst *adv*

سابقاً [ßābeghan] früher *adv*, einst *adv*, ehemals *adv*

سابقه [ßābeghe] Vorleben *s*, Vergangenheit *w*

سابیده [ßābide] abgetragen *adj* (Schuh)

ساحل [ßāhel] Ufer *s*, Küste *w*, Strand *m*

ساخت [ßācht] Erzeugnis *s*, Produkt *s*, Produktion *w*

ساختمان [ßāchtemān] Bauwerk *s*, Bau *m*, Gebäude *s*

ساختمان کردن [ßāchtemān kardan] bauen *v*, errichten *v*

ساختن [ßāchtan] (*präs.* ساز [ßāz-]) bauen *v*, errichten *v*

ساده [ßāde] einfach *adj*, schlicht *adj*, uni *adj* (Textilmuster), naiv *adj*

ساده کردن [ßāde kardan] vereinfachen *v*

سار [ßār] Star *m* (Vogel)

سارق [ßāregh] Einbrecher *m*, Dieb *m*

ساز [ßāz] Instrument *s* (Musik)

سازمان [ßāz(e)mān] Einrichtung *w*, Unternehmen *s*, Organisation *w*, Aufbau *m*

سازمان ملل متحد [ßāz(e)mān.e mellal.e mottahed] Vereinte Nationen *Mz* (UNO)

سازنده [ßāzande] Hersteller *m*

ساس [ßāß] Wanze *w* (Ungeziefer)

ساطور [ßātur] Fleischerbeil *s*

ساعات حرکت [ßā'āt.e harakat] Fahrplan *m*

ساعات کار [ßā'āt.e kār] Öffnungszeiten *Mz*

ساعات ملاقات [ßā'āt.e molāghāt]
Besuchszeiten *Mz*, Sprechzeiten *Mz*

ساعت [ßā'at] (*Mz.:* ساعات [ßā'āt]) Stunde
w; Uhr *w*

ساعت پرواز [ßā'at.e parwāz] Abflugzeit *w*

ساعت جیبی [ßā'at.e djibi] Taschenuhr *w*

ساعت شماطه دار [ßā'at.e schammāte-dār]
Wecker *m*

ساعت کار [ßā'at.e kār] Arbeitszeit *w*

ساعت کوکی [ßā'at.e kuki] Wecker *m* (ugs.)

ساعت مچی [ßā'at.e motschi] Armbanduhr *w*

ساق پا [ßāgh.e pā] Schienbein *s*,
Unterschenkel *m*

ساقدوش [ßāgh-dusch] Brautjungfer *w*

ساقه [ßāghe] Stengel *m*, Stiel *m*

ساک [ßāk] (Trage-)Tasche *w*

ساکت [ßāket] leise *adj*, schweigsam *adj*

ساکن [ßāken] (*Mz.:* ساکنین [ßākenin])
Einwohner *m*, Bewohner *m*,
wohnhaft *adj*

سال [ßāl] Jahr *s*

سالاد [ßālād] Salat *m*

سال آینده [ßāl.e āyande] nächstes
Jahr *s / adv*

سال به سال [ßāl-be-ßāl] Jahr für Jahr *adv*,
alljährlich *adj / adv*

سال پیش [ßāl.e pisch] vergangenes Jahr *s*
/ *adv*, Vorjahr *s*

سال تحصیلی [ßāl.e tahßili] Schuljahr *s*

سال تحویل [ßāl-tahwil] Jahreswechsel *m*

سال جدید [ßāl.e djadid] Neujahr *s*

سال خورشیدی [ßāl.e chorschidi]
Sonnenjahr *s*

سال دیگر [ßāl.e digar] nächstes
Jahr *s / adv*

سال شمسی [ßāl.e schamßi] Sonnenjahr *s*

سال قبل [ßāl.e ghabl] vergangenes Jahr *s*
/ *adv*, Vorjahr *s*

سال قمری [ßāl.e ghamari] Mondjahr *s*

سال کبیسه [ßāl.e kabiße] Schaltjahr *s*

سال گذشته [ßāl.e gozaschte] vergangenes
Jahr *s / adv*, letztes Jahr *s / adv*

سالگرد [ßāl-gard] Jahrestag *m*,
Jubiläum *s*

سالم [ßālem] gesund *adj*, heil *adj*

سالن [ßālon] Saal *m*, Halle *w*

سالن آرایش و زیبایی [ßālon.e ārāyesch wa
zibāyi] Kosmetikstudio *s*

سالن انتظار [ßālon.e entezār] Wartesaal *m*

سالن غذاخوری [ßālon.e ghazā-chori]
Speisesaal *m*

سالنامه [ßāl-nāme] Jahreskalender *m*

سالن ناهارخوری [ßālon.e nāhār-chori]
Speisesaal *m*

سال نو [ßāl.e nou] Neujahr *s*

سالن ورزش [ßālon.e warzesch]
Turnhalle *w*

سالیانه [ßāliyāne] (all)jährlich *adj*

سانتیمتر [ßāntimetr] Zentimeter *m*

ساندویچ [ßāndewitsch] Sandwich *s*

ساندویچ فروشی [ßāndewitsch-foruschi]
Imbissbude *w*

سانسور [ßānßur] Zensur *w*

سانسور کردن [ßānßur kardan] zensieren *v*

سایر [ßāyer] (*Mz.:* سایرین [ßāyerin])
übrige *adj / pron Mz*, andere *adj /
pron Mz*

سایه [ßāye] Schatten *m*

سایه چشم [ßāye.ye tscheschm]
Lidschatten *m*

سبب [ßabab] Ursache *w*, Grund *m*,
Anlass *m*

سبد [ßabad] Korb *m*

سبز [ßabz] grün *adj*, blühend *adj*

سبزه [ßabze] Grünes *s*, grünes Gras *s*

سبزی [ßabzi] (*Mz.:* سبزیجات [ßabzidjāt])
Gemüse *s*, Grünzeug *s*, Kraut *s*

سبزی فروش [ßabzi-forusch] Gemüsehändler *m*

Wörterbuch Persisch – Deutsch

سبقت [ßebghat] Überholen s

سبقت گرفتن [ßebghat gereftan] überholen v

سبک [ßabk] Methode w, Stil m, System s

سبک [ßabok] leicht adj; billig adj (Verhalten)

سبک کردن [ßabok kardan] erleichtern v (Koffer; sein Herz); erniedrigen v (ugs.)

سبوس [ßabuß] Kleie w

سبیل [ßebil] Schnurrbart m

سپاس [ßepāß] Dank m

سپاسگزار [ßepāß-gozār] dankbar adj

سپاسگزاری کردن [ßepāß-gozāri kardan] sich bedanken v

سپاه [ßepāh] Armee w, Militär s, Heer s

سپس [ßepaß] danach adv, dann adv

سپتامبر [ßeptāmbr] September m

سپر [ßepar] Schild m (militär.)

سپرماشین [ßepar.e māschin] Stoßstange w

سپور [ßopur] Straßenkehrer m

سپه [ßepah] Armee w, Militär s, Heer s

سپید [ßepid] weiß adj

سپیده دم [ßepide-dam] Morgendämmerung w, Morgengrauen s

ست [ßet] Satz m (Garnitur), Set s

ستاره [ßetāre] Stern m

ستارهٔ دریایی [ßetāre.ye daryāyi] Qualle w

ستارهٔ سینما [ßetāre.ye ßinamā] (Film-)Star m

ستایش کردن [ßetāyesch kardan] verehren v (Gott), loben v

ست غذا خوری [ßet.e ghazā-chori] Geschirrservice s

ستم [ßetam] Unrecht s, Unterdrückung w, Tyrannei w, Gewalt w

ستم دیدن [ßetam didan] Unterdrückung erleiden v

ستم کشیدن [ßetam keschidan] Unterdrückung erleiden v

ستون [ßotun] Säule w, Pfeiler m, Pfahl m

ستون فقرات [ßotun.e fagharāt] Wirbelsäule w

سجاده [ßadjdjāde] Gebetsteppich m

سجل / سجلد [ßedjeld] / [ßedjel(l)] Geburtsurkunde w

سخاوتمند [ßechāwatmand] edel adj, großmutig adj

سخت [ßacht] schwer adj, ernsthaft adj, mühsam adj, streng adj, anstrengend adj, schwierig adj

سختی [ßachti] Schwierigkeit w, Leid s, Mühsal w

سختی کشیدن [ßachti keschidan] Schwierigkeiten durchleiden v

سخن چین [ßochan-tschin] Klatschmaul s (ugs.)

سخنرانی [ßochan-rāni] Rede w, Vortrag m

سخنرانی کردن [ßochan-rāni kardan] Rede / Vortrag halten v

سخن گفتن [ßochan goftan] reden v

سد [ßadd] Damm m, Deich m, Stausee m

سده [ßade] Jahrhundert s

سر [ßar] Kopf m, Spitze w, Deckel m (ugs.); an prep

سر [ßer] unempfindlich adj, taub adj (Hände, Füße usw.)

سر [ßerr] Geheimnis s

سر [ßor] rutschig adj, glatt adj

سرازیر [ßarā-zir] bergab adv, abwärts adv, steil adj

سرازیری [ßarā-ziri] Abhang m, Gefälle s (Straße, Berg)

سراسر آلمان [ßarāßar.e ālmān] ganz Deutschland

سراسرجهان [ßarāßar.e djahān] weltweit adv

سراشیب [ßarā-schib] bergab adv, steil adj

سراشیبی [ßarā-schibi] Abhang *m*, Gefälle *s* (Straße, Berg)

سراغ گرفتن [ßorāgh.e kaß.i rā gereftan] sich nach j-m erkundigen *v*, nach j-m fragen *v*, nach j-m verlangen *v*

سرامیک [ßerāmik] Keramik *w*

سرانجام [ßar-andjām] endlich *adv*, schließlich *adv*

سرایت [ßerāyat] Ansteckung *w*

سرایت کردن [ßerāyat kardan] Krankheit übertragen *v*, infizieren *v*

سرایدار [ßarāy-dār] Hausmeister *m*

سرب [ßorb] Blei *s*

سرباز [ßar-bāz] Soldat *m*; Bube *m* (Spielkarte)

سربازخانه [ßar-bāz-chāne] Kaserne *w*

سربازی [ßar-bāzi] Wehrdienst *m*

سربالا [ßar-bālā] bergauf *adv*, steil (nach oben) *adj*

سرپایی [ßar-pāyi] Hausschuh *m*, Pantoffel m

سرپایینی [ßar-pāyini] bergab führend *adj*, Abhang *m*

سرپرست [ßar-paraßt] Vormund *m*

سرتا سر [ßar-tā-ßar] von einem Ende zum anderen *adv*, rundherum *adv*, durch und durch *adv*, völlig *adj*

سرتکان دادن [ßar takān dādan] mit dem Kopf nicken *v*

سرحال [ßar.e hāl] ausgelassen *adj*, munter *adj*, fröhlich *adj*, heiter *adj* (Stimmung)

سرحد [ßar-hadd] Grenze *w* (Land)

سرخ [ßorch] rot *adj*

سرخ پوست [ßorch-pußt] Indianer *m*

سرخوردن [ßor chordan] ausrutschen *v*

سرخک [ßorchak] Masern *Mz*

سرخ کردن [ßorch kardan] braten *v*, rösten *v*

سرخ کرده [ßorch-karde] gebraten *adj*, geröstet *adj*

سرد [ßard] kalt *adj* (Wetter), kühl *adj*, unfreundlich *adj*

سرد شدن [ßard schodan] kalt werden *v* (Wetter, Gefühl)

سردرآوردن [ßar dar-āwardan] verstehen *v*, begreifen *v*, durchschauen *v*, aus etw. schlau werden *v*

سردرد [ßar-dard] Kopfschmerzen *Mz*

سردرد گرفتن [ßar-dard gereftan] Kopfschmerzen bekommen *v*

سررشته داشتن [ßar-reschte dāschtan] über etw. Bescheid wissen *v*

سررفتن [ßar raftan] (auf)quellen *v*, überkochen *v* (Milch); Geduld verlieren *v* (ugs.)

سرزدن [ßar zadan] spontan besuchen *v*, nachschauen *v* (ob alles in Ordnung ist)

سرزده [ßar-zade] plötzlich *adj*, unerwartet *adj*

سرزمین [ßar-zamin] Land *s*

سرزنش [ßar-zanesch] Vorwurf *m*, Rüge *w*

سرزنش کردن [ßar-zanesch kardan] vorwerfen *v*, rügen *v*

سرساعت [ßar.e ßā'at] pünktlich *adj*

سرسره [ßor-ßore] Rutsche *w*

سرسری [ßar-ßari] nachlässig *adj*, flüchtig *adj*

سرشیر [ßar-schir] Rahm *m*

سرطان [ßaratān] Krebs *m* (Krankheit)

سرعت [ßor'at] Geschwindigkeit *w*

سرفه [ßorfe] Husten *m*

سرفه کردن [ßorfe kardan] husten *v*

سرقت [ßerghat] Einbruch *m*, Raub *m*, Diebstahl *m*

سرقت کردن [ßerghat kardan] rauben *v*, stehlen *v*

سرکه [ßerke] Essig *m*

Wörterbuch Persisch – Deutsch

سركوب كردن [ßar-kub kardan] unterdrücken *v* (Aufstand)

سرگردان [ßar-gardān] verzweifelt *adj*, umherirrend *adj*

سرگرمی [ßar-garmi] Zeitvertreib *m*, Hobby *s*, Vergnügen *s*, Unterhaltung *w*

سرگیجه [ßar-gidje] Schwindel(anfall) *m*

سرگیجه داشتن [ßar-gidje dāschtan] schwindlig sein *v*

سرگیجه گرفتن [ßar-gidje gereftan] Schwindelanfall bekommen *v*

سرما [ßarmā] Kälte *w*

سرما خوردن [ßarmā chordan] sich erkälten *v*, Schnupfen bekommen *v*

سرما خوردگی [ßarmā-chordegi] Erkältung *w*, Schnupfen *m*

سرمایه [ßarmāye] Kapital *s*

سرمایه گذاری کردن [ßarmāye-gozāri kardan] anlegen *v* (Geld)

سرمشق [ßar-maschgh] Vorbild *s*

سرمشق گرفتن [ßar-maschgh gereftan] sich j-n / etw. Vorbild nehmen *v*

سرموقع [ßar.e moughe'] zeitig *adj*, pünktlich *adj*

سرنگ [ßorang] Spritze *w* (Injektion)

سرنگ زدن [ßorang zadan] spritzen *v* (Injektion)

سرنگون کردن [ßar-negun kardan] j-n stürzen *v* (polit.)

سرنوشت [ßar-newescht] Schicksal *s*

سرو [ßarw] Zypresse *w*

سرو ته داشتن [ßar-o-tah dāschtan] Hand und Fuß haben *v* (figurativ)

سرود (ملی) [ßorud(.e melli)] (National-)Hymne *w*

سروصدا [ßar-o-ßedā] Lärm *m*, Krach *m*

سروصدا کردن [ßar-o-ßedā kardan] lärmen *v*, Krach machen *v*

سروقت [ßar.e waght] pünktlich *adj*, zeitig *adj*

سروکله زدن [ßar-o-kalle zadan] sich mit j-m (wg. etw.) herumschlagen *v*

سرویس [ßerwiß] Bedienung *w*, Service *m* (Dienstleistung), Garnitur *w*

سری [ßerri] geheim *adj*

سریال [ßeriāl] Serie *w* (TV)

سریش [ßerisch] Klebstoff *m*, Leim *m*

سریش زدن [ßerisch zadan] kleben *v*, leimen *v*

سریع [ßari'] prompt *adj*, schnell *adj*, umgehend *adj*, zügig *adj*

سزارین [ßezāriyen] Kaiserschnitt *m*

سس [ßoß] Soße *w*

سست [ßoßt] schlaff *adj* (Muskel), kraftlos *adj* (Person)

سشوار [ßeschwār] Haartrockner *m*

سطح [ßath] Fläche *w*, Ebene *w*: Stufe *w* (Niveau)

سطح آب [ßath.e āb] Wasserspiegel *m*

سطح زندگی [ßate' zendegi] Lebens-standard *m*

سطر [ßatr] Zeile *w*

سطل [ßatl] Eimer *m*

سطل آشغال [ßatl.e āschghāl] Abfalleimer *m*, Mülleimer *m*, Papierkorb *m*

سطل زباله [ßatl.e zobāle] Abfalleimer *m*, Mülleimer *m*

سعی [ßa'y] Bemühung *w*, Mühe *w*

سعی کردن [ßa'y kardan] sich Mühe geben *v*, sich anstrengen *v*, versuchen *v*

سفارت [ßefārat] Botschaft *w* (diplom.)

سفارتخانه [ßefārat-chāne] Botschaft *w* (diplom.)

سفارش [ßefāresch] Auftrag *m*, Bestellung *w*

سفارش دادن [ßefāresch dādan] bestellen *v*

سفارش کردن [ßefāresch kardan] empfehlen *v*, dringend auf etw. hinweisen *v*

سفارشی [ßefāreschi] Einschreiben *s*

سفال [ßofāl] Dachziegel *m*

سفالى [ßofāli] (Ton-)Erde *w*, Keramik *w*

سفت [ßeft] hart *adj*, zäh *adj* (Fleisch), steif *adj*

سفت كردن [ßeft kardan] anziehen *v*, befestigen *v*

سفت گرفتن [ßeft gereftan] festhalten *v*

سفته [ßofte] Wechsel *m*

سفر [ßafar] Reise *w*, Fahrt *w*

سفر بخير [ßafar be.cheyr] gute Reise!

سفرخوش [ßafar chosch] gute Reise!

سفر دريايى [ßafar.e daryāyi] Kreuzfahrt *w*

سفر كردن [ßafar kardan] reisen *v*

سفره [ßofre] Esstischdecke *w*

سفيد [ßefid] weiß *adj*

سفيد پوست [ßefid-pußt] weiß *adj* (Hautfarbe), Weißer *m* (Mensch)

سفيدهٔ تخم مرغ [ßefide.ye tochm.e morgh] Eiweiß *s*

سفير [ßafir] Botschafter *m*, Gesandter *m*

سقز [ßaghghez] Kaugummi *w*

سقط جنين [ßeght(.e djenin)] Fehlgeburt *w*

سقف [ßaghf] (Zimmer-)Decke *w*

سقوط [ßoghut] Fall *m*, Sturz *m*, Absturz *m* (auch Computer)

سقوط كردن [ßoghut kardan] fallen *v*, abstürzen *v* (Flugzeug), stürzen *v* (Diktator)

سكتهٔ قلبى [ßekte.ye ghalbi] Herzinfarkt *m*

سكتهٔ مغزى [ßekte.ye maghzi] Schlaganfall *m*

سكسكه [ßekßeke] Schluckauf *m*

سكندرى خوردن [ßekandari chordan] stolpern *v*, straucheln *v*

سكو [ßakku] Bahnsteig *m*

سكوت [ßokut] Stille *w*, Schweigen *s*, Ruhe *w*

سكوت كردن [ßokut kardan] schweigen *v*

سكه [ßekke] Münze *w*

سگ [ßag] Hund *m*

سگك [ßagag] Schnalle *w* (Gürtel, Koffer, Kleid usw), Haken *s*

سلام [ßalām] Friede *m*, Gruß *m*, guten Tag! (ganztägig gebraucht)

سلام رساندن [ßalām reßāndan] Grüße übermitteln *v*

سلام كردن [ßalām kardan] (be)grüßen *v*

سلامتى [ßalāmati] Gesundheit *w*, Wohlbefinden *s*

سلسله [ßelßele] Dynastie *w*

سلطنت [ßaltanat] Herrschaft *w*, Monarchie *w*

سلطنت مشروطه [ßaltanat.e maschrute] konstitutionelle Monarchie *w*

سلف سرويس [ßelf-ßerwiß] Selbstbedienung *w*

سلمانى [ßalmāni] Friseur *m*, Friseursalon *m*

سلمانى كردن [ßalmāni kardan] frisieren *v*

سليقه [ßalighe] Geschmack *m* (Mode, Ansichten)

سم [ßamm] Gift *s*

سم [ßom] Huf *m*, Pferdefuß *m*

سماق [ßomāgh] Sumach *m* (Gewürz)

سماور [ßamāwar] Samowar *m*

سمپاشى كردن [ßam-pāschi kardan] Gift spritzen *v* (gegen Schädlinge)

سمت [ßamt] Richtung *w*, Position *w*

سمج [ßemedj] aufdringlich *adj*, hartnäckig *adj*

سمعك [ßam'ak] Hörgerät *s*

سمنو [ßamanu] Mehlspeise *w* (aus Malz)

سمى [ßammi] giftig *adj*

سمى كردن [ßammi kardan] vergiften *v*

سمينار [ßeminār] Seminar *s*

سن [ßen] (Lebens-)Alter *s*; Bühne *w*

سن بلوغ [ßen.e bolugh] Volljährigkeit *w*

سن قانونى [ßen.e ghānuni] Volljährigkeit *w* (gesetzl.)

سنباده [ßombāde] Schmirgelpapier *s*

Wörterbuch Persisch – Deutsch

سنباده زدن [ßombāde zadan] schmirgeln *v*

سنباده کشیدن [ßombāde keschidan] schmirgeln *v*

سنبل [ßombol] Hyazinthe *w*

سنت [ßonat] Brauch *m*, Tradition *w*

سنتی [ßonati] traditionell *adj*, klassisch *adj*

سنجاب [ßandjāb] Eichhörnchen *s*

سنجاق ته گرد [ßandjāgh.e tah-gerd] Stecknadel *w*

سنجاق سر [ßandjāgh.e ßar] Haarspange *w*

سنجاق قفلی [ßandjāgh-ghofli] Sicherheitsnadel *w*

سنجد [ßendjed] Mehlbeere *w*

سنجیدن [ßandjidan] abwägen *v*

سند [ßanad] Dokument *s*, Urkunde *w*

سند ازدواج [ßanad.e ezdewādj] Ehevertrag *m*, Heiratsurkunde *w*

سنگ [ßang] Stein *m*

سنگ دل [ßang-del] hartherzig *adj*, herzlos *adj*

سنگسار کردن [ßangßār kardan] steinigen *v*

سنگفرش [ßang-farsch] Pflasterstein *m*, Straßenpflaster *s*

سنگی [ßangi] steinern *adj*

سنگین [ßangin] schwer *adj*, fest *adj* (Schlaf), dicht *adj* (Verkehr)

سنگین کردن [ßangin kardan] belasten *v*, beschweren *v*

سنگینی کردن [ßangini kardan] drücken *v* (Last), schwer im Magen liegen *v*

سنی [ßonni] Sunnit *m*

سوا کردن [ßawā kardan] aussortieren *v*, trennen *v*

سواد [ßawād] Bildung *w*, Rechtschreibfähigkeit *w*

سوار شدن [ßawār schodan] aufsteigen *v* (Pferd, Fahrrad), einsteigen *v* (Bus, Auto), an Bord gehen *v* (Schiff, Flugzeug)

سؤال [ßo'āl] Frage *w*, Anfrage *w*

سؤال پیچ کردن [ßo'āl-pitsch kardan] mit Fragen löchern *v*

سؤال کردن [ßo'āl kardan] fragen *v*

سوء استفاده [ßu'.e eßtefāde] Missbrauch *m*

سوء استفاده کردن [ßu'.e eßtefāde kardan] Vertrauen ausnutzen *v*

سوء تفاهم [ßu'.e tafāhom] Missverständnis *s*

سوء ظن [ßu'.e zann] Verdacht *m*, Misstrauen *s*

سوپ [ßup] Suppe *w*

سوپرمارکت [ßuper-märket] Supermarkt *m*

سوت [ßut] Trillerpfeife *w*

سوت خطر [ßut.e chatar] Alarm(ton) *m*

سوت زدن [ßut zadan] pfeifen *v*

سوت کشیدن [ßut keschidan] pfeifen *v*

سوخت گیری [ßucht-giri] Auftanken *s* (Flugzeug)

سوخت گیری کردن [ßucht-giri kardan] auftanken *v* (Flugzeug)

سوختگی [ßuchtegi] Verbrennung *w* (medizin.)

سوختن [ßuchtan] (*präs.* سوز [ßuz-]) (ver)brennen *v*, anbrennen *v* (Fleisch)

سود [ßud] Anstieg *m*, Gewinn *m*, Rendite *w*

سود بردن [ßud bordan] gewinnen *v*, profitieren *v*

سودمند [ßudmand] nützlich *adj*, gewinnbringend *adj*

سوراخ [ßurāch] Loch *s*, Öffnung *w*

سوراخ بینی [ßurāch.e bini] Nasenloch *s*

سوراخ دماغ [ßurāch.e damāgh] Nasenloch *s*

سوراخ کردن [ßurāch kardan] stechen *v*, löchern *v*, lochen *v*, bohren *v*

سورپریز [ßurpriz] Überraschung *w*

سورپریز کردن [ßurpriz kardan] überraschen *v*

سرتمه [ßurtme] Schlitten m

سوره [ßure] Sure w

سوری [ßuri] Syrer m, syrisch adj

سوریه [ßuriye] Syrien s

سوزاندن [ßuzändan] (präs. سوز [ßuz-]) (ver)brennen v

سوزن [ßuzan] (Näh-)Nadel m

سوسک [ßußk] Käfer m; Kakerlake w, Schabe w

سوسمار [ßuß-mär] Eidechse w, Krokodil s

سوسیالیستی [ßoßiyälißti] sozialistisch adj

سوسیس [ßoßiß] (Brüh-)Würstchen s

سوغاتی [ßoughäti] Reisemitbringsel s, Souvenir s

سوگند [ßougand] Eid m, Schwur m

سوگند خوردن [ßougand chordan] Eid ablegen v, schwören v

سوم [ßewwom] dritter num adj

سوماً [ßewwoman] drittens num adv

سومی [ßewwomi] dritter num adj

سومین [ßewwomin] dritter num adj

سوهان [ßouhän] Feile w

سویچ [ßuitsch] Schalter m (elektr.)

سویچ ماشین [ßuitsch.e mäschin] Zündschlüssel m

سوئد [ßu'ed] Schweden s

سویس [ßuiß] Schweiz w

سویسی [ßuißi] Schweizer m schweizerisch adj

سه [ße] drei num

سهام [ßahäm] (Mz سهم [ßahm]) Anteil m, Aktie w

سهام دار [ßahäm-där] Aktionär m

سه پایه [ße-päye] Dreifuß m, dreibeiniger Hocker m

سه پایه دوربین [ße-päye dur-bin] Stativ s

سه تایی [ße-täyi] zu dritt adv

سه چرخه [ße-tscharche] Dreirad s

سه ساله [ße-ßäle] dreijährig adj

سه شنبه [ße-schambe] Dienstag m

سه قلو [ße-gholu] Drilling m

سه گوشه [ße-gusche] Dreieck s, dreieckig adj

سه نفره [ße-nafare] zu dritt adv

سی [ßi] dreißig num

سیاره [ßayyäre] Planet m

سیاست [ßiyäßat] Politik w

سیاستمدار [ßiyäßat-madär] Politiker m

سیاسی [ßiyäßi] politisch adj

سیاه [ßiyäh] schwarz adj

سیاه پوست [ßiyäh-pußt] schwarz adj (Hautfarbe), Schwarzer m (Mensch)

سیب [ßib] Apfel m

سیب زمینی [ßib-zamini] Kartoffel w

سیخ [ßich] Stachel m, Spieß m

سیخ ایستادن [ßich ißtädan] stocksteif stehen v (ugs.)

سیخ شدن [ßich schodan] erstarren v (ugs.); sich sträuben v (Haare, ugs.)

سیر [ßir] dunkel adj (Farbe); Knoblauch m; satt adj

سیر شدن [ßir schodan] satt werden v

سیرک [ßirk] Zirkus m

سیزده [ßizdah] dreizehn num

سیف کردن [ßeyf kardan] speichern v (Computer)

سیفون (آب) [ßifon(.e äb)] Wasserspülung w

سیفون کشیدن [ßifon keschidan] Toilette spülen v

سیگار [ßigär] Zigarette w

سیگار برگ [ßigär.e barg] Zigarre w

سیگار کشیدن [ßigär keschidan] rauchen v

سیگاری [ßigäri] Raucher m

سیل [ßeyl] Hochwasser s, Überschwemmung w

سیل آب [ßeyl-äb] Hochwasser s, Überschwemmung w

سیلندر [ßilandr] Zylinder m

Wörterbuch Persisch – Deutsch

سیلی [ßili] Ohrfeige *w*

سیلی خوردن [ßili chordan] Ohrfeige bekommen *v*

سیلی زدن [ßili zadan] Ohrfeige geben *v*

سیم [ßim] Draht *m*, Leitung *w* (elektr.), Kabel *s*

سیم بکسل [ßim.e bokßel] Abschleppseil *s*

سیم خاردار [ßim.e chār-dār] Stacheldraht *m*

سیم یدک کش [ßim.e yadak-kesch] Abschleppseil *s*

سینما [ßinamā] Kino *s*

سینه [ßine] Brust *w*, Busen *m*

سینه بند [ßine-band] Büstenhalter *m*

سینه پهلو [ßine-pahlu] Lungenentzündung *w*

سینی [ßini] Tablett *s*

ش

شاخ [schāch] Ast *m*; Horn *s* (Tier), Geweih *s*

شاخ و برگ [schāch-o-barg] Laub *s*

شاخه [schāche] Ast *m*, Zweig *m* (Baum)

شاد [schād] ausgelassen *adj*, froh *adj*, fröhlich *adj*, heiter *adj*

شاد باش [schād-bāsch] Glückwunsch *m*

شاد باش گفتن [schād-bāsch goftan] gratulieren *v*

شادروان [schād-rawān] Verstorbener *m*

شاد شدن [schād schodan] sich freuen *v*

شادی [schādi] Freude *w*, Vergnügen *s*

شارژ کردن [schārj kardan] aufladen *v* (Akku)

شاعر [schā'er] Dichter *m*

شاغل [schāghel] berufstätig *adj*

شاگرد [schāgerd] Auszubildender *m*, Lehrling *m*

شاگرد مدرسه [schāgerd(.e)-madreße] Schüler *m* (Schule)

شال [schāl] Schal *m*

شام [schām] Abendessen *s*

شامپاین [schāmpāyn] Sekt *m*

شام خوردن [schām chordan] zu Abend essen *v*

شامی [schāmi] Frikadelle *w*

شانزده [schānzdah] sechzehn *num*

شانس [schānß] Chance *w*, passende Gelegenheit *w*

شانه [schāne] Kamm *m*, Schulter *w*

شانه زدن [schāne zadan] sich kämmen *v*

شاه [schāh] König *m*

شاهانه [schāhāne] königlich *adj*, majestätisch *adj*

شاه بلوط [schāh-balut] Kastanie *w*

شاه توت [schāh-tut] schwarze Maulbeere *w*

شاه مات [schāh-māt] schachmatt *adj*

شاهد [schāhed] Zeuge *m*, Trauzeuge *m*

شاهدخت [schāh-docht] Prinzessin *w*

شاهراه [schāh-rāh] Schnellstraße *w*

شاهزاده [schāh-zāde] Prinz *m*

شاهزاده خانم [schāh-zāde chānom] Prinzessin *w*

شاه ماهی [schāh-māhi] Hering *m* (Fisch)

شاهین [schāhin] (Königs-)Falke *m*

شاهنشاه [schāhan-schāh] König der Könige *m*

شاید [schāyad] vielleicht *adv*, möglicherweise *adv*

شایسته [schāyeßte] würdig *adj*, verdient *adj*

شایسته دانستن [schāyeßte dāneßtan] für würdig halten *v*

شایعه [schāye'e] Gerücht *s*

شب [schab] Abend *m*, Nacht *w*

شبانه روز [schabāne-ruz] rund um die Uhr *adv*, Tag und Nacht *adv*

شباهت [schebāhat] Ähnlichkeit *w*

شباهت داشتن [schebāhat dāschtan] sich ähneln *v*, sich gleichen *v*

Wörterbuch Persisch – Deutsch

شب پره [schab-pare] Nachtfalter *m*

شب چله [schab.e tschelle] Nacht der Wintersonnenwende *w*

شبدر [schabdar] Klee *m*

شبکه [schabake] Netz *s*, Kanal *m* (TV)

شب گذشته [schab.e gozaschte] vergangene Nacht *w / adv*

شب نشینی [schab-neschini] Abendgesellschaft *w*

شبنم [schab-nam] Morgentau *m*, Raureif *m*

شب و روز [schab-o-ruz] rund um die Uhr *adv*, Tag und Nacht *adv*

شبه جزیره [schebh.e djazire] Halbinsel *w*

شب یلدا [schab.e yaldā] Nacht der Wintersonnenwende *w*

شبیه [schabih.e] ähnlich *adj*, ähnlich wie *adv*

شبیه هم بودن [schabih.e ham budan] sich ähneln *v*, sich gleichen *v*

شپش [schepesch] Laus *w*

شتاب [schetāb] Eile *w*

شتر [schotor] Kamel *s*

شترمرغ [schotor-morgh] Strauß *m* (Vogel)

شجاع [schodjā'] mutig *adj*, tapfer *adj*

شجاعت [schodjā'at] Mut *m*, Tapferkeit *w*

شخص [schachß] Person *w*

شخصاً [schachßan] persönlich *adj*, selbst *adv*

شخصی [schachßi] persönlich *adj*, zivil *adj*, privat *adj*

شخصیت [schachßiyat] Charakter *s*, Persönlichkeit *w*

شخم زدن [schochm zadan] pflügen *v*

شخم کردن [schochm kardan] pflügen *v*

شدن [schodan] werden *v* (Zustandsänderung)

شدنی [schodani] gangbar *adj*, möglich *adj*

شدید [schadid] heftig *adj*

شراب [scharāb] Wein *m*

شرایط [scharāyet] (*Mz zu* شرط [schart]) Umstände *Mz*, Bedingungen *Mz*

شربت [scharbat] Fruchtsirupgetränk *s*

شربت سینه [scharbat.e ßine] Hustensaft *m*

شرت [schort] Unterhose *w*

شرجی [schardji] schwül *adj*, feuchtwarm *adj*, drückend *adj*

شرح [scharh] Angabe *w*, Beschreibung *w*, Erklärung *w*

شرح دادن [scharh dādan] vorführen *v*, beschreiben *v*, erklären *v*, schildern *v*

شرط [schart] Bedingung *w*, Voraussetzung *w*, Wette *w*

شرط بستن [schart baßtan] wetten *v*

شرط بندی [schart-bandi] Wette *w*

شرط بندی کردن [schart-bandi kardan] wetten *v*

شرعی [schar'i] gesetzlich *adj* (relig.)

شرف [scharaf] Ehre *w*, Würde *w*, Hochachtung *w*

شرافتمندانه [scharāfatmandāne] ehrenhaft *adj*, ehrlich *adj*

شرق [schargh] Osten *m*, Orient *m*

شرقی [scharghi] östlich *adj*, orientalisch *adj*, Orientale *m*

شرکت [scherkat] Betrieb *m*, Unternehmen *s*, Firma *w*

شرکت سهامی [scherkat.e ßahāmi] Aktiengesellschaft *w*

شرکت کردن [scherkat kardan] teilnehmen *v*

شرکت کننده [scherkat-konande] Besucher *m*, Teilnehmer *m* (Veranstaltungen, Messen)

شرکت هواپیمایی [scherkat.e hawā-peymāyi] Fluggesellschaft *w*

شرم [scharm] Scham *m*

شرم آور [scharm-āwar] beschämend *adj*, peinlich *adj*

شرم کردن [scharm kardan] sich

schämen *v*

شرمنده [scharmande] beschämt *adj*, verlegen *adj*

شروع [schoru'] Beginn *m*, Anfang *m*

شروع شدن [schoru' schodan] beginnen *v*, anfangen *v*

شروع کردن [schoru' kardan] beginnen *v*, anfangen *v*

شریان [scharyān] Arterie *w*

شریف [scharif] edel *adj*, großmutig *adj*

شریک [scharik] Geschäftspartner *m*, Teilhaber *m*

شست [schaßt] Daumen *m*

شست پا [schaßt.e pā] großer Zeh *m* (ugs.)

شستن [schoßtan] (*präs.* شوی [schuy-]) waschen *v*, spülen *v*

شش [schesch] sechs *num*

شش [schosch] Lunge *w* (Tier)

شصت [schaßt] sechzig *num*

شط [schatt] Strom *m* (Fluss)

شطرنج [schatrandj] Schach *s*

شعبده باز [scho'bade-bāz] Taschenspieler *m*, Zauberkünstler *m*

شعبه [scho'be] Zweigstelle *w*, Filiale *w*

شعر [sche'r] Gedicht *s*

شعر گفتن [sche'r goftan] dichten *v*, reimen *v*

شعله [scho'le] Flamme *w*

شعور [scho'ur] Vernunft *w*, Verstand *m*

شغال [schoghāl] Schakal *m*

شغل [schoghl] Beruf *m*, Beschäftigung *w*

شفاف [schaffāf] durchsichtig *adj*, klar *adj*

شفاهاً [schafāhan] mündlich *adv*

شفاهی [schafāhi] mündlich *adj*

شق [schagh] steif *adj*, straff *adj*, gerade *adj*, aufrecht *adj*

شک [schak] Zweifel *m*

شک آوردن [schak āwardan] zweifeln *v*

شکار [schekār] Beute *w*, Jagd *w* (Tier)

شکار رفتن [schekār raftan] auf Jagd gehen *v*

شکار کردن [schekār kardan] jagen *v*

شکارچی [schekārtschi] Jäger *m*

شکاف [schekāf] Riss *m*, Lücke *w*, Schlitz *m*, Spalte *m*

شکافتن [schekāftan] (*präs.* شکاف [schekāf-]) spalten *v*, platzen *v* (Naht)

شکایت [schekāyat] Beschwerde *w*, Klage *w*, Reklamation *w*

شکایت کردن [schekāyat kardan] sich beschweren *v*, klagen *v*, verklagen *v*

شک داشتن [schak dāschtan] zweifeln *v*

شکر [schekar] Zucker *m*

شکری [schekari] zuckrig *adj*

شکست [schekaßt] Misserfolg *m*, Niederlage *w*

شکست خوردن [schekaßt chordan] verlieren *v*, Niederlage erleiden *v*, scheitern *v*

شکستگی [schekaßtegi] Bruch *m* (Knochen); Scheitern *s*

شکستن [schekaßtan] (*präs.* شکن [schekan-]) (zer)brechen *v*, kaputtmachen *v*

شکستنی [schekaßtani] zerbrechlich *adj*

شکسته [schekaßte] zerbrochen *adj*, gebrochen *adj* (auch figurativ)

شک کردن [schak kardan] zweifeln *v*

شکل [schekl] Aussehen *s*, Form *w*

شکلات [schokolāt] Schokolade *w*

شکلک [scheklak] Grimasse *w*

شکلک در آوردن [scheklak dar-āwardan] Grimasse schneiden *v*

شکم [schekam] Bauch *m*

شکم بند [schekam-band] Korsett *s*

شکم درد [schekam-dard] Bauchschmerzen *Mz*

شکم روش [schekam-rawesch] Durchfall *m*

شکمو [schekamu] gefräßig *adj*

شکنجه [schekandje] Folter w

شکنجه دادن [schekandje dādan] foltern v

شکوفه [schekufe] Blüte w, Knospe w

شکوفه کردن [schekufe kardan] blühen v

شگفت آمیز [schegeft-āmiz] bewundernswert adj

شل [schol] weich adj, locker adj, wackelig adj

شلاق [schallāgh] Peitsche w

شلغم [schalgham] Rübe w, Steckrübe w

شل کردن [schol kardan] lockern v

شلنگ [schelang] Schlauch m

شلوار [schalwār] Hose w

شلوغ [scholugh] chaotisch adj, belebt adj

شلوغ کردن [scholugh kardan] Unruhe erzeugen v, toben v, lärmen v

شل و ول [schol-o-wel] schlaff adj, welk adj, kraftlos adj, locker adj

شلیدن [schalidan] hinken v

شلیک کردن [schelik kardan] schießen v, (ab)feuern v

شلیل [schalil] Nektarine w

شما [schomā] ihr pron, Sie pron (höfl.)

شماره [schomāre] Nummer w

شماره جلو [schomāre.ye djelou] Vorwahl w

شماره رمز(ی) [schomāre.ye ramz(i)] Geheimzahl w (PIN)

شماره گرفتن [schomāre gereftan] wählen v (Telefonnummer)

شمال [schomāl] Norden m

شمردن [schomordan] (präs. شمر [schomor-]) (auf)zählen v

شمرده [schomorde] deutlich adj (sprechen)

شمشیر [schamschir] Schwert s

شمع [scham'] Kerze w, Zündkerze w

شمعدان [scham'dān] Kerzenleuchter m

شن [schen] Sandkorn s, Kies m

شنا [schenā] Schwimmen s

شنا کردن [schenā kardan] schwimmen v

شناختن [schenāchtan] (präs. شناس [schenāß-]) kennen v, erkennen v, sich auskennen v

شناخته [schenāchte] anerkannt adj

شناسنامه [schenāß-nāme] Geburtsurkunde w

شناگر [schenāgar] Schwimmer m

شنبلیله [schambelile] Bockshornklee m

شنبه [schambe] Samstag m

شنگول [schangul] heiter adj, ausgelassen adj

شنل [schenel] Umhang m

شنوایی [schenawāyi.ye gusch] Gehör s

شنوندگان [schenawandegān] Zuhörer Mz, Publikum s

شنونده [schenawande] Zuhörer m

شنیدن [schenidan] (präs. شنو [schenaw-]) hören v, zuhören v

شوت کردن [schut kardan] schießen v (Ball)

شوخ [schuch] lustig adj, fröhlich adj, witzig adj, humorvoll adj, Witzbold m

شوخی [schuchi] Scherz m, Witz m, Humor m, Spaß m

شوخی کردن [schuchi kardan] scherzen v

شور [schur] salzig adj

شورا [schourā] Rat m (Versammlung)

شورش [schuresch] Aufruhr m, Unruhe w

شوروی [schourawi] Sowjetunion w

شوره [schure] Schuppen Mz (Haare)

شوفاژ [schofāj] Heizung w

شوفر [schufer] Chauffeur m

شوق [schough] Begeisterung w

شوک / شوکه [schok] / [schoke] Schock m

شوکه شدن [schoke schodan] geschockt sein v

شومینه [schomine] Kamin m

شوهر [schouhar] Ehemann m

شوهر خواهر [schouhar-chāhar] Schwager m (Mann der Schwester)

شوهر کردن [schouhar kardan] heiraten *v* (Mann)

شوید [schewid] Dill *m*

شهادت [schahādat] Aussage *w*, Glaubensbekenntnis *s* (islam.)

شهادت دادن [schahādat dādan] aussagen *v*, bezeugen *v*

شهبانو [schah-bānu] Königin *w*

شهر [schahr] Stadt *w*

شهربانی [schahrbāni] Polizeiwache *w*

شهردار [schahr-dār] Bürgermeister *m*

شهرداری [schahr-dāri] Rathaus *s*, Stadtverwaltung *w*

شهرستان [schahreßtān] Provinz *w*

شهر قدیم [schahr.e ghadim] Altstadt *w*

شهروند [schahrwand] Bürger *m*

شهریور [schahriwar] 6. Monat des iran. Sonnenkalenders (23.08.-22.09.)

شهریه [schahriye] Schulgeld *s*, Stipendium *s*

شهوت انگیز [schahwat-angiz] erotisch *adj*

شهید [schahid] Märtyrer *m*

شیپور [scheypur] Horn *s*, Trompete *w*

شیر [schir] Milch *w*; Löwe *m*

شیر آب [schir.e āb] Wasserhahn *m*

شیر برنج [schir-berendj] Milchreis *m*

شیرجه [schirdje] Sprung *m* (ins Wasser)

شیرخشک [schir.e choschk] Milchpulver *s*

شیرخوار [schir-chār] Säugling *s*, Baby *s*

شیردادن [schir dādan] stillen *v* (Baby), säugen *v*

شیروانی [schirwāni] (Giebel-)Dach *s*

شیروخورشید [schir-o-chorschid] Löwe und Sonne *Mz* (tradition. iran. Rotkreuz-organisation)

شیره [schire] Sirup *m*

شیر یا خط [schir yā chatt] Kopf oder Zahl? (Münzwurf)

شیرین [schirin] süß *adj*, niedlich *adj*

شیرین کردن [schirin kardan] süßen *v*

شیرینی [schirini] Süßigkeiten *Mz*, Kuchen *m*

شیرینی خشک [schirini.ye choschk] Gebäck *s*

شیرینی فروشی [schirini-foruschi] Konditorei *w*

شیشه [schische] Glas *s*, Glasscheibe *w*

شیشه آب [schische(.ye)-āb] Wasserflasche *w*

شیشه ای [schische'i] gläsern *adj*

شیشه جلوی اتومبیل [schische.ye djelou.ye otomobil] Windschutzscheibe *w*

شیشه شیربچه [schische.ye schir.e batschtsche] Babyflasche *w*

شیطان [scheytān] Teufel *m*, Satan *m*, Frechdachs *m*

شیطانی کردن [scheytāni kardan] toben *v*, herumalbern *v*

شیعه [schi'e] Schiit *m*, schiitisch *adj*

شیعی [schi'i] schiitisch *adj*

شیفت [schift] Schicht *w* (Arbeit)

شیفته [schifte] begeistert *adj*

شیک [schik] elegant *adj*, schick *adj*

شیک پوش [schik-pusch] elegant / teuer gekleideter Mensch *m*

شیک پوشیدن [schik puschidan] sich elegant / teuer anziehen *v*

ص

صابون [ßābun] Seife *w*

صاحب [ßāheb] Besitzer *m*, Inhaber *m*

صاحبخانه [ßāheb-chāne] Hausbesitzer *m*, Vermieter *m*

صادرات [ßāderāt] Ausfuhr *w*, Export *m*

صادر کردن [ßāder kardan] exportieren *v*; ausstellen *v* (Dokument)

صادق [ßādegh] aufrichtig *adj*, ehrlich *adj*, offenherzig *adj*

صادقانه [ßādeghāne] ehrlich *adv*, aufrichtig *adv*, offenherzig *adv*

صاف [ßāf] flach *adj*, eben *adj*, gerade *adj*, klar *adj* (Wetter)

صافکن [ßāf-kon] Filter *m*, (Tee-)Sieb *s*

صبح [ßobh] Morgen *m*

صبحانه [ßobhāne] Frühstück *s*

صبحانه خوردن [ßobhāne chordan] frühstücken *v*

صبح امروز [ßobh.e emruz] heute morgen *adv*

صبح سحر [ßobh.e ßahar] Herrgottsfrühe *w*, sehr früh morgens *adv*

صبر [ßabr] Geduld *w*

صبر داشتن [ßabr dāschtan] geduldig sein *v*

صبر کردن [ßabr kardan] (ab)warten *v*

صبور [ßabur] geduldig *adj*

صحبت [ßohbat] Gespräch *s*, Rede *w*, Unterhaltung *w*

صحبت کردن [ßohbat kardan] sprechen *v*, reden *v*, sich unterhalten *v* (Konversation)

صحرا [ßahrā] Steppe *w*, Ebene *w*

صحنه [ßahne] Szene *w*, Bühne *w*

صحیح [ßahih] richtig *adj*, korrekt *adj*

صحیح بودن [ßahih budan] stimmen *v*, zutreffen *v*

صحیح و سالم [ßahih-o-ßālem] unverletzt *adj*, gesund und munter *adj*

صخره [ßachre] Felsen *m*, Riff *s*

صد [ßad] (ein)hundert *num*

صدا [ßedā] Stimme *w*, Klang *m*, Laut *m*, Ton *m*, Geräusch *s*, Schall *m*, Ruf *m*

صدا دادن [ßedā dādan] klingen *v*, ertönen *v*

صدا زدن [ßedā zadan] rufen *v*

صدا کردن [ßedā kardan] rufen *v*

صددرصد [ßad-dar-ßad] hundertprozentig *adj*, zweifellos *adv*

صدراعظم [ßadr.e a'zam] Kanzler *m*

صدف [ßadaf] Muschel *w*, Auster *w*

صدقه [ßadaghe] Almosen *s*, Spende *w*

صدقه دادن [ßadaghe dādan] spenden *v*

صدمه [ßadame] Schaden *m*, Verlust *m*, Verletzung *w*

صدمه خوردن [ßadame chordan] Schaden / Verlust erleiden *v*

صدمه دیدن [ßadame didan] Schaden / Verlust erleiden *v*

صدمه زدن [ßadame zadan] beschädigen *v*, schaden *v*

صدمه کشیدن [ßadame keschidan] Schaden / Verlust erleiden *v*

صرافی [ßarrāfi] Wechselstube *w*

صرف نظر کردن [ßarf.e nazar kardan] verzichten *v*, aufgeben *v*, resignieren *v*

صرف کردن [ßarf kardan] sich lohnen *v*, sich einer Sache widmen *v*

صرفه جو [ßarfe-dju] sparsam *adj*, wirtschaftlich *adj*

صرفه جویی [ßarfe-djuyi] Sparsamkeit *w*, Wirtschaftlichkeit *w*

صرفه جویی کردن [ßarfe-djuyi kardan] sparsam sein *v*, haushalten *v*

صریح [ßarih] ausdrücklich *adj*, klar *adj*, genau *adj*

صریحاً [ßarihan] ausdrücklich *adv*, klar *adv*, genau *adv*

صف [ßaf] Reihe *w*, Warteschlange *w*

صف کشیدن [ßaf keschidan] in der Reihe stehen *v*, sich anstellen *v*

صفت [ßefat] Eigenschaft *w*

صفحه [ßafhe] Seite *w*; Schallplatte *w*

صفحهٔ تلویزیون [ßafhe.ye telewiziyon] Bildschirm *m*

صفر [ßefr] null *num*

صفراء [ßafra'] Galle *w*

صلاح [ßalāh] ratsam *adj*

صلاح دانستن [ßalāh dāneßtan] befürworten *v*, für ratsam halten *v*

صلاح دیدن [ßalāh didan] befürworten *v*, für ratsam halten *v*

صلح [ßolh] Frieden *m*

صلح كردن [ßolh kardan] Frieden schließen *v*

صليب [ßalib] Kreuz *s*

صليب سرخ [ßalib.e ßorch] Rotes Kreuz *s*

صميمانه [ßamimāne] herzlich *adv*, freundlich *adv*, aufrichtig *adv*

صميمى [ßamimi] herzlich *adj*, freundlich *adj*, innig *adj*

صنايع دستى [ßanāye' daßti] (*Mz. zu* صنعت [ßan'at]) Handarbeit *w* (traditionell), Kunsthandwerk *s*

صندل [ßandal] Sandale *w*

صندلى [ßandali] Stuhl *m*

صندلى پشت [ßandali.ye poscht] Rücksitz *m*

صندلى راحتى [ßandali.ye rāhati] Sessel *m*, Sofa *s*

صندلى عقب [ßandali.ye aghab] Rücksitz *m*

صندوق [ßandugh] Kasten *m*, Kiste *w*, Truhe *w*; Kasse *w*

صندوق پست [ßandugh.e poßt] Briefkasten *m*

صندوق پستى [ßandugh.e poßti] Postfach *s*, Schließfach *s*

صندوقدار [ßandugh-dār] Kassierer *m*

صندوق عقب (ماشين) [ßandugh.e aghab(.e māschin)] Kofferraum *m*

صنعت [ßan'at] (*Mz.* صنايع [ßanāye']) Handwerk *s*, Industrie *w*

صنعتگر [ßan'atgar] Handwerker *m*

صنعتى [ßan'ati] industriell *adj*

صوت [ßout] Laut *m*, Ton *m*

صورت [ßurat] Gesicht *s*; Liste *w*

صورت حساب [ßurat(.e)-heßāb] Rechnung *w*

صورت غذا [ßurat.e ghazā] Speisekarte *w*

صورت گرفتن [ßurat gereftan] stattfinden *v*

صورتى [ßurati] rosa *adj*

صيغه [ßighe] Ehefrau *w* (in Zeitehe, islam.)

ض

ضامن [zāmen] Bürge *m*

ضامن شدن [zāmen schodan] bürgen *v*

ضبط كردن [zabt kardan] beschlagnahmen *v*; aufnehmen *v* (Ton)

ضد [zedd] entgegengesetzt *adj*

ضد [zedd.e] gegen *prep*

ضد عفونى كردن [zedd.e ofuni kardan] desinfizieren *v*

ضد قانون [zedd.e ghānun] rechtswidrig *adj*

ضد هم [zedd.e ham] gegeneinander *adv*

ضرب [zarb] Kreuz *s* (Zeichen); Schlag *m*, Stoß *m*

ضرب المثل [zarbo-l-maßal] Sprichwort *s*

ضربدر زدن [zarb-dar zadan] ankreuzen *v*

ضرب كردن [zarb kardan] multiplizieren *v*

ضربه [zarbe] Schlag *m*, Stoß *m*

ضربه روحى [zarbe.ye ruhi] Schock *m*

ضربه زدن [zarbe zadan] schlagen *v*, tadeln *v*

ضربه مغزى [zarbe.ye maghzi] Gehirnerschütterung *w*

ضرر [zarar] Schaden *m*, Verlust *m*, Nachteil *m*

ضرر ديدن [zarar didan] Verlust erleiden *v*

ضرر رساندن [zarar reßāndan] schädigen *v*

ضرر زدن [zarar zadan] schaden *v*

ضرركردن [zarar kardan] Verlust erleiden *v*

ضرورى [zaruri] nötig *adj*, unentbehrlich *adj*

ضعف [za'f] Schwäche *w*, Kollaps *m*

ضعف كردن [za'f kardan] Kollaps erleiden *v*

ضعيف [za'if] kraftlos *adj*, schwach *adj*

ضمانت [zemānat] Haftung *w*, Garantie *w*, Kaution *w*

ضمانت كردن [zemānat kardan] bürgen *v*, haften *v*, garantieren *v*

ضمناً [zemnan] am Rande bemerkt *adv*, nebenbei *adv*, übrigens *adv*

ضمیمه [zamime] Beilage *w*, Anlage *w*, (Brief, Dokument)

ضمیمه کردن [zamime kardan] Anlage beifügen *v*

ط

طاس [tāß] Schüssel *w*, Schale *w*; Würfel *m* (Spiel); kahl *adj*

طاعون [tā'un] Pest *w*

طاق [tāgh] Gewölbe *s*, Bogen *m* (archäolog.), Kuppel *w*, Zimmerdecke *w*

طاقت [tāghat] Ausdauer *w*, Geduld *w*

طاقت آوردن [tāghat āwardan] aushalten *v*, durchhalten *v*, ertragen *v*

طاقت داشتن [tāghat dāschtan] geduldig sein *v*

طاقت فرسا [tāghat-farßā] anstrengend *adj*, unerträglich *adj*

طاقچه [tāghtsche] eingebautes Wandregal *s*, Wandnische *w*

طالبی [tālebi] Netzmelone *w*, Honigmelone *w*

طاووس [tāwuß] Pfau *m*

طب [tebb] Medizin *w*, Heilkunde *w*

طبق [tebgh.e] laut *prep*, gemäß *prep*, entsprechend *prep*

طبق برنامه [tebgh.e bar-nāme] planmäßig *adv*, systematisch *adv*

طبق دستور [tebgh.e daßtur] vorschriftsmäßig *adv*

طبق معلوم [tebgh.e ma'lum] üblicherweise *adv*, wie gewöhnlich *adv*

طبق مقررات [tebgh.e moghararrāt] vorschriftsmäßig *adv*

طبقه [tabaghe] Etage *w*, Stockwerk *m*; Schicht *w*, Klasse *w* (sozial); Fach *s* (Schrank)

طبقه بالایی [tabaghe.ye bālāyi] obere Etage *w*

طبقه هم کف [tabaghe.ye ham-kaf] Erdgeschoss *s*, Parterre *s*

طبل [tabl] Trommel *w* (Membranophon)

طبل زدن [tabl zadan] trommeln *v*

طبی [tebbi] medizinisch *adj*

طبیعت [tabi'at] Natur *w*, Umwelt *w*

طبیعتاً [tabi'atan] von Natur aus *adv*

طبیعی [tabi'i] echt *adj*, natürlich *adj*; normal *adj*. rein *adj* (biolog.-organ.)

طراح [tarrāh] Zeichner *m*, Designer *m*

طراحی [tarrāhi] Zeichnen *s*, Design *s*

طراحی کردن [tarrāhi kardan] entwerfen *v*, skizzieren *v*

طرح [tarh] Entwurf *m*, Skizze *w*, Konzept *s*, Modell *s*

طرح دادن [tarh dādan] entwerfen *v*, skizzieren *v*

طرح ریختن [tarh richtan] entwerfen *v*, skizzieren *v*

طرز [tarz] Art (und Weise) *w*, System *s*

طرز اجراء [tarz.e edjrā'] Verfahren *s*

طرز استفاده [tarz.e eßtefāde] Anleitung *w*

طرف [taraf] Richtung *w*, Seite *w*

طرف [taraf.e] nach *prep*, um *prep* (zeitl.)

طرف ظهر [taraf.e zohr] gegen Mittag *adv*

طرفداری کردن [taraf-dāri kardan] für j-n Partei ergreifen *v*

طریق [tarigh] Art (und Weise) *w*, Weg *m*, Mittel *s*

طعم [ta'm] Geschmack *m* (Essen)

طعنه [ta'ne] Spott *m*, Stichelei *w*

طعنه آمیز [ta'ne-āmiz] spöttisch *adj*, sarkastisch *adj*

طعنه زدن [ta'ne zadan] verspotten *v*, sticheln *v*

طفل [tefl] (*Mz.* اطفال [atfāl]) Kind *s*, Säugling *m*

طفلک [teflak] armes kleines Kind s, armer Schlucker m, armer Teufel m

طلا [talā] Gold s

طلا جواهر [talā-djawāher] Gold-schmuck m

طلاق [talāgh] Scheidung w

طلاق دادن [talāgh dādan] die Scheidung aussprechen v (seitens des Mannes, islam.)

طلاق گرفتن [talāgh gereftan] sich scheiden (lassen) v

طلاق گرفته [talāgh-gerefte] geschieden adj

طلای اصل [talā.ye aßl] echtes Gold s

طلای خالص [talā.ye chāleß] echtes / reines Gold s

طلایی [talāyi] golden adj

طلب [talab] (Geld-)Forderung w, Verlangen s

طلبکار [talabkār] Gläubiger m (Schulden)

طلب کردن [talab kardan] verlangen v, fordern v (Schulden)

طلسم [teleßm] Talisman m

طلوع آفتاب [tulu'.e āftāb] Sonnen-aufgang m

طلوع خورشید [tulu'.e chorschid] Sonnen-aufgang m

طلوع کردن [tulu' kardan] aufgehen v (Sonne)

طماع [tammā'] gierig adj

طمع [tama'] Gier w

طمع بردن [tama' bordan] gierig sein v

طمع داشتن [tama' dāschtan] gierig sein v

طمع کردن [tama' kardan] gierig sein v (nach noch mehr)

طناب [tanāb] Seil s, Leine w, Strick m

طناب بازی [tanāb-bāzi] Seilspringen s

طور [tour] Weise w, Art w

طوردیگر [tour.e digar] anders adv

طوردیگه [tour.e dige] anders adv (ugs.)

طوسی [tußi] grau adj (Stoff)

طوطی [tuti] Papagei m

طوطی وار [tutiwār] papageienhaft adj

طوفان [tufān] Sturm m, Orkan m

طول [tul] Länge w, Dauer w

طولانی [tulāni] langwierig adj

طولانی مدت [tulāni-moddat] langfristig adj

طول کشیدن [tul keschidan] dauern v, sich verzögern v, sich hinziehen v

طویله [tawile] Stall m

طیاره [tayyāre] Flugzeug s

طی کردن [tey kardan] Strecke zurücklegen v; aushandeln v (Preis, etw.)

ظ

ظالم [zālem] grausam adj

ظالمانه [zālemāne] grausam adv

ظاهر [zāher] sichtbar adj, äußerlich adj, Äußeres s

ظاهراً [zāheran] angeblich adv, offensichtlich adv, anscheinend adv

ظاهر شدن [zāher schodan] erscheinen v

ظاهر کردن [zāher kardan] entwickeln v (Film), zeigen v

ظاهری [zāheri] oberflächlich adj, sichtbar adj, äußerlich adj

ظرف [zarf] Behälter m, Teller m, Gefäß s, Geschirr s

ظرف چینی [zarf.e tschini] Porzellan-geschirr s, Porzellanteller m

ظرف شستن [zarf schoßtan] Geschirr spülen v

ظرفیت [zarfiyat] Kapazität w

ظریف [zarif] fein adj, sanft adj, zart adj, zierlich adj

ظلم [zolm] Unrecht w, Tyrannei w, Unterdrückung w, Grausamkeit w

ظلم کردن [zolm kardan] unterdrücken v, Unrecht tun v, grausam handeln v

ظهر [zohr] Mittag m

ع

عابر [āber] Passant *m*, Fußgänger *m*

عابر بانک [āber.e bānk] Geldautomat *m*, Bankautomat *m*

عابرپیاده [āber.e piyāde] Fußgänger *m*

عاج [ādj] Elfenbein *s*

عادت [ādat] Angewohnheit *w*, Gewohnheit *w*

عادت پس دادن [ādat paß dādan] sich etw.abgewöhnen *adj*

عادت داشتن [ādat dāschtan] gewöhnt sein *v*

عادت کردن [ādat kardan] sich gewöhnen *v*

عادت ماهانه [ādat.e māhāne] Menstruation *w*

عادل [ādel] gerecht *adj*, aufrichtig *adj*

عادلانه [ādelāne] gerecht *adj*, fair *adj*

عادى [ādi] durchschnittlich *adj*, einfach *adj*, gewöhnlich *adj*, normal *adj*

عار [ār] Schande *w*

عاشق [āschegh] verliebt *adj*

عاشقانه [āscheghāne] verliebt *adj*, liebevoll *adj*, leidenschaftlich *adj*

عاشق شدن [āschegh schodan] sich verlieben *v*

عافیت باشه [āfiyat bāsch.e] Gesundheit!

عاقبت [āghebat] Ende *s*, Schluss *m*, Ausgang *m*

عاقل [āghel] weise *adj*, vernünftig *adj*

عاقلانه [āghelāne] vernünftig *adv*, klug *adv*

عالم [ālam] Weltall *s*, Universum *s*

عالى [āli] ausgezeichnet *adj*, großartig *adj*, herrlich *adj*, wunderbar *adj*, toll *adj*

عامیانه [āmmiyāne] umgangssprachlich *adj*, vulgär *adj*

عبادت [ebādat] Gebet *s*, Gottesdienst *m*

عبادتگاه [ebadātgāh] Tempel *m*

عبور [obur] Durchgang *m*, Durchfahrt *w*, Überfahrt *w*

عبور کردن [obur kardan] vorbeigehen / -fahren *v*, durchgehen / -fahren *v*, überqueren *v*

عبورممنوع [obur mamnu'] Durchfahrt verboten!

عتیقه [atighe] antik *adj*, Antiquität *w*

عتیقه فروش [atighe-forusch] Antiquitätenhändler *m*

عجب [adjab] merkwürdig *adj.* erstaunlich *adj*, ach! *interj*, na so was! *interj*

عجله [adjale] Eile *w*

عجله داشتن [adjale dāschtan] es eilig *adj* haben *v*

عجله کردن [adjale kardan] sich beeilen *v*

عجیب [adjib] erstaunlich *adj*, merkwürdig *adj*, ungewöhnlich *adj*

عجیب و غریب [adjib-o-gharib] eigenartig *adj*, merkwürdig *adj*, komisch *adj*

عجیبه [adjib.e] seltsam!, merkwürdig!

عدد [adad] Zahl *w*

عدد نحس [adad.e nahß] Unglückszahl *w*

عدس [adaß] Linse *w* (Hülsenfrucht)

عده [edde] Zahl *w*, Anzahl *w*, Menge *w* (Personen)

عذاب [azāb] Qual *w*, Leid *s*

عذاب دادن [azāb dādan] quälen *v*, foltern *v*

عذاب کشیدن [azāb keschidan] quälen *v*, leiden *v*

عذاب وجدان [azāb.e wodjdān] Gewissensbisse *Mz*

عذر [ozr] Entschuldigung *w*

عذر خواستن [ozr chāßtan] sich entschuldigen *v*

عراق [arāgh] Irak *m*

عراقى [arāghi] Iraker *m*, irakisch *adj*

عرب [arab] Araber *m*

عربده کشیدن [arbade keschidan] (an)brüllen *v*

عربستان [arabeßtān] Arabien s

عربی [arabi] arabisch adj

عرشه [arsche] Bord s, Deck s (Schiff)

عرض کردن [arz kardan] vortragen v, darlegen v, sagen v

عرضه [orze] Fähigkeit w

عرضه داشتن [orze dāschtan] imstande sein s, fähig sein s

عرضه کردن [arze kardan] anbieten v (Ware)

عرضه و تقاضا [arze wa taghāzā] Angebot und Nachfrage Mz

عرق [aragh] Schnaps m; Schweiß s

عرق خور [aragh-chor] Alkoholiker m

عرق کردن [aragh kardan] schwitzen v

عروس [aruß] Braut w, Schwiegertochter w

عروسک [arußak] Puppe w

عروس و داماد [aruß-o-dāmād] Brautpaar s

عروسی کردن [arußi kardan] heiraten v

عزا داری [a'zā-dāri] Trauer w

عزاداری کردن [a'zā-dāri kardan] trauern v

عزیز [aziz] lieb adj, teuer adj, verehrt adj

عزیزم [aziz.am] mein Liebling!, mein Schatz!

عسل [aßal] Honig m

عسلی [aßali] honigfarben adj, gelb adj; braun adj (Augen)

عشق [eschgh] Liebe w

عشق و علاقه [eschgh-o-alāghe] Leidenschaft w

عصا [aßā] Spazierstock m

عصب [aßab] Nerv m

عصبانی [aßabāni] wütend adj, zornig adj

عصبانی شدن [aßabāni schodan] wütend werden v, sich empören v, sich aufregen v

عصبانی کردن [aßabāni kardan] wütend machen v, ärgern v

عصبانیت [aßabāniyat] Wut w, Groll m

عصر [aßr] Zeitalter m, Epoche w; Nachmittag m

عضله [azole] Muskel m

عضو [ozw] Mitglied s; Organ s

عضو بدن [ozw.e badan] Gliedmaßen Mz

عضو شدن [ozw schodan] Mitglied werden v

عضویت [ozwiyat] Aufnahme w, Mitgliedschaft w (Verein)

عطاری [attāri] Drogerie w

عطر [atr] Duft m, Aroma s, Parfüm s

عطر زدن [atr zadan] sich parfümieren v

عطسه [atße] Niesen s

عطسه کردن [atße kardan] niesen v

عطش [atasch] Durst m

عفونت [ofunat] Entzündung w, Infektion w, Ansteckung w

عفونی [ofuni] ansteckend adj

عقاب [oghāb] Adler m

عقب [aghab] Rückseite w, hinten adv; zurück adv; hinter prep

عقب افتادن [aghab oftādan] zurückbleiben v

عقب افتاده [aghab-oftāde] zurückgeblieben adj, behindert adj (geistig)

عقب انداختن [aghab andāchtan] verlegen v, verschieben v (Termin)

عقب رفتن [aghab raftan] nach hinten gehen v, zurücktreten v, nachgehen v (Uhr)

عقب کسی فرستادن [aghab.e kaß.i fereßtādan] nach j-m schicken v

عقب کشیدن [aghab keschidan] nach hinten ziehen v, sich zurückziehen v

عقب ماندن [aghab māndan] zurückbleiben v

عقب مانده [aghab-mānde] schwerbehindert adj (geistig), unterentwickelt adj (geistig)

عقبی [aghabi] hinterer *adj* (ugs.)

عقد [aghd] Abschluss *m* (Vertrag); Eheschließung *w*, Trauung *w*

عقد کردن [aghd kardan] Ehe schließen *v*, Ehevertrag abschließen *v*

عقد نامه [aghd-nāme] Ehevertrag *m*

عقده [oghde] Minderwertigkeit *w*; Missgunst *w*

عقرب [aghrab] Skorpion *m*

عقربه [aghrabe] Zeiger *m* (Uhr, Kompass)

عقل [aghl] Verstand *m*, Vernunft *w*

عقیده [aghide] Ansicht *w*, Meinung *w*, Einstellung *w*

عقیده داشتن [aghide dāschtan] meinen *v*

عقیم [aghim] unfruchtbar *adj* (steril), zeugungsunfähig *adj*

عکاس [akkāß] Fotograf *m*

عکاسی [akkāßi] Fotografieren *s*

عکاسی کردن [akkāßi kardan] fotografieren *v*

عکس [akß] Bild *s*, Fotografie *w*; Gegenteil *s*, Gegensatz *m*

عکس العمل [akßo-l-amal] Reaktion *w*

عکس العمل نشان دادن [akßo-l-amal neschān dādan] reagieren *v*

عکس انداختن [akß andāchtan] fotografieren *v*

عکس برداری [akß-bar-dāri] Fotografieren *s*, Aufnahme *w* (Foto / Röntgen)

عکس برداری کردن [akß-bar-dāri kardan] fotografieren *v*

عکس برداشتن [akß bar-dāschtan] fotografieren *v*

عکس صورت [akß.e ßurat] Porträt *s*

عکس گرفتن [akß gereftan] fotografieren *v*

علاج [alādj] Heilung *w*, Medizin *w*

علاج نشدنی [alādj-na.schodani] unheilbar *adj*

علاقه [alāghe] Interesse *s*; Zuneigung *w*, Liebe *w*

علاقه داشتن [alāghe dāschtan] sich interessieren *v*; mögen *v*, lieben *v*

علاقمند [alāgh(e)mand] Liebhaber *m*, Interessent *m*

علامت [alāmat] Zeichen *s*, Kennzeichen *s*, Merkmal *s*, Signal *s*

علامت دادن [alāmat dādan] blinken *v*, signalisieren *v*

علامت زدن [alāmat zadan] ankreuzen *v*, anstreichen *v* (Text)

علامت سوال [alāmat.e ßo'āl] Fragezeichen *s*

علاوه براین [alāwe bar in] übrigens *adv*; unter anderem *adv*, außerdem *adv*

علت [ellat] Ursache *w*, Grund *m*, Motiv *s*, Anlass *m*

علف [alaf] Gras *s*, Kraut *s*, Futter *s*

علف هرزه [alaf-harze] Unkraut *s*

علم [elm] Wissen *s*, Wissenschaft *w*

علیه [aleyh.e] gegen *prep*

عمارت [emārat] Gebäude *s*, Bauwerk *s*

عمامه [ammāme] Turban *m*

عمداً [amdan] absichtlich *adv*

عمده فروش [omde-forusch] Großhändler *m*

عمر [omr] Lebensalter *s*, Leben *s*

عمق [omgh] Tiefe *w*

عمل [amal] Handlung *w*, Tat *w*, Operation *w*

عمل جراحی [amal.e djarrāhi] Operation *w*

عمل کردن [amal kardan] handeln *v*, unternehmen *v*, durchführen *v*, verwirklichen *v*, operieren *v*

عملاً [amalan] praktisch *adv*, tatsächlich *adv*

عمله [amale] ungelernter Arbeiter *m* (bes. in Baubranche)

عملی [amali] funktionsfähig *adj*, praktisch *adj*

عمو [amu] Onkel *m* (väterlicherseits)

عمودی [amudi] senkrecht *adj*

عمومی [omumi] allgemein *adj*, öffentlich *adj*

عمه [amme] Tante *w* (Vatersschwester)

عمیق [amigh] tief *adj*

عنتر [antar] Pavillon *m*

عنصر [onßor] Element *s*, Grundstoff *m*, Ursprung *m*

عنکبوت [ankabut] Spinne *w*

عنوان [onwān] Bezeichnung *w*, Überschrift *w*

عنین [anin] impotent *adj*

عوارض [awārez] Kosten *Mz*, Spesen *Mz*, Maut *w*

عود [ud] Laute *w*

عوض کردن [awaz kardan] wechseln *v*, (ver)ändern *v*, umtauschen *v*; umsteigen *v*

عوضی [awazi] verkehrt *adj*, versehentlich *adj*

عوضی رفتن [awazi raftan] sich verfahren *v* (ugs.)

عوضی گرفتن [awazi gereftan] verwechseln *v*

عیار [eyār] Karat *s*

عیب [eyb] Fehler *m*, Defekt *m*, Schande *w*

عیب دار [eyb-dār] defekt *adj*, fehlerhaft *adj*

عیب گرفتن [eyb gereftan] bemängeln *v*, tadeln *v*, rügen *v*, kritisieren *v*

عیبی ندارد [eyb.i na.dār.ad] das ist nicht schlimm!, das macht nichts!

عید [eyd] (Jahres-)Fest *s*

عید پاک [eyd.e pāk] Ostern *s*

عید پنجاهه [eyd.e pandjāhe] Pfingsten *s*

عین [eyn.e] genau wie *prep*, ähnlich wie *prep*

عیناً [eynan] genauso *adv*

عینک [eynak] Brille *w*

عینک آفتابی [eynak(.e)-āftābi] Sonnenbrille *w*

عینک دودی [eynak.e dudi] Sonnenbrille *w*

عینک ساز [eynak-ßāz] Optiker *m*

عینک غواصی [eynak.e ghawwāßi] Taucherbrille *w*

غ

غار [ghār] Höhle *w*, Grotte *w*

غارت [ghārat] Raub *m*, Plünderung *w*

غارت کردن [ghārat kardan] rauben *v*, plündern *v*

غاز [ghāz] Gans *w*

غافلگیر کردن [ghāfel-gir kardan] ertappen *v*, erwischen *v*

غایب [ghāyeb] abwesend *adj*

غبغب [ghabghab] Doppelkinn *s*

غده [ghodde] Drüse *w*; Geschwulst *w*

غده تیروئید [ghodde.ye tiro'id] Schilddrüse *w*

غذا [ghazā] Speise *w*, Essen *s*, Nahrung *w*, Gericht *s*, Mahlzeit *w*

غذا اصلی [ghazā.ye aßli] Hauptgericht *s*

غذا پختن [ghazā pochtan] kochen *v*, Essen zubereiten *v*

غذا خوردن [ghazā chordan] essen *v*, speisen *v*

غذا دادن [ghazā dādan] nähren *v*, füttern *v* (Essen), verpflegen *v*

غذا درست کردن [ghazā doroßt kardan] kochen *v*

غذا سرو کردن [ghazā ßerw kardan] Essen servieren *v*

غذا کشیدن [ghazā keschidan] Essen servieren *v*

غذای مختصر [ghazā.ye mochtaßar] kleiner Imbiss *m*, Happen *m*

غر [ghor] Gemeckere *s*, Gebrumme *s*, Geknurre *s*

غرب [gharb] Westen *m*

غربی [gharbi] westlich *adj*

غر زدن [ghor zadan] meckern *v*, murren *v*, brummen *v*, stänkern *v*

غرغرکردن [ghor-ghor kardan] meckern *v*, knurren *v*

غرغره [gherghere] (Garn-)Spule *w*

غرغره کردن [gharghare kardan] gurgeln *v*

غرق شدن [ghargh schodan] (ver)sinken *v*, untergehen *v*; ertrinken *v*

غرنبیدن [ghorombidan] (*präs.* غرنب [ghoromb-]) brüllen *v* (Mensch), donnern *v* (Himmel)

غروب [ghorub] (Abend-)Dämmerung *w*, Sonnenuntergang *m*

غرور [ghorur] Stolz *m*

غریب [gharib] merkwürdig *adj*, seltsam *adj*, fremd *adj*, ungewöhnlich *adj*

غریبه [gharibe] Fremder *m*

غسل تعمید [ghoßl.e ta'mid] Taufe *w*

غسل کردن [ghoßl kardan] rituelle Waschung vornehmen *v*, taufen *v*

غش [ghasch] Bewusstlosigkeit *w*, Ohnmacht *w*, Kollaps *m*

غش کردن [ghasch kardan] ohnmächtig werden *v*, Kollaps erleiden *v*

غصه [ghoßße] Kummer *m*, Leid *s*

غضروف [ghozruf] Knorpel *m*

غفلت کردن [gheflat kardan] vernachlässigen *v*, fahrlässig handeln *v*

غل خوردن [ghel chordan] kugeln *v* (Ball)

غلت خوردن [ghalt chordan] kugeln *v*, rollen *v*, sich wälzen *v*

غلت دادن [ghalt dādan] rollen *v*, wälzen *v*

غلت زدن [ghalt zadan] kugeln *v*, rollen *v*, wälzen *v*

غلام [gholām] Knecht *m*

غلتیدن [ghaltidan] (*präs.* غلت [ghalt-]) sich drehen *v*, rollen *v*, kugeln *v*, wälzen *v*

غلط [ghalat] falsch *adj*, Fehler *m*, Schreibfehler *m*

غلط کردن [ghalat kardan] sich irren *v*, Fehler begehen *v*, Fehler bereuen *v*

غلط گیری [ghalat-giri] Korrektur *w*

غلط نوشتن [ghalat neweschtan] sich verschreiben *v*, fehlerhaft schreiben *v*

غلغلک [ghel-ghelak] Kitzeln *s*

غلغلک کردن [ghel-ghelak kardan] kitzeln *v*

غلغلکی [ghel-ghelaki] kitzelig *adj*

غله [ghalle] Getreide *w*

غلیظ [ghaliz] dickflüssig *adj*, stark *adj* (Kaffee), dicht *adj* (Nebel)

غم [gham] Kummer *m*, Leid *s*

غم انگیز [gham-angiz] tragisch *adj*, betrübt *adj*, kummervoll *adj*

غمگین [ghamgin] bedrückt *adj*, traurig *adj*, unglücklich *adj*, betrübt *adj*

غمناک [ghamnāk] bedrückt *adj*, traurig *adj*, unglücklich *adj*, betrübt *adj*

غنچه [ghontsche] Knospe *w* (Blume)

غواص [ghawwāß] Taucher *m*

غواصی [ghawwāßi] Tauchen *s* (Sport)

غواصی کردن [ghawwāßi kardan] tauchen *v* (Sport)

غورت [ghurt] Schluck *m*

غورت دادن [ghurt dādan] (herunter-) schlucken *v* (Essen, Tablette)

غوره [ghure] unreife Weintraube *w* (Saft ist Beigabe zu Speisen)

غول [ghul] Riese *m*

غیب [gheyb] unsichtbar *adj*, verschwunden *adj*

غیبت [gheybat] Abwesenheit *w*

غیبت کردن [gheybat kardan] abwesend sein *v*, fehlen *v*

غیب زدن [gheyb zadan] unsichtbar / verschwunden sein *v*

غیب شدن [gheyb schodan] unsichtbar werden *v*, verschwinden *v*

Wörterbuch Persisch – Deutsch

غیب گفتن [gheyb goftan] hellsehen *v*

غیب‌گویی کردن [gheyb-guyi kardan] wahrsagen *v*

غیر [gheyr] außer *prep*, ohne *prep*, nicht *adv*

غیرت [gheyrat] Ehrgefühl *s*

غیرت داشتن [gheyrat däschtan] Ehrgefühl haben *v*

غیررسمی [gheyr.e raßmi] inoffiziell *adj*

غیر طبیعی [gheyr.e tabi'i] unnatürlich *adj*

غیر قابل استفاده [gheyr.e ghābel.e eßtefāde] unbrauchbar *adj*

غیر قابل تحمل [gheyr.e ghābel.e tahammol] unerträglich *adj*

غیر قابل تصور [gheyr.e ghābel.e taßawwor] unfassbar *adj*

غیر قابل علاج [gheyr.e ghābel.e alādj] unheilbar *adj*

غیر قانونی [gheyr.e ghānuni] rechtswidrig *adj*, illegal *adj*, inoffiziell *adj*

غیر عادلانه [gheyr.e ādelāne] ungerecht *adj*

غیرعادی [gheyr.e ādi] ungewöhnlich *adj*, ungewohnt *adj*, unnormal *adj*

غیر معمولی [gheyr.e ma'muli] ungewöhnlich *adj*, unnormal *adj*

غیر منتظره [gheyr.e montazere] unerwartet *adj*

غیرمجاز [gheyr.e modjāz] illegal *adj*, unerlaubt *adj*

ف

فاجع [fādje'] tragisch *adj*

فاجعه [fādje'e] Tragödie *w*

فاحشه [fāhesche] Prostituierte *w*

فارسی [fārßi] persisch *adj*

فاز [fāz] Phase *w*

فاسد [fāßed] (*Mz.* فساد [faßād]) ranzig *adj*, verfault *adj*, verdorben *adj*, verkommen *adj*

فاسد شدن [fāßed schodan] verfaulen *v*, verderben *v*, verkommen *v*

فاش کردن [fāsch kardan] enthüllen *v*, verraten *v*

فاصله [fāßele] Abstand *m*, Lücke *w*, Entfernung *w*

فاصله گرفتن [fāßele gereftan] Abstand halten *v*

فاضل آب [fāzel-āb] Abfluss *m*, Abwasser *s*

فالبین [fāl-bin] Wahrsager *m* (Karten, Kaffeesatz)

فالگیر [fāl-gir] Wahrsager *m* (Karten, Kaffeesatz)

فال گرفتن [fāl gereftan] wahrsagen *v* (Karten, Kaffeesatz)

فامیل [fāmil] Familie *w*, Angehörige *Mz*, Verwandte *Mz*

فانوس دریایی [fānuß.e daryāyi] Leucht-turm *m*

فایده [fāyede] Zweck *m*, Nutzen *m*

فایده داشتن [fāyede däschtan] nutzen *v*, nützlich sein *v*

فتح [fath] Sieg *m*, Eroberung *w*

فتیله [fatile] Docht *m*

فحش [fohsch] Geschimpfe *s*, Gefluche *s*

فحش دادن [fohsch dādan] schimpfen *v*, (ver)fluchen *v*

فدا کاری کردن [fadākāri kardan] sich aufopfern *v*

فر [fer] (Back-)Ofen *m*; Locke *w* (Haar)

فرار [farār] Flucht *w*

فراری [farāri] Flüchtling *m*, Entflohener *m* (Gefängnis)

فراری بودن [farāri budan] auf der Flucht sein *v*

فراموش کار [farāmuschkār] vergess-lich *adj*

فراموش کاری [farāmusch-kāri] Vergess-lichkeit *w*

فراموش کردن [farāmusch kardan] vergessen v, verlernen v

فراموش نشدنی [farāmusch-na.schodani] unvergesslich adj

فرانسوی [farānßawi] Franzose m, französisch adj

فرانسه [farānße] Frankreich s

فراوان [farāwān] reichlich adj, zahlreich adj

فراهم کردن [farāham kardan] besorgen v, auftreiben v

فرچه [fertsche] Rasierpinsel m

فرد [fard] ungerade adj (Zahl); Individuum s

فردا [fardā] morgen adv

فردا شب [fardā-schab] morgen abend adv

فردا صبح (زود) [fardā-ßobh(.e zud)] morgen früh adv

فرز [ferz] schnell adj, flink adj, clever adj

فرزند [farzand] Kind s, Nachkomme m

فرزند تعمیدی [farzand.e ta'midi] Patenkind s

فرزند ناتنی [farzand.e nā.tani] Stiefkind s

فرستادن [fereßtādan] (präs. فرست [fereßt-]) schicken v, senden v, liefern v

فرستنده [fereßtande] Absender m

فرش [farsch] Teppich m

فرشته [fereschte] Engel m

فرش فروش [farsch-forusch] Teppich-verkäufer m

فرصت [forßat] Gelegenheit w

فرصت (پیدا) کردن [forßat (peydā) kardan] Gelegenheit finden v

فرصت مناسب [forßat.e monāßeb] günstige Gelegenheit w

فرض [farz] Vermutung w, Voraussetzung w

فرض کردن [farz kardan] vermuten v, annehmen v, von etw. ausgehen v

فرفری [fer-feri] wellig adj (Haar), lockig adj

فرق [fargh] Unterschied m; Scheitel m (Haar)

فرق داشتن [fargh dāschtan] sich unterscheiden v, verschieden sein v

فرق سر [fargh.e ßar] Scheitel m (Haar)

فرق کردن [fargh kardan] sich unterscheiden v, verschieden sein v

فرق گذاشتن [fargh gozāschtan] Unter-schied machen v

فرم [form] Form w; Formular s

فرمان [farmān] Befehl m; Lenkrad s, Steuer s

فرمان دادن [farmān dādan] befehlen v

فرنگ [farang] Europa s

فرنگی [farangi] Europäer m, europäisch adj

فرنی [femi] Brei m

فروختن [foruchtan] (präs. فروش [forusch-]) verkaufen v

فرود [forud] Landung w

فرود آمدن [forud āmadan] landen v (Flugzeug)

فرو دادن [foru dādan] schlucken v (Essen, Tablette)

فرودگاه [forudgāh] Flughafen m

فروردین [farwardin] 1. Monat des iran. Sonnenkalenders (21.03.-20.04.)

فرو رفتن [foru raftan] versinken v (in Boden, Gedanken), verschluckt werden v, stecken bleiben v, einbrechen v (Eis)

فرو ریختن [foru richtan] einstürzen v (Decke, Haus), zusammenbrechen v

فروش [forusch] Verkauf m, Absatz m

فروشگاه [foruschgāh] Kaufhaus s, Geschäft s

فروشنده [foruschande] Verkäufer m

فروکردن [foru kardan] hineinstecken v (Stecker, Nadel)

فرهنگ [farhang] Kultur w, Bildung w; Wörterbuch s

فرهنگ لغت نامه [farhang.e loughat-nāme] Wörterbuch s

فریاد [faryād] Schrei m, Geschrei s

فریاد زدن [faryād zadan] schreien v

فریاد کشیدن [faryād keschidan] (auf)schreien v

فریب خوردن [farib chordan] betrogen werden v

فریب دادن [farib dādan] betrügen v, täuschen v

فریزر [frizer] Gefriertruhe w

فریز کردن [friz kardan] einfrieren v (im Gefrierfach)

فسخ [faßch] Stornierung w, Auflösung w

فسخ کردن [faßch kardan] stornieren v, auflösen v, kündigen v, widerrufen v

فشار [feschār] Druck m

فشار آوردن [feschār āwardan] drücken v, belasten v, Druck ausüben v

فشار خون [feschār.e chun] Blutdruck m

فشار دادن [feschār dādan] drücken v, pressen v

فشاردن [feschārdan] (präs. فشار [feschār-]) drücken v, pressen v

فشردن [feschordan] (präs. فشار [feschār-]) drücken v, pressen v

فشرده [feschorde] voll adj (Zeitplan, Termine), intensiv adj

فشفشه [fesch-fesche] Feuerwerks-körper m

فشنگ [feschangh] Patrone w

فصل [faßl] Abschnitt m, Jahreszeit w, Saison w, Kapitel s

فضول [fozul] neugierig adj, aufdringlich adj, vorlaut adj, Schnüffler m

فضولی [fozuli] Aufdringlichkeit w, Einmischung w, Schnüffelei w

فضولی کردن [fozuli kardan] aufdringlich sein v, sich einmischen v

فعال [fa'āl] aktiv adj, fleißig adj

فعالیت [fa'āliyat] Tätigkeit w, Aktivität w

فعلاً [fe'lan] erst einmal adv, vorerst adv, zur Zeit adv, momentan adj

فقر [faghr] Armut w, Elend s

فقط [faghat] nur adv, lediglich adj, einzig adv

فقط وفقط [faghat-o-faghat] einzig und allein adv

فقیر [faghir] arm adj

فقیری [faghiri] Armut w, Elend s

فک [fak] Kiefer m (anatom.)

فک [fok] Robbe w, Seehund m

فکر [fekr] Gedanke m, Idee w, Meinung w, Überlegung w

فکرکردن [fekr kardan] denken v, überlegen v

فکرکردی [fekr kard.i] denkste!

فکل [fokol] Fliege w

فلات [falāt] Hochland s, Plateau s

فلاسک [felāßk] Thermoskanne w

فلاش [flāsch] Blitzlicht s (Foto)

فلج [faladj] gelähmt adj

فلز [felez] Metall s

فلس [falß] Schuppe w (Fisch)

فلسطین [feleßtin] Palästina s

فلفل [felfel] Pfeffer m

فلفل دلمه ای [felfel.e dolme'i] Paprika m

فلفل زدن [felfel zadan] pfeffern v (Gewürz)

فلوت [flut] Flöte w

فلوت زدن [flut zadan] flöten v

فن [fann] Handwerk s, Technik w

فنجان [fendjān] Tasse w

فندق [fandogh] Haselnuss w

فندک [fandak] Feuerzeug s

فنر [fanar] Feder w (techn.)

فنی [fanni] technisch adj

فواره [fawwāre] Springbrunnen m, Fontäne w

فوت [fout] Tod m

فوت کردن [fout kardan] sterben v

فوت کردن [fut kardan] (aus)blasen v

فوتبال بازی کردن [futbāl-bāzi kardan]
Fußball spielen *v*

فوراً [fouran] sofort *adv*,
unverzüglich *adv*

فوری [fouri] eilig *adj*, dringend *adj*,
prompt *adj*, unverzüglich *adj*

فوریه [fewriye] Februar *m*

فوق العاده [fough-ol-āde] außerordentlich *adj*, beträchtlich *adj*,
ausgezeichnet *adj*

فوق لیسانس [fough.e lißānß] Magister *m*

فولاد [fulād] Stahl *m*

فهرست [fehreßt] Wörterverzeichnis *s*,
Inhaltsverzeichnis *s*, Übersicht *w*

فهم [fahm] Verstand *m*, Vernunft *w*

فهماندن [fahmāndan] (*präs.* فهم [fahm-])
begreiflich machen *v*

فهمیدن [fahmidan] (*präs.* فهم [fahm-])
verstehen *v*, begreifen *v*

فهمیده [fahmide] Kluger *m*,
Besonnener *m*

فیش [fisch] Quittung *w* (ugs.)

فیل [fil] Elefant *m*; Läufer *m* (Schach)

فیلتردار [filter-dār] mit Filter *adj* (Zigarette)

فیلم [film] Film *m*. Streifen *m*

فیلم (بازی) در آوردن [film(-bāzi)
dar-āwardan] prahlen *v*. Schau
abziehen *v*, herumalbern *v* (ugs.)

فیلم برداری [film-bar-dāri] Film-
aufnahme *w*

فیلم برداری کردن [film-bar-dāri kardan] Film
aufnehmen *v*, filmen *v*

فین کردن [fin kardan] sich schnäuzen *v*

فیوز [fiuz] Sicherung *w* (elektr.)

ق

قاب [ghāb] Rahmen *m*

قاب کردن [ghāb kardan] (ein)rahmen *v*

قاب گرفتن [ghāb gereftan] (ein)rahmen *v*

قابل استفاده [ghābel.e eßtefāde]
gebrauchsfähig *adj*

قابل عبور [ghābel.e obur] befahrbar *adj*,
begehbar *adj*

قابل قبول [ghābel.e ghabul]
annehmbar *adj*

قابلمه [ghābleme] Topf *m*

قابلی ندارد / قابل ندارد [ghābel na.dār.ad] /
[ghābel.i na.dār.ad] gern geschehen!,
nicht der Rede wert!

قاپ زدن [ghāp zadan] (weg)schnappen *v*,
aus der Hand reißen *v*

قاپیدن [ghāpidan] (*präs.* قاپ [ghāp-])
(weg)schnappen *v*, aus der Hand
reißen *v*

قاتل [ghātel] Mörder *m*

قاتی کردن [ghāti kardan] (ver)mischen *v*,
umrühren *v*, durcheinanderbringen *v*

قاچ [ghātsch] Scheibe *w* (Obst),
Schnitte *w*

قاچ کردن [ghātsch kardan] in Scheiben
schneiden *v*, durchschneiden *v* (ugs.)

قاچاق [ghātschāgh] Schmuggel *m*

قاچاقچی [ghātschāghtschi] Schmuggler *m*

قاچاق کردن [ghātschāgh kardan]
schmuggeln *v*

قادر [ghāder] fähig *adj*, mächtig *adj*

قادر بودن [ghāder budan] können *v*, fähig
sein *v*, imstande sein *v*

قارچ [ghārtsch] Pilz *m*

قاره [ghārre] Festland *s*, Kontinent *m*

قاشق [ghāschogh] Löffel *m*

قاشق چای خوری [ghāschogh.e tschāy-chori]
Teelöffel *m*

قاشق غذا خوری [ghāschogh.e ghazā-chori]
Esslöffel *m*

قاضی [ghāzi] Richter *m*

قاطر [ghāter] Maulesel *m*

قاعدتاً [ghā'edatan] in der Regel *adv*,
normalerweise *adv*

قاعدگی [ghā'edegi] Menstruation *w*

Wörterbuch Persisch – Deutsch

قاعده [ghā'ede] Regel w, Norm w, Menstruation w

قالب [ghāleb] Form w (Kuchen usw.)

قالب انداختن [ghāleb andāchtan] j-m etw. andrehen v, aufschwatzen v

قالب کردن [ghāleb kardan] formen v; j-m etw. andrehen v, aufschwatzen v

قالی [ghāli] Teppich m

قالی بافی کردن [ghāli-bāfi kardan] Teppich weben v, knüpfen v

قالیچه [ghālitsche] Brücke w (Teppich)

قالی فروش [ghāli-forusch] Teppich-verkäufer m

قالی نماز [ghāli.ye namāz] Gebets-teppich m

قانع [ghāne'] bescheiden adj, zufrieden adj

قانع بودن [ghāne' budan] sich zufrieden geben v, sich überreden lassen v

قانع کردن [ghāne' kardan] j-n zufriedenstellen v, j-n überreden v

قانون [ghānun] Gesetz s, Regel w

قانون اساسی [ghānun.e aßäßi] Verfassung w, Grundgesetz s

قانوناً [ghānunan] gesetzlich adv

قانونی [ghānuni] gesetzlich adj, legal adj, rechtlich adj

قاه قاه خندیدن [ghāh-ghāh chandidan] lauthals lachen v

قایق [ghāyegh] Boot s

قایق پارویی [ghāyegh.e pāruyi] Ruder-boot s

قایقرانی [ghāyegh-rāni] Bootsfahrt w, Regatta w

قایم شدن [ghāyem schodan] sich verstecken v

قایم کردن [ghāyem kardan] verstecken v (ugs.)

قایمکی [ghāyemaki] versteckt adj, verstohlen adj, heimlich adj (ugs.)

قایم موشک بازی [ghāyem-muschak-bāzi] Versteckspiel s

قبر [ghabr] Grab s

قبرستان [ghabreßtān] Friedhof m

قبض [ghabz] Quittung w

قبل [ghabl] vorher adv, früher adj

قبل از [ghabl az] vor prep (zeitl.)

قبل از اینکه [ghabl az in-ke] bevor conj

قبلاً [ghablan] vorher adv, früher adv

قبله [gheble] Gebetsrichtung w

قبلی [ghabli] ehemalig adj, vorig adj

قبول داشتن [ghabul dāschtan] anerkennen v, akzeptieren v

قبول شدن [ghabul schodan] bestehen v (Prüfung)

قبول کردن [ghabul kardan] akzeptieren v, einverstanden sein v, genehmigen v

قبوله [ghabul.e] abgemacht!, einverstanden!, in Ordnung!

قبیله [ghabile] Volksstamm m

قتل [ghatl] Mord m

قتل کردن [ghatl kardan] ermorden v

قد [ghadd] (Körper-)Größe w, Höhe w, Figur w

قد بلند [ghadd-boland] groß adj (Körper)

قدرت [ghodrat] Fähigkeit w, Macht w, Kraft w, Stärke w

قدرتمند [ghodratmand] mächtig adj, stark adj

قدردان [ghadrdān] dankbar adj

قدر دانستن [ghadr dāneßtan] wertschätzen v, würdigen v

قدردانی کردن [ghadrdāni kardan] billigen v, anerkennen v, Dankbarkeit zeigen v

قدرشناسی [ghadr-schenāßi] Dankbarkeit w, Wertschätzung w, Würdigung w

قدرشناسی کردن [ghadr-schenāßi kardan] wertschätzen v, würdigen v

قدری [ghadr.i] ein bisschen adv / pron, etwas adv, einigermaßen adv

قدغن [ghadaghan] Verbot s, verboten adj

قدغن کردن [ghadaghan kardan]
verbieten *v*

قد کشیدن [ghadd keschidan] wachsen *v*,
größer werden *v*

قد کوتاه [ghadd-kutah] klein *adj* (Körper)

قدم [ghadam] Gehen *s*, Gang *m*,
Schritt *m*

قدم به قدم [ghadam-be-ghadam]
schrittweise *adv*

قدم زدن [ghadam zadan] spazieren *v*,
marschieren *v*

قدیمی [ghadimi] alt *adj*, antik *adj*,
klassisch *adj*, altmodisch *adj*

قرار [gharār] Abmachung *w*,
Verabredung *w*, Termin *m*, Treffen *s*

قرارداد [gharār-dād] Abkommen *s*,
Vertrag *m*

قرارداد بستن [gharār-dād baßtan]
Abkommen / Vertrag schließen *v*

قرار دادن [gharār dādan] platzieren *v*,
(hin)stellen *v*

قرار داشتن [gharār dāschtan] sich
befinden *v*, liegen *v* (an best. Ort / Platz)

قرار گذاشتن [gharār gozāschtan] Treffen
vereinbaren *v*, Abmachung treffen *v*,
Termin festsetzen *v*

قرار ملاقات [gharār.e molāghāt]
Verabredung *w*, Vereinbarung *w*,
Anmeldung *w*

قراضه [ghorāze] Schrott *m*

قرآن [ghor'ān] Koran *m*

قربانی [ghorbāni] Opfer *m* (relig.)

قربانی کردن [ghorbāni kardan] opfern *v*
(relig.)

قرچ قرچ کردن [gheretsch-gheretsch kardan]
knirschen *v* (mit Zähnen, ugs.)

قرص [ghorß] Tablette *w*, Pille *w*

قرص ضد حاملگی [ghorß.e zedd.e hāmelegi]
Antibabypille *w*

قرص مسکن [ghorß.e moßakken] Schmerz-
tablette *w*, Beruhigungstablette *w*

قرض [gharz] Schuld *w*

قرض دادن [gharz dādan] j-m etw.
verleihen *v*

قرض کردن [gharz kardan] sich etw.
borgen *v*, sich etw. leihen *v*

قرض گرفتن [gharz gereftan] sich etw.
borgen *v*, sich etw. leihen *v*

قرعه کشی [ghor'e-keschi] Verlosung *w*,
Lotterie *w*

قرعه کشی کردن [ghor'e-keschi kardan]
verlosen *v*

قرعه کشیدن [ghor'e keschidan] Los
ziehen *v*

قرقاول [gharghāwol] Fasan *m*

قرمز [ghermez] rot *adj*

قرن [gharn] Jahrhundert *s*, Epoche *w*

قزن قفلی [ghazan-ghofli] Öse *w* (Kleidung)

قسط [gheßt] Rate *w*

قسطی خریدن [gheßti charidan] auf Raten
kaufen *v*

قسم [ghaßam] Eid *m*, Schwur *w*

قسم خوردن [ghaßam chordan] Eid ablegen
v, schwören *v*

قسمت [gheßmat] Bereich *m*, Abschnitt
m, Teil *m*; Los *s*, Schicksal *s*

قسمت بندی کردن [gheßmat-bandi kardan]
einteilen *v*

قسمت کردن [gheßmat kardan] einteilen *v*,
aufteilen *v*

قشنگ [ghaschang] hübsch *adj*, schön
adj, attraktiv *adj*

قصاب [ghaßßāb] Fleischer *m*

قصابی [ghaßßābi] Fleischerei *w*

قصد [ghaßd] Absicht *w*, Vorsatz *m*

قصد داشتن [ghaßd dāschtan] vorhaben *v*,
beabsichtigen *v*

قصر [ghaßr] Palast *m*, Schloss *s*

قصه [gheßße] Erzählung *w*, Märchen *s*

قضاوت [ghazāwat] Urteil *s* (Gericht)

قضاوت کردن [ghezāwat kardan]
(be)urteilen *v*

قضایی [ghazāyi] gerichtlich *adj*, rechtlich *adj*

قطار [ghatār] Zug *m*, (Eisen-)Bahn *w*

قطار سریع‌السیر [ghatār.e ßari'-oß-ßeyr] Schnellzug *m*

قطب نما [ghotb-namā] Kompass *m*

قطر [ghotr] Durchmesser *m*

قطره [ghatre] Tropfen *m*

قطره قطره [ghatre-ghatre] tropfenweise *adv*

قطع [ghat'] Unterbrechung *w*, Abschneiden *s*, Ausfall *m*

قطعاً [ghat'an] bestimmt *adv*, entschieden *adv*, endgültig *adv*

قطع کردن [ghat' kardan] abschneiden *v*, abbrechen *v*, unterbrechen *v*

قطعه [ghat'e] Stück *s*, Abschnitt *m*, Teil *m*

قطعه قطعه کردن [ghat'e-ghat'e kardan] teilen *v*, hacken *v*, zerstückeln *v*

قطعی [ghat'i] endgültig *adj*, bestimmt *adj*

قفس [ghafaß] Käfig *m*

قفسه [ghafaße] Regal *s*, Vitrine *w*

قفسه سینه [ghafaße.ye ßine] Brustkorb *m*

قفل [ghofl] Schloss *s* (Verschluss)

قفل در [ghofl.e dar] Türschloss *s*

قفل کردن [ghofl kardan] abschließen *v*, verschließen *v*

قلاب [ghollāb] Haken *s*, Angelrute *w*

قلابدوزی [ghollāb-duzi] Häkelarbeit *w*

قلابدوزی کردن [ghollāb-duzi kardan] häkeln *v*

قلاب ماهی گیری [ghollāb.e māhi-giri] Angel *w*

قلب [ghalb] Herz *s*

قلباً [ghalban] von ganzem Herzen *adv*, herzlich *adv*

قلعه [ghal'e] Burg *m*, Festung *w*

قلک [ghollak] Spardose *w*

قلم [ghalam] (Schreib-)Feder *w*

قلم مو [ghalam(.e-mu] Pinsel *m*

قلمی [ghalami] dünn *adj*, schlank *adj* (ugs.)

قلوه [gholwe] Niere *w* (als Speise)

قله [gholle] Gipfel *m*, Spitze *w*

قلیان [ghelyān] Wasserpfeife *w*

قمار(بازی) [ghomār(-bāzi)] Glücksspiel *s*

قمار(بازی) کردن [ghomār(-bāzi) kardan] pokern *v*

قمارخانه [ghomār-chāne] Spielcasino *s*

قمقمه [ghomghome] Feldflasche *w*, Thermoskanne *w*

قناد [ghannād] Konditor *m*

قنادی [ghannādi] Konditorei *w*

قناری [ghanāri] Kanarienvogel *m*

قند [ghand] (Würfel-)Zucker *m*

قند دان [ghanddān] Zuckerdose *w*

قنداق [ghondāgh] Windel *w*

قنداق کردن [ghondāgh kardan] wickeln *v* (Windel)

قو [ghu] Schwan *m*

قوت [ghowwat] Energie *w*, Kraft *w*

قوچ [ghutsch] Widder *m*, Schafbock *m*

قورباغه [ghurbāghe] Frosch *m*

قورت دادن [ghurt dādan] verschlucken *v*, herunterschlucken *v*

قوری [ghuri] Teekanne *w*

قوز [ghuz] Buckel *m*

قوزک (پا) [ghuzak(.e pā)] Knöchel *m*

قوزکردن [ghuz kardan] sich krumm machen *v*, Buckel machen *v*

قوس [ghouß] Bogen *m*

قوس قزح [ghouß.e ghazah] Regenbogen *m*

قوش [ghousch] Habicht *m*

قوطی [ghuti] Schachtel *m*, Büchse *w*, Etui *s*

قوطی بازکن [ghuti-bāz-kon] Dosenöffner *m*

قوطى كبريت [ghuti-kebrit] Streichholz-schachtel *m*

قول [ghoul] Versprechen *s*

قول دادن [ghoul dādan] versprechen *v*

قول شرف [ghoul.e scharaf] Ehrenwort *s*

قوم [ghoum] Volksstamm *m*

قوم و خویش [ghom-o-chisch] Verwandter *m*, Angehöriger *m*

قوه [ghowwe] Stärke *w*

قوى [ghawi] kräftig *adj*, mächtig *adj*, stark *adj*

قهر كردن [ghahr kardan] schmollen *v*, einschnappen *v*

قهرمان [ghahremān] Meister *m*, Champion *m*, Held *m*

قهرمان جهان [ghahremān.e djahān] Weltmeister *m*

قهقهه [ghah-ghahe] Gelächter *s* (laut)

قهقهه زدن [ghah-ghahe zadan] lauthals lachen *v*

قهوه [ghahwe] Kaffee *m*

قهوه اى [ghahwe'i] braun *adj*

قهوه خانه [ghawe-chāne] Kaffeehaus *s*, Teehaus *s*

قیافه [ghiyāfe] Miene *w*, Aussehen *s*

قیافه گرفتن [ghiyāfe gereftan] aufblähen *v*, Miene verziehen *v*

قیام [ghiyām] Aufruhr *m*, Aufstand *m*

قیچی [gheytschi] Schere *w*

قیر [ghir] Teer *m*

قیراط [ghirāt] Karat *s*

قیصر [gheyßar] Kaiser *m*

قیف [ghif] Trichter *m*

قیمت [gheymat] Preis *m*, Wert *m*, Tarif *m*

قیمت داشتن [gheymat dāschtan] wert sein *v*, kosten *v*

قیمتى [gheymati] kostbar *adj*, wertvoll *adj*

ک

کابل [kābl] Kabel *w*, Leitung *w* (elektr.)

کابوس [kābuß] Albtraum *m*

کاپشن [kāpschen] (Freizeit-)Jacke *w*

کاپوت [kāpot] Motorhaube *w*; Kondom *s*

کاج [kādj] Kiefer *w*, Nadelbaum *m*

کاخ [kāch] Schloss *s*, Palast *m*

کاخ سفید [kāch.e ßefid] Weißes Haus *s* (USA)

کادو [kādo] Geschenk *s*

کار [kār] Arbeit *w*, Tätigkeit *w*, Beruf *m*

کارآموز [kār-āmuz] Auszubildender *m*, Lehrling *m*

کارآموزى [kār-āmuzi] Lehre *w*

کارت اعتبارى [kārt.e etebāri] Kredit-karte *w*

کارت پستال [kārt-poßtāl] Postkarte *w*

کارت تبریک [kārt(.e)-tabrik] Glückwunsch-karte *w*

کارت دعوت [kārt.e da'wat] Einladungs-karte *w*

کارت شناسایى [kārt.e schenāßāyi] Personalausweis *m*

کارت عضویت [kārt.e ozwiyat] Mitglieds-ausweis *m*

کارت ملى [kārt.e melli] Personal-ausweis *m*

کارت ورودى [kārt.e worud(i)] Eintritts-karte *w*

کارتن [kārton] Karton *m* (Zigaretten)

کارخانه [kār-chāne] Fabrik *w*, Werk *s*, Betrieb *m*

کارد [kārd] Messer *s*

کاردادن [kār dādan] beschäftigen *v*, Arbeit geben *v*

کاردستى [kār.e daßti] Handarbeit *w*

کارشناس [kār-schenāß] Gutachter *m*, Fachmann *m*

کارفرما [kār-farmā] Chef *m*, Arbeitgeber *m*

كار كردن [kār kardan] arbeiten v, handeln v

كار كرده [kār-karde] gebraucht adj

كارگاه [kārgāh] Werkstatt w

كارگر [kārgar] Arbeiter m

كارگردان [kār-gardān] Regisseur m

كارمند [kārmand] Angestellter m, Arbeitnehmer m

كارمند دولت [kārmand.e doulat] Beamter m

كارنامه [kār-nāme] Zeugnis s (Schule)

كاروآش [kār-wāsch] Autowaschanlage w

كاروان [kārāwān] Wohnwagen m

كاسب [kāßeb] Kleinhändler m, Geschäftsmann m

كاسه [kāße] Schüssel w, Schale w

كاسه زانو [kāße.ye zānu] Kniescheibe w

كاشتن [kāschtan] (präs. كار [kār-]) pflanzen v, anbauen v

كاشى [kāschi] Kachel w, Fliese w

كاغذ [kāghaz] Papier s, Brief m

كاغذ توالت [kāghaz.e tuālet] Toilettenpapier s

كاغذ ديوارى [kāghaz(.e)-diwāri] Tapete w

كافر [kāfar] Heide m, Ungläubiger m

كافى [kāfi] ausreichend adj, genügend adj

كال [kāl] unreif adj (Obst)

كالا [kālā] Ware w, Artikel m, Sachen Mz

كالباس [kālbāß] Wurst w

كالسكه [kāleßke] Kinderwagen m

كامل [kāmel] ausführlich adj, ganz adj, vollständig adj, vollkommen adj

كامل كردن [kāmel kardan] ergänzen v, vervollständigen v

كاملاً [kāmelan] völlig adv, durch und durch adv

كاميون [kāmyun] Lastwagen m

كانال [kānāl] Kanal m

كاندوم [kāndom] Kondom s

كانون [kānun] Verein m

كاه [kāh] Heu s, Stroh s

كاهگل [kāh-gel] Lehm m (mit Stroh)

كاهو [kāhu] Kopfsalat m

كباب [kabāb] Braten m, Grillfleisch s

كباب شده [kabāb-schode] gegrillt adj, gebraten adj

كباب كردن [kabāb kardan] grillen v, braten v, rösten v

كبد [kabed] Leber w

كبك [kabk] Rebhuhn s

كبوتر [kabutar] Taube w

كبودى [kabudi] blauer Fleck m, Prellung w

كپر [kapar] Hütte w (armseliges Häuschen)

كپسول گاز [kapßul.e gāz] Gasflasche w

كپك [kapak] Schimmel m (Pilz)

كپك زدن [kapak zadan] verschimmeln v

كپه [koppe] Haufen m

كپه كردن [koppe kardan] anhäufen v, aufeinander legen v

كپى [kopi] (Foto-)Kopie w

كپى كردن [kopi kardan] (foto)kopieren v

كت [kot] Jacke w

كتاب [ketāb] Buch s

كتاب آشپزى [ketāb.e āsch-pazi] Kochbuch s

كتابخانه [ketāb-chāne] Bibliothek w, Bücherei w

كتاب فروش [ketāb-forusch] Buch-händler m

كتاب فروشى [ketāb-foruschi] Buch-handlung w

كتاب مقدس [ketāb.e moghaddaß] Bibel w

كتان [katān] Leinen s

كتباً [katban] schriftlich adv

كتبى [katbi] schriftlich adj

كترى [ketri] Wasserkessel m

كتک [kotak] Prügel Mz

کتک زدن [kotak zadan] schlagen v, verprügeln v

کتک کاری [kotak-kāri] Schlägerei w

کتک کاری کردن [kotak-kāri kardan] sich prügeln v

کتل [kotal] Gebirgsstraße w, Pass m

کت و دامن [kot-o-dāman] Kostüm s

کت و شلوار [kot-o-schalwār] Anzug m

کته [kate] gedämpfter Reis m

کتیبه [katibe] Inschrift w (Felsen)

کثافت [keßāfat] Dreck m, Schmutz m

کثافت کاری [keßāfat-kāri] Schweinerei w

کثیف [kaßif] dreckig adj, schmutzig adj

کثیف کردن [kaßif kardan] verschmutzen v

کج [kadj] schief adj, schräg adj, krumm adj

کج و کوله [kadj-o-koule] schief und krumm adj, verzogen adj, verbogen adj

کجا [kodjā] wo adv, wohin adv, wie adv

کچل [katschal] Glatzkopf m

کدام [kodām] welcher pron / adj

کد پستی [kod.e pošti] Postleitzahl w

کدخدا [kad-chodā] Hausherr m; Dorfältester m

کدبانو [kad-bānu] Hausherrin w

کدر [kader] trübe adj (Flüssigkeit)

کدو [kadu] Kürbis m, Zucchini m

کر [kar] gehörlos adj, taub adj

کراوات [kerāwāt] Krawatte w

کرایه [kerāye] Miete w, Fahrpreis m, Gebühr w

کرایه دادن [kerāye dādan] vermieten v

کرایه کردن [kerāye kardan] mieten v

کرد [kord] Kurde m

کردستان [kordeßtān] Kurdistan m

کردن [kardan] (präs. کن [kon-]) machen v, tun v, ausüben v, tätigen v

کردی [kordi] kurdisch adj

کرست [korßet] Büstenhalter m

کرفس [karafß] Sellerie m

کرکره [ker-kere] Jalousie w

کرکس [karkaß] Geier m

کرگدن [kargadan] Nashorn m

کرم [kerm] (Regen-)Wurm m

کرم [kerem] Creme w

کرم پوست [kerem.e pušt] Hautcreme w

کرم خورده [kerm-chorde] kariös adj

کرم ضد آفتاب [kerem.e zedd.e āftāb] Sonnencreme w

کرولال [kar-o-lāl] taubstumm adj

کره [kare] Butter w

کره [kore] Kugel w, Planet m; Korea s

کره اسب [korre-aßb] Fohlen s

کرۀ زمین [kore.ye zamin] Erdkugel m, Planet m

کریسمس [kriß-maß] Weihnachten m

کژ [kaj] schief adj, schräg adj, krumm adj, verbogen adj

کس [kaß] Person w

کساد [keßād] / کسادی [keßādi] Flaute w, kein Verdienst m

کسر [kaßr] Bruch m (mathemat.), Fehlbetrag m

کسر کردن [kaßr kardan] subtrahieren v, abziehen v

کسل [keßel] schlaff adj, schlapp adj

کسل کننده [keßel-konande] ermüdend adj, langweilig adj

کسوف [koßuf] Sonnenfinsternis s

کسی [kaß.i] jemand pron

کش [kesch] Gummiband s

کش آمدن [kesch āmadan] sich dehnen v

کشاورز [keschāwarz] Bauer m, Landwirt m

کشاورزی [keschāwarzi] Ackerbau m, Landwirtschaft w

کشتن [koschtan] (präs. کش [kosch-]) töten v, ermorden v, umbringen v

کشته [koschte] Toter m (durch Gewalt od. Verkehr)

Wörterbuch Persisch – Deutsch

کشته شدن [koschte schodan] tödlich verunglücken v

کشتی [keschti] Schiff s

کشتی [koschti] Ringen s, Ringkampf m

کشتی رانی [keschti-rāni] Schifffahrt w

کشتی گرفتن [koschti gereftan] ringen v (Sport)

کشدار [kesch-dār] dehnbar adj, elastisch adj

کشف [kaschf] Entdeckung w

کشف کردن [kaschf kardan] entdecken v, erfinden v

کشک [kaschk] getrocknete Sauermilch w, Molke w

کشمش [keschmesch] Rosine w

کشو [keschou] Schublade m

کشور [keschwar] Land s

کشیدن [keschidan] (präs. کش [kesch-]) ziehen v, dehnen v, schieben v, wiegen v, schleppen v

کشیده [keschide] Ohrfeige w

کشیده خوردن [keschide chordan] Ohrfeige bekommen v

کشیده زدن [keschide zadan] Ohrfeige geben v

کشیش [keschisch] Priester m

کشیک [keschik] Wachdienst m, Wache w

کعبه [ka'be] Kaaba w (islam. Heiligtum in Mekka)

کف [kaf] Schaum m

کف اطاق [kaf.e otāgh] Fußboden m

کف پا [kaf.e pā] Fußsohle w

کف توی کفش [kaf.e tu.ye kafsch] Einlege-sohle w

کف دست [kaf.e daßt] Handfläche w

کف زدن [kaf zadan] (Beifall) klatschen v

کف کردن [kaf kardan] schäumen v (Seife)

کفاش [kaffāsch] Schuster m

کفاشی [kaffāschi] Schuhgeschäft s

کفتار [kaftār] Hyäne w

کفر [kofr] Gotteslästerung w

کفر گفتن [kofr goftan] fluchen v

کفش [kafsch] Schuh m

کفش پاتیناژ [kafsch.e patināj] Schlitt-schuh m

کفش ورزشی [kafsch.e warzeschi] Turnschuh m

کف‌گیر [kaf-gir] Pfannenwender m

کفن [kafan] Leichentuch s

کک [kak] Floh m

کل [koll] alle adj / pron, gesamt adj, Gesamtheit w

کلاً [kollan] insgesamt adv, generell adv, sämtlich adj, durchweg adv

کلاچ [kelātsch] Kupplung w

کلاس [keläß] Klasse w, Kurs m, Lehrgang w

کلاس درس [keläß.e darß] Klassen-zimmer s

کلاغ [kalāgh] Rabe m, Krähe w

کلاغ زاغی [kalāgh.e zāghi] Elster w

کلاف / کلافه [kalāf] / [kalāfe] Knäuel s (Wolle)

کلام [kalām] Wort s

کلانتری [kalāntari] Polizeiwache w

کلاه [koläh] Hut m, Mütze w, Kapuze w

کلاه ایمنی [koläh.e imani] Helm s

کلاه بردار [koläh-bar-dār] Betrüger m

کلاه برداری [koläh-bar-dāri] Betrug m

کلاه حصیری [koläh.e haßiri] Strohhut m

کلاه دوز [koläh-duz] Hutmacher m

کلاه شنا [koläh.e schenā] Badekappe w

کلاه گیس [koläh-giß] Perücke w

کلاه نمدی [koläh.e namadi] Filzhut m

کلبه [kolbe] Hütte w

کلفت [kolfat] Putzfrau w, Dienst-mädchen s

کلفت [koloft] dick adj, rau adj

کلفتی کردن [kolfati kardan] als Putzfrau arbeiten v

Wörterbuch Persisch – Deutsch

کلک [kalak] Betrug *m*, Trick *m*

کلک زدن [kalak zadan] vortäuschen *v*, überlisten *v*, schwindeln *v*, mogeln *v*

کلم [kalam] Kohl *m*

کلم پیچ [kalam-pitsch] Weißkohl *m*

کلم فندقی [kalam.e fandoghi] Rosenkohl *m*

کلم قرمز [kalam-ghermez] Rotkohl *m*

کلم قری [kalam(.e)-ghomri] Kohlrabi *m*

کلم گل [kalam-gol] Blumenkohl *m*

کلمه [kalame] Wort *s*

کلمة عبور [kalame.ye obur] Passwort *s*

کله [kalle] Kopf *m*, Birne *w* (ugs.)

کله قند [kalle-ghand] Zuckerhut *m*

کله معلق زدن [kalle mo'allagh zadan] sich überschlagen *v* (Purzelbaum, ugs.)

کلید [kelid] Schlüssel *m*

کلید برق [kelid.e bargh] Lichtschalter *m*

کلیسا [kelißā] Kirche *w*, Kathedrale *w*

کلیمی [kalimi] Jude *m*

کلیه [kolye] Niere *w*

کم [kam] wenig *adj*, knapp *adj*, ungenügend *adj*

کم آبی [kam-ābi] Wasserknappheit *w*

کم ا بیش [kam-ā-bisch] mehr oder weniger *adv*

کماجدان [komādjdān] Schmortopf *m*

کم ارزش [kam-arzesch] minderwertig *adj*

کم بود [kam-bud] Mangel *m*

کم پشت [kam-poscht] dünn *adj* (Haar)

کم توقع [kam-tawaghgho'] anspruchslos *adj*, bescheiden *adj*

کم چربی [kam-tscharbi] fettarm *adj*; mager *adj* (Fleisch)

کم حرف [kam-harf] mundfaul *adj*

کم حوصله [kam houßele] ungeduldig *adj*

کم خوابی [kam-chābi] Schlaflosigkeit *w*

کمد [komod] Schrank *m*

کم داشتن [kam dāschtan] ermangeln *v*, wenig haben *v*

کمد لباس [komod.e lebāß] Kleider-schrank *m*

کمر [kamar] Taille *w*, Hüfte *w*

کمربند [kamar-band] Gürtel *m*, Gurt *m*

کمر بند ایمنی [kamar-band.e imani] Sicherheitsgurt *m*

کمر درد [kamar-dard] Rücken-schmerzen *Mz*

کم رنگ [kam-rang] hell *adj*, blass *adj*; dünn *adj*, schwach *adj* (Tee)

کم رو [kam-ru] schüchtern *adj*

کمک [komak] Hilfe *w*, Unterstützung *w*

کمک راننده [komak-rānande] Beifahrer *m*

کم کردن [kam kardan] verringern *v*, ermäßigen *v*, subtrahieren *v*

کمک کردن [komak kardan] helfen *v*, Hilfe leisten *v*, unterstützen *v*; abnehmen *v*

کم کم [kam-kam] allmählich *adj*, nach und nach *adv*

کمک مالی [komak(.e)-māli] Beihilfe *w*, finanzielle Unterstützung *w*

کمک های اولیه [komak.hā.ye awwaliye] Erste Hilfe *w*

کمک هزینه [komak(.e)-hazine] Beihilfe *w*, finanzielle Unterstützung *w*

کمی [kam.i] (irgend)etwas *pron*, ein bisschen *pron*

کنار [kenār] Rand *m*, Seite *w*; an *prep*, neben *prep*

کنار ایستادن [kenār ißtādan] abseits stehen *v*

کنار زدن [kenār zadan] aufziehen *v*, zuziehen *v* (Vorhang)

کنار کشیدن [kenār keschidan] zuziehen *v* (Vorhang)

کنار گذاشتن [kenār gozāschtan] etw. zurücklegen *v*, beiseite legen *v*

کناره [kenāre] Brücke *w*, Läufer *m* (Teppich); Kante *w*, Saum *m*

کناره گیری کردن [kenāre-giri kardan] sich abkapseln *v*, sich ausschließen *v*

کنارهم [kenār.e ham] beisammen *adv*, nebeneinander *adv*

کنترل [kontrol] Kontrolle *w*

کنترل تلویزیون [kontrol.e telewision] Fernbedienung *w*

کنترل چی [kontroltschi] Kontrolleur *m* (ugs.)

کنترل کردن [kontrol kardan] kontrollieren *v*, überprüfen *v*

کنتور [kontor] Zähler *m*

کنج [kondj] (hinterste) Ecke *w*, (hinterster) Winkel *m*

کنجد [kondjed] Sesam *m*

کنجکاو [kondj-kāw] neugierig *adj*, wissbegierig *adj*

کند [kond] stumpf *adj* (Messer, geistig), schwerfällig *adj*

کندن [kandan] (*präs.* کن [kan-]) lösen *v*, losmachen *v*, reißen *v*, (aus)graben *v*, abziehen *v* (Haut, Schale)

کندودار [kandu-dār] Imker *m*

کنس [keneß] geizig *adj* (ugs.)

کنسولگری [konßulgari] Konsulat *s*

کنشت [konescht] Synagoge *w*

کنگر [kangar] Artischocke *w*

کنه [kane] Zecke *w*

کنیسه [kaniße] Synagoge *w*

کوبیدن [kubidan] (*präs.* کوب [kub-]) klopfen *v* (Wand), stampfen *v* (Kartoffeln, Fleisch), einschlagen *v* (Nagel)

کوپن [kupon] (Essen-)Marke *w*, Wertmarke *w*

کوپه [kupe] Abteil *s*

کوتاه [kutāh] kurz *adj*, niedrig *adj*, knapp *adj* (nicht ausführlich)

کوتاه آمدن [kutāh āmadan] nachgeben *v*

کوتاه کردن [kutāh kardan] (ver)kürzen *v*, abkürzen *v* (Inhalt, Unterhaltung), abschneiden *v* (Haar, Stoff, Seil)

کوتاه مدت [kutāh-moddat] kurzzeitig *adj*, vorübergehend *adj*

کوچک [kutschek] klein *adj*

کوچ کردن [kutsch kardan] umsiedeln *v*, wegziehen *v*

کوچک کردن [kutschek kardan] verkleinern *v*; erniedrigen *v*, herabwürdigen *v*

کوچه [kutsche] Gasse *w*

کوچولو [kutschulu] klein *adj* (ugs.), winzig *adj*

کود [kud] Dünger *m*

کودتا [kudetā] Staatsstreich *m*

کودک [kudak] Kind *s*

کودکستان [kudakeßtān] Kindergarten *m*

کودکی [kudaki] Kindheit *w*

کور [kur] blind *adj*, Blinder *m*

کوران [kurān] Zugluft *w*

کورتاژ [kurtāj] Abtreibung *w*

کورکورانه [kur-kurāne] blindlings *adv*, unüberlegt *adj*

کوره [kure] Ofen *m* (industriell)

کوزه [kuze] Krug *m*

کوسن [kußan] Kissen *s*

کوسه [kuße] Hai *m*

کوشش [kuschesch] Anstrengung *w*, Bemühung *w*

کوشش کردن [kuschesch kardan] sich bemühen *v*, sich Mühe geben *v*

کوشیدن [kuschidan] (*präs.* کوش [kusch-]) sich bemühen *v*, sich anstrengen *v*

کوک [kuk] Nähstich *m*

کوک کردن [kuk kardan] Uhr aufziehen *v*, einstimmen *v*, nervös machen *v*

کولاک برف [kulāk.e barf] Schneesturm *m*

کولر [kuler] Klimaanlage *w*

کوله پشتی [kule-poschti] Rucksack *m*

کولی [kouli] Zigeuner *m*

کوه [kuh] Berg *m*

کوه آتش فشان [kuh.e ātasch-feschān] Vulkan *m*

Wörterbuch Persisch – Deutsch

کوه پیما [kuh-peymā] Bergsteiger *m*

کوه پیمایی [kuh-peymāyi] Bergsteigen *s*

کوهستان [kuheßtān] Gebirge *s*

کوهستانی [kuheßtāni] bergig *adj*, gebirgig *adj*

کوه نورد [kuh-naward] Bergsteiger *m*

کوه نوردی [kuh-nawardi] Bergsteigen *s*

کویر [kawir] Salzwüste *w*

که [ke] dass *conj*, was *pron*, wessen *pron* (Frage- u. Relativpronomen)

کهکشان [kahkaschān] Milchstraße *w*

کهن [kohan] alt *adj*, historisch *adj*

کهنه [kohne] alt *adj*, veraltet *adj*; Lappen *m*

کی [key] wann *adv*

کی [ki] wer *pron*

کیپ [kip] dicht *adj*, abgedichtet *adj*, eng *adj*

کیپ هم [kip.e ham] dicht nebeneinander *adv*

کیسه [kiße] Beutel *m*, Sack *m*, Tüte *w*

کیسه خواب [kiße.ye chāb] Schlafsack *m*

کیسه صفراء [kiße.ye ßafrā] Gallenblase *w*

کیف [kif] (Trage-)Tasche *w*

کیف پول [kif.e pul] Brieftasche *w*, Portemonnaie *s*

کیف جیبی [kif.e djibi] Brieftasche *w*

کیف دستی [kif.e daßti] Handtasche *w*

کیف کردن [keyf kardan] sich vergnügen *v*, genießen *v* (ugs.)

کیک [keyk] Kuchen *m*, Torte *w*

کیک خامه ای [keyk.e chāme'i] Sahnetorte *w*

کینه [kine] Hass *m*, Groll *m*

کینه داشتن [kine dāschtan] hassen *v*, Groll hegen *v*

کیهان [keyhān] Welt *w*, Weltall *s*

گ

گاراژ [gārāj] Garage *w*

گارسون [gārßon] Kellner *m*, Ober *m*

گاری [gāri] Karre *w*

گاز [gāz] Gas *s*

گازانبر [gāz-ambor] Zange *w*

گاز زدن [gāz zadan] (ab)beißen *v*

گاز گرفتن [gāz gereftan] beißen *v*

گازوئیل [gāz-o'il] Diesel *m*

گاو [gāw] Rind *s*, Kuh *w*

گاو صندوق [gāw-ßandugh] Safe *m*, Tresor *m*

گاومیش [gāw-misch] Büffel *m*

گاووگوسفند [gāw-o-gußfand] Vieh *s*

گاه گاهی [gāh-gāhi] ab und zu *adv*, von Zeit zu Zeit *adv*

گاهی [gāhi] manchmal *adv*, gelegentlich *adv*

گپ زدن [gap zadan] plaudern *v*

گچ [gatsch] Gips *m*, Kreide *w*

گچ زدن [gatsch zadan] verputzen *v* (Wand)

گچ کاری [gatsch-kāri] Verputz *m* (Wand)

گچ گرفتن [gatsch gereftan] eingipsen *v*

گدا [gedā] Bettler *m*

گدایی [gedāyi] Bettelei *w*

گدایی کردن [gedāyi kardan] betteln *v*

گذاراندن [gozārandan] (präs. گذار / گزار [gozār-]) verbringen *v*

گذاشتن [gozāschtan] (präs. گذار / گزار [gozār-]) (hin)stellen *v*, hinlegen *v*, platzieren *v*

گذر [gozar] Durchfahrt *w*, Durchgang *m*, Überfahrt *w*, Überquerung *w*

گذر کردن [gozar kardan] durchfahren *v*, durchgehen *v*

گذرنامه [gozar-nāme] Reisepass *m*

گذشت داشتن [gozascht dāschtan] nachsichtig sein *v*

گذشت کردن [gozascht kardan] verzeihen *v*, nachsichtig sein *v*, verzichten *v*

Wörterbuch Persisch – Deutsch

گذشتن [gozaschtan] (präs. گذر [gozar-]) überqueren v, vorbeifahren v, vorbeigehen v

گذشته [gozaschte] ehemalig adj, vergangen adj, Vergangenheit w

گذشته از [gozaschte az] abgesehen von prep

گذشته ها [gozaschte.hā] früher adv, einst adv

گراز [gorāz] Wildschwein s

گرامی [gerāmi] angesehen adj, lieb adj, ehrenwert adj

گران [gerān] teuer adj

گرانبها [gerān-bahā] edel adj, wertvoll adj, kostbar adj

گران فروش [gerān-forusch] Wucherer m

گربه [gorbe] Katze w

گرچه [gar tsche] obwohl conj, zwar conj

گرد [gard] Staub m, Pulver s

گرد [gerd] rund adj

گرداب [gerd-āb] Strudel m, Wirbel m

گرداگرد [gerdāgerd] rundherum adv

گرداندن [gardāndan] (präs. گردان [gardān-]) drehen v, wenden v

گردباد [gerd-bād] Tornado m

گردش [gardesch] Ausflug m, Spaziergang m; Kreislauf m (medizin.)

گردش رفتن [gardesch raftan] spazierengehen v, ausgehen v, bummeln v, Ausflug machen v

گردش کردن [gardesch kardan] spazierengehen v, ausgehen v, bummeln v, Ausflug machen v

گردگیری کردن [gard-giri kardan] staubwischen v

گردن [gardan] Hals m

گردن بند [gardan-band] Halskette w

گرد وخاک [gard-o-chāk] Staub m

گردو [gerdu] Walnuss w

گرز [gorz] Keule w (Gerät)

گرسنه [goroßne] hungrig adj

گرسنگی [goroßnegi] Hunger m

گرسنگی خوردن [goroßnegi chordan] hungern v, Hunger leiden v

گرسنگی کشیدن [goroßnegi keschidan] hungern v, Hunger leiden v

گرفتار [gereftār] gefangen adj, in schwieriger Lage adj, sehr beschäftigt adj (Arbeit)

گرفتار شدن [gereftār schodan] in Schwierigkeiten geraten v

گرفتار کردن [gereftār kardan] verhaften v, in etw. verwickeln v

گرفتن [gereftan] (präs. گیر [gir-]) nehmen v, bekommen v, erhalten v, (er)greifen v, fangen v, fassen v

گرفتگی عضله [gereftegi.ye azole] Muskelkrampf m

گرفته [gerefte] bewölkt adj, trübe adj; drückend adj (Wetter); verstopft adj (Toilette); rau adj, heiser adj (Stimme); bedrückt adj

گرگ [gorg] Wolf m

گرم [garm] warm adj, heiß adj

گرما [garmā] Wärme w, Hitze w

گرما زدگی [garmā-zadegi] Hitzschlag m

گرم کردن [garm kardan] (er)wärmen v, (be)heizen v

گرم و نرم [garm-o-narm] behaglich warm adj

گرو [gerou] Pfand s

گرو دادن [gerou dādan] verpfänden v

گرو گذاشتن [gerou gozāschtan] verpfänden v

گروگان [gerougān] Geisel w

گروه [goruh] Gruppe w, Mannschaft w, Team s

گروه گروه [goruh-goruh] gruppenweise adv, scharenweise adv

گره [gere] Knoten m

گره بستن [gere baßtan] Knoten binden v, schnüren v

گره زدن [gere zadan] Knoten binden v, schnüren v

گریپ فروت [geripfrut] Grapefruit w

گریختن [gorichtan] (präs. گریز [goriz-]) entkommen v, fliehen v, weglaufen v

گریه کردن [gerye kardan] weinen v

گزاردن [gozārdan] (präs. گزار [gozār-]) (hin)stellen v, hinlegen v, platzieren v

گزارش [gozāresch] Bericht m, Meldung w, Mitteilung w

گزارش دادن [gozāresch dādan] berichten v, melden v

گزارش وضع هوا [gozāresch.e waz'.e hawā] Wettervorhersage w

گزیدن [gazidan] (präs. گز [gaz-]) beißen v, stechen v (Insekt)

گزیش [gazesch] Stich m (Insekt)

گشاد [goschād] breit adj, weit adj (Kleidung)

گشت زدن [gascht zadan] spazierengehen v, bummeln v, schlendern v

گشتن [gaschtan] (präs. گرد [gard-]) spazierengehen v

گشتی زدن [gaschti zadan] Runde drehen v, spazierengehen v

گشنگی [goschnegi] Hunger m (ugs.)

گشنگی کشیدن [goschnegi keschidan] hungern v (ugs.)

گشنه [goschne] hungrig adj (ugs.)

گشنیز [geschniz] Koriander m; Kreuz s (Spielkarte)

گفتار [goftār] Rede w

گفت و گو / گفتگو [goft-o-gu] Dialog m, Gespräch s

گفتگو کردن [goft-o-gu kardan] besprechen v, sich unterhalten s

گفتن [goftan] (präs. گوی [guy-]) sagen v, sprechen v

گل [gel] Schlamm m, Matsch m

گل [gol] Blume w; Tor s (Fußball)

گلاب [gol-āb] Rosenwasser s

گلابی [gol-ābi] Birne w (Frucht)

گل آفتاب گردان [gol.e āftāb-gardān] Sonnenblume w

گلاویز شدن [galāwiz schodan] rangeln v, sich raufen v

گلپر [gol-par] Majoran m

گل چیدن [gol tschidan] Blumen pflücken v

گل دادن [gol dādan] blühen v

گلدار [gol-dār] gemustert adj, geblümt adj

گلدان [goldān] Vase w, Blumentopf m

گلدوزی [gol-duzi] Stickerei w

گلدوزی کردن [gol-duzi kardan] sticken v

گلر [goler] Torwart m (ugs.)

گل زدن [gol zadan] Tor schießen v

گلستان [goleßtān] Rosengarten m (literar.)

گل سرخ [gol.e ßorch] Rose w

گل سینه [gol.e ßine] Brosche w

گل فروش [gol-forusch] Blumenverkäufer m

گل گندم [gol.e gandom] Kornblume w

گلگیر [gel-gir] Kotflügel m

گلو [galu] Kehle w, Gurgel w, Hals m, Rachen m

گلوبند [galu-band] Halskette w

گلو درد [galu-dard] Halsschmerzen Mz

گلوله [golule] Kugel m, Geschoss s

گلوله کردن [golule kardan] zerknüllen v

گله [galle] Herde w, Rudel m

گله [gele] Beschwerde w, Klage w

گله کردن [gele kardan] sich beklagen v, sich beschweren v

گلی [geli] schlammig adj, matschig adj

گمان [gamān] Vermutung w, Annahme w

گمان بردن [gamān bordan] annehmen v, vermuten v, von etw. ausgehen v

گمان داشتن [gamān dāschtan] annehmen *v*, vermuten *v*

گمان کردن [gamān kardan] annehmen *v*, vermuten *v*, von etw. ausgehen *v*

گمرک [gomrok] Zoll *m*

گمرکچی [gomroktschi] Zollbeamter *m*

گم شدن [gom schodan] verloren gehen *v*, sich verlaufen *v*

گم کردن [gom kardan] verlieren *v*

گناه [gonāh] Sünde *w*

گناه کردن [gonāh kardan] sündigen *v*

گناهکار [gonāhkār] Sünder *m*, Schuldiger *m*, sündig *adj*, schuldig *adj*

گنبد [gombad] Kuppel *w*, Gewölbe *s*

گنج [gandj] Schatz *m*

گنجشک [gondjeschk] Spatz *m*

گندم [gandom] Weizen *m*

گندم سیاه [gandom.e ßiyāh] Roggen *m*

گنده [gonde] riesig *adj*, groß *adj*

گندیده [gandide] verfault *adj*, stinkend *adj*

گنگ [gong] stumm *adj*

گوجه [goudje] Mirabelle *w*, Pflaume *w*

گوجه فرنگی [goudje-farangi] Tomate *w*

گود [goud] tief *adj*

گودال [goudāl] Graben *m*

گود(ال) کردن [goud(āl) kardan] graben *v*

گودی [goudi] Tiefe *w*

گور [gur] Grab *s*

گوراسب [gur.e aßb] Zebra *s*

گورخر [gur.e char] Zebra *s*

گورستان [gureßtān] Friedhof *m*

گوریل [guril] Gorilla *m*

گوزن [gawazn] Hirsch *m*

گوساله [gußāle] Kalb *s*

گوسفند [gußfand] Schaf *s*

گوش [gusch] Ohr *s*

گوش دادن [gusch dādan] zuhören *v*, auf j-n hören *v*

گوش کردن [gusch kardan] zuhören *v*, auf j-n hören *v*

گوشت [guscht] Fleisch *s*

گوشت چرخ کرده [guscht.e tscharch-karde] Hackfleisch *s*

گوشت چرخ کن [guscht-tscharch-kon] Fleischwolf *m*

گوشت سرخ شده [guscht.e ßorch-schode] Braten *m*

گوشت فروش [guscht-forusch] Fleischverkäufer *m*, Fleischer *m*

گوشت فروشی [guscht-foruschi] Fleischerei *w*

گوشت کوب [guscht-kub] Kartoffel-stampfer *m*

گوشت مرغ [guscht.e morgh] Geflügel *s*, Hühnerfleisch *s*

گوشت یخ زده [guscht.e yach-zade] Gefrierfleisch *s*

گوشه [gusche] Ecke *w*

گوشه گیری کردن [gusche-giri kardan] sich zurückziehen *v*, sich abkapseln *v*

گوشواره [guschwāre] Ohrring *m*

گوشی [guschi] (Telefon-)Hörer *m*

گوگرد [gugerd] Schwefel *m*

گول خوردن [gul chordan] betrogen werden *v*

گول زدن [gul zadan] betrügen *v*, schwindeln *v*, täuschen *v*, überlisten *v*

گوناگون [gunāgun] verschieden-artig *adj*, verschieden *adj*

گونه [gune] Art (und Weise) *w*; Wange *w*

گونی [guni] (Jute-)Sack *m*

گویا [guyā] als ob *conj*, angeblich *adj* / *adj*, anscheinend *adv* / *adj*

گویش [guyesch] Dialekt *m*

گوینده [guyande] Sprecher *m* (TV, Radio)

گواهی [gawāhi] Zeugnis *s*, Beschei-nigung *w*

گواهی کردن [gawāhi kardan] beglaubigen *v*, bestätigen *v*, bescheinigen *v*

گواهی نامه [gawāhi-nāme] Bescheinigung w, Urkunde w, Zeugnis s, Attest s

گواهی نامه رانندگی [gawāhi-nāme.ye rānandegi] Führerschein m

گهواره [gahwāre] Wiege w

گیاه [giyāh] Pflanze w

گیاه خوار [giyāh-chār] Vegetarier m

گیاهی [giyāhi] pflanzlich adj, vegetarisch adj

گیتی [giti] Welt w, Weltall s

گیج [gidj] benommen adj, schwindlig adj

گیج خوردن [gidj chordan] schwindlig werden v, taumeln v

گیج رفتن [gidj raftan] schwindlig werden v

گیج کردن [gidj kardan] (j-n) verwirren v

گیر آوردن [gir āwardan] zu fassen bekommen v, (etw.) auftreiben v

گیر افتادن [gir oftādan] in Schwierigkeiten geraten v; in j-s Hände fallen v, gefangen werden v

گیر انداختن [gir andāchtan] ergreifen v (Dieb)

گیربکس [gir-bokß] Getriebe s

گیرک [girak] Wäscheklammer w (ugs.)

گیر کردن [gir kardan] auf Schwierigkeiten stoßen v; hängen bleiben v, stecken bleiben v (im Hals)

گیرنده [girande] Empfänger m

گیره [gire] Spange w, Klammer w

گیس [giß] Zopf m (Haar)

گیشه [gische] Schalter m (Post, Bank usw.), Kasse w

گیلاس [gilāß] Becher m; Kirsche w

گیلاس شراب [gilāß.e scharāb] Weinglas s

گیوه [giwe] Sandale w (tradionell iran.)

ل

لااقل [lā-aghall] mindestens adv, wenigstens adv

لابد [lābod] vielleicht adv, wohl adv, wahrscheinlich adv

لات [lāt] Landstreicher m

لازم [lāzem] nötig adj, notwendig adj

لازم داشتن [lāzem dāschtan] brauchen v, benötigen v

لاستیک [lāßtik] Gummi m

لاشخور [lāsch-chor] (Aas-)Geier m, Aasfresser m

لاشه [lāsche] Leiche w, Kadaver m (Tier)

لاغر [lāghar] dünn adj, mager adj, schlank adj

لاک [lāk] Lack m, Nagellack m

لاک پشت [lāk-poscht] Schildkröte w

لاک زدن [lāk zadan] lackieren v (Nagel)

لال [lāl] stumm adj

لالائی [lālā'i] Wiegenlied s

لاله [lāle] Tulpe w

لامپ [lāmp] Lampe w, Glühbirne w

لانه [lāne] Nest s

لایق [lāyegh] würdig adj, fähig adj

لایه [lāye] Schicht w (Material)

لباس [lebāß] Kleid s, Kleidung w, Wäsche w

لباس آویزان کردن [lebāß āwizān kardan] Wäsche aufhängen v

لباس خواب [lebāß.e chāb] Schlafanzug s, Nachthemd s

لباس درآوردن [lebāß dar-āwardan] ausziehen v (Kleidung)

لباس زیر [lebāß.e zir] Unterwäsche w

لباس شب [lebāß.e schab] Abendkleid s

لباس شستن [lebāß schoßtan] Wäsche waschen v

لباس شنا [lebāß.e schenā] Badeanzug m

لباس عروس [lebāß.e aruß] Brautkleid s

لباس عوض کردن [lebāß awaz kardan] sich umziehen *v*

لباس کار [lebāß.e kār] (Arbeits-)Kittel *m*

لباس کثیف [lebāß.e kaßif] Schmutzwäsche *w*, Wäsche *w* (zum Waschen)

لب [lab] Lippe *w*; Rand *m*; an *prep*, bei *prep*

لبخند [lab-chand] Lächeln *s*

لبخند زدن [lab-chand zadan] lächeln *v*

لب ریز [lab-riz] randvoll *adj*, überfließend *adj*

لب زدن [lab zadan] abschmecken *v*

لب شکری [lab-schekari] Hasenscharte *w*

لبنان [lobnān] Libanon *m*

لبو [labu] Rote Bete *w* (gekocht)

لبه [labe] Saum *m*, Kante *w*

لپ [lop] Backe *w*, Wange *w*

لثه [laße] Zahnfleisch *s*

لج باز [ladj-bāz] stur *adj*, starrköpfig *adj*, verbissen *adj*

لج کردن [ladj kardan] trotzen *v*, bockig sein *v*

لجن [ladjan] Schlamm *m*

لجوج [ladjudj] stur *adj*, starrköpfig *adj*, verbissen *adj*

لحاف [lahāf] Decke *w*, Bettdecke *w*

لحظه [lahze] Augenblick *m*, Moment *m*

لحیم کردن [lahim kardan] löten *v*, schweißen *v*

لخت [locht] nackt *adj*

لذت [lezzat] Genuss *m*, Begeisterung *w*, Vergnügen *s*

لذت بردن [lezzat bordan] genießen *v*, begeistert sein *adj*, sich erfreuen *v*, sich amüsieren *v*, sich vergnügen *v*

لذیذ [laziz] lecker *adj*, schmackhaft *adj*

لرز [larz] Schüttelfrost *m*

لرزیدن [larzidan] (*präs.* لرز [larz-]) zittern *v*

لشکر [laschkar] Armee *w*, Heer *s*

لطف [lotf] Gefallen *m*, Gunst *w*

لطفاً [lotfan] bitte *interj* (bei Aufforderung)

لطف کردن [lotf kardan] j-m Gefallen tun *v*

لطمه [latme] Schaden *m*, Schädigung *w*

لطمه زدن [latme zadan] schädigen *v*

لطیف [latif] sanft *adj*, zart *adj*, weich *adj*, mollig *adj*

لطیفه [latife] Witz *m*, Anekdote *w*

لعل [la'l] Rubin *m*

لعنت [la'nat] verdammt!

لغت [loughat] Wort *s*

لغزیدن [laghzidan] (*präs.* لغز [laghz-]) (aus)rutschen *v*, gleiten *v*

لغو [laghw] Stornierung *w*, Aufhebung *w*

لغو کردن [laghw kardan] kündigen *v*, widerrufen *v*, auflösen *v*, stornieren *v*, absagen *v*, abschaffen *v*

لق [lagh] locker *adj*, wackelig *adj*

لقب [laghab] Titel *m* (akadem.)

لقمه [loghme] Bissen *m*, Happen *m*

لک [lak] Fleck *m*

لک لک [laklak] Storch *m*

لکنت زبان [loknat.e zabān] Stottern *s*

لکه [lakke] Fleck *m*

لکه دار [lakke-dār] fleckig *adj*

لگد [lagad] Fußtritt *m*

لگد خوردن [lagad chordan] Fußtritt bekommen *v*

لگد زدن [lagad zadan] treten *v*, Fußtritt versetzen *v*

لگن [lagan] Becken *s* (anatom.)

لنز [lenz] Linse *w* (opt.)

لنز چشم [lenz.e tscheschm] Kontaktlinse *w*

لنگ [leng] Bein *s*

لنگر [langar] Anker *m*

لنگر انداختن [langar andāchtan] ankern *v*

لنگرگاه [langargāh] Anlegestelle *w*

لنگه [lenge] Gegenstück *s* (von etw.)

لنگیدن [langidan] humpeln *v*, hinken *v*

لوازم [lawāzem] Ausrüstung *w*,

Wörterbuch Persisch – Deutsch

Zubehör *m*

لوازم پانسمان [lawāzem.e pānßemān]
Verbandszeug *s*

لوازم تحریر [lawāzem.e tahrir] Schreibwaren *w*

لوازم خانه [lawāzem.e chāne] Hausausstattung *w*, Einrichtung *w*

لوازم زخم بندی [lawāzem.e zachm-bandi]
Verbandszeug *s*

لوازم غواصی [lawāzem.e ghawāßi]
Tauchausrüstung *w*

لوازم یدکی [lawāzem.e yadaki] Ersatz-
teile *Mz*

لوبیا [lubiyā] Bohne *w*

لوبیا چشم بلبلی [lubiyā-tscheschm-bolboli]
Wachtelbohne *w*

لوبیا سبز [lubiyā-ßabz] grüne Bohne *w*,
Brechbohne *w*

لوچ [lutsch] schielend *adj*

لوچ بودن [lutsch budan] schielen *v*

لوچی [lutschi] Schielen *s*

لو دادن [lou dādan] verraten *v*

لوزه [louze] Mandel *w* (anatom.)

لوس [luß] albern *adj*, verwöhnt *adj*,
verzogen *adj*, frech *adj*

لوکس [lukß] Luxus *m*

لوله [lule] Rohr *s*, Tube *w*

لوله کردن [lule kardan] zusammenrollen
v, einrollen *v*

لوله کش [lule-kesch] Klempner *m*

لوله کشی کردن [lule-keschi kardan]
installieren *v*

لولیدن [lulidan] (*präs.* لون [lun-])
wimmeln *v*

له [leh] zerquetscht *adj*, zerdrückt *adj*,
matschig *adj* (Obst)

له کردن [leh kardan] zerquetschen *v*,
zerdrücken *v*, stampfen *v*, nieder-
trampeln *v*

لهجه [lahdje] Dialekt *m*, Akzent *m*

لهستان [laheßtān] Polen *s*

لهستانی [laheßtāni] Pole *m*, polnisch *adj*

لیاقت [liyāghat] Würde *w*, Fähigkeit *w*

لیتر [litr] Liter *m*

لیز [liz] glatt *adj*, rutschig *adj*

لیز خوردن [liz chordan] gleiten *v*,
(aus)rutschen *v*, abrutschen *v*

لیس زدن [liß zadan] lecken *v*

لیست [lißt] Übersicht *w*, Liste *w*

لیسیدن [lißidan] (*präs.* لیس [liß-]) lecken *v*

لیمو ترش [limu-torsch] Zitrone *w*

لیوان [liwān] Glas *s*, Becher *m*

م

ما [mā] wir *pron*

مات [māt] trübe *adj*, matt *adj*

ماتم [mātam] Trauer *w*, Trübsal *m*

ماتم گرفتن [mātam gereftan] trauern *v*,
zum Heulen zumute sein *v*

ماتیک [mātik] Lippenstift *m*

ماجرا [mādjarā] Abenteuer *s*

ماچ [mātsch] Kuss *m* (ugs.)

مادر [mādar] Mutter *w*

مادرانه [mādarāne] mütterlich *adv*

مادر بزرگ [mādar-bozorg] Großmutter *w*

مادرزن [mādar-zan] Schwiegermutter *w*
(Mutter der Frau)

مادرشوهر [mādar-schouhar]
Schwiegermutter *w* (Mutter des Mannes)

مادر ناتنی [mādar.e nā.tani] Stiefmutter *w*

ما دو تا [mā do tā] wir beide *pron*

ما دونفر [mā do nafar] wir beide *pron*

ماده [māde] weiblich *adj* (Tier)

ماده [mādde] Material *s*, Stoff *m*,
Substanz *w*, Element *s*; Paragraph *m*

مادی [māddi] materiell *adj*

مادیان [mādiyān] Stute *w*

مار [mār] Schlange *w*

مارچوبه [mār-tschube] Spargel *m*

مارس [mārß] März *m*

مارماهی [mār-māhi] Aal *m*

مارمولک [mār-mulak] Eidechse w

ماژیک [mājik] Filzstift m

ماساژ [māßāj] Massage w

ماست [māßt] Joghurt m

ماستینه [māßtine] Quark m

ماسه [māße] Sand m

ماشه [māsche] Abzug m (Schusswaffe)

ماشین [māschin] Maschine w; Wagen m, Auto s

ماشین آب میوه گیری [māschin.e āb-miwe-giri] Entsafter m (Obst)

ماشین باربری [māschin.e bār-bari] Lieferwagen m

ماشین باری [māschin-bāri] Lastwagen m

ماشین تحریر [māschin.e tahrir] Schreibmaschine w

ماشین ظرف شویی [māschin.e zarf-schuyi] Geschirrspülmaschine w

ماشین کاروان [māschin.e kārāwān] Wohnmobil s

ماشین لباس خوشک کنی [māschin.e lebāß-choschk-koni] Wäschetrockner m

ماشین لباس شویی [māschin.e lebāß-schuyi] Waschmaschine w

ماشین یدک کش / کشی [māschin.e yadak-kesch / -keschi] Abschleppwagen m

ماشینی [māschini] maschinell adj

ماکارونی [mākāruni] Nudeln Mz

مال [māl] Besitz m, Eigentum s, Reichtum m

مالک [mālek] Besitzer m, Eigentümer m

مالیات [māliyāt] (Mehrwert-)Steuer w

مالیدن [mālidan] (präs. مال [māl-]) streichen v, schmieren v (Butter), reiben v (Salbe, Augen)

ماما [māmā] Hebamme w

مامان [māmān] Mutti w

مامان بزرگ [māmān-bozorg] Oma w

مامانی [māmāni] süß adj, niedlich adj

مأمورپلیس [ma'mur.e poliß] Polizeibeamter m

مأموریت [ma'muriyat] Dienstreise w

مانتو [mānto] Mantel m, Umhang m

ماندن [māndan] (präs. مان [mān-]) bleiben v

مانده [mānde] alt adj (Lebensmittel), ranzig adj

مانع [māne'] Hindernis s

مانع شدن [māne' schodan] aufhalten v, (be)hindern v, verhindern v

مانند [mānand.e] ähnlich adj / adv, (so) wie conj / prep

مانیتور [mānitor] Bildschirm m (Computer)

ماه [māh] Mond m; Monat m; toll adj, großartig adj

ماه شب چهارده [māh.e schab.e tschahārdah] Vollmond m

ماه عسل [māh.e aßal] Flitterwochen Mz

ماهانه [māhāne] monatlich adj

ماهر [māher] geschickt adj, professionell adj

ماهرانه [māherāne] geschickt adj, professionell adj

ماهی [māhi] Fisch m

ماهی آزاد [māhi.ye āzād] Lachs m

ماهیانه [māhiyāne] monatlich adj

ماهی تاوه / ماهی تابه [māhi-tābe / māhi-tāwe] Pfanne w

ماهی دودی [māhi-dudi] Räucherfisch m

ماهی فروش [māhi-forusch] Fischhändler m

ماهی قزل آ لا [māhi.ye ghezel-ālā] Forelle w

ماهی کاد [māhi.ye kād] Kabeljau m

ماهیچه [māhitsche] Muskel m; Haxe w, Keule w (als Speise)

ماهیچهٔ (ساق) پا [māhitsche.ye (ßāgh.e) pā] Wade w

ماهی گیر [māhi-gir] Fischer m, Angler m

ماهی گیری [māhi-giri] Fischerei w,

Angeln s

مایع [māye'] Flüssigkeit w

مایل [māyl] Meile w

مایه [māye] Hefe w

مایه کوبی کردن [māye-kubi kardan] impfen v

مایو [māyo] Badeanzug m

مأیوس [ma'yuß] frustriert adj, niedergeschlagen adj, enttäuscht adj

مبارزه [mobāreze] Bekämpfung w

مبارزه کردن [mobāreze kardan] (be)kämpfen v, herausfordern v

مبارک [mobārak] gesegnet adj, glücksbringend adj

مبارک باشد [mobārak bāsch.ad] Glückwunsch!

مبالغه [mobāleghe] Übertreibung w

مبالغه کردن [mobāleghe kardan] übertreiben v

مبلغ [mablagh] Betrag m, Summe m

مبلغ اضافی [mablagh.e ezāfi] Aufpreis m, Überschuss m

مبلغ کل [mablagh.e koll] Gesamtbetrag m

مبلمان [moblemān] Einrichtung w, Möbel Mz

مبلمان کردن [moblemān kardan] einrichten v, möblieren v

مبهم [mobham] unklar adj, schleier-haft adj

متأسف بودن [mota'aßßef budan] bedauern v, leidtun v

متأسفانه [mota'aßßefāne] leider adv, bedauerlicherweise adv

متأهل [mota'ahhel] verheiratet adj

متحرک [motahrrek] beweglich adj

متخصص [motachaßßeß] Fachmann m, Gutachter m

متخصص برق [motachaßßeß.e bargh] Elektriker m

مترجم [motardjem] Übersetzer m, Dolmetscher m

مترجمی کردن [motardjemi kardan] dolmetschen v, übersetzen v

مترو [metro] U-Bahn w

متشکر [motaschakker] dankbar adj

متعصب [mota'aßßeb] Fanatiker m, fanatisch adj

متفاوت [motafāwet] unterschiedlich adj

متقابل [moteghābel] gegenseitig adj, gegenüberliegend adj

متقلب [motaghalleb] Betrüger m, Gauner m

متکا [motakkā] Kopfkissen s

متکبر [motakabber] arrogant adj, eingebildet adj

متمدن [motamadden] kultiviert adj, zivilisiert adj

متن [matn] Text m

متنفر بودن [motanaffer budan] hassen v, verabscheuen v

متنوع [motanawwe'] abwechslungs-reich adj

متوجه بودن [motawaddje budan] aufmerksam sein v, aufpassen v

متوجه شدن [motawaddje schodan] aufmerksam werden v, bemerken v

متوجه کردن [motawaddje kardan] j-n aufmerksam machen adj

متوسط [motawaßßed] durchschnittlich adj, mittelmäßig adj

متوقف کردن [motawaghghef kardan] (j-n) anhalten v, j-n stoppen v

متولد شدن [motawalled schodan] geboren werden v

متهم [motaham] Verdächtiger m, Angeklagter m

متهم کردن [mottaham kardan] anklagen v, beschuldigen v

مثال [meßāl] Beispiel s

مثانه [maßāne] Harnblase w

مثبت [moßbat] positiv adj

مثل [meßl.e] wie conj / prep

Wörterbuch Persisch – Deutsch

مثلاً [maßalān] zum Beispiel *adv*

مثل اینکه [meßl.e in-ke] als ob *conj*, anscheinend *adv*, offensichtlich *adv*

مثل برق [meßl.e bargh] blitzschnell *adv*

مثل هم [meßl.e ham] gleich *adj*, gleichartig *adj*

مثل همیشه [meßl.e hamische] wie üblich *adv*, wie immer *adv*

مثلث [moßallaß] Dreieck *s*

مثلثی [moßallaßi] dreieckig *adj*

مجارستان [madjāreßtān] Ungarn *s*

مجاز [modjāz] erlaubt *adj*, zulässig *adj*

مجازات [modjāzāt] Strafe *w* (Gefängnis)

مجازات کردن [modjāzāt kardan] bestrafen *v* (Gefängnis)

مجانی [madjdjāni] kostenlos *adj*, umsonst *adv*

مجاهد [modjāhed] Glaubenskämpfer *m*

مجبور بودن [madjbur budan] gezwungen sein *v*

مجبور کردن [madjbur kardan] zwingen *v*

مجدد [modjaddad] wiederholt *adj*

مجدداً [modjaddadan] wiederholte Male *adv*, mehrfach *adv*

مجرد [modjarrad] ledig *adj*, unverheiratet *adj*

مجروح [madjruh] verwundet *adj*, verletzt *adj*

مجروح شدن [madjruh schodan] verletzt werden *v*

مجری [modjri] Moderator *m*

مجسم کردن [modjaßßam kardan] sich etw. vorstellen *v*

مجسمه [modjaßßame] Denkmal *s*, Statue *w*, Skulptur *w*

مجسمه ساز [modjaßßame-ßāz] Bildhauer *m*

مجسمة نیم تنه [modjaßßame.ye nim-tane] Büste *w*

مجلس [madjleß] Parlament *s*; Sitzung *w*, Versammlung *w*

مجله [madjalle] Zeitschrift *w*, Magazin *s*

مجوز [modjawwez] Genehmigung *w*, Lizenz *w*

مچ دست [motsch.e daßt] Handgelenk *s*

مچ کسی را گرفتن [motsch.e kaß.i rā gereftan] bei etw. überraschen *v*, erwischen *v*

مچاله کردن [motschāle kardan] zerknüllen *v*

محافظه کار [mohāfezekār] konservativ *adj*, vorsichtiger Mensch *m*

محاکمه [mohākeme] Verhandlung *w*, Prozess *m* (jurist.)

محاکمه کردن [mohākeme kardan] richten *v*, verurteilen *v* (Gericht)

محال [mohāl] ausgeschlossen *adj*, unmöglich *adj*

محبت [mohabbat] Zuneigung *w*, Liebe *w*, Freundlichkeit *w*, Gefallen *m*

محبت کردن [mohabbat kardan] j-m Gefallen tun *v*, Freundlichkeit / Liebe erweisen *v*

محبوب [mahbub] beliebt *adj*

محتاج بودن [mohtādj budan] bedürftig sein *v*, auf etw. angewiesen sein *v*

محترم [mohtaram] verehrt *adj*, geehrt *adj*, angesehen *adj*

محتویات [mohtawiyāt] Füllung *w*, Inhalt *m*

محدود کردن [mahdud kardan] begrenzen *v*, beschränken *v*

محدودیت [mahdudiyat] Begrenzung *w*, Beschränkung *w*

محراب [mehrāb] Gebetsnische *w*

محرمانه [mahramāne] privat *adj*, vertraulich *adj*

محصل [mohaßßel] Schüler *m*

محصول [mahßul] Erzeugnis *s*, Ernte *w*, Produkt *s*

محضر [mahzar] Notariat *s*

محضردار [mahzar-dār] Notar *m*

محقق [mohaghghegh] Forscher *m*

محكم [mohkam] hart *adj*, fest *adj*, standhaft *adj*

محكم كردن [mohkam kardan] befestigen *v*, verstärken *v*

محكم گرفتن [mohkam gereftan] festhalten *v*

محكوم كردن [mahkum kardan] verurteilen *v*

محل [mahall] Stelle *w*, Ort *m*, Siedlung *w*

محل اقامت [mahall.e eghāmat] Wohnsitz *m*, Aufenthaltsort *m*

محل سكونت [mahall.e ßokunat] Wohnort *w*

محل صدور [mahall.e ßodur] Ausstellungsort *m*

محل كار [mahall.e kār] Arbeitsplatz *m*

محل ملاقات [mahall.e molāghāt] Treffpunkt *m*

محل نگذاشتن [mahal na.gozāschtan] nicht beachten *v*, ignorieren *v*

محله [mahalle] Stadtteil *m*, Stadtviertel *s*

محلی [mahalli] einheimisch *adj*, örtlich *adj*

محيط [mohit] Milieu *s*, Umwelt *w*, Umgebung *w*

محيط زيست [mohit.e zißt] Umwelt *w*

مخ [moch] Gehirn *s*

مخارج [machāredj] Kosten *Mz*, Ausgaben *Mz*

مخالف [mochālef] Gegner *m*

مخالف [mochālef.e] gegen *prep*

مخالف بودن [mochālef budan] dagegen sein *v*

مخالفت [mochālefat] Einwand *m*, Ablehnung *m*, Widerstand *m*, Widerspruch *m*

مخالفت كردن [mochālefat kardan] widersprechen *v*, nicht einverstanden sein *v*, Einwand erheben *v*

مختصر [mochtaßar] nicht ausführlich *adj*, kurz (und bündig) *adj*

مختصر كردن [mochtaßar kardan] kürzen *v* (Text, Inhalt), verkürzen *v*

مختلف [mochtalef] verschieden *adj*, unterschiedlich *adj* (Farben, Meinung)

مخصوص [machßuß] charakteristisch *adj*, besonderer *adj*, speziell *adj*

مخصوصاً [machßußan] hauptsächlich *adv*, besonders *adv*

مخفی [machfi] geheim *adj*, versteckt *adj*

مخفيانه [machfiyāne] heimlich *adj*

مخفی كردن [machfi kardan] verheimlichen *v*, verstecken *v*

مخلفات [mochallafāt] Füllung *w*, Beilage *w* (Essen)

مخلوط [machlut] gemischt *adj*, Mischung *w*

مخلوط كردن [machlut kardan] (ver)mischen *v*, umrühren *v*

مخمل [machmal] Samt *m*

مد [madd] Flut *w*

مد [mod] Mode *w*

مداد [medād] Bleistift *m*, Stift *m*

مدادپاک کن [medād-pāk-kon] Radiergummi *m*

مداد رنگی [medād-rangi] Buntstift *m*

مدال [medāl] Orden *m*

مدام [modām] (an)dauernd *adj*, ständig *adj*, regelmäßig *adj*

مدت [moddat] Zeit *w*, Dauer *w*, Frist *w*

مدت اقامت [moddat.e eghāmat] Aufenthaltsdauer *w*

مدرسه [madreße] Schule *w*

مدرسه ابتدايی [madreße.ye ebtedāyi] Grundschule *w*

مدرسة پسرانه [madraße.ye peßarāne] Jungenschule *w*

مدرسة دخترانه [madraße.ye dochtarāne] Mädchenschule *w*

مدرسه متوسطه [madraße.ye motawaßßete] Sekundarschule w, Gymnasium s

مدرک [madrak] Beweis m, Dokument s, Urkunde w

مدل [model] Muster s

مدیر [modir] Direktor m, Leiter m

مدیرعامل [modir.e âmel] Geschäfts-führer m

مدیریت [modiriyat] Leitung w, Führung w (Betrieb)

مذاکره [mozäkere] Beratung w, Debatte w, Diskussion w, Verhandlung w

مذاکره کردن [mozäkere kardan] beraten v, debattieren v, besprechen v, diskutieren v, verhandeln v

مذکر [mozakkar] männlich adj, maskulin adj

مذهب [mazhab] Religion w

مذهبی [mazhabi] gläubig adj, religiös adj, fromm adj

مراجعه کردن [morädje'e kardan] sich an j-n wenden v, sich in Verbindung setzen v

مراسم [maräßem] Brauch m, Sitte w; Fest s, Zeremonie w

مراسم تدفین [maräßem.e tadfin] Begräbniszeremonie w

مراسم خاکسپاری [maräßem.e chäk-ßepäri] Begräbniszeremonie w

مراقب بودن [morägheb budan] bewachen v, aufpassen v, hüten v

مراقبت کردن [morághebat kardan] bewachen v, beaufsichtigen v, sich kümmern v

مراکش [maräkesch] Marokko s

مربا [morabbä] Marmelade w

مربوط بودن [marbut budan] zusammen-hängen v, etw. betreffen v

مربی [morabbi] Trainer m

مرتاض [mortäz] Fakir m (Asket)

مرتب [morattab] andauernd adj, regelmäßig adj; ordentlich adj

مرتب کردن [morattab kardan] ordnen v, aufräumen v

مرتبه [martabe] Mal s

مرتد [mortad] Abtrünniger m (vom Islam, mit dem Tod bestraft)

مرتکب شدن [mortakeb schodan] begehen v (Straftat), anrichten v

مرجان [mardjän] Koralle w

مرحله [marhale] Periode w, Etappe w

مرحوم [marhum] verstorben adj, gesegnet adj, Verstorbener m

مرخص کردن [morachchaß kardan] entlassen v (Angestellten)

مرخصی [morachchaßi] Urlaub m

مرخصی گرفتن [morachchaßi gereftan] Urlaub nehmen v

مرد [mard] Mann m

مرداب [mordäb] Moor m

مرداد [mordäd] 5. Monat des iran. Sonnenkalenders (23.07.-22.08.)

مردانه [mardäne] männlich adj, maskulin m

مرد پیر [mard.e pir] Greis m, alter Mann m

مردم [mardom] Leute Mz; Bevölkerung w

مرد مسن [mard.e moßen] Greis m, alter Mann m

مردن [mordan] (präs. میر [mir-]) sterben v

مرده [morde] tot adj, Toter m, Leiche w

مرز [marz] (Landes-)Grenze w

مرسوم [marßum] gängig adj, üblich adj

مرسی [merßi] danke

مرض [maraz] Krankheit w

مرض قند [maraz.e ghand] Diabetes m

مرض مسری [maraz.e moßri] Seuche w

مرطوب [martub] feucht adj

مرغ [morgh] Huhn s, Henne w

مرغابی [morgh-äbi] Ente w

مرغ آبی [morgh.e äbi] Möwe w

مرکب [morakkab] Tinte *w*

مرکز [markaz] Zentrum *s*, Zentrale *w*

مرکز شهر [markaz.e schahr] Innenstadt

مرکزی [markazi] zentral *adj*

مرگ [marg] Tod *m*

مرمر [marmar] Marmor *m*

مروارید [morwārid] Perle *w*

مریخ [merich] Mars *m*

مریض [mariz] krank *adj*, Patient *m*

مریض خانه [mariz-chāne] Krankenhaus *s*

مریض شدن [mariz schodan] erkranken *v*

مریضی [marizi] Krankheit *w*

مریم گلی [maryam-goli] Salbei *m*

مزاحم [mozāhem] lästig *adj*, störend *adj*

مزاحمت [mozāhemat] Störung *w*

مزاحم شدن [mozāhem schodan] stören *v*, belästigen *v*

مزد [mozd] Lohn *m*

مزرعه [mazra'e] Acker *m*

مزه [maze] Geschmack *m* (Essen)

مزه دادن [maze dādan] schmecken *v*

مزه کردن [maze kardan] abschmecken *v*, kosten *v*, probieren *v*

مژه [moje] Wimper *w*

مس [meß] Kupfer *s*

مسابقه [moßābeghe] Wettkampf *m*, Wettbewerb *m*

مسابقه دو [moßābeghe.ye dou] Rennen *s*

مسابقه فوتبال [moßābeghe.ye futbāl] Fußballspiel *s*

مسابقه کشتی گیری [moßābeghe.ye koschti-giri] Ringkampf *m*

مساحت [maßāhat] Größe *w* (Fläche)

مسافت [maßāfat] Strecke *w*, Entfernung *w*

مسافر [moßāfer] Fahrgast *m*, Passagier *m*, Reisender *m*

مسافرت [moßāferat] Reise *w*

مسافرت دور دنیا [moßāferat.e dour.e donyā] Weltreise *w*

مسافرت کردن [moßāferat kardan] reisen *v*

مسافرخانه [moßāfer-chāne] Gasthaus *s*, Herberge *w*

مساوی [moßāwi] unentschieden *adj* (Sport)

مست [maßt] betrunken *adj*

مستأجر [moßtā'djer] Mieter *m*

مستخدم [moßtachdem] angestellt *adj*, Angestellter *m*

مستراح [moßtarāh] Toilette *w*, Abort *m*

مستطیل [moßtatil] rechteckig *adj*

مستقل [moßtaghell] selbständig *adj*, unabhängig *adj*

مستقیم [moßtaghim] direkt *adj*, unmittelbar *adj*, geradeaus *adv*

مست کردن [maßt kardan] sich betrinken *v*

مسجد [maßdjed] Moschee *w*

مسجد جامع [maßdjed.e djāme'] Freitagsmoschee *w*, Hauptmoschee *w*

مسجد جمعه [maßdjed.e djome'] Freitagsmoschee *w*, Hauptmoschee *w*

مسخره [maßchare] lächerlich *adj*, albern *adj*, absurd *adj*

مسخره بازی در آوردن [maßchare-bāzi dar-āwardan] herumalbern *v*

مسخره کردن [maßchare kardan] sich über j-n lustig machen *v*, verspotten *v*, verhöhnen *v*, hänseln *v*

مسری [moßri] ansteckend *adj* (Krankheit)

مسطح [moßattah] flach *adj*, eben *adj*

مسکن [moßakken] Beruhigungsmittel *s*

مسگر [meßgar] Kupferschmied *m*

مسلح [moßallah] bewaffnet *adj*

مسلسل [moßalßal] Maschinengewehr *s*

مسلط بودن [moßallat budan] beherrschen *v* (Sprache, Instrument)

مسلمان [moßalmān] Muslim *m*

مسلماً [moßallaman] bestimmt *adv*, zweifellos *adv*

مسموم [maßmum] vergiftet *adj*

Wörterbuch Persisch – Deutsch

مسموم کردن [maßmum kardan] vergiften *v*

مسمومیت [maßmumiyat] Vergiftung *w*

مسن [moßen] alt *adj*, bejahrt *adj*

مسواک [meßwāk] Zahnbürste *w*

مسواک زدن [meßwāk zadan] Zähne putzen *v*

مسؤل [maß'ul] zuständig *adj*, verantwortlich *adj*, Verantwortlicher *m*

مسؤلیت [maß'uliyat] Verantwortung *w*

مسؤلیت به عهده گرفتن [maß'uliyat be ohde gereftan] Verantwortung übernehmen *v*

مسهل [moßhel] Abführmittel *s*

مسیح [maßih] Christ *m*

مسیحی [maßihi] christlich *adj*

مسیر [maßir] Weg *m*, Route *w*, Richtung *w*

مسئله [maß'ale] Problem *s*, Aufgabe *w*, Thema *s*

مشاهده [moschāhede] Beobachtung *w*, Betrachtung *w*

مشاهده کردن [moschāhede kardan] beobachten *v*, betrachten *v*, bemerken *v*, bezeugen *v*

مشت [moscht] Faust *w*, Handvoll *w*

مشترک [moschtarek] gemeinsam *adj*

مشترکاً [moschtarekan] gemeinsam *adv*, zusammen *adv*

مشتری [moschtari] Käufer *m*, Kunde *m*

مشتری دائمی [moschtari.ye dā'emi] Stammkunde *m*

مشتری همیشگی [moschtari.ye hamischegi] Stammkunde *m*

مشت زدن [moscht zadan] mit der Faust schlagen *v*

مشت و مال [moscht-o-māl] Massage *w*

مشت و مال کردن [moscht-o-māl kardan] massieren *v*

مشخص [moschachchaß] bestimmt *adj*

مشخص شدن [moschachchaß schodan] sich herausstellen *v*

مشخص کردن [moschachchaß kardan] bestimmen *v*, feststellen *v*

مشخصات [moschachchaßāt] Angabe *w*, persönliche Merkmale *Mz*

مشرق [maschregh] Osten *m*

مشروب [maschrub] alkoholisches Getränk *s*

مشروب خور [maschrub-chor] Alkoholiker *m*, Trinker *m*

مشروب خوردن [maschrub chordan] Alkohol trinken *v*

مشعل [mascha'l] Fackel *m*

مشغول [maschghul] beschäftigt *adj*

مشغول بودن [maschghul budan] mit etw. beschäftigt sein *v*

مشغولیت [maschghuliyat] Zeitvertreib *m*, Beschäftigung *w*

مشق [maschgh] Hausaufgabe *w* (Schule)

مشکل [moschkel] schwierig *adj*, mühevoll *adj*; Problem *s*, Schwierigkeit *w*

مشکل پسند [moschkel-paßand] anspruchsvoll *adj*, wählerisch *adj*

مشکوک [maschkuk] verdächtig *adj*, zweifelhaft *adj*

مشکوک بودن [maschkuk budan] zweifeln *v*, Verdacht hegen *v*

مشکوک شدن [maschkuk schodan] Verdacht schöpfen *v*

مشکی [meschki] schwarz *adj*

مشورت [maschwarat] Beratung *w*

مشورت کردن [maschwarat kardan] sich berat(schlag)en *v*

مشهور [maschhur] bekannt *adj*, berühmt *adj*

مصاحبه [moßāhebe] Interview *s*, Vorstellungsgespräch *s*

مصاحبه کردن [moßāhebe kardan] Vorstellungsgespräch führen *v*, interviewen *v*

مصادره کردن [moßādere kardan] beschlagnahmen v

مصر [meßr] Ägypten s

مصرف [maßraf] Nutzen m, Gebrauch m, Verwendung w, Verbrauch m

مصرف کردن [maßraf kardan] verwenden v, gebrauchen v, verbrauchen v

مصرف کننده [maßraf-konande] Benutzer m, Verbraucher m

مصرف نشده [maßraf-na.schode] unbenutzt adj

مصری [meßri] Ägypter m, ägyptisch adj

مصنوعی [maßnu'i] künstlich adj, unecht adj

مصیبت [moßibat] Tragödie w, Unglück s

مضحک [mozhek] komisch adj, hässlich adj

مطابق [motābegh.e] entsprechend prep

مطالعه کردن [motāle'e kardan] studieren v, lesen v

مطب [matabb] Arztpraxis w

مطبخ [matbach] Küche w

مطبوعات [matbu'āt] Presse w

مطرح کردن [matrah kardan] erörtern v, beschreiben v

مطلب [matlab] Thema s, Inhalt m, Sache w

مطمئن [motma'en] zuverlässig adj, sicher adj

مطمئن بودن [motma'en budan] überzeugt sein v, versichert sein v

مطیع [moti'] gehorsam adj, willig adj

معاشرت [mo'āscherat] Kommunikation w, Umgang m

معاشرت داشتن [mo'āscherat dāschtan] Umgang haben v

معاشرت کردن [mo'āscherat kardan] kommunizieren v, Umgang haben v

معاصر [mo'āßer] zeitgenössisch adj, modern adj

معاف شدن [mo'āf schodan] entlassen werden v (Militärdienst)

معالجه [mo'āledje] Behandlung w (medizin.)

معالجه کردن [mo'āledje kardan] behandeln v (medizin.), heilen v

معامله [mo'āmele] Geschäft s, Handel m

معامله کردن [mo'āmele kardan] (ver)handeln v, Geschäft machen v

معاون [mo'āwen] Stellvertreter m

معاینه [mo'āyene] Untersuchung w, Behandlung w (medizin.)

معاینه کردن [moā'yene kardan] untersuchen v (medizin.)

معبد [ma'bad] Tempel m

معتاد [mo'tād] süchtig adj, abhängig adj (Drogen)

معتبر [mo'tabar] anerkannt adj, angesehen adj

معتقد [mo'taghed] überzeugt adj

معجزه [mo'djeze] Wunder s

معدن [ma'dan] Bergwerk s

معدنی [ma'dani] mineralisch adj

معده [me'de] Magen m

معرفی کردن [mo'arefi kardan] j-n vorstellen v, j-n empfehlen v

معروف [ma'ruf] bekannt adj, berühmt adj

معذرت [ma'zerat] Entschuldigung w

معذرت خواستن [ma'zerat chāßtan] um Entschuldigen bitten v

معشوق [ma'schugh] Geliebter m

معشوقه [ma'schughe] Geliebte w

معطل شدن [mo'attal schodan] lange warten müssen v, aufgehalten werden v

معطل کردن [mo'attal kardan] verzögern v, aufhalten v, j-n warten lassen v

معطل ماندن [mo'attal māndan] aufgeschmissen sein v, ratlos sein v

معلق [mo'allagh] Salto m

معلق زدن [mo'allagh zadan] sich überschlagen *v*

معلم [mo'allem] Lehrer *m*

معلول [ma'lul] behindert *adj*

معلوم شدن [ma'lum chāh.ad schod] es wird sich herausstellen / erweisen / zeigen

معلومات [ma'lumāt] Kenntnisse *Mz*

معلومه [ma'lum.e] aber sicher!, bestimmt!

معما [mo'ammā] Rätsel *s*

معمار [me'mār] Architekt *m*

معمولاً [ma'mulan] im allgemeinen *adv*, üblicherweise *adv*, meistens *adv*

معمولی [ma'muli] einfach *adj*, normal *adj*, durchschnittlich *adj*, banal *adj*

معنا [ma'nā] Sinn *m*, Bedeutung *w*

معنی [ma'ni] Sinn *m*, Bedeutung *w*

معنی دادن [ma'ni dādan] bedeuten *v*, Sinn ergeben *v*

معنی داشتن [ma'ni dāschtan] bedeuten *v*, Sinn haben *v*

معین [mo'ayyan] bestimmt *adj*, sicher *adj*

معین کردن [mo'ayyan kardan] festlegen *v*, bestimmen *v* (Termin, Sitzung)

معیوب [ma'yub] fehlerhaft *adj*, mangelhaft *adj*

مغازه [maghāze] Laden *m*, Geschäft *s*

مغرب [maghreb] Westen *m*

مغرور [maghrur] stolz *adj*, überheblich *adj*, arrogant *adj*

مغز [maghz] Gehirn *s*, Verstand *m*; Kern *m* (Nuss)

مغز استخوان [maghz.e oßtochān] Knochenmark *m*

مفت [moft] umsonst *adv*, gratis *adv*

مفتی [mofti] umsonst *adv*, gratis *adv*

مفصل [maßßal] Gelenk *s*

مفصل [mofaßßal] ausführlich *adj*, umfassend *adj*

مفهوم [mafhum] Begriff *m*, Sinn *m*, Bedeutung *w*

مفید [mofid] sinnvoll *adj*, vorteilhaft *adj*, zweckmäßig *adj*, nützlich *adj*

مفید بودن [mofid budan] nutzen *v*, nützlich sein *v*

مقابل [moghābel(.e)] gegenüber *prep*

مقاربت جنسی [moghārabat.e djenßi] Sex *m*

مقاله [maghāle] Aufsatz *m*, Artikel *m*

مقام [maghām] Stellung *w*, Position *w* (berufl.), Rang *m* (Hierarchie)

مقاومت [moghāwemat] Widerstand *m*, Standhaftigkeit *w*

مقاومت کردن [moghāwemat kardan] widerstehen *v*, standhalten *v*

مقایسه [moghāyeße] Vergleich *m*

مقایسه کردن [moghāyeße kardan] vergleichen *v*

مقبره [maghbare] Grab *s*

مقدار [meghdār] Menge *w*, Maß *s*

مقداری [meghdār.i] etwas *pron*, einige *pron*

مقدس [moghaddaß] heilig *adj*

مقدمه [moghaddame] Vorwort *s*, Einleitung *w*

مقررات [mogharrarāt] Regelung *w*, Regel *w*, Vorschrift *w*

مقصد [maghßad] Ziel *s*, Bestimmungsort *m*

مقصر [moghaßßer] schuldig *adj*, Beschuldigter *m*

مقصر بودن [moghaßßer budan] schuld sein *v*

مقصر کردن [moghaßßer kardan] beschuldigen *v*

مقصود [maghßud] Absicht *w*, Ziel *s*

مقنعه [maghna'e] Kopftuch *s* (islam.)

مقوا [moghawwā] Pappe *w*

مقوی [moghawwi] nahrhaft *adj*, kräftigend *adj*

مقیم [moghim] wohnhaft *adj*

مقیم بودن [moghim budan] wohnen *v*

مکاتبه [mokātabe] Schriftwechsel *m*

مکالمه [mokāleme] Gespräch *s*

مکان [makān] Platz *m*, Ort *m*, Stelle *w*

مکانیسین [mekānīšiyen] Mechaniker *m*

مکانیک [mekānik] Mechaniker *m*, Schlosser *m*

مک زدن [mek zadan] lutschen *v*, saugen *v*

مکث کردن [makß kardan] zögern *v*, Pause machen *v* (beim Sprechen, Gehen)

مکعب [moka'ab] Würfel *m*

مکیدن [makidan] (*präs.* مک [mak]) lutschen *v*, saugen *v*

مگر [magar] denn *conj*, aber *conj*, außer *conj*, falls *conj*, gar *adv*, etwa *adv*

مگر اینکه [magar in-ke] es sei denn *conj*

مگس [magaß] Fliege *w*

مگه [mage] denn *conj*, aber *conj*, außer *conj*, falls *conj*, gar *adv*, etwa *adv* (ugs.)

ملاحظه [molāheze] Beobachtung *w*, Rücksicht *w*, Berücksichtigung *w*

ملاحظه کردن [molāheze kardan] bemerken *v*, beobachten *v*, beachten *v*; schonen *v*, Rücksicht nehmen *v*

ملافه [malāfe] (Bett-)Laken *s*

ملافه کشیدن [malāfe keschidan] Bett beziehen *v*

ملاقات [molāghāt] Treffen *s*, Begegnung *w*

ملاقات کردن [molāghāt kardan] treffen *v*, begegnen *v*, aufsuchen *v*

ملاقه [malāghe] Kelle *w*, Kochlöffel *m*

ملایم [molāyem] sanft *adj*, mild *adj*, lauwarm *adj*

ملت [mellat] Nation *w*, Volk *s*

ملخ [malach] Heuschrecke *w*; Propeller *m*

ملک [melk] Landbesitz *m*, Grundstück *s*

ملکه [maleke] Königin *w*

ملل متحد [melale mottahed] Vereinte Nationen *Mz*

ملوان [malawān] Matrose *m*

ملوس [maluß] niedlich *adj*, süß *adj*

ملی [melli] national *m*, staatlich *adj*

ملی کردن [melli kardan] verstaatlichen *v*

ملیت [melliyat] Nationalität *w*, Staatsangehörigkeit *w*

ممکن [momken] möglich *adj*

مملکت [mamlekat] Land *s*, Nation *w*, Staat *m*

ممنوع [mamnu'] verboten *adj*

ممنوع کردن [mamnu' kardan] verbieten *v*

ممنون [mamnun] dankbar *adj*

ممیز [momayyez] Komma *s*

من [man] ich *pron*

مناسب [monāßeb] geeignet *adj*, günstig *adj*, angemessen *adj*

مناسب بودن [monāßeb budan] passen *v*, angemessen sein *v*

منبر [membar] Kanzel *w* (Kirche)

منتشر شدن [montascher schodan] erscheinen *v* (Buch, Zeitung)

منتشرکردن [montascher kardan] veröffentlichen *v*, verlegen *v* (Buch)

منتظر بودن [motazer budan] (ab)warten *v*

منتظر گذاشتن [montazer gozāschtan] warten lassen *v*

منتقل کردن [montaghel kardan] überführen *v*, übergeben *v*, übersetzen *v* (Fähre)

منتها [montahā] allerdings *adv*

منحرف شدن [monharef schodan] abweichen *v*, abkommen *v*

منزل [manzel] Wohnung *w*, Haus *s*, Unterkunft *w*

منشی [monschi] Sekretär *m*, Sekretärin *w*

منصرف شدن [monßaref schodan] es sich anders überlegen *v*, verzichten *v*

منصرف کردن [monßaref kardan] abraten *v*

Wörterbuch Persisch – Deutsch

منطقه [mantaghe] Bereich m, Gebiet s, Gegend w, Region w, Stadtteil m

منطقه‌ی قدیمی شهر [mantaghe.ye ghadimi.ye schahr] Altstadt w

منطقه‌ی مسکونی [mantaghe.ye maßkuni] Wohngebiet s

منطقی [manteghi] logisch adj

منظره [manzare] Anblick m, Aussicht w

منظم [monazzam] brav adj, ordentlich adj

منظم کردن [monazzam kardan] ordnen v, aufräumen v, in Ordnung bringen v

منظور [manzur] Absicht w

منفجر شدن [monfadjer schodan] explodieren v

منفعت [manfa'at] Gewinn m, Nutzen m

منفعت کردن [manfa'at kardan] Gewinn erzielen v, Nutzen bringen v

منفی [manfi] negativ adj

منقار [menghār] Schnabel m

منقل [manghal] Grill m

منها کردن [menhā kardan] abziehen v, subtrahieren v

منهای [menhā.ye] abzüglich prep

مو [mu] Haar s

مواد خام [mawādd.e chām] Rohstoff m

مواد غذایی [mawādd.e ghazāyi] Lebensmittel Mz

مواد مخدر [mawādd.e mochadder] Drogen Mz

مواظب بودن [mowāzeb budan] aufpassen v, vorsichtig sein v

مواظبت کردن [mowāzebat kardan] für j-n sorgen v, auf j-n aufpassen v

موافق بودن [mowāfegh budan] einverstanden sein v, zustimmen v

موافقت [mowāfeghat] Einverständnis s, Zustimmung w

موافقت کردن [mowāfeghat kardan] überein-kommen v, bewilligen v, zustimmen v

مو به مو [mu-be-mu] haargenau adj

موتورسیکلت [motor-ßiklet] Motorrad s

مؤثر [mo'aßßer] sinnvoll adj, wirksam adj

موج [moudj] Welle w

موجدار [moudj-dār] wellig adj

موجود [moudjud] vorrätig adj, vorhanden adj

موجود بودن [moudjud budan] existieren v, erhältlich sein v

موجودی [moudjudi] Vorrat m, Bestand m

موچین [mu-tschin] Pinzette w

موخوره [mu-chore] Spliss m (Haare)

مودار [mu-dār] behaart adj

مؤدب [mo'addab] anständig adj, artig adj, höflich adj

مؤذن [mo'azzen] Muezzin m (Gebetsrufer)

موذی [muzi] listig adj, boshaft adj

مورچه [murtsche] Ameise w

مورد [moured] Angelegenheit w, Fall m, Thema s, Sache w

موز [mouz] Banane w

موزه [muze] Museum s

موسفید [mu-ßefid] weißhaarig adj

موسیاه [mu-ßiyāh] dunkelhaarig adj

موسیر [mußir] Schalotte w

موسیقی [mußighi] Musik w

موسیقی سنتی [mußighi.ye sonnati] Volksmusik w, Folklore w

موسیقی محلی [mußighi.ye mahalli] Volksmusik w, Folklore w

موسیقی نواختن [mußighi nawāchtan] Musik machen v, musizieren v

موش [musch] Maus w

موش صحرایی [musch.e ßahrāyi] Ratte w

موشک [muschak] Rakete w

موضوع [mouzu'] Angelegenheit w, Inhalt m, Motiv s, Thema s, Sache w

موظف [mowazzaf] verpflichtet adj

موفق [mowaffagh] erfolgreich adj

موفق شدن [mowaffagh schodan] gelingen v, Erfolg haben v

موفقیت [mowaffaghiyat] Erfolg *m*

موقتاً [mowaghghatan] vorläufig *adv*

موقتی [mowaghghati] vorübergehend *adj*, provisorisch *adj*

موقع [moughe'] Moment *m*, Zeitpunkt *m*, Gelegenheit *w*

موقعی که [moughe'i ke] als *conj*, wenn *conj*

موقعیت [moughe'iyat] Umstand *m*, Gelegenheit *w*, Situation *w*, Lage *w*

موکت [muket] Teppichboden *m*

موگیر [mu-gir] Haarspange *w*

موم [mum] Wachs *s*

مومک [mumak] Wachs *s* (zur Haarentfernung)

مؤمن [mo'men] fromm *adj*, religiös *adj*

مؤنث [mo'annaß] weiblich *adj*

موی بافته [mu.ye bâfte] Zopf *m*

موی بدن [mu.ye badan] Körperhaar *s*

موی پرپشت [mu.ye por-poscht] volles Haar *s*

موی زیر بغل [mu.ye zir.e baghal] Achselbehaarung *w*

موی سر [mu.ye ßar] Kopfhaar *s*

موی طبیعی [mu.ye tabi'i] echtes Haar *s*

موی مصنوعی [mu.ye maßnu'i] künstliches Haar *s*

مه [me] Mai *m*

مه [meh] Nebel *m*

مه آلود [meh-âlud] neblig *adj*

مهاجر [mohâdjer] Emigrant *m*, Zuwanderer *m*

مهاجرت [mohâdjerat] Auswanderung *w*

مهاجرت کردن [mohâdjerat kardan] auswandern *v*

مهاجم [mohâdjem] Angreifer *m*

مهد کودک [mahd.e kudak] Kindergarten *m*

مهر [mehr] Zuneigung *w*, Liebe *w*; 7. Monat des iran. Sonnenkalenders (23. 09–22.10.)

مهر [mohr] Stempel *m*, Siegel *s*

مهربان [mehr(a)bân] freundlich *adj*, gutmütig *adj*, lieb *adj*, nett *adj*

مهربانی [mehr(a)bâni] Güte *w*, Freundlichkeit *w*, Liebenswürdigkeit *w*

مهر زدن [mohr zadan] stempeln *v*, versiegeln *v*

مهره [mohre] Wirbel *m*; Murmel *w*, Schraubenmutter *w*

مهریه [mehriye] Mitgift *w*

مهلت [mohlat] Bedenkzeit *w*, Frist *w*

مهم [mohemm] ernst *adj*, wichtig *adj*, bedeutsam *adj*

مهم کردن [mohemm kardan] wichtig machen *v*

مهمان [mehmân] Gast *m*, Besuch *m*, Besucher *Mz*

مهمانخانه / مهمان خانه [mehmân-châne] Herberge *w*, Gasthaus *s*, Hotel *s*

مهماندار [mehmân-dâr] Gastgeber *m*, Flugbegleiter *m*, Stewardess *w*

مهمان نواز [mehmân-nawâz] gastfreundlich *adj*

مهمان نوازی [mehmân-nawâzi] Gastfreundschaft *w*

مهمانی [mehmâni] Einladung *w* (privat), Fest *s*, Feier *w*

مهمانی رفتن [mehmâni raftan] besuchen *v* (auf Einladung)

مهندس [mohandeß] Ingenieur *m*

مهی [mehi] neblig *adj*

میان [miyân] Mitte *w*; zwischen *prep*

میان بر [miyân-bor] Abkürzung *w* (Weg)

میان بر زدن [miyân-bor zadan] quer hindurchgehen *v*, Weg abkürzen *v*

میخ [mich] Nagel *m*

میخ زدن [mich zadan] nageln *v*

میخچه [michtsche] Hühnerauge *s*

میخک [michak] Nelke *w* (Blume, Gewürz)

میخ کوبیدن [mich kubidan] nageln *v*

Wörterbuch Persisch – Deutsch

میدان [meydān] kreisrunder Platz *m* (öffentl.)

میدان ورزش [meydān.e warzesch] Sportplatz *m*, Stadion *s*, Spielfeld *s*

میراث [mirāß] Erbe *s*

میز [miz] Tisch *m*

میز تحریر [miz.e tahrir] Schreibtisch *m*

میز جمع کردن [miz djam' kardan] Tisch abräumen *v*

میزان کردن [mizān kardan] einstellen *v* (Programm, Uhr), stimmen *v* (Instrument)

میزبان [mizbān] Wirt *m*, Gastgeber *m*

میز چیدن [miz tschidan] Tisch decken *v*

میزغذا خوری [miz.e ghazā-chori] Esstisch *m*

میش [misch] Schaf *s*

میگو [meygu] Garnele *w*, Krabbe *w*, (Shrimp)

میل داشتن [meyl dāschtan] mögen *v*, wünschen *v*

میله [mile] Achse *w*, Stange *w*

میمون [meymun] Affe *m*

مین [min] Mine *w*

مینا کاری [minā-kāri] Emaillearbeit *w*, Glasurarbeit *w*

میهن [mihan] Vaterland *s*, Heimat *w*

میوه [miwe] Frucht *w*, Obst *s*

میوه فروشی [miwe-foruschi] Obstladen *m*

ن

ناآرام [nā.ārām] unruhig *adj*

ناآشنا [nā.āschnā] fremd *adj*, unbekannt *adj*

ناامن [nā.amn] gefährlich *adj*, unsicher *adj*

ناامید [nā.omid] verzweifelt *adj*, hoffnungslos *adj*

ناامید شدن [nā.omid schodan] verzweifeln *v*

ناامید کردن [nā.omid kardan] j-n entmutigen *v*

ناامیدی [nā.omidi] Verzweiflung *w*, Hoffnungslosigkeit *w*

نابرابر [nā.barābar] ungleich *adj*

نابرادری [nā.barāderi] Stiefbruder *m*

نابغه [nābeghe] Genie *s*

نابود شدن [nā.bud schodan] untergehen *v*, vernichtet werden *v*

نابود کردن [nā.bud kardan] vernichten *v*, zerstören *v*

نابودی [nā.budi] Untergang *m*, Zerstörung *w*, Vernichtung w

نابینا [nā.binā] blind *adj*

نابینا شدن [nā.binā schodan] erblinden *v*

ناپدری [nā.pedari] Stiefvater *m*

ناپدید [nā.padid] unsichtbar *adj*

ناپدید شدن [nā.padid schodan] verschwinden *v*

ناتمام [nā.tamām] unvollständig *adj*

ناتوان [nā.tawān] unfähig *adj*

ناتوانایی [nā.tawānāyi] Unfähigkeit *w*

ناجور [nā.djur] ungünstig *adj*, unpassend *adj*, schlimm *adj* (ugs.)

ناچار [nā.tschār] notgedrungen *adv*

ناچاری [nā.tschāri] Ausweglosigkeit *w*, Zwang *m*, Not *m*

ناچیز [nā.tschiz] belanglos *adj*, minderwertig *adj*

ناحق [nā.haghgh] ungerecht *adj*

ناحقی [nā.haghghi] Unrecht *w*, Ungerechtigkeit *w*

ناحیه [nāhiye] Gebiet *s*, Gegend *w*, Region *w*, Zone *w*, Stadtteil *m*

ناخن [nāchon] Nagel *m* (Finger, Zehe)

ناخن (انگشت) دست [nāchon(.e angoscht) daßt] Fingernagel *m*

ناخن (انگشت) پا [nāchon(.e angoscht.e)-pā] Zehennagel *m*

ناخن چیدن [nāchon tschidan] Nägel schneiden *v*

ناخن زدن [nāchon zadan] Nägel schneiden v

ناخنک زدن [nāchonak zadan] naschen v

ناخن گرفتن [nāchon gereftan] Nägel schneiden v

ناخن گیر [nāchon-gir] Nagelschere w

ناخوانا [nā.chānā] unleserlich adj

ناخوانده [nā.chānde] unerwartet adj, ungebeten adj (Gast)

ناخواهری [nā.chāheri] Stiefschwester w

ناخوش [nā.chosch] unangenehm adj, krank adj, unwohl adj

ناخوش آیند [nā.chosch-āyand] unangenehm adj

نادان [nā.dān] dumm adj, ungebildet adj

نادانی [nā.dāni] Dummheit w

نادرست [nā.doroßt] ungenau adj

نادیده گرفتن [nā.dide gereftan] ignorieren v, nicht beachten v

ناراحت [nā.rāhat] unruhig adj, bewegt adj

ناراحت شدن [nā.rāhat schodan] sich aufregen v, sich ärgern v

ناراحت کردن [nā.rāhat kardan] ärgern v, aufregen v, beunruhigen v

ناراحت کننده [nā.rāhat-konande] unangenehm adj, ärgerlich adj

ناراحتی [nā.rāhati] Ärger m, Unannehmlichkeit w

ناراحتی قلبی [nā.rāhati.ye ghalbi] Herzbeschwerden Mz

ناراضی [nā.rāzi] unzufrieden adj

نارس [nā.raß] unreif adj

نارگیل [nārgil] Kokosnuss w

نارنجک [nārandjak] Granate w

نارنجی [nārandji] orangefarben adj

نارنگی [nārangi] Mandarine w

ناز [nāz] goldig adj, süß adj, niedlich adj

نازک [nāzok] durchsichtig adj, dünn adj (Stoff, Stimme)

ناز کردن [nāz kardan] kokettieren v, sich zieren v

نازونوازش کردن [nāz-o-nawāzesch kardan] liebkosen v

ناشتا [nāschtā] nüchtern adj, (ungefrühstückt)

ناشتایی [nāschtāyi] Frühstück s

ناشتایی خوردن [nāschtāyi chordan] frühstücken v

ناشر [nāscher] Verleger m

ناشکر [nā.schokr] undankbar adj

ناشناس [nā.schenāß] unbekannt adj

ناشنوا [nā.schenawā] gehörlos adj, taub adj

ناشی [nāschi] ungeschickt adj, unerfahren adj, unbeholfen adj

ناشیانه [nāschiyāne] ungeschickt adj

نا صاف [nā.ßāf] uneben adj

ناف [nāf] Nabel m

ناقص [nāgheß] defekt adj, mangelhaft adj, fehlerhaft adj

ناگزیر [nā.gozir] unvermeidlich adj, gezwungenermaßen adv

ناگهان [nā.gahān] plötzlich adj / adv, auf einmal adv

ناله کردن [nāle kardan] stöhnen v, wimmern v

نالیدن [nālidan] (präs. نال [nāl-]) stöhnen v, wimmern v

نام [nām] Name m, Bezeichnung w

نام بردن [nām bordan] nennen v, angeben v

نام خانوادگی [nām.e chānewādegi] Familienname m, Nachname m

نام کوچک [nām.e kutschek] Vorname m

نامادری [nā.mādari] Stiefmutter w

نامحدود [nā.mahdud] unbegrenzt adj, unendlich adj

نامرتب [nā.morattab] nachlässig adj, unordentlich adj

نامزد [nām-zad] Verlobter *m*

نامزدی [nām-zadi] Verlobung *w*

نا‌مساوی [nā.moßāwi] ungleich *adj*

نامشخص [nā.moschachchaß] ungewiss *adj* , undeutlich *adj*, unklar *adj*

نامنظم [nā.monazam] unordentlich *adj* chaotisch *adj*

نامشخص [nā.moschachchaß] unentschieden *adj*, unbekannt *adj*

نامعلوم [nā.ma'lum] unbekannt *adj*, unklar *adj*, ungewiss *adj*

نامناسب [nā.monāßeb] ungelegen *adj*, unpassend *adj*, ungünstig *adj*

نامنظم [nā.monazzam] unordentlich *adj*

نامه [nāme] Brief *m*, Schreiben *s*

نامه سفارشی [nāme.ye ßefāreschi] Einschreiben *s*

نامیدن [nāmidan] (*präs.* نام [nām-]) heißen *v*, nennen *v*, bezeichnen *v*

نان [nān] Brot *s*

نان بربری [nān.e barbari] Fladenbrot *s*

نان تست [nān.e toßt] Toast *s*

نان سوخاری [nān-ßuchāri] Zwieback *m*

نان قندی [nan-ghāndi] süßes Brot *s*

نانوا [nānwā] Bäcker *m*

نانوایی [nānwāyi] Bäckerei *w*

ناودان [nāwdān] Abflussrinne *w*

ناهار [nāhār] Mittagessen *s*

ناهارخوردن [nāhār chordan] zu Mittag essen *v*

نبرد [nabard] Kampf *m*, Schlacht *w*

نبش [nabsch] Ecke *w*

نبض [nabz] Puls *m*

نپخته [na.pochte] roh *adj* (Nahrungsmittel)

نتیجه [natidje] Ergebnis *s*

نتیجه گرفتن [natidje gereftan] zum Ergbnis kommen *v*, schlussfolgern *v*, Entschluss fassen *v*

نجات [nedjāt] Rettung *w*

نجات پیدا کردن [nedjāt peydā kardan] gerettet werden *v*

نجات دادن [nedjāt dādan] befreien *v*, retten *v*

نجار [nadjdjār] Tischler *m*

نجس [nadjeß] unrein *adj*, entweiht *adj* (relig.)

نجیب [nadjib] anständig *adj*, edel *adj*

نخ [nach] Faden *m*, Schnur *w*, Zwirn *m*

نخ دندان [nach.e dandān] Zahnseide *w*

نخست [nachoßt] erstens *num adv*, zuerst *adv*

نخستین [nachoßtin] erster *num adj*

نخل (خرما) [nachl(.e chormā)] (Dattel-) Palme *w*

نخود [nochod] Erbse *w*

نخیر [na-cheyr] nein *adv*

نر [nar] männlich *adj* (Tier)

نرخ [nerch] (Wechsel-)Kurs *m*

نردبان [nard(e)bān] Leiter *w* (Gerät)

نرده [narde] Geländer *s*, Zaun *m*, Gitter *s*

نرسیده [na.raßide] roh *adj*, unreif *adj* (Obst)

نرگس [nargeß] Narzisse *w*

نرم [narm] weich *adj*, zart *adj*, geschmeidig *adj* (Stoff)

نروژ [norwej] Norwegen *s*

نزاع [nezā'] Zwist *m*

نزدیک [nazdik] nahe *adj*, bei *prep*, neben *prep*, ungefähr *adv*

نزدیک بین [nazdik-bin] kurzsichtig *adj*

نزدیک شدن [nazdik schodan] sich (an)nähern *v*

نزدیکی [nazdiki] Nähe *w*

نزول [nozul] Zinsen *Mz*

نژاد [nejād] Rasse *w*

نژاد پرست [nejād-paraßt] Rassist *m*

نژاد پرستی [nejād-paraßti] Rassismus *m*

نسبت [neßbat] Verhältnis *s*, Verwandtschaft *w*

نسبتاً [neßbatan] verhältnismäßig *adv*, ziemlich *adv*, beträchtlich *adv*

نسخه [noßche] Kopie *w*, Rezept *s*

نسل [naßl] Nachkomme *m*, Generation *w*

نسل بعد [naßl.e ba'd] Nachkomme *m*

نسنجیده [na.ßandjide] unbedacht *adj*

نسیه [naßiye] auf Kredit *adj / adv*, leihweise *adv*

نسیه خریدن [naßiye charidan] auf Raten kaufen *v*

نشاسته [neschäßte] (Speise-)Stärke *w*

نشان دادن [neschän dädan] (an)zeigen *v*, vorführen *v*, vormachen *v*

نشانه [neschäne] Zeichen *s*, Merkmal *s*, Signal *s*

نشانه گرفتن [neschäne gereftan] zielen *v*

نشانی [neschäni] Adresse *w*, Kennzeichen *s*

نشخوار کردن [nosch-chär kardan] wiederkäuen *v*

نشست [neschaßt] Sitzung *w*, Versammlung *w*

نشستن [neschaßtan] (*präs.* نشین [neschin-]) sitzen *v*, sich setzen *v*

نشیمن [neschiman] Gesäß *s*, Hintern *m*

نصب کردن [naßb kardan] installieren *v*, befestigen *v*, verlegen *v* (Kabel)

نصف [neßf] Hälfte *w*

نصف شب [neßf.e schab] Mitternacht *w*

نصف کردن [neßf kardan] halbieren *v*, durchschneiden *v*

نصیحت [naßihat] Rat(schlag) *m*

نطق [notgh] Rede *w*, Vortrag *m*

نطق کردن [notgh kardan] Rede / Vortrag halten *v*

نظافت [nezäfat] Reinigung *w*, Sauberkeit *w*

نظافت چی [nezäfattschi] Putzfrau *w*, Zimmermädchen *s*

نظافت کردن [nezäfat kardan] putzen *v*

نظام وظیفه [nezäm-wazife] Militärdienst *m*

نظر [nazar] Sicht *w*, Ansicht *w*, Meinung *w*

نظرداشتن [nazar däschtan] meinen *v*, vorsehen *v*, etw. in Aussicht haben *v*

نظریه [nazariye] Ansicht *w*, Theorie *w*, Gutachten *s*

نظم [nazm] Ordnung *w*

نعره [na're] Gebrüll *s*, Geheule *s*

نعره زدن [na're zadan] brüllen *v*, heulen *v*

نعره کشیدن [na're keschidan] brüllen *v*, heulen *v*

نعش [na'sch] Leiche *w*

نعل [na'l] Hufeisen *s*

نعلبکی [na'l-baki] Untertasse *w*

نعناع [na'nä'] Minze *w*

نفت [naft] Erdöl *s*

نفتالین [naftälin] Mottenkugel *w*

نفخ [nafch] Blähung *w*

نفخ کردن [nafch kardan] blähen *v* (Bauch)

نفر [nafar] Person *w*

نفرت [nefrat] Hass *m*, Abneigung *w*, Abscheu *m*, Ekel *m*

نفرت آور [nefrat-äwar] abscheulich *adj*, ekelhaft *adj*

نفرت انگیز [nefrat-angiz] abscheulich *adj*, ekelhaft *adj*

نفرت داشتن [nefrat däschtan] hassen *v*, verabscheuen *v*

نفری [nafar.i] pro Person *adv*

نفرین [nefrin] Fluch *m*

نفرین کردن [nefrin kardan] (ver)fluchen *v*

نفس [nafaß] Atem *m*

نفس تنگی [nafaß-tangi] Asthma *s*

نفس کشیدن [nafaß keschidan] atmen *v*

نفع [naf'] Vorteil *m*, Nutzen *m*, Gewinn *m*

نفع بردن [naf' bordan] Nutzen ziehen *v*, profitieren *v*

نقاب [neghäb] Maske *w*

نقاش [naghghäsch] Zeichner *m*, Maler *m*

نقاشى [naghghāschi] Malerei *w*, Zeichnung *w*, Gemälde *s*

نقاشى كردن [naghghāschi kardan] zeichnen *v*, malen *v*

نقد [naghd] flüssig *adj*, bar *adj* (Geld)

نقد كردن [naghd kardan] in bar einlösen *v*, etw. zu Geld machen *v*

نقرس [neghreß] Gicht *w*

نقره [noghre] Silber *s*

نقره اى [noghre'i] silbern *adj*

نق زدن [negh zadan] nach Ausreden suchen *v*, nörgeln *v*

نقش [naghsch] (Film-)Rolle *w*, Darstellung *w*, Plan *m*

نقشه [naghsche] Entwurf *m*, Plan *m*; Landkarte *w*, Stadtplan *m*

نقشه كشيدن [naghsche keschidan] Pläne schmieden *v*, etw. im Schilde führen *v*

نقص [naghß] Defekt *m*, Fehler *m*, Mangel *m*

نقطه [noghte] Punkt *m*, Stelle *w*

نگاه [negāh] Blick *m*, Anblick *m*

نگاه كردن [negāh kardan] sehen *v*, betrachten *v*, anschauen *v*

نگران [negarān] besorgt *adj* unruhig *adj*

نگران بودن [negarān budan] sich um j-n sorgen *v*

نگران كننده [negarān-konande] beunruhigend *adj*

نگرانى [negarāni] Unruhe *w*, Sorge *w*

نگهبان [negahbān] Wache *w*, Wärter *m*, Pförtner *m*

نگهبانى كردن [negahbāni kardan] bewachen *v*, behüten *v*, aufbewahren *v*

نگهدارى كردن [negah-dāri kardan] hüten *v*, aufbewahren *v*, bewahren *v*

نگهداشتن [negah dāschtan] bewahren *v*, zurückhalten *v*, behalten *v*

نم [nam] Feuchtigkeit *w*

نما [namā] Fassade *w*, Aussehen *s*

نماز [namāz] Gebet *s*

نماز خواندن [namāz chāndan] beten *v*

نمايش [namāyesch] Vorstellung *w*, Aufführung *w*, Veranstaltung *w*

نمايش دادن [namāyesch dādan] aufführen *v*, vorführen *v*, darstellen *v*

نمايشگاه [namāyeschgāh] Ausstellung *w*, Messe *w*, Galerie *w*

نماينده [namāyande] Vertreter *m*, Repräsentant *m*

نمايندگى [namāyandegi] Vertretung *w*, Agentur *w*

نمد [namad] Filz *m*

نمدار [nam-dār] feucht *adj*

نمره [nomre] Nummer *w*

نمك [namak] Salz *m*

نمكدان [namakdān] Salzstreuer *m*

نمك زدن [namak zadan] salzen *v*

نمناك [namnāk] feucht *adj*

نمونه [nemune] (Waren-)Muster *s*, Probe *w*

نو [nou] neu *adj*

نواختن [nawāchtan] (*präs.* نواز [nawāz-]) spielen *v* (Instrument)

نوار [nawār] Binde *w*, Streifen *m*

نوار بهداشتى [nawār.e beh-dāschti] Damenbinde *w*

نوارچسب [nawār.e tschaßb] Klebeband *m*

نوازش [nawāzesch] Zärtlichkeit *w*, Liebkosung *w*

نوازش كردن [nawāzesch kardan] liebkosen *v*, streicheln *v*

نوازنده [nawāzande] Musiker *m*

نوامبر [nowāmbr] November *m*

نوبت [noubat] Reihe *w*, Wechsel *m*

نوبتى [noubati] abwechselnd *adj*, der Reihe nach *adv*

نوبر [nou-bar] Frühobst *s*

نوبر کردن [nou-bar kardan] erstes Frühobst essen *v*

نور [nur] Licht *s*, Helligkeit *w*

نورافکن [nur-afkan] Scheinwerfer *m*

نورانداختن [nur andāchtan] (be)leuchten *v*, strahlen *v*

نورپایین [nur.e pāyin] Abblendlicht *s*

نوروز [nou-ruz] Neujahr *s*, Nou-Ruz (iran. Jahresfest)

نوزاد [nou-zād] Baby *s*, Neugeborenes *s*

نوزده [nuzdah] neunzehn *num*

نوشابه [nusch-ābe] Getränk *s*

نوش جان [nusch.e djān] guten Appetit!, wohl bekomm's!, prost!

نوشتن [neweschtan] (*präs.* نویس [newiß-]) schreiben *v*

نوشیدن [nuschidan] (*präs.* نوش [nusch-]) trinken *v*

نوشیدنی [nuschidani] trinkbar *adj*, Getränk *s*

نوع [nou'] Marke *w*, Sorte *w*, Typ *m*

نوک [nok] Spitze *w* (von etw.); Schnabel *m*

نوک زبانی حرف زدن [nok-zabāni harf zadan] lispeln *v* (ugs.)

نوک زدن [nok zadan] picken *v*

نوکر [noukar] Diener *m*, Knecht *m*

نوکری کردن [noukari kardan] als Diener arbeiten *v*

نوه [nawe] Enkel *m*, Enkelin *w*

نویسنده [newißande] Schriftsteller *m*

نه [na] nein *adv*, nicht *adv*

نه [noh] neun *num*

نه ... نه [na ... na] weder ... noch *conj*

نه تنها ... بلکه [na tanhā ... balke] nicht nur ... sondern auch *conj*

نهر [nahr] Fluss *m*, Strom *m*, Bach *m*

نه فقط ... بلکه [na faghat ... balke] nicht nur ... sondern auch *conj*

نه که نه [na ke na] dann eben nicht!

نهنگ [nahang] Wal *m*

نی [ney] Schilf *s*, Strohhalm *m*, Flöte *w*

نیاز [niyāz] Bedürfnis *s*, Not *w*

نیاز داشتن [niyāz dāschtan] benötigen *v*

نیاکان [niyākān] Vorfahren *Mz*

نیایش [niyāyesch] Gebet *s*

نیایش کردن [niyāyesch kardan] (an)beten *v*, verehren *v*

نیرو [niru] Kraft *w*, Energie *w*, Macht *w*, Stärke *w*

نیروگاه [nirugāh] Kraftwerk *s*

نیرومند [nirumand] kräftig *adj*, stark *adj*

نیروی هوایی [niru.ye hawāyi] Luftwaffe *w*

نی زدن [ney zadan] flöten *v*

نیزه [neyze] Pfeil *m*, Speer *m*

نیش [nisch] Stachel *m* (Insekt); Schnauze *w*

نیشخند [nisch-chand] Spott *m*, Grinsen *s*

نیشخند زدن [nisch-chand zadan] verspotten *v*, grinsen *v*

نیش زدن [nisch zadan] stechen *v*, beißen *v* (Insekt); sticheln *v*

نیشکر [ney-schekar] Zuckerrohr *s*

نیشگون گرفتن [nischgun gereftan] zwicken *v*, kneifen *v*

نیک / نیکو [nik / niku] gut *adj*, schön *adj*, glücklich *adj*

نیکی [niki] Güte *w*, gute Tat *w*

نیلوفر [nilufar] Seerose *w*

نیم [nim] halb *adj*, Hälfte *w*

نیم تمام [nim-tamām] halbfertig *adj*

نیمکت [nim-kat] Liege *w*, Sitzbank *w*

نیم گرم [nim-garm] lauwarm *adj*

نیمه شب [nim.e schab] Mitternacht *w*

و

و [wa] und *conj*

وا [wā] schade! *interj*, oje! *interj*, ach! *interj*

وابسته [wā-baßte] abhängig *adj*

واجب [wādjeb] nötig *adj*, notwendig *adj*

واحد [wāhed] Einheit *w* (Maß, Militär)

وادار کردن [wā-dār kardan] zwingen *v*, veranlassen *v*

وارث [wāreß] Erbe *m*

واردات [wāredāt] Einfuhr *w*, Import *m*

وارد بودن [wāred budan] sich auskennen *v*, erfahren sein *v*

وارد شدن [wāred schodan] eintreten *v*, hineingehen *v*

وارد کردن [wāred kardan] importieren *v*

وارونه [wārune] seitenverkehrt *adj*, umgedreht *adj*

واریس [wāriß] Krampfader *w*

واژگون شدن [wājgun schodan] kentern *v*

واژگون کردن [wājgun kardan] umwerfen *v*, zum Kentern bringen *v*

واژه [wāje] Wort *s*

واژه نامه [wāje-nāme] Wörterbuch *s*

واستا [wāßtā] bleib stehen!

واسطه [wāßete] Vermittler *m*

واسطه شدن [wāßete schodan] vermitteln *v*, schlichten *v*

واضح [wāze'] übersichtlich *adj*, klar *adj*, deutlich *adj*, verständlich *adj*, sichtbar *adj*

واق واق [wāgh-wāgh] Gebell *s*

واقع بودن [wāghe' budan] sich befinden *v*, gelegen sein *v*

واقعاً [wāghe'an] wirklich *adv*, tatsächlich *adv*, ernsthaft *adv*, ist das wahr?

واقعی [wāghe'i] wahr *adj*, wirklich *adj*, echt *adj*

واقعیت [wāghe'iyat] Tatsache *w*, Wirklichkeit *w*

واکس [wākß] Schuhcreme *w*

واکس زدن [wākß zadan] Schuhe putzen *v*

واکسن زدن [wākßan zadan] impfen *v*

واکنش [wā-konesch] Reaktion *w*

واگذار کردن [wā-gozār kardan] anvertrauen *v*, überlassen *v*

واگون [wāgon] Waggon *m*

واگون خواب [wāgon.e chāb] Schlafwagen *m*

واگون رستوران [wāgon.e reßtorān] Speisewagen *m*

واگیر [wā-gir] ansteckend *adj*

والدین [wāledeyn] Eltern *Mz*

والله [wallāh] bei Gott! *interj*

وام [wām] Darlehen *s*, Kredit *m*

وام دادن [wām dādan] Kredit geben *v*

وام گرفتن [wām gereftan] Kredit aufnehmen *v*

وان [wān] (Bade-)Wanne *w*

وانمود کردن [wā-nemud kardan] vortäuschen *v*, j-m etw. vormachen *v*

واه [wāh] oh! *interj*, das gibt's doch nicht! *interj*

وای خدا [wāy chodā] um Gottes willen!, ach, du Schreck!

وای وای [wāy wāy] o je! *interj*, o mein Gott! *interj*

وبا [wabā] Cholera *w*

وجدان [wodjdān] Gewissen *s*

وجود [wodjud] Wesen *s*, Dasein *s*

وجود داشتن [wodjud dāschtan] sich befinden *v*, vorkommen *v*, existieren *v*

وحدت [wahdat] Einheit *w*, Einigkeit *w*

وحشت [wahschat] Schrecken *m*, Angst *w*, Horror *m*

وحشت آور [wahschat-āwar] beängstigend *adj*, erschreckend *adj*

وحشت انگیز [wahschat-angiz] beängstigend *adj*, erschreckend *adj*, grauenhaft *adj*

وحشت کردن [wahschat kardan] sich erschrecken *v*, Angst bekommen *v*

وحشتناک [wahschatnāk] entsetzlich *adj*, erschreckend *adj*, furchtbar *adj*, schrecklich *adj*, grauenhaft *adj*

وحشی [wahschi] brutal *adj*, wild *adj*, Wilder *m*

وحشیانه [wahschiyāne] barbarisch *adj*, brutal *adj*, grausam *adj*

وحشیگری [wahschigari] Barbarei *w*, Grausamkeit *w*

وخیم [wachim] kritisch *adj*, ernst *adj*, gefährlich *adj* (Situation)

ورآمدن [war-āmadan] aufgehen *v* (Teig)

ورزش [warzesch] Sport *m*

ورزشکار [warzeschkār] Sportler *m*

ورزش کردن [warzesch kardan] Sport treiben *v*

ورشکست [war-schekaßt] bankrott *adj*

ورشکست شدن [war-schekaßt schodan] in Konkurs gehen *v*

ورشکستگی [war-schekaßtegi] Konkurs *m*, Bankrott *m*

ورق [waragh] Blatt Papier *s*, Spielkarte *w*

ورق بازی [waragh-bāzi] Kartenspiel *n*

ورق زدن [waragh zadan] umblättern *v*

ورم [waram] Schwellung *w*, Entzündung *w*

ورم کردن [waram kardan] (an)schwellen *v*

ورم کرده [waram-karde] geschwollen *adj*

ورود [worud] Eintritt *m*, Einreise *w*, Ankunft *w*

ورودی [worudi] Einfahrt *w*, Eingang *m*, Zutritt *m*

ورودیه [worudiye] Eintrittsgeld *s*

وزارت [wezārat] Ministerium *s*

وزارت خانه [wezārat-chāne] Ministerium *s* (Gebäude)

وزن [wazn] Gewicht *s*

وزن کردن [wazn kardan] (ab)wiegen *v*

وزن کشیدن [wazn keschidan] (ab)wiegen *v*

وزنه بردار [wazne-bar-dār] Gewichtheber *m*

وزنه برداری [wazne-bar-dāri] Gewichtheben *s*

وزیر [wazir] Minister *m*; Dame *w* (Schach)

وزیر امور خارجه [wazir.e omur.e chāredje] Außenminister *m*

وسایل منزل [waßāyel.e manzel] Hausausstattung *w*

وسط [waßat] Mitte *w*, mittendrin *adv*

وسط شب [waßat.e schab] mitten in der Nacht *adv*

وسواسی [waßwāßi] unentschlossen *adj*, zögernd *adj*, pingelig *adj*

وسیع [waßi'] breit *adj*, umfangreich *adj*

وسیله [waßile] Mittel *s*, Vorrichtung *w*

وسیله نقلیه [waßile.ye naghliye] Fahrzeug *s*, Verkehrsmittel *s*

وصل کردن [waßl kardan] verbinden *v*, befestigen *v*, montieren *v*, anschließen *v*

وصله [waßle] Fetzen *m*, Flicken *m*

وصله کردن [waßle kardan] stopfen *v*, flicken *v*

وصیت نامه [waßiyat-nāme] Testament *s*

وضع [waz'] (*Mz.:* اوضاع [ouzā']) Umstand *m*, Zustand *m*, Situation *w*, Verhältnis *s*, Befinden *s*

وضع اضطراری [waz'.e ezterāri] Notlage *w*

وضع حمل [waz'.e haml] Entbindung *w*

وضع حمل کردن [waz' haml kardan] gebären *v*

وضع مالی [waz'.e māli] finanzielle Lage *w*

وضعیت [waz'iyat] Lage *w*, Umstand *m*

وضوگرفتن [wozu gereftan] rituelle Waschung durchführen *v* (vor dem Gebet, islam.)

وضیفه [wazife] Pflicht *w*, Aufgabe *w*, Funktion *w*

وطن [watan] Heimat *w*, Vaterland *s*

وظیفه شناس [wazife-schenāß] pflichtbewusst *adj*, verantwortungsvoll *adj*

وعده [wa'de] Versprechen *s*, Verabredung *w*

وعده دادن [wa'de dādan] versprechen *v*

Wörterbuch Persisch – Deutsch

وعده گذاشتن [wa'de gozāschtan] sich verabreden v

وغیره [wa gheyre] und so weiter

وفادار [wafā-dār] treu adj

وقت [waght] (Mz.: اوقات [oughāt]) Zeit w, Stunde w; Termin m, Frist w

وقت آزاد [waght.e āzād] Freizeit w

وقت گرفتن [waght gereftan] Termin vereinbaren v

وقت ملاقات [waght.e molāghāt] Sprech-stunde w, Verabredung w

وقت ناهار [waght.e nāhār] Mittags-pause w

وقتی که [waght.i ke] wenn conj (zeitl.), nachdem conj, als adv

وکالت [wekālat] Vollmacht w

وکالت دادن [wekālat dādan] bevoll-mächtigen v

وکیل [wakil] Anwalt m

وکیل گرفتن [wakil gereftan] Anwalt nehmen v

وگرنه [wa-gar na] andernfalls adv, sonst adv

ولخرجی [wel-chardji] Verschwendung w

ولخرجی کردن [wel-chardji kardan] verschwenden v, vergeuden v

ولرم [welarm] lauwarm adj

ول کردن [wel kardan] loslassen v, in Ruhe lassen v (ugs.)

ولگرد [wel-gard] Landstreicher m, Vagabund m, herumstreunend adj, herrenlos adj

ولگردی کردن [wel-gardi kardan] herumziehen v, vagabundieren v

ولم کن [wel.am kon] lass mich in Ruhe!

ولی [wali] aber adv, dennoch adv, jedoch adv; Vormund m

ویترین [witrin] Schaufenster s

ویران کردن [wirān kardan] zerstören v, ruinieren v

ویرانه [wirāne] Ruine w

ویرانی [wirāni] Zerstörung w, Verwüstung w

ویزا [wizā] Visum s

ویژه [wije] besonderer adj, speziell adj, charakteristisch adj

ویلا [wilā] Villa w

ویلچر [wil-tscher] Rollstuhl m

ویولون [wiyolon] Geige w

ه

ها [hā] ja, was ist? interj

هاج و واج [hādj-o-wādj] verblüfft adj, bestürzt adj, fassungslos adj

هار [hār] tollwütig adj, wütend adj

هاری [hāri] Tollwut w

هالتر [hālter] Hantel w

هان [hān] ja, was ist? interj

هاونگ [hāwang] Mörser m

هجده [hedjdah] achtzehn num

هجوم [hodjum] Überfall m, Angriff m

هجوم آوردن [hodjum āwardan] stürmen v

هجوم بردن [hodjum bordan] angreifen v, überfallen v, stürmen v

هجوم کردن [hodjum kardan] angreifen v, überfallen v, stürmen v

هجی کردن [hedji kardan] buchstabieren v

هدایت کردن [hedāyat kardan] führen v, lenken v, leiten v

هدف [hadaf] Ziel s, Zielscheibe w

هدیه [hadiye] Geschenk s

هدیه دادن [hadiye dādan] schenken v

هدیه کردن [hadiye kardan] schenken v

هذیان [hazyān] Halluzination v, Unsinn m

هذیان گفتن [hazyān goftan] halluzinieren v, Unsinn reden v

هر [har] alle(s) pron, jeder pron

هربار [har bār] jedes Mal adv, jeweils adv

هرچند [har tschand] trotzdem *adv*, obwohl *con*

هرچند بار [har tschand bār] alle paar Mal *adv*

هرچه [har tsche] was auch immer *pron*, desto *conj*

هرچیزی [har tschiz.i] was auch immer *pron*

هردفعه [har daf'e] jeweils *adv*, jedes Mal *adv*

هردم [har dam] alle paar Minuten *adv*

هردو [har do] beide *pron / num*

هردوتایی [har do tā(yi)] alle beide *pron / num*

هردو نفر [har do nafar] alle beide *pron / num*

هرکجا [har kodjā] wo auch immer *adv*

هرکدام [har kodām] jedes *pron*, welches auch immer *pron*

هرکس [har kaß] / هرکسی [har kaß.i] jeder(mann) *pron*

هرگز [hargez] niemals *adv*

هرموقع [har moughe'] jederzeit *adv*, wann auch immer *pron*

هرنفر [har nafar] jeder(mann) *pron*

هروقت [har waght] jederzeit *adv*, wann auch immer *pron*

هریک [har yek] jeder einzelne *pron*

هریک ساعت [har yek ßā'at] stündlich *adv*

هزار [hezār] tausend *num*

هزارپا [hezār-pā] Tausendfüßler *m*

هزاره [hazāre] Jahrtausend *s*

هزینه [hazine] Gebühr *w*, Kosten *Mz*, Ausgaben *Mz*, Unterhalt *m*

هسته [haßte] Stein *m* (Obst), Kern *m* (Nuss); Atom *s*

هسته ای [haßte'i] atomar *adj*

هشت [hascht] acht *num*

هشتاد [haschtād] achtzig *num*

هضم [hazm] Verdauung *w*

هضم کردن [hazm kardan] verdauen *v*

هفت [haft] sieben *num*

هفتاد [haftād] siebzig *num*

هفت تیر [haft-tir] Pistole *w*

هفته [hafte] Woche *w*

هفده [hefdah] siebzehn *num*

هل [hel] Kardamom *m*

هل [hol] Stoß *m*

هل دادن [hol dādan] stoßen *v*, schieben *v*, anrempeln *v*, drängeln *v*

هل کردن [hol kardan] nervös werden *v*

هلند [holand] Niederlande *Mz*

هلو [holu] Pfirsich *m*

هم [ham] auch *adv*, ebenfalls *adv*

هم ... هم [ham ... ham] sowohl ... als auch *conj*

هما [homā] Phönix *m*, Geieradler *m*

همان [ham.ān] derselbe *pron*, jener *pron*

همانجا [ham.ān-djā] ebendort *adv*, ebenda *adv*

همانطور [ham.ān-tour] genauso *adv*

هم آهنگ کردن [ham-āhang kardan] sich abstimmen *v*

هم بازی [ham-bāzi] Spielkamerad *m*

هم جنس باز [ham-djenß-bāz] homosexuell *adj*, schwul *adj*, lesbisch *adj*

همچنین [ham-tschen.in] auch *adv*, ebenfalls *adv*, sowie *conj*

همدرد [ham-dard] mitfühlend *adj*

همدردی [ham-dardi] Mitgefühl *s*, Mitleid *s*

همدیگر [ham-digar] einander *adv*

همراهی کردن [ham-rāhi kardan] begleiten *v*, unterstützen *v*

هم زبان [ham-zabān] gleiche Sprache sprechend *adj*

هم زدن [ham zadan] (um)rühren *v*, mischen *v*

هم زمان [ham-zamān] gleichzeitig *adj*

همسایه [ham-ßāye] Nachbar *m*

همسر [ham-ßar] Ehefrau *w*, Ehemann *m*

همسفر [ham-ßafar] Mitreisender *m*, (Reise-)Gefährte *m*

هم سن [ham-ßen] gleichaltrig *adj*

همشیره [ham-schire] Schwester *w*

همقد [ham-ghadd] gleich hoch *adj*

همکار [ham-kār] Mitarbeiter *m*, Kollege *m*

همکاری [ham-kāri] Zusammenarbeit *w*

همکاری کردن [ham-kāri kardan] zusammenarbeiten *v*

همکلاس [ham-klāß] Klassenkamerad *m*

همکیش [ham-kisch] Glaubensgenosse *m*

همگانی [hamegāni] allgemein *adj*, öffentlich *adj*

هموار [hamwār] eben *adj*, flach *adj*

هموطن [ham-watan] Landsmann *m*

همه [hame] ganz *adj*, sämtlich *adj*; alles *pron*

همه جا [hame djā] überall *adv*

همه روزه [hame-ruze] alltäglich *adj / adv*

همیشگی [hamischegi] üblich *adj*, immerwährend *adj*

همیشه [hamische] immer *adv*, ständig *adv*

همین [ham.in] derselbe *pron*, genau dieser *pron*

همین الآن [ham.in al-ān] soeben *adv*, sofort *adv*

همین امروز [ham.in emruz] noch heute *adv*

همین بغل [ham.in baghal] gleich um die Ecke *adv*

همین جور [ham.in-djur] ebenso *adv*

همین حالا [ham.in hālā] soeben *adv*, sofort *adv*

همین طور [ham.in-tour] auch *adv*, ebenfalls *adv*, genauso *adv*, ununterbrochen *adj*

همین که [ham.in ke] sobald *conj*

هند [hend] Indien *s*

هندل [hendel] Kurbel *w*

هندوانه [hendewāne] Wassermelone *w*

هندوستان [hendußtān] Indien *s*

هندی [hendi] Inder *m*, indisch *adj*

هنر [honar] Kunst *w*

هنرپیشه [honar-pische] Schauspieler *m*

هنرمند [honarmand] Künstler *m*, Designer *m*

هنگامی که [hengāmi ke] während *conj*

هنوز [hanuz] noch *adv*

هوا [hawā] Wetter *s*, Luft *w*

هواپیما [hawā-peymā] Flugzeug *s*

هورا [hurā] bravo! *interj*

هوش [husch] Bewusstsein *s*

هوشیار بودن [huschyār budan] wachsam sein *v*

هول [houl] Panik *w*

هول کردن [houl kardan] in Panik geraten *v*

هول هولکی [houl-houlaki] hastig *adj*, überstürzt *adj*, eilig *adj*

هویت [howiyat] Identität *w*

هویج [hawidj] Karotte *w*, Möhre *w*

هی [hey] in einer Tour *adv* (ugs.)

هیجان [hayadjān] Aufregung *w*

هیجان آمیز [hayadjān-āmiz] aufregend *adj*

هیجان آور [hayadjān-āwar] aufregend *adj*

هیجان انگیز [hayadjān-angiz] aufregend *adj*

هیجان زده [hayadjān-zade] aufgeregt *adj*, gespannt *adj*

هیچ [hitsch] kein *pron*, nichts *pron*

هیچ جا [hitsch-djā] nirgendwo *adv*

هیچ چیز [hitsch-tschiz] gar nichts *pron*

هیچ کجا [hitsch-kodjā] nirgendwo *adv*

هیچ کس [hitsch-kaß] niemand *pron*, keiner *pron*

هیچ گونه [hitsch-gune] keinerlei *pron*, in keiner Weise *adv*

هیچ وقت [hitsch-waght] niemals *adv*

هیچی [hitsch-tschi] nichts *pron* (ugs.)

هیزم [hizom] Brennholz *s*

هیکل [heykal] Figur *w*, Gestalt *m*

ی

یا [yā] oder *conj*, beziehungsweise *conj*

یا ... یا [yā ... yā] entweder ... oder *conj*

یاد آوری [yād-āwari] Mahnung *w*, Erinnerung *w*

یاد آوری کردن [yād-āwari kardan] j-n erinnern *v*, ermahnen *v*

یاد بود [yād-bud] Andenken *s*, Souvenir *s*

یاد دادن [yād dādan] beibringen *v*, lehren *v*

یاد داشت [yād-dāscht] Notiz *w*, Merkzettel *m*

یاد داشت کردن [yād-dāscht kardan] aufschreiben *v*, notieren *v*

یاد کردن [yād kardan] gedenken *v*

یاد گاری [yādgāri] Andenken *s*

یاد گرفتن [yād gereftan] erlernen *v*

یاری [yāri] Unterstützung *w*

یاری کردن [yāri kardan] unterstützen *v*, beistehen *v*

یازده [yāzdah] elf *num*

یأس [ya'ß] Enttäuschung *w*, Verzweiflung *w*

یاس [yāß] Jasmin *m*, Flieder *m*

یاقوت [yāghut] Rubin *m*

یال [yāl] Mähne *w*

یالا [yālā] los! *interj*, beeil dich! *interj*

یبوست [yobußat] Verstopfung *w* (Darm)

یتیم [yatim] Waise *w*

یخ [yach] Eis *s*, eiskalt *adj*

یخ بستن [yach baßtan] gefrieren *v*, erstarren *v*

یخ بسته [yach-baßte] vereist *adj*, eisig *adj*

یخ بندان [yach-bandān] Glatteis *s*, Frost *m*

یخچال [yach-tschāl] Kühlschrank *m*

یخ زدن [yach zadan] einfrieren *v*, erfrieren *v*

یخ زده [yach-zade] tiefgefroren *adj*, vereist *adj*

یعنی [ya'ni] das heißt *conj*, und zwar *conj*, nämlich *adv*

یقه [yaghe] Kragen *m*

یقین داشتن [yaghin dāschtan] überzeugt sein *v*, sicher wissen *v*

یک [yek] eins *num*

یک اندازه [yek-andāze] gleiche Größe *w*

یک بار [yek bār] einmal *adv*

یک به یک [yek-be-yek] einzeln *adj / adv*

یک جایی [yek djā.yi] irgendwo *pron*, irgendwohin *adv*

یک جوری [yek dju.ri] irgendwie *adv*

(یک) چیزی [(yek) tschiz.i] irgendein *pron*, irgendetwas *pron*

یک خرده [yek chorde] ein bisschen *pron*, etwas *pron* (ugs.)

یک دست پر [yek daßt por] eine Handvoll *w*

یک دفعه [yek daf'e] auf einmal *adv*, schlagartig *adv*

یک دنده [yek-dande] stur *adj*, verbissen *adj*

یک ذره [yek zārre] ein bisschen *pron*, etwas *adv*

یک راست [yek-rāßt] geradezu *adv*, schnurstracks *adv*, direkt *adv*

یک روزی [yek ruz.i] eines Tages *adv*

یک طرفه [yek-tarafe] einseitig *adj*

یک طوری [yek tour.i] irgendwie *pron*

یک ساله [yek-ßāle] einjährig *adj*

یکسان [yek-ßān] einheitlich *adj*, gleichartig *adj*, gleichermaßen *adv*

یکسان کردن [yek-ßān kardan] vereinheitlichen *v*

یکسره [yek-ßare] ohne Zwischenlandung *adj*

يكشنبه [yek-schambe] Sonntag *m*

يک لحظه [yek lahze] einen Augenblick!

يک مرتبه [yek martabe] einmal *adv*, schlagartig *adv*

يک مشت پر [yek moscht por] eine Handvoll *w*

يک نفر [yek nafar] irgendeiner *pron*, jemand *pron*

يک نواخت [yek-nawācht] einförmig *adj*

يک هو [yek-hou] auf einmal *adv*, plötzlich *adj / adv*

يک وقتى [yek-waght.i] irgendwann *adv*

يک يک [yek-yek] einzeln *adj / adv*, einer nach dem anderen *pron*

يكى [yek.i] (irgend)jemand *pron*, einer *pron*

يكى يكى [yek.i-yek.i] einzeln *adv*, nacheinander *adv*

يهودى [yahudi] Jude *m*

يواش [yawāsch] langsam *adj*; leise *adj*

يواشكى [yawāschaki] heimlich *adj*

يورو [yuro] Euro *m*

يوزپلنگ [yuz-palang] Panther *m*, Gepard *m*

يونان [yunān] Griechenland *s*

يونانى [yunāni] Grieche *m*, griechisch *adj*

يونجه [yondje] Heu *s*

Informativer Reiseführer
von REISE KNOW-HOW

Iran
978-3-8317-2948-7
696 Seiten | 24,90 Euro [D]

- Reisepraktische Informationen von A bis Z
- Regionenübersicht mit Karten
- Ortspläne und Karten
- Ausführliche Hinweise zu Freizeitaktivitäten
- u.v.m.

Landkarte Iran (1:1,5 Mio.)

ISBN 978-3-8317-7278-0

A

Aal *m* مارماهی [mār-māhi]

Aasgeier *m* لاشخور [lāsch-chor]

ab *prep* از [az]; *adv* (~ und zu) گاه گاهی [gāh-gāhi], بعضی وقت ها [ba'zi waght.hā], بعضی اوقات [ba'zi oughāt]

abbiegen *v* (Fahrtrichtung) پیچ زدن [pitsch zadan], پیچیدن [pitschidan]

Abblendlicht *s* نورپایین [nur.e pāyin]

abbrechen *v* (Gespräch, Beziehung) قطع کردن [ghat' kardan], (Reise, Studium) ادامه ندادن [edāme na.dādan], (etw.) شکستن [schekaßtan], بریدن [boridan]

Abend 1. *m* شب [schab]; 2. *adv* (heute ~) امشب [emschab], (gestern ~) دیشب [dischab], (morgen ~) فردا شب [fardā schab], (Sonntag ~) یکشنبه شب [yek-schambe schab]; 3. (zu ~ essen) شام خوردن [schām chordan]

Abendessen *s* شام [schām]

abends *adv* شبها [schab.hā]

Abenteuer *s* ماجرا [mādjarā]

aber *conj* اما [ammā], ولی [wali]

Aberglaube *m* خرافت [chorāfat], (Mz.) خرافات [chorāfāt]

abergläubisch *adj* خرافاتی [chorāfāti]

abfahren *v* حرکت کردن [harakat kardan], راه افتادن [rāh oftādan]

Abfahrt *w* حرکت [harakat]

Abfall *m* زباله [zobāle], اشغال [āschghāl]

Abfalleimer *m* سطل اشغال [ßatl.e āschghāl], سطل زباله [ßatl.e zobāle]

abfallen *v* (etw.) افتادن [oftādan], ریختن [richtan]

abfertigen *v* آماده کردن [āmāde kardan], راه انداختن [rāh andāchtan]

abfliegen *v* پرواز کردن [parwāz kardan]

Abflug *m* پرواز [parwāz]

Abfluss *m* فاضل آب [fāzel-āb], (oberirdisch) جوب [djub]

Abflussrinne *w* ناودان [nāwdān]

Abführmittel *s* مسهل [moßhel], (ugs.) دوای شکم کارکن [dawā.ye schekam kār-kon]

abgeben *v* تحویل دادن [tahwil dādan]

abgegriffen *adj* دست خورده [daßt-chorde], دست مالیده شده [daßt-mālide-schode]

abgelaufen *adj* (Pass) از مدت اعتبار گذشته [az moddat.e e'tebār gozaschte]

abgelegen *adj* دورافتاده [dur-oftāde], پرت [part]

abgemacht *adj* (~!) باشه! [bāsch.e], قبوله! [ghabul.e]

abgesehen *adv* (~ von) گذشته از [gozaschte az]

abgetragen *adj* (Sohle, Absatz) ساییده [ßābide]

abgewöhnen *v* ترک عادت کردن [tark.e ādat kardan], ترک عادت دادن [tark.e ādat dādan], عادت پس دادن [ādat paß dādan]

Abgrund *m* پرتگاه [partgāh]

Abhang *m* شیب [ßarā-schibi], سرازیری [ßarā-ziri], (Berg) دامنه [dāmane]

abhängen *v* 1. (von der Wand) برداشتن [bar-dāschtan]; 2. (von etw. ~) بستگی داشتن [baßtegi dāschtan]

abhängig *adj* (von Umständen usw.) وابسته [wā-baßte], تابع [tābe'], (Drogen) معتاد [mo'tād]

abhauen *v* (ugs.) دررفتن [dar-raftan], جیم شدن [djim schodan]

abheben *v* 1. (Geld) برداشتن [bar-dāschtan]; 2. (Flugzeug) پرواز کردن [parwāz kardan]

abholen *v* (Person) دنبال کسی آمدن [dombāl.e kaß.i āmadan], (j-n / etw. ~) کسی / چیزی را از جایی آوردن [kaß.i / tschiz.i rā az djā.yi āwardan]

Abitur *s* دیپلم (دورۀ متوسطه) [diplom(.e doure.ye motawaßßete)]

abkühlen *v* (sich) خنک کردن

Wörterbuch Deutsch – Persisch

سرد شدن (Gefühle), [chonak kardan]
[ßard schodan]

abkürzen _v_ (Inhalt, Unterhaltung)
کوتاه کردن [kutāh kardan], مختصر کردن
[mochtaßar kardan], خلاصه کردن [cholāße
kardan], (Wort, Name) مخفف کردن [mochaffaf
kardan]

Abkürzung _w_ 1. (Weg) میان بر [miyān-bor];
2. (Wort) مخفف [mochaffaf], (~ nehmen)
میان بر زدن [miyān-bor raftan], میان بررفتن
[miyān-bor zadan]

ablegen _v_ 1. (Schiff) لنگرانداختن [langar
andāchtan]; 2. (Kleidung, Schuhe) درآوردن
[dar-āwardan]

ablehnen _v_ (Angebot, Vorschlag) رد کردن
[radd kardan], قبول نکردن [ghabul
na.kardan], مخالف بودن [mochālef budan]

Ablehnung _w_ رد [radd], مخالفت
[mochālefat]

Abmachung _w_ قرار [gharār], (~ treffen)
قرار گذاشتن [gharār gozāschtan]

abmelden _v_ رفتن خود را خبر دادن
[raftan.e chod-rā chabar dādan]

abnehmen _v_ 1. (wegnehmen)
چیزی را از کسی گرفتن [tschiz.i rā az kaß.i
gereftan]; 2. (Gewicht) وزن کم کردن
[wazn kam kardan], وزن پایین آوردن [wazn
pāyin āwardan]

Abonnement _s_ آبونمان [ābunemān]

abonnieren _v_ آبونه کردن [ābune kardan]

abrackern _v_ (sich) جان کندن [djān
kandan], سخت کار کردن [ßacht kār kardan]

abraten _v_ رأی کسی را زدن [ra'y.ye kaß.i rā
zadan], منصرف کردن [monßaref kardan]

abräumen _v_ (Esstisch) جمع کردن [djam'
kardan]

abrechnen _v_ تصفیه حساب کردن
[taßfiye-heßāb kardan]

Abreise _w_ حرکت [harakat], عزیمت
[azimat]

abreisen _v_ حرکت کردن [harakat kardan]

abreißen _v_ 1. (Kontakt) قطع کردن [ghat'
kardan]; 2. (Stoff, Faden) پاره کردن [pāre
kardan]; 3. (Gebäude) خراب کردن [charāb
kardan]

Absage _w_ جواب رد [djawāb.e radd]

absagen _v_ (Termin) لغوکردن [laghw
kardan], فسخ کردن [faßch kardan]

Absatz _m_ 1. (Schuh) پاشنه [pāschne];
2. (Text) سرسطر [ßar.e ßatr]

abschaffen _v_ برداشتن [bar-dāschtan],
از بین بردن [az beyn bordan], (Gesetz)
لغوکردن [laghw kardan], فسخ کردن [faßch
kardan]

abschalten _v_ (Gerät) خاموش کردن
[chāmusch kardan], (nicht zuhören)
گوش ندادن [gusch na.dādan],
توجه نکردن [tawadjdjoh na.kardan]

abschätzen _v_ ارزیابی کردن [arz-yābi
kardan], حدس زدن [hadß zadan]

Abscheu _m_ تنفر [tanaffor], نفرت [nefrat]

abschieben _v_ بیرون کردن [birun kardan]

abschicken _v_ فرستادن [fereßtādan],
پست کردن [poßt kardan]

Abschied _m_ خدا حافظی [chodā-hāfezi]

abschleppen _v_ (Auto) بکسل کردن
[bokßel kardan], یدک کشیدن [yadak
keschidan]

Abschleppwagen _m_ یدک کش (ماشین)
[(māschin.e) yadak-kesch]

abschließen _v_ (Tür, Wohnung, Koffer)
قفل کردن [ghofl kardan], بستن [baßtan],
چفت کردن [tschoft kardan]

abschneiden _v_ (Brot, Fleisch, Stoff) بریدن
[boridan], (Blumen) چیدن [tschidan], (Haar,
Fingernagel) کوتاه کردن [kutāh kardan], چیدن
[tschidan], زدن [zadan]

Abschnitt _m_ بخش [bachsch], فصل [faßl],
قسمت [gheßmat]

abschrauben _v_ پیچ بازکردن [pitsch bāz
kardan]

abschreiben *v* (Zweitschrift anfertigen) رونویس کردن [ru-newiß kardan], (von Mitschüler) تقلب کردن [taghallob kardan]

absenden *v* فرستادن [fereßtadan], پست کردن [poßt kardan]

Absender *m* فرستنده [fereßtande]

absetzen *v* (j-n irgendwo ~) پیاده کردن [piyāde kardan]

Absicht *w* قصد [ghaßd], منظور [manzur], مقصود [maghßud]

absichtlich *adv* عمداً [amdan]

abspülen *v* آب کشیدن [āb keschidan]

Abstand *m* فاصله [fāßele]

absteigen *v* پیاده شدن [piyāde schodan], (Berg, Pferd, Treppe) پایین آمدن [pāyin āmadan]

abstimmen *v* (Wahlen) رأی دادن [ra'y dādan]

Abstimmung *w* رأی گیری [ra'y-giri]

abstürzen *v* (Flugzeug, Computer) سقوط کردن [ßoghut kardan]

Abteil *s* کوپه [kupe]

Abteilung *w* بخش [bachsch], قسمت [gheßmat]

abtreiben *v* کورتاژ کردن [kurtāj kardan], (ugs.) بچه انداختن [batschtsche andāchtan]

Abtreibung *w* کورتاژ [kurtāj]

abtrennen *v* جدا کردن [djodā kardan], (Körperteil) قطع کردن [ghat' kardan]

abtrocknen *v* خشک کردن [choschk kardan]

Abtrünniger *m* (Religion) مرتد [mortad]

abwägen *adj* سنجیدن [ßandjidan]

abwärts *adv* به پایین [be pāyin], سرازیر [ßarā.zir]

abwaschen *v* شستن [schoßtan]

abwechselnd *adj* به نوبت [be noubat], نوبتی [noubati], *adv* (einer nach dem anderen) یکی پس از دیگری [yek.i paß az digar.i]

Abwechslung *w* تنوع [tanawwo']

abwechslungsreich *adj* متنوع [motanawwe']

abwegig *adj* بیجا [bi-djā], بی مورد [bi-moured]

abwesend *adj* غایب [ghāyeb]

Abwesenheit *w* غیبت [gheybat], (in meiner ~) درغیاب من [dar gheyāb.e man]

abwimmeln *v* (j-n, ugs.) دست به سر کردن [daßt-be-ßar kardan]

abzahlen *v* (پس) پرداختن [(paß-)pardāchtan], (پس) پرداخت کردن [(paß-)pardācht kardan]

abzüglich *prep* منهای [menhā.ye]

Abzug *m* 1. (Schusswaffe) ماشه [māsche], 2. (Foto) چاپ [tschāp]

Achse *w* محور [mehwar], میله [mile]

Achselhöhle *w* زیر بغل [zir.e baghal]

ach *interj* (~ was!) اوا! [eh], (~ so!) اه [eh], آهان [āhān], عجب [adjab]

acht *num* هشت [hascht]

achten *v* (respektieren) احترام گذاشتن [ehterām gozāschtan], احترام کردن [ehterām kardan]

Achtung *w* (Aufmerksamkeit) احتیاط [ehtiyāt], توجه [tawadjdjoh], (Respekt) احترام [ehterām]

achtzehn *num* هجده [hedjdah]

achtzig *num* هشتاد [haschtād]

Acker *m* مزرعه [mazra'e]

Ackerbau *m* کشاورزی [keschāwarzi], زراعت [zerā'at]

addieren *v* جمع زدن [djam' zadan]

Ader *w* (Vene) رگ [rag], (Arterie) شریان [scharyān], سرخ رگ [ßorch-rag]

Adler *m* عقاب [oghāb]

adoptieren *v* به فرزندی قبول کردن [be farzandi ghabul kardan]

Adresse *w* نشانی [neschāni], آدرس [ādreß]

Affe *m* میمون [meymun], بوزینه [buzine]

Afghane *m* افغانی [afghāni]

afghanisch *adj* افغانی [afghāni]

Afghanistan *s* افغانستان [afghāneßtān]

Wörterbuch Deutsch – Persisch

Afrika s آفریقا [āfrighā]
Afrikaner m آفریقایی [āfrighāyi]
afrikanisch adj آفریقایی [āfrighāyi]
Agentur w نمایندگی [namāyandegi], آژانس [ājānß]
aggressiv adj خشن [chaschen]
Ägypten s مصر [meßr]
Ägypter m مصری [meßri]
ägyptisch adj مصری [meßri]
ähneln v (j-m) شبیه کسی بودن [schabih.e kaß.i budan], شباهت داشتن [schebāhat dāschtan], (ugs.) به کسی رفتن [be kaß.i raftan]
ähnlich adj مانند [mānand.e], شبیه [schabih.e], مثل [meßl.e]
Ähnlichkeit w شباهت [schebāhat]
Ahnung w حد س [hadß]
Akte w پرونده [parwande]
Aktie w سهم [ßahm]
Aktionär m سهام دار [ßahām-dār]
aktiv adv فعال [fa'āl]
aktuell adj جدید [djadid], تازه [tāze]
Akzent m لهجه [lahdje]
Alarm m صوت خطر [ßut.e chatar], آژیر [ājir]
Albtraum m (خواب) کابوس [(chāb.e) kābuß]
Alkohol m 1. (chem.) الکل [alkol], 2. (alkohol. Getränk) مشروب [maschrub]
alkoholfrei adj بدون الکل [bedun.e alkol]
alkoholisch adj (chem.) الکلی [alkoli], الکلدار [alkol-dār]
Alkoholiker m الکلی [alkoli], مشروب خور [maschrub-chor]
alle(s) pron همه [hame], تمام [tamām], هر [har], (~ paar Mal) هر چند بار [har tschand bār], (~ zwei Jahre) (هر) دو سال به دو سال [(har) do ßāl be do ßāl], (alles in allem) روی هم رفته [ru.ye ham-rafte], (vor allem) قبل از همه چیز [ghabl

az hame tschiz], قبل از هر چیز [ghabl az har tschiz]
allein adv تنها [tanhā], (ganz ~) تک و تنها [tak-o-tanhā], (von ~) خود به خود [chod-be-chod], (einzig und ~) فقط و فقط [faghat-o-faghat]
allerdings adv منتها [montahā], (~!) البته! [albatte]
Allergie w حساسیت [haßßāßiyat], آلرژی [ālerji]
allergisch adj حساس [haßßāß]
alles siehe alle(s)
allgemein adj همگان [hamegān], (öffentlich, für alle) عمومی [omumi], همگانی [hamegāni]; adv (im allgemeinen) معمولاً [ma'mulan]
allmählich adv رفته رفته [rafte-rafte], کم کم [kam-kam], یواش یواش [yawāsch-yawāsch]
alltäglich adj همه روزه [hame-ruze], روزانه [ruzāne]
Almosen s صدقه [ßadaghe]
Alphabet s الفباء [alefbā]
als conj 1. (zeitl.) وقتیکه [waght.i ke], موقعی که [moughe'.i ke]; 2. (Vergleich) از [az], (~ ob) انگار که [engār ke], مثل اینکه [meßl.e in-ke], 3. تا [tā], گویا [guyā]
also conj پس [paß], بنا براین [banā bar in], (~ gut!) باشه! [bāsch.e], خیلی خوب! [cheyli chub]
alt adj (nicht neu) کهنه [kohne], قدیمی [ghadimi], (nicht jung) پیر [pir], مسن [moßen]
Altenheim s خانه سالمندان [chāne.ye ßāl-mandān]
Alter 1. s (Lebensabschnitt) سن [ßen], عمر [omr]; 2. m (Greis) پیرمرد [pir.e mard], مرد مسن [mard.e moßen]
altern v پیرشدن [pir schodan]
Altertümer Mz آثار باستانی [āßār.e bāßtāni]

altmodisch *adj* قدیمی، دمده [ghadimi]
[demode]، ازمد افتاده [az mod oftāde]، (ugs.)
املی [ommoli]

Altstadt *w* منطقهٔ قدیمی شهر [mantaghe.ye
ghadimi.ye schahr]، شهر قدیم [schahr.e
ghadim]

Alufolie *w* زرورق آلومینیومی [zar-waragh.e
āluminiumi]

Ambulanz *w* آمبولانس [āmbulānß]

Ameise *w* مورچه [murtsche]

Amerika *s* آمریکا [āmrikā]

Amerikaner *m* آمریکایی [āmrikāyi]

amerikanisch *adj* آمریکایی [āmrikāyi]

Ampel *w* چراغ راهنمایی [tscherāgh.e
rāh-namāyi]، (ugs.) چراغ قرمز [tscherāgh(.e)
ghermez]

Amt *s* 1. (Stellung) مقام [maghām]، (ugs.) پست
[poßt]؛ 2. (Büro, Verwaltung) اداره [edāre]، دفتر
[daftar]

amtlich *adj* رسمی [raßmi]. *adv* رسماً
[raßman]

amüsieren *v* (sich) خوش گذراندن
[chosch gozarāndan]، تفریح کردن [tafrih kardan]، لذت بردن [lezzat bordan]

an *prep* در [dar]، کنار [kenār]، لب [lab]، سر
[ßar]، (ugs.) دم [dam]

Analphabet *m* بیسواد [bi-ßawād]

Analphabetismus *m* بیسوادی [bi-ßawādi]

Ananas *w* آناناس [ānānāß]

anbauen *v* (Landwirtschaft) زراعت کردن
[zerā'at kardan]، کاشتن [kāschtan]

anbieten *v* تقدیم کردن [taghdim kardan]،
(Ware) عرضه کردن [arze kardan]

Andenken *s* 1. (Gedenken) یاد بود [yād-bud]؛ 2. (Souvenir) یاد گاری [yādgāri]

anderer *adj* دیگر [digar]، دیگری [digar.i]،
سایر [ßāyer]، (die anderen) دیگران [digar.ān]،
سایرین [ßāyer.in]، بقیه [baghiye]، (am anderen
Tag) روز بعد [ruz.e ba'd]، (unter anderem)
علاوه بر این [alāwe bar in]

andererseits *adv* از طرف دیگر [az taraf.e
digar]، ازسوی دیگر [az ßu.ye digar]

ändern *v* تغییر دادن [taghyir dādan]،
عوض کردن [awaz kardan]

andernfalls *adv* درغیراین صورت
[dar gheyr.e in ßurat]، وگرنه [wa-gar.na]

anders *adv* جوردیگر [djur.e
digar]، طوردیگر [tour.e digar]

anderswo *adv* جای دیگر [djā.ye
digar]، جای دیگری [djā.ye digar.i]

Änderung *w* تغییر [taghyir]، تبدیل [tabdil]

Andeutung *w* اشاره [eschāre]

andrehen *v* (j-m etw.) قالب کردن [ghāleb
kardan]

anerkennen *v* قبول داشتن [ghabul
dāschtan]، (offiziell) به رسمیت شناختن
[be raßmiyat schenāchtan]

Anfall *m* حمله [hamle]، هجوم [hodjum]

Anfang *m* آغاز [āghāz]، ابتداء [ebtedā']،
شروع [schoru']، اوایل [awāyel]، (von ~ bis
Ende) از اول تا آخر [az awwal tā āchar]،
(~ April) اوایل (ماه) آوریل [awāyel.e māh.e
āwril]، (von ~ an) از همان اول [az hamān
awwal]

anfangen *v* شروع کردن [schoru' kardan]،
آغاز کردن [āghāz kardan]

Anfänger *m* تازه کار [tāzekār]

anfangs *adv* اوایل [awāyel]، در آغاز
[dar āghāz]، در ابتداء [dar ebtedā]

anfassen *v* دست زدن [daßt zadan]

Angabe *w* شرح [scharh]، (persönl. Daten)
مشخصات [moschachchaßāt]

angeben *v* 1. (nennen) نام بردن [nām
bordan]، ذکر کردن [zekr kardan]؛
2. (prahlen) پز دادن [poz dādan]، پزآمدن
[poz āmadan]

angeblich *adv* ظاهراً [zāheran]، گویا
[guyā]

Angebot *s* 1. (Vorschlag) پیشنهاد
[pisch-nehād]؛ 2. (Waren) عرضه [arze]،
(~ und Nachfrage) عرضه و تقاضا [arze wa
taghāzā]

Wörterbuch Deutsch – Persisch

Angehöriger *m* خویشاوند [chischāwand], قوم و خویش (Mz.) بستگان [baßte.gān], فامیل [ghoum-o-chisch], فامیل [fāmil]

Angeklagter *m* متهم [mottaham]

Angel *w* 1. (Fischerei) قلاب ماهی گیری [ghollāb.e māhi-giri], 2. (Tür~) لولا [loulā]

Angelegenheit *w* موضوع [mouzu'], مورد [moured], (das ist nicht meine ~) این به من مربوط نیست [in be man marbut nißt]

angeln *v* ماهی گیری کردن [māhi-giri kardan]

Angelrute *w* قلاب [ghollāb]

angemessen *adj* مناسب [monāßeb], بجا [be-djā]

angenehm *adj* خوش آیند [chosch-āyand], خوشوقتم! (bei Begrüßung) [chosch-waght.am], (es war sehr ~) خیلی خوش گذشت [cheyli chosch gozascht]

angesehen *adj* آبرومند [āb(e)rumand], معتبر (verehrt) [mo'taber], محترم [mohtaram], گرامی ,ارجمند [ardj(o) mand], [gerāmi]

Angestellter *m* کارمند [kārmand], مستخدم [moßtachdem]

Angewohnheit *w* عادت [ādat], خو [chu]

angreifen *v* حمله کردن [hamle kardan], هجوم کردن [hodjum kardan]

Angreifer *m* مهاجم [mohādjem]

Angriff *m* حمله [hamle], هجوم [hodjum]

Angst *w* ترس [tarß], وحشت [wahschat], (~ haben) ترسیدن [tarßidan]

anhalten *v* نگه داشتن [negah dāschtan], توقف کردن [tawaghghof kardan], (j-n ~) متوقف کردن [motawaghghef kardan], (um die Hand ~) خواستگاری کردن [chāßtgāri kardan]

Anhänger *m* (Unterstützer) طرفدار [taraf-dār]

Anker *m* لنگر [langar]

ankern *v* لنگر انداختن [langar andāchtan]

Anklage *w* اتهام [ettehām]

anklagen *v* متهم کردن [mottaham kardan], جرم کردن [djorm kardan]

Ankleidekabine *w* (Kaufhaus) (اتاق) رختکن [(otāgh.e) racht-kan]

ankommen *v* رسیدن [raßidan]

ankreuzen *v* ضربدر زدن [zarb-dar zadan], علامت زدن [alāmat zadan]

ankündigen *v* اعلام کردن [e'lām kardan]

Ankunft *w* ورود [worud]

Anlage *w* (Brief, Dokument) پیوست [peywaßt], ضمیمه [zamime]

Anlass *m* سبب [ßabab], علت [ellat], دلیل [dalil], (kein ~ zur Sorge) جای نگرانی نیست [djā.ye negarāni nißt]

Anlasser *m* استارت [eßtārt]

anlegen *v* 1. (Geld) سرمایه گذاری کردن [ßarmāye-gozāri kardan]; 2. (errichten) ساختن [ßāchtan]; 3. (Schiff) لنگر انداختن [langar andāchtan]

Anlegestelle *w* لنگرگاه [langargāh]

anlehnen *v* (sich) تکیه دادن [takiye dādan]

Anleitung *w* طرز استفاده [tarz.e eßtefāde], دستورالعمل [daßtur-ol-amal]

anmachen *v* (einschalten) روشن کردن [rouschan kardan]

anmaßend *adj* متکبر [motekabber], (ugs.) از خود متشکر [az chod motaschakker]

anmelden *v* (Kurs, Schule) ثبت نام کردن [ßabt.e nām kardan], اسم نویسی کردن [eßm-newißi kardan]

Anmeldung *w* (Kurs, Schule) ثبت نام [ßabt.e nām], اسم نویسی [eßm-newißi]

annähern *v* نزدیک شدن [nazdik schodan]

annehmen *v* 1. (entgegennehmen) دریافت کردن [dar-yāft kardan]; 2. (vermuten) حدس زدن [hadß zadan], گمان کردن [gamān kardan], فرض کردن [farz kardan], 3. (akzeptieren) قبول کردن [ghabul kardan], پذیرفتن [paziroftan]

anpassen *v* وفق دادن [wafgh dādan], خو گرفتن [chu gereftan]

anprobieren *v* (beim Schneider) پرو کردن
[poro(w) kardan], پوشیدن [puschidan],
تن کردن [tan kardan], (Schuhe, ugs.) پا کردن
[pā kardan]

Anruf *m* (Telefon) تلفن [telefon], زنگ [zang]

Anrufbeantworter *m* پیام گیر [peyām-gir]

anrufen *v* تلفن کردن [telefon kardan],
زنگ زدن [zang zadan]

anschauen *v* تماشا کردن [tamāschā
kardan], نگاه کردن [negāh kardan]

anscheinend *adv* ظاهراً [zāheran], گویا
[guyā], انگار [engār], مثل اینکه [meßl.e
in-ke], از قرار معلوم [az gharār.e ma'lum]

Anschluss *m* 1. (allg.) ارتباط [ertebāt],
تماس [tamāß]; 2. (Zug) قطار بعدی [ghatār.e
ba'di], (Bus) اتوبوس بعدی [otobuß.e ba'di]

anschließen *v* (Kabel) وصل کردن [waßl
kardan]

anschnallen *v* بستن [baßtan]

anschwellen *v* ورم کردن [werām kardan],
باد کردن [bād kardan], پف کردن [pof
kardan]

ansehen *v* نگاه کردن [negāh kardan],
تماشا کردن [tamāschā kardan]

ansetzen *v* (Termin, Sitzung) تعیین کردن
[ta'yin kardan], معین کردن [mo'ayyan
kardan]

Ansicht *w* (Meinung) عقیده [aghide],
نظر [nazar], (meiner ~ nach) به نظر من
[be nazar.e man], به عقیده ی من
[be aghide.ye man]

Ansichtskarte *w* کارت پستال [kārt-poßtāl]

ansprechen *v* (j-m gefallen) پسند کردن
[paßand kardan], پسندیدن [paßandidan],
خوش آمدن [chosch āmadan]

Anspruch *m* ادعا [edde'ā], توقع
[tawaghgho']

anspruchsvoll *adj* مشکل پسند
[moschkel-paßand], پرمدعا [por-modda'ā],
پرتوقع [por-tawaghgho']

Anstalt *m* مؤسسه [mo'aßßaße]

anständig *adj* مؤدب [mo'addab], نجیب
[nadjib], آبرومند [āb(e)rumand]

anstarren *v* خیره رفتن [chire raftan],
(ugs.) زل زدن [zol zadan]

anstecken *v* 1. (Ring) به انگشت کردن
[be angoscht kardan]; 2. (sich, mit einer
Krankheit) سرایت کردن [ßerāyat kardan]

ansteckend *adj* واگیر [wā-gir], مسری
[moßri]

anstelle *prep* در عوض [dar awaz.e],
به جای [be djā.ye]

anstellen *v* 1. (Gerät, Licht) روشن کردن
[rouschan kardan]; 2. (Arbeitsplatz)
استخدام کردن [eßtechdām kardan];
3. (sich, beim Warten) صف کشیدن
[ßaf keschidan], توی صف ایستادن
[tu.ye ßaf ißtādan], در صف ایستادن
[dar ßaf ißtādan]

anstößig *adj* زننده [zanande]

anstrengen *v* (sich) سعی کردن [ßa'y
kardan], تلاش کردن [talāsch kardan],
کوشیدن [kuschesch kardan], کوشش کردن
[kuschidan]

anstrengend *adj* سخت [ßacht], پرزحمت
[por-zahmat]

Anstrengung *w* کوشش [kuschesch], تلاش
[talāsch], تقلا [taghallā]

Anteil *m* سهم [ßahm]

Antenne *w* آنتن [ānten]

Antibabypille *w* قرص ضد حاملگی
[ghorß.e zedd.e hāmelegi]

Antibiotikum *s* آنتی بیوتیک [ānti-biotik]

antik *adj* قدیمی [ghadimi], عتیقه [atighe],
باستانی [bāßtāni], کهن [kohan]

Antiquität *w* عتیقه [atighe], آنتیک [āntik]

Antiquitätenhändler *m* عتیقه فروش
[atighe-forusch]

Antrag *m* (نامه) در خواست
[dar-chāßt(-nāme)], تقاضا نامه
[taghāzā-nāme]

Antwort *w* جواب [djawāb], پاسخ [pāßoch]

antworten *v* جواب دادن [djawāb dādan], پاسخ دادن [pāßoch dādan]

Anwalt *m* وکیل [wakil]

anwesend *adj* حاضر [hāzer], (~ sein) حضور داشتن [hozur dāschtan]

Anwesenheit *w* حضور [hozur]

Anzahl *w* (von Personen) عده [edde], تعداد [te'dād]

Anzahlung *w* پیش قسط [pisch-gheßt], بیعانه [bey'āne], پیش پرداخت [pisch-pardācht]

Anzeige *w* (Zeitung) آگهی [āgahi], (~ aufgeben) آگهی دادن [āgahi dādan], (Polizei) شکایت [schekāyat]

anzeigen *v* 1. (Polizei) شکایت کردن [schekāyat kardan], گزارش دادن [gozāresch dādan]; 2. (Messgerät) نشان دادن [neschān dādan]

anziehen *v* 1. (Schraube) سفت کردن [ßeft kardan], محکم کردن [mohkam kardan]; 2. (Attraktivität) جلب توجه کردن [djalb.e tawadjjoh kardan]; 3. (Kleidung) پوشیدن [puschidan], تن کردن [tan kardan], (Schuhe) پا کردن [pā kardan], پوشیدن [puschidan]

Anzug *m* کت و شلوار [kot-o-schalwār]

anzünden *v* (Feuer) آتش زدن [ātasch zadan], آتش روشن کردن [ātasch rouschan kardan]

Apfel *m* سیب [ßib]

Apfelsaft *m* آب سیب [āb.e ßib]

Apotheke *w* داروخانه [dāru-chāne], دواخانه [dawā-chāne]

Apotheker *m* داروگر [dārugar]

Apparat *s* دستگاه [daßtgāh]

Appetit *m* اشتها [eschtehā], (guten ~!) نوش جان! [nusch.e djān]

applaudieren *v* دست زدن [daßt zadan], کف زدن [kaf zadan]

Aprikose *w* زردآلو [zard-ālu]

April *m* آوریل [āwril]

Araber *m* عرب [arab]

Arabien *s* عربستان [arabeßtān]

arabisch *adj* عربی [arabi]

Arbeit *w* کار [kār], (zur ~ gehen) سر کار رفتن [ßar.e kār raftan] (~ suchen) دنبال کار گشتن [dombāl.e kār gaschtan], کار پیدا کردن [kār peydā kardan], (ugs.) کار گیرآوردن [kār gir-āwardan], (~ verlieren) کار از دست دادن [kār az daßt dādan]

arbeiten *v* کار کردن [kār kardan]

Arbeiter *m* کارگر [kārgar]

Arbeitgeber *m* کارفرما [kār-farmā], رئیس [ra'iß]

Arbeitnehmer *m* کارمند [kārmand]

Arbeitsamt *s* اداره کار [edāre.ye kār]

Arbeitserlaubnis *w* اجازه کار [edjāze(.ye)-kār]

arbeitslos *adj* بیکار [bi-kār]

Arbeitsplatz *m* محل کار [mahall.e kār]

Archäologe *m* باستان شناس [bāßtān-schenāß]

Archäologie *w* باستان شناسی [bāßtān-schenāßi]

Architekt *m* معمار [me'mār]

Architektur *w* معماری [me'māri]

ärgerlich *adj* عصبانی [aßabāni], ناراحت کننده [nā.rāhat-konande]

ärgern *v* عصبانی کردن [aßabāni kardan], ناراحت کردن [nā.rāhat kardan], (sich über j-n) از دست کسی ناراحت شدن [az daßt.e kaß.i nā.rāhat schodan], از دست کسی عصبانی شدن [az daßt.e kaß.i aßabāni schodan]

Ärger *m* ناراحتی [nā.rāhati]

arm *adj* 1. (ohne Geld) فقیر [faghir], بی پول [bi-pul]; 2. (bedauernswert) تأسف آور [ta'ßßof-āwar], بیچاره [bi-tschāre]

Arm *w* بازو [bāzu]

Armband *s* دستبند [daßt-band], النگو [alangu]

Armbanduhr *w* ساعت مچی [ßā'at.e motschi]

Armee w ارتش [artesch], سپاه [ßepāh], لشکر [laschkar]

Ärmel m آستین [āßtin]

Armenien s ارمنستان [armaneßtān]

Armenier s ارمنی [armani]

armenisch adj ارمنی [armani]

Armut w فقر [faghr], فقیری [faghiri]

Art w 1. (Sorte) نوع [nou'], جور [djur]; 2. (Weise) طرز [tarz], طریق [tarigh], گونه [gune]

Artikel m 1. (Ware) جنس [djenß], کالا [kalā]; 2. (Zeitung) مقاله [maghāle]; 3. (Grammatik) حرف تعریف [harf.e ta'rif]

Artischocke w کنگر [kangar]

Arznei w دارو [dāru], دوا [dawā]

Arzt m پزشک [pezeschk], دکتر [doktor]

Arztpraxis w مطب [matabb]

Asche w خاکستر [chākeßtar]

Aschenbecher m زیر سیگاری [zir-ßigāri]

Asiat m آسیایی [āßiyāyi]

asiatisch adj آسیایی [āßiyāyi]

Asien s آسیا [āßiyā]

Asphalt m آسفالت [āßfālt]

Ast m شاخ [schāch], شاخه [schāche]

Asthma s نفس تنگی [nafaß-tangi], آسم [āßm]

Asyl s پناهندگی [panāhandegi]

Asylsuchender m پناهنده [panāhande]

Atem m نفس [nafaß], (außer ~ sein) از نفس افتادن [az nafaß oftādan]

atmen v نفس کشیدن [nafaß keschidan]

Atom s ذره [zarre], اتم [atom], هسته [haßte]

atomar adj هسته ای [haßte'i], اتمی [atomi]

Atombombe w بمب اتمی [bomb.e atomi]

Attentat s سوء قصد [ßu'.e ghaßd]

Attest s گواهی نامه [gawāhi-nāme]

attraktiv adj زیبا [zibā], جذاب [djazzāb], قشنگ [ghaschang]

Aubergine w بادمجان [bādemdjān]

auch adv هم [ham], همچنین [hamtschen.in], همینطور [ham.in-tour]

auf prep (örtl.) روی [ru.ye], در [dar]

aufatmen v (erleichtert sein) نفس راحت کشیدن [nafaß.e rāhat keschidan]

aufbewahren v نگهداری کردن [negah-dāri kardan], نگه داشتن [negah dāschtan], (im Safe) بایگانی کردن [bāygāni kardan]

aufblasen v (Luftballon) باد کردن [bād kardan]

aufbrechen v 1. (Schale) پوست کندن [pußt kandan], 2. (sich auf den Weg machen) راه افتادن [rāh oftādan], حرکت کردن [harakat kardan]

Aufenthalt m اقامت [eghāmat]

Aufenthaltserlaubnis w اجازه اقامت [edjāze(.ye)-eghāmat]

Aufenthaltsdauer w مدت اقامت [moddat.e eghāmat]

Aufenthaltsort m محل اقامت [mahall.e eghāmat]

Auffahrt w ورود(ی) [worud(i)]

auffallen v جلب توجه کردن [djalb.e tawadjdjoh kardan], (ugs.) تو (ی) چشم خوردن [tu(.ye) tscheschm chordan]

auffordern v تقاضا کردن [taghāzā kardan]

Aufführung w (Bühne) نمایش [namāyesch]

Aufgabe w وظیفه [wazife]

aufgeben v 1. (resignieren) صرف نظر کردن [ßarf.e nazar kardan]; 2. (Gepäck) تحویل دادن [tahwil dādan]

aufgehen v (Sonne) طلوع کردن [tolu' kardan], (Teig) ور آمدن [war-āmadan], پف کردن [pof kardan]

aufhalten v جلوگیری کردن [djelou-giri kardan], باز داشتن [bāz-dāschtan], مانع شدن [mane' schodan], (aufgehalten werden) معطل شدن [mo'attal schodan]

aufhängen v آویزان کردن [āwizān kardan], (Hörer) گوشی را زمین گذاشتن [guschi rā zamir gozāschtan]

aufheben v (vom Boden) بلند کردن [boland kardan], برداشتن [bar-dāschtan], (Urteil) لغو کردن [laghw kardan], فسخ کردن [faßch kardan], باطل کردن [bātel kardan]

aufhören v تمام کردن [tamām kardan], به پایان رساندن [be pāyān raßāndan], خاتمه دادن [chāteme dādan], (Regen) قطع شدن [ghat' schodan], بند آمدن [band āmadan]

aufklaren v (Wetter) روشن شدن [rouschan schodan], آفتابی شدن [aftābi schodan], باز شدن [bāz-schodan]

aufklären v توضیح دادن [touzih dādan], روشن کردن [rouschan kardan]

aufladen v (a. Batterie) پرکردن [por kardan], شارژ کردن [schārj kardan], (Ware) بار کردن [bār kardan], بارزدن [bār zadan]

Auflage w (Druck) چاپ [tschāp], بند [band]

auflassen v (Tür) باز گذاشتن [bāz gozāschtan]

aufmachen v باز کردن [bāz kardan]

aufmerksam adj دقیق [daghigh], با دقت [bā-deghghat]

Aufmerksamkeit w دقت [deghghat], توجه [tawadjdjoh]

Aufnahme w 1. (in Verein) عضویت [ozwiyat]; 2. (Foto) عکس برداری [akß-bar-dāri], (Film) فیلم برداری [film-bar-dāri)]

aufnehmen v (Ton) ضبط کردن [zabt kardan], (Foto) عکس گرفتن [akß gereftan], عکس برداری کردن [akß-bar-dāri kardan], (Film) فیلم گرفتن [film gereftan], فیلم برداری کردن [film-bar-dāri kardan], (Kontakt) تماس گرفتن [tamāß gereftan]

aufpassen v 1. (aufmerksam sein) توجه کردن [deghghat kardan], دقت کردن [tawadjdjoh kardan], 2. (hüten) مراقبت کردن [morāghabat kardan], مواظب بودن [mowāzeb budan],

مواظبت کردن [mowāzebat kardan]

Aufpreis m اضافه بها [ezāfe-bahā], مبلغ اضافی [mablagh.e ezāfi]

aufräumen v جمع و جور کردن [djam'-o-djur kardan], مرتب کردن [morattab kardan]

aufrecht adv راست [rāßt], (~ stehen) روی پا ایستادن [ru.ye pā ißtādan], راست ایستادن [rāßt ißtādan], (stocksteif stehen ugs.) سیخ ایستادن [ßich ißtādan]

aufregen v (sich) عصبانی شدن [aßabāni schodan], ناراحت شدن [nā.rāhat schodan]

aufregend adj هیجان انگیز [hayadjān-angiz], پر هیجان [por-hayadjān], هیجان آور [hayadjān-āwar]

Aufsatz m (Schule) انشاء [enschā'], (Zeitung) مقاله [maghāle]

aufschließen v بازکردن [bāz kardan]

aufschreiben v (notieren) یاد داشت کردن [yād-dāscht kardan]

aufschwatzen v قالب کردن [ghāleb kardan], قالب انداختن [ghāleb andāchtan]

aufspringen v از جا پریدن [az djā paridan]

Aufstand m قیام [ghiyām]

aufstehen v بلند شدن [boland schodan], (steh auf!, ugs.) پا شو! [pā schou]

aufsteigen v بالا رفتن [bālā raftan]

aufsuchen v دیدن کردن [didan kardan], ملاقات کردن [molāghāt kardan], پیشکسیرفتن [pisch.e kaß.i raftan]

auftreiben v فراهم کردن [farāham kardan], (ugs.) گیرآوردن [gir-āwardan]

aufwachen v بیدار شدن [bidār schodan]

aufwärmen v گرم کردن [garm kardan]

aufwärts adv روبه بالا [ru be bālā], به طرف بالا [be taraf.e bālā]

Aufzug m آسانسور [āßānßor]

Auge s چشم [tscheschm]

Augenarzt m پزشک چشم [pezeschk.e tscheschm], دکترچشم [doktor.e tscheschm]

Augenblick m لحظه [lahze]

Augenbraue w ابرو [abru]

Augentropfen m قطرة چشم [ghatre.ye tscheschm]

August m اوت [ut]

aus prep (Herkunft, Material) از [az]

ausatmen v نفس بیرون دادن [nafaß birun dādan]

Ausbildung w آموزش [āmuzesch], تعلیم [ta'lim]

Ausblick m منظره [manzare]

ausbreiten v پهن کردن [pahn kardan]

Ausdruck m بیان [bayān], ابراز [ebrāz]

ausdrücken v (Zigarette) خاموش کردن [chāmusch kardan]

ausdrücklich adj صریح [ßarih], بخصوص [be.choßuß]

Auseinandersetzung w درگیری [dar-giri]

ausfahren v بیرون رفتن [birun raftan], خارج شدن [chāredj schodan]

Ausfahrt w خروج [chorudj], خروجی [chorudji]

ausfallen v برگزار نشدن [bar-gozār na.schodan], اجرا نشدن [edjrā na.schodan], برگزار نکردن [bār-gozār na.kardan], اجرا نکردن [edjrā na.kardan], (Haare) ریختن [richtan], (Maschine) از کار افتادن [az kār oftādan]

Ausflug m گردش [gardesch], پیک نیک [pik-nik]

Ausfuhr w صادرات [ßāderāt]

ausführen v (allg.) اجرا کردن [edjrā kardan], انجام دادن [andjām dādan], (exportieren) صادر کردن [ßāder kardan]

ausführlich adj مفصل [mofaßßal], کامل [kāmel]

ausfüllen v پرکردن [por kardan]

Ausgabe w (Kosten) خرج [chardj], (Druck) چاپ [tschāp]

Ausgang m خروج [chorudj], خروجی [chorudji]

ausgeben v (Kosten) خرج کردن [chardj kardan], (etw. verteilen) پخش کردن [pachsch kardan]

ausgehen v 1. (Freizeit) گردش رفتن [gardesch raftan], گردش کردن [gardesch kardan]; 2. (zu Ende gehen) تمام شدن [tamām schodan]

ausgezeichnet adj عالی [āli], فوق العاده [fough-ol-āde], (~!) آفرین [āfarin]

aushalten v تحمل کردن [tahammol kardan], طاقت آوردن [tāghat āwardan]

auskennen v شناختن [schenāchtan], بلد بودن [balad budan], وارد بودن [wāred budan]

Auskunft w اطلاعات [ettelā'āt]

Ausland s خارج [chāredj]

Ausländer m خارجی [chāredji]

ausländerfeindlich adj ضد خارجی [zedd.e chāredji]

ausländisch adj خارجی [chāredji]

auslaufen v 1. (Flüssigkeit) بیرون ریختن [birun richtan], درآمدن [dar-āmadan]; 2. (Schiff) حرکت کردن [harakat kardan], بندر را ترک کردن [bandar rā tark kardan]

auslegen v 1. (Teppich, Stoff) پهن کردن [pahn kardan], (Ware) چیدن [tschidan], گذاشتن [gozāschtan]; 2. (falsch ~) بد تعبیر کردن [bad ta'bir kardan]

ausleihen v (j-m etwas verleihen) قرض دادن [gharz dādan], (sich etw.) قرض گرفتن [gharz gereftan], قرض کردن [gharz kardan]

ausloggen v (sich) از سیستم خارج شدن [az ßißtem chāredj schodan]

ausmachen v (Gerät) خاموش کردن [chāmusch kardan]

Ausmaß s اندازه [andāze], حد [hadd]

Ausnahme w استثناء [eßteßnā']

Ausnahmezustand m (polit.) حکومت نظامی [hokumat.e nezāmi]

ausnutzen v (Vertrauen) سوء استفاده کردن [ßu'e eßtefāde kardan]

auspacken v باز کردن [bāz kardan]

Auspuff m اگزوز [egzoß]

ausradieren v (Kreide) پاک کردن
[pāk kardan]

ausräumen v خالی کردن [chāli kardan],
(Bedenken) برطرف کردن [bar-taraf kardan]

Ausrede w بهانه [bahāne]

ausreichen v کافی بودن [kāfi budan],
بس بودن [baß budan]

Ausreise w خروج ازکشور [chorudj az
keschwar]

ausreisen v ازکشور خارج شدن
[az keschwar chāredj schodan],
ترک کشور کردن [tark.e keschwar kardan]

ausrichten v (Mitteilung) خبررساندن
[chabar raßāndan], اطلاع دادن [ettelā'
dādan], پیغام رساندن [peyghām raßāndan]

ausruhen v (sich) استراحت کردن [eßterāhat
kardan], خستگی در کردن [chaßtegi
dar-kardan]

Ausrüstung w لوازم [lawāzem]

ausrutschen v سرخوردن [ßor chordan],
لیزخوردن [laghzidan], [liz chordan]

Aussage w اظهار [ezhār], گفته [gofte],
(gerichtl.) شهادت [schahādat]

aussagen v اظهارکردن [ezhār kardan],
گفتن [goftan], (gerichtl.) شهادت دادن
[schahādat dādan]

ausschalten v (Licht, Gerät) خاموش کردن
[chāmusch kardan]

aussehen v (Anschein) به نظر آمدن [be nazar
āmadan], به نظر رسیدن [be nazar raßidan]

außen adv بیرون [birun], (von ~) از بیرون
[az birun], (nach ~) به بیرون [be birun]

außer prep غیراز [gheyr az], بغیراز
[be-gheyr az], جز [djoz], بجز [be-djoz]

äußerer adj بیرونی [biruni], خارجی
[chāredji]

außerdem adv علاوه براین [alāwe bar in],
بعلاوه [be-'alāwe], ازآن گذشته [az ān
gozaschte]

außerhalb adv / prep بیرون از

خارج از [chāredj az] [birun az]

außerordentlich adj / adv فوق العاده
[fough-ol-āde], بی اندازه [bi-andāze],
بی نهایت [bi-nahāyat]

Aussicht w 1. (Hoffnung) امید [omid],
(Möglichkeit) امکان [emkān], 2. (Landschaft,
Blick) منظره [manzare] دید [did]

aussprechen v تلفظ کردن [talafoz kardan]

Ausstattung w (Haus) لوازم خانه
[lawāzem.e chāne], وسایل منزل [waßāyel.e
manzel], اسباب و اثاثیه [aßbāb-o-aßāßiye]

aussteigen v پیاده شدن [piyāde schodan]

ausstellen v 1. (Waren, Bilder)
به نمایش گذاشتن [be namāyesch gozāschtan]
2. (Dokument) صادرکردن [ßāder kardan]

Ausstellung w نمایشگاه [namāyeschgāh]

Austausch m تعویض [ta'wiz], مبادله
[mobādele]

austauschen v عوض کردن
[awaz kardan], مبادله کردن [mobādele
kardan], (Erfahrung, Blick) رد و بدل کردن
[rad-o-badal]

Auster w صدف [ßadaf]

austrinken v تا ته سر کشیدن [tā tah ßar
keschidan], تا ته نوشیدن [tā tah nuschidan]

ausüben v کردن [kardan], عمل کردن [ama
kardan], انجام دادن [andjām dādan]

Ausverkauf m حراج [harādj]

ausverkauft v تمام شده [tamām-schode]

Auswahl w گزینش [gozinesch], گلچین
[gol-tschin]

auswählen v انتخاب کردن [entechāb
kardan], (auslesen) گلچین کردن
[gol-tschin kardan]

auswandern v مهاجرت کردن [mohādjerat
kardan], ترک وطن کردن [tark.e watan
kardan]

auswechseln v عوض کردن [awaz
kardan]

Ausweis m (Personal~) کارت شناسایی
[kārt.e schenāßāyi], (Mitglieds-)

کارت عضویت [kārt.e ozwiyat] کارت عضویت
auswendig *adv* از حفظ [az hefz]
auszahlen *v* (Bank) پرداختن [pardāchtan],
پرداخت کردن [pardācht kardan]
ausziehen *v* 1. (Kleidung) لباس درآوردن
[lebāß dar-āwardan]; 2. (aus Wohnung) اسباب
کشی کردن [aßbāb-keschi kardan]
Auszubildender *m* کارآموز [kār-āmuz],
شاگرد [schägerd]
Auto *s* اتومبیل [otomobil], ماشین [māschin],
رانندگی کردن (fahren ~) [rānandegi kardan]
Autobahn *w* بزرگراه [bozorg-rāh],
شاه راه [schāh-rāh]
Automat *m* (Verkaufs- usw.) دستگاه
[daßtgāh], اتومات [otomāt]
automatisch *adj* خودکار [chod-kār],
اتوماتیک [otomātik]
Autonummer *w* شماره ماشین
[schomāre.ye māschin]
Autowaschanlage *w* کارواش
[kār-wāsch]
Avokado *w* آوکادو [āwokādo]
Awesta *s* (heiliges Buch der Zarathustrier) اوستا
[awestā]
Axt *w* تبر [tabar]

B

Baby *s* نوزاد [nou-zād], بچه [batschtsche]
Babyflasche *w* شیشه شیربچه
[schische.ye schir.e batschtsche]
Bach *m* جو(ی) [dju(y)], نهر [nahr]
backen *v* پختن [pochtan],
درست کردن [doroßt kardan]
Backenzahn *m* دندان آسیاب [dandān.e
āßiyāb]
Bäcker *m* نانوا [nānwā]
Bäckerei *w* نانوایی [nānwāyi]
Bad *s* حمام [hammām]
Badeanzug *m* لباس شنا [lebāß.e schenā],
مایو [māyo]
Badehose *w* مایو [māyo]

baden *v* 1. (mit / ohne Wanne) حمام کردن
[hammām kardan], آبتنی کردن [āb-tani
kardan]; 2. (schwimmen) شنا کردن [schenā
kardan]
Badetuch *s* حوله [houle]
Badewanne *w* وان [wān]
Badezimmer *s* حمام [hammām]
Bahn *m* قطار [ghatār], (mit der ~ fahren)
با قطار سفر کردن [bā ghatār ßafar kardan],
با قطار رفتن [bā ghatār raftan]
Bahnhof *m* ایستگاه راه آهن
[ißtgāh.e rāh(e)-āhan]
Bahnsteig *m* سکو [ßakku]
bald *adv* زود [zud], بزودی [be-zudi],
(bis ~!) تا بعد [tā ba'd], (so ~ wie möglich)
هرچه زودتر بهتر [har tsche zud.tar beh.tar]
Balkon *s* بالکن [bālkon]
Ball *m* 1. (Sport) توپ [tup];
2. (Tanzabend) پاکوبی [pā-kubi]
Ballon *m* بالون [bālon]
Banane *w* موز [mouz]
banal *adj* پیش پا افتاده [pisch.e-pā-oftāde]
Band 1. *s* (z. B. Gummi~) نوار [nawār];
2. *w* (Musikcombo) گروه نوازندگان [goruh.e
nawāzande.gān]
Bandscheibe *w* دیسک [dißk]
Bank *w* 1. (Geldinstitut) بانک [bānk];
2. (Sitz~) نیمکت [nim-kat]
Bankautomat *m* عابربانک [āber.e bānk],
خود پرداز [chod-pardāz]
Banknote *w* اسکناس [eßkenāß]
Bankrott *m* ورشکستگی [war-schekaßtegi],
(~ gehen) ورشکست شدن [war-schekaßt
schodan]
bar *adj* نقد [naghd]
Bär *m* خرس [cherß]
barfuß *adv* پا برهنه [pā-berahne]
Bargeld *s* پول نقد [pul.e naghd]
Bart *m* ریش [risch]
Basilikum *s* ریحان [reyhān]
Basis *w* اساس [aßāß], پایه [pāye]

Wörterbuch Deutsch – Persisch

basteln *v* (heimwerken) کاردستی کردن
[kār-daßti kardan]

Batterie *w* باتری [bātri]

Bau *m* ساختمان [ßāchtemān], بنا [banā]

Bauch *m* شکم [schekam], دل [del]

Bauchtanz *m* رقص عربی [raghß.e arabi]

bauen *v* ساختن [ßāchtan], ساختمان کردن
[ßāchtemān kardan], بنا کردن [banā
kardan], (ugs.) درست کردن [doroßt kardan]

Bauer *m* دهقان [dehghān], کشاورز
[keschāwarz]

Baum *m* درخت [deracht]

Baumwolle *w* پنبه [pambe]

Baustelle *w* (Straße) جاده سازی
[djādde-ßāzi]

Bauwerk *s* ساختمان [ßāchtemān],
بنا [banā], عمارت [emārat]

Beamter *m* کارمند دولت [kārmand.e
doulat], (Polizei) مأمورپلیس [ma'mur.e poliß]

beanspruchen *v* (Recht) ادعا کردن
[ede'ā kardan]

beanstanden *v* ایراد گرفتن [irād gereftan],
اشکال گرفتن [eschkāl gereftan], عیب گرفتن
[eyb gereftan]

bearbeiten *v* رسیدگی کردن [raßidegi
kardan]

beaufsichtigen *v* مراقبت کردن
[morāghebat kardan], رسیدگی کردن
[raßidegi kardan]

Becher *m* لیوان [liwān], گیلاس [gilāß]
جام [djām]

Becken *s* 1. (Behältnis) حوض [houz];
2. (anatom.) لگن [lagan]

bedanken *v* (sich) تشکر کردن [taschakkor
kardan], سپاسگزاری کردن [ßepāß-gozāri
kardan]

bedauern *v* متأسف بودن [mota'aßßef
budan], افسوس خوردن [aßßuß chordan]

bedecken *v* پوشاندن [puschāndan]

bedeuten *v* معنی دادن [ma'ni dādan],
معنی داشتن [ma'ni dāschtan]

Bedeutung *w* معنی [ma'ni]

bedienen *v* (Gast) پذیرایی کردن [pazirāyi
kardan], (Maschine) کارکردن [kār kardan],
(~ Sie sich!) بفرمایید! [be.farmāy.id]

Bedienung *w* خدمت [chedmat], سرویس
[ßerwiß]

Bedingung *w* شرط [schart]

bedrohen *v* تهدید کردن [tahdid kardan]

Bedrohung *w* تهدید [tahdid], (Gefahr) خطر
[chatar]

Bedürfnis *s* نیاز [niyāz], احتیاج [ehtiyādj]

beeilen *v* (sich) عجله کردن [adjale
kardan], شتاب کردن [schetāb kardan], (beeilt
euch!) عجله کنید! [adjale kon.id], زود باشید!
[zud bāsch.id]

beeinflussen *v* تأثیر گذاشتن [ta'ßir
gozāschtan], اثر گذاشتن [aßßar gozāschtan]

beenden *v* تمام کردن [tamām kardan],
به پایان رساندن [be pāyān raßāndan], خاتمه دادن
[chāteme dādan]

beerdigen *v* دفن کردن [dafn kardan],
به خاک سپردن [be chāk ßepordan], قبرکردن
[ghabr kardan], خاک کردن [chāk kardan]

Beerdigung *w* خاک سپاری [chāk-ßepāri],
تدفین [tadfin]

Beere *w* توت [tut]

Beet *s* باغچه [bāghtsche]

befahrbar *adj* قابل عبور [ghābel.e obur]

befassen *v* (sich ~ mit) پرداختن به
[pardāchtan be]

Befehl *m* فرمان [farmān], دستور [daßtur],
امر [amr], (gerichtl.) حکم [hokm]

befehlen *v* فرمان دادن [farmān dādan],
دستور دادن [daßtur dādan], (gerichtl.)
امر کردن [amr kardan], حکم کردن [hokm kardan]

befestigen *v* سفت کردن [ßeft kardan],
محکم کردن [mohkam kardan]

befinden *v* (sich) بودن [budan],
وجود داشتن [wodjud dāschtan], (an best. Ort)
واقع بودن [wāghe budan], قرار داشتن [gharār dāschtan]
[wāghe' budan]

Befinden s حال [hāl], (Umstand) وضع [waz']

befördern v 1. (transportieren) حمل و نقل کردن [haml-o-naghl kardan], ارسال کردن [erßāl kardan]; 2. (dienstl.) ترفیع دادن [tarfi' dādan] به درجه بالاتر دادن [daradje.ye balā.tar dādan]

befreien v آزاد کردن [āzād kardan], رها کردن [rahā dādan], نجات دادن [nedjāt dādan] kardan]

befriedigen v (Wunsch) برآورده کردن [bar-āwarde kardan], (Person) راضی کردن [rāzi kardan], (sexuell) ارضاء کردن [erzā' kardan]

begabt adj با استعداد [bā-eßt'dād]

begegnen v برخورد کردن [bar-chord kardan]

begehen v (Feier) جشن گرفتن [djaschn gereftan], برگذار کردن [bar-gozār kardan], برپا کردن [bar-pā kardan]

begeistert adj شیفته [schifte]

Begeisterung w شوق [schough], ذوق [zough], لذت [lezzat], (mit ~) با ذوق و علاقه [bā zough-o-alāghe]

begießen v (Blumen) آب دادن [āb dādan]

Beginn m شروع [schoru'], آغاز [āghāz]

beginnen v آغاز کردن [āghāz kardan], شروع کردن [schoru' kardan]

beglaubigen v تصدیق کردن [taßdigh kardan], گواهی کردن [gawāhi kardan]

begleiten v (unterstützen) همراهی کردن [ham-rāhi kardan]

beglückwünschen v تبریک گفتن [tabrik goftan], شاد باش گفتن [schād-bāsch goftan]

begreifen v فهمیدن [fahmidan], درک کردن [dark kardan], سردرآوردن [ßar dar-āwardan], پی بردن [pey bordan], ملتفت شدن [moltafet schodan]

Begriff m مفهوم [mafhum], تصور [taßawwor]

begrüßen v سلام کردن [ßalām kardan],

درود گفتن [dorud goftan]

Behälter m ظرف [zarf], (Karton) جعبه [dja'be], (Truhe, Kiste) صندوق [ßandugh]

behandeln v (mit j-m umgehen) رفتار کردن [raftār kardan], (ärztlich) معالجه کردن [mo'āledje kardan], درمان کردن [darmān kardan]

Behandlung w (Umgang) رفتار [raftār], (ärztl.) معالجه [mo'āledje], درمان [darmān]

behaupten v ادعا کردن [edde'ā kardan]

Behauptung w ادعا [edde'ā]

beheizen v گرم کردن [garm kardan]

beherrschen v 1. (Sprache, Instrument usw.) مسلط بودن [moßlat budan], بلد بودن [balad budan]; 2. (sich) جلوی خود را گرفتن [djelou.ye chod-rā gereftan]

behindern v جلوگیری کردن [djelou-giri kardan], مانع شدن [māne' schodan]

behindert adj (geistig) عقب مانده [aghab-mānde] عقب افتاده [aghab-oftāde], معلول [ma'lul]

Behörde w اداره [edāre]

bei prep (räuml., neben) نزدیک [nazdik.e], کنار [kenār.e], پهلوی [pahlu.ye], (ugs) بغل [baghal.e], دم [dam.e], (Person, z. B. ~ j-m arbeiten) پیش [pisch.e], (~ sich haben) پیش خود داشتن [pisch.e chod dāschtan], همراه خود داشتن [ham-rāh.e chod dāschtan] دم دست داشتن [dam.e daßt dāschtan]

beibringen v (lehren) یاد دادن [yād dādan], تعلیم دادن [ta'lim dādan], آموزش دادن [āmuzesch dādan]

beide adj num هردو [har do], (یی) هردو تا [har do tā(yi)] هر دو نفر [har do nafar]

Beifahrer m کمک راننده [komak-rānande]

Beifall m تشویق [taschwigh], تحسین [tahßin]

Beil (Fleischer~) ساطور [ßātur]

Beilage w (Zeitung, Brief) ضمیمه

Wörterbuch Deutsch – Persisch

مخلفات [zamime], (Essen) مخلفات [mochallafāt]

Beileid s تسلیت [taßliyat]

Bein s پا [pā], لنگ [leng], (Tisch, Stuhl) پایه [pāye]

beiseite adv کنار [kenār], (~ legen) کنار گذاشتن [kenār gozāschtan]

Beispiel s مثال [meßāl], (zum ~) مثلاً [maßalan], (Muster) نمونه [nemune]

beißen v گاز گرفتن [gāz gereftan], گاز زدن [gāz zadan], (Insekt) نیش زدن [nisch zadan]

bekämpfen v مبارزه کردن [mobāreze kardan], (Krieg) جنگیدن [djangidan]

bekannt adj (berühmt) معروف [ma'ruf], مشهور [maschhur], (vertraut) آشنا [āschnā]

Bekannter m آشنا [āschnā]

Bekanntmachung w اعلامیه [elāmiye]

Bekanntschaft w آشنایی [āsch(e)nāyi]

bekommen v گرفتن [gereftan], (Brief usw.) دریافت کردن [dar-yāft kardan], (was ~ Sie; was darf es sein?) بفرمایید [be.farmāy.id]

belasten v سنگین کردن [ßangin kardan]

belästigen v مزاحم شدن [mozāhem schodan], اذیت کردن [aziyat kardan]

belebt adj (Straße) شلوغ [scholugh]

beleidigen v توهین کردن [touhin kardan], اهانت کردن [ehānat kardan], بی احترامی کردن [bi-ehterāmi kardan], بر خوردن [bar-chordan]

Beleidigung w توهین [touhin], اهانت [ehānat], بی احترامی [bi-ehterāmi]

beleuchten v روشن کردن [rouschan kardan], نور انداختن [nur andāchtan]

Beleuchtung w (elektr.) چراغ برق [tscherāgh.e bargh]

Belgien s بلژیک [beljik]

beliebig adj (Person) هرکسی [har-kaß.i], (Ding) هر چیزی [har-tschiz.i]

beliebt adj محبوب [mahbub], دوست داشتنی [dußt-dāschtani]

bellen v پارس کردن [pārß kardan],

واق واق کردن [wāgh-wāgh kardan]

Belohnung w پاداش [pādāsch]

bemerken v 1. (beobachten) ملاحظه کردن [molāheze kardan], مشاهده کردن [moschāhede kardan]; 2. (äußern) ذکرکردن [zekr kardan]

Bemerkung w تذکر [tazakkor], توضیح [touzih]

bemühen v (sich) کوشش کردن [kuschesch kardan], زحمت کشیدن [zahmat keschidan], تقلا کردن [taghallā kardan], سعی کردن [ßa'y kardan], تلاش کردن [talāsch kardan]

Bemühung w کوشش [kuschesch], سعی [ßa'y], تلاش [talāsch], زحمت [zahmat], تقلا [taghallā]

benachrichtigen v خبردادن [chabar dādan], اطلاع دادن [ettelā' dādan], خبر کردن [chabar kardan]

benehmen v (sich) رفتار کردن [raftār kardan], (sich anständig ~) با ادب بودن [bā-adab budan], مؤدب بودن [mo'adab budan]

Benehmen s رفتار [raftār], ادب [adab]

benötigen v لازم داشتن [lāzem dāschtan], احتیاج داشتن [ehtiyādj dāschtan], نیاز داشتن [niyāz dāschtan]

benutzen v استفاده کردن [eßtefāde kardan]

Benutzer m مصرف کننده [maßraf-konande]

Benzin s بنزین [benzin], (~ tanken) بنزین زدن [benzin zadan]

beobachten v مشاهده کردن [moschāhede kardan], ملاحضه کردن [molāheze kardan]

bequem adj راحت [rāhat], آسوده [āßude]

beraten v مشورت کردن [maschwarat kardan], مذاکره کردن [mozākere kardan]

Beratung w مشورت [maschwarat], مذاکره [mozākere]

berauben v دزدی کردن [dozdi kardan], ربودن [robudan]

Berberitze w زرشک [zereschk]

berechtigt *adj* (~ sein) حق داشتن [haghgh däschtan]

Bereich *m* (Gebiet) منطقه [mantaghe], حوزه [houze], (Abteilung) بخش [bachsch], قسمت [gheßmat]

bereit *adj* حاضر [häzer], آماده [āmāde]

bereiten *v* حاضر کردن [häzer kardan], آماده کردن [āmāde kardan]

Bereitschaft *w* آمادگی [āmādegi]

Berg *m* کوه [kuh]

bergab *adv* سرازیر [ßarā-zir], سراشیب [ßarā-schib]

bergauf *adv* سربالا [ßar-bālā]

bergig *adj* کوهستانی [kuheßtāni]

Bergsteigen *s* کوه نوردی [kuh-nawardi], کوه پیمایی [kuh-peymāyi]

Bergsteiger *m* کوه نورد [kuh-naward], کوه پیما [kuh-peymā]

Bergwerk *s* معدن [ma'dan]

Bericht *m* گزارش [gozāresch]

berichten *v* گزارش دادن [gozāresch dādan]

Beruf *m* شغل [schoghl]

berufstätig *adj* شاغل [schāghel]

beruhigen *v* آرام کردن [ārām kardan], (sich) آرام گرفتن [ārām gereftan]

berühmt *adj* معروف [ma'ruf], مشهور [maschhur]

berühren *v* دست زدن [daßt zadan]

Berührung *w* تماس [tamāß]

Besatzung *w* (Crew) مهماندار [mehmān-dār]

beschädigen *v* صدمه زدن [ßadame zadan], آسیب رساندن [āßib raßāndan], خسارت رساندن [cheßārat raßāndan]

Beschädigung *w* صدمه [ßadame], آسیب [āßib], خسارت [cheßārat]

beschäftigen *v* استخدام کردن [eßtechdām kardan], کار دادن [kār dādan], (sich) خود را مشغول کردن [chod-rā maschghul kardan], خود را سرگرم کردن

[chod-rā ßar-garm kardan]

Beschäftigung *w* (Arbeit, Beruf) کار [kār], مشغولیت [schoghl], (Zeitvertreib) مشغولیت [maschghuliyat], سرگرمی [ßar-garmi]

Bescheid *m* خبر [chabar], اطلاع [ettelā'], اطلاع داشتن (~ wissen) پیغام [peyghām] [ettelā' däschtan], خبرداشتن [chabar däschtan]

bescheiden *v* قانع [ghāne'], افتاده [oftāde] کم توقع [kam-tawaghgho']

Bescheinigung *w* گواهی نامه [gawāhi-nāme]

beschlagen *v* (Glas) بخارگرفتن [bochār gereftan]

beschlagnahmen *v* توقیف کردن [toughif kardan], مصادره کردن [moßādere kardan]

beschleunigen *v* تند کردن [tond.tar kardan]

beschließen *v* (Entscheidung) تصمیم گرفتن [taßmim gereftan], (Gesetz, Beschluss) تصویب کردن [taßwib kardan]

beschmutzen *v* کثیف کردن [kaßif kardan]

beschneiden *v* (rituell) ختنه کردن [chatne kardan]

beschränken *v* محدود کردن [mahdud kardan]

Beschränkung *w* محدودیت [mahdudiyat]

beschreiben *v* شرح دادن [scharh dādan], توصیف کردن [toußif kardan]

Beschreibung *w* شرح [scharh], توصیف [toußif]

beschützen *v* حفاظت کردن [hefāzat kardan], مواظب بودن [mowāzeb budan], مراقبت کردن [morāghabat kardan], مواظبت کردن [mowāzebat kardan], پاییدن [hemāyat kardan] حمایت کردن [pāyidan]

Beschwerde *w* شکایت [schekāyat], گله [gele]

beschweren *v* (sich) شکایت کردن [schekāyat kardan], گله کردن [gele kardan]

beseitigen *v* برطرف کردن [bar-taraf

kardan], [az beyn bordan] از بين بردن

Besen *m* (ب)جارو [djāru(b)]

besetzen *v* اشغال کردن [eschghāl kardan], (Land, Haus) تصرف کردن [taßarrof kardan]

besetzt *adj* اشغال [eschghāl]

besichtigen *v* تماشا کردن [tamāschā kardan]

Besichtigung *w* تماشا [tamāschā], (Zoll) بازرسی [bāz-raßi]

Besitz *m* دارایی [dārāyi], مال [māl], ثروت [ßerwat]

besitzen *v* داشتن [dāschtan], صاحب بودن [ßāheb budan]

Besitzer *m* صاحب [ßāheb], (Land~) ما لک [mālek]

besonderer *adj* مخصوص [machßuß],

besonders *adv* مخصوصاً [machßußan], به خصوص [be choßuß]

besorgen *v* تهیه کردن [tahiye kardan], فراهم کردن [farāham kardan]

besprechen *v* مذاکره کردن [mozākere kardan], گفتگو کردن [goft-o-gu kardan]

besser *adj* بهتر [beh.tar], (ugs.) خوبتر [chub.tar], (um so ~) چه بهتر [tsche beh.tar]

Bestandteil *m* جزء [djoz'], قسمت [gheßmat], بخش [bachsch]

bestätigen *v* تأیید کردن [ta'yid kardan], تصدیق کردن [gawāhi kardan], تصویب کردن [taßdigh kardan], تصویب کردن [taßwib kardan]

bestechen *v* رشوه دادن [reschwe dādan], (Bestechung annehmen) رشوه خوردن [reschwe chordan], رشوه گرفتن [reschwe gereftan]

Bestechung *w* رشوه [reschwe], رشوه خواری [reschwe-chāri]

Besteck *s* (Löffel und Gabel) قاشق و چنگال [ghāschogh-o-tschangāl], (Messer und Gabel) کارد و چنگال [kārd-o-tschangāl]

bestehen *v* 1. (auf etw.) اصرار کردن [eßrār kardan]; 2. (aus best. Material) از یک جنس [az yek djenß]; 3. (Prüfung) قبول شدن [ghabul schodan]

bestehlen *v* دزدی کردن [dozdi kardan], دزدیدن [dozdidan]

bestellen *v* سفارش دادن [ßefāresch dādan], (Tisch, Zimmer) رزرو کردن [rezerw kardan], (Gruß) سلام رساندن [ßalām raßāndan]

Bestellung *w* سفارش [ßefāresch]

bestimmen *v* تعیین کردن [ta'yin kardan], مشخص کردن [moschachchaß kardan], معین کردن [mo'ayyan kardan]

bestimmt *adj* معین [mo'ayyan], مشخص [moschachchaß], معلوم [ma'lum], *adv* قطعاً [ghat'an], مسلماً [moßallaman], حتماً [hatman]

bestrafen *v* مجازات کردن [modjāzāt kardan], (Kinder) تنبیه کردن [tambih kardan], (Straßenverkehr) جریمه کردن [djarime kardan]

Besuch *m* مهمان [mehmān]

besuchen *v* (Gastgeber) دیدن کردن [didan kardan], مهمانی رفتن [mehmāni raftan], (spontan ~) سر زدن [ßar zadan], (Schule) به مدرسه رفتن [be madreße raftan]

Besucher *m* (Gast) مهمان [mehmān], (Teilnehmer) شرکت کننده [scherkat-konande], (bei Vorstellung) تماشاچی [tamāschātschi]

Besuchszeit *w* ساعات ملاقات [ßā'āt.e molāghāt]

Betäubung *w* بیهوشی [bi-heßßi], بیحسی [bi-huschi]

Bete *w* (Rote ~) چغندر [tschoghondar], (gekocht) لبو [labu]

beten *v* نماز خواندن [namāz chāndan], نیایش کردن [niāyesch kardan], (um etw.) دعا کردن [do'ā kardan]

betonen *v* تأکید کردن [ta'kid kardan]

betrachten *v* مشاهده کردن [moschāhede kardan], (sehen) نگاه کردن [negāh kardan], دیدن [didan]

beträchtlich *adj* فوق العاده [fough-ol-āde]

Betrag *m* مبلغ [mablagh]

betreffen *v* مربوط بودن [marbut budan], شامل بودن [rabt dāschtan], ربط داشتن

[schämel budan]

betreffend *prep* راجع به [rādje be], بابت [bābat.e]

betreiben *v* انجام دادن [andjām dādan], اجراء کردن [edjrā' kardan], (Sport) ورزش کردن [warzesch kardan], (Unternehmen) اداره کردن [edāre kardan], (ugs.) چرخاندن [tscharchāndan]

betreten *v* داخل شدن [dāchel schodan], [wāred schodan], (~ verboten!) ورود ممنوع! [worud mamnu']

Betrieb *m* مؤسسه [mo'aßßaße], شرکت [scherkat]

betrinken *v* (sich) مست کردن [maßt kardan]

Betrug *m* کلاه برداری [kolāh-bar-dāri], حقه بازی [hoghghe-bāzi], حیله [hile], تقلب [taghallob], کلک [kalak]

betrügen *v* کلاهبرداری کردن [kolāh-bar-dāri kardan], سر کسی کلاه گذاشتن [ßar.e kaß.i kolāh gozāschtan], گول زدن [gul zadan], (Ehe) تقلب کردن [taghallob kardan], فریب دادن [farib dādan]

Betrüger *m* کلاه بردار [kolāh-bar-dār], حقه باز [hoghghe-bāz], متقلب [motaghalleb]

betrunken *v* مست [maßt], (volltrunken) مست مست [maßt.e maßt]

Bett *s* تختخواب [tacht-(e)-chāb], رختخواب [racht.e chāb]

betteln *v* گدایی کردن [gedāyi kardan]

bettlägerig *adj* (Krankenhaus) بستری [baßtari]

Bettler *m* گدا [gedā]

Bettwäsche *w* لاحاف و ملافه (و روبالشی) [lāhāf-o-malāfe (wa ru-bāleschi)]

Beule *w* 1. (Kopf) ورم [waram]; 2. (Blech) برآمدگی [bar-āmadegi]

beurteilen *v* قضاوت کردن [ghezāwat kardan]

Beute *w* (Tier) شکار [schekār]

Beutel *m* کیسه [kiße]

Bevölkerung *w* جمعیت [djam'iyat], مردم [mardom]

bevölkerungsreich *adj* (dicht besiedelt) پرجمعیت [por-djam'iyat]

bevor *conj* پیش از اینکه [pisch az in-ke], قبل از اینکه [ghabl az in-ke]

bevorzugen *v* ترجیح دادن [tardjih dādan]

bewachen *v* مراقبت کردن [morāghabat kardan], مراقب بودن [morāgheb budan], پاییدن [pāyidan], مواظب بودن [mowāzeb budan], حفاظت کردن [hefāzat kardan], (oft Wächtertätigkeit) نگهبانی کردن [negahbāni kardan]

bewaffnet *adj* مسلح [moßallah]

bewältigen *v* از عهده کسی / چیزی برآمدن [az ohde.ye kaß.i / tschiz.i bar-āmadan], (ugs.) از پس کسی/ چیزی برآمدن [az paß.e kaß.i / tschiz.i bar-āmadan]

bewässern *v* (Landwirtschaft) آبیاری کردن [ābyāri kardan]

bewegen *v* حرکت دادن [harakat dādan], تکان دادن [takān dādan], جنبیدن [djombidan], تکان خوردن [takān chordan]

beweglich *adj* متحرک [motahrrek], (körperlich u. geistig, ugs.) فرز [ferz]

Bewegung *w* حرکت [harakat], (polit.) نهضت [nehzat], جنبش [djombesch]

Beweis *m* دلیل [dalil], (Dokument) مدرک [madrak]

beweisen *v* دلیل آوردن [dalil āwardan], ثابت کردن [ßābet kardan]

bewerben *v* (sich) درخواست کردن [dar-chāßt kardan], تقاضا کردن [taghāzā kardan]

Bewerbung *w* درخواست [dar-chāßt], تقاضا نامه [taghāzā-nāme]

bewohnen *v* زندگی کردن [zendegi kardan], ساکن بودن [ßāken budan]

Bewohner *m* ساکن [ßāken]

bewundern *v* تحسین کردن [tahßin kardan]

bewunderswert *adj* شگفت آمیز [schegeft-āmiz], شگفت انگیز

[schegeft-angiz]

bewusst *adj* / *adv* (absichtlich) عمداً
[amdan], (ugs.) دستی [daßti]

bewusstlos *adj* بیهوش [bi-husch]

Bewusstlosigkeit *w* بیهوشی [bi-huschi]

Bewusstsein *s* هوش [husch], ذهن [zehn]

bezahlen *v* پرداختن [pardāchtan],
پرداخت کردن [pardācht kardan]

bezeichnen *v* نامیدن [nāmidan]

Bezeichnung *w* اسم [eßm],
عنوان [onwān], نام [nām]

Beziehung *w* ارتباط [ertebāt],
رابطه [rābete]

beziehungsweise *conj* یا [yā]

Bezug *m* (~ nehmen, sich wenden an)
رجوع کردن [rodju' kardan]

bezüglich *prep* راجع به [rādj' be]

bezweifeln *v* شک داشتن [schak dāschtan],
شک کردن [schak kardan], شک آوردن [schak āwardan]

Bibel *w* کتاب مقدس [ketāb.e moghaddaß]

Bibliothek *w* کتابخانه [ketāb-chāne]

biegen *v* خم کردن [cham kardan],
دو لا کردن [do-lā kardan]

biegsam *adj* خم شدنی [cham schodani]

Biene *w* زنبور [zambur]

Bier *s* آب جو [āb.(.e)-djou]

bieten *v* (Angebot) عرضه کردن [arze kardan]

Bikini *m* مایوی دو تیکه [māyo.ye do-tikke], بیکینی [bikini]

Bild *s* عکس [akß], (Abbild) تصویر [taßwir]

bilden *v* (formen, bauen) ساختن [ßāchtan],
درست کردن [doroßt kardan]

Bildhauer *m* مجسمه ساز [modjaßßāme-ßāz]

Bildschirm *m* (TV) صفحهٔ تلویزیون [ßafhe'ye televiziyon], (Computer) مانیتور [mānitor]

Bildung *w* تحصیل [tahßil], دانش [dānesch], (kulturell) فرهنگ [farhang] سواد [ßawād]

billig *adj* ارزان [arzān]

Binde *w* نوار [nawār], باند [bānd], بند [band], (Damen-~) نوار بهداشتی [nawār.e beh-dāschti]

binden *v* بستن [baßtan]

binnen *prep* درظرف [dar zarf.e], درعرض [dar arz.e]

Birne *w* 1. (Frucht) گلابی [gol-ābi];
2. (Glüh~) لامپ [lāmp]

bis *prep* / *conj* تا [tā]

Bischof *m* اسقف [oßghof]

bisher *adv* تا حالا [tā hālā]
[tā be hāl] تا به حال, تا این وقت [tā in waght],
تا این زمان [tā in zamān]

bisschen *s* (ein ~) (یک) کمی [(yek) kam.i], (ugs.) یک خرده [yek chorde], یک ذره [yek zārre]

Bissen *m* (Happen) لقمه [loghme]

bitte *interj* (Aufforderung) لطفاً [lotfan], بی زحمت [bi-zahmat], (~ sehr!) خواهش میکنم! [chāhesch mi.kon.am], (~?) بفرمائید! [be.farmāy.id]

Bitte *w* خواهش [chāhesch]

bitten *v* خواهش کردن [chāhesch kardan]

bitter *adj* تلخ [talch]

Blähung *w* نفخ [nafch], باد شکم [bād.e schekam]

Blamage *w* آبروریزی [āb(e)ru-rizi], رسوایی [roßwāyi]

blamieren *v* (j-n) آبروریزی کردن [āb(e)ru-rizi kardan], آبرو ریختن [āb(e)ru richtan], (sich) آبروی خود را بردن [āb(e)ru.ye chod-rā bordan]

Blase *w* 1. (Wasser-) حباب [hobāb];
2. (Harn~) مثانه [maßāne]

blasen *v* (auspusten) فوت کردن [fut kardan]

blass *adj* رنگ پریده [rang-paride]

Blatt *s* 1. (Laub) برگ [barg]; 2. (Papier) ورق [waragh], برگ [barg]; 3. (Buch) صفحه [ßafhe]

blättern *v* ورق زدن [waragh zadan]

blau *adj* آبی [ābi], (dunkel~) آبی سیر [ābi.ye ßir], (hell~) آبی پررنگ [ābi.ye por-rang], آبی روشن [ābi.ye rouschan]

Blech *s* حلبی [halabi]

Blechdose *w* قوطی حلبی [ghuti.ye halabi]

Blei *m* سرب [ßorb]

bleiben *v* ماندن [māndan], (~ Sie doch sitzen!) بفرمایید بنشینید [be.farmāy.id be.neschin.id]

Bleistift *m* مداد [medād]

blenden *v* کور کردن [kur kardan], (die Sonne blendet mich) آفتاب چشمم را میزند [āftāb tscheschm.am rā mi.zan.ad]

Blick *m* نگاه [negāh]

blind *adj* کور [kur], نابینا [nā.binā]

Blinddarm *m* آپاندیس [āpāndiß]

Blinker *m* (Auto) چراغ راهنما [tscherāgh.e rāh-namā]

blinken *v* (Auto) چراغ راهنما زدن [tscherāgh.e rāh-namā zadan], علامت دادن [alāmat dādan]

Blitz *m* (Strahl) فلاش [flāsch], (~schlag) برق [bargh], (~ und Donner) رعد و برق [ra'd-o-bargh], آسمان غرش [āß(e)mān-ghoresch]

blitzschnell *adj* مثل برق [meßl.e bargh]

blitzen *v* برق زدن [bargh zadan]

Blitzlicht *s* (Foto) فلاش [flāsch]

blockieren *v* (Straße, Verkehr) بند آوردن [band āwardan], راه بستن [rāh baßtan]

blond *adj* بور [bur]

bloß *adv* (nur) فقط [faghat]

bluffen *v* (ugs.) بلوف زدن [blof zadan]

blühen *v* شکوفه کردن [schekufe kardan], گل دادن [gol dādan]

Blume *w* گل [gol]

Blumenkohl *m* کلم گل [kalam-gol]

Blumenladen *m* گل فروشی [gol-foruschi]

Blumenstrauß *m* دسته گل [daßte(.ye)-gol]

Blumentopf *m* گلدان [goldān]

Blumenverkäufer *m* گل فروش [gol-forusch]

Bluse *w* بلوز [boluz]

Blut *s* خون [chun]

Blutbad *s* کشت و کشتار [koscht-o-koschtār]

Blutdruck *m* فشار خون [feschār.e chun]

Blüte *w* شکوفه [schekufe]

Blutegel *m* زالو [zālu]

bluten *v* خونریزی کردن [chun-rizi kardan]

blutig *adj* خونی [chuni]

Bock *m* (Widder) قوچ [ghutsch]

Bockshornklee *m* شنبلیله [schambelile]

bockig *adj* یک دنده [ladj-bāz], لجباز [yek-dande], لجوج [ladjudj]

Boden *m* 1. (Erd~) زمین [zamin], خاک [chāk]; 2. (von Gefäß u. ä.) ته [tah]; 3. (Zimmer) کف [kaf]

Bogen *m* 1. (Form) قوس [ghouß]; 2. (Pfeil und ~) تیروکمان [tir-o-kamān]; 3. (archäolog., Gewölbe) طاق [tāgh]

Bohne *w* لوبیا [lubiyā], (dicke ~) باقلا [bāghelā], باقلی [bāgheli], (grüne ~) لوبیا سبز [lubiyā ßabz], (weiße ~) لوبیا سفید [lubiyā ßefid], (Wachtel~) لوبیا چشم بلبلی [lubiyā tscheschm-bolboli]

bohren *v* سوراخ کردن [ßurāch kardan]

Bohrmaschine *w* دریل [deril]

bombardieren *v* بمباران کردن [bombārān kardan]

Bombe *w* بمب [bomb], (~ werfen) بمب انداختن [bomb andāchtan]

Bonbon *s* آب نبات [āb-nabāt]

Boot *s* قایق [ghāyegh]; (~ fahren) قایقرانی کردن [ghāyegh-rāni kardan]

Bord *s* (Schiff) عرشه [arsche], (an ~ gehen) سوارشدن [ßawār schodan], (von ~ gehen) پیاده شدن [piyāde schodan]

Börse *w* بورس [burß]

böse *adj* بد [bad], (~ werden) عصبانی شدن [aßabāni schodan]

Botschaft *w* 1. (diplomat.) سفارت [ßefārat], سفارتخانه [ßefārat-chāne]; 2. (Nachricht) خبر [chabar], پیام [payām], پیغام [peyghām]

Botschafter *m* سفیر [ßafir]

Boykott *m* تحریم [tahrim]

Brand *m* آتش [ātasch], (in ~ setzen) آتش زدن [ātasch zadan], سوزاندن [ßuzāndan]

braten *v* سرخ کردن [ßorch kardan], بریان کردن [beryān kardan]

Braten *m* کباب [kabāb], گوشت سرخ شده [guscht.e ßorch-schode], بریان [beryān]

brauchen *v* لازم داشتن [lāzem dāschtan], احتیاج داشتن [ehtiyādj dāschtan]

braun *adj* قهوه ای [ghawe'i], (Augen) عسلی [aßali], (Haare) خرمایی [chormāyi]

bräunen *v* برنزه کردن [boronz.e kardan]

Braut *w* عروس [aruß]

Brautgemach *s* حجله [hedjle]

Bräutigam *m* داماد [dāmād]

Brautjungfer *w* ساقدوش [ßāgh-dusch]

Brautkleid *s* لباس عروس [lebāß.e aruß]

Brautpaar *s* عروس و داماد [aruß-o-dāmād]

Brautwerbung *w* خواستگاری [chāßtgāri]

brav *adj* منظم [monazzam], با ادب [bā-adab], با تربیت [bā-tarbiyat]

brechen *v* شکستن [schekaßtan], (Wort ~) بد قولی کردن [bad-gouli kardan], (ugs.) روی حرف خود نایستادن [ru.ye harf chod na.ißtādan]

Brei *m* فرنی [ferni]

breit *adj* پهن [pahn], (Interesse, Wissen) وسیع [waßi']

Breite *w* پهنا [pahnā], عرض [arz]

Bremse *w* (zum Anhalten) ترمز [tormoz], (Hand~) ترمز دستی [tormoz(.e)-daßti]

bremsen *v* ترمز کردن [tormoz kardan], ترمز گرفتن [tormoz gereftan]

brennen *v* آتش گرفتن [ātasch gereftan], سوختن [ßuchtan], (wo brennt's denn?)

[tsche چه؟], چی شده؟ [tschi schode], chabare], (meine Augen ~) چشمم میسوزد [tscheschm.am mi.ßuz.ad]

Brennholz *s* هیزم [hizom]

Brett *s* تخته [tachte]

Brief *m* نامه [nāme], (ugs.) کاغذ [kāghaz]

Briefkasten *m* صندوق پست [ßandugh.e poßt]

Briefmarke *w* تمبر [tamb(a)r]

Brieftasche *w* کیف پول [kif.e pul], کیف جیبی [kif.e djibi]

Briefträger *m* پستچی [poßttschi]

Brille *w* (Sehhilfe) عینک [eynak], (Sonnen~) عینک آفتابی [eynak(.e)-āftābi], (~ aufsetzen) عینک گذاشتن [eynak gozāschtan], عینک زدن [eynak zadan]

bringen *v* 1. (her~) آوردن [āwardan]; 2. (weg~) بردن [bordan]

Brombeere *w* تمشک [tameschk]

Bronze *w* برنز [boronz]

Brosche *w* گل سینه [gol.e ßine]

Brot *s* نان [nān], (süß und trocken) نان قندی [nan-ghāndi]

Bruch *m* 1. (Knochen) شکستگی [schekaßtegi]; 2. (rationale Zahl) کسر [kaßr]

Brücke *w* 1. پل [pol]; 2. (Teppich) کناره [kenāre], قالیچه [ghālitsche]

Bruder *m* برادر [barādar], اخوی [achawi]

brüderlich *adj* برادرانه [barādarāne]

Brühe *w* (Fleisch) آبگوشت [āb-guscht]

brüllen *v* نعره کشیدن [na're keschidan], (Mensch) عربده کشیدن [arbade keschidan]

Brunnen *m* (Zisterne) آب انبار [āb-ambār], (Spring~) فواره [fawwāre]

Brust *w* (Körperregion) سینه [ßine], (weibl.) سینه [ßine], پستان [peßtān], ممه [mame]

brutal *adj* وحشی [wahschi], خشن [chaschan]

Bube *m* (Spielkarte) سرباز [ßar-bāz]

Buch *s* کتاب [ketāb]

buchen v (Flug, Platz) رزرو کردن [rezerw kardan]

Buchhalter m حسابدار [heßāb-dār]

Buchhändler m کتاب فروش [ketāb-forousch]

Buchhandlung w کتاب فروشی [ketāb-forushi]

Buchstabe m حرف [harf]

buchstabieren v هجی کردن [hedji kardan]

Bucht w خلیج [chalidj]

Buchung w (Flug, Platz) رزرو [rezerw]

Büffel m گاومیش [gāw-misch]

Bügel m (Kleider~) چوب رختی [tschub-rachti], چوب لباسی [tschub-lebāßi]

Bügeleisen s اتو / اطو [otu]

bügeln v اتو کشیدن [otu kardan], اتو کردن [otu keschidan], اتو زدن [otu zadan]

Bühne w صحنه [ßahne], سن [ßen]

Bulgarien s بلغارستان [bolghāreßtān]

bunt adj رنگین [rangin], رنگارنگ [rangārang], رنگ به رنگ [rang-be-rang]

Buntstift m مداد رنگی [medād-rangi]

Burg w قلعه [ghal'e], دژ [dej]

Bürge m ضامن [zāmen]

bürgen v ضمانت کردن [zemānat kardan], ضامن شدن [zāmen schodan]

Bürger m شهروند [schahrwand], تبعه [taba'e]

Bürgerkrieg m جنگ داخلی [djang.e dācheli]

Bürgermeister m شهردار [schahr-dār]

Bundeskanzler m صدراعظم [ßadr.e a'zam]

Bürgersteig m پیاده رو [piyāde-rou]

Büro s اداره [edāre]

Bürste w برس [boroß]

bürsten v برس کشیدن [boroß keschidan], برس زدن [boroß zadan]

Bus m (Linien~) اتوبوس [otobuß], (Reise~) اتوبوس مسافری [otobuß.e moßāferati], (Linie) خط اتوبوس [chatt.e otobuß]

Busen m سینه [ßine], پستان [peßtān], ممه [mame]

Busfahrer m راننده اتوبوس [rānande.ye otobuß]

Bushaltestelle m ایستگاه اتوبوس [ißtgāh.e otobuß]

Bußgeld s جریمه [djarime]

Büste w (Statue) مجسمه نیم تنه [modjaßßame.ye nim-tane]

Büstenhalter m سینه بند [ßine-band], کرست [korßet]

Butter w کره [kare]

Butterbehälter m جا کره ای [djā-kare'i]

C

Café s قهوه خانه [ghawe-chāne]

Camp m (militär.) اردوگاه [ordugāh], اردو [ordu]

Camper m چادر نشین [tschādor-neschin]

Campingplatz m محل چادر زدن [mahall.e tschādor zadan], اردوگاه [ordugāh]

Cashewnuss w بادام هندی [bādām(.e)-hendi]

Chance w (Gelegenheit) فرصت [forßat], شانس [schānß]

Charakter m شخصیت [schachßiyat], اخلاق [achlāgh]

Chauffeur m راننده [rānande], شوفر [schufer]

Chef m رئیس [ra'iß] کارفرما [kār-farmā]

China s چین [tschin]

Chirurg m جراح [djarrāh]

Cholera w وبا [wabā]

Christ m مسیح [maßih]

christlich adj مسیحی [maßihi]

Clown m دلقک [dalghak]

Wörterbuch Deutsch – Persisch

Comic *m* داستان مصور [dāßtān.e moßawwar]

Computer *m* کامپیوتر [kampiyuter], رایانه [rāyāne]

Cousin *m* (Sohn des Vaterbruders) پسرعمو [ßeßar-amu], (Sohn der Vatersschwester), پسرعمه [peßar-amme], (Sohn des Mutterbruders) پسردایی [paßer-dāyi], (Sohn der Mutterschwester) پسر خاله [peßar-chāle]

Cousine *w* (Tochter des Vaterbruders) دخترعمو [dochtar-amu], (Tochter der Vatersschwester) دخترعمه [dochtar-amme], (Tochter des Mutterbruders) دختردایی [dochtar-dāyi], (Tochter der Bruderschwester) دخترخاله [dochtar-chāle]

Creme *w* کرم [kerem]

D

da *adv* 1. (dort) آنجا [ān-djā]; 2. (~ ist es = voilà) بفرما [be.farmā]

dabei *adv* در عین حال [dar eyn.e hāl], درضمن [dar zemn.e], (was ist schon ~?) مگرچه عیبی دارد؟ [magar tsche eybi dār.ad], مگر چه اشکالی دارد؟ [magar tsche eschkāli dār.ad]

Dach *s* (Giebel~) شیروانی [schirwāni], (Flach~) بام [bām], پشت بام [poscht.e bām]

Dachboden *m* زیر شیروانی [zir.e schirwāni]

Dämon *m* دیو [diw]

Däne *m* دانمارکی [dānmārki]

Dänemark *s* دانمارک [dānmārk]

dänisch *adj* دانمارکی [dānmārki]

daheim *adv* در خانه [dar chāne], در منزل [dar manzel]

damals *adv* آن وقتها [ān waght.hā], در آن زمان [dar ān zamān], آن روزها [ān ruz.hā]

Dame *w* خانم [chānom], بانو [bānu], (Schach) وزیر [wazir], (Kartenspiel) بی بی [bibi]

damit *conj* برای اینکه [barāye in-ke], به خاطر این که [be chāter.e in-ke]

Damm *m* سد [ßadd]

Dämmerung *w* (Abend~) غروب [ghorub], (Morgen~) سپیده دم [ßepide-dam]

Dampf *m* بخار [bochār]

dampfen *v* (Kleidung) بخار دادن [bochār dādan]

dämpfen *v* (Speisen) آب پزکردن [āb-paz kardan]

Dank *m* سپاس [ßepāß], تشکر [taschakkor]

dankbar *adj* سپاسگزار [ßepāß-gozār], قدردان [ghadrdān], متشکر [motaschakker], ممنون [mamnun]

Dankbarkeit *w* قدردانی [ghadrdāni], سپاسگزاری [ßepāß-gozāri], قدرشناسی [ghadr-schenāßi]

danke *interj* سپاس [ßepāß], مرسی [merßi], تشکر [taschakkor], ممنون [mamnun], (anerkennend: „möge ihre Hand nicht schmerzen") دست شما درد نکند [daßt.e schomā dard na.kon.ad]

danken *v* تشکر کردن [taschakkor kardan], (nichts zu ~!) خواهش میکنم! [chāhesch mi.kon.am]

dann *adv* پس ازآن [paß az ān], آنگاه [ān-gāh], آن وقت [ān waght], بعد [ba'd], (bis ~!) تا بعد [tā ba'd]; (~ eben nicht) نه که نه [na ke na]

Darlehen *s* وام [wām], (~ bekommen) وام گرفتن [wām gereftan], (~ geben) وام دادن [wām dādan]

Darm *m* روده [rude]

darstellen *v* (Theater, Film) رل بازی کردن [rol-bāzi kardan]

dass *conj* که [ke]

Daten *Mz* اطلاعات [ettelā'āt], (EDV) فایل [fāyl]

Dattel *w* خرما [chormā]

Datum *s* تاریخ [tārich]

Dauer *w* مدت [moddat]

dauerhaft *adj* دایمی [dāyemi]

dauern *v* طول کشیدن [tul keschidan]

dauernd *adv* مدام [modām], دایم [dāyem], همیشه [hamische], مرتب [morattab], (ugs.) دم به دم [dam-be-dam]

Daumen *m* شست [schaßt]

Debitkarte *w* (EC-Karte) کارت اعتباری [kārt.e etebāri]

Deck *s* (Schiff) عرشه [arsche]

Decke *w* 1. (Bett~) لحاف [lāhāf], روتختی [ru-tachti]; 2. (Tisch~) رومیزی [ru-mizi], سفره [ßofre]; 3. (Zimmer~) سقف [ßaghf], طاق [tagh]

Deckel *m* در [dar], (ugs.) سر [ßar]

decken *v* پوشاندن [puschāndan], (Tisch) رومیزی پهن کردن [ru-mizi pahn kardan], (für Essen) سفره چیدن [ßofre tschidan], سفره کشیدن [ßofre keschidan]

defekt *adj* خراب [charāb], ناقص [nāgheß], عیب دار [eyb-dār]

Defekt *m* عیب [eyb], نقص [naghß]

Deich *m* سد [ßadd]

deinetwegen *adv* به خاطر تو [be chāter.e to]

demnächst *adv* بزودی [be zudi], در آینده نزدیک [dar āyande.ye nazdik], چند روز دیگه [chand ruz dige], یکی دو روز دیگه [yek.i do ruz dige]

Demokratie *w* حکومت ملی [hokumat.e melli], دموکراسی [demokrāßi]

Demonstration *w* تظاهرات [tazāhorāt]

denken *v* فکر کردن [fekr kardan], (denkste!) فکر کردی [fekr kard.i], خیال کردی [chiyāl kard.i]

Denkmal *s* مجسمه [modjaßßame], بنای تاریخی [banā.ye tārichi]

denn *conj* زیرا [zirā], چونکه [tschon-ke], مگر [magar]

dennoch *adv* با وجود این [bā wodjud.e in], ولی [wali], اما [ammā], با این حال [bā in hāl]

Deodorant *s* اسپری [eßperey]

der, die, das *pron* (Relativpron.) که [ke]

derb *adj* خشن [chaschen], رکیک [rakik]

derselbe, dieselbe, dasselbe *pron* شبیه این [schabi.ye in], همین [ham.in], مثل این [meßl.e in], مانند این [mānand.e in]

deshalb *adv* به این دلیل [be in dalil], به این خاطر [be in ellat], چونکه [be in chāter], [tschon-ke]

desinfizieren *v* ضد عفونی کردن [zedd.e ofuni kardan]

Dessert *s* دسر [deßer]

desto *conj* (هر) چه [(har) tsche]

deutlich *adj* واضح [wāzeh], شمرده [schomorde], (Schrift) خوانا [chānā]

deutsch *adj* آلمانی [ālmāni]

Deutsch *s* (Sprache) (زبان) آلمانی [(zabān.e) ālmāni]

Deutscher *m* آلمانی [ālmāni]

Deutschland *s* آلمان [ālmān], (Bundesrepublik ~) جمهوری فدرال آلمان [djomhuri.ye federāl.e ālmān]

Devisen *Mz* ارز [arz]

Dezember *m* دسامبر [deßāmbr]

Dia *s* اسلاید [eßlāyd]

Diabetes *m* مرض قند [maraz.e ghand], بیماری قند [bimāri.ye ghand]

Dialekt *m* لهجه [lahdje], گویش [guyesch], زبان محلی [zabān.e mahalli]

Diamant *m* الماس [almāß]

Diät *w* رژیم [rejim], پرهیز [parhiz], (~ halten) رژیم گرفتن [rejim gereftan], وزن کم کردن [wazn kam kardan], (Speisevorschriften beachten) پرهیز کردن [pahriz kardan]

dicht *adj* کیپ [kip], (Nebel) غلیظ [ghaliz], (Verkehr) سنگین [ßangin], (~ nebeneinander) کیپ هم [kip.e ham], بغل هم [baghal.e ham], چسبیده به هم [tschaßbide be ham]

Dichter *m* شاعر [schā'er]

dick *adj* (korpulent) چاق [tschāgh]

Dieb *m* دزد [dozd], (~ fassen) دستگیر کردن

[daßt-gir kardan]

Diebstahl m سرقت [ßerghat], دزدی [dozdi]

dienen v (Militär, Verwaltung) خدمت کردن [chedmat kardan], (als Kellner / im Haus) پیش‌خدمتی کردن [pisch-chedmati kardan], (als Putzfrau) کلفتی کردن [kolfati kardan], (als Diener) نوکری کردن [noukari kardan]

Dienst m 1. (Service) خدمت [chedmat]; 2. (Arbeitsschicht) کشیک [keschik]

Dienstag m سه شنبه [ße-schambe]

Dienstreise w مأموریت [ma'muriyat]

Diesel m گازوئیل [gāz-o'il], دیزل [dizel]

dieses pron این [in], همین [ham.in], همان [ham.ān]

diesmal adv این بار [in-bār], این مرتبه [in-martabe], این دفعه [in-daf'e]

Digitalkamera w دوربین دیجیتال [dur-bin.e didjitāl]

Diktat s (Schule) املاء [emlā'], دیکته [dikte]

diktieren v دیکته کردن [dikte kardan]

Dill m شوید [schewid]

Ding s چیز [tschiz], شیٔ [schey']

direkt adj مستقیم [moßtaghim], یکراست [yek-rāßt], (~ gegenüber) درست آن روبرو [doroßt ān ru-be-ru]

Direktflug m پرواز مستقیم [parwāz.e moßtaghim]

Direktor m مدیر [modir], رئیس [ra'iß]

Diskussion w بحث [bahß], مباحثه [mobāheße], مذاکره [mozākere]

diskutieren v بحث کردن [bahß kardan], مباحثه کردن [mobāheße kardan], مذاکره کردن [mozākere kardan]

Dissertation w پایان نامه [pāyān-nāme], تز [tez]

dividieren v تقسیم کردن [taghßim kardan], بخش کردن [bachsch kardan]

doch conj ولی [wali], اما [ammā], adv چرا [tscherā], (nicht ~!) نه دیگه‌! [na dige]

Docht m فتیله [fatile]

Dokument s سند [ßanad], مدرک [madrak]

Dolch m خنجر [chandjar]

dolmetschen v ترجمه کردن [tardjome kardan], مترجمی کردن [motardjemi kardan]

Dolmetscher m مترجم [motardjem]

Dom m کلیسا [kelißā]

Donner m (Gewitter) رعد [ra'd], (Blitz und ~) رعد و برق [ra'd-o-bargh]

donnern v غرنبیدن [ghorombidan]

Donnerstag m پنج شنبه [pandj-schambe]

Doppelkinn s غبغب [ghabghab]

doppelt adj دو برابر [do-barā.bar]

Doppelzimmer s اتاق دو تخته [otāgh.e do-tachte], اتاق دو نفره [otāgh.e do-nafare]

Dorf s ده [deh], دهکده [dehkade], روستا [rußtā]

Dorn m خار [chār]

dort adv آنجا [ān-djā], (von ~) از آنجا [az ān-djā]

dorthin adv به آنجا [be ān-djā]

Dose w قوطی [ghuti]

Dosenöffner m قوطی بازکن [ghuti bāz-kon]

Drache m (Fabelwesen) اژدها [aj-dahā]

Drachen m (Papier) بادبادک [bād-bādak]

Draht m سیم [ßim]

drahtlos adj بی سیم [bi-ßim]

drängeln v هل دادن [hol dādan], تنه زدن [tane zadan]

drängen v اصرار کردن [eßrār kardan]

draußen adv بیرون [birun]

drehen v 1. (wenden) غلتیدن [ghaltidan], چرخاندن [gardāndan], گرداندن [tscharchāndan]; 2. (um eigene Achse) چرخیدن [tscharchidan], چرخ زدن [tscharch zadan], دور زدن [dour zadan]

drei num سه [ße]

Dreieck s مثلث [moßallaß], سه گوشه [ße-gusche]

dreieckig adj سه گوشه [ße-gusche],

مثلثی [moßallaßi]

Dreirad *s* سه چرخه [ße-tscharche]

dreißig *num* سی [ßi]

dreizehn *num* سیزده [ßizdah]

Drilling *m* سه قلو [ße-gholu]

dringend *adj* فوری [fouri], *adv* فوراً [fouran]

drinnen *adv* توی [tu.ye], داخل [dāchel.e]

Drittel *s* یک سوم [yek ßewwom], ثلث [ßolß]

drittens *num adv* ثالثاً [ßāleßan], سوماً [ßewwoman]

dritter *num adj* سوم [ßewwom], سومی [ßewwomi], (Dritte Welt) جهان سوم [djahān.e ßewwom]

Droge *w* مواد مخدر [mawādd.e mochadder], (Opium) تریاک [taryāk]

drogensüchtig *adj* تریاکی [taryāki]

Drogerie *w* عطاری [attāri]

drohen *v* تهدید کردن [tahdid kardan]

Drohung *w* تهدید [tahdid]

drüben *adv* آن طرف [ān taraf], آن سمت [ān ßamt], (ugs.) آن ور [ān-war]

Druck *m* 1. (Physik) فشار [feschār]; 2. (Buch~) چاپ [tschāp]

drucken *v* چاپ کردن [tschāp kardan]

drücken *v* 1. (Hand, Knopf, Tür) فشار دادن [feschār dādan], فشردن [feschordan]; 2. (sich vor etwas ~) ازچیزی در رفتن [az zir.e tschiz.i dar-raftan]

drückend *adj* (Wetter) گرفته [gerefte] خفه کننده [chafe-konande], (feuchtwarm, tropisch) شرجی [schardji]

Druckerei *w* چاپخانه [tschāp-chāne]

Drüse *w* غده [ghodde]

Dschungel *m* جنگل [djangal]

du *pron* تو [to]

Duft *m* بوی خوش [bu.ye chosch], عطر [atr]

duften *v* بوی خوش دادن [bu.ye chosch dādan]

dumm *adj* بی شعور [bi-scho'ur], بی سواد [bi-ßawād], احمق [ahmagh], نادان [nā.dān]

Dummheit *w* احمقی [ahmaghi], حماقت [hemāghat], نادانی [nā.dāni]

Düne *w* تپّه شنی [tappe.ye scheni]

Dünger *m* کود [kud], (Tierdung) پهن [pehen]

dunkel *adj* تاریک [tārik], (Farbe) تیره [tire]

dunkelhaarig *adj* موسیاه [mu-ßiyāh]

dunkelhäutig *adj* سیاه پوست [ßiyāh-pußt]

Dunkelheit *w* تاریکی [tāriki]

dünn *adj* لاغر [lāghar], (Stoff) نازک [nāzok]

dünsten *v* دم پخت کردن [dam-pocht kardan]

durch *prep* از توی [az tu.ye], از وسط [az waßat.e], ازمیان [az miyān.e], از لای [az lā.ye]; *adv* (~ und ~) تماماً [tamāman], کاملاً [kāmelan], بکلّی [be-kolli]

durcheinander *adv* درهم (و) برهم [dar-ham (wa) bar-ham], قروقاتی [ghar-o-ghāti], قاتی پاتی [ghāti-pāti], پخش و پلا [pachsch-o-palā], (mental) پریشان [parischān], (j-n ~ bringen) پریشان کردن [parischān kardan]

durchfahren *v* عبورکردن [obur kardan], گذر کردن [gozar kardan], رد شدن [radd schodan]

Durchfahrt *w* عبور [obur], گذر [gozar], (~ verboten) عبورممنوع [obur mamnu'], ورود ممنوع [worud mamnu']

Durchfall *m* اسهال [eßhāl], شکم روش [schekam-rawesch]

durchfallen *v* (Prüfung) رفوزه شدن [rofuze schodan], رد شدن [radd schodan]

durchführen *v* اجراء کردن [edjrā' kardan], انجام دادن [andjām dādan], عمل کردن [amal kardan]

Durchgang *m* عبور (راه) [(rāh.e) obur], گذر (راه) [(rāh.e) gozar]

durchgehen *v* عبورکردن [obur kardan], گذر کردن [gozar kardan], رد شدن [radd schodan]

Durchmesser *m* قطر [ghotr]

Durchreise *w* (Transit) ترانزیت [t(e)rānsit]

Durchschnitt *m* متوسط [motawaßßet]

durchschnittlich *adj* متوسط [motawaßßet], بطور متوسط [be tour.e motawaßßet], عادی [ādi] معمولی [ma'muli]

durchsichtig *adj* (transparent) شفاف [schaffāf], (Wasser) زلال [zolāl]

durchsuchen *v* جستجو کردن [djoßt-o-dju kardan], بازرسی کردن [bāz-raßi kardan]

durchweg *adv* تماماً [tamāman], کلاً [kollan], بدون استثناء [bedun.e eßteßnā']

durchwühlen *v* زیر و رو کردن [zir-o-ru kardan]

dürfen *v* اجازه داشتن [edjāze dāschtan], (was darf es sein?) بفرمایید! [be.farmāy.id]

Dürre *w* خشکی [choschki]

Durst *m* تشنگی [teschnegi], عطش [atasch]

durstig *adj* (~ sein) تشنه بودن [teschne budan]

Dusche *w* دوش [dusch]

duschen *v* دوش گرفتن [dusch gereftan]

Dutzend *s* دو جین [do-djin]

duzen *v* تو خطاب کردن [to chatāb kardan], توگفتن [to goftan]

Dynastie *w* سلسله [ßelßele]

D-Zug *m* (Expresszug) قطار سریع‌السیر [ghatār.e ßari'-oß-ßeyr]

E

Ebbe *w* جزر [djazr], (~ und Flut) جزر و مد [djazr-o-madd]

eben 1. *adj* (flach) صاف [ßāf], مسطح [moßattah], (ugs.) تخت [tacht]; 2. *adv* (so~) حالا [hālā] همین حالا [ham.in hālā], الآن [al-ān] همین الآن [ham.in al-ān]

Ebene *w* (Tiefland) دشت [dascht], صحرا [ßahrā]

ebenfalls *adv* هم [ham], همین طور [ham.in-tour], همچنین [ham-tschen.in]

Eber *m* خوک نر [chuk.e nar], گراز [gorāz]

Echo *s* انعکاس [ene'kāß]

echt *adj* طبیعی [tabi'i], اصل [aßl], جداً [djeddan], واقعاً (~?) [wāghe'an]

Ecke *w* (Straßen~) گوشه [gusche], گوشهٔ اتاق (Zimmer~) نبش [nabsch], [gusche.ye otāgh], کنج اتاق [kondj.e otāgh], (gleich um die ~, ugs.) همین بغل [hamin baghal]

eckig *adj* گوشه دار [gusche-dār]

edel *adj* نجیب [nadjib], شریف [scharif], بزرگوار [bozorgwār]

Edelstein *m* جواهر [djawāher]

egal *adj* بی تفاوت [bi-tafāwot], (ist mir ~!) برایم مهم نیست [barāy.am mohem nißt]. برایم فرقی نمیکند [barāy.am farghi ne.mi.kon.ad]

Egoist *m* خودخواه [chod-chāh]

Ehe *w* ازدواج [ezdewādj], عقد [aghd], زناشویی [zannā-schuyi]

Ehebruch *m* زنا [zenā'], (~ begehen) خیانت کردن [chiyānat kardan], زنا کردن [zenā' kardan]

Ehefrau *w* همسر [ham-ßar], زن [zan], زوجه [zoudje], خانم [chānom], (in Zeitehe) صیغه [ßighe]

ehemalig *adj* قبلی [ghabli], گذشته [gozaschte], سابق [ßābegh]

Ehemann *m* همسر [ham-ßar], شوهر [schouhar], زوج [zoudj]

Ehepaar *s* زن و شوهر [zan-o-schouhar]

eher *adv* زودتر [zud.tar], (je ~, desto besser) هرچه زودتر بهتر [har tsche zud.tar beh.tar]

Ehevertrag *m* عقد نامه [aghd-nāme], سند ازدواج [ßanad.e ezdewādj]

Ehre *w* آبرو [āb(e)ru], شرف [scharaf], حیثیت [heyßiyat], (zu Ehren von) به افتخار [be eftechār.e]

ehrenamtlich *adj* افتخاری [eftechāri]

Ehrenwort *s* قول شرف [ghoul.e scharaf]

Ehrgefühl *s* غیرت [gheyrat], شرف [scharaf]

ehrlich *adj* 1. (ehrenwert) با شرف [bā-scharaf], شریف [scharif]; 2. (aufrichtig) راستگو [rāßt-gu], (~ ?) راراست [ru-rāßt], جداً [djeddan], واقعاً؟ [wāghe'an]

Ei *ß* تخم مرغ [tochm.e morgh]

Eiche *w* بلوط [balut]

Eichhörnchen *ß* سنجاب [ßandjāb]

Eidechse *w* مارمولک [mār-mulak], سوسمار [ßuß-mār]

Eierstock *m* رحم [rahem], تخمدان [tochmdān]

Eifersucht *w* حسادت [heßādat], حسودی [haßudi]

eifersüchtig *adj* حسود [haßud]

eigen *adj* خود [chod]

eigentlich *adv* در واقع [dar wāghe'], اصلاً [aßlan]

Eigelb *ß* زرده ی تخم مرغ [zarde.ye tochm.e morgh]

Eigenschaft *w* صفت [ßefat], خصلت [cheßlat]

eigentlich *adv* در واقع [dar wāghe'], درحقیقت [dar haghighat]

Eigentum *ß* ثروت [ßerwat], دارایی [dārāyi], مال [māl]

Eile *w* عجله [adjale], شتاب [schetāb]

eilig *adj* باعجله [bā-adjale], فوری [fouri], (ugs.) هول هولکی [houl-houlaki]

Eimer *m* سطل [ßatl]

einatmen *v* نفس کشیدن [nafaß keschidan]

Einbahnstraße *w* خیابان یکطرفه [chiyābān.e yek-tarafe]

einbrechen *v* 1. (Verbrechen) دزدی کردن [dozdi kardan]; 2. (z. B. Eis) فرورفتن [foru raftan]

Einbruch *m* (Diebstahl) دزدی [dozdi], سرقت [ßerghat]

einchecken *v* چمدان تحویل دادن [tschamedān tahwil dādan]

Eindruck *m* اثر [aßar], تأثیر [ta'ßir], (den ~ hinterlassen) تأثیر گذاشتن [ta'ßir gozāschtan], اثر گذاشتن [aßar gozāschtan], اثرکردن [aßar gozāschtan], (ich habe den ~, dass) من فکرمیکنم که [man fekr mi.kon.am ke]

einer *pron* یک نفر [yek nafar], یکی [yek.i], کسی [kaß.i]

einerseits *adv* ازیک طرف [az yek taraf], از طرفی [az taraf.i], (~ ... andererseits) از طرفی ... از طرفی دیگر [az taraf.i ... az taraf.i digar]

einfach *adj* 1. (leicht zu tun) ساده [ßāde], آسان [āßān]; 2. (nicht vielfältig) ساده [ßāde], معمولی [ma'muli], همینطوری؟ عادی [ādi], (~ so?) همین جوری؟ [ham.in-tour.i], همین جوری [ham.in-djur.i], (ugs.) اه [eh]

Einfahrt *w* ورود(ی) [worud(i)]

einfallen *v* به خاطر آوردن [be chāter āwardan], به یاد آوردن [be yad āwardan], به ذهن کسی رسیدن [be zehn.e kaß.i raßidan], به فکر کسی رسیدن [be fekr.e kaß.i raßidan]

Einfluss *m* نفوذ [nofuz], تأثیر [ta'ßir]

einförmig *adj* یک نواخت [yek-nawācht]

einfrieren *v* یخ بستن [yach baßtan], یخ زدن [yach zadan], (im Gefrierfach) فریز کردن [friz kardan]

Einfuhr *w* واردات [wāredāt]

einführen *v* (Import) وارد کردن [wāred kardan]

Eingang *m* ورود(ی) [worud(i)]

Eingeborener *m* بومی [bumi]

Eingemachtes *ß* کمپوت [komput], (sauer) ترشی [torschi]

eingepfercht *adj* تنگ هم [tang.e ham], (ugs.) بیخ هم [bich.e ham]

eingestehen *v* اعتراف کردن [e'terāf kardan], اقرار کردن [eghrār kardan]

Eingeweide *ß* دل و روده [del-o-rude]

eingießen *v* ریختن [richtan]

einheimisch *adj* بومی [bumi], محلی [mahalli]

Einheit w (Maß~, Militär) واحد [wāhed], (polit.) وحدت [wahdat]

einheitlich adj يكسان [yek-ßān], يكجور [yek-djur]

einig adj هم عقیده [ham-aghide]

einige pron چندی [tschandi], مقداری [meghdāri], چند تایی [tschand tāyi], (Personen) چند نفری [tschand nafari], برخی [barchi], بعضیها [ba'zi], (ugs.) بعضی [ba'zi.hā], خیلیها [cheyli.hā]

einigen v (sich) توافق کردن [tawāfogh kardan], (با هم) کنارآمدن [(bā-ham) kenār āmadan]

einjährig adj یک ساله [yek-ßāle]

Einkauf m خرید [charid]

einkaufen v خرید کردن [charid kardan], خریدن [charidan]

Einkaufszentrum s بازار [bāzār], پاساژ [pāßāj]

Einkommen s درآمد [dar-āmad], حقوق [hoghugh]

einladen v دعوت کردن [da'wat kardan], مهمانی کردن [mehmāni kardan]

Einladung w دعوت [da'wat], مهمانی [mehmāni]

Einladungsschreiben s دعوت نامه [da'wat-nāme]

Einladungskarte w کارت دعوت [kārt.e da'wat]

einlegen v توی چیزی گذاشتن [tu.ye tschiz.i gozāschtan], (in Essig od. Salz) خواباندن [chābāndan]

Einlegesohle w کف توی کفش [kaf.e tu.ye kafsch]

Einleitung w (Buch) مقدمه [moghaddame], پیشگفتار [pisch-goftār]

einlösen v نقد کردن [naghd kardan]

einmal num adv یک بار [yek bār], یک مرتبه [yek martabe], (auf ~, ugs.) یک هو [yek da'fe], یک دفعه

einst adv در آن زمان [zamāni], زمانی [dar ān zamān], آن وقتها [ān waght.hā],

یک بار دیگر [yek bār digar], (noch ~) دوباره [do-bāre], (erst ~) فعلا [fe'lan] حالا [hālā]

einmalig adj یکتا [yek-tā], (großartig) عالی [āli], (ugs.) تک [tak]

einmischen v (sich) دخالت کردن [dechālat kardan], فضولی کردن [fozuli kardan]

einpacken v بستن [baßtan], (in etw.) گذاشتن [gozāschtan]

Einreise w ورود [worud]

einrenken v (Gliedmaßen) به جا انداختن [be djā andāchtan]

einrichten v (Wohnung) مبلمان کردن [moblemān kardan]

Einrichtung w مبلمان [moblemān], اسباب واثاثیه [aßbāb-o-aßāßiye], لوازم خانه [lawāzem.e chāne]

eins num یک [yek]

einsam adj تنها [tanhā], بی کس [bi.kaß]

Einsamkeit w تنهایی [tanhāyi]

einsammeln v جمع کردن [djam' kardan]

einschalten v (Licht, Gerät) روشن کردن [rouschan kardan]

einschenken v ریختن [richtan]

einschiffen v (sich) سوارکشتی شدن [ßawār.e keschti schodan]

einschlafen v خواب رفتن [chāb raftan], خواب بردن [chāb bordan]

einschließen v بستن [baßtan]

einschließlich prep به اضافه [be ezāfe(.ye)], بعلاوه [be-'alāwe.ye]

einschnappen v دلخور شدن [del-chor schodan], قهر کردن [ghahr kardan]

Einschreiben s سفارشی [ßefāreschi]

einseitig adj یک طرفه [yek-tarafe], یک جانبه [yek-djānebe]

einsperren v زندانی کردن [zendāni kardan], حبس کردن [habß kardan], (ugs.) به زندان انداختن [be zendān andāchtan], اسیرکردن [aßir kardan]

آن روزها [ān ruz.hā]

einsteigen v (Auto) سوار شدن [ßawār schodan]

einstellen v 1. (Beschäftigten) استخدام کردن [eßtechdām kardan]; 2. (Programm) میزان کردن [mizān kardan]; 3. (beenden) به پایان رساندن [be pāyān reßāndan], خاتمه دادن [chāteme dādan], تمام کردن [tamām kardan]

Einstellung w (Personal) استخدام [eßtechdām]

einstürzen v فرو ریختن [foru richtan]

einteilen v تقسیم بندی کردن [taghßim-bandi kardan], قسمت بندی کردن [gheßmat-bandi kardan]

eintönig adj یک نواخت [yek-nawācht]

Eintopf m خورش / خورشت [choresch(t)]

eintreten v 1. (hineingehen) داخل شدن [dāchel schodan], وارد شدن [wāred schodan], تو رفتن [tu raftan], تو آمدن [tu āmadan]; 2. (Ereignis) پیش آمدن [pisch āmadan], اتفاق افتادن [etefāgh oftādan], رخ دادن [roch dādan]

Eintritt m ورود(ی) [worud(i)]

Eintrittsgeld s ورودیه [worudiye]

Eintrittskarte w بلیط ورود(ی) [belit.e worud(i)], کارت ورود(ی) [kārt.e worud(i)]

einverstanden adj (sein) قبول کردن [ghabul kardan], موافق بودن [mowāfegh budan], (~!) موافقم [mowāfegh.am], باشه [bāsch.e] قبوله [ghabul.e]

einweichen v خیساندن [chißāndan]

einwerfen v (Post) انداختن [andāchtan]

einwickeln v بسته بندی کردن [baßte-bandi kardan], پیچیدن [pitschidan]

Einwohner m ساکن [ßāken], (wie viele ~ hat München?) مونیخ چند/چقدر نفرجمعیت دارد؟ [munich tschand / tsche-ghad(a)r nafar djam'iyat dār.ad]

einzahlen v پرداختن [pardāchtan], پرداخت کردن [pardācht kardan],

به حساب ریختن (ugs.) [be heßāb richtan]

Einzahlung w پرداخت [pardācht]

Einzelhändler m خرده فرش [chorde-forusch]

Einzelheit w جزء [djoz'], (Mz.) جزئیات [djoz'iyāt]

einzeln adj / adv یک یک [yek-yek], یک به یک [yek-be-yek], تک تک [tak-tak], جدا [djodā]

Einzelzimmer s اتاق یک نفره [otāgh.e yek-nafare], اتاق یک تخته [otāgh.e yek-tachte]

einzig adv فقط [faghat], (~ und allein) فقط و فقط [faghat-o-faghat]

einzigartig adj بی نظیر [bi-nazir], بی سابقه [bi-ßābeghe], بی همتا [bi-hamtā], (ugs.) تک [tak]

Eis s 1. (gefrorenes Wasser) یخ [yach]; 2. (Speise~) بستنی [baßtani]

Eisdiele w بستنی فروشی [baßtani-foruschi]

Eisen s آهن [āhan]

Eisenbahn w راه آهن [rāh-āhan], (Zug) قطار [ghatār]

eisig adj مثل یخ [meßl.e yach], بسیارسرد [beß(i)yār ßard], (gefroren, eisig) یخ بسته [yach-baßte], یخ بندان [yach-bandān]

Eiter s چرک [tscherk]

Eiweiß s سفیده تخم مرغ [ßefide.ye tochm.e morgh]

Ekel m نفرت [nefrat], تنفر [tanaffor]

ekelhaft adj چندش آور [tschendesch-āwar], نفرت انگیز [nefrat-angiz] تنفر آور [tanaffor-āwar], تنفر آمیز [tanaffor-āmiz]

elastisch adj کشدار [kesch-dār]

Elch m گوزن قطبی [gawazn.e ghotbi], گوزن شمالی [gawazn.e schomāli]

Elefant m فیل [fil]

elegant adj شیک [schik]

Elektriker m متخصص برق [motakhaßßeß.e bargh], تکنیسین برق [teknißiyan.e bargh]

elektrisch adj برقی [barghi]

Elektrizität w برق [bargh]

Elend s بدبختی [bad-bachti], فقر [faghr], فقیری [faghiri]

elf num یازده [yāz.dah]

Elfenbein s عاج [ādj]

Ell(en)bogen m آرنج [ārandj]

Elster w کلاغ زاغی [kalāgh.e zāghi]

Eltern Mz پدر و مادر [pedar-o-mādar], والدین [wāledeyn]

E-Mail w پست الکترونیکی [poßt.e elektroniki], ایمیل [imeyl]

Emaillearbeit w مینا کاری [minā-kāri]

Emigrant m مهاجر [mohādjer]

Emigration w مهاجرت [mohādjerat]

Empfang m 1. (Erhalt) دریافت [dar-yāft]; 2. (Privatveranstaltung) پذیرائی [pazirā'i], مهمانی [mehmāni]

empfangen v 1. (bekommen) دریافت کردن [dar-yāft kardan], تحویل گرفتن [tahwil gereftan]; 2. (Gäste) استقبال کردن [eßteghbāl kardan], پیشباز رفتن [pisch-bāz raftan]

Empfänger m (Post) گیرنده [girande]

empfehlen v توصیه کردن [toußiye kardan]

Empfehlung w توصیه [toußiye]

empfindlich adj حساس [haßßāß]

empören v (sich) عصبانی شدن [aßabāni schodan]

Ende s 1. (zeitl.) پایان [pāyān], آخر [āchar], (~ der Woche) آخر هفته [āchar.e hafte]; 2. (Spitze von etw.) سر [ßar], نوک [nok]

enden v تمام شدن [tamām schodan], خاتمه یافتن [chāteme yāftan] به اتمام رسیدن [be etmām reßāndan], به پایان رسیدن [be pāyān reßidan]

endgültig adj قطعی [ghat'i]

endlich adv بالاخره [be-l-āchare], سرانجام [ßar-andjām]

Endstation w ایستگاه آخر [ißtgāh.e āchar], آخرین ایستگاه [ācharin ißtgāh],

آخرخط [āchar.e chatt], (ugs.) ته خط [tah.e chatt]

Energie w قوت [ghowwat], نیرو [niru], انرژی [enerji]

eng adj تنگ [tang], (enge Freunde) دوستان نزدیک [dußtān.e nazdik], دوستان صمیمی [dußtān.e ßamimi]

Engel m فرشته [fereschte]

England s انگلستان [engeleßtān], انگلیس [engeliß]

Engländer m انگلیسی [engeleßi]

englisch adj انگلیسی [engeleßi]

Englisch s (Sprache) انگلیسی (زبان) [(zabān.e) engeliß]

Enkel m نوه [nawe]

Enkelin w نوه [nawe]

Entbindung w زایمان [zāymān], وضع حمل [waze' haml]

entdecken v کشف کردن [kaschf kardan], (etw. finden) پیدا کردن [peydā kardan]

Entdeckung w کشف [kaschf]

Ente w مرغابی [morgh-ābi], اردک [ordak]

entfernen v پاک کردن [pāk kardan], (sich) دور شدن [dur schodan]

entfernt adj (weit weg) دور [dur], دورافتاده [dur-oftāde]

Entfernung w دوری [duri], فاصله [fāßele]

entführen v ربودن [robudan], دزدیدن [dozdidan]

Entführung w (Mensch) آدم دزدی [ādam-dozdi], آدم ربایی [ādam-robāyi]

entgegengesetzt adj بر عکس [bar-akß(.e)], بر خلاف [bar chalāf(.e)]

enthaupten v سر بریدن [ßar boridan]

enthalten v محتوی بودن [mohtawi budan], (sich) امتناع کردن [emtenā' kardan]

entkommen v فرار کردن [farār kardan], در رفتن [dar-raftan], گریختن [gorichtan]

entladen v (LKW, Batterie) خالی کردن [chāli kardan]

entlang *prep* در امتداد [dar emtedād.e], *adv* (hier ~) از این طرف [az in taraf]

entlassen *v* (Angestellten) اخراج کردن [echrādj kardan], (hinausschmeißen, ugs.) بیرون کردن [birun kardan], بیرون انداختن [birun andāchtan], (aus Militärdienst) معاف شدن [moʿāf schodan]

Entsafter *m* (Obst) ماشین آب میوه گیری [māschin.e āb-miwe-giri]

entschädigen *v* خسارت دادن [cheßārat dādan]

Entschädigung *w* خسارت [cheßārat]

entscheiden *v* تصمیم گرفتن [taßmim gereftan]

Entscheidung *w* تصمیم [taßmim]

entschuldigen *v* عذر خواستن [ozr chāßtan], معذرت خواستن [maʿzerat chāßtan], بخشیدن [bachschidan]

Entschuldigung *w* پوزش [puzesch], عذر [ozr], معذرت [maʿzerat]

entspannen *v* (sich) استراحت کردن [eßterāhat kardan], خستگی درکردن [chaßtegi dar kardan]

entsprechen *v* مطابق بودن [motābegh budan]

entsprechend *adj* مطابق [motābegh.e], طبق [tebgh.e]

entstehen *v* به وجود آمدن [be wodjud āmadan]

enttäuschen *v* مأیوس کردن [ma'yuß kardan], دلخور کردن [del-chor kardan]

Enttäuschung *w* یأس [ya'ß], دلخوری [del-chori]

entweder *conj* (~ ... oder) یا ...یا [yā ... yā]

entwerfen *v* طراحی کردن [tarāhi kardan], طرح ریختن [tarh richtan], طرح دادن [tarh dādan]

entwerten *v* (Fahrkarte) باطل کردن [bātel kardan]

entwickeln *v* (sich) رشد کردن [roschd kardan], (Verfahren, Gerät) اختراع کردن [echterā' kardan], (Film) ظاهر کردن [zāher kardan]

Entwicklung *w* رشد [roschd]

Entwurf *m* طرح [tarh], (Brief) پیش نویس [pisch-newiß], چرک نویس [tscherk-newiß]

Entzündung *w* (medizin.) عفونت [ofunat], ورم [waram]

er *pron m* او [u], (in Nachrichten) وی [wey]

erbarmen *v* (sich) رحم کردن [rahm kardan]

Erbarmen *s* رحم [rahm]

Erbe 1. *m* (Erbnehmer) وارث [wāreß]; 2. *s* (Erbteil) ارث [erß], ارثی [erßi]

erben *v* به ارث بردن [be erß bordan], ارثی بردن [erßi bordan]

Erbse *w* نخود [nochod]

Erdbeben *s* زلزله [zelzele]

Erdbeere *w* توت فرنگی [tut-farangi]

Erde *w* 1. (Planet) جهان [djahān], دنیا [donyā], (کره‌ی زمین) [kore(.ye zamin)]; 2. (Erdboden) زمین [zamin], خاک [chāk]

Erdgeschoss *s* طبقه همکف [tabaghe.ye ham-kaf]

Erdnuss *w* بادام زمینی [bādām(.e)-zamini]

Erdöl *s* نفت [naft]

ereignen *v* (sich) اتفاق افتادن [ettefāgh oftādan], رخ دادن [roch dādan], پیش آمدن [pisch-āmadan]

Ereignis *s* اتفاق [ettefāgh], حادثه [hādeße], پیش آمد [pisch-āmad]

erfahren 1. *v* با خبر شدن [bā-chabar schodan; 2. *adj* (~ sein) تجربه داشتن [tadjrobe dāschtan], وارد بودن [wāred budan], (با تجربه (بودن [bā-tadjrobe (budan)], سر رشته داشتن [ßar-reschte dāschtan]

Erfahrung *w* تجربه [tadjrobe]

erfahrungsgemäß *adj* از روی تجربه [az ruye tadjrobe]

erfinden *v* اختراع کردن [echterā' kardan], کشف کردن [kaschf kardan], (Geschichten usw.) از خود درآوردن [az chod dar-āwardan], (ugs.) از خود بافتن [az chod bāftan], چاخان گفتن [tschāchān goftan]

Erfindung *w* اختراع [echterā']

Erfolg *m* موفقیت [mowaffaghiyat], (viel ~!) موفق باشید! [mowaffagh bāsch.id]

erfolgreich *adj* موفق [mowaffagh]

erforschen *v* تحقیق کردن [tahghigh kardan], (wissenschaftl.) پژوهش کردن [pajuhesch kardan]

erfrischen *v* (sich, ugs.) ترو تازه کردن [tar-o-tāze kardan]

Erfrischung *w* (Getränk) نوشابه خنک [nuschābe.ye chonak]

ergänzen *v* تکمیل کردن [takmil kardan], کامل کردن [kāmel kardan]

Ergebnis *s* نتیجه [natidje]

ergreifen *v* (Dieb) دستگیر کردن [daßt-gir kardan], گیر انداختن [gir-andāchtan], گرفتن [gereftan], (auf frischer Tat ~) مچ کسی را گرفتن [motsch.e kaß.i rā gereftan]

erhalten *v* 1. (bekommen) دریافت کردن [dar-yāft kardan], گرفتن [gereftan], 2. (bewahren) نگهداری کردن [negah-dāri kardan], نگهداشتن [negah dāschtan]

erhängen *v* به دار زدن [be dār zadan], به دار کشیدن [be dār keschidan], به دار آویزان کردن [be dār āwizān kardan]

erhöhen *v* زیاد کردن [ziyād kardan], بالا بردن [bālā bordan], افزودن [afzudan]

erholen *v* (sich) استراحت کردن [eßterāhat kardan], خستگی در کردن [chaßtegi dar kardan]

Erholung *w* استراحت [eßterāhat]

erinnern *v* (j-n an etw.) یاد آوری کردن [yād-āwari kardan], (sich) به یاد آوردن [be yād āwardan], به یاد انداختن [be yād andāchtan]

Erinnerung *w* خاطره [chātere]

erkälten *v* (sich) سرما خوردن [ßarmā chordan]

Erkältung *w* سرماخوردگی [ßarmā-chordegi], زکام [zekām]

erkennen *v* 1. (wieder~) شناختن [schenāchtan], به جا آوردن [be djā āwardan]; 2. (wahrnehmen) تشخیص دادن [taschchiß dādan]

erklären *v* توضیح دادن [touzih dādan], شرح دادن [scharh dādan]

Erklärung *w* توضیح [touzih], شرح [scharh]

erkranken *v* بیمار شدن [bimār schodan], مریض شدن [mariz schodan]

erkundigen *v* (sich nach j-m, ugs.) سراغ کسی را گرفتن [ßorāgh.e kaß.i rā gereftan]

erlauben *v* اجازه دادن [edjāze dādan], (~ Sie?) اجازه می فرمایید؟ [edjāze mi.farmāy.id]

Erlaubnis *w* اجازه [edjāze], (um ~ bitten) اجازه گرفتن [edjāze gereftan]

erlaubt *adj* مجاز [modjāz]

erleben *v* دیدن [didan]

Erlebnis *s* حادثه [hādeße], اتفاق [ettefāgh]

erledigen *v* انجام دادن [andjām dādan], تمام کردن [tamām kardan]

erleichtern *v* آسان کردن [āßān kardan], (Koffer, sein Herz u. ä.) سبک کردن [ßabok kardan]

Ermäßigung *w* کاهش [kāhesch], تخفیف [tachfif]

ermöglichen *v* امکان پذیر کردن [emkān-pazir kardan], درست کردن [doroßt kardan]

ermorden *v* کشتن [koschtan], به قتل رساندن [be ghatl raßāndan]

ermüden *v* خسته شدن [chaßte schodan]

ermüdend *adj* خسته کننده [chaßte-konande], کسل کننده [keßel-konande]

ermutigen v تشویق کردن [taschwigh kardan]

Ernährung w تغذیه [taghzie], غذا [ghazā], خوراک [chorāk]

erneuern v نو کردن [nou kardan]

erniedrigen v تحقیر کردن [tahghir kardan], سبک کردن [ßabok kardan], (ugs.) کوچک کردن [kutschek kardan]

ernst adj جدی [djeddi], (Situation) مهم [mohem], وخیم [wachim], adv جداً [djeddan], واقعاً [wāghe'an]

Ernte w محصول [mahßul], حاصل [hāßell], ثمر [ßamar]

ernten v (Getreide) درو کردن [derou kardan], (Obst) چیدن [tschidan]

erobern v تصرف کردن [taßarrof kardan], دل کسی را به دست آوردن (Herz) [del.e kaß.i rā be daßt āwardan]

eröffnen v باز کردن [bāz kardan], (feierlich) افتتاح کردن [eftetāh kardan]

Eröffnung w افتتاح [eftetāh]

erpressen v تحت فشار قرار دادن [taht.e feschār gharār dādan], تهدید کردن [tahdid kardan]

erraten v حدس زدن [hadß zadan]

erregen v (sich) به هیجان آمدن [be hayadjān āmadan], به هیجان افتادن [be hayadjān oftādan], تحریک کردن [tahrik kardan], (Aufmerksamkeit) جلب توجه کردن [djalb.e tawadjdjoh kardan]

erreichen v (ankommen) رسیدن [raßidan], (etw.) به دست آوردن [pisch-bordan], پیش بردن [be daßt āwardan]

errichten v (Haus) بنا کردن [banā kardan], ساختن [ßāchtan]

Ersatz m (Vertreter) جا نشین [djā-neschin], به جای (als – für) [dar awaz.e], در عوض [be djā.ye]

Ersatzreifen m چرخ یدکی [tscharch.e yadaki], تایر یدکی [tāyer.e yadaki], چرخ زاپاس [tscharch.e zāpāß], تایر زاپاس [tāyer.e zāpāß]

Ersatzteil s لوازم یدکی [lawāzem.e yadaki]

erscheinen v ظاهر شدن [zāher schodan], (Buch, Zeitung) منتشر شدن [montascher schodan], انتشار یافتن [enteschār yāftan]

erschießen v تیر باران کردن [tir-bārān kardan], تیراندازی کردن [tir-andazi kardan], تیر زدن [tir zadan], (erschossen werden) تیر خوردن [tir chordan]

erschöpft adj خسته و کوفته [chaßte-o-kufte], درب و داغون [darb-o-dāghun]

erschrecken v ترسیدن [tarßidan], وحشت کردن [wahschat kardan], (ugs.) جا خوردن [djā chordan], (sich „zu Tode" ~) زهره ترک شدن [zahre-tarak schodan]

erschreckend adj وحشت انگیز [wahschat-angiz], وحشتناک [wahschatnāk], وحشت آور [wahschat-āwar]

ersetzen v (austauschen) عوض کردن [awaz kardan], (ausgleichen) جبران کردن [djobrān kardan]

ersparen v (j-m etwas ~) خیال کسی را راحت کردن [chiyāl.e kaß.i rā rāhat kardan], به کسی زحمت ندادن [be kaß.i zahmat na.dādan]

erst adv (zuerst) اول [awwal], (~ heute) تازه امروز [tāze emruz], (~ jetzt) تازه حالا [tāze hālā], تازه الان [tāze al-ān], (~ einmal) فعلاً [fe'lan]

erstarren v (vor Kälte) یخ بستن [yach baßtan], (vor Schreck, ugs.) خشک زدن [choschk zadan]

erstaunlich adj عجیب [adjib], تعجب آور [ta'djdjob-āwar]

erstens num adv اولاً [awwalan], نخست [nachoßt]

erster num adj اولین [awwalin], نخستین [nachoßtin]

ersticken v خفه شدن [chafe schodan], (j-n ~) خفه کردن [chafe kardan]

erstmals *adv* برای اولین بار [barāye awwalin bār], برای نخستین بار [barāye nachoßtin bār]

ertragen *v* تحمل کردن [tahammol kardan], طاقت آوردن [tāghat āwardan]

ertrinken *v* غرق شدن [ghargh schodan]

erwachsen *adj* بالغ [bālegh]

Erwachsener *m* بزرگسال [bozorg-ßāl], (Alte, Bejahrte) بزرگسالان [bozorg-ßālān]

erwägen *v* در نظر گرفتن [dar nazar gereftan], درنظر داشتن [dar nazar dāschtan]

erwähnen *v* ذکر کردن [zekr kardan]

erwärmen *v* گرم کردن [garm kardan]

erwarten *v* انتظار داشتن [entezār dāschtan], توقع داشتن [tawaghgho' dāschtan]

Erwartung *w* انتظار [entezār], توقع [tawaghgho']

erweitern *v* افزایش دادن [afzāyesch dādan]

erwerben *v* خریدن [charidan], کسب کردن [kaßb kardan]

erzählen *v* تعریف کردن [ta'rif kardan]

Erzählung *w* داستان [dāßtān], قصه [gheßße], حکایت [hekāyat]

erzeugen *v* تولید کردن [toulid kardan]

Erzeuger *m* تولید کننده [toulid-konande]

Erzeugnis *s* محصول [mahßul], ساخت [ßācht]

erziehen *v* تربیت کردن [tarbiyat kardan]

Erziehung *w* تربیت [tarbiyat]

es *pron s* او [u], آن [ān]

Esel *m* خر [char], الاغ [olāgh]

essbar *adj* خوردنی [chordani]

essen *v* خوردن [chordan], غذا خوردن [ghazā chordan], خوراک خوردن [chorāk chordan]

Essen *s* غذا [ghazā], خوراک [chorāk], خوراکی [chorāki]

Essig *m* سرکه [ßerke]

Esstisch *m* میز غذا خوری [miz.e ghazā-chori]

Esszimmer *s* اتاق غذا خوری [otāgh.e ghazā-chori], اتاق ناهار خوری [otāgh.e nāhār-chori]

Estragon *m* ترخون [tarchun]

Etage *w* طبقه [tabaghe]

Etui *s* قوطی [ghuti], جعبه [dja'be], (Brillen~) جا عینکی [djā-eynaki]

etwa *adv* 1. (ungefähr) تقریباً [taghriban], حدوداً [hodudan], کم و بیش [kam-o-bisch]; 2. (fragend) مگر [magar]

etwas *pron* (irgend~) قدری [ghadr.i], یک خرده [kam.i], کمی [kam.i], مقداری [meghdar.i], یک چرده [yek chorde], یک ذره [yek zarre]

Eule *w* جغد [djoghd], بوف [buf]

Euro *m* یورو [yuro]

Europa *s* اروپا [orupā]

Europäer *m* اروپایی [orupāyi]

europäisch *adj* اروپایی [orupāyi]

Euter *s* پستان [peßtān]

evakuieren *v* تخلیه کردن [tachliye kardan]

ewig *adj* ابدی [abadi]

Ewigkeit *w* ابد [abad], (bis in alle ~) تا ابد [tā abad]

existieren *v* وجود داشتن [wodjud dāschtan], موجود بودن [moudjud budan]

Experiment *s* آزمایش [āzmāyesch]

explodieren *v* ترکیدن [tarakidan], (Bombe) منفجر شدن [monfadjer schodan]

Explosion *w* انفجار [enfedjār]

extra *adv* (zusätzlich) اضافی [ezāfi]

F

Fabrik *w* کارخانه [kār-chāne]

Fach *s* 1. (im Schrank) طبقه [tabaghe]; 2. (Studien~) رشته [reschte]

Fächer *m* بادبزن [bād-bezan]

Fachmann *m* کار شناس [kār-schenāß], متخصص [motachaßßeß]

Fackel *w* مشعل [mascha'l]

fade *adj* (Geschmack) بی مزه [bi-maze]

Faden *m* نخ [nach]

fähig *adj* لایق [lāyegh], قادر [ghāder], با عرضه [bā-orze], توانا [tawānā]

Fähigkeit *w* استعداد [eßte'dād], عرضه [ghodrat], لیاقت [liyaghat], [orze]

Fahne *w* پرچم [partscham]

Fahrbahn *m* خیابان [chiyābān], جاده [djādde]

fahren *v* 1. (irgendwohin) رفتن [raftan]; 2. (Auto lenken) راندن [rāndan], رانندگی کردن [rānandegi kardan]; 3. (gefahren werden) بردن [bordan], رساندن [raßāndan]

Fahrer *m* راننده [rānande]

Fahrgast *m* مسافر [moßāfer]

Fahrkarte *w* (Zug, Bus) بلیط [belit], (einfach) بلیط یکسره [belit.e yek-ßare], (hin und zurück) بلیط رفت و [belit.e do-ßare], بلیط دوسره برگشت [belit.e raft-o-bar-gascht]

Fahrkartenverkäufer *m* بلیط فروش [belit-forusch]

Fahrpreis *m* کرایه [keräye]

Fahrplan *m* ساعات حرکت [ßā'āt.e harakat]

Fahrrad *s* دوچرخه [do-tscharche]; (~ fahren) دوچرخه سواری کردن [do-tscharche-ßawāri kardan]

Fahrspur *w* خط جاده [chatt.e djādde]

Fahrstuhl *m* آسانسور [āßānßor]

Fahrt *w* (Reise) سفر [ßafar], مسافرت [moßāferat], (gute ~!) سفره بخیر! [ßafar be cheyr], سفر خوش! [ßafar khosch]

Fahrzeug *s* وسیله نقلیه [waßile.ye naghliye]

fair *adj* عادلانه [ādelāne], با انصاف [bā-enßāf]

Fakir *m* (Asket) مرتاض [mortāz]

Falke *m* شاهین [schāhin], باز [bāz]

Fall *m* 1. (Sturz) سقوط [ßoghut]; 2. (Angelegenheit) مورد [moured]; 3. (grammatisch) حالت [hālat]; (auf jeden ~)

در هرصورت [dar har hāl], به هرحال [be har hāl], (auf gar keinen ~) به هیچ وجه [be hitsch wadj]

Falle *w* (Tier) دام [dām], تله [tale], تور [tur]

fallen *v* 1. (herab~) به پایین افتادن [be pāyin oftādan], به زمین افتادن [be zamin oftādan]; 2. (geringer werden) کم شدن [kam schodan]

falls *conj* در صورتی که [dar ßurati ke], چنانچه [tschen.ān-tsche], اگر [agar]

falsch *adj* غلط [ghalat], اشتباه [eschtebāh], (~ verbunden!) اشتباه گرفتید! [eschtebāh gereft.id]

Falschgeld *s* پول تقلبی [pul.e taghallobi], پول قلابی [pul.e ghollābi] (ugs.)

Fallschirm *m* چتر نجات [tschatr.e nedjāt]

Falte *w* (Haut) چین [tschin], چروک [tschoruk], (Kleidung) چین [tschin], تا [tā], چروک [tschoruk]

falten *v* تا کردن [tā kardan], دولا کردن [do-lā kardan], (Stoff) چین دادن [tschin dādan]

familiär *adj* خودمانی [chodemāni], خانوادگی [chānewādegi]

Familie *w* خانواده [chānewāde], فامیل [fāmil], خویشاوند [chischāwand]

Familienname *m* نام خانوادگی [nām.e chānewādegi]

Fanatiker *m* متعصب [mota'aßßeb]

fangen *v* گرفتن [gereftan]

Fantasie *w* خیال [chiyāl]

fantastisch *adj* عالی [āli], فوق العاده [fough-ol-'āde]

Farbe *w* رنگ [rang], (dunkle ~) تیره [tir.e], سیر [ßir], (helle ~) روشن [rouschan]

färben *v* رنگ زدن [rang zadan], رنگ کردن [rang kardan]

Fasan *m* قرقاول [gharghāwol]

Fass *s* بشکه [boschke], خمره [chomre]

Fassade *w* نما [namā]

fassen *v* گرفتن [gereftan], (ich kann es nicht ~) باورم نمیشه [bāwar.am ne.mi.sch.e]

fassungslos *adj* (verblüfft, bestürzt) [hādj-o-wādj] هاج و واج

fast *adv* تقریباً [taghriban]

fasten *v* روزه گرفتن [ruze gereftan]

Fasten *s* روزه [ruze]

Fastenmonat *m* (9. Monat des islam. Mondjahres) [(māh.e) ramazān] (ماه) رمضان

faul *adj* 1. (träge) تنبل [tambal]: 2. (verfault) گندیده [gandide], پوسیده [pußide], خراب [charāb] فاسد [fāßed]

Faulheit *w* تنبلی [tambali]

Faust *w* مشت [moscht]

Februar *m* فوریه [fewriye]

Feder *w* 1. (Vogel) پر [par], 2. (techn.) فنر [fanar]; 3. (Schreib~) قلم [ghalam]

Federhalter *m* خودنویس [chod-newiß]

Fee *w* پری [pari], حوری [huri]

fegen *v* جارو(ب) کردن [djāru(b) kardan], جارو(ب) زدن [djāru(b) zadan]

fehlen *v* 1. (ermangeln) کم داشتن [kam dāschtan]; 2. (abwesend sein) غایب بودن [ghāyeb budan]; 3. (verschwinden) غیب زدن [gheyb zadan], غیب شدن [gheyb schodan], ناپدید شدن [nā.padid schodan]; (was fehlt dir?) چته؟ [tsche-te], (du fehlst mir) دلم برایت تنگ شده [del.am barāy.at tang schode]

Fehler *m* غلط [ghalat], اشتباه [eschtebāh]

Fehlgeburt *w* (جنین) سقط [ßeght(.e djenin)]

Fehltritt *m* آبروریزی [āb(e)ru-rizi], خیطی بار آوردن (~ begehen) [chiti], [chiti bār-āwardan]

Feier *w* جشن [djaschn], بزم [bazm], مهمان [mehmāni]

feierlich *adj* شکوه مند [schokumand], با شکوه [bā-schokuh]

feiern *v* جشن گرفتن [djaschn gereftan]

Feiertag *m* روزتعطیل [ruz.e ta'til]

feige *adj* ترسو [tarßu]

Feige *w* انجیر [andjir]

Feile *w* سوهان [ßouhān]

feilschen *v* چانه زدن [tschāne zadan], چک و چانه زدن (ugs.) [tschak-o-tschāne zadan]

fein *adj* ظریف [zarif]

Feind *m* دشمن [doschman]

feindlich *adj* دشمنانه [doschmanāne]

Feindschaft *w* دشمنی [doschmani]

Feld *s* مزرعه [mazra'e], (Spiel~) میدان [meydān.e warzesch] ورزش

Feldflasche *w* قمقمه [ghomghome]

Fell *s* پوست [pußt]

Fels(en) *m* صخره [ßachre]

Fenchel *m* رازیانه [rāziyāne]

Fenster *s* پنجره [pandjare]

Ferien *Mz* تعطیلات [ta'tilāt]

Ferienhaus *s* خانة ییلاقی [chāne.ye yeylāghi]

Ferienwohnung *w* خانة ییلاقی [chāne.ye yeylāghi]

fern *adj* دور [dur]

Ferngespräch *s* مکالمه با خارج [mokāleme bā chāredj] تلفن به خارج [telefon be chāredj]

Fernglas *s* دوربین دو چشمی [dur-bin.e do-tscheschmi]

fernsehen *v* تلویزیون نگاه کردن [telewizion negāh kardan], تلویزیون تماشا کردن [telewizion tamāschā kardan]

Fernseher *m* (Gerät) تلویزیون (دستگاه~) [(daßtgāh.e) telewizion]

Fernsehprogramm *s* برنامة تلویزیون [bar-nāme.ye telewizion]

Fernstraße *w* بزرگراه [bozorg-rāh]

Ferse *w* پاشنه [pāschne]

fertig *adj* آماده [āmāde], حاضر [hāzer]

fest *adj* سفت [ßeft], محکم [mohkam], (Anstellung) رسمی [raßmi], (Schlaf) سنگین [ßangin], عمیق [amigh], (Preis) ثابت [ßābet], (Kundschaft) ثابت [ßābet], دائمی [dā'emi]

همیشگی [hamischegi], (Entschluss) قطعی [ghat'i]

Fest s جشن [djaschn], (Familie) مهمانی [mehmāni], شب نشینی [schab-neschini]

Festbeleuchtung w چراغانی [tscherāghāni]

Festland s قاره [ghārre]

festlegen v (Datum) معین کردن [moa'yyan kardan]

festlich adj با شکوه [bā-schokuh]

festnehmen v توقیف کردن [toughif kardan], دستگیر کردن [daßt-gir kardan], بازداشت کردن [bāz-dāscht kardan]

Festspiele Mz جشنواره [djaschnwāre]

feststellen v مشخص کردن [moschachchaß kardan]

Festung w قلعه [ghal'e], دژ [dej]

fett adj چرب [tscharb]

Fett s چربی [tscharbi], (Speise- / Schmieröl) روغن [roughan]

fettarm adj کم چربی [kam-tscharbi], کم روغن [kam-roughan]

fettig adj چرب [tscharb], پرچربی [por-tscharbi], پرروغن [por-roughan]

feucht adj نمدار [nam-dār], مرطوب [martub], نمناک [namnāk], (Hände) تر [tar]

Feuchtigkeit w رطوبت [rotubat], نم [nam]

Feuer s آتش [ātasch], (~ löschen) آتش خاموش کردن [ātasch chāmusch kardan]

Feuerlöscher m آتش خاموش کن [ātasch chāmusch-kon]

feuern v 1. (schießen) تیراندازی کردن [tir-andāzi kardan]; 2. (entlassen) اخراج کردن [echrādj kardan], بیرون کردن [birun kardan]

Feuerpause w آتش بس [ātasch-baß]

Feuertempel m آتش کده [ātaschkade], آتشگاه [ātaschgāh]

Feuerwehr w آتش نشانی [ātasch-neschāni]

Feuerwehrmann m آتش نشان [ātasch-neschān]

Feuerwerkskörper m فشفشه [fesch-fesche], ترقه [taraghe]

Feuerzeug s فندک [fandak]

Fichte w کاج [kādj]

Fieber s تب [tab], (~ messen) تب گرفتن [tab gereftan]

Figur w 1. (Gestalt) هیکل [heykal], اندام [andām]; 2. (Statuette) مجسمه [modjaßßame]

Filet s راسته [rāßte], فیله [file]

Filiale w شعبه [scho'be]

Film m 1. (Spiel~) فیلم [film]; 2. (Rolle) رل [rol], نقش [naghsch]; 3. (Schicht) لایه [lāye]

filmen v فیلم برداری کردن [film-bar-dāri kardan], فیلم گرفتن [film gereftan]

Filter m صافی [filter], فیلتر [ßāf-kon]

Filz m نمد [namad]

Filzstift m ماژیک [mājik]

finanziell adj از نظر مالی [az nazar.e māli], (finanzielle Lage) وضع مالی [waz'.e māli]

finden v پیدا کردن [peydā kardan]

Finger m انگشت (دست) [angoscht(.e daßt)]

Fingerhut m انگشتانه [angoschtāne]

Fingernagel m ناخن [nāchon]

Finnland s فنلاند [fanlānd]

finster adj تاریک [tārik], (~ blicken) اخم کردن [achm kardan]

Finsternis w تاریکی [tāriki]

Firma w شرکت [scherkat]

Fisch m ماهی [māhi], (geräuchert) ماهی دودی [māhi-dudi]

fischen v ماهی گرفتن [māhi gereftan], ماهی گیری کردن [māhi-giri kardan]

Fischer m ماهیگیر [māhi-gir]

Fischhändler m ماهی فروش [māhi-forusch]

flach adj صاف [ßāf], تخت [tacht], مسطح [moßattah]

Fläche w سطح [ßath]

Fladenbrot s نان بربری [nān.e barbari]

Flagge *w* پرچم [partscham]

Flamme *w* شعله [scho'le]

Flasche *w* شیشه [schische], بطری [botri]

Flaschenöffner *m* بازکن بطری [botri-bāz-kon]

Flaute *w* (Geschäft) کساد [keßād], کسادی [keßādi]

Fleck *m* لکه [lakke], لک [lak], (blauer ~) کبودی [kabudi]

fleckig *adj* لکه دار [lakke-dār]

Fledermaus *w* خفاش [chaffäsch]

flehen *v* التماس کردن [eltemāß kardan]

Fleisch *s* گوشت [guscht]

Fleischbrühe *w* آب گوشت [āb-guscht]

Fleischer *m* قصاب [ghaßßāb]

Fleischerei *w* قصابی [ghaßßābi]

Fleischwolf *m* چرخ کن گوشت [guscht-tscharch-kon]

fleißig *adj* زرنگ [zerang], فعال [fa'āl]

flicken *v* وصله کردن [waßle kardan], رفو کردن [rofu kardan]

Flieder *m* یاس [yāß]

Fliege *w* 1. (Insekt) مگس [magaß]; 2. (Binder) پاپیون [pāpiyun], فکل [fokol]

fliegen *v* 1. (Vogel) پریدن [paridan], پرواز کردن [parwāz kardan]; 2. (Flugzeug) پرواز کردن [parwāz kardan]

fliehen *v* فرار کردن [farār kardan], پا به فرار گذاشتن [pā be farār gozāschtan]

fließen *v* جاری بودن [djāri budan], روان شدن [rawān schodan]

flirten *v* لاس زدن [lāß zadan]

Flitterwochen *Mz* ماه عسل [māh.e aßal]

Floh *m* ککک [kak]

Flosse *w* 1. (Fisch) بال ماهی [bāl.e māhi], (ugs.) پره ماهی [parre.ye māhi]; 2. (Taucher) باله غواصی [bāle.ye ghawāßi]

Flöte *w* نی [ney], فلوت [flut]

flöten *v* نی زدن [ney zadan], فلوت زدن [flut zadan]

Fluch *m* نفرین [nefrin]

fluchen *v* لعنت کردن [la'nat kardan], نفرین کردن [nefrin kardan], فحش دادن [fohsch dādan], کفر گفتن [kofr goftan]

Flüchtling *m* (Gefängnis) فراری [farāri], (Asylsuchender) پناهنده [panāhande]

Flug *m* پرواز [parwāz]

Flugbegleiter/in *m/w* مهماندار هواپیما [mehmān-dār.e hawā-peymā]

Flügel *m* (Vogel) بال [bāl], پر [par]

Fluggesellschaft *w* شرکت هواپیمایی [scherkat.e hawā-peymāyi]

Flughafen *m* فرودگاه [forudgāh]

Flugticket *s* بلیط هواپیما [belit.e hawā-peymā]

Flugzeug *s* هواپیما [hawā-peymā], طیاره [tayyāre]

Flur *m* (Korridor) راهرو [rāh-rou], دالان [dālān]

Fluss *m* (Gewässer) رود [rud], رودخانه [rud-chāne], نهر [nahr]

flüssig *adj* رقیق [raghigh], (ugs.) آبکی [āb.aki]

Flüssigkeit *w* مایع [māye']

Flusspferd *s* اسب آبی [aßb.e ābi]

flüstern *v* پچ (و) پچ کردن [petsch(-o-)petsch kardan], درگوشی حرف زدن [dar-guschi harf zadan]

Flut *w* مد [madd], (Ebbe und ~) جزر و مد [djazr-o-madd]

Fohlen *s* کره اسب [korre-aßb]

Föhn *m* (Haartrockner) سشوار [ßeschwār]

Folge *w* 1. (Reihenfolge) ردیف [radif]; 2. (Resultat) نتیجه [natidje]

folgen *v* دنبال کردن [dombāl kardan]

folglich *adv* از این جهت [az in djahat], بنابراین [banā bar in]

Folklore *w* (Musik) موسیقی محلی [mußigi.ye mahalli], فلکلور [folklor]

Folter *w* شکنجه [schekandje]

foltern *v* شکنجه دادن [schekandje dādan],

زجردادن [zadjr dādan], عذاب دادن [azāb dādan]

fordern *v* طلب کردن [talab kardan]

fördern *v* حمایت کردن [hemāyat kardan], پشتیبانی کردن [poschtibāni kardan]

Forderung *w* طلب [talab], ادعا [ede'ā]

Forelle *w* ماهی قزل آلا [māhi.ye ghezel-ālā]

Form *w* شکل [schekl], فرم [form], (Kuchen) قالب [ghāleb]

Formular *s* فرم [form], درخواست نامه [dar-chāßt-nāme], تقاضانامه [taghazā-nāme], پرسشنامه [porßesch-nāme]

Forscher *m* پژوهشگر [pajuheschgar], محقق [mohaghghegh]

Forschung *w* تحقیق [tahghigh], پژوهش [pajuhesch]

fortgeschritten *adj* پیشرفته [pisch-rafte]

fortlaufend *adj* پشت سر هم [poscht.e ßar.e ham]

Fortschritt *m* پیشرفت [pisch-raft], ترقی [taraghi]

fortsetzen *v* ادامه دادن [edāme dādan], دنبال کردن [dombāl kardan]

Fortsetzung *w* ادامه [edāme], بقیه [baghiye], دنباله [dombāle], (~ folgt) ادامه دارد [edāme dār.ad], دنباله دارد [dombāle dār.ad]

fortwerfen *v* دور ریختن [dur-richtan], دور انداختن [dur-andāchtan]

Fotoapparat *m* دوربین عکاسی [dur-bin.e akkāßi]

Fotograf *m* عکاس [akkāß]

Fotografie *w* (Bild) عکس [akß], (das Fotografieren) عکاسی [akkāßi]

fotografieren *v* عکس گرفتن [akß gereftan], عکسبرداری کردن [akß-bardāri kardan], عکس انداختن [akß andāchtan], عکاسی کردن [akkāßi kardan]

Fotokopiergerät *s* دستگاه فتوکپی [daßtgāh.e foto-kopi]

Fracht *w* بار [bār]

Frage *w* سؤال [ßo'āl], پرسش [porßesch]

Fragebogen *m* پرسش نامه [porßesch-nāme]

fragen *v* سؤال کردن [ßo'āl kardan], پرسیدن [porßidan]

Fragezeichen *s* علامت سؤال [alāmat.e ßo'āl]

frankieren *v* تمبر زدن [tamb(a)r zadan]

Frankreich *s* فرانسه [farānße]

Franzose *m* فرانسوی [farānßawi]

französisch *adj* فرانسوی [farānßawi]

Frau *w* زن [zan], خانم [chānom], بانو [bānu], (~ + Eigenname) خانم [chānom.e]

Frauenarzt *m* پزشک زنان [pezeschk.e zan.ān]

Fräulein *s* دوشیزه [duschize], (höflicher) دوشیزه خانم [duschize chānom]

frech *adj* پررو [por-ru], (Kind) لوس [luß], آتش پاره [ātasch-pāre], شیطون [scheytun]

frei *adj* آزاد [āzād], (freier Tag) روز تعطیل [ruz.e ta'til], روز آزاد [ruz.e āzād], (Platz, Zimmer) خالی [chāli]

Freibad *s* استخر سرباز [eßtachr.e ßar-bāz]

Freiheit *w* آزادی [āzādi]

Freitag *m* جمعه [djom'e]

Freitagsgebet *s* نماز جمعه [namāz.e djom'e]

Freitagsmoschee *w* مسجد جامع [maßdjed.e djāme'], مسجد جمعه [maßdjed.e djom'e]

freiwillig *adj / adv* داوطلبانه [dāwtalabāne], اختیاری [echtiyāri]

Freizeichen *s* بوق آزاد [bugh.e āzād]

Freizeit *w* وقت آزاد [waght.e āzād]

fremd *adj* غریب [gharib]

Fremder *m* غریبه [gharibe], خارجی [chāredji], بیگانه [bigāne]

Fremdsprache *w* زبان خارجی [zabān.e chāredji]

fressen *v* بلعیدن [bal'idan], خوردن [chordan]

Freude w خوشحالی، شادی [schādi] [chosch-hāli]

freuen v (sich) [chosch-hāl schodan], شاد شدن [schād schodan]

Freund m (guter ~) دوست خوب [dußt.e chub], دوست صمیمی [dußt.e ßamimi], رفیق [rafigh], (fester ~) دوست پسر [dußt.e peßar]

Freundin w (gute ~) دوست خوب [dußt.e chub], دوست صمیمی [dußt.e ßamimi], (feste ~) دوست دختر [dußt.e dochtar]

freundlich adj صمیمانه [ßamimāne], مهربان [mehr(a)bān], با محبت [bā-mohabbat], دوستانه [dußtāne]

Freundschaft w دوستی [dußti], رفاقت [refāghat]

Frieden m صلح [ßolh]

Friedhof m قبرستان [ghabreßtān], گورستان [gureßtān]

frieren v یخ زدن [yach zadan], یخ بستن [yach baßtan]

frisch adj (Obst, Gemüse) تازه [tāze], (Wetter) خنک [chonak]

Friseur m سلمانی [ßalmāni], آرایشگر [ārāyeschgar]

Friseursalon m آرایشگاه [ārāyeschgāh], سلمانی [ßalmāni]

frisieren v سلمانی کردن [ßalmāni kardan], آرایش کردن [ārāyesch kardan]

Frist w مهلت [mohlat], وقت [waght], مدت [moddat]

Frisur w آرایش مو [ārāyesch.e mu]

froh adj خوشحال [chosch-hāl], شاد [schād]

fröhlich adj شاد [schād], خوش [chosch], خوشحال [chosch-hāl]

fromm adj مؤمن [mo'men]

Front w (militär.) جبهه [djebhe]

Frosch m قورباغه [ghurbāghe]

Frost m یخبندان [yach-bandān]

Frucht w میوه [miwe]

Fruchtsaft m آب میوه [āb(.e) miwe],

(aus Fruchtsirup) شربت [scharbat]

früh adj / adv زود [zud], (von ~ bis spät) از صبح تا شب [az ßobh tā schab], (heute ~) امروز صبح (زود) [emruz ßobh(.e zud)]

früher adv (einst) سابقاً [ßābeghan], قبلاً [ghablan]

frühestens adv زودترین [zud.tarin]

Frühling m بهار [bahār]

Frühstück s صبحانه [ßobhāne], ناشتایی [nāschtāyi]

frühstücken v صبحانه خوردن [ßobhāne chordan], ناشتایی خوردن [nāschtāyi chordan]

Fuchs m روباه [rubāh]

fühlen v (sich) احساس کردن [ehßāß kardan], حس کردن [heß kardan], (wie fühlst du dich?) چطوری؟ [tsche-tour.i]

führen v راهنمایی کردن [rāh-namāyi kardan], هدایت کردن [hedāyat kardan], (polit.) رهبری کردن [rah-bari kardan], (das führt zu nichts) فایده ندارد [fāyede na.dār.ad]

Führer m (tourist.) راهنما [rāh-namā], (Partei) رهبر [rah-bar]

Führerschein m گواهی نامه رانندگی [gawāhi-nāme.ye rānandegi], تصدیق رانندگی [taßdigh.e rānandegi], (ugs.) تصدیق [taßdigh]

Führung w (tourist.) راهنمایی [rāh-namāyi], (Leitung) مدیریت [modiriyat]

füllen v پر کردن [por kardan]

Füllung w (Zahn) پلمب [plomb], (Speisen) محتویات [mohtawiyāt], مخلفات [mochallafāt]

fünf num پنج [pandj]

fünfter num adj پنجمین [pandjomin]

fünftens num adv پنجم [pandjom]

fünfzehn num پانزده [pānzdah]

fünfzig num پنجاه [pandjāh]

Funke m جرقه [djaraghe]

Funktaxi s تاكسى تلفنى [tākßi(.ye) telefoni]

Funktion w كار [kār], وظيفه [wazife]

funktionieren v كار كردن [kār kardan]

funktionsfähig adj عملى [amali]

für prep براى [barāye], (Jahr ~ Jahr) سال به سال [ßāl-be-ßāl], (an und ~ sich) درواقع [dar waghe']

Furcht w ترس [tarß]

furchtbar adj وحشتناك [wahschatnāk], (es ist ~ kalt geworden) عجيب هوا سرد شده [adjib hawā ßard schode]

fürchten v (sich) ترسيدن [tarßidan], ترس داشتن [tarß dāschtan]

Fuß m پا [pā], (zu ~) پياده [piyāde]

Fußball m فوتبال [futbāl], (~ spielen) فوتبال بازى كردن [futbāl-bāzi kardan]

Fußboden m كف اطاق [kaf.e otāgh]

Fußgänger m عابر(پياده) [āber(.e piyāde)]

Fußtritt m لگد [lagad], تيپا [tipā], (~ verpassen) لگد زدن [lagad zadan], تيپا زدن [tipā zadan], (~ bekommen) لگد خوردن [lagad chordan], تيپا خوردن [tipā chordan]

Futter s 1. (Tiernahrung) خوراك دام [chorāk.e dām], خوراك حيوانات [chorāk.e heywānāt], علف [alaf]; 2. (Kleidung) آستر [āßtar]

füttern v (Tiere) خوراك دادن [chorāk dādan]

G

Gabel w چنگال [tschangāl]

gähnen v خميازه كشيدن [chamiyāze keschidan]

Galerie w نمايشگاه [namāyeschgāh]

Galle w صفراء [ßafrā']

Gallenblase w كيسة صفراء [kiße.ye ßafrā']

gammeln v ولگردى كردن [wel-gardi kardan]

Gang m 1. (das Gehen) قدم [ghadam];

2. (Auto) دنده [dande]

Gans w غاز [ghāz]

ganz adj 1. (intakt) درست [doroßt], كامل [kāmel]; 2. (alles) همه [hame], تمام [tamām]; 3. adv كاملاً [kāmelan], تماماً [tamāman], كلاً [kollan]

gar adj (Speise) پخته [pochte]; adv (~ nicht) ابداً [abadan], اصلاً [aßlan]

Garage w گاراژ [gārāj]

Garantie w ضمانت [zemānat], گارانتى [gārānti]

garantieren v ضمانت كردن [zemānat kardan], تعهد كردن [ta'hod kardan], گارانتى كردن [gārānti kardan]

Garderobe w جا رختى [djā-rachti], جا لباسى [djā-lebāßi]

Garnele w ميگو [meygu]

Garnitur w (Kleidung, Wäsche) دست [daßt], (Geschirr) ست [ßet], سرويس [ßerwiß]

Garnspule w غرغره [gher-ghere]

Garten m باغ [bāgh], (literar.) بوستان [bußtān]

Gärtner m باغبان [bāghbān]

Gas s (Brennstoff) گاز [gāz]

Gasflasche w كپسول گاز [kapßul.e gāz]

Gaspedal s پدال گاز [pedāl.e gāz]

Gasse w كوچه [kutsche]

Gast m مهمان [mehmān]

gastfreundlich adj مهمان نواز [mehmān-nawāz]

Gastfreundschaft w مهمان نوازى [mehmān-nawāzi]

Gastgeber m ميزبان [mizbān]

Gaststätte w رستوران [reßtorān]

Gebäck s (خشك) شيرينى [schirini(.ye choschk)]

gebären v زاييدن [zāyidan], وضع حمل كردن [waz' haml kardan], بچه به دنيا آوردن [batschtsche be donyā āwardan]

Gebärmutter w رحم [rahem]

Gebäude s ساختمان [ßāchtemān], بنا [banā]، عمارت [emārat]

Gebell s پارس [pārß]، واق واق [wāgh-wāgh]

geben v دادن [dādan]

Gebet s دعا [do'ā]، نماز [namāz]، نیایش [niyāyesch]

Gebetsnische w محراب [mehrāb]

Gebetsrichtung w قبله [gheble]

Gebetsruf m اذان [azān]

Gebetsrufer m (Muezzin) مؤذن [mo'azzen]

Gebiet s منطقه [mantaghe]، ناحیه [nāhiye]

gebildet adj تحصیل کرده [tahßil-karde]، باسواد [bā-ßawād]

Gebirge s کوهستان [kuheßtān]

gebirgig adj کوهستانی [kuheßtāni]

Gebiss s (Zähne) دندان [dandān]، (Zahnersatz) دندان مصنوعی [dandān.e maßnu'i]

geblümt adj گلدار [gol-dār]

geboren werden v متولد شدن [motawalled schodan]، به دنیا آمدن [be donyā āmadan]

gebraten adj سرخ کرده [ßorch-karde]، بریان (شده) [beryān(-schode)]، (medium) متوسط [motawaßßed]، (durch) خوب بریان شده [chub beryān-schode]

Gebrauch m استفاده [eßtefāde]، مصرف [maßraf]

gebraucht adj کار کرده [kār-karde]، استفاده شده [eßtefāde-schode]، (Second Hand) دست دوم [daßt.e do-wwom]

gebrochen adj شکسته [schekaßte]

Gebühr w کرایه [kerāye]، هزینه [hazine]

Geburt w تولد [tawallod]، زاد [zād]

Geburtstag m روزتولد [ruz.e tawallod]، (herzlichen Glückwünsch zum ~!) تولدت مبارک [tawallod.at mobārak]

Geburtsurkunde w شناسنامه [schenāß-nāme]، سجلد [ßedjeld]، سجل [ßedjel(l)]

Gebüsch s بوته زار [bute-zār]

Gedächtnis s حافظه [hāfeze]، ذهن [zehn]

Gedanke m فکر [fekr]

gedenken v یاد کردن [yād kardan]

Gedicht s شعر [sche'r]

Gedichtssammlung w (Diwan) دیوان [diwān]

Geduld w حوصله [houßele]، صبر [ßabr]، طاقت [tāghat]، (~ haben) طاقت داشتن [tāghat dāschtan]

geduldig adj با حوصله [bā-houßele]، صبور [ßabur]، با صبر و حوصله [bā ßabr-o houßele]، پرطاقت [por-tāghat]

geeignet adj مناسب [monāßeb]

Gefahr w خطر [chatar]

gefährlich adj خطرناک [chatarnāk]، نا امن [nā.amn]

Gefälle s (Straße, Berg) سرازیری [ßarā-ziri]، سراشیبی [ßarā-schibi]

gefallen v خوش آمدن [chosch āmadan]، پسند یدن [paßandidan]

Gefallen m لطف [lotf]، محبت [mohabbat]

Gefangener m زندانی [zendāni]، اسیر [aßir]

Gefängnis s زندان [zendān]

Gefäß s ظرف [zarf]، (anatom.) رگ [rag]

Geflügel s (Fleisch) گوشت مرغ [guscht.e morgh]

Gefrierfleisch s گوشت یخ زده [guscht.e yach-zade]

Gefriertruhe w فریزر [frizer]

Gefühl s (Wahrnehmung) حس [heßß]، (Emotion) احساس [ehßāß]

gegen prep 1. (contra) ضد [zedd.e]، مخالف [mochālef.e]، علیه [aleyh.e]؛ 2. (in Richtung) به طرف [be taraf.e]، به سمت [be ßamt.e]

Gegend w ناحیه [nāhiye]، منطقه [mantaghe]

gegeneinander adv ضد هم [zedd.e ham]

Gegensatz m عکس [akß]، متضاد [motazād]، (im ~ zu) برعکس [bar-akß.e]

بر خلاف [bar-chaláf.e], ضدر [bar-zedd.e]

gegenseitig *adj* متقابل [moteghábel], دو طرفه [do-tarafe]

Gegenstand *m* شئ [schey'], چیز [tschiz]

Gegenstück *s* لنگه [lenge]

Gegenteil *s* عکس [akß], (im ~) بر عکس [bar-akß]

gegenüber *prep* (ی)روبرو [ru-be-ru(.ye)], مقابل [moghábel(.e)]

Gegenwart *w* حال [hál], (in meiner ~) در حضور من [dar hozur.e man]

Gegner *m* مخالف [mochálef], (Sport, Rivale) رقیب [raghib]

gegrillt *adj* کباب شده [kabáb-schode]

Gehalt *s* حقوق [hoghugh], درآمد [dar-ámad]

geheim *adj* سری [ßerri], مخفی [machfi], (vertraulich) محرمانه [mahramáne]

Geheimnis *s* راز [ráz], سر [ßerr]

Geheimzahl *w* (PIN) (ی)شماره رمز [schomáre.ye ramz(i)]

gehen *v* 1. (sich fortbewegen) رفتن (راه) [(ráh) raftan]; 2. (zu Fuß gehen) پیاده رفتن [piyáde raftan]

Gehirn *s* مغز [maghz], مخ [moch]

Gehirnerschütterung *w* ضربه مغزی [zarbe.ye maghzi]

Gehör *s* شنوایی [schenawáyi]

gehorchen *v* اطاعت کردن [etá'at kardan], حرف گوش کردن [harf gusch kardan]

gehören *v* (zu j-m) تعلق داشتن [ta'llogh dáschtan], مال کسی بودن [mál.e kaß.i budan]

gehorsam *adj* مطیع [moti'], حرف شنو [harf-schenou], حرف گوش کن [harf gusch-kon]

Gehweg *m* پیاده رو [piyáde-rou]

Geier *m* کرکس [karkaß]

Geige *w* ویولون [wiyolon]

Geisel *w* گروگان [gerougán]

Geist *m* 1. (Gespenst) جن [djen],

2. (Verstand) شعور [scho'ur], عقل [aghl], فهم [fahm]

geistesgestört *adj* خل [chol], دیوانه [diwáne]

Geistlicher *m* روحانی [rouháni], آخوند [áchond], (christl.) کشیش [keschisch]

geizig *adj* خسیس [chaßiß], (ugs.) کنس [keneß]

Gejammere *s* آه و ناله [áh-o-nále]

Gejaule *s* زوزه [zuze]

Geklappere *w* تلق و تولوق [talagh-o-tologh]

Geknalle *s* ترق و تورق [taragh-o-torugh]

gekocht *adj* پخته [pochte]

gelähmt *adj* فلج [faladj]

Geländer *s* نرده [narde]

Geländewagen *m* جیپ [djip]

gelangen *v* رسیدن [raßidan]

gelassen *adj* خونسرد [chun-ßard]

gelb *adj* زرد [zard]

Geld *s* پول [pul], (~ klein machen) خرد کردن [chord kardan], (ausländ. ~ wechseln) تبدیل کردن [tabdil kardan]

Geldanweisung *w* حواله [hawále]

Geldautomat *m* عابر بانک [áber.e bánk], خود پرداز [chod-pardáz]

Geldbörse *w* کیف پول [kif.e pul]

Geldschein *m* اسکناس [eßkenáß]

Gelee *s* ژله [jele]

Gelegenheit *w* فرصت [forßat], موقعیت [moughe'iyat]

Gelenk *s* مفصل [maffßal]

Geliebte *w* معشوقه [ma'schughe]

Geliebter *m* معشوق [ma'schugh]

gelingen *v* موفق شدن [mowaffagh schodan]

gelten *v* اعتبار داشتن [e'tebár dáschtan], (das gilt nicht!) قبول نیست [ghabul nißt]

gemahlen *adj* آرد شده [árd-schode]

Gemälde *s* تابلو [táblo], نقاشی [naghgháschi]

gemein *adj* زشت [zescht], بد [bad]

Wörterbuch Deutsch – Persisch

gemeinsam *adj* مشترک [moschtarek], باهم [bā-ham]

Gemeinschaft *w* انجمن [andjoman], جامعه [djāme'e]

gemischt *adj* مخلوط [machlut], قاتی [ghāti]

Gemüse *s* سبزی [ßabzi]

Gemüsehändler *m* سبزی فروش [ßabzi-forusch]

gemütlich *adj* راحت [rāhat]

genau *adj* دقیق [daghigh], درست [doroßt], *adv* دقیقاً [daghighan]

genehmigen *v* اجازه دادن [edjāze dādan], موافقت کردن [ghabul kardan], قبول کردن [mowāfeghat kardan]

Genehmigung *w* اجازه [edjāze], (amtlich) مجوز [modjawwez]

genesen *v* بهبود یافتن [behbud yāftan], خوب شدن [chub schodan]

Genie *s* نابغه [nābeghe]

genießen *v* لذت بردن [lezāt bordan], حظ کردن [hazz bordan], حظ بردن [hazz kardan], (ugs.) کیف کردن [keyf kardan]

genug *adv* کافی [kāfi], بس [baß]

genügen *v* بس بودن [baß budan], کافی بودن [kāfi budan]

genügend *adj* کافی [kāfi], بس [baß], به اندازه کافی [be andāze.ye kāfi]

Genuss *m* لذت [lezzat], حظ [hazz]

geöffnet *adj* باز [bāz]

Gepard *m* یوزپلنگ [yuz-palang]

Gepäck *s* بار [bār]

Gepäckaufbewahrung *w* محل نگهداری چمدان [mahall.e negah-dāri.ye tschamedān]

Gepäckträger *m* باربر [bār-bar], (Fahrrad) ترک دوچرخه [tark.e do-tscharche], (Auto) باربند اتومبیل [bār-band.e otombil]

gerade *adj* 1. (nicht krumm) راست [rāßt], صاف [ßāf]; 2. (Zahl) زوج [zoudj]; 3. *adv*

همین الان، الان [ham.in hālā], (soeben) همین حالا [ham.in al-ān]

geradeaus *adv* مستقیم [moßtaghim]

Gerät *s* ابزار [abzār]

geräuchert *adj* دود زده [dud-zade], دودی [dudi]

Geräusch *s* صدا [ßedā]

gerecht *adj* عادل [ādel], با انصاف [bā-enßāf]

Gerechtigkeit *w* انصاف [enßāf]

Gericht *s* 1. (Justiz) دادگاه [dādgāh], 2. (Speise) غذا [ghazā], خوراک [chorāk]

gerne *adv* با میل [bā-meyl], با علاقه [bā-'alāghe], (~ geschehen!) قابل (قابلی) ندارد [ghābel(i) na.dār.ad], خواهش میکنم [chāhesch mi.kon.am]

Gerste *w* جو [djou]

Geruch *m* بو [bu]

Gerüst *s* چوب بست [tschub-baßt], (ugs.) داربست [dār-baßt]

Gesamtheit *w* کل [koll]

Gesandter *m* سفیر [ßafir]

Gesang *s* آواز [āwāz]

Gesäß *s* نشیمن (گاه) (Hintern) [neschiman(gāh)]

Geschäft *s* 1. (Laden) مغازه [maghāze], دکان [dokkān], 2. (Deal) معامله [mo'āmele]

geschäftlich *adj* کاری [kāri], تجارتی [tedjāri], تجاری [tedjārati] (kommerziell)

Geschäftsführer *m* مدیر عامل [modir.e āmel]

Geschäftsmann *m* تاجر [tādjdjer], بازرگان [bāzargān], کاسب [kāßeb]

Geschäftspartner *m* شریک [scharik]

geschehen *v* اتفاق افتادن [ettefāgh oftādan], رخ دادن [roch dādan], پیش آمدن [pisch-āmadan]

Geschenk *s* هدیه [hadiyye], کادو [kādo], تقدیم کردن [taghdim kardan] (~ überreichen)

Geschichte *w* 1. (Historie) تاریخ [tārich]

2. (Erzählung) داستان [dāßtān], قصه [gheßße], حكايت [hekāyat]

geschickt *adj* ماهر [māher], زبردست [zebar-daßt]

geschieden *adj* طلاق گرفته [talāgh-gerefte]

Geschirr *s* ظرف [zarf]

Geschirrspülmaschine *w* ماشين ظرف شويی [māschin.e zarf-schuyi]

Geschlecht *s* (sexuell) جنسيت [djenßiyat]

geschlechtlich *adj* جنسی [djenßi]

Geschlechtsverkehr *m* رابطه جنسی [rābete.ye djenßi]

geschlossen *adj* (Fenster,Tür) بسته [baßte], (Geschäft, Amt) تعطيل [ta'til]

Geschmack *m* (Essen) مزه [maze], طعم [ta'm], (Mode) سليقه [ßalighe]

geschweige *conj* (~ denn) چه برسد که [tsche be.raßad ke]

Geschwindigkeit *w* سرعت [ßor'at]

Geschwister *Mz* خواهر و برادر [chāhar-o-barādar]

geschwollen *adj* (Wunde) ورم كرده [waram-karde], باد كرده [bād-karde]

Gesellschaft *w* 1. (soziolog.) جامعه [djāme'e], اجتماع [edjtemā'], 2. (Verein) انجمن [andjoman], كانون [kānun]

gesellschaftlich *adj* اجتماعی [edjtemā'i]

Gesetz *s* قانون [ghānun]

gesetzlich *adj* قانونی [ghānuni], (religiös) شرعی [schar'i], *adv* قانوناً [ghānunan]

Gesicht *s* صورت [ßurat]

gespannt *adj* هيجان آميز [hayadjān-āmiz], هيجان آور [hayadjān-āwar]

Gespräch *s* صحبت [ßohbat], گفت وگو [goft-o-gu], مكالمه [mokāleme]

Gestalt *w* هيكل [heykal], اندام [andām], پيكر [peykar]

gestehen *v* اقرار كردن [eghrār kardan], اعتراف كردن [e'terāf kardan]

gestern *adv* ديروز [diruz], (~ Abend) ديشب [dischab], (~ früh) ديروز صبح [diruz ßobh]

gesund *adj* سالم [ßālem], تندرست [tan-doroßt], (~ und munter) صحيح و سالم [ßahih-o-ßālem]

Gesundheit *w* سلامتی [ßalāmati], تندرستی [tan-doroßti], (~!) عافيت باشه [āfiyat bāsch.e]

Getränk *s* نوشابه [nusch-ābe], آشاميدنی [nuschidani], [āschāmidani]

Getreide *w* غله [ghalle]

getrennt *adj* جدا [djodā], جداگانه [djodāgāne]

Getriebe *s* چرخ دنده [dande.ye tscharch], گيربكس [gir-bokß]

Gewalt *w* زور [zur]

gewaltsam *adj* به زور [be zur]

Gewehr *s* تفنگ [tofang]

Geweih *s* شاخ [schāch]

Gewerbe *s* حرفه [herfe], پيشه [pische]

Gewerkschaft *w* اتحاديه [ettehādiye]

Gewicht *s* وزن [wazn]

Gewichtheben *s* وزنه برداری [wazne-bar-dāri]

Gewichtheber *m* وزنه بردار [wazne-bar-dār]

Gewinn *m* سود [ßud], منفعت [manfa'at], نفع [naf']

gewinnen *v* 1. (siegen) برنده شدن [barande schodan], پيروز شدن [piruz schodan]; 2. (erlangen) سود بردن [ßud bordan], منفعت كردن [manfe'at kardan], نفع بردن [naf' bordan], بردن [bordan]

Gewinner *m* برنده [barande]

gewiss *adv* البته [albatte], حتماً [hatman]

Gewissen *s* وجدان [wodjdān]

Gewissensbisse *Mz* عذاب وجدان [azāb.e wodjdān]

Gewitter *s* رعد و برق [ra'dd-o-bargh]

gewöhnen v (sich) عادت کردن [ādat kardan]

Gewohnheit w عادت [ādat]

gewöhnlich adj عادی [ādi], معمولی [ma'muli], پیش یا افتاده [pisch-e-pā-oftāde], adv (wie ~) طبق معمول [tebgh.e ma'mul], مثل همیشه [meßl.e hamische]

Gewürz s ادویه [adwiye]

Gezeiten Mz جزر و مد [djazr-o-madd]

Gicht w نقرس [neghreß]

Gier w طمع [tama']

gierig adj حریص [hariß], طماع [tammā'], (~ sein) طمع داشتن [tama' dāschtan], طمع بردن [tama' bordan]

gießen v ریختن [richtan], (Blumen) آب دادن [āb dādan]

Gießkanne w آب پاش [āb-pāsch], (für die Toilette) آفتابه [āftābe]

Gift s زهر [zahr], سم [ßamm]

giftig adj سمی [ßammi], زهری [zahri]

Gipfel m قله [gholle]

Gips m گچ [gatsch]

Giraffe w زرافه [zarrāfe]

Girokonto s حساب جاری [heßāb.e djāri]

Gitarre w گیتار [gitār]

Gitter s نرده [narde]

glänzen v برق زدن [bargh zadan], درخشیدن [derachschidan]

glänzend adj براق [barrāgh], درخشان [derachschān]

Glas s 1. (Material) شیشه [schische]; 2. (Trinkgefäß) لیوان [liwān], گیلاس [gilāß], (Tee) استکان [eßtekān]

gläsern adj شیشه ای [schische'i]

glatt adj لیز [liz]

Glatteis s یخبندان [yach-bandān]

Glatzkopf m کچل [katschal], بی مو [bi-mu]

Glaube m ایمان [imān], (Religion) دین [din], مذهب [mazhab]

glauben v باور کردن [bāwar kardan],

(an Gott) ایمان داشتن [imān dāschtan]

Glaubenskämpfer m مجاهد [modjāhed]

gläubig adj مذهبی [mazhabi], مؤمن [mo'men]

gleich adj (gleichartig) یکسان [yek-ßān], برابر [barābar]

gleichaltrig adj هم سن [ham-ßen]

Gleichberechtigung w برابری [barābari], تساوی [taßāwi]

gleichen v (sich) شبیه هم بودن [schabih.e ham budan], مثل هم بودن [meßl.e ham], شباهت داشتن [schebāhat dāschtan], (ugs.) بهم رفتن [be-ham raftan]

gleichermaßen adv به یک اندازه [be yek andāze], یکسان [yek-ßān]

gleichfalls adv (Antwortfloskel) همینطور [ham.in-tour], همچنین [ham-tschen.in]

Gleichgewicht s تعادل [ta'ādol]

gleichgültig adj بی اعتناء [bi-e'tenā'], بی تفاوت [bi-tafāwot]

gleichzeitig adj هم زمان [ham-zamān]

Gleis s خط آهن [chatt.e āhan], ریل [reyl]

gleiten v (rutschen) سر خوردن [ßor chordan], لیز خوردن [liz chordan], لغزیدن [laghzidan]

Gletscher m توچال [tow-tschāl], تودهٔ یخ [tude.ye yach]

Glied s (Gliedmaßen) عضو بدن [ozw.e badan]

Glocke w زنگ [zang], (Glöckchen für Tiere) زنگوله [zangule]

Glück s بخت [bacht], خوشبختی [chosch-bachti]

glücklich adj خوشبخت [chosch-bacht]

glücklicherweise adv خوشبختانه [chosch-bachtāne]

Glücksspiel s قمار (بازی) [ghomār(-bāzi)]

Glückwunsch m تبریک [tabrik], شادباش [schād-bāsch], (herzlichen ~!) تبریک عرض میکنم [tabrik arz mi.kon.am], (herzlichen ~ zum Geburtstag!) تولدت مبارک [tawallod.at mobārak]

Glückwunschkarte w کارت تبریک [kārt(.e)-tabrik]

Glühbirne w لامپ [lāmp]

glühen v داغ کردن [dāgh kardan]

Gold s طلا [talā], زر [zar]

golden adj طلایی [talāyi], زرین [zarrin]

Goldschmied m زرگر [zargar]

Golf m خلیج [chalidj], (Persischer ~) خلیج پارس [chalidj.e fārß] خلیج فارس [chalidj.e pārß]

Gorilla m گوریل [guril]

Gott m خدا [chodā], خداوند [chodāwand], الله [allāh], پروردگار [parward(e)gār], ایزد [izad], آفریدگار [āfarid(e)gār], (~ sei Dank) خدا را شکر [chodā rā schokr], (ach du lieber ~!) ای وای! [ey wāy], وای خدا [wāy chodā], (so ~ will) انشاءالله [enschā'allāh], [be omid.e chodā], (im Namen Gottes) به نام خدا [be nām.e chodā]

Gottesdienst m عبادت [e'bādat]

Götze m بت [bot]

Grab s قبر [ghabr], گور [gur], مقبره [maghbare]

graben v گود(ال) کردن [goud(āl) kardan]

Graben m گودال [goudāl], چاله [tschāle]

Grad m حد [hadd], (Temperatur) درجه [daradje]

Gramm s گرم [geram]

Grammatik w دستور زبان [daßtur.e zabān]

Granatapfel m انار [anār]

Granate w نارنجک [nārandjak]

Grapefruit w گریپ فروت [geripfrut]

Gras s علف [alaf]

grasen v چریدن [tscharidan]

grau adj خاکستری [chākeßtari], (Stoff) طوسی [tußi], (Haar) جوگندمی [djou-gandomi], (Himmel) گرفته [gerefte]

grausam adj بی رحم [bi-rahm], ظالم [zālem]

greifen v گرفتن [gereftan]

Grenze w (Landes~) مرز [marz], سرحد [ßar-hadd]

Grieche m یونانی [yunāni]

Griechenland s یونان [yunān]

griechisch adj یونانی [yunāni]

Grill m منقل [manghal]

grinsen v پوزخند زدن [puz-chand zadan], نیشخند زدن [nisch-chand zadan]

Grippe w آنفولانزا [ānfulānzā], گریپ [grip]

grob adj زمخت [zomocht], (Person) خشن [chaschen]

groß adj بزرگ [bozorg], (ugs.) گنده [gonde]

großartig adj عالی [āli], (ugs.) تک [tak], ماه [māh]

Größe w 1. (allg.) بزرگی [bozorgi], اندازه [andāze], (Land, Grundstück, Wohnung) بزرگی [bozorgi], مساحت [maßāhat]; 2. (Kleidung usw.) اندازه [andāze]

Großmutter w مادر بزرگ [mādar-bozorg]

Großvater m پدر بزرگ [pedar-bozorg]

Großhändler m عمده فروش [omde-forusch]

großzügig adj بزرگوار [bozorgwār]

Grotte w غار [ghār]

grün adj سبز [ßabz]

Grund m 1. (Boden) زمین [zamin], خاک [chāk]; 2. (Ursache) دلیل [dalil], سبب [ßabab], علت [ellat], (im Grunde genommen) در حقیقت [dar haghighat], درواقع [dar wāghe']

gründen v تشکیل دادن [taschkil dādan]

Grundlage w اساس [aßāß], پایه [pāye], زمینه [zamine]

gründlich adj دقیق [daghigh], (ugs.) درست و حسابی [doroßt-o-heßābi]

grundsätzlich adv اصولاً [oßulan]

Grundschule w دبستان [dabeßtān], مدرسه ابتدایی [madreße.ye ebtedāyi]

Grundstück s ملک [melk], زمین [zamin]

Gruppe w گروه [goruh], دسته [daßte], (Clique, ugs.) دار و دسته [dār-o-daßte],

بچه ها [batschtsche.hā], اکیب [ekib]
Gruß *m* سلام [ßalām], درود [dorud]
grüßen *v* (begrüßen) سلام کردن [ßalām kardan], درود گفتن [dorud goftan], (Grüße übermitteln) سلام رساندن [ßalām reßāndan]
grußlos *adv* (~ gehen) بدون خدا حافظی [bedun.e chodā-hāfezi]
gültig *adj* اعتبار داشتن [e'tebār dāschtan]
Gummi *m* لاستیک [lāßtik]
Gummiband *s* کش [kesch]
Gunst *w* عنایت [enāyat], لطف [lotf]
günstig *adj* مناسب [monāßeb]
gurgeln *v* غرغره کردن [ghar-ghare kardan]
Gurke *w* خیار [chiyār]
Gurt *m* کمربند [kamar-band]
Gürtel *m* کمربند [kamar-band]
gut *adj* خوب [chub]
Gutachten *s* نظریه [nazariye], گزارش متخصص [gozāresch.e motachaßßeß]
gutgläubig *adj* خوش باور [chosch-bāwar]
Gutschein *m* کوپن [kupon]
gutschreiben *v* (etw.) به حساب نوشتن [be heßāb neweschtan]
Gymnasium *s* دبیرستان [dabireßtān]
Gymnastik *w* ژیمناستیک [jimnāßtik]

H

Haar *s* (Kopf) مو [mu], موی سر [mu.ye ßar], (Körper) موی بدن [mu.ye badan], (Achsel) موی زیر بغل [mu.ye zir.e baghal], (echtes ~) موی طبیعی [mu.ye tabi'i], (künstliches ~) موی مصنوعی [mu.ye maßnu'i], (volles ~) موی پرپشت [mu.ye por-poscht], (ohne Haare) بی مو [bi-mu], طاس [tāß], کچل [katschal], (dünnes ~) کم پشت [kam-poscht]
haargenau *adv* مو به مو [mu-be-mu], عیناً [eynan]

haben *v* داشتن [dāschtan]
Habicht *m* قوش [ghousch]
hacken *v* خرد کردن [chord kardan], قطعه قطعه کردن [ghat'e-ghat'e kardan], تکه تکه کردن [tekke-tekke kardan], ریزریز کردن [riz-riz kardan], (Fleisch) چرخ کردن [tscharch kardan], (Erde) بیل زدن [bil zadan]
Hackfleisch *s* گوشت چرخ کرده [guscht.e tscharch-karde]
Hafen *m* بندر [bandar]
Hafer *m* جو دو سر [djou.e do-ßar]
haften *v* 1. (Bürge) ضمانت کردن [zemānt kardan]; 2. (kleben bleiben) چسبیدن [tschaßbidan]
Haftung *w* تعهد [ta'ahhod], ضمانت [zemānt]
Hagel *m* تگرگ [tagarg]
hageln *v* تگرگ باریدن [tagarg bāridan], (es hagelt, ugs.) تگرگ میاد [tagarg mi.yād]
Hahn *m* 1. (Tier) خروس [choruß]; 2. (Wasser~) شیر آب [schir.e āb]
Hähnchen *s* جوجه [djudje]
häkeln *v* قلاب بافی کردن [ghollāb-bāfi kardan], قلابدوزی کردن [ghollāb-duzi kardan]
Hai *m* کوسه [kuße], نهنگ [nahang]
Haken *m* قلاب [ghollāb], (Kleid) سگک [ßagag]
halb *adj* نیم [nim], نصف [neßf], (Uhrzeit) نیم [nim], سی [ßi]
Halbinsel *w* شبه جزیره [schebh.e djazire]
halbieren *v* نصف کردن [neßf kardan]
halbfertig *adj* نیم تمام [nim-tamām]
halbjährig *adj* هرنیم سال [har nim ßāl], سالی دو بار [har schesch māh], هرشش ماه [ßāli do bār], شش ماه یکبار [schesch māh yek bār]
halbstündlich *adv* (alle halbe Stunde) هرنیم ساعت [har nim ßā'at], نیم ساعت به نیم ساعت [nim ßā'at be nim ßā'at], هر سی دقیقه [har ßi daghighe]

Wörterbuch Deutsch – Persisch

Hälfte w نصف [neßf], نیم [nim]

Halle w تالار [tālār], سالن [ßalon]

hallo interj (Telefon) الو [alo]

halluzinieren v هذیان گفتن [hazyān goftan]

Hals m 1. (Kehle) گلو [galu], حلق [halgh]; 2. (äußerer ~) گردن [gardan]

Halsband s گردن بند [gardan-band]

Halsschmerzen Mz گلو درد [galu-dard]

Halt m توقف [tawaghghof], (Stütze) تکیه گاه [takyegāh]

haltbar adj با دوام [bā-dawām]

halten v 1. (fest~) نگهداشتن [negah-dāschtan], (2. ~ für etw.) اشتباه گرفتن [eschtebāh gereftan], عوضی گرفتن [a'wazi gereftan]

Halterung w دستگیره [daßt-gire], دسته [daßte]

Haltestelle w ایستگاه [ißtgāh]

Hammel m گوسفند [gußfand], (~fleisch) گوشت گوسفند [guscht.e gußfand]

Hammer m چکش [tschakkosch]

hämmern v چکش زدن [tschakkosch zadan]

hamstern v انبار کردن [ambār kardan]

Hand w دست [daßt], (Hände hoch!) دستها بالا! [daßt.hā bālā]

Handarbeit w کاردست [kār.e daßt], (traditionell) صنایع دستی [ßanāye' daßti]

Handel m تجارت [tedjārat], معامله [mo'āmele], خرید و فروش [charid-o-forusch]

handeln v 1. (aktiv werden) عمل کردن [amal kardan], دست به کار شدن [daßt-be-kār schodan], اقدام کردن [eghdām kardan]; 2. (Kommerz) تجارت کردن [tedjārat kardan], معامله کردن [mo'āmele kardan], خریدوفروش کردن [charid-o-forusch kardan], (worum handelt es sich?) موضوع چیست؟ [mouzu' tschi.ßt]

Handfläche w کف دست [kaf.e daßt]

Handgelenk s مچ دست [motsch.e daßt]

Handgepäck s بار دستی [bār.e daßti]

Händler m تاجر [tādjdjer], بازرگان [bāzargān]

Handlung w (Aktion) عمل [amal], کنش [konesch]

Handrücken m پشت دست [poscht.e daßt]

Handschellen Mz دستبند [daßt-band]

Handschrift w دست خط [daßt-chatt]

Handschuh m دستکش [daßt-kesch]

Handschuhfach s داشبرد [dāsch-bord]

Handtasche w کیف دستی [kif.e daßti]

Handtuch s حوله [houle]

Handwerk s صنایع [ßanāye'], فن [fann], حرفه [herfe], پیشه [pische]

Handwerker m صنعتگر [ßan'atgar], پیشه ور [pischewar]

Handy s (Mobiltelefon) موبایل [mobāyl]

Hang m 1. (Hügelflanke) دامنه [dāmane], شیب [schib]; 2. (Neigung) تمایل [tamāyol]

hängen v (hin~) آویزان کردن [āwizān kardan], (herab~) پایین آویزان کردن [pāyin āwizān kardan]

Hantel w هالتر [hālter]

Harem m حرم [haram-ßarā], حرم سرا [haram]

Harfe w چنگ [tschang]

harmlos adj بی آزار [bi-āzār]

hart adj محکم [mohkam], سفت [ßeft], (Ei) سفت [ßeft], کلفت [koloft]

hartnäckig adj سمج [ßemedj]

Hase m خرگوش [char-gusch]

Haselnuss w فندق [fandogh]

Hasenscharte w لب شکری [lab-schekari]

Hass m نفرت [nefrat], تنفر [tanafor], کینه [kine]

hassen v کینه داشتن [kine dāschtan], متنفر بودن [motanaffer budan], بیزار بودن [bi-zār budan], تنفر داشتن [tanaffor dāschtan], نفرت داشتن [nefrat dāschtan]

hässlich adj زشت [zescht], مضحک [mozhek]

hauen v (prügeln) کتک زدن [kotak zadan]

Wörterbuch Deutsch – Persisch

Haufen *m* كپه [koppe]

häufig *adj / adv* اغلب [aghlab], معمولاً [ma'mulan]

Hauptbahnhof *m* راه آهن مرکزی (ایستگاه) [(ißtgāh.e) rāh(.e)-āhan.e markazi]

Hauptgericht *s* غذا اصلی [ghazā.ye aßli], خوراک اصلی [chorāk.e aßli]

hauptsächlich *adv* مخصوصاً [machßußan], بخصوص [be-choßuß], بويژه [be-wije]

Hauptstadt *w* پايتخت [pāy(e)-tacht]

Hauptstraße *w* خيابان اصلی [chiyābān.e aßli]

Haus *s* خانه [chāne], منزل [manzel], (zu Hause) در خانه [dar chāne], (nach Hause gehen) به خانه رفتن [be chāne raftan], به منزل رفتن [be manzel raftan], (Weißes ~) كاخ سفيد [kāch.e ßefid]

Hausaufgabe *w* (Schule) مشق [maschgh], درس و مشق [darß-o-maschgh]

Hausfrau *w* زن خانه دار [zan.e chāne-dār], خانم خانه [chānom.e chāne]

hausgemacht *adj* خانگی [chānegi]

Haushalt *m* خانه داری [chāne-dāri]

Haushaltsgerät *s* وسايل خانه [waßāyel.e chāne]

Haustier *s* حيوان خانگی [heywān.e chānegi]

Haut *w* پوست [pußt]

Hautarzt *m* پزشک پوست [pezeschk.e pußt], دکتر پوست [doktor.e pußt]

hauteng *adj* (gegen Bekleidungsvorschrift) تنگ و چسبان [tang-o-tschaßbān]

Haxe *w* پاچه [pātsche]

Hebamme *w* ماما [māmā]

Hebel *m* ديلم [deylam]

heben *v* بلند کردن [boland kardan]

Hecke *w* پرچين [partschin]

Hefe *w* مايه [māye]

Heft *s* دفتر [daftar]

heftig *adj* شديد [schadid]

Heide *m* (Religion) کافر [kāfar], بی دين [bi-din]

Heidelbeere *w* بلوبری [bluberi]

heilen *v* معالجه کردن [mo'āledje kardan], درمان کردن [darmān kardan]

heilig *adj* مقدس [moghaddaß], روحانی [ruhāni], (heiliger Krieg) جهاد [djehād]

Heilung *w* علاج [alādj], درمان [darmān]

Heimat *w* وطن [watan], ميهن [mihan]

Heimweh *s* دلتنگی از دوری وطن [del-tangi az duri.ye watan], رنج دوری از وطن [randj.e duri az watan]

heiraten *v* ازدواج کردن [ezdewādj kardan], عروسی کردن [arußi kardan], (Frau) زن گرفتن [zan gereftan], (Mann) شوهر کردن [shouhar kardan]

Heiratsantrag *m* خواستگاری [chāßtgāri]

heiser *adj* گرفته [gerefte]

heiß *adj* گرم [cheyli garm], داغ [dāgh]

heißen *v* ناميدن [nāmidan], (wie ~ Sie?) اسم شما چيست؟ [eßm.e schomā tschi.ßt], (das heißt) يعنی [ya'ni], (was heißt das?) اين يعنی چه؟ [in ya'ni tsche]

heiter *adj* 1. (Stimmung) شاد [schād], سرحال [ßar.e hāl], شنگول [schangul]; 2. (Wetter) آفتابی [āftābi]

heizen *v* گرم کردن [garm kardan], (Holz) آتش روشن کردن [ātasch rouschan kardan], (Ofen) بخاری روشن کردن [bochāri rouschan kardan]

Heizung *w* شوفاژ [schofāj]

Held *m* قهرمان [ghahramān], پهلوان [pahlawān]

helfen *v* کمک کردن [komak kardan]

hell *adj* روشن [rouschan], (Stimme) نازک [nāzok], (~ werden, Wetter, Himmel) روشن شدن [rouschan schodan]

hellsehen *v* غيب گفتن [gheyb goftan]

Helm *m* کلاه ايمنی [kolāh.e imani]

Hemd *s* پيراهن [pirāhan]

Wörterbuch Deutsch – Persisch

Henkel m دسته [daßte]، دستگیره [daßt-gire]

Henker m جلاد [djallād]

Henne w مرغ [morgh]

heraus adv به بیرون [be birun]

herausfinden v (etw.) پیدا کردن [peydā kardan]

herausnehmen v بیرون آوردن [birun āmadan]

herausziehen v بیرون کشیدن [birun keschidan]، بیرون آوردن [birun āwardan]، در آوردن [dar āwardan]

Herberge w مسافرخانه [moßāfer-chāne]، مهمان خانه [mehmān-chāne]

Herbst m پاییز [pāyiz]

Herd m (Feuerstelle) اجاق [odjāgh]، (Elektro~) اجاق برقی [odjāgh.e barghi]، (Gas~) اجاق گازی [odjāgh.e gāzi]

Herde w گله [galle]

herein adv تو [tu]، به داخل [be dāchel]، (~!) بفرمایید (تو)! [be.farmāy.id (tu)]

hereinkommen v به داخل آمدن [be dāchel āmadan]، تو آمدن [tu āmadan]

Hering m 1. (Fisch) شاه ماهی [schāh-māhi]; 2. (Camping) میخ (چادر) [mich(.e tschādor)]

Herkunft w اصل [aßl]، ریشه [rische]

Herr m آقا [āghā]

herrenlos adj بی صاحب [bi-ßāheb]، ولگرد [wel-gard]

herrlich adj عالی [āli]، با شکوه [bā-schokuh]

Herrschaft w (Monarchie) سلطنت [ßaltanat]

herrschen v (über j-n) حکم رانی کردن [hokm-rāni kardan]

herstellen v (Produkt) تولید کردن [toulid kardan]، ساختن [ßāchtan]

Hersteller m تولید کننده [toulid-konande]، سازنده [ßāzande]

Herz s قلب [ghalb]، (literar., Kartenspiel) دل [del]، (von ganzem Herzen) قلباً [ghalban]، از صمیم قلب [az ßamim.e ghalb]، (ugs.) از ته قلب [az tah.e ghalb]

Herzbeschwerden Mz ناراحتی قلبی [nā.rāhati.ye ghalbi]

Herzinfarkt m سکته قلبی [ßekte.ye ghalbi]

herzlich adj صمیمانه [ßamimāne]، adv قلباً [ghalban]

Heu s کاه [kāh]، (als Futter) یونجه [yondje]

heucheln v تظاهر کردن [tazāhor kardan]، چاپلوسی کردن [tschāplußi kardan]

Heuchler m چاپلوس [tschāpluß]

Heuschrecke w ملخ [malach]

heute adv امروز [emruz]، (von ~ an) از امروز به بعد [az emruz be ba'd]

heutzutage adv امروزه [emruze]، این روزها [in ruz.hā]

Hexe w جادوگر [djādugar]

hier adv اینجا [in-djā]

Hilfe w کمک [komak]، (Erste ~) کمک های اولیه [komak.hā.ye awwaliye]

Hilfsmittel s لاوازم کمکی [lawāzem.e komaki]

Himbeere w تمشک [tameschk]

Himmel m آسمان [āß(e)mān]، (um Himmels willen!) ای خدا! [ey wāy]، ای وای! [wāy chodā]

hin adv (~ und her) آن طرف و به این طرف [be in taraf wa be ān taraf]، اینور و آنور [in-war-o-ān-war]

hinabsteigen v پایین آمدن [pāyin āmadan]، پایین رفتن [pāyin raftan]

hinaufsteigen v بالا رفتن [bālā raftan]

hinaus adv بیرون [birun]، (~!) برو بیرون! [bo.ro birun]، (darüber ~) از این گذشته [az in gozaschte]

hinausgehen v بیرون رفتن [birun raftan]، خارج شدن [chāredj raftan]

hindern v مانع شدن [māne' schodan]، جلوگیری کردن [djelou-giri kardan]

Hindernis s مانع [māne']، منع [man']

Wörterbuch Deutsch – Persisch

hineingehen *v* داخل شدن [dāchel schodan], وارد شدن [wāred schodan]

Hinfahrt *w* رفت (مسیر) [(maßir.e) raft], (einfache ~) یکسره [yek-ßare]

hinfallen *v* افتادن [oftādan], زمین خوردن [zamin chordan]

hinlegen *v* 1. (etw.) گذاشتن [gozāschtan]; 2. (sich, zum Schlaf) خوابیدن [chābidan]

hinrichten *v* اعدام کردن [e'dām kardan]

Hinrichtung *w* اعدام [e'dām]

hinten *adv* پشت [poscht], عقب [aghab], (ganz ~ im Schrank) ته کمد [tah.e komod]

hinter *prep* پشت [poscht], عقب [aghab]

hinterer *adj* عقبی [aghabi]

Hinterbliebene *Mz* بازماندگان [bāz-mānde.gān]

Hintergrund *m* زمینه [zamine]

hinunter *adv* پایین [pāyin], به پایین [be pāyin]

Hinweis *m* اشاره [eschāre]

hinweisen *v* اشاره کردن [eschāre kardan], نشان دادن [neschān dādan]

hinzufügen *v* اضافه کردن [ezāfe kardan], (Dokument) ضمیمه کردن [zamime kardan], پیوست کردن [peywaßt kardan]

Hirsch *m* گوزن [gawazn]

Hirse *w* ارزن [arzan]

Hirte *m* چوپان [tschupān]

Hitze *w* گرما [garmā], (Ofen) حرارت [harārat]

Hitzschlag *m* گرما زدگی [garmā-zadegi]

Hobby *s* سرگرمی [ßar-garmi]

hobeln *v* رنده کردن [rande kardan]

hoch *adj* بلند [boland], (oben, a. Kosten, Blutdruck usw.) بالا [bālā], (Geschwindigkeit) زیاد [ziyād]

Hochland *s* فلات [falāt]

höchstens *adv* حد اکثر [hadd.e akßar]

höchstwahrscheinlich *adv* به احتمال قوی [be ehtemāl.e ghawi]

höchstgefährlich *adj* فوق العاده خطرناک [fough-ol-āde chatarnāk]

Hochwasser *s* سیلاب [ßeyl-āb], سیل [ßeyl]

Hochzeit *w* (Feier) جشن عروسی [djaschn.e arußi]

hochziehen *v* بالا کشیدن [bālā keschidan]

Hocker *m* چهارپایه [tschahār-pāye]

Hoden *m* خایه [chāye], تخم [tochm]

Hof *m* 1. (Innen~) حیاط [hayāt]; 2. (Bauern~) خانه دهقانی [chāne.ye dehghāni], خانه روستایی [chāne.ye rußtāyi]

hoffen *v* امید داشتن [omid dāschtan], امیدوار بودن [omidwār budan]

hoffentlich *adv* به امید خدا [be omid.e chodā], انشاءالله [enschā'allāh], (~ nicht) خدا نکند [chodā na.kon.ad]

Hoffnung *w* امید [omid]

höflich *adj* مؤدب [mo'addab], با ادب [bā-adab]

Höflichkeit *w* ادب [adab], (Höflichkeiten austauschen) تعارف کردن [ta'ārof kardan]

Höflichkeitsfloskel *w* تعارف [ta'ārof]

Höhe *w* بلندی [bolandi], ارتفاع [ertefā']

Höhepunkt *m* اوج [oudj]

hohl *adj* پوک [puk], (a. Phrasen) تو خالی [tu-chāli], پوچ [putsch]

Höhle *w* غار [ghār]

Hohn *m* تمسخر [tamaßchor], اهانت [ehānat], ریش خند [risch-chand], طعنه [ta'ne]

holen *v* آوردن [āwardan]

Hölle *w* جهنم [djahanam], دوزخ [duzach]

holprig *adj* (Weg) دست انداز [daßt-andāz]

Holz *s* چوب [tschub]

hölzern *adj* چوبی [tschubi]

Honig *m* عسل [aßal]

Honigmelone *w* طالبی [tālebi], خربوزه [charbuze]

hören *v* شنیدن [schenidan], گوش دادن [gusch dādan], گوش کردن [gusch kardan]

Hörer *m* 1. (Person) شنونده [schenawande], 2. (Telefon) گوشی تلفن [guschi(.ye) telefon]

Hörgerät *s* سمعک [ßam'ak]

Horizont *m* افق [ofogh]

horizontal *adj* افقی [ofoghi]

Horn *s* شیپور [scheypur], (Tier) شاخ [schāch]

Hornhaut *w* پینه [pine]

Hose *w* شلوار [schalwār]

Hosenträger *m* بند شلوار [band.e schalwār]

Hotel *s* هتل [hotel], مهمانخانه [mehmān-chāne]

hübsch *adj* قشنگ [ghaschang], زیبا [zibā], خوشگل [choschgel]

Hubschrauber *m* هلی کوپتر [helikupter]

Huf *m* سم [ßom]

Hufeisen *s* نعل [na'l]

Hüfte *w* لگن [lagan]

Hügel *m* تپه [tappe]

Hülle *w* پوشش [puschesch], جلد [djeld]

Huhn *s* مرغ [morgh], (Hühnerfleisch) گوشت مرغ [guscht.e morgh]

Hühnchen *s* (Fleisch) جوجه [djudje]

Hühnerauge *s* میخچه [michtsche]

Hülsenfrucht *w* حبوبات [hobubāt]

Humor *m* شوخی [schuchi]

humpeln *v* شلیدن [schalidan]

Hund *m* سگ [ßag]

hundert *num* صد [ßad]

hundertprozentig *adj* (a. zweifellos) صددرصد [ßad-dar-ßad]

Hunger *m* گرسنگی [goroßnegi], (ugs.) گشنگی [goschnegi]

hungern *v* گرسنگی کشیدن [goroßnegi keschidan], (ugs.) گشنگی کشیدن [goschnegi keschidan], گرسنگی خوردن [goroßnegi chordan]

hungrig *adj* گرسنه [goroßne], (ugs.) گشنه [goschne]

Hupe *w* بوق [bugh]

hupen *v* بوق زدن [bugh zadan]

hüpfen *v* جهیدن [djahidan], (hin und her) جست و خیز کردن [djoßt-o-chiz kardan]

husten *v* سرفه کردن [ßorfe kardan]

Husten *m* سرفه [ßorfe]

Hustensaft *m* شربت سینه [scharbat.e ßine]

Hut *m* کلاه [kolāh], (~ ab!, lobend) آفرین! [āfarin], احسنت! [ahßant]

hüten *v* 1. (Kinder, Tiere) مراقبت کردن [morāghebat kardan], مواظب بودن [mowāzeb budan], مواظبت کردن [mowāzebat kardan], نگهداری کردن [negah-dāri kardan], پاییدن [pāyidan], 2. (sich) مواظب بودن [mowāzeb budan], پاییدن [pāyidan]

Hutmacher *m* کلاه دوز [kolāh-duz]

Hütte *w* (Behausung) کپر [kapar], (Schutz~) کلبه [kolbe]

Hyäne *w* کفتار [kaftār]

Hyazinthe *w* سنبل [ßombol] (گل) [(gol.e]

Hygiene *w* بهداشت [beh-dāscht]

hygienisch *adj* بهداشتی [beh-dāschti]

Hymne *w* سرود [ßorud]

Hypothek *w* رهن [rahn]

I

ich *pron* من [man], (~ bin's) من هستم! [man haßt.am], منم! [man.am]

ideal *adj* عالی [āli], ایده آل [ideāl]

Idee *w* فکر [fekr], ایده [ide]

Idiot *m* خل [chol], احمق [ahmagh], بی شعور [bi-scho'ur]

Igel *m* خارپشت [chār-poscht], جوجه تیغی [djudje-tighi]

ignorieren *v* اعتناء نکردن [e'tenā' na.kardan], محل نگذاشتن [mahal na.gozāschtan], ندیده گرفتن [na.dide gereftan]

Imbiss *m* (Happen) غذای مختصر [ghazā.ye mochtaßar]

Wörterbuch Deutsch – Persisch

Imbissbude *w* ساندویچ فروشی [ßandewitsch-foruschi]

Imker *m* کندودار [kandu-dār]

immer *adv* همیشه [hamische], (für ~) برای همیشه [barāye hamische], تا ابد [tā abad]

immerhin *adj* حد عقل [hadd.e aghall]

impfen *v* مایه کوبی کردن [māye-kubi kardan], واکسن زدن [wākßan zadan]

Import *m* واردات [wāredāt]

importieren *v* وارد کردن [wāred kardan]

impotent *adj* عنین [anin]

in *prep* در [dar], در داخل [dar dāchel.e], توی [tu.ye]

Indianer *m* سرخ پوست [ßorch-pußt]

Indien *s* هند [hend], هندوستان [hendußtān]

indirekt *adj* غیر مستقیم [gheyr.e moßtaghim]

indisch *adj* هندی [hendi], هندوستانی [hendußtāni]

Industrie *w* صنعت [ßan'at]

industriell *adj* صنعتی [ßan'ati]

Infektion *w* عفونت [ofunat]

Information *w* اطلاع [ettelā'], (Mz) اطلاعات [ettelā'āt], خبر [chabar]

Informationsbüro *s* اطلاعات [ettelā'āt]

informieren *v* خبردادن [chabar dādan], اطلاع دادن [ettelā' dādan], آگاه کردن [āgāh kardan]

Ingenieur *m* مهندس [mohandeß]

Ingwer *m* زنجبیل [zandjabil]

Inhaber *m* صاحب [ßāheb], (Grundstück) مالک [mālek]

Inhalt *m* محتویات [mohtawiyāt], (Brief) موضوع [mouzu'], مطلب [matlab]

Inland *s* داخل کشور [dāchel.e keschwar], در کشور [dar keschwar]

Inlandsflug *m* پرواز داخلی [parwāz.e dācheli]

inmitten *prep* (~ von) (در) میان [(dar) miyān.e], (در) وسط [(dar) waßat.e]

innen *adv* داخل [dāchel], درون [dorun], توی [tu], توی [tuy]

Innenstadt *w* مرکز شهر [markaz.e schahr]

innerer *adj* داخلی [dācheli], درونی [doruni]

innerhalb *prep* (در) توی [(dar) tu.ye], (در) داخل [(dar) dāchel.e], (zeitl.) در ظرف [dar zarf.e], در طول [dar tul.e], در عرض [dar arz.e], درطی [dar tey.ye]

Inschrift *w* (auf Felsen) کتیبه [katibe]

Insekt *s* حشره [haschare]

Insel *w* جزیره [djazire]

insgesamt *adv* جمعاً [djam'an], کلاً [kollan], روی هم رفته [ru.ye-ham-rafte]

installieren *v* لوله کشی کردن [lule-keschi kardan], نصب کردن [naßb kardan]

Institut *s* مؤسسه [mo'aßßaße], انستیتو [anßtitu], بنیاد [bonyād]

intelligent *adj* با هوش [bā-husch]

intensiv *adj* (Unterricht) فشرده [feschorde]

interessant *adj* جالب [djāleb], (wie ~) چه جالب [tsche djāleb]

Interesse *s* علاقه [alāghe]

interessieren *v* علاقه داشتن [alāghe dāschtan], علاقمند بودن [alāgh(e)mand budan]

international *adj* بین المللی [beyno-l-melali]

Internet *s* اینترنت [internet]

Interview *s* مصاحبه [moßāhebe]

inzwischen *adv* دراین بین [dar in beyn], دراین میان [dar in miyān], در این فاصله [dar in fāßele]

Irak *m* عراق [arāgh]

Iraker *m* عراقی [arāghi]

irakisch *adj* عراقی [arāghi]

Iran *m* ایران [irān]

Iraner *m* ایرانی [irāni]

iranisch *adj* ایرانی [irāni]

Iranistik *w* ایران شناسی [irān-schenāßi]

irgendein *pron* چیزی (یک) [(yek) tschiz.i], (Person) کسی (یک) [(yek) kaß.i]
irgendwann *adv* وقتی یک [yek waght.i]
irgendwie *adv* به (یک) [be (yek) tarigh.i], طوری یک [yek djur.i], جوری یک [yek tour.i]
irgendwo *adv* جایی (یک) [(yek) djā.yi]
irgendwohin *adv* جایی (یک) [(yek) djā.yi]
irren *v* (sich) کردن اشتباه [eschtebāh kardan], کردن غلط [ghalat kardan]
Irrenanstalt *w* تیمارستان [timāreßtān]
Irrtum *m* اشتباه [eschtebāh], خطا [chatā]
irrtümlicherweise *adv* اشتباهاً [eschtebāhan]
Islam *m* اسلام [eßlām]
islamisch *adj* اسلامی [eßlāmi]
Israel *s* اسرائیل [eßrā'il]
Israeli *m* اسرائیلی [eßrā'ili]
israelisch *adj* اسرائیلی [eßrā'ili]
Italien *s* ایتالیا [itāliyā]
Italiener *m* ایتالیایی [itāliyāyi]
italienisch *adj* ایتالیایی [itāliyāyi]

J

ja *adv* بله [bale], (ugs.) أره [āre]
Jacke *w* کت [kot], کاپشن [kāpschen]
Jagd *w* شکار [schekār]
jagen *v* کردن شکار [schekār kardan]
Jäger *m* شکارچی [schekārtschi]
Jahr *s* سال [ßāl], (dieses ~) امسال [embßāl], (letztes ~) پارسال [pārßāl], سال پیش [ßāl.e pisch], سال گذشته [ßāl.e gozaschte], (nächstes ~) سال دیگر [ßāl.e digar], سال آینده [ßāl.e āyande], (voriges ~) سال پیرارسال [pirārßāl], (das ganze ~) تمام سال [tamām.e ßāl]
Jahresende *s* آخرسال [āchar.e ßāl]
Jahreswechsel *m* سال تحویل [ßāl-tahwil]
Jahreszeit *w* فصل [faßl]
Jahrhundert *s* قرن [gharn], سده [ßade]

jährlich *adj* سالیانه [ßāliyāne]
Jahrtausend *s* هزاره [hazāre]
Jahrzehnt *s* دهه [dahe]
Jalousie *w* کرکره [ker-kere]
Januar *m* ژانویه [jānwiye]
Japan *s* ژاپن [jāpon]
Japaner *m* ژاپنی [jāponi]
japanisch *adj* ژاپنی [jāponi]
Jasmin *m* یاس [(gol.e) yāß] (گل)
je 1. *conj* هر [har]; 2. *interj* (o ~!) ای وای [ey wāy]
Jeans *Mz* جین [djin]
jedenfalls *adv* در هر صورت [dar har ßurat], به هر حال [be har hāl]
jeder *pron* هر [har], هرکس [har kaß], هر نفر [har nafar], هر یک [har yek], هر کدام [har kodām]
jedermann *pron* هرکس [har kaß], همه [hame]
jederzeit *adv* هر وقت [har waght], هرموقع [har moughe']
jedoch *adv* ولی [wali], اما [ammā]
jemals *adv* تا به حال [tā be hāl], هیچ وقت [hitsch-waght]
jemand *pron* کسی [kaß.i], شخصی [schachß.i], یک نفر [yek nafar], یکی [yek.i]
jenseits *adv* آن طرف [ān taraf], (ugs.) آن ور [ān-war]
jetzt *adv* حالا [hālā], الان [al-ān], اکنون [aknun]
jeweils *adv* هر بار [har bār], هر دفعه [har daf'e]
Joghurt *m* ماست [māßt]
Joghurtgetränk *s* دوغ [dugh]
Johannisbeere *w* انگور فرنگی [angur.e farangi]
Jordanien *s* اردن [ordon]
Journalist *m* روزنامه نگار [ruz-nāme-negār], خبرنگار [chabar-negār]
jubeln *v* هورا کشیدن [hurā keschidan]
Jubiläum *s* سالگرد [ßāl-gard]

jucken *v* خاریدن [chāridan], خارش کردن [chāresch kardan], خاراندن [chārāndan]

Jude *m* یهودی [yahudi], کلیمی [kalimi]

Jugend *w* جوانی [djawāni], (junge Leute) جوانان [djawān.ān]

Jugendlicher *m* جوان [djawān]

Juli *m* ژوئیه / ژوئن [juye / ju'ye]

jung *adj* جوان [djawān]

Junge *m* پسر [peßar], پسربچه [peßar-batschtsche]

Junges *s* (Tier) توله سگ [tule-ßag]

Jungfrau *w* باکره [bākere]

Juni *m* ژوئن [ju'an]

Juwelier *m* جواهر فروش [djawāher-forusch], زرگر [zargar]

K

Kaaba *w* (Heiligtum in Mekka) کعبه [ka'be]

Kabel *s* کابل [kābl], سیم [ßim]

Kabeljau *m* ماهی کاد [māhi.ye kād]

Kabine *w* اتاقک / اطاقک [otāghak], کابین [kābin]

Kachel *w* کاشی [kāschi]

Käfer *m* سوسک [ßußk]

Kadaver *m* لاشه [lāsche]

Kaffee *m* قهوه [ghahweh], (~ kochen) قهوه درست کردن [ghahweh doroßt kardan], (starker ~) غلیظ [ghaliz], (dünner ~) رقیق [raghigh]

Käfig *m* قفس [ghafaß]

kahl *adj* خشک و خالی [choschk-o-chāli], (ohne Blätter) بدون برگ [bedun.e barg]

Kai *m* اسکله [eßkele]

Kaiser *m* قیصر [gheyßar], امپراطور [emperātor]

Kaiserschnitt *m* سزارین [ßezāriyen]

Kajüte *w* کابین [kābin]

Kakao *m* کاکائو [kākā'o]

Kakerlake *w* سوسک [ßußk]

Kalb *s* گوساله [gußāle], (~fleisch) گوشت گوساله [guscht.e gußāle]

Kalender *m* تقویم [taghwim], سالنامه [ßāl-nāme]

Kalk *m* آهک [āhak]

kalt *adj* سرد [ßard]

Kälte *w* سرما [ßarmā]

Kamel *s* شتر [schotor]

Kamera *w* دوربین [dur-bin], (Foto~) دوربین عکاسی [dur-bin.e akkāßi], (Film~) دوربین فیلم برداری [dur-bin.e film-bar-dāri]

Kamerad *m* دوست [dußt], رفیق [rafigh]

Kamille *w* بابونه [bābune]

Kamin *m* شومینه [schomine], (Fabrik) کوره [kure]

Kamm *m* شانه [schāne], (Hahn) تاج [tādj]

kämmen *v* شانه کردن [schāne kardan], شانه زدن [schāne zadan]

Kampf *m* جنگ [djang], نبرد [nabard]

kämpfen *v* جنگیدن [djangidan]

Kanal *m* کانال [kānāl], (TV) شبکه [schabake], کانال [kānāl]

Kandis *m* آب نبات [āb-nabāt]

Känguru *s* کانگورو [kānguru]

Kaninchen *s* خرگوش [char-gusch]

Kanister *m* پیت [pit]

Kanne *w* تنگ [tong], پارچ [pārtsch], (Tee~) قوری [ghuri]

Kanone *w* توپ [tup]

Kante *w* کناره [kenāre], (Stoff) حاشیه [hāschiye], لبه [labe]

Kantine *w* سالن غذاخوری [ßālon.e ghazā-chori], کانتین [kāntin]

Kanzel *w* (Kirche) منبر [membar], (Universität) کرسی [korßi]

Kapazität *w* ظرفیت [zarfiyat]

Kapital *s* سرمایه [ßarmāye]

Kapitän *m* (Flug~) خلبان [chal(a)bān]

Kapitel *s* بخش [bachsch], فصل [faßl], باب [bāb]

kaputt *adj* خراب [charāb], (~ gehen) خراب شدن [charāb schodan],

(~ machen) خراب کردن [charâb kardan], (Geschirr, Holz) شکستن [schekaßtan]

Kapuze w کلاه [kolâh]

Karat s قیراط [ghirât], عیار [eyâr]

Kardamom m هل [hel]

kariert adj چهارخانه [tschahâr-châne]

kariös adj (Zahn) کرم خورده [kerm-chorde]

Karo s (Spielkarte) خشت [rescht]

Karosserie w شاسی [schâßi]

Karotte w هویج [hawidj]

Karre w گاری [gâri]

Karriere w پیشرفت شغلی [pisch-raft.e schoghli], پیشرفت کاری [pisch-raft.e kâri]

Karte w (Kredit~ usw.) کارت [kârt], (Spiel~) ورق [waragh]

Kartoffel w سیب زمینی [ßib-zamini]

Kartoffelstampfer m گوشت کوب [guscht-kub]

Karussell s چرخ و فلک [tscharch.e falak]

Käse m پنیر [panir]

Kaserne w سربازخانه [ßar-bâz-châne], پادگان [pâd(e)gân]

Kasse w صندوق [ßandugh]

kassieren v پول گرفتن [pul gereftan]

Kassierer m صندوقدار [ßandugh-dâr]

Kastanie w شاه بلوط [schâh-balut]

Kasten m صندوق [ßandugh], جعبه [dja'be]

kastriert adj اخته شده [achte-schode]

Kater m گربه نر [gorbe.ye nar]

Kathedrale w کلیسا [kelißâ]

Katze w گربه (ماده) [gorbe(.ye mâde)]

kauderwelschen v بلغور کردن [balghur kardan]

kauen v جویدن [djawidan]

Kauf m خرید [charid]

kaufen v خریدن [charidan], خرید کردن [charid kardan]

Käufer m مشتری [moschtari], خریدار [charidâr]

Kaufhaus s فروشگاه [foruschgâh]

Kaugummi s آدامس [âdâmß], سقز [ßaghghez]

kaum adv به ندرت [be nodrat]

Kaution w ضمانت [zemânat], ودیعه [wadi'e]

Kaviar m خاویار [châwiyâr]

Kehle w گلو [galu], حلق [halgh], (ugs., Kehlkopf) خرخره [cher-chere]

Keil m گوه [gowe]

Keilriemen m تسمه پروانه [taßme(.ye)-parwâne]

Keilschrift w خط میخی [chatt.e michi]

kein pron هیچ [hitsch], (beim Verb) نه [na]

keinerlei adj هیچ [hitsch], هیچ گونه [hitsch-gune]

keineswegs adv ابداً [abadan], به هیچ وجه [be hitsch wadjh]

Keks m بیسکویت [bißkwit]

Keller m زیرزمین [zir-zamin]

Kellner m پیشخدمت [pisch-chedmat], گارسون [gârßon]

kennen v شناختن [schenâchtan], آشنا بودن [âschnâ budan]

kennenlernen v آشنا شدن [âschnâ schodan]

Kennzeichen s علامت [alâmat], نشانی [neschâni]

Keramik w سفالی [ßofâli], سرامیک [ßerâmik]

Kern m (Nuss) مغز [maghz], (Obst) هسته [haßte], تخم [tochm], دانه [dâne], (~ des Gegenstandes) اصل مطلب [aßl.e matlab], اصل موضوع [aßl.e mouzu'], (Mischung aus Kürbis- u. Melonenkernen) تخمه [tochme]

Kerze w شمع [scham']

Kerzenleuchter m شمعدان [scham'dân], جاشمعی [djâ-scham'i]

Kessel m (Wasser) کتری [ketri]

Kette w (allg.) زنجیر [zandjir], (Hals~) گردن بند [gardan-band], گلوبند [galu-band]

Wörterbuch Deutsch – Persisch

Keule w 1. (Gerät) چماق, گرز [gorz], [tschomāgh], 2. (Haxe) ماهیچه [māhitsche]

Kichererbse w نخود [nochod]

Kiefer 1. m (anatom.) فک [fak]; 2. w (Baum) کاج [kādj]

Kiesel(stein) m ریگ [rig]

Kind s بچه [batschtsche] کودک [kudak], طفل [tefl], (Neugeborenes) نوزاد [nou-zād]

Kinderarzt m پزشک اطفال [pezeschk.e atfāl], پزشک کودکان [pezeschk.e kudak.ān], (ugs.) دکتر بچه [doktor.e batschtsche]

Kindergarten m مهد کودک [mahd.e kudak], کودکستان [kudakeßtān]

Kinderwagen m کالسکه [kāleßke]

Kindheit w بچگی [batschtschegi], کودکی [kudaki]

kindisch adj (kindlich) بچگانه [batschtschegāne]

Kinn s چانه [tschāne]

Kino s سینما [ßinamā]

Kiosk m (Verkaufsbude) دکه [dakke]

Kirche w کلیسا [kelißā]

Kirsche w گیلاس [gilāß], (Süß~) گیلاس شیرین [gilāß.e schirin], (Sauer~) آلوبالو [ālu-bālu] آلبالو [āl-bālu]

Kissen s (Kopf~) بالش [bālesch], متکا [motakkā], (Sitz~) پشتی [poschti], کوسن [kußan]

Kiste w جعبه [dja'be], صندوق [ßandugh]

kitzeln v غلغلک کردن [ghel-ghelak kardan]

kitzlig adj غلغلکی [ghel-ghel.aki]

Klage w شکایت [schekāyat], گله [gele]

Klammer w (Wäsche~) گیره [gire], (ugs.) گیرک [girak], (Satzzeichen) پرانتز [parāntez]

Klang m صدا [ßedā]

klar adj (Wasser) زلال [zolāl], (Himmel) صاف [ßāf], روشن [rouschan], (deutlich) روشن [rouschan], واضح [wāzeh]

klären v روشن کردن [rouschan kardan], حل کردن [hall kardan]

Klasse w 1. (Kategorie) درجه [daradje], طبقه [tabaghe], 2. (Schul~) کلاس (درس) [kelāß(.e darß)]

Klassenkamerad m همکلاس [ham-kelāß]

klassisch adj (altertümlich) قدیمی [ghadimi], (traditionell) سنتی [ßonati]

Klavier s پیانو [piyāno], (~ spielen) پیانو زدن [piyāno zadan]

Klebeband s نوار چسب [nawār.e tschaßb]

kleben v چسب زدن [tschaßb zadan], چسباندن [tschaßbpāndan], (fest~) چسبیدن [tschaßbidan]

klebrig adj چسبناک [tschaßbnāk], چسب دار [tschaßb-dār]

Klebstoff m چسب [tschaßb], چسپ [tschaßp]

Klee m شبدر [schabdar]

Kleid s لباس [lebāß]

Kleiderschrank m کمد (لباس) [komod(.e lebāß)]

Kleidung w لباس [lebāß], پوشاک [puschāk]

Kleie w سبوس [ßabuß]

klein adj کوچک [kutschek], (ugs.) کوچولو [kutschulu], ریز [riz]

Kleingeld s پول خرد [pul.e chord]

Kleinigkeit w چیز ناچیز [tschiz.e nā.tschiz], چیز جزئی [tschiz.e djoz'i]

Klempner m لوله کش [lule-kesch]

klettern v بالا رفتن [bālā raftan], (auf und ab) بالا و پایین رفتن [bālā-o-pāyin raftan]

Klima s آب و هوا [āb-o-hawā]

Klimaanlage w کولر [kuler]

Klinge w تیغ [tigh]

Klingel w زنگ [zang]

klingeln v زنگ زدن [zang zadan]

klingen v صدا دادن [ßedā dādan], صدا کردن [ßedā kardan]

Klinik w بیمارستان [bimāreßtān], مریض خانه [mariz-chāne]

Wörterbuch Deutsch – Persisch

Klinke w دستگیره [daßt-gire], چفت [tschoft]

klopfen v (Wand) زدن [zadan], کوبیدن [kubidan], (Teppich) تکاندن [takāndan]

Kloster s صومعه [ßouma'e], دیر [deyr]

Klub m باشگاه [bāschgāh]

klug adj باهوش [bā-husch], فهمیده [fahmide]

knapp adj 1. (Zeitmangel) کم [kam]; 2. (eng sitzend) تنگ [tang], چسبیده [tschaßbide], کیپ [kip]; 3. (Text) کوتاه [kutāh], مختصر [mochtaßar], خلاصه [cholāße], چکیده [tschakide]

Knäuel s (Woll~) کلاف [kalāf], کلافه [kalāfe]

Knecht m غلام [gholām]

kneifen v نیشگون گرفتن [nischgun gereftan]

Kneipe w (i. S. v. Teehaus) قهوه خانه [ghawe-chāne]

Knie s زانو [zānu]

knien v زانو زدن [zānu zadan]

Kniescheibe w کاسه زانو [kāße.ye zānu]

knirschen v دندان قرچه کردن [dandān-gheretsche kardan], (ugs.) قرچ قرچ کردن [gheretsch-gheretsch kardan]

Knoblauch m سیر [ßir], (wilder ~) موسیر [mußir]

Knöchel m قوزک (پا) [ghuzak(.e pā)]

Knochen m استخوان [oßtochān]

Knopf m 1. (Kleidung) دکمه [dogme], دکمه [dokme]; 2. (Schalter) سویچ [ßuitsch], کلید برق [kelid.e bargh]

Knopfloch s جا دگمه ای [djā-dogme'i]

Knospe w (Blume) غنچه [ghontsche], شکوفه [schekufe], (Blatt) جوانه [djawāne]

Knoten m (Verknotung) گره [gere]

knoten v گره زدن [gere zadan], گره بستن [gere baßtan], گره کردن [gere kardan]

Knüppel m چماق [tschomāgh]

knusprig adv برشته [bereschte]

knurren v (etw. in den Bart ~) غرزدن [ghor zadan], غرغرکردن [ghor-ghor kardan], (Magen) غارو غورکردن [ghār-o-ghur kardan]

knurrig adj بد اخلاق [bad-achlāgh], غرو غرو [ghor-ghoru]

Koch m آشپز [āsch-paz]

kochen v 1. (Essen zubereiten) غذا پختن [ghazā pochtan]; 2. (sieden) جوشاندن [djuschāndan]; 3. (garen) آب پز کردن [āb-paz kardan]

Kochlöffel m ملاقه [malāghe]

Koffer m چمدان [tschamedān]

Kofferraum m صندق عقب (ماشین) [ßandugh.e aghab(.e māschin)]

Kohl m کلم [kalam], (Weiß~) کلم پیچ [kalam-pitsch], (Rot~) کلم قرمز [kalam-ghermez]

Kohle w ذغال [zoghāl]

Kohlrabi m کلم قمری [kalam(.e)-ghomri]

Kohlrübe w شلغم [schalgham]

kokettieren v قردادن [gher dādan], ناز کردن [nāz kardan], نازیدن [nāzidan]

Kokosnuss w نارگیل [nārgil]

Kollege m همکار [ham-kār]

kollektiv adj دستجمعی [daßt(.e)-djam'i]

komisch adj خنده دار [chande-dār], مضحک [mozhek], عجیب [adjib], عجیب و غریب [adjib-o-gharib]

Komma s ممیز [momayyez]

kommen v آمدن [āmadan]

Kommunikation w معاشرت [mo'āscherat]

kommunizieren v معاشرت کردن [mo'āscherat kardan]

Komödie w نمایش خنده دار [namāyesch.e chande-dār], کمدی [komedi]

Kompass m قطب نما [ghotb-nāmā]

komplett adj کامل [kāmel]

Kompliment s تعریف [ta'rif], (~ machen) تعریف کردن [ta'rif kardan]

Wörterbuch Deutsch – Persisch

Komponist *m* آهنگساز [āhang-ßāz]

Konditor *m* قناد [ghannād]

Konditorei *w* قنادی [ghannādi], شیرینی فروشی [schirini-foruschi]

Kondom *s* کاپوت [kāpot], کاندوم [kāndom]

König *m* شاه [schāh], پادشاه [pād(e)-schāh], شاهنشاه (~ der Könige) [schāhan-schāh]

Königin *w* ملکه [maleke], شهبانو [schah-bānu]

königlich *adj* شاهانه [schāhāne]

konkurrieren *v* رقابت کردن [reghābat kardan], (ugs., = Besseres besitzen als andere) چشم (-o-)هم‌چشمی کردن [tscheschm(-o-)ham-tscheschmi kardan]

können *v* (zu etw. fähig sein) توانستن [tawāneßtan], قادر بودن [ghāder budan], (etw. gelernt haben) یاد گرفتن [yād gereftan], بلد بودن [balad budan]

konservativ *adj* (vorsichtig handelnd) محافظه کار [mohāfezekār]

Konserve *w* کنسرو [konßerw]

Konsulat *s* کنسولگری [konßulgari]

Kontakt *m* تماس [tamāß], ارتباط [ertebāt], (Freundschafts- / Liebes~) رابطه [rābete], (elektr.) اتصال [etteßāl]

kontaktieren *v* تماس گرفتن [tamāß gereftan], ارتباط بر قرار کردن [ertebāt bar-gharār kardan]

Kontaktlinse *w* لنز(چشم) [lenz(.e tscheschm)]

Konto *s* حساب بانکی [heßāb.e bānki], (Giro-~) حساب جاری [heßāb.e djāri], (~ schließen) حساب بستن [heßāb baßtan]

Kontoauszug *m* رسید بانکی [reßid.e bānki]

Kontrolle *w* بازرسی [bāz-raßi], کنترل [kontrol], رسیدگی (Leibes-~) [raßidegi], تفتیش [taftisch], (unter ~) تحت کنترل [taht.e kontrol]

Kontrolleur *m* بازرس [bāz-raß], (ugs.) کنترل چی [kontroltschi]

kontrollieren *v* کنترل کردن [kontrol kardan], بازرسی کردن [bāz-raßi kardan]

Konzept *s* طرح [tarh]

Kopf *m* سر [ßar], (eher ungepflegt) کله [kalle], (pro ~) نفری [nafari]

köpfen *v* سر بریدن [ßar boridan], گردن زدن [gardan zadan]

Kopfschmerzen *Mz* سردرد [ßar-dard], (~ bekommen) سردرد گرفتن [ßar-dard gereftan]

Kopfsprung *m* شیرجه [schirdje]

Kopftuch *m* روسری [ru-ßari], چارقد [tschār-ghad], (islam.) مقنعه [maghna'e]

Kopie *w* رونوشت [ru-newescht], کپی [kopi], نسخه [noßche]

kopieren *v* (fotokopieren) کپی کردن [kopi kardan], (abschreiben) رونویس کردن [ru-newiß kardan]

Koralle *w* مرجان [mardjān]

Koran *m* قرآن [ghor'ān]

Korb *m* سبد [ßabad], زنبیل [zambil]

Korea *s* کره [kore]

Koriander *m* گشنیز [geschniz]

Korken *m* چوب پنبه [tschub-pambe]

Korkenzieher *m* بطری باز کن [botri-bāz-kon]

Korn *s* (Getreide-~) دانه [dāne], تخم [tochm], (Sand- u. ä.) شن [schen]

Kornblume *w* گل گندم [gol.e gandom]

Körper *m* بدن [badan], تن [tan]

Körpergröße *w* قد [ghadd]

korrekt *adj* صحیح [ßahih], درست [doroßt]

Korridor *m* (Hausflur) دالان [dālan], راهرو [rāh-rou]

korrigieren *v* تصحیح کردن [taßhih kardan], (etw.) غلط چیزی را گرفتن [ghalat.e tschiz.i rā gereftan]

Korrupter *m* رشوه خوار [reschwe-chār]

Korsett *s* شکم بند [schekam-band]

Kosmetik *w* آرایش و زیبایی [ārāyesch wa zibāyi]

Wörterbuch Deutsch – Persisch

kostbar *adj* پرارزش [por-arzesch], گرانبها [gerān-bahā], قیمتی [gheymati]

kosten *v* 1. (Preis) قیمت داشتن [gheymat dāschtan], ارزیدن [arzidan], 2. (Essen probieren) چشیدن [tscheschidan], مزه کردن [maze kardan]

Kosten *Mz* خرج [chardj], مخارج [machāredj]

kostenlos *adj* مجانی [madjdjāni], رایگان [rāy(e)gān]

Kostüm *s* (Damen~) کت و دامن [kot-o-dāman], (Verkleidung) لباس ماسک [lebāß.e māßk]

Kot *m* (neutr. Ausdruck) مدفوع [madfu'], (Tier) تپاله [tapāple], پهن [pehen]

Kotflügel *m* گلگیر [gel-gir]

Krabbe *w* (Garnele) میگو [meygu]

Krach *m* (Lärm) سروصدا [ßar-o-ßedā], جار و جنجال [djār-o-djandjāl], دادوقال [dād-o-ghāl]

Kraft *w* نیرو [niru], قوت [ghowwat], قدرت [ghodrat], توانایی [tawānāyi]

kräftig *adj* قوی [ghawi]

kraftlos *adj* ضعیف [za'if], سست [ßoßt]

Kraftstoff *m* بنزین [benzin]

Kraftwerk *m* نیروگاه [nirugāh]

Kragen *m* یقه [yaghe], (gesteifter ~) یقه آهاردار [yaghe.ye āhār-dār]

Krähe *w* کلاغ [kalāgh], زاغ [zāgh]

Krake *m* اختاپوس [ochtāpuß]

Kralle *w* پنجه [pandje], چنگ [tschang]

krallen *v* چنگ زدن [tschang zadan]

Krämer *m* بقال [baghghāl]

Krämerladen *m* بقالی [baghghāli]

Krampf *m* (Muskel~) گرفتگی عضله [gereftegi.ye azole], (ich habe einen ~ im Bein) پام میگیره [pā.m mi.gir.e], پام رگ به رگی شد [pā.m rag-be-ragi schod]

Krampfader *w* واریس [wāriß]

Kran *m* جرثقیل [djarr(.e)-ßaghil]

krank *adj* مریض [mariz], بیمار [bimār]

Krankenhaus *s* بیمارستان [bimāreßtān], مریض خانه [mariz-chāne]

Krankenschwester *w* پرستار [paraßtār]

Krankenversicherung *w* بیمه درمانی [bime.ye darmāni]

Krankenwagen *m* آمبولانس [ambulānß]

Krankheit *w* بیماری [bimāri], مریضی [marizi]

kratzen *v* 1. (ritzen) خراشیدن [charāschidan]; 2. (bei Juckreiz) خارش کردن [chāresch kardan], خاریدن [chāridan], خاراندن [chārāndan]; 3. (Farbe) تراشیدن [tarāschidan]

Kraut *s* سبزی [ßabzi]

Krawatte *w* کراوات [kerāwāt]

Krebs *m* 1. (Tier) خرچنگ [char-tschang], 2. (Krankheit) سرطان [ßaratān]

Kredit *m* وام [wām], (auf ~) نسیه [naßiye]

Kreditkarte *w* کارت اعتبار بانکی [kārt.e e'tebār.e bānki]

Kreide *w* گچ [gatsch]

Kreis *m* دایره [dāyere]

kreischen *v* جیغ کشیدن [djigh keschidan]

kreisen *v* دور زدن [dour zadan], دورگشتن [dour gaschtan], چرخ زدن [tscharch zadan], چرخ خوردن [tscharch chordan], چرخیدن [tscharchidan]

Kreuz *s* صلیب [ßalib], (Spielkarte) گشنیز [geschniz], (Zeichen) ضرب [zarb], (Rotes ~) صلیب سرخ [ßalib.e ßorch], (tradition. Rotkreuzorganisation des Iran) شیروخورشید [schir-o-chorschid]

Kreuzung *w* چهارراه [tschahār-rāh], تقاطع [taghāto']

kriechen *v* خزیدن [chazidan]

Krieg *m* جنگ [djang], (~ führen) جنگیدن [djangidan], جنگ کردن [djang kardan]

Krise *w* بحران [bohrān]

Kristall *m* بلور [bolur]

Kritik *w* انتقاد [enteghād]

kritisch *adj* (Situation) وخیم [wachim], بحرانی [bohrāni]

kritisieren *v* انتقاد کردن [enteghād kardan]

Krokodil *s* سوسمار [ßuß-mār]

Krone *w* تاج [tādj]

Kronleuchter *m* چهل چراغ [tschehel-tscherāgh]

Krug *m* کوزه [kuze]

krumm *adj* (schief, verbogen) کج [kadj], (schief und ~) کج و معوج [kadj-o-ma'wadj], کج و کوله [kadj-o-koule]

Krüppel *m* چلاق [tscholāgh]

Küche *w* آشپزخانه [āsch-paz-chāne], مطبخ [matbach]

Kuchen *m* کیک [keyk], شیرینی [schirini]

Kugel *w* 1. (geometr.) کره [kore], 2. (Munition) گلوله [golule]

Kugelschreiber *m* خودکار [chod-kār]

Kuh *w* گاو(ماده) [gaw(.e māde)]

kühl *adj* خنک [chonak], سرد [ßard]

kühlen *v* خنک کردن [chonak kardan]

Kühler *m* رادیاتور [radiyātor]

Kühlschrank *m* یخچال [yach-tschāl]

Küken *s* جوجه [djudje]

Kultur *w* فرهنگ [farhang]

Kümmel *m* زیره [zire]

Kummer *m* غم [gham], غصه [ghoßße]

kümmern *v* (sich) مواظب بودن [mowāzeb budan], مراقبت کردن [morāghebat kardan]

Kunde *m* مشتری [moschtari]

kündigen *v* (Vertrag) لغو کردن [laghw kardan], فسخ کردن [faßch kardan], (j-m ~) اخراج کردن [echrādj kardan], بیرون کردن [birun kardan], (Job ~) استعفاء دادن [eßte'fā' dādan]

Kunst *w* هنر [honar]

Kunsthandwerk *s* صنایع دستی [ßanāye' daßti]

Künstler *m* هنرمند [honarmand]

künstlich *adj* مصنوعی [maßnu'i], بدلی [badali]

Kunststoff *m* پلاستیک [pläßtik]

Kupfer *s* مس [meß]

Kupferschmied *m* مسگر [meßgar]

Kuppel *w* گنبد [gombad]

Kupplung *w* کلاچ [kelätsch]

Kurbel *w* هندل [hendel]

Kürbis *m* کدو [kadu]

Kurde *m* کرد [kord]

kurdisch *adj* کردی [kordi]

Kurdistan *s* کردستان [kordeßtān]

Kurier *m* پیک [pik]

Kurkuma *s* زرد چوبه [zard-tschube]

Kurs *m* 1. (Lehrgang) کلاس [keläß], دوره [doure]; 2. (Fahrtrichtung) سمت [ßamt], خط [chatt], جهت [djahat]

Kurve *w* پیچ [pitsch]

kurz *adj* کوتاه [kutāh], (über ~ oder lang) دیر یا زود [dir yā zud]

kürzen *v* (Hose, Haar usw.) کوتاه کردن [kutāh kardan], (Rede, Gespräch) مختصرکردن [mochtaßar kardan], خلاصه کردن [choläße kardan]

kürzlich *adv* اخیراً [achiran], به تازگی [be tāzegi], چند وقت پیش [tschand waght pisch]

Kurzschluss *m* اتصالی [etteßāli]

kurzsichtig *adj* نزدیک بین [nazdik-bin]

Kuss *m* بوس [ßuß], بوسه [ßuße], (ugs.) ماچ [mātsch]

küssen *v* بوسیدن [ßußidan], بوسه دادن [ßuße dādan], بوس کردن [ßuß kardan], (ugs.) ماچ کردن [mātsch kardan]

Küste *w* ساحل [ßāhel], کنار دریا [kenār.e daryā]

Kutsche *w* درشکه [doroschke]

L

Labor *s* آزمایشگاه [āzmāyeschgāh]

lächeln *v* لبخند زدن [lab-chand zadan], تبسم کردن [tabaßßom kardan]

Wörterbuch Deutsch – Persisch

Lächeln *s* لبخند [lab-chand]، تبسم [tabaßßom]

lachen *v* خندیدن [chandidan]، خنده کردن [chande kardan]

Lachen *s* خنده [chande]، (gezwungenes ~) خندهٔ زورکی [chande.ye zuraki]، (in ~ ausbrechen) زیر خنده زدن [zir.e chande zadan]

lächerlich *adj* خنده دار [chande-dār]، خنده آور [chande-āwar]، (das ist ~) مسخره است [maßchare aßt]، خنده دار است [chande-dār aßt]

Lachs *m* ماهی آزاد [māhi.ye āzād]

Lack *m* لاک [lāk]، رنگ [rang]

lackieren *v* لاک زدن [lāk zadan]، رنگ زدن [rang zadan]

Ladegerät *s* دستگاه شارژکن [daßtgāh.e schārj-kon]

laden *v* (Ware) بار زدن [bār zadan]، بارکردن [bār kardan]، (Akku usw.) شارژکردن [schārj kardan]، پرکردن [por kardan]، (Computer) بوت کردن [but kardan]

Laden *s* دکان [dokkān]، مغازه [maghāze]

Ladung *w* (Fracht) بار [bār]

Lage *w* (Umstand, Situation) وضع [waz']، وضعیت [waz'iyat]، موقعیت [moughe'iyat]، (Stellung) حالت [hālat]، (örtl.) محل [mahall]

Lager *s* (Vorräte) انبار [ambār]

Laken *m* ملافه [malāfe]

Lamm *s* بره [barre]

Lampe *w* چراغ [tscherāgh]، لامپ [lāmp]

Land *s* 1. (allg.) کشور [keschwar]، سرزمین [ßar-zamin]، مملکت [mamlekat]؛ 2. (Heimat) وطن [watan]، میهن [mihan]

landen *v* (Flugzeug) فرود آمدن [forud āmadan]، به زمین نشستن [be zamin neschaßtan]، (Schiff) پهلو گرفتن [pahlu gereftan]، لنگر انداختن [langar andāchtan]

Landhaus *s* خانه ییلاقی [chāne.ye yeylāghi]، خانه روستایی [chāne.ye rußtāyi]

Landkarte *w* نقشه [naghsche]

ländlich *adj* روستایی [rußtāyi]

Landschaft *w* منظره [manzare]

Landsmann *m* هموطن [ham-watan]

Landung *w* فرود [forud]

Landwirtschaft *w* کشاورزی [keschāwarzi]، زراعت [zerā'at]

lang *adj* دراز [derāz]، بلند [boland]، (ein Leben ~) تمام عمر [tamām.e omr]

langärmlig *adj* آستین بلند [āßtin-boland]

lange *adv* (zeitl.) مدت زیادی [moddat.e ziyādi]، مدتی [moddati]

Länge *w* درازا [derāzā]، (zeitl.) طول [tul]

langfristig *adj* درازمدت [derāz-moddat]، طولانی مدت [tulāni-moddat]

langsam *adj* آهسته [āheßte]، یواش [yawāsch]

längst *adv* (از) خیلی وقت پیش [(az) cheyli waght pisch]، (از) مدتها پیش [(az) moddat.hā pisch]

langweilen *v* (sich) حوصله کسی سر رفتن [houßele kaß.i ßar raftan]، حوصلهٔ کسی سر آمدن [houßele.ye kaß.i ßar āmadan]

langweilig *adj* خسته کننده [chaßte-konande]، کسل کننده [keßel-konande]

Lappen *m* کهنه [kohne]

Lärm *m* سر و صدا [ßar-o-ßedā]، داد وقال [djār-o-djandjāl]، [dād-o-ghāl]

lärmen *v* سروصدا کردن [ßar-o-ßedā kardan]، داد وقال کردن [dād-o-ghāl kardan]، شلوغ کردن [scholugh kardan]، سر و صدا راه انداختن [ßar-o-ßedā rāh andāchtan]

lassen *v* 1. (zulassen) اجازه دادن [edjāze dādan]؛ 2. (veranlassen) ترتیب دادن [tartib dādan]؛ 3. (ablassen) دست کشیدن [daßt keschidan]، ول کردن [wel kardan]

Last *w* بار [bār]، (Gewicht) وزن [wazn]

lästig *adj* مزاحم [mozāhem]

Lastwagen *m* کامیون [kāmyun]،

Wörterbuch Deutsch – Persisch

ماشین باری [māschin-bāri]

Laub شاخ و برگ s [schāch-o-barg]

Lauchzwiebel پیازچه w [piyāztsche]

Lauf m 1. (das Laufen) دو [dou],
2. (Gewehr) لوله تفنگ [lule.ye tofang]

laufen v دویدن [dawidan], (am laufenden
Band) پشت سر هم [poscht.e ßar.e ham],
(auf dem Laufenden sein) درجریان بودن
[dar djarayān budan], (~ lassen) رها کردن
[rahā kardan]

Läufer m دونده [dawande], (Teppich) کناره
[kenāre], (Schach) فیل [fil]

Laune w حال و حوصله [hāl],
[hāl-o-houßele], (gute ~ haben)
سر حال بودن [ßar.e hāl budan], (j-m die ~
verderben) توی ذوق کسی زدن [tu.ye zough.e
kaß.i zadan]

launisch adj دمدمی [dam-dami]

Laus w شپش [schepesch]

laut 1. adj بلند [boland]: 2. prep (برطبق)
[(bar) tebgh.e] طبق [tebgh.e]

Laut m صدا [ßedā] صوت [ßout]

Laute w بربط [barbat], عود [ud], تار [tār]

läuten v زنگ زدن [zang zadan]

Lautsprecher m بلند گو [boland-gu]

lauwarm adj نیم گرم [nim-garm].
[welarm], ولرم (Wetter) ملایم [molāyem]

Lava w گدازه [godāze]

Lawine w بهمن [bahman]

leben v زندگی کردن [zendegi kardan],
(~ Sie wohl!) خدانگهدار [chodā negah-dār],
به سلامت! [chodā-hafez], به سلامت!
[be ßalāmat], (j-m. / etw. lebe hoch!) زنده باد!
[zende bād]

Leben s زندگی [zendegi], عمر [omr],
(ein ~ lang) یک عمرزندگی [yek omr zendegi]

Lebensalter s سن [ßenn]

lebendig adj زنده [zende]

lebensgefährlich adj خطرناک
[chatarnāk]

lebenslänglich adj برای همیشه [barāye
hamische], تا ابد [tā abad], (Gefängnis)
حبس ابد [habß.e abad]

Lebensmittel s مواد غذایی [mawād.e
ghazāyi], خواربار [chār-bār], آذوقه [āzughe]

Lebensstandard m سطح زندگی [ßate'
zendegi]

Lebensversicherung w بیمه عمر
[bime.ye omr]

Leber w جگر [djegar], کبد [kabed],
(als Speise) جگر [djegar]

Leberfleck m خال [chāl]

lebhaft (munter) با حال [bā-hāl], شاد
[schād]

lecken v 1. (Zunge) لیسیدن [lißidan],
لیس زدن [liß zadan]; 2. (Wasseraustritt)
چکیدن [tschekidan] چکه کردن [tschekke kardan]

lecker adj خوش طعم [chosch ta'm],
خشمزه [chosch-maze] لذیذ [laziz]

Leckerbissen m غذای لذیذ [ghazā.ye
laziz], لقمه لذیذ [loghme.ye laziz]

Leder s چرم [tscharm]

ledig adj مجرد [modjarrad]

lediglich adv فقط [faghat]

leer adj خالی [chāli], (menschen~) خلوت
[chalwat]

leeren v خالی کردن [chāli kardan]

Leerlauf m دنده خلاص [dande.ye chalāß]

legal adj قانونی [ghānuni], مجاز [modjāz]

legen v گذاشتن [gozāschtan], گزاردن
[gozārdan]

Lehm m (mit Stroh) کاهگل [kāh-gel]

Lehre w (Azubi) کارآموزی [kār-āmuzi]

lehren v درس دادن [darß dādan], آموختن
[āmuchtan], یاد دادن [yād dādan],
تدریس کردن [tadriß kardan]

Lehrer m معلم [mo'allem], آموزگار
[āmuz(e)gār]

lehrreich adj آموزنده [āmuzande]

Leiche w نعش [na'sch], جسد [djaßad], جنازه [djenāze]

Leichentuch s كفن [kafan]

leicht adj (Gewicht) سبك [ßabok], (~ zu tun) آسان [āßān], (auf die leichte Schulter nehmen) آسان گرفتن [āßān gereftan]

leichtgläubig adj زود باور [zud-bāwar], خوش باور [chosch-bāwar]

leid adv (~ tun) متأسف بودن [mota'aßßef budan], (er tut mir ~) دلم بحالش ميسوزد [del.am be hāl.asch mi.zud.ad]

leiden v رنج بردن [randj bordan], رنج كشيدن [randj keschidan], (j-n ~ können) خوش آمدن [chosch āmadan]

Leidenschaft w اشتياق [eschtiyāgh], عشق و علاقه [eschgh-o-alāghe]

leider adv متأسفانه [mota'ßßefāne]

leihen v (j-m etw. ~) قرض دادن [gharz dādan], (sich etw. ~) قرض گرفتن [gharz gereftan], قرض كردن [gharz kardan]

Leim m چسب [tschaßb], سريش [ßerisch]

leimen v سريش زدن [ßerisch zadan], چسباندن [tschaßb zadan], چسب زدن [tschaßbāndan]

Leine w طناب [tanāb]

Leinen s كتان [katān]

Leinwand w (Kino) پرده سينما [parde.ye ßinamā]

leise adj آهسته [āheßte], يواش [yawāsch], آرام [ārām]

leisten v (Hilfe ~) كمك كردن [komak kardan], (Widerstand ~) ايستادگى كردن [ißtādegi kardan], مقاومت كردن [moghāwemat kardan]

leiten v 1. (Betrieb) اداره كردن [edāre kardan], مديريت كردن [modiriyat kardan], 2. (weiter~) انتقال دادن [enteghāl dādan]

Leiter 1. w (Gerät) نردبان [nard(e)bān]; 2. m (Direktor) رئيس [ra'iß], مدير [modir]

Leitung w 1. (Betrieb) رياست [riyāßat], مديريت [modiriyat]; 2. (elektr.) كابل [kābl],

سيم [ßim]

Lenkrad s فرمان [farmān]

Leopard m پلنگ [palang]

Lepra w جذام [djozām]

lernen v ياد گرفتن [yād āmuchtan], آموختن [darß chāndan], درس خواندن [gereftan]

lesbar adj خوانا [chānā]

lesbisch adj هم جنس باز [ham-djenß-bāz]

lesen v خواندن [chāndan]

Leser m خواننده [chānande]

letzter adj آخر [ācher], آخرين [ācherin]

letztendlich adv بالاخره [be-l-achare], سرانجام [ßar-andjām]

leuchten v (Sonne) درخشيدن [derachschidan], تابيدن [tābidan], (Gegenstand, Augen) برق زدن [bargh zadan]

Leuchtturm m فانوس دريايى [fānuß.e daryāyi]

leugnen v انكاركردن [enkār kardan], حاشا زدن [hāschā zadan]

Leute Mz مردم [mardom]

Libanon m لبنان [lobnān]

Licht s نور [nur], روشنايى [rouschanāyi]

Lid s پلك (چشم) [pelk(.e tscheschm)]

Lidschatten m سايه چشم [ßāye.ye tscheschm]

lieb adj عزيز [aziz], مهربان [mehrabān], (sei so ~) لطف بفرما [lotf be.farmā], (es ist sehr ~ von Ihnen!) لطف داريد [lotf dār.id], (du lieber Himmel!) اى خدا [ey wāy], واى واى [wāy chodā]

Liebe w عشق [eschgh]

lieben v دوست داشتن [dußt dāschtan]

lieber adv (vorzugsweise) بهتر [beh.tar]

Liebhaber m (Hobby) علاقمند [alāgh(e)mand]

Liebling m عزيز [aziz], محبوب [mahbub]

Lied s ترانه [tarāne], آواز [āwāz]

liefern v تحويل دادن [tahwil dādan], فرستادن [fereßtādan]

Lieferung w تحويل [tahwil], ارسال [erßāl]

Lieferwagen *m* ماشین باربری [māschin.e bār-bari]

liegen *v* (positioniert) قرار داشتن [gharār dāschtan], واقع بودن [wāghe' budan], (im Bett) خوابیدن [chābidan], (lang~) دراز کشیدن [derāz keschidan], (im Krankenbett) بستری شدن [baßtari schodan], خوابیدن [chābidan], (etw. ~ lassen) جا گذاشتن [djā-gozāschtan]

Likör *m* لیکور [likor]

lila *adj* بنفش [banafsch]

Limonade *w* لیموناد [limonād]

Linde *w* زیرفون [zirfun]

Lineal *s* خط کش [chatt-kesch]

Linie *w* (Bus) خط [chatt], (Figur) اندام [andām], (in erster ~) در درجه اول [dar daradje.ye awwal]

linker *adj* چپ [tschap], چپی [tschapi]

links *adv* چپ [ßamt.e tschap], طرف چپ [taraf.e tschap], دست چپ [daßt.e tschap]

Linse *w* عدس [adaß], (Objektiv) لنز [lenz]

Lippe *w* لب [lab]

Lippenstift *m* ماتیک [mātik], (روژ (لب [ruj(.e lab)]

lispeln *v* لکنت داشتن [loknat dāschtan], (zu ~ beginnen) به لکنت افتادن [be loknat oftādan]

Liste *w* صورت [ßurat], لیست [lißt]

Liter *m* لیتر [litr]

Literatur *w* ادبیات [adabiyāt]

Lizenz *w* مجوز [modjawwez], جواز [djawāz]

Lob *s* تحسین [tahßin]

loben *v* تعریف کردن [ta'rif kardan], تحسین کردن [tahßin kardan]

Loch *s* سوراخ [ßurāch]

löchern *v* سوراخ کردن [ßurāch kardan], (mit Fragen ~) سؤال پیچ کردن [ßo'āl-pitsch kardan]

Locke *w* فر [fer]

lockig *adj* (Haar) فرفری [fer-feri]

Lockenwickler *m* بیگودی [bigudi]

locker *adj* شل [schol], لق [lagh]

lockern *v* (etw.) شل کردن [schol kardan]

Löffel *m* قاشق [ghāschogh], (Ess~) قاشق غذاخوری [ghāschogh.e ghazā-chori], (Tee~) قاشق چای خوری [ghāschogh.e tschāy-chori]

logisch *adj* منطقی [manteghi]

Lohn *m* حقوق [hoghugh], مزد [mozd], دستمزد [daßt-mozd]

lohnen *v* (sich) ارزیدن [arzidan], ارزش داشتن [arzesch dāschtan]

Los *s* سرنوشت [ßar-newescht], قسمت [gheßmat]

löschen *v* خاموش کردن [chāmusch kardan]

lösen *v* 1. (losmachen) باز کردن [bāz kardan], جدا کردن [djodā kardan], کندن [kandan]; 2. (Aufgabe) حل کردن [hall kardan]

losgehen *v* راه افتادن [rāh oftādan], حرکت کردن [harekat kardan]

loslassen *v* ول کردن [wel kardan]

loslegen *v* دست به کار شدن [daßt-be-kār schodan]

Lösung *w* راه حل [rāh.e hall]

loswerden *v* (j-n) دست بسر کردن [daßt-be-ßar kardan]

löten *v* لحیم کردن [lahim kardan], جوش دادن [djusch dādan]

Lotterie *w* (im Iran verboten) بخت آزمایی [bacht-āz(e)māyi], قرعه کشی [ghor'e-keschi]

Löwe *m* شیر [schir]

Lücke *w* (Riss) شکاف [schekāf], درز [darz]

Luft *w* هوا [hawā]

Luftballon *m* بادکنک [bād-konak]

luftdicht *adj* کیپ [kip]

lüften *v* هوا عوض کردن [hawā awaz kardan]

Luftmatratze *w* تشک بادی [toschak.e bādi]

Luftpost *w* پست هوائی [poßt.e hawāyi], (per ~) با پست هوایی [bā poßt.e hawāyi]

Luftpumpe *w* تلمبه [tolombe]

Luftwaffe *w* نیروی هوایی [niru.ye hawāyi]

Lüge *w* دروغ [durugh]

lügen *v* دروغ گفتن [durugh goftan]

Lügner *m* دروغگو [durugh-gu]

Lunge *w* ریه [riye], (Tier) شش [schosch]

Lungenentzündung *w* سینه پهلو [ßine-pahlu]

Lupe *w* ذره بین [zarre-bin]

Lust *w* میل [meyl], حال [hāl]

lustig *adj* خنده آور [chande-āwar], بامزه [chande-dār], با نمک [bā-maze], با نمک [bā-namak], (Person) خنده رو [chande-ru], شوخ [schuch], (sich ~ machen über) مسخره کردن [maßchare kardan]

lutschen *v* مکیدن [makidan], مک زدن [mek zadan]

Luxus *m* تجمل [tadjammol], لوکس [lukß]

M

machen *v* 1. (tun) کردن [kardan], انجام دادن [andjām dādan]; 2. (herstellen) ساختن [ßāchtan], درست کردن [doroßt kardan], تولید کردن [toulid kardan], (was macht das?) چند میشود؟ [tschand mi.schaw.ad], چقدر میشود؟ [tsche-ghad(a)r mi.schaw.ad], (das macht nichts!) اشکالی ندارد [eschkāli na.dār.ad], مهم نیست [mohem nißt], (sich an die Arbeit ~) دست بکار شدن [daßt-be-kār schodan]

Macht *w* قدرت [ghodrat], نیرو [niru], توانایی [tawānāyi], (an die ~ kommen) به قدرت رسیدن [be ghodrat raßidan]

mächtig *adj* توانا [tawānā], قدرتمند [ghodratmand], قوی [ghawi], نیرومند [nirumand]

Mädchen *s* (Kind) دختر بچه [dochtar-batschtsche], (Jugendliche) دختر [dochtar], (Fräulein) دوشیزه [duschize]

mädchenhaft *adj* دخترانه [dochtarāne]

Magazin *s* 1. (Zeitschrift) مجله [madjalle]; 2. (Lagerhaus) انبار [ambār]

Magen *m* معده [me'de]

Magengeschwür *s* زخم معده [zachm.e me'de]

mager *adj* لاغر [lāghar], استخوانی [oßtochāni], (Fleisch) کم چربی [kam-tscharbi]

Magister *m* فوق لیسانس [fough.e lißānß]

mähen *v* (Rasen) چمن زدن [tschaman zadan]

Magnet *m* آهن ربا [āhan-robā]

mahlen *v* آرد کردن [ārd kardan], (in Mühle) آسیا(ب) کردن [āßiyā(b) kardan]

Mahlzeit *w* غذا [ghazā], خوراک [chorāk]

Mähne *w* یال [yāl]

mahnen *v* اخطار کردن [echtār dādan], تذکر دادن [tazakkor dādan]

Mahnung *w* اخطار [echtār], (schriftlich) اخطاریه [echtāriye], یاد آوری [yād-āwari]

Mai *m* مه [me]

Mais *m* ذرت [zorrat], (gegrillt) بلال [balāl], (Popcorn) چس فیل [tschoß.e fil], ذررت بو داده [zorrat.e bu-dāde]

Majoran *m* گلپر [gol-par]

Make-up *s* آرایش [ārāyesch]

Makler *m* دلال [dallāl]

mal *adv* (~ sehen) حالا ببینیم [hālā be.bin.im]

Mal *s* دفعه [daf'e], مرتبه [martabe], بار [bār], (das erste ~) اولین بار [awwalin bār], (das nächste ~) دفعه دیگر [daf'e.ye digar], (voriges ~) دفعه پیش [daf'e.ye pisch]

malen *v* نقاشی کردن [naghghāschi kardan], (Wand) رنگ زدن [rang zadan], رنگ کردن [rang kardan]

Maler *m* نقاش [naghghāsch]

Malerei *w* نقاشی [naghghāschi]

man *pron* شخص [schachß], آدم [ādam],

Mandarine w نارنگی [nārangi]

(~ kann nie wissen) آدم نمیداند [ādam ne.mi.dān.ad], (~ sagt) میگوییند [mi.guy.and]

manchmal adv گاهی [gāhi], بعضی اوقات [ba'zi oughāt], بعضی وقتها [ba'zi waght.hā]

Mandel w 1. (Fruchtkern) بادام [bādām], (gebrannte) بادام سوخته [bādām-ßuchte]; 2. (anatom.) لوزه [louze]

Mangel m کمبود [kam-bud], (Fehler) نقص [naghß] عیب [eyb]

Mann m مرد [mard], (~ gegen ~) تن به تن [tan-be-tan]

männlich adj مردانه [mardāne], (Eigenschaft) مذکر [mozakkar], (Tier) نر [nar]

Mannschaft w گروه [goruh], تیم [tim]

Mantel m پالتو [pālto], (Umhang) مانتو [mānto], (Fahrrad) تیوپ [tiyup]

Mappe w پوشه [pusche]

Märchen s افسانه [afßāne], قصه [gheßße], داستان [daßtān]

Margarine w روغن نباتی [roughan-nabāti], مارگارین [mārgārin]

Mark s (Knochen~) مغز استخوان [maghz.e oßtochān]

Marke w (Sorte) نوع [nou'], (Spiel~) ژتون [jeton], (Essen~) کوپن [kupon]

Markt m بازار [bāzār]

Markthalle w بازار سرپوشیده [bāzār.e ßar-puschide]

Marmelade w مربا [morabbā]

Marmor m مرمر [marmar]

Marokko s مراکش [marākesch]

Mars m (Planet) مریخ [merich]

marschieren v (militär.) رژه رفتن [reje raftan]

Märtyrer m شهید [schahid]

März m مارس [mārß]

Maschine w ماشین [māschin]

maschinell adj ماشینی [māschini]

Maschinengewehr s مسلسل [moßalßal]

Masern Mz سرخک [ßorchak]

Maske w نقاب [neghāb]

Maß s (Ausmaß, Umfang usw.) اندازه [andāze], حد [hadd]

Massage w ماساژ [māßāj], مشت و مال [moscht-o-māl]

Masse w (Menschen~) مردم [mardom], جمعیت [djam'iyat]

massieren v ماساژ دادن [māßāj dādan], (ugs.) مشت و مال کردن [moscht-o-māl kardan]

Maßnahme w اقدام [eghdām]

Maßstab m مقیاس [meghyāß]

Mast m (Schiff) دگل [dagal]

Material s (Rohstoff) ماده [mādde]

materiell adj مادی [māddi]

Mathematik w ریاضی [riyāzi]

Matratze w تشک [toschak], دشک [doschak]

Matrose m ملوان [malawān]

Matsch m گل [gel]

matschig adj گلی [geli], (Obst) له [leh]

Matte w حصیر [haßir]

Mauer w دیوار [diwār]

Maul s پوزه [puze]

Maulbeere w توت [tut], (schwarze ~) شاه توت [schāh-tut]

Maulesel m قاطر [ghāter]

Maurer m بنا [bannā]

Maus w موش [musch]

Mausefalle w تله موش [tale-musch]

Mausoleum s آرام گاه [ārāmgāh]

Maut w (Autobahn) عوارض بزرگراه [awārez.e bozorg-rāh]

Mayonnaise w مایونز [māyonez]

Mechaniker m مکانیسین [mekānißiyen], مکانیک [mekānik]

Medikament s دارو [dāru], دوا [dawā]

Medizin w (Heilkunde) طب [tebb], علاج [alādj], درمان [darmān]

Wörterbuch Deutsch – Persisch

Meer s دریا [daryā], (am ~) کنار دریا
[kenār.e daryā], لب دریا [lab.e daryā]

Meerrettich m ترب کوهی [torob.e kuhi]

Mehl s آرد [ārd]

Mehlbeere w سنجد [ßendjed]

mehr pron / adv بیشتر [bisch.tar], زیادتر
[ziyād.tar]

Mehrheit w اکثریت [akßariyat]

mehrmals adv چندین بار [tschandin-bār],
بارها [bar.hā]

mehrsprachrig adj چند زبانه
[tschand-zabāne]

Mehrwertsteuer w مالیات [maliyāt]

Meile w مایل [mayl]

meinen v عقیده داشتن [aghide dāschtan],
نظر داشتن [nazar dāschtan]

meinerseits adv از طرف من [az taraf.e
man], از جانب من [az djāneb.e man],
از سوی من [az ßu.ye man]

Meinung w عقیده [aghide], نظر [nazar]

meistens adv اغلب [aghlab], اکثراوقات
[akßar.e oughāt], معمولاً [ma'mulan], اکثراً
[akßaran]

Meinungsverschiedenheit w
اختلاف نظر [echteläf.e nazar]

Meister m 1. (Handwerk) استاد [oßtād];
2. (Champion) پهلوان [pahlewān], قهرمان
[ghahremān]

Meisterschaft w (Sport) مسابقه قهرمانی
[moßābeghe.ye ghahremāni]

Mekka s مکه [makke]

Mekkapilger m حاج [hādjdj], حاجی
[hādjdji]

melden v خبر دادن [chabar dādan],
گزارش دادن [gozāresch dādan], اطلاع دادن
[ettelā' dādan]

Meldung w اعلام [elām], خبر [chabar],
گزارش [gozāresch]

melken v دوشیدن [duschidan]

Melodie w آهنگ [āhang]

Melone w (Honig~) خربزه [charbuze],
(Wasser~) هندوانه [hendewāne], (Netz~) طالبی
[tālebi]

Menge w 1. (Quantität) مقدار [meghdār];
2. (Menschen~) جمعیت [djam'iyat]

Mensch m انسان [enßān], بشر [baschar],
آدم [ādam], آدمیزاد [ādami-zād], آفریده
[āfaride]

Menschheit w بشریت [baschariyat]

menschlich adj انسانی [enßāni], بشری
[baschari]

Menschlichkeit w انسانیت [enßāniyat]

Menstruation w عادت ماهانه [ādat.e
māhāne], قاعدگی [ghā'edegi], رگل [regl]

Menü s صورت غذا [ßurat.e ghazā]

merken v 1. (bemerken) متوجه شدن
[motawadjje schodan], 2. (sich etw.)
به خاطر سپردن [be chāter ßepordan],
یاد داشتن [yād dāschtan]

Merkmal s علامت [alāmat], نشانه
[neschāne], مشخصات [moschachchaßāt]

merkwürdig adj عجیب [adjib],
غریب [gharib], عجیب و غریب
[adjib-o-gharib]

Merkzettel m یادداشت [yād-dāscht]

Messe w (Handel) نمایشگاه
[namāyeschgāh]

messen v اندازه گرفتن [andāze
gereftan], اندازه گیری کردن [andāze-giri
kardan]

Messer s چاقو [tschāghu], کارد [kārd]

Messerstecherei w چاقو کشی
[tschāghu-keschi]

Messing s برنج [berendj]

Metall s فلز [felez]

Meter m متر [metr]

Methode w روش [rawesch], سبک [ßabk]

Mief m بوی بد [bu.ye bad], بوی گند [bu.ye
gand]

Miene w قیافه [ghiyāfe], (~ verziehen)
قیافه گرفتن [ghiyāfe gereftan]

Miete w کرایه [kerāye], اجاره [edjāre]

mieten *v* اجاره کردن [edjāre kardan], کرایه کردن [kerāye kardan]

Mieter *m* مستأجر [moßtā'djer], اجاره نشین [edjāre-neschin]

Migräne *w* میگرن [migren]

Mikrowellengerät *s* میکروویل [mikroweyl]

Milch *w* شیر [schir], (frische ~) شیر تازه [schir.e tāze]

Milchpulver *s* شیر خشک [schir.e choschk]

Milchreis *m* شیر برنج [schir-berendj]

Milchstraße *w* کهکشان [kahkaschān]

mild *adj* ملایم [molāyem]

Militärdienst *m* نظام وظیفه [nezām-wazife], سربازی [ßar-bāzi]

militärisch *adj* ارتشی [arteschi], نظامی [nezāmi]

Milz *w* طحال [tehāl], سپرز [ßeporz]

Minderheit *w* اقلیت [aghalliyat]

minderjährig *adj* خرد سال [chord-ßāl]

minderwertig *adj* کم ارزش [kam-arzesch], ناچیز [nā.tschiz]

Minderwertigkeit *w* عقده [oghde]

mindestens *adv* حداقل [hadd.e aghall], اقلاً [aghallan], لااقل [lā-aghall], دست کم [daßt.e kam]

Mine *w* مین [min]

Mineralwasser *s* آب معدنی [āb.e ma'dani]

minimal *adj* حداقل [hadd.e aghall]

Minister *m* وزیر [wazir]

Ministerium *s* وزارت (خانه) [wezārat(-chāne)]

Minute *w* دقیقه [daghighe]

Minze *w* نعناع [na'nā']

Mirabelle *w* گوجه زرد, آلو زرد [goudje], [ālu-zard]

mischen *v* مخلوط کردن [machlut kardan], قاتی کردن [ghāti kardan], بهم زدن [be.ham zadan], (Spielkarten) برزدن [bor zadan]

Mischling *m* دو رگه [do-rage]

Mischung *w* مخلوط [machlut]

miserabel *adj* افتضاح [eftezāh]

missachten *v* بی اعتنایی کردن [bi-e'tenāyi kardan], بی توجهی کردن [bi-tawadjdjohi kardan]

Missbrauch *m* سوء استفاده [ßu'.e eßtefāde]

missbrauchen *v* سوء استفاده کردن [ßu'.e eßtefāde kardan]

Misserfolg *m* شکست [schekaßt]

missgünstig *adj* بخیل [bachil]

Misstrauen *s* بی اعتمادی [bi-etemādi], بد گمانی [bad-gamāni]

misstrauisch *adj* بد گمان [bad-gamān]

Missverständnis *s* سوء تفاهم [ßu'.e tafāhom]

missverstehen *v* درست نفهمیدن [doroßt na.fahmidan], اشتباه فهمیدن [eschtebāh fahmidan]

Mist *m* (Schaf) پشگل [peschgel]

mit *prep* با [bā]

Mitarbeiter *m* همکار [ham-kār]

mitbringen *v* با خود آوردن [bā chod āwardan], همراه خود آوردن [ham-rāh.e chod āwardan]

mitfahren *v* همراه با کسی رفتن [ham-rāh bā kaß.i raftan], همراه کسی سوار شدن [ham-rāh.e kaß.i ßawār schodan], (j-n ~ lassen) کسی را با خود بردن [kaß.i rā bā chod bordan], کسی را همراه خود بردن [kaß.i rā ham-rāh.e chod bordan]

Mitgift *w* مهریه [mehriye], جهاز [djehāz]

Mitglied *s* عضو [ozw]

Mitleid *s* دلسوزی [del-ßuzi]

mitnehmen *v* (j-n) با خود بردن [bā chod bordan], همراه خود بردن [ham-rāh.e chod bordan]

Mitreisender *m* همسفر [ham-ßafar]

Mittag *m* 1. ظهر [zohr]; 2. (zu ~ essen) ناهار خوردن [nāhār chordan]

Mittagessen *s* ناهار [nāhār]

Mitte *w* میان [miyān], وسط [waßat], (Mz., zeitl.) اواسط [awāßet]

mitteilen *v* اطلاع دادن [ettelā' dādan], خبر دادن [chabar dādan], به اطلاع رساندن [be ettelā' raßāndan], خبر رساندن [chabar raßāndan]

Mitteilung *w* اطلاع [ettelā'], خبر [chabar], گزارش [gozāresch]

Mittel *s* وسیله [waßile]

Mittelfinger *adj* انگشت وسط [angoscht.e waßat], انگشت میانه [angoscht.e miyāne]

mittelmäßig *adj* متوسط [motawaßßet], معمولی [ma'muli]

mittels *prep* به وسیله [be waßile.ye], به توسط [be tawaßßot.e]

Mitternacht *w* نیمه شب [nim.e schab], نصف شب [neßf.e schab]

mittlerer *adj* میانه [miyāne], (ugs.) وسطی [waßati]

Mittwoch *m* چهارشنبه [tschahār-schambe]

mittwochs *adv* چهارشنبه ها [tschahār-schambe.hā]

Mixer *m* (Gerät) دستگاه مخلوط کن [daßtgāh.e machlut-kon], میکسر [mikßer]

Möbel *Mz* اثاثیه [aßāßiye], مبلمان [moblemān]

Mode *w* مد [mod]

Modell *s* طرح [tarh]

Moderator *m* مجری [modjri]

modern *adj* (modisch) امروزی [emruzi], مدرن [modern], (zeitgenössisch) معاصر [mo'āßer]

mogeln *v* گول زدن [gul zadan], کلک زدن [kalak zadan], (in der Schule) تقلب کردن [taghallob kardan]

mögen *adv* خواستن [chāßtan], خوش آمدن [chosch āmadan], میل داشتن [meyl dāschtan]

möglich *adj* ممکن [momken], امکان پذیر [emkān-pazir], (so bald wie ~) هرچه زودتر [har-tsche zud.tar]

möglicherweise *adv* شاید [schāyad], احتمالاً [ehtemālan]

Möglichkeit *w* امکان [emkān]

möglichst *adv* تا حد امکان [tā hadd.e emkān]

Möhre *w* هویج [hawidj], زردک [zardak]

Mohn *m* خشخاش [chaschchāsch]

mollig *adj* چاقالو [tschāghālu], تپل [topol], (Wäsche) نرم [narm], لطیف [latif]

Moment *m* لحظه [lahze]

momentan *adj* در حال حاضر [dar hāl.e hāzer], فعلاً [fe'lan]

Monat *m* ماه [māh], (die Monate des iran. Sonnenkalenders) (1. Monat: 21.03.-20.04.) فروردین [farwardin], (2. Monat: 21.04.-21.05.) اردیبهشت [ordi-behescht], (3. Monat: 22.05.-21.06.) خرداد [chordād], (4. Monat: 22.06.- 22.07.) تیر [tir], (5. Monat: 23.06.-22.08.) (ا)مرداد [(ā)mordād], (6. Monat: 23.08.-22.09.) شهریور [schahriwar], (7. Monat: 23.09.-22. 10.) مهر [mehr], (8. Monat: 23.10.-21.11.) آبان [ābān], (9. Monat: 22.11.-21.12.) آذر [āzar], (10. Monat: 22.12.-20.01.) دی [dey], (11. Monat: 21.01.-19.02.) بهمن [bahman], (12. Monat: 20.02.-20.03.) اسفند [eßfand]

monatlich *adj* ماهانه [māhāne], هرماه [har māh], ماهیانه [māhiyāne], (einmal ~) ماهی یک بار [māhi yek bār], هر ماه یک بار [har māh yek bār], یک بار در ماه [yek bār dar māh]

Mönch *m* راهب [rāheb], تارک دنیا [tārek.e donyā]

Mond *m* ماه [māh]

Mondjahr *s* سال قمری [ßāl.e ghamari], سال هجری قمری [ßāl.e hedjri.ye ghamari]

Montag *m* دوشنبه [do-schambe]

monoton *adj* یک نواخت [yek-nawācht]

montieren *v* نصب کردن [naßb kardan], وصل کردن [waßl kardan]

Moor *m* مرداب [mordāb], باطلاق [bātlāgh]

Mord *m* قتل [ghatl], آدم کشی [ādam-koschi]

Wörterbuch Deutsch – Persisch

morden *v* کشتن [koschtan], قتل کردن [ghatl kardan]

Mörder *m* قاتل [ghātel], آدم کش [ādam-kosch]

morgen *adv* فردا [fardā]

Morgen *m* صبح [ßobh], بامداد [bāmdād], (guten ~) صبح بخیر [ßobh be cheyr]

Morgenrock *m* روبدوشامبر [robdeschān]

morgens *adv* صبح‌ها [ßobh.hā], (von ~ bis abends) از صبح تا شب [az ßobh tā schab]

Mörser *m* هاونگ [hāwang]

Moschee *w* مسجد [maßdjed]

Moskitonetz *s* پشه بند [pasche-band]

Motiv *s* علت [ellat], موضوع [mouzu'], سبب [ßabab]

motivieren *v* تشویق کردن [taschwigh kardan]

Motor *m* موتور(ماشین) [motor(.e māschin)], (~ anlassen) روشن کردن [rouschan kardan], (~ abstellen) خاموش کردن [chāmusch kardan]

Motorhaube *w* کاپوت [kāpot]

Motorrad *s* موتورسیکلت [motor-ßiklet]

Motte *w* بید [bid], (von Motten befallen) بید خورده [bid-zade], بید زده [bid-chorde]

Mottenkugel *w* نفتالین [naftālin]

Möwe *w* مرغ آبی [morgh.e ābi], مرغ دریایی [morgh.e daryāyi]

Mücke *w* پشه [pasche]

müde *adj* خسته [chaßte]

Müdigkeit *w* خستگی [chaßtegi]

Muezzin *m* مؤذن [mo'azzen]

Mühe *w* زحمت [zahmat], کوشش [kuschesch], سعی [ßa'y], تلاش [talāsch], درد سر [dard.e ßar]

mühelos *adj* بدون زحمت [bedun.e zahmat], به راحتی [be-rāhati], بدون دردسر [bedun.e dard.e-ßar]

mühevoll *adj* مشکل [moschkel], سخت [ßacht], پرزحمت [por-zahmat], پردردسر [por-dard.e ßar]

Mühle *w* آسیاب [āßiyāb]

Müll *m* آشغال [āschghāl], زباله [zobāle]

Mülleimer *m* سطل آشغال [ßatl.e āschghāl]

mürbe *adj* (Gebäck) ترد [tord]

multiplizieren *w* ضرب کردن [zarb kardan]

Mund *m* دهان [dahān], دهن [dahan]

Mundgeruch *m* بوی دهن [bu.ye dahan]

mündlich *adj* شفاهی [schafāhi]

Mundwasser *s* مواد غرغره [mawādd.e gharghare]

munter *adj* (sein) سرحال بودن [ßar.e hāl budan]

Münze *w* سکه [ßekke]

Muschel *w* (Tier) صدف [ßadaf], (Schale) کاسه [kāße]

Museum *s* موزه [muze]

Musik *w* موسیقی [mußighi], (~ machen) موسیقی نواختن [mußighi nawāchtan]

Musiker *m* نوازنده [nawāzande]

Muskatnuss *w* جوز هندی [djouz.e hendi]

Muskel *m* ماهیچه [māhitsche], عضله [azole]

Muslim *m* مسلمان [moßalmān]

müssen *v* بایستن [bāyeßtan]

Muster *s* طرح [tarh], الگو [olgu], نمونه [nemune], مدل [model]

Mut *m* جرأت [djor'at], شجاعت [schodjā'at]

mutig *adj* جسور [djaßur], شجاع [schodjā'], با جرأت [bā djor'at]

Mutter *w* 1. مادر [mādar], (Mutti) مامان [māmān]; 2. (Schrauben~) مهره [mohre]

mütterlich *adv* مادرانه [mādarāne]

Muttermal *s* خال [chāl]

mutterseelenallein *adj* تک و تنها [tak-o-tanhā]

Muttersprache *w* زبان مادری [zabān.e mādari]

Muttertag *m* روز مادر [ruz.e mādar]

Mütze *w* کلاه [koläh]

N

Nabel *m* ناف [nāf]

nach *prep* (örtl.) به طرف [be taraf.e], به سوی [be ßu.ye], به سمت [be ßamt.e], (zeitl.) بعد از [ba'd az], پس از [paß az]

nachäffen *v* (j-n) اداء کسی را درآوردن [adā'.ye kaß.i rā dar-āwardan]

nachahmen *v* تقلید کردن [taghlid kardan]

Nachbar *m* همسایه [ham-ßāye]

nachdem *conj* پس از آنکه [paß az ān-ke], وقتی که [waght.i ke] بعد از آنکه [ba'd az ān-ke]

nachdenken *v* (über etw.) راجع چیزی فکر کردن [rādje'.ye tschiz.i fekr kardan], اندیشیدن [andischidan]

nachdenklich *adj* (~ werden) به فکرفرورفتن [be fekr forou raftan], (~ sein) توی فکر بودن [tu.ye fekr budan]

nacheinander *adj* پشت سرهم [poscht.e ßar.e ham], یکی پس از دیگری [yek.i paß az digar.i], یکی یکی [yek.i-yek.i]

Nachfolger *m* جانشین [djā-neschin]

Nachfrage *w* تقاضا [taghāzā], (Angebot und ~) عرضه و تقاضا [arze wa taghāzā]

nachgeben *v* کوتاه آمدن [kutāh āmadan]

nachgehen *v* (einer Sache) دنبال کردن [dombāl kardan]

nachholen *v* جبران کردن [djobrān kardan]

Nachkomme *m* نسل [naßl], نسل بعد [naßl.e ba'd], دودمان [dudmān], (Kinder, Mz.) فرزندان [farzandān] اولاد [oulād]

nachlässig *adj* بی دقت [bi-deghghat], سرسری [ßar-ßari]

Nachmittag *m* بعد از ظهر [ba'd az zohr]

nachmittags *adv* بعد از ظهر ها [ba'd az zohr.hā]

Nachname *m* نام خانوادگی [nām.e chānewādegi]

nachplappern *v* طوطی وار تکرار کردن [tutiwār tekrār kardan]

Nachricht *w* (Neuigkeit) خبر [chabar], (Medien) اخبار [achbār]

nachschauen *v* (ob alles in Ordnung ist) سر زدن [ßar zadan]

nachsichtig *adj* (sein) گذشت داشتن [gozascht dāschtan], چشم پوشیدن [tscheschm puschidan], گذشت کردن [gozascht kardan]

nächster *adj* (nächstliegender) نزدیکترین [nazdik.tarin], بعدی [ba'di], (ugs.) بغلی [baghali], (~ in der Reihe) نفر بعدی [(nafar.e ba'di), (nächstes Jahr) سال آینده [ßāl.e āyande]

Nacht *w* شب [schab], (gute ~!) شب بخیر [schab be-cheyr]

Nachteil *m* ضرر [zarar]

Nachtfalter *m* شب پره [schab-pare]

Nachthemd *s* پیراهن خواب [pirāhan.e chāb], پیژامه [pijāme]

Nachtigall *w* بلبل [bolbol]

Nachtisch *m* دسر [deßer]

nachtragend *adj* (sein) به دل گرفتن [be del gereftan]

nachts *adv* شبها [schab.hā]

Nachtschicht *w* شیفت شب [schift.e schab], کشیک شب [keschik.e schab]

Nachtwächter *m* کشیک شب [keschischk.e schab]

nachweisen *v* ثابت کردن [ßābet kardan]

nachzahlen *v* پس پرداختن [paß pardāchtan]

Nacken *m* پشت گردن [poscht(.e gardan], پس گردن [paß.e gardan]

nackt *adj* لخت [locht], برهنه [berahne]

Nadel *w* 1. (Näh~) سوزن [ßuzan]; 2. (Kompass~) عقربه [aghrabe]; 3. (Baum~) کاج [kādj]

Nagel *m* 1. (Stift) میخ [mich], 2. (Finger~) ناخن [nāchon(.e angoscht)], انگشت (angoscht)

Nagel m (Zehen~) پا (انگشت) ناخن [nāchon(.e angoscht.e)-pā], (Nägel schneiden) ناخن زدن ناخن گرفتن [nāchon gereftan], (ugs.) ناخن چیدن [nāchon tschidan]

Nagellack m لاک [lāk]

nageln v میخ زدن [mich zadan], میخ کوبیدن [mich kubidan]

Nagelschere w ناخن گیر [nāchon-gir]

nahe adj نزدیک [nazdik]

Nähe w نزدیکی [nazdiki]

nähen v دوختن [duchtan], (chirurg.) بخیه کردن [bachiye kardan], بخیه زدن [bachiye zadan]

nähern v (sich) نزدیک شدن [nazdik schodan]

Nähmaschine w چرخ خیاطی [tscharch(.e).e-chayyāti]

nahrhaft adj مقوی [moghawwi]

Nahrung w خوراک [chorāk], غذا [ghazā]

Naht w درز [darz], (chirurg.) بخیه [bachiye], (~ zusammennähen) درز گرفتن [darz gereftan], بخیه زدن [bachiye zadan], بخیه کردن [bachiye kardan]

naiv adj ساده [ßāde], زود باور [zud-bāwar]

Name m اسم [eßm], نام [nām]

nämlich adv یعنی [ya'ni], زیرا [zirā], چونکه [tschon-ke]

Narbe w (Impfung) آبله [ābele], (Wunde) جای زخم [djā.ye zachm]

Narzisse w (گل) نرگس [(gol.e) nargeß]

naschen v (etw. weg~) ناخنک زدن [nāchonak zadan]

Nase w بینی [bini], دماغ [damāgh]

Nasenloch s سوراخ بینی [ßurāch.e bini], سوراخ دماغ [ßurāch.e damāgh]

naselang adv (alle ~) دم به دم [dam-be-dam], هر دم [har dam], (ugs.) هی [hey]

Nasenschleim m (Rotz) آب بینی [āb.e bini] آب دماغ [āb.e damāgh]

Nashorn m کرگدن [kargadan]

nass adj خیس [chiß], تر [tar]

Nation w ملت [mellat]

national adj ملی [melli]

Nationalität w ملیت [melliyat]

Nationalist m نژاد پرست [nejād-paraßt]

Nationalhymne w سرود ملی [ßorud.e melli]

Natron s جوش شیرین [djusch.e schirin]

Natur w 1. (Umwelt) طبیعت [tabi'at], 2. (Charakter) ذات [zāt], (von ~ aus) طبیعتاً [tabi'atan] ذاتاً [zātan]

natürlich 1. adj (nicht künstl.) طبیعی [tabi'i]; 2. adv (selbstverständl.) البته! [albatte]

Nebel m مه [meh]

neben prep پهلو [pahlu.ye], کنار [kenār.e], (ugs.) بغل [baghal.e], پیش [pisch.e]

Nebenkosten Mz خرجیهای اضافی [chardji.hā.ye ezāfi]

nebensächlich adj جزئی [djoz'i], بی اهمیت [bi-ahammiyat]

neblig adj مه آلود [meh-ālud], مهی [mehi]

Neffe m (Brudersohn) پسربرادر [peßar.e barādar], برادرزاده [barādar-zāde], (Schwestersohn) پسرخواهر [peßar.e chāhar], (a. Nichte) خواهرزاده [chāhar-zāde]

negativ adj منفی [manfi]

nehmen v گرفتن [gereftan], برداشتن [bar-dāschtan]

neidisch adj حسود [haßud], حسودی کردن [haßudi kardan], حسادت کردن [heßādat kardan]

neigen v 1. (physisch) تعظیم کردن [ta'zim kardan], (ugs.) خم شدن [cham schodan], 2. (Tendenz) تمایل داشتن [tamāyol dāschtan]

nein adv نه [na], نخیر [na-cheyr], خیر [cheyr]

Nektarine w شلیل [schalil]

Nelke w (Blume) گل میخک [gol.e michak], (Gewürz) میخک [michak]

nennen v [نامیدن] [nāmidan], نام بردن [nām bordan], اسم بردن [eßm bordan]

Nerv m عصب [aßab]

nerven v (ugs.) اعصاب کسی را خرد کردن [a'ßāb.e kaß.i rā chord kardan], اعصاب کسی را داغان کردن [a'ßāb.e kaß.i rā daghān kardan]

nervös adj دست پاچه [daßt-pātsche], (~ werden) هل کردن [hol kardan], دست پاچه شدن [daßt-pātsche schodan]

Nest s لانه [lāne]

nett adj مهربان [mehr(a)bān], دوست داشتنی [dußt-dāschtani]

Netz s (Fischer~) تور [tur], (Einkaufs~) توری [turi], (TV) شبکه [schabake]

neu adj نو [nou], جدید [djadid], تازه [tāze]

neugierig adj فضول [fozul], (wissbegierig) کنجکاو [kondj-kāw]

Neuigkeit w خبرتازه [chabar.e tāze]

Neujahr s سال نو [ßāl.e nou]

neulich adv اخیراً [achiran], جدیداً [djadidan], چند وقت پیش [tschand waght pisch], تازگی [tāzegi]

neun num نه [noh]

neunzehn num نوزده [nuzdah]

neutral adj خنثی [chonßā], (~ sein) بی طرف بودن [bi-taraf budan]

nicht adv نه [na], (~ mehr) دیگرنه [digar na]

Nichte w (Bruderstochter) دختربرادر [dochtar.e barādar], برادرزاده [barādar-zāde], (Schwestertochter) دختر خواهر [dochtar.e chāhar], خواهرزاده [chāhar-zāde]

Nichtraucher m غیر سیگاری [gheyr.e ßigāri], (ich bin ~) من سیگارنمیکشم [man ßigār ne.mi.kesch am]

nichts pron هیچ [hitsch], هیچ چیز [hitsch-tschiz], (ugs.) هیچی [hitsch-tschi], (das macht ~) عیبی ندارد [eybi na.dār ad], اشکالی ندارد [eschkāli

na.dār.ad], (~ zu danken!) خواهش میکنم! [chāhesch mi.kon.am]

nichtsdestoweniger conj با وجود این [bā wodjud.e in], با وسیلة این [bā waßile.ye in]

nicken v سر تکان دادن [ßar takān dādan]

Nickerchen s (~ machen) چرت زدن [tschort zadan]

nie adv هرگز [hargez], هیچ وقت [hitsch-waght]

Niederlage w شکست [schekaßt], باخت [bācht]

Niederlande Mz هلند [holand]

niedergeschlagen adj افسرده [afßorde], مأیوس [ma'yuß]

Niederschlag m بارندگی [bārandegi]

niedlich adj ملوس [maluß], ناز [nāz]

niedrig adj (nicht hoch) کوتاه [kutāh]

niemals adv هرگز [hargez], هیچ وقت [hitsch-waght]

niemand pron هیچ کس [hitsch-kaß]

Niere w کلیه [kolye], (als Speise) قلوه [gholwe]

nieseln v نم نم باریدن [nam-nam bāridan]

niesen v عطسه کردن [atße kardan]

Nilpferd s اسب آبی [aßb.e ābi]

nirgendwo adv هیچ جا [hitsch-djā], هیچ کجا [hitsch-kodjā]

nirgendwohin adv هیچ جای دیگر [hitsch-djā.ye digar]

noch adv هنوز [hanuz], (~ immer) هنوزهم [hanuz ham], (~ mehr) باز هم [bāz ham], (~ heute) همین امروز [ham.in emruz], (~ nicht) هنوزنه [hanuz na]; conj (weder ... ~) نه ... نه [na ... na], (~mal und ~mal) باز و باز [bāz wa bāz]

Nonne w راهبه [rāhebe]

Norden m شمال [schomāl]

nördlich adj (~ von) شمال [schomāl.e]

normal adj عادی [ādi], معمولی [ma'muli], طبیعی [tabi'i]

normalerweise *adj* معمولاً [ma'mulan]

Norwegen *s* نروژ [norwej]

Not *w* احتیاج [ehtiyādj], نیاز [niyāz]

Notar *m* دفتردار اسناد رسمی [daftar-dār.e aßnād.e raßmi], محضردار [mahzar-dār]

Notariat *s* دفتر اسناد رسمی [daftar.e aßnād.e raßmi], محضر [mahzar]

Notarzt *m* پزشک اضطراری [pezeschk.e ezterāri], پزشک کشیک [pezeschk.e keschik]

Notausgang *m* خروجی اضطراری [chorudj.ye ezterāri], در فرار [dar.e farār]

Notdienst *m* (Mz.) خدمات اضطراری [chademāt.e ezterāri], (خدمات) اورژانس [(chademāt.e) ourjānß]

Notfall *m* حال اضطراری [hāl.e ezterāri]

notgedrungen *adj* اجباراً [edjbāran], از روی ناچاری [az ru.ye nā.tschāri]

nötig *adj* لازم [lāzem], ضروری [zaruri], واجب [wādjeb]

notieren *v* یادداشت کردن [yād-dāscht kardan]

Notiz *w* یادداشت [yād-dāscht]

Notizblock *m* دفتر یاد داشت [daftar.e yād-dāscht], (klein) دفترچهٔ یاد داشت [daftartsche.ye yād-dāscht]

Notlage *w* وضع اضطراری [waz'.e ezterāri]

Notlandung *w* فرود اضطراری [forud.e ezterāri]

notwendig *adj* لازم [lāzem], ضروری [zaruri], واجب [wādjeb]

November *m* نوامبر [nowāmbr]

nüchtern *adj* (ungefrühstückt) ناشتا [nāschtā]

Nudeln *Mz* رشته فرنگی [reschte-farangi], ماکارونی [mākāruni]

nuklear *adj* هسته ای [haßte'i], اتمی [atomi]

Null *num / w* صفر [ßefr], (unter ~) بالای صفر [zir.e ßefr], (über ~) زیر صفر [bālā.ye ßefr]

Nummer *w* شماره [schomāre], نمره [nomre]

nun *adv* حالا [hālā], الان [al-ān]

nur *adv* فقط [faghat]

Nuss *w* (~mischung) آجیل [ādjil]

nutzen *v* (nützlich sein) فایده داشتن [fāyede dāschtan], مفید بودن [mofid budan], به دردخوردن [be dard chordan]

Nutzen *m* فایده [fāyede], استفاده [eßtefāde], نفع [naf'], مصرف [maßraf]

nützlich *adj* مفید [mofid], سودمند [ßudmand], به درد بخور [be-dard bo-chor]

nutzlos *adj* بی فایده [bi-fāyede], (unbrauchbar) به درد نخور [be-dard na.chor], بی مصرف [bi-maßraf]

O

ob *conj* آیا [āyā]

obdachlos *adj* آواره [āwāre], بدون خانه و زندگی [bedun.e chāne-o-zendegi]

oben *adv* بالا [bālā], (von ~) از بالا [az bālā], (nach ~) به بالا [be bālā]

Ober *m* پیشخدمت [pisch-chedmat], گارسون [gārßon], (Herr ~!) آقای گارسون! [āghā.ye gārßon]

Oberarm *m* بازو [bāzu]

oberer *adj* بالایی [bālāyi], (die obere Etage) طبقهٔ بالاتر [tabaghe.ye bālā.tar], طبقهٔ بالایی [tabaghe.ye bālāyi]

Oberfläche *w* سطح [ßath]

Oberschenkel *m* ران [rān]

objektiv *adj* بی طرف [bi-taraf]

Obst *s* میوه [miwe]

Obstgarten *m* باغ میوه [bāgh.e miwe], (literar.) بوستان [bußtān]

Obstladen *m* میوه فروشی [miwe-foruschi]

Obstsaft *m* آب میوه [āb(.e)-miwe]

Obstverkäufer *m* میوه فروش [miwe-forusch]

obwohl *conj* اینکه باوجود [bā-wodjud.e in-ke], هرچند [har tschand], گرچه [gar tsche], اگرچه [agar tsche]

Ochse *m* (نر) گاو [gāw(.e nar)]

öde *adj* یکنواخت [yek-nawācht]

oder *conj* یا [yā], (entweder du ~ ich) تو یا من یا [yā to yā man], (~?) مگرنه؟ [magar na]

Ofen *m* 1. (Back~) اجاق [odjāgh], فر [fer], (tradition. pers, Lehm~) تنور [tanur]; 2. (Heiz~) شوفاژ [schufāj]

offen *adj* باز [bāz]

offensichtlich *adv* ظاهراً [zāheran]

öffentlich *adj* عمومی [omumi]

offiziell *adj* رسمی [raßmi], *adv* رسماً [raßman]

Offizier *m* افسر [aßßar]

öffnen *v* باز کردن [bāz kardan]

Öffner *m* باز کن [bāz-kon]

Öffnung *w* سوراخ [ßurāch]

Öffnungszeiten *Mz* ساعات کار [ßā'āt.e kār]

oft *adv* اغلب [aghlab]

ohne *prep* بدون [bedun.e], (~ dass) بدون اینکه [bedun.e in-ke]

ohnehin *adv* خواه نا خواه [chāh-nā-chāh]

Ohnmacht *w* بی هوشی [bi-huschi], غش [ghasch], ضعف [za'f]

Ohr *s* گوش [gusch]

Ohrfeige *w* کشیده [keschide], سیلی [ßili], (ugs.) چک [tschak]

Ohrring *m* گوشواره [guschwāre]

Oktober *m* اکتبر [oktobr]

Öl *s* (Mineral~) نفت [naft], (Speise~) روغن [roughan]

ölen *v* (Maschine) روغن زدن [roughan zadan]

Olive *w* زیتون [zeytun]

Olivenöl *s* روغن زیتون [roughan(.e)-zeytun]

Onkel *m* (väterlicherseits) عمو [amu],

(mütterlicherseits) دایی [dāyi]

Oper *w* اپرا [operā]

Operation *w* جراحی [djarrāhi], عمل [amal], عمل جراحی [amal.e djarrāhi]

Opfer *s* (Unfall usw.) کشته [koschte], مرده [morde], (religiös) شهید [schahid]

opfern *v* (Opfer bringen) قربانی کردن [ghorbāni kardan], (sich für j-n ~) فدا کاری کردن [fadā-kāri kardan]

Opposition *w* حزب مخالف [hezb.e mochālef]

Optiker *m* عینک ساز [eynak-ßāz]

Optimist *m* خوش بین [chosch-bin]

orange *adj* (رنگ) نارنجی [(rang.e) nārandji]

Orange *w* پرتقال [porteghāl]

Orangensaft *m* آب پرتقال [āb(.e)-porteghāl]

Orchester *s* گروه ارکستر [orkeßtr]

Orchidee *w* ارکیده [orkide]

Orden *m* مدال [medāl]

ordentlich *adj* مرتب [morattab], منظم [monazzam]

ordnen *v* (aufräumen) مرتب کردن [morattab kardan], منظم کردن [monazzam kardan]

Ordnung *w* (Harmonie) نظم [nazm], ترتیب [tartib], (Reglement) مقررات [mogharrarāt], (in ~!) قبوله باشه [ghabul.e], [bāsch.e]

Oregano *m* آویشن [āwischan]

Organ *s* عضو [ozw]

organisieren *v* سازمان دادن [ßāz(e)mān dādan], تشکیل دادن [taschkil dādan], (ugs.) جورکردن [djur kardan], درست کردن [doroßt kardan]

Orgel *w* ارگ [org]

Orient *m* شرق [schargh]

Orientale *m* شرقی [scharghi]

orientalisch *adj* شرقی [scharghi]

Orkan *m* طوفان [tufān]

Ort *m* 1. (Stelle) جا [djā], محل [mahall]; 2. (Siedlung) آبادی [ābādi], روستا [rußtā]

Orthopäde *m* پزشک استخوان [pezeschk.e oßtochān]

örtlich *adj* محلی [mahalli]

Öse *w* قزن قفلی [ghazan-ghofli]

Osten *m* مشرق [maschregh], شرق [schargh], خاور [chāwar]

Ostern *s* عید پاک [eyd.e pāk]

Österreich *s* اتریش [otrisch]

Österreicher *m* اتریشی [otrischi]

österreichisch *adj* اتریشی [otrischi]

östlich *adj* شرقی [scharghi]

oval *adj* بیضی [beyzi]

Ozean *m* اقیانوس [oghiyānoß]

P

paar *adj* چند [tschand], (vor ein ~ Tagen) چند روز پیش [tschand ruz pisch], (ein ~) چند تایی [tschand tāyi], (ein ~ Mal) یکی دوبار [yek.i do bār], چند باری [tschand bāri]

Paar *s* (paarige Dinge) جفت [djoft]

paarweise *adj* دوتا دوتا [do-tā do-tā], جفت جفت [djoft djoft]

packen *v* 1. (Koffer) بستن [baßtan]; 2. (greifen) گرفتن [gereftan]

Packung *w* بسته [baßte]

Paket *s* (Lieferung) بسته [baßte], پاکت [pākat]

Palast *m* کاخ [kāch], قصر [ghaßr]

Palästina *s* فلسطین [feleßtin]

Pampelmuse *w* گریپ فروت [geripfrut]

Palme *m* نخل [nachl]

Panik *w* هول [houl], وحشت [wahschat], (in ~ geraten) هول کردن [houl kardan]

Panne *w* پنچری [pantschari]

Panther *m* پلنگ [(yuz-)palang] (یوز)

Pantoffel *m* دم پایی [dam-pāyi], سرپایی [ßar-pāyi]

Panzer *m* تانک [tānk]

Papagei *m* طوطی [tuti]

Papier *s* کاغذ [kāghaz]

Pappe *w* مقوا [moghawwā]

Paprika *m* (Gemüse) فلفل دلمه ای [felfel.e dolme'i], (Gewürz) فلفل [felfel]

Papst *m* پاپ [pāp]

Parade *w* رژه [reje]

Paradies *s* بهشت [behescht]

Parfüm *s* عطر [atr]

parfümieren *v* (sich) عطر زدن [atr zadan]

Park *m* پارک [pārk]

parken *v* پارک کردن [pārk kardan]

Parkplatz *m* پارکینگ [pārking]

Parlament *s* مجلس [madjleß], پارلمان [parlemān]

Partei *w* (polit.) حزب [hezb], (für j-n ~ ergreifen) طرفداری کردن [taraf-dāri kardan], دفاع کردن [defā' kardan]

Partner *m* (Geschäfts~) شریک [scharik]

Parterre *s* طبقه هم کف [tabaghe.ye ham-kaf]

Party *w* مهمانی [mehmāni], پارتی [pārti]

Pass *m* 1. (Reise~) گذرنامه [gozar-nāme], پاسپورت [pāßport]; 2. (Gebirgs~) کتل [kotal]

Passagier *m* مسافر [moßāfer]

passen *v* 1. (gute Kombination) مناسب بودن [monāßeb budan], (ugs.) به هم آمدن [be-ham āmadan], به هم خوردن [be-ham chordan], 2. (gut sitzende Kleidung) اندازه بودن [andāze budan]

passend *adj* (sein, etw. bzw. Gelegenheit) مناسب بودن [monāßeb budan]

passieren *v* (geschehen) رخ دادن [roch dādan], پیش آمدن [pisch āmadan], اتفاق افتادن [ettefāgh oftādan]

Passwort *s* کلمۀ عبور [kalame.ye obur]

Paste *w* خمیر [chamir]

Pate *m* پدرخوانده [pedar-chānde], پدرتعمیدی [pedar.e ta'midi]

Patenkind *s* فرزند خوانده [farzand-chānde], فرزند تعمیدی

[farzand.e ta'midi]

Patient *m* بیمار [bimār], مریض [mariz]

Patrone *w* فشنگ [feschangh]

Pause *w* (Schule) زنگ تفریح [zang.e tafrih]

Pavillon *w* عنتر [antar]

Pech *s* (Unglück) بدشانسی [bad-schānßi], (~ haben) بدشانسی آوردن [bad-schānßi āwardan]

Pedal *s* پدال [pedāl], (Fahrrad) رکاب [rekāb]

peinlich *adj* خجالت آور [chedjālat-āwar], شرم آور [scharm-āwar]

Peitsche *w* شلاق [schallāgh]

pellen *v* پوست کندن [pußt-kandan], پوست گرفتن [pußt-gereftan]

Pelz *m* پوست [pußt]

pelzig *adj* پشمالو [paschmālu]

Pension *w* (Rente) حقوق بازنشستگی [hoghugh.e bāz-neschaßtegi]

per *prep* با [bā], از طریق [az tarigh.e], از راه [az rāh.e]

perfekt *adj* کامل [kāmel], عالی [āli]

Periode *w* دوره [doure], مرحله [marhale], مدت [moddat]

Perle *w* مروارید [morwārid]

Persepolis *s* (histor.) تخت جمشید [tacht.e djamschid]

Perser *m* ایرانی [irāni]

Persien *s* ایران [irān]

persisch *adj* فارسی [fārßi], پارسی [pārßi], ایرانی [irāni]

Person *w* شخص [schachß], نفر [nafar], کس [kaß], (pro ~) نفری [nafar.i]

Personalausweis *m* کارت ملی [kārt.e melli]

persönlich *adj* شخصی [schachßi], خصوصی [choßußi], *adv* شخصاً [schachßan], (~ nehmen) به خود گرفتن [be chod gereftan]

Perspektive *w* چشم انداز [tscheschm-andāz]

Perücke *w* کلاه گیس [kolāh-gißß]

Pessimist *m* بدبین [bad-bin]

Pest *w* طاعون [tā'un]

Petersilie *w* جعفری [djā'fari]

petzen *v* خبر چینی کردن [chabar-tschini kardan], چغلی کردن [tschoghli kardan]

Pfad *m* راه باریک [rāh.e bārik]

Pfadfinder *m* پیش آهنگ [pisch-āhang]

Pfahl *m* تیر [tir]

Pfand *s* گرو [gerou]

Pfanne *w* ماهی تابه [māhi-tābe]

Pfannenwender *m* کفگیر [kaf-gir]

Pfau *m* طاووس [tāwußß]

Pfeffer *m* فلفل [felfel]

pfeffern *v* (Gewürz) فلفل زدن [felfel zadan]

Pfeife *w* 1. (Tabak) پیپ [pip], چپق [tschopogh]; 2. (Triller~) سوت [ßut]

pfeifen *v* سوت زدن [ßut zadan], سوت کشیدن [ßut keschidan]

Pfeil *m* نیزه [neyze]

Pfeiler *m* ستون [ßotun]

Pferd *s* اسب [aßb]

Pferderennen *s* اسب دوانی [aßb-dawāni]

Pferdeschwanz *m* دم اسب [dom.e aßb], (Frisur) دم اسبی [dom-aßbi]

Pfingsten *s* عید پنجاهه [eyd.e pandjāhe]

Pfirsich *m* هلو [holu]

Pflanze *w* گیاه [giyāh]

pflanzen *v* کاشتن [kāschtan]

Pflanzenöl *s* روغن نباتی [roughan-nabāti]

Pflaster *s* 1. (Erste Hilfe) چسب زخم بندی [tschaßb.e zachm-bandi]; 2.(Straßen~) سنگفرش [ßang-farsch]

Pflaume *w* آلو [ālu]

Pflege *w* (Kranken~) پرستاری [paraßtāri]

pflegen *v* پرستاری کردن [paraßtāri kardan]

Pflicht *w* وظیفه [wazife], تکلیف [taklif]

pflichtbewusst *adj* وظیفه شناس [wazife-schenāß]

pflücken *v* چیدن [tschidan]

Pflug *m* خیش [chisch]

pflügen v شخم زدن [schochm zadan], شخم کردن [schochm kardan]

Pförtner m دربان [darbān], نگهبان [negahbān], سرایدار [ßarāy-dār]

Pfote w پنجه [pandje]

Pfund s نیم کیلو گرم [nim kilo geram], پوند [pān-ßad geram], پوند [pond]

Phase w مرحله [marhale], فاز [fāz]

Pickel m (Haut) جوش [djusch]

picken v نوک زدن [nok zadan]

Picknick s پیک نیک [pik-nik]

Pilgerfahrt w زیارت [ziyārat], حج [hadjdj]

Pille w حب [habb], قرص [ghorß]

Pilot m خلبان [chal(a)bān]

Pilz m قارچ [ghartsch]

pingelig adj وسواسی [waßwāßi]

Pinsel m قلم مو [ghalam(.e) mu]

Pinzette w موچین [mu-tschin]

Pipi w (Urin) جیش [djisch], (~ machen) جیش کردن [djisch kardan]

Pistazie w پسته [peßte]

Piste w پیست [pißt]

Pistole w هفت تیر [haft-tir]

Plan m برنامه [bar-nāme]

planen v برنامه ریزی کردن [bar-nāme-rizi kardan]

Planet m سیاره [ßayyāre]

planmäßig adj طبق برنامه [tebgh.e bar-nāme]

plappern v ور زدن [wer zadan], ورراجی کردن [zer zadan], ورراجی کردن [wer-rādji kardan]

platt adj (eben) هموار [hamwār], صاف [ßāf], تخت [tacht]

Platte w (Scheibe aus Stein) تخته سنگ [tachte-ßang], (Schall~) صفحه [ßafhe], (CD) دیسک [dißk]

Platten m (Reifen) پنجری [pantschari]

Plattenspieler m گرامافون [g(e)rāmāfon]

Platz m 1. (öffentl.) میدان [meydān], 2. (Stelle) جا [djā]

platzen v (Reifen, Glas usw.) ترکیدن [tarakidan], (Verabredung / Verlobung ~ lassen) به هم خوردن [be-ham zadan], به هم زدن [be-ham chordan]

platzieren v گذاشتن [gozāschtan], قرار دادن [gharār dādan]

plaudern v گپ زدن [gap zadan]

Pleite w ورشکستگی [war-schekaßtegi], (~ gehen) ورشکست شدن [war-schekaßt schodan]

Plombe w پلمب [polomb]

plötzlich adv ناگهان [nāgahān]

plündern v غارت کردن [ghārat kardan]

Plünderung w غارت [ghārat]

plus prep بعلاوه [be-'alāwe], به اضافه [be ezāfe]

Pocken Mz آبله [ābele], (gegen ~ impfen) آبله کوبیدن [ābele kubidan]

pokern v قمار(بازی) کردن [ghomār(-bāzi) kardan]

Pokal m جام [djām]

Pole m لهستانی [laheßtāni]

Polen s لهستان [laheßtān]

polieren v براق کردن [barrāgh kardan]

Politik w سیاست [ßiyāßat]

Politiker m سیاستمدار [ßiyāßat-madār]

politisch adj سیاسی [ßiyāßi], (polit. Gefangener) زندانی سیاسی [zendāni.ye ßiyāßi]

Polizei w پلیس [poliß]

Polizeiwache w کلانتری [kalāntari], شهربانی [schahrbāni]

Polizist m پاسبان [pāßbān], پلیس [poliß]

polnisch adj لهستانی [laheßtāni]

Porree m تره فرنگی [tarre(.ye)-farangi]

Portemonnaie s کیف پول [kif.e pul]

Portion w پرس [porß]

Porto s هزینه پست [hazine.ye poßt], پول تمبر [pul.e tamb(a)r]

Porträt s عکس صورت [akß.e ßurat]

Portugal s پرتقال [portoghāl]

Porzellan s چینی [tschini]

Position *w* (berufl.) مقام [maghām], سمت [ßemat]

positiv *adj* مثبت [moßbat]

Post *w* (Amt) پستخانه [poßt-chāne], (Lieferung) پست کردن [poßt kardan]

Postbote *m* پستچی [poßttschi]

Posten *m* (Beruf) شغل [schoghl], کار [kār], پست [poßt]

Postfach *s* صندوق پستی [ßandugh.e poßti]

Postkarte *w* کارت پستال [kārt-poßtāl]

Postleitzahl *w* کد پستی [kod.e poßti]

prahlen *v* افاده کردن [efāde kardan], به خود نازیدن [be chod nāzidan], پز دادن [poz dādan], به خود بالیدن [be chod bālidan], پز آمدن [poz āmadan], به خود افتخار کردن [be chod eftechār kardan]

praktisch *adj* عملی [amali], (zweckmäßig) به درد بخور [be dard bo.chor], مناسب [monāßeb]

Präsident *m* رئیس جمهور [ra'iß-djomhur]

Praxis *w* (n. Theorie) تجربه [tadjrobe]

predigen *v* وعظ کردن [wa'z kardan]

Prediger *m* (islam.) امام [emām]

Preis *m* 1. (Kauf~) بها [bahā], قیمت [gheymat]; 2. (Auszeichnung) جایزه [djāyeze]

Preisnachlass *w* تخفیف [tachfif]

Preiselbeere *w* زغال اخته [zoghāl-achte]

Presse *w* مطبوعات [matbu'āt], روزنامه [ruz-nāme]

pressen *v* فشار دادن [feschār dādan], فشردن [feschordan]

Priester *m* کشیش [keschisch]

Prinz *m* شاهزاده [schāh-zāde]

Prinzessin *w* شاهزاده خانم [schāh-zāde chānom], شاهدخت [schāh-docht]

Prinzip *s* اصل [aßl], (im ~) اصولاً [oßulan]

privat *adj* خصوصی [choßußi], شخصی [schachßi], (familiär) خودمانی [chodemāni]

pro *prep* هر [har]

Probe *w* (Theater, Musik) تمرین [tamrin], (Ware) نمونه [nemune]

proben *v* تمرین کردن [tamrin kardan]

probieren *v* امتحان کردن [emtehān kardan], (Essen) چشیدن [tscheschidan], مزه کردن [maze kardan]

Problem *s* مسئله [maß'ale], دردسر [dard.e ßar], مشکل [moschkel], (wo ist das ~?) مشکل کجاست؟ [moschkel kodjā.ßt]

Produkt *s* محصول [mahßul], ساخت [ßācht]

Produktion *w* تولید [toulid], ساخت [ßācht]

produzieren *v* تولید کردن [toulid kardan], ساختن [ßāchtan]

professionell *adj* ماهر [māher], ماهرانه [māherāne], *adv* حرفه ای [herfe'i]

Professor *m* استاد [oßtād], پروفسور [profoßor]

Programm *s* برنامه [bar-nāme]

prompt *adj* بلافاصله [belā-fāßele], فوری [fouri], سریع [ßari']

Prophet *m* (relig.) پیغمبر [peygham-bar], پیامبر [payām-bar], (Ehrentitel des Propheten Zarathustra) اشو [aschu], (Ehrentitel hoher Propheten u. Monarchen) حضرت [hazrat]

prophezeien *v* پیش بینی کردن [pisch-bini kardan], پیش گویی کردن [pisch-guyi kardan]

Prospekt *m* بروشور [broschur]

prost *interj* به سلامتی! [be ßalāmati]

Prostituierte *w* فاحشه [fāhesche]

Protest *m* اعتراض [e'terāz]

protestieren *v* اعتراض کردن [e'terāz kardan]

Protestkundgebung *w* تظاهرات [tazāhorāt]

Provinz *w* شهرستان [schahreßtān], استان [oßtān]

provisorisch *adj* موقتی [mowaghghati], موقتاً [mowaghghatan] *adv*

provozieren *v* تحریک کردن [tahrik kardan]

Prozent *s* درصد [dar-ßad]

Prozess *m* (jurist.) محاکمه [mohākeme]

prüfen *v* امتحان کردن [emtehān kardan], بررسی کردن [bar-raßi kardan], (ugs.) چک کردن [tschek kardan]

Prüfung *w* (Schule, Universität) امتحان [emtehān], (~ ablegen) امتحان دادن [emtehān dādan]

Prügel *Mz* کتک [kotak]

Prügelei *w* کتک کاری [kotak-kāri]

prügeln *v* (sich) کتک کاری کردن [kotak-kāri kardan], (j-n) کدک زدن [kodak zadan]

psychisch *adj / adv* روحاً [ruhan], (~ krank) روانی [rawāni]

Psychiater *m* روانشناس [rawān-schenāß]

Publikum *s* (Zuschauer) تماشاچی [tamāschātschi], تماشاگر [tamāschāgar], (Zuhörer) شنونده [schenawande]

Puder *s* گرد [gard], پودر [pudr]

pudern *v* پودر زدن [pudr zadan]

Pullover *m* پلیور [poliwer]

Puls *m* نبض [nabz]

Pulver *s* پودر [pudr], گرد [gard]

pummelig *adj* چاقالو [tschāghālu], تپل [topol]

Pumpe *w* تلمبه [tolombe]

pumpen *v* تلمبه زدن [tolombe zadan]

Punkt *m* نقطه [noghte], (Sport) امتیاز [emtiyāz]

pünktlich *adj* سروقت [ßar.e waght], به موقع [ßar.e ßā'at], سرساعت [be moughe']

Pupille *w* (چشم) مردمک [mardomak(.e tscheschm)]

Puppe *w* عروسک [arußak]

Puppenspiel *s* خیمه شب بازی [cheyme-schab-bāzi]

pur *adj* (unverfälscht) خالص [chāleß]

Püree *s* پوره [pure]

Pute *w* بوقلمون [bughalamun]

Putsch *m* کودتا [kudetā]

putzen *v* تمیز کردن [tamiz kardan], نظافت کردن [nezāfat kardan], پاک کردن [pāk kardan]

Putzfrau *w* کلفت [kolfat], (Reinigungskraft) نظافت چی [nezāfattschi]

Q

Quadrat *s* مربع [morabba'], چهارگوشه [tschahār-gusche]

quadratisch *adj* مربعی [morabbā'i], چهار گوشه [tschahār-gusche]

Qual *w* عذاب [azāb], زجر [zadjr], رنج [randj], آزار [āzār]

quälen *v* رنج دادن [randj dādan], عذاب دادن [azāb dādan], اذیت کردن [azyat kardan], (sich) آزار دادن [āzār dādan], زجر کشیدن [zadjr keschidan], عذاب کشیدن [azāb keschidan], رنج کشیدن [randj keschidan], رنج بردن [randj bordan], درد کشیدن [dard keschidan]

Qualifikation *w* استعداد [eßte'dād]

Qualität *w* جنس [djenß]

Qualle *w* ستارۀ دریایی [ßetāre.ye daryāyi]

Qualm *m* دود [dud]

Quark *m* ماستینه [māßtine]

quasi *adv* در واقع [dar wāghe']

Quelle *w* چشمه [tscheschme], (heiße) چشمۀ آب گرم [tscheschme.ye āb.e garm]

quellen *v* (überkochen) جوش آمدن [djusch āmadan], سررفتن [ßar raftan]

quer *adv* اریب [orib], کج [kadj], از وسط [az miyān], (~ hindurch) از میان [az waßat], از بین [az beyn], (~ hindurch gehen) میان بر رفتن [miyān-bor raftan]

Querstraße *w* خیابان فرعی [chiyābān.e far'i]

Querulant *m* ایرادگیر [irād-gir], غرغرو [ghor-ghoru], نق نقو [negh-neghu]

quetschen *v* (hineinstopfen) چپاندن [tschapāndan]

Quitte *w* به [beh]

Quittung w قبض [ghabz], رسید [raßid], (ugs.) فیش [fisch]

Rabatt m تخفیف [tachfif]

Rabe m کلاغ [kalāgh]

Rache w انتقام [enteghām]

rächen v (sich) انتقام گرفتن [enteghām gereftan]

Rachen m گلو [galu], حلق [halgh]

rachsüchtig adj انتقام جو [enteghām-dju]

Rad s چرخ [tscharch]

radieren v پاک کردن [pāk kardan]

Radiergummi m مدادپاک کن [medād-pāk-kon]

Radieschen s تربچه [torobtsche]

Radio s رادیو [rādiyo], (~ hören) رادیو گوش دادن [rādiyo gusch dādan]

Raffinerie w پالایشگاه [pāl(āy)eschgāh]

Rahmen m قاب [ghāb], (Holz~) چهار چوب [tschahār-tschub], (Bilder~) قاب عکس [ghāb.e akß]

Rakete w موشک [muschak], راکت [rāket]

Rand m کنار [kenār], (Teller, Tisch) لبه [labe], لب [lab]

Rang m 1. (Hierarchie) درجه [daradje], مقام [maghām]; 2. (Theater) لژ [loj]

randalieren v جنجال به پا کردن [djandjāl be-pā kardan], جنجال به راه انداختن [djandjāl be-rāh andāchtan]

rangeln v گلاویز شدن [galāwiz schodan]

ranzig adj مانده [mānde], بوگرفته [bu-gerefte], گندیده [gandide], فاسد [fāßed]

rasch adj تند [tond], سریع [ßari'], فوری [fouri]

rascheln v خش خش کردن [chesch-chesch kardan]

Rasen m چمن [tschaman], (~ sprengen) آب پاشیدن [āb pāschidan]

Rasierapparat m (ماشین) ریش تراشی [(māschin.e) risch-tarāschi]

rasieren v ریش تراشیدن [risch-tarāschidan], اصلاح کردن [eßlā' kardan]

Rasierklinge w تیغ ریش تراشی [tigh.e risch-tarāschi]

Rasierpinsel m فرچه [fertsche]

Rasse w نژاد [nejād]

Rassismus m نژاد پرستی [nejād-paraßti]

Rassist m نژاد پرست [nejād-paraßt]

Rast w (Ruhe, Erholung) استراحت [eßterāhat]

Rat m 1. (Versammlung) شورا [schourā], انجمن [andjoman]; 2. (Ratschlag) پند [pand], نصیحت [naßihat], اندرز [andarz]

Rate w قسط [gheßt], (auf Raten kaufen) نسیه خریدن [naßiye charidan], قسطی خریدن [gheßti charidan]

raten v 1. (erraten) حدس زدن [hadß zadan]; 2. (empfehlen) توصیه کردن [toußiye kardan], پیشنهاد کردن [pisch-nehād kardan]

Rathaus s شهرداری [schahr-dāri]

rationieren adj (Lebensmittel) جیره بندی کردن [djire-bandi kardan]

ratsam adj صلاح [ßalāh], (für ~ halten) صلاح دانستن [ßalāh dāneßtan]

Rätsel s معما [moa'mmā]

rätselhaft adj پیچیده [pitschide], اسرارآمیز [eßrār-āmiz]

Ratte w موش صحرایی [musch.e ßahrāyi]

rau adj (bei Berührung) زبر [zebr], (Stoff) زمخت [zomocht], (Ton) خشن [chaschen], (Stimme) گرفته [gerefte]

Raub m دزدی [dozdi], سرقت [ßerghat], غارت [ghārat]

rauben v دزدیدن [dozdidan], ربودن [robudan], سرقت کردن [ßerghat kardan]

Räuber m دزد [dozd]

Raubtier s حیوان درنده [heywān.e darande]

Rauch m دود [dud]

rauchen v سیگار کشیدن [ßigār keschidan]

Raucher m سیگاری [ßigāri]

Wörterbuch Deutsch – Persisch

räuchern v دود دادن [dud dādan], دود کردن [dud kardan], دود زدن [dud zadan]

Raum m (Zimmer) اتاق [otāgh], (Bereich) جا [djā], مکان [makan], محل [mahall]

räumen v (Wohnung) تخلیه کردن [tachliye kardan], (ugs.) خالی کردن [chāli kardan]

Räumung w تخلیه [tachliye]

Raureif m شبنم [schab-nam]

reagieren v عکس العمل نشان دادن [akßo-l-amal neschān dādan]

Realität w واقعیت [wāgheiyat]

Rebhuhn s کبک [kabk]

rechnen v 1. (Mathematik) حساب کردن [heßāb kardan]; 2. (Risiko) ریسک کردن [rißk kardan]

Rechnung w صورت حساب [ßurat(.e)-heßāb]

Recht s حق [haghgh], (~ haben) حق داشتن [haghgh dāschtan]

rechter adj راست [rāßt]

rechteckig adj مستطیل [moßtatil]

rechtfertigen v (sich) از خود دفاع کردن [az chod defā' kardan], توجیه کردن [toudjih kardan]

rechtlich adj قانونی [ghānuni]

rechts adv دست راست [daßt.e rāßt], طرف راست [ßamt.e rāßt], سمت راست [taraf.e rāßt]

Rechtsanwalt m وکیل [wakil], (~ nehmen) وکیل گرفتن [wakil gereftan]

rechtswidrig adj غیر قانونی [gheyr.e ghānuni], ضد قانون [zedd.e ghānun], خلاف قانون [chalāf.e ghānun]

rechtzeitig adj به موقع [be moughe'], سر وقت [ßar.e waght], سرموقع [ßar.e moughe']

Rede w سخنرانی [ßochan-rāni], نطق [notgh]

reden v حرف زدن [harf zadan], سخن گفتن [ßochan goftan], صحبت کردن [ßohbat kardan]

Regal s (Vitrine) قفسه [ghafaße], (Wandnische) طاقچه [tāghtsche]

Regel w مقررات [mogharrarāt], قانون [ghānun], قاعده [ghā'ede], (in der ~) معمولاً [ma'mulan], قاعدتاً [ghā'edatan]

regelmäßig adj مدام [modām], دایم [dāyem]

regeln v ترتیب دادن [tartib dādan], درست کردن [doroßt kardan], جور کردن [djur kardan]

Regelung w مقررات [mogharrarāt]

Regen m باران [bārān]

Regenbogen m رنگین کمان [rangin-kamān], قوس قزح [ghouß.e ghazah]

Regenmantel m بارانی [bārāni]

Regenschauer m رگبار [rag-bār]

Regenwurm m کرم [kerm]

regieren v حکومت کردن [hokumat kardan]

Regierung w دولت [doulat]

Regime s رژیم [rejim], حکومت [hokumat]

Region w ناحیه [nāhiye], منطقه [mantaghe], حوزه [houze]

Regisseur m کارگردان [kār-gardān]

registrieren v ثبت کردن [ßabt kardan]

regnen v باریدن [bāridan], باران آمدن [bārān āmadan], باران باریدن [bārān bāridan], (aufhören zu ~) قطع شدن [ghat' schodan], بند آمدن [band āmadan]

regnerisch adj بارانی [bārāni]

Reh s آهو [āhu]

Reibe w رنده [rande]

reiben v (Kartoffeln usw.) رنده کردن [rande kardan], (Salbe, Augen) مالیدن [mālidan]

reich adj ثروتمند [ßerwatmand], دارا [dārā], پولدار [pul-dār]

reichen v 1. (herüber~) دادن [dādan]; 2. (aus~) کافی بودن [kāfi budan], بس بودن [baß budan]

Reichtum m ثروت [ßerwat], دارایی [dārāyi], مال [māl]

Wörterbuch Deutsch – Persisch

reif *adj* (Obst) رسیده [raßide]

Reifen *m* تایر [tāyer], چرخ [tscharch]

Reifenpanne *w* پنچری [pantschari]

Reihe *w* ردیف [radif], صف [ßaf], نوبت [noubat]

Reihenfolge *w* ردیف [radif], ترتیب [tartib]

rein *adj* (naturbelassen) طبیعی [tabi'i], خالص [chāleß]

reinigen *v* تمیز کردن [tamiz kardan], پاک کردن [pāk kardan]

Reinigung *w* نظافت [nezāfat], (chem.) خشک شویی [choschk-schuyi]

Reinigungsmittel *s* (Wäsche) پودر لباس شویی [pudr.e lebāß-schuyi], (Geschirr) پودر ظرف شویی [pudr.e zarf-schuyi]

Reis *m* برنج [berendj], (gekocht, körnig) پلو [polo], (gedämpft) کته [kate]

Reise *w* مسافرت [moßāferat], سفر [ßafar], (gute ~!) سفر بخیر [ßafar be.cheyr], سفر خوش [ßafar chosch]

Reisebüro *s* آژانس مسافرتی [ājānß.e moßāferati]

Reiseführer *m* تورلیدر [tur-lider], راهنمای مسافران تور) [rāh-namā(.ye moßāferān.e tur)], (Buch) کتاب راهنمای مسافرت [ketāb.e rāh-namā.ye moßāferati]

reisen *v* مسافرت کردن [moßāferat kardan], سفر کردن [ßafar kardan]

Reisescheck *m* چک مسافرتی [tschek.e moßāferati]

Reisender *m* مسافر [moßāfer]

reißen *v* پاره کردن [pāre kardan], کندن [kandan], جر دادن [djer dādan], (aus der Hand ~) قاپیدن [ghāpidan], قاپ زدن [ghāp zadan]

Reißverschluss *m* زیپ [zip]

reiten *v* اسب سواری کردن [aßb-ßawāri kardan]

Reiten *s* (Reitsport) اسب سواری [aßb-ßawāri]

reizen *v* تحریک کردن [tahrik kardan]

Reklamation *w* شکایت [schekāyat]

reklamieren *v* شکایت کردن [schekāyat kardan]

Rekord *m* رکورد [rekord]

Religion *w* دین [din], مذهب [mazhab], کیش [kisch]

religiös *adj* (fromm) مذهبی [mazhabi], مؤمن [mo'men]

Rendite *w* بهره [bahre], سود [ßud]

rennen *v* دویدن [dawidan]

Rennen *s* مسابقه دو [moßābeghe.ye dou]

Rente *w* حقوق بازنشستگی [hoghugh.e bāz-neschaßtegi]

Rentner *m* بازنشسته [bāz-neschaßte]

Reparatur *w* تعمیر [ta'mir]

reparieren *v* تعمیر کردن [ta'mir kardan], (ugs.) درست کردن [doroßt kardan]

Reporter *m* خبرنگار [chabar-negār]

Republik *w* جمهوری [djomhuri]

Reserverad *s* چرخ یدکی [tscharch.e yadaki], (ugs.) چرخ زاپاس [tscharch.e zāpāß]

reservieren *v* (Tisch, Zimmer usw.) رزرو کردن [rezerw kardan]

Reservierung *v* رزرو [rezerw]

Respekt *m* احترام [ehterām]

respektieren *v* احترام گذاشتن [ehterām gozāschtan]

Rest *m* باقی مانده [bāghi-mānde], باقی [bāghi], بقیه [baghiye]

Restaurant *s* رستوران [reßtorān]

retten *v* نجات دادن [nedjāt dādan]

Rettich *m* ترب [torob]

Rettung *w* نجات [nedjāt]

Rettungsring *m* حلقه نجات [halghe.ye nedjāt]

Reue *w* پشیمانی [paschimāni], توبه [toube]

revanchieren *w* تلافی کردن [talāfi kardan]

Revolution *w* انقلاب [enghelāb]

Rezept *s* 1. (Arzt) نسخه [noßche]; 2. (Kochen) دستور آشپزی [daßtur.e āsch-pazi]

Rezeption w پذیرش [paziresch]

Rhabarber m ریواس [riwāß]

richten v (über Angeklagten) محاکمه کردن [mohākeme kardan]

Richter m (Gericht) قاضی [ghāzi], (Sport) داور [dāwar]

richtig adj درست [doroßt], صحیح [ßahih]

Richtung w مسیر [maßir], سمت [ßamt], طرف [taraf], جهت [djahat]

riechen v 1. (wahrnehmen) بوکشیدن [bu keschidan]; 2. (Geruch verströmen) بودادن [bu dādan], بوکردن [bu kardan]

Riemen m تسمه [taßme]

Riese m غول [ghul]

riesig adj بسیار بزرگ [beß(i)yār bozorg], (ugs.) گنده [gonde]

Riff s صخره [ßachre]

Rind s گاو [gāw], (~fleisch) گوشت گاو [guscht.e gāw]

Rinde w پوست [pußt]

Ring m (Schmuckstück) انگشتر [angoschtar], حلقه [halghe]

ringen v (Sport) کشتی گرفتن [koschti gereftan]

Ringen s (Sport) کشتی [koschti]

ringsum adv دورتا دور [dour-tā-dour]

Rippe w دنده [dande]

Risiko s ریسک [rißk]

riskant adj خطرناک [chatarnāk], (ugs.) ریسکانت [rißkānt]

riskieren v ریسک کردن [rißk kardan], خود را به خطر انداختن [chod-rā be chatar andāchtan]

Riss m شکاف [schekāf] ترک [tarak]

Rizinusöl s روغن کرچک [roughan.e kartschak]

Robbe w خوک دریایی [chuk.e daryāyi], فک [fok]

Rock m دامن [dāman]

Roggen m گندم سیاه [gandom.e ßiyāh]

roh adj (Speise) خام [chām], نپخته [na.pochte]

Rohr s 1. (Röhre) لوله [lule]; 2. (Schilf) نی [ney]

Rolle w (Schauspieler) نقش [naghsch], رل [rol]

rollen v (in sich ~) لوله شدن [lule schodan], پیچ خوردن [pitsch chordan], (zusammen~) لوله کردن [lule kardan], (sich) غلتیدن [ghaltidan], غلت زدن [ghalt zadan], (in etw. ~) غلت خوردن [ghalt chordan], غلت دادن [ghalt dādan]

Rollstuhl m صندلی چرخ دار [ßandali.ye tscharch-dār], ویلچر [will-tscher]

Rolltreppe w پله برقی [pelle-barghi]

Roman m داستان [dāßtan], رمان [romān]

Röntgenaufnahme w رای ایکس [ikß-rey], رادیولژی [radioloji], عکس برداری [akß-bar-dāri]

rosa adj صورتی [ßurati]

Rose w رز (گل) [(gol.e) roz], گل ُسرخ [gol.e ßorch]

Rosengarten m گلستان [goleßtān]

Rosenkohl m کلم فندقی [kalam.e fandoghi]

Rosenwasser s گلاب [gol-āb]

Rosine w کشمش [keschmesch]

Rosmarin m اکلیل کوهی [eklil.e kuhi]

Rost m (Eisenoxid) زنگ [zang]

rosten v زنگ زدن [zang zadan]

rösten v (Kaffee, Kerne) بو دادن [bu dādan]

rostig adj زنگ زده [zang-zade]

rot adj ُسرخ [ßorch], قرمز [ghermez]

Route w مسیر [maßir]

Rübe w (Speise~) شلغم [schalgham]

Rubin m لعل [la'l], یاقوت [yāghut]

Rücken m پشت [poscht]

Rückenschmerzen Mz کمر درد [kamar-dard]

Rückfahrkarte w بلیط رفت و برگشت [belit.e raft-o-bar-gascht], بلیط دو سره [belit.e do-ßare]

Rückkehr *w* بازگشت [bāz-gascht], برگشت [bar-gascht]

Rücklicht *w* چراغ عقب [tscherāgh.e aghab]

Rucksack *m* کوله پشتی [kule-poschti]

Rückseite *w* پشت [poscht]، عقب [aghab]

Rücksicht *w* رعايت [ra'āyat]، ملاحظه [molāheze]

Rücksitz *m* صندلی عقب [ßandali.ye aghab]، صندلی پشت [ßandali.ye poscht]

Rückspiegel *m* آيينهٔ جلو [āyine.ye djelou]

rückwärts *adv* به طرف عقب [be taraf.e aghab]، (~ gehen) عقب رفتن [aghab-aghab raftan]

Rückwärtsgang *m* دندهٔ عقب [dande(.ye) aghab]

Rudel *s* گله [galle]

Ruder *s* پارو [pāru]

Ruderboot *s* قايق پاروئی [ghāyegh.e pāruyi]

rudern *v* پارو زدن [pāru zadan]

Ruf *m* 1. (Ausruf) صدا [ßedā]؛ 2. (Reputation) آبرو [āb(e)ru]، حيثيت [heyßiyat]

rufen *v* صدا زدن [ßedā zadan]، صدا کردن [ßedā kardan]

rügen *v* سرزنش کردن [ßar-zanesch kardan]

Ruhe *w* استراحت [eßterāhat]، آرامش [ārāmesch]، آسايش [āßāyesch]

ruhig *adj* آرام [ārām]، ساکت [ßāket]، (friedfertig) آسوده [āßude]، (sei ~!) ساکت (باش) [ßāket (bāsch)]، آرام بگير [ārām be.gir]

rühren *v* حرکت دادن [harakat dādan]

Ruine *w* خرابه [charābe]، ويرانه [wirāne]

rülpsen *v* آروغ زدن [ārogh zadan]

Rülpser *m* (Aufstoßen) آروغ [ārogh]

Rumänien *s* رومانی [romāni]

Rumpf *m* تنه [tane]، (Schiff u.a.) بدنه [badane]

rund *adj* گرد [gerd]، (~ um die Welt) دور دنيا [dour.e donyā]، (~ um die Uhr) شب و روز [schab-o-ruz]، شبانه روز [schabāne-ruz]

Runde *w* (Versammlung, Gesellschaft) دوره [doure]، جمع [djam']، (ich gebe eine ~ aus!, = spendieren) اين دور با من [in dour bā man]

Russe *m* روس [ruß]

Rüssel *m* خرطوم [chortum]

Russland *s* روسيه [rußiye]

russisch *adj* روسی [rußi]

Rutsche *w* سرسره [ßor-ßore]

rutschen *v* سر خوردن [ßor chordan]، ليز خوردن [liz chordan]، (rutsch mal ein wenig zur Seite) برو کمی آنورتر [bo.ro kam.i ān-war.tar]

rutschig *adj* ليز [liz]، سر [ßor]

rütteln *v* تکان دادن [takān dādan]، جنباندن [djombāndan]، به حرکت در آوردن [be harakat dar āwardan]

S

Saal *m* تالار [tālār]، سالن [ßālon]

Sache *w* چيز [tschiz]، (Thema, Angelegenheit) موضوع [mouzu']، مطلب [matlab]، مورد [moured]

Sack *m* کيسه [kiße]، (meist aus Jute) گونی [guni]

Sackgasse *w* بن بست [bon-baßt]

säen *v* بذر پاشيدن [bazr pāschidan]، تخم کاشتن [tochm kāschtan]، تخم پاشيدن [tochm pāschidan]

Safran *m* زعفران [za'farān]

Safe *m* (Tresor) گاو صندوق [gāw-ßandugh]

Saft *m* آب ميوه [āb(.e)-miwe]

saftig *adj* آبدار [āb-dār]

Säge *w* اره [arre]

sagen *v* گفتن [goftan]

sagenhaft *adj* فوق العاده [foug-ol-'āde]

sägen *v* اره کردن [arre kardan]

Sahne w خامه [chāme], (Rahm) سرشیر [ßar-schir]

Saison w فصل [faßl]

Sakko m/s کت اسپورتی مردانه [kot.e eßporti.ye mardāne]

Salat m 1. (Zubereitung) سالاد [ßālād], 2. (Kopf~) کاهو [kāhu]

Salbe w پماد [pomād]

Salbei m مریم گلی [maryam-goli]

Salz s نمک [namak]

salzarm adj کم نمک [kam-namak]

salzen v نمک زدن [namak zadan]

Salzgurke w خیارشور [chiyār-schur]

salzig adj شور [schur]

Salzstange w چوب شور [tschub-schur]

Salzstreuer m نمکدان [namakdān]

Samen m (Pflanze) تخم [tochm]

sammeln v (Kollektion) جمع کردن [djam' kardan]

Sammlung w کلکسیون [kolekßiyon]

Samowar m سماور [ßamāwar]

Samstag m شنبه [schambe]

Samt m مخمل [machmal]

Sand m شن [schen], ماسه [māße]

Sandale w صندل [ßandal], (tradionelle iran. ~) گیوه [giwe]

Sandwich s ساندویچ [ßāndewitsch]

sanft adv ملایم [molāyem]

Sänger m خواننده [chānande]

Sanktion w تحریم [tahrim]

Sarg m تابوت [tābut]

Satan m شیطان [scheytān], ابلیس [ebliß]

Satellitenschlüssel w آنتن ماهواره ای [ānten.e māh-wāre'i]

Satin m اطلس [atlaß]

satt adj سیر [ßir]

Sattel m زین [zin]

Satteltasche w خورجین [chor-djin]

Satz m 1. (Sprache) جمله [djomle]; 2. (Set) دست [daßt], ست [ßet]

sauber adj پاک [pāk], تمیز [tamiz]

Sauberkeit w پاکی [pāki], تمیزی [tamizi], نظافت [nezāfat]

säubern v پاک کردن [pāk kardan], تمیز کردن [tamiz kardan]

sauer adj ترش [torsch], (säurehaltig) اسیدی [aßidi], (getrocknete Sauermilch, Molke) کشک [kaschk]

Sauerstoff m اکسیژن [okßijen]

saugen v (Milch, Daumen) مکیدن [mekidan], مک زدن [mek zadan]

säugen v شیر دادن [schir dādan]

Säule w ستون [ßotun]

Saum m (Kleid) لبه [labe], حاشیه [hāschiye]

Sauna w سونا [ßonā]

Säure w (chem.) اسید [aßid]

Schabe w سوسک [ßußk]

Schach s شطرنج [schatrandj], (~ und matt) شاه مات [schāh-māt]

Schachtel w جعبه [dja'be], قوطی [ghuti], (eine ~ Zigaretten) یک بسته سیگار [yek baßte ßigār]

schade interj حیف [heyf], افسوس [afßuß]

Schädel m جمجمه [djomdjome]

schaden v ضرر زدن [zarar zadan], لطمه زدن [latme zadan], صدمه زدن [ßadame zadan], ضرر رساندن [zarar reßāndan]

Schaden m ضرر [zarar], خسارت [cheßārat], لطمه [latme], صدمه [ßadame], آسیب [āßib]

schädlich adj مضر [mozerr]

Schaf s گوسفند [gußfand], میش [misch]

Schafbock m قوچ [ghutsch]

Schäfer m چوپان [tschupān]

schaffen v 1. (erschaffen) خلق کردن [chalgh kardan], آفریدن [āfaridan], به وجود آوردن [be wodjud āwardan]; 2. (gelingen) موفق شدن [mowaffagh schodan]

Schaffner m بازرس [bāz-raß]

Schakal m شغال [schoghāl]

Schal m شال [schāl]

Schale w 1. (Gefäß) كاسه [kāße], پياله [piyāle]; 2. (Eier~) پوست تخم مرغ [pußt.e tochm.e morgh]

schälen v پوست كردن [pußt kardan], پوست كندن [pußt kandan], پوست گرفتن [pußt gereftan]

Schall m صدا [ßedā]

Schallplatte w صفحه [ßafhe]

schalten v (Licht) روشن كردن [rouschan kardan]

Schalter m 1. (Licht~) كليد برق [kelid.e bargh], سويچ برق [ßuitsch.e bargh]; 2. (Bank usw.) گيشه [gische], باجه [bādje]

Schaltjahr s سال كبيسه [ßāl.e kabiße]

schämen v (sich) خجالت كشيدن [chedjālat keschidan], حيا كردن [hayā kardan], شرمنده بودن [scharm kardan], شرم كردن [scharmande budan]

Schalotte w موسير [mußir]

Schande w عار [ār], عيب [eyb], افتضاح [eftezāh]

scharf adj 1. (pikant) تند [tond], تيز [tiz]; 2. (Klinge) تيز [tiz]

Schatten m سايه [ßāye]

Schatz m گنج [gandj]

schätzen v 1. (ein~) حدس زدن [hadß zadan]; 2. (wert~) ارزش قائل بودن [arzesch ghā'el budan], احترام گذاشتن [ehterām gozāschtan]

Schätzung w ارزيابى [arz-yābi]

schauen v نگاه كردن [negāh kardan], تماشا كردن [tamāschā kardan]

Schauer m (Regen~) رگبار [rag-bār], (Schnee~) كولاك (برف) [kulāk(.e barf], بوران (برف) [burān(.e barf]

Schaufel w بيل [bil]

schaufeln v بيل زدن [bil zadan]

Schaufenster s ويترين [witrin]

Schaukel w تاب [tāb]

Schaum m كف [kaf]

schäumen v (Seife) كف كردن [kaf kardan]

Schauspieler m هنرپيشه [honar-pische]

Scheck m چك [tschek]

Scheibe w 1. (abgeschnittene) برش [boresch], ورقه [waraghe], (Obst) قاچ [ghātsch]; 2. (Glas~) شيشه [schische]

Scheibenwischer m برف پاك كن [barf-pāk-kon]

scheiden v (geschieden werden) طلاق گرفتن [talāgh gereftan], (Scheidung veranlassen) طلاق دادن [talāgh dādan]

Scheidung w طلاق [talāgh]

scheinbar adv ظاهراً [zāheran], گويا [guyā], از قرار معلوم [az gharār.e ma'lum]

scheinen v 1. (Anschein) به نظر رسيدن [be nazar raßidan], به نظر آمدن [be nazar āmadan], 2. (leuchten) درخشيدن [derachschidan], تابيدن [tābidan]

Scheinwerfer m نورافكن [nur-afkan]

Scheitel m (سر) فرق [fargh(.e ßar]

scheitern v (Sache) به نتيجه نرسيدن [be natidje na.raßidan], (Person) شكست خوردن [schekaßt chordan]

Schenkel m (Ober~) ران [rān]

schenken v هديه كردن [hadiye kardan], هديه دادن [hadiye dādan], بخشيدن [bachschidan]

Schere w قيچى [gheytschi]

Scherz m شوخى [schuchi]

scherzen v شوخى كردن [schuchi kardan]

Scheune w انبار [ambār]

Schicht w 1. (Material) لايه [lāye]; 2. (sozial) طبقه [tabaghe]; 3. (Arbeit) شيفت [schift]

schicken v فرستادن [fereßtādan], ارسال كردن [erßāl kardan]

Schicksal s قسمت [gheßmat], سرنوشت [ßar-newescht], بخت [bacht]

schieben v هل دادن [hol dādan], كشيدن [keschidan]

Schiedsrichter m داور [dāwar]

schief adj كج [kadj]

schielen *v* لوچ بودن [lutsch budan]

Schielen *s* لوچی [lutschi]

Schienbein *s* ساق پا [ßāgh.e pā]

Schiene *w* (Eisenbahn) ریل [reyl], (medizin.) شکسته بندی [schekaßte-bandi]

schießen *s* تیراندازی کردن [tir-andāzi kardan], شلیک کردن [schelik kardan], تیرزدن [tir zadan], (erschossen werden) شوت کردن [tir chordan], (Ball) شوت کردن [schut kardan]

Schießerei *w* تیراندازی [tir-andāzi]

Schießpulver *m* باروت [bārut]

Schiff *s* کشتی [keschti]

Schifffahrt *w* کشتی رانی [keschti-rāni], (~ machen) با کشتی سفرکردن [bā keschti ßafar kardan]

Schiffsschraube *w* پروانه [parwāne]

Schiit *m* شیعه [schi'e]

schiitisch *adj* شیعی شیعه [schi'e] [schi'i]

Schild 1. *s* (Werbe~) تابلو [tāblo], (Autonummer / Tür) پلاک [pelāk]; 2. *m* (Schutz~) سپر [ßepar]

Schilddrüse *w* غدة تیروئید [ghodde.ye tiro'id]

schildern *v* تعریف کردن [ta'rif kardan], شرح دادن [scharh dādan]

Schildkröte *w* لاک پشت [lāk-poscht]

Schilf *s* نی [ney]

Schimmel *m* (Pilz) کپک [kapak], (Pferd) اسب سفید [aßb.e ßefid]

schimmeln *v* کپک زدن [kapak zadan]

schimpfen *v* فحش دادن [fohsch dādan]

Schinken *m* ژامبون [jāmbon]

Schirm *m* (Regen~) چتر [tschatr], (Sonnen~) چتر آفتابی [tschatr.e āftābi]

Schlacht *w* نبرد [nabard]

Schlachterei *w* قصابی [ghaßßābi], گوشت فروشی [guscht-foruschi]

Schlaf *m* خواب [chāb], (leichter ~) سبک [ßabok], (fester ~) سنگین [ßangin], (aus dem ~ springen) از خواب پریدن [az chāb paridan]

Schlafanzug *s* لباس خواب [lebāß.e chāb], پیژامه [pijāme]

schlafen *v* خوابیدن [chābidan], (ein Kind zum ~ legen) خواباندن [chābāndan]

schläfrig *adj* خواب آلود [chāb-ālud], خمار [chomār]

schlaff *adj* (Muskel) سست [ßoßt]

Schlaflosigkeit *w* بیخوابی [bi-chābi], (Schlafmangel) کم خوابی [kam-chābi]

Schlafsack *m* کیسه خواب [kiße.ye chāb]

Schlaftablette *w* حب خواب [habb.e chāb], قرص خواب [ghorß.e chāb]

Schlafwagen *m* واگون خواب [wāgon.e chāb]

Schlafzimmer *s* اتاق خواب [otāgh.e chāb]

Schlag *m* ضرب [zarb], ضربه [zarbe], (Herz) تپش [tapesch]

Schlaganfall *m* سکته مغزی [ßekte.ye maghzi]

schlagartig *adj* یک هو [yek-hou], یک مرتبه [yek-da'fe], یک دفعه [yek-martabe]

Schlagloch *s* دست انداز [daßt-andāz]

schlagen *v* (zuschlagen) زدن [zadan], ضربه زدن [zarbe zadan], (besiegen) برنده شدن [piruz schodan], پیروزشدن [barande schodan]

Schläger *m* (Tennis) راکت [rāket]

Schlägerei *w* کتک کاری [kotak-kāri], زد و خورد [zad-o-chord], دعوا [da'wā]

Schlagsahne *w* خامه [chāme]

Schlagzeile *w* تیتر [titr]

Schlamm *m* گل [gel], لجن [ladjan]

Schlange *w* 1. (Tier) مار [mār]; 2. (Warte~) صف [ßaf], ردیف [radif]

schlank *adj* لاغر [lāghar], لاغراندام [lāghar-andām], (ugs.) قلمی [ghalami]

schlapp *adj* خسته و کفته [chaßte-o-kufte], بی رمق [bi-ramagh], بی حال [bi-hāl], (ugs.) شل و ول [schol-o-wel]

schlau *adj* زرنگ [zerang], باهوش [bāhusch]

[bā-husch], (~ aus j-m / etw. werden) سر در آوردن [ßar dar-āwardan]

Schlauch *m* (allg.) شلنگ [schelang], (Reifen) تیوپ [tiyup]

Schlauchboot *s* قایق لاستیکی [ghāyegh.e lāßtiki]

schlecht *adj* بد [bad]

schlecken *v* لیس زدن [liß zadan], لیسیدن [lißidan]

schleichen *v* دزدکی راه رفتن [dozdaki rāh raftan], یواشکی راه رفتن [yawāschaki rāh raftan]

Schleier *m* چادر [tschādor], (relig.) حجاب [hedjāb]

schleierhaft *adj* اسرارآمیز [eßrār-āmiz], مبهم [mobham]

Schleife *w* (Schuh) گره [gere]

schleppen *v* کشان کشان بردن [keschān-keschān bordan], (hinter sich her) پشت سر خود کشاندن [poscht.e ßar.e chod keschāndan]

schleudern *v* پرتاب کردن [partāb kardan], پرت کردن [part kardan]

schlicht *adj* ساده [ßāde]

schließen *v* (Tür) بستن [baßtan], چفت کردن [tschoft kardan], قفل کردن [ghofl kardan]

Schließfach *s* صندوق پستی [ßandugh.e poßti]

schließlich *adv* سرانجام [ßar-andjām], بالاخره [be-l-achare]

schlimm *adj* بد [bad], (ugs.) ناجور [nā.djur], (das ist nicht ~!) عیبی ندارد! [eybi na.dār.ad], مهم نیست [mohemm nißt]

Schlinge *w* حلقه [halghe]

Schlitten *m* سورتمه [ßurtme]

Schlittschuh *m* کفش پاتیناژ [kafsch.e patināj]

Schlitz *m* شکاف [schekāf], درز [darz], چاک [tschāk]

Schloss *s* 1. (Palast) قصر [ghaßr], کاخ [kāch]; 2. (Tür~) قفل [ghofl]

Schlosser *m* مکانیک [mekanik]

Schlucht *w* تنگه [tange]

schluchzen *v* زار زار گریه کردن [zār-zār gerye kardan]

Schluck *m* غورت [ghurt]

Schluckauf *m* سکسکه [ßekßeke]

schlucken *v* (Essen, Tablette) غورت دادن [ghurt dādan], فرودادن [foru dādan], (Geld, am Automat, ugs.) خوردن [chordan]

schludern *v* (nachlässig arbeiten) سرهم بندی کار کردن [ßar(.e)-ham bandi kār kardan], سرسری کار کردن [ßar-ßari kār kardan]

schlummern *v* چرت زدن [tschort zadan]

Schluss *m* پایان [pāyān], آخر [āchar], خاتمه [chāteme]

Schlüssel *m* کلید [kelid]

Schlüsselbund *m* دسته کلید [daßte-kelid]

Schlussverkauf *m* حراج [harādj], حراجی [harādji]

schmackhaft *adj* خوشمزه [chosch-maze], لذیذ [laziz], بامزه [bā-maze]

schmal *adj* باریک [bārik], تنگ [tang]

Schmalz *s* پیه [pih], چربی [tscharbi]

schmatzen *v* ملچ ملوچ کردن [malatsch-molutsch kardan]

schmecken *v* مزه کردن [maze kardan], چشیدن [tscheschidan], (etw. schmeckt) مزه دادن [maze dādan]

schmeißen *v* پرتاب کردن [partāb kardan], پرت کردن [part kardan]

schmelzen *v* آب شدن [āb schodan], (Metall) ذوب شدن [zub schodan]

Schmerz *m* درد [dard]

schmerzhaft *adj* دردناک [dardnāk]

Schmetterling *m* پروانه [parwāne]

Schmied *m* آهنگر [āhangar], زرگر [zargar]

Schmiergeld *s* رشوه [reschwe]

schmierig *adj* (Fett) روغنی [roughani], چرب [tscharb]

Schmieröl *s* گریس [geriß]

Schminke w آرایش [ārāyesch], پودر و ماتیک [pudr-o-mātik]

schminken v آرایش کردن [ārāyesch kardan], پودر و ماتیک زدن [pudr-o-mātik zadan]

schmirgeln v سنباده زدن [ßombāde zadan], سنباده کشیدن [ßombāde keschidan]

Schmirgelpapier s سنباده [ßombāde]

schmollen v قهر کردن [ghar kardan]

Schmortopf m کماجدان [komādjdān]

Schmuck m طلا جواهر [talā-djawāher]

schmücken v زینت دادن [zinat dādan], زینت کردن [zinat kardan]

Schmuggel m قاچاق [ghātschāgh]

schmuggeln v قاچاق کردن [ghātschāgh kardan]

Schmuggler m قاچاقچی [ghātschāghtschi]

schmunzeln v زیر لب خندیدن [zir.e lab chandidan], پیش خود خندیدن [pisch.e chod chandidan], تبسم کردن [tabaßßom kardan]

Schmutz m کثافت [keßāfat]

schmutzig adj کثیف [kaßif]

Schnabel m منقار [menghār], نوک [nok]

Schnalle w (Gürtel, Kleid usw.) سگک [ßagag]

schnappen v (aus der Hand) قاپ زدن [ghāp zadan], قاپیدن [ghāpidan]

Schnaps m عرق [aragh]

schnarchen v خرناس کشیدن [chornāß keschidan], (ugs.) خرخر کردن [chor-chor kardan], خروپف کردن [chor-o-pof kardan]

Schnarchen s خرناس [chornāß]

schnattern v غدغد کردن [ghod-ghod kardan]

Schnauze w پوزه [puz], پوزه [puze]

schnäuzen v (sich) دماغ گرفتن [damāgh gereftan], فین کردن [fin kardan]

Schnecke w حلزون [halazun]

Schnee m برف [barf]

schneiden v (ab~) بریدن [boridan], قطع کردن [ghat' kardan], چیدن [tschidan], (sich verletzen) زخم کردن [zachm kardan]

Schneider m خیاط [chayyāt]

schneidern v خیاطی کردن [chayyāti kardan], دوختن [duchtan]

schneien v برف باریدن [barf bāridan], برف آمدن [barf āmadan]

schnell adj تند [tond], سریع [ßari'], زود [zud]

Schnellkochtopf m دیگ زودپز [dig.e zud-paz]

Schnellstraße w بزرگراه [bozorg-rāh], شاهراه [schāh-rāh]

Schnellzug m قطار سریع السیر [ghatār.e ßari'-oß-ßeyr]

schnippeln v ریز ریز کردن [riz-riz kardan]

schnippen v (mit Fingern) بشکن زدن [beschkan zadan]

Schnitt m (bei Kleidung) برش [boresch], الگو [olgu]

Schnittlauch m تره [tarre]

schnüffeln v فضولی کردن [fozuli kardan]

Schnuller m پستانک [peßtānak]

schnurstracks adv (direkt) یک راست [yek-rāßt], مستقیم [moßtaghim], (zeitl.) بلافاصله [belā-fāßele], فوراً [fouran]

Schnupfen m زکام [zokām], سرماخوردگی [ßarmā-chordegi], (~ bekommen) سرما خوردن [ßarmā chordan]

Schnur w نخ [nach], بند [band], ریسمان [rißmān]

schnüren v بستن [baßtan]

Schnurrbart m سبیل [ßebil]

Schnürsenkel m بند کفش [band.e kafsch]

Schock m ضربه روحی [zarbe.ye ruhi], شوک [schok]

Schokolade w شکلات [schokolāt]

schon adv همین حالا [ham.in hālā], الان [al-ān]

schön adj قشنگ [ghaschang], زیبا [zibā], خوشگل [choschgel]

schonen *v* مواظب بودن [mowāzeb budan], رعایت کردن [ra'āyat kardan], ملاحظه کردن [molāheze kardan]

Schönheit *w* زیبائی [zibāyi]

Schönheitsoperation *w* جراحی پلاستیک [djarrāhi.ye p(e)lāßtik]

Schornstein *m* دودکش [dud-kesch]

schräg *adj* کج [kadj], اریب [orib]

Schramme *w* خراش [charāsch]

Schrank *m* کمد [komod]

Schränkchen *s* دولابچه [dulābtsche]

Schraube *w* پیچ [pitsch]

schrauben *v* پیچ کردن [pitsch kardan], پیچاندن [pitschāndan]

Schraubenschlüssel *m* آچار [ātschār]

Schraubenzieher *m* پیچ گوشتی [pitsch-guschti]

Schrecken *m* ترس [tarß], وحشت [wahschat], (ach, du Schreck!) وای خدا [wāy chodā]

Schreckgespenst *s* لولو(خرخره) [lulu (chor-chore)]

schrecklich *adj* وحشتناک [wahschatnāk]

Schrei *m* فریاد [faryād], داد [dād], جیغ [djigh]

schreiben *v* نوشتن [neweschtan]

Schreibmaschine *w* ماشین تحریر [māschin.e tahrir]

Schreibtisch *m* میز تحریر [miz.e tahrir]

Schreibwaren *Mz* لوازم تحریر [lawāzem.e tahrir]

schreien *v* فریاد کشیدن [faryād keschidan], فریاد زدن [faryād zadan], داد زدن [dād zadan], جیغ زدن [djigh zadan], داد کشیدن [dād keschidan], جیغ کشیدن [djigh keschidan]

Schreihals *m* جیغو (جیغ) [(djigh) djighu]

Schrift *w* خط [chatt], (Text) نوشته [neweschte]

schriftlich *adj* کتبی [katbi], *adv* کتباً [katban]

Schriftsteller *m* نویسنده [newißande]

Schriftwechsel *m* مکاتبه [mokātabe]

Schritt *m* (beim Gehen) قدم [ghadam], (Vorgehensweise) اقدام [eghdām]

schrittweise *adv* قدم به قدم [ghadam-be-ghadam]

Schrott *m* (Altmetall) قراضه [ghorāze]

Schublade *w* کشو [keschou]

schubsen *v* (ugs.) هل دادن [hol dādan], تنه زدن [tane zadan]

schüchtern *adj* خجالتی [chedjālati], کم رو [kam-ru]

schuften *v* سخت کار کردن [ßacht kār kardan], جان کندن [djān kandan]

Schuh *m* کفش [kafsch]

Schuhgeschäft *s* کفاشی [kaffāschi]

Schuhcreme *w* واکس [wākß]

Schulbildung *w* تحصیلات [tahßilāt]

schuld *adj* (~ sein) مقصر بودن [moghaßßer budan], تقصیر داشتن [taghßir dāschtan]

Schuld *w* 1. (Verantwortung) تقصیر [taghßir], 2. (Schulden) بدهی [bedehi], قرض [gharz]

schulden *v* (j-m etw. schulden) بدهکار بودن [bedehkār budan], (fordernd) طلبکار بودن [talabkār budan]

schuldig *adj* مقصر [moghaßßer], گناهکار [gonāhkār]

Schuldirektor *m* مدیر مدرسه [modir.e madreße]

Schuldner *m* بدهکار [bedehkār]

Schule *w* مدرسه [madreße]

Schüler *m* دانش آموز [dānesch-āmuz], شاگرد مدرسه [schāgerd(.e)-madreße], محصل [mohaßßel]

Schulferien *Mz* تعطیلات مدرسه [ta'tilāt.e madreße]

Schulhof *m* حیاط مدرسه [hayāt.e madreße]

Schulgeld *s* شهریه [schahriye]

Schuljahr *s* سال تحصیلی [ßāl.e tahßili]

Schulter *w* شانه [schāne], دوش [dusch], (~ an ~) دوش به دوش [dusch-be-dusch]

Schuluniform w روپوش [ru-pusch]

schummeln v تقلب کردن [taghallob kardan]

Schuppe w 1. (Fisch) فلس [falß], (ugs.) پولک [pulak]; 2. (Haare) شوره [schure]

Schürze w پیش بند [pisch-band]

Schuss m تیر [tir]

Schüssel w کاسه [kāße], طاس [tāß]

Schuster m کفاش [kaffāsch]

Schüttelfrost m لرز [(tab-o-)larz] (تب و)

schütteln v تکان دادن [takān dādan], جنباندن تکاندن [takāndan], [djombāndan]

schütten v ریختن [richtan]

Schutz m حفاظت [hefāzat], پناه [panāh], حمایت [hemāyat]

schützen v حفاظت کردن [hefāzat kardan], پناه دادن [panāh dādan], حمایت کردن [hemāyat kardan]

schwach adj ضعیف [za'if]

Schwäche w ضعف [za'f]

Schwager m (Bruder der Ehefrau) برادر زن [barādar-zan], (Bruder des Ehemannes) برادرشوهر [barādar-schouhar], (Mann der Schwester) شوهر خواهر [schouhar-chāhar]

Schwägerin w (Schwester der Ehefrau) خواهر زن [chāhar-zan], (Schwester des Mannes) خواهر شوهر [chāhar-schouhar], (Bruder der Ehefrau) برادر زن [barādar-zan], (Ehefrau des Bruders) زن برادر [zan-barādar]

Schwalbe w پرستو [paraßtu], چلچله [tscheltschele]

Schwamm m (Bade~) اسفنج [eßfandj], ابر [abr]

Schwan m قو [ghu]

schwanger adj حامله [hāmele], آبستن [ābeßtan]

Schwangerschaft w حاملگی [hāmelegi]

Schwanz m (Tier) دم [dom]

schwarz adj سیاه [ßiyāh], مشکی [meschki], (Mensch) سیاه پوست [ßiyāh-pußt]

Schwarzmarkt m بازار سیاه [bāzār.e ßiyāh]

schwatzen v ورراجی کردن [wer-rādji kardan], زر زدن [zer zadan], شرورگفتن [scher-o-wer goftan]

Schwätzer m پر حرف [por-harf], ورّاج [wer-rādj]

Schweden s سوئد [ßu'ed]

Schwefel m گوگرد [gugerd]

schweigen v سکوت کردن [ßokut kardan]

Schwein s خوک [chuk], (Schweinefleisch) گوشت خوک [guscht.e chuk]

Schweinerei w کثافت کاری [keßāfat-kāri]

Schweiß m عرق [aragh]

schweißen v لحیم کردن [lahim kardan], جوش زدن [djusch zadan], جوش دادن [djusch zadan]

Schweiz w سویس [ßuiß]

Schweizer m سویسی [ßuißi]

schweizerisch adj سویسی [ßuißi]

Schwellung w ورم [waram]

schwer adj سنگین [ßangin]

schwerbehindert adj معلول [ma'lul], عقب مانده [aghab-mānde], (geistig, ugs.) عقب افتاده [aghab-oftāde]

schwerfällig adj کند [kond]

Schwert s شمشیر [schamschir]

Schwester w خواهر [chāhar], همشیره [ham-schire]

Schwiegermutter w (Mutter der Ehefrau) مادرزن [mādar-zan], (Mutter des Ehemannes) مادرشوهر [mādar-schouhar]

Schwiegersohn m داماد [dāmād]

Schwiegertochter w عروس [aruß]

Schwiegervater m (Vater der Ehefrau) پدرزن [pedar-zan], (Vater des Ehemannes) پدرشوهر [pedar-schouhar]

schwierig adj مشکل [moschkel], سخت [ßacht]

Schwierigkeit w مشکل [moschkel],

اشکال [eschkāl], سختی [ßachti], درد سر
[dard.e ßar]
Schwimmbad s استخر [eßtachr],
(Hallenbad) استخر سر پوشیده [eßtachr.e
ßar-puschide], (Freibad) استخر سر باز
[eßtachr.e ßar-bāz]
schwimmen v شنا کردن [schenā kardan]
Schwimmen s شنا [schenā]
Schwimmer m شناگر [schenāgar]
Schwimmweste w جلیقه نجات
[djelighe.ye nedjāt]
schwindeln v گول زدن [gul zadan], حقه زدن
[hoghghe zadan], کلک زدن [kalak
zadan], تقلب کردن [taghallob kardan]
Schwindel m (Anfall) سرگیجه [ßar-gidje],
(~ bekommen) سرگیجه گرفتن [ßar-gidje
gereftan]
schwindlig adj (~ werden) گیج خوردن [gidj
chordan], (~ rafian) گیج رفتن [gidj raftan]
Schwindler m کلاهبردار [kolāh-bar-dār]
حقه باز [hoghghe-bāz], متقلب [motaghalleb]
schwitzen v عرق کردن [aragh kardan],
(ich bin total verschwitzt) خیس عرق ام [chiß.e
aragh.am]
schwören v قسم خوردن [ghaßam
chordan], سوگند خوردن [ßougand chordan]
schwul adj هم جنس باز [ham-djenß-bāz]
schwül adj (tropisch) شرجی [schardji]
Schwur m سوگند [ßougand], قسم [ghaßam]
sechs num شش [schesch]
sechzehn num شانزده [schanzdah]
sechzig num شصت [schaßt]
See m دریا [daryā], (kleiner ~, Teich)
دریاچه [daryātsche]
Seehund m خوک دریایی [chuk.e daryāyi]
Seeigel m خارپوست دریایی [chār-pußt.e
daryāyi]
Seele w روح [ruh], روان [rawān]
Seemann m ملوان [malawān]
Seerose w نیلوفر [nilufar]
Segel s بادبان [bādbān]

Segen m برکت [barakat]
sehen v دیدن [didan], نگاه کردن [negāh
kardan]
Sehenswürdigkeit w دیدنی [didani],
تماشایی [tamāschāyi]
sehenswert adj دیدنی [didani], تماشایی
[tamāschāyi]
sehr adv بسیار [beß(i)yār], خیلی [cheyli],
زیاد [ziyād], (~ gern!) با کمال میل!
[bā kamāl.e meyl]
Seide w ابریشم [abrischam]
seiden adj ابریشمی [abrischami]
Seife w صابون [ßābun]
Seifenbehälter m جاصابونی
[djā-ßābuni]
Seil s طناب [tanāb]
Seilbahn w تله کابین [tele-kābin]
Seilspringen s طناب بازی [tanāb-bāzi]
sein v (Hilfsverb) بودن [budan]
seit prep از [az]
seit(dem) conj از وقتی که [az waght.i ke],
از موقعی که [az moughe'i ke]
Seite w 1. (Flanke) پهلو [pahlu], کنار
[kenār], طرف [taraf], (ugs.) بغل [baghal],
(~ an ~) دوش به دوش [dusch-be-dusch],
2. (Buch~) صفحه [ßafhe]
seitlich adj از کنار [az kenār], از پهلو
[az pahlu], از بغل [az baghal]
Sekretär m (a. Sekretärin) منشی [monschi]
Sekt m شامپاین [schāmpāyn]
Sekunde w ثانیه [ßāniye]
selbst pron خود [chod]
Selbstbedienung w سلف سرویس
[ßelf-ßerwiß]
Selbstbewusstsein s اعتماد به نفس
[e'temād(.e) be nafß]
Selbstmord m خودکشی [chod-koschi]
selbstständig adj مستقل [moßtaghell]
selbstverständlich adv البته [albatte]
Sellerie m کرفس [karafß]
selten adj به ندرت [be nodrat]

Wörterbuch Deutsch – Persisch

seltsam *adj* عجيب [adjib]، غريب [gharib]، عجيب و غريب [adjib-o-gharib]

Semester *s* ترم [term]

Seminar *s* سمینار [ßeminār]

senden *v* 1. (schicken) فرستادن [fereßtādan]، ارسال کردن [erßāl kardan]، 2. (Rundfunk) پخش کردن [pachsch kardan]

Sendung *w* 1. (Paket) بسته [baßte]؛ 2. (Rundfunk) برنامه [bar-nāme]

Sender *m* فرستنده [fereßtande]

Senf *m* خردل [chardal]

senken *v* (Blick, Kopf) پایین انداختن [pāyin andāchtan]، به زیر انداختن [be zir andāchtan]، (Arme, Stimme, Blutdruck, Preis) پائین آوردن [bāyin āwardan]، (Straße, Wasserspiegel usw.) پائین آمدن [pāyin āmadan]، نشست کردن [neschaßt kardan]

senkrecht *adj* عمودی [amudi]

Sense *w* داس [dāß]

sentimental *adj* احساساتی [ehßāßāti]

September *m* سپتامبر [ßeptāmbr]

Serie *w* (Fernsehen usw.) سریال [ßeriāl]

Service 1. *m* (Dienstleistung) سرویس [ßerwiß]؛ 2. *s* (Geschirr) سرویس غذاخوری [ßerwiß.e ghazā-chori]، ست غذا خوری [ßet.e ghazā-chori]، (Messer und Gabel) ست کارد و چنگال [ßet.e kārd-o-tschangāl]

servieren *v* (Essen) غذا کشیدن [ghazā keschidan]، غذا سرو کردن [ghazā ßerw kardan]

Serviette *w* (Papier) دستمال کاغذی [daßt-māl kāghazi]

Sesam *m* کنجد [kondjed]

Sessel *m* صندلی راحتی [ßandali.ye rāhati]

setzen *v* (sich) نشستن [neschaßtan]

Seuche *w* مرض مسری [maraz.e moßri]

Sex *m* مقاربت [moghārabat]، سکس [ßekß]

Shampoo *s* شامپو [schāmpu]

sicher 1. *adj* امن [amn]؛ 2. *adv* (sicherlich) حتماً [hatman]

Sicherheit *w* امنیت [amniyat]

Sicherheitsgurt *m* کمر بند ایمنی [kamar-band.e imani]

Sicherheitsnadel *w* سنجاق قفلی [ßandjägh-ghofli]

sichern *v* (gegen etw.) حفظ کردن [hefz kardan]، (Bedürfnisse) تأمین کردن [ta'min kardan]

Sicherung *w* حفاظت [hefāzat]، (elektr.) فیوز [fiuz]

Sicht *w* نظر [nazar]، دید [did]

sichtbar *adj* واضح [wāzeh]، قابل دیدن [ghābel.e didan]، پیدا [peydā]

sie *pron* (Einzahl) او [u]، (in Nachrichten) وی [wey]، (Mehrzahl) آنها [ān.hā]

Sie *pron* شما [schomā]

Sieb *s* آبکش [āb-kesch]، (Sand usw.) الک [alak]، (Tee usw.) صافکن [ßāf-kon]

sieben *num* هفت [haft]

siebzehn *num* هفده [hefdah]

siebzig *num* هفتاد [haftād]

Sieg *m* پیروزی [piruzi]، فتح [fath]

siegen *v* پیروز شدن [piruz schodan]، برنده شدن [barande schodan]

Siegel *s* مهر [mohr]، لاک و مهر [lāk-o-mohr]

Sieger *m* برنده [barande]

siezen *v* شما خطاب کردن [schomā chatāb kardan]، شما گفتن [schomā goftan]

Signal *s* علامت [alāmat]، نشانه [neschāne]

signalisieren *v* علامت دادن [alāmat dādan]، اشاره کردن [eschāre kardan]

Silbe *w* هجا [hedjā]

Silber *s* نقره [noghre]

silbern *adj* نقره ای [noghre'i]

singen *v* آواز خواندن [āwāz chāndan]

sinken *v* غرق شدن [ghargh schodan]

Sinn *m* 1. (Bedeutung) معنا [ma'nā]، معنی [ma'ni]، مفهوم [mafhum]؛ 2. (Wahrnehmung) احساس [ehßāß]، حس [heßß]

sinnlos *adj* بی فایده [bi-fāyede]، بیهوده [bihude]

[bi-hude] بیهوده

sinnvoll adj مؤثر [mo'aßßer], مفید [mofid]

Sirene w آژیر [ājir], زنگ خطر [zang.e chatar]

Sirup m شیره [schire]

Sitte w آداب و رسوم [ādāb-o-roßum], رسم [raßm]

Situation w موقعیت [moughe'iyat], وضعیت [waz'iyat], وضع [waz']

Sitz m جا [djā]

sitzen v نشستن [neschaßtan], (~ bleiben = nicht aufstehen) بلند نشدن [boland na.schodan], (~ bleiben, Schule) رفوزه شدن [rofuze schodan], رد شدن [radd schodan]

Sitzplatz m جا(ی نشستن) [djā(.ye neschaßtan)]

Sitzung w جلسه [djalaße], نشست [neschaßt]

Ski m اسکی [eßki], (~ fahren) اسکی بازی کردن [eßki-bāzi kardan]

Skilift m تله کابین [tele-kābin]

Skistock m چوب اسکی [tschub.e eßki]

Skizze w طرح [tarh]

Sklave m برده [barde]

Skorpion m عقرب [aghrab]

Skulptur w مجسمه [modjaßßame], پیکره [peykare]

so adv اینطور [in-tour], اینجور [in-djur], چنان [tschen.ān], (~ und ~) چنین و چنان [tschen.in-o-tschen.ān]

sobald conj به محض اینکه [be mahz.e in-ke], همین که [ham.in ke]

Socke w جوراب [djurāb]

Sodbrennen s (~ haben) ترش کردن [torsch kardan]

Sofa s صندلی راحتی [ßandali.ye rāhati]

sofort adv فوراً [fouran], بلافاصله [belā-fāßele]

sogar adv حتی [hattā]

sogenannt adj به اصطلاح [be eßtelāh]

Sohle w (Fuß~) کف پا [kaf.e pā], (Schuh~) تخت کفش [tacht.e kafsch]

Sohn m پسر [peßar]

solange conj تا زمانی که [tā zamāni ke], تا وقتی که [tā moghe'i ke], تا موقعی که [tā waght.i ke]

solcher adj چنین [tschen.in], چنان [tschen.ān]

Soldat m سرباز [ßar-bāz]

sollen v بایستن [bāyeßtan]

Sommer m تابستان [tābeßtān]

Sommerferien Mz تعطیلات تابستانی [ta'tilāt.e tābeßtāni]

sommerlich adj تابستانی [tābeßtāni]

somit adv بنابراین [banā bar in], به این ترتیب [be in tartib]

Sonderangebot s حراج (جنس) [(djenß.e) harādj]

sondern conj بلکه [balke]

Sonne w خورشید [chorschid]

Sonnenblume w گل آفتاب گردان [gol.e āftāb-gardān]

Sonnenbrand m آفتاب سوختگی [āftāb-ßuchtegi]

Sonnenbrille w عینک آفتابی [eynak.e āftābi], عینک دودی [eynak.e dudi]

Sonnencreme w کرم ضد آفتاب [kerem.e zedd.e āftāb]

Sonnenjahr m سال شمسی [ßāl.e schamßi], سال هجری شمسی [ßāl.e hedjri.ye schamßi], سال خورشیدی [ßāl.e chorschidi]

Sonnenschein m آفتاب [āftāb]

Sonnenschirm m چتر آفتابی [tschatr.e āftābi]

Sonnenstich m آفتاب زدگی [āftāb-zadegi]

Sonnenuntergang m غروب آفتاب [ghorub(.e āftāb)]

sonnig adj آفتابی [āftābi]

Sonntag m یکشنبه [yek-schambe]

sonst adv وگرنه [wa-gar-na], در غیر این صورت [dar gheyr.e in ßurat]

Sorge *w* نگرانی [negarāni], دلواپسی [del-wāpaßi]

sorgen *v* 1. (für j-n) مواظب بودن [mowāzeb budan], مواظبت کردن [mowāzebat kardan]; 2. (für etw.) ترتیب دادن [tartib dādan], فراهم کردن [farāham kardan], تأمین کردن [ta'min kardan]; 3. (sich) نگران بودن [negarān budan], دلواپس بودن [del-wāpaß budan]

Sorgfalt *w* دقت [deghghat]

sorgfältig *adj* با دقت [bā-deghghat], دقیق [daghigh]

Sorte *w* نوع [nou'], جنس [djenß]

sortieren *v* جورکردن [djur kardan], (aus~) جدا کردن [djodā kardan], سوا کردن [ßawā kardan]

Soße *w* سس [ßoß]

Souvenir *s* یادگاری [yādgāri], (Reisegeschenk) سوغاتی [ßoughāti]

soviel *adv* تا آنجا که [tā ān-djā ke]

sowie *conj* بعلاوه [be'lāwe], همچنین [ham-tschen.in]

sowieso *adv* در هر صورت [dar har ßurat], در هر حال [dar har hāl], به هر حال [be har hāl], خواه نا خواه [chāh-nā-chāh]

Sowjetunion *w* شوروی [schourawi]

sowohl *conj* (~ ... als auch) هم...هم [ham … ham]

sozial *adj* اجتماعی [edjtemā'i]

sozialistisch *adj* سوسیالیستی [ßoßiyālißti]

Soziologe *m* جامعه شناس [djā'me-schenāß]

sozusagen *adv* به اصطلاح [be eßtelāh], درواقع [dar wāghe']

Spalte *w* شکاف [schekāf], ترک [tarak]

spalten *v* شکافتن [schekāftan], ترک دادن [tarak dādan]

Spange *w* گیره [gire], (Haar~) موگیر [mu-gir]

Spanien *s* اسپانیا [eßpāniyā]

Spanier *m* اسپانیایی [eßpāniyāyi]

spannen *v* سفت کشیدن [ßeft keschidan]

spannend *adj* هیجان انگیز [hayadjān-angiz], هیجان آور [hayadjān-āwar]

Spannung *w* هیجان [hayedjān]

Spardose *w* قلک [ghollak]

sparen *v* (bei der Bank) پس انداز کردن [paß-andāz kardan], (haushalten) صرفه جویی کردن [ßarfe-djuyi kardan]

Spargel *m* مارچوبه [mār-tschube]

sparsam *adj* (im Verbrauch) صرفه جو [ßarfe-dju], (geizig) خسیس [chaßiß], کنس [keneß]

Spaß *m* شوخی [schuchi], (Vergnügen) لذت [lezzat], تفریح [tafrih], (viel ~!) خوش بگزرد! [chosch begzar.ad]

spät *adj* دیر [dir], (wie ~ ist es?) ساعت چند است؟ [ßā'at tschand aßt], (von früh bis ~) از صبح تا شب [az ßobh tā schab]

Spaten *m* بیل [bil]

später *adv* بعداً [ba'dan], (früher oder ~) دیر یا زود [dir yā zud], (bis ~!) تا بعد [tā ba'd]

spätestens *adv* حد اکثراً تا [hadd.e akßar tā]

Spatz *m* گنجشک [gondjeschk]

spazieren *v* گردش کردن [gardesch kardan], پیاده روی کردن [piyāde-rawi kardan], قدم زدن [ghadam zadan], راه رفتن [rāh raftan]

Spaziergang *m* پیاده روی [piyāde-rawi], گردش [gardesch]

Specht *m* دارکوب [dār-kub]

Speck *m* (Fett) پیه [pih], (Frühstücks~) بیکن [beykan]

Speer *m* نیزه [neyze]

Speichel *m* (Spucke) آب دهان [āb.e dahān], تف [tof]

Speicher *m* (Lagerraum) انبار [ambār]

speichern *v* (Ware) انبار کردن [ambār kardan], ذخیره کردن [zachire kardan]

Speise w خوراک [chorāk], غذا [ghazā]

Speisekarte w صورت غذا [ßurat.e ghazā]

Speisesaal m سالن غذاخوری [ßālon.e ghazā-chori], سالن ناهارخوری [ßālon.e nāhār-chori]

Speisewagen m واگن رستوران [wāgon.e reßtorān]

Spende w صدقه [ßadaghe], بخشش [bachschesch]

spenden v بخشیدن [bachschidan], صدقه دادن [ßadaghe dādan]

sperren v بستن [baßtan], (Telefon, Strom) قطع کردن [ghat' kardan]

Spezialität w (Speise) غذای مخصوص [ghazā.ye machßuß]

speziell adj ویژه [wije], خاص [chāß], بخصوص [machßuß], مخصوص [be-choßuß], بویژه [be-wije]

Spiegel m آئینه [āyine], اینه [āyne], آئینه [ā'yine]

Spiegelei s نیمرو (تخم مرغ) [(tochm.e morgh.e) nim-ru]

Spiel s (allg.) بازی [bāzi], (Match) مسابقه [moßābeghe]

Spielcasino s قمارخانه [ghomār-chāne]

spielen v 1. (Spiel) بازی کردن [bāzi kardan]; 2. (Musik) موسیقی نواختن [mußighi nawāchtan]

Spielkamerad m همبازی [ham-bāzi]

Spielzeug s اسباب بازی [aßbāb-bāzi]

Spieß m (Grill) سیخ [ßich]

Spinat m اسفناج [eßfenādj]

Spinne w عنکبوت [ankabut]

spinnen v (Faden) ریسیدن [rißidan]

Spion m جاسوس [djāßuß]

spionieren v جاسوسی کردن [djāßußi kardan]

Spirale w حلزون [halazun], مارپیچ [mār-pitsch]

spitz adj تیز [tiz]

Spitze w نوک [nok], سر [ßar], (Berg) قله [gholle], (Stoff) تور [tur]

Spliss m (Haare) موخوره [mu-chore]

Splitter m (Glas) خرده شیشه [chorde-schische]

spöttisch adj طعنه آمیز [ta'ne-āmiz], تمسخرآمیز [tamaßchor-āmiz]

Sport m ورزش [warzesch]

Sportler m ورزشکار [warzeschkār]

Sportplatz m میدان ورزش [meydān.e warzesch], زمین ورزش [zamin.e warzesch]

Spott m تمسخر [tamaßchor], ریشخند [risch-chand], طعنه [ta'ne]

spotten v ریشخند زدن [risch-chand zadan], مسخره کردن [maßchare kardan], دست انداختن [daßt-andāchtan], طعنه زدن [ta'ne zadan]

Sprache w زبان [zabān]

Spray s اسپری [eßperey]

sprechen v حرف زدن [harf zadan], صحبت کردن [ßohbat kardan], گفتن [goftan]

Sprecher m (TV, Radio) گوینده [guyande]

Sprechstunde w ساعت ملاقات [ßā'at.e molāghāt], وقت ملاقات [waght.e molāghāt]

Sprichwort s ضرب المثل [zarbo-l-maßal]

springen v پریدن [paridan]

Spritze w (Gerät) آمپول [āmpul], (Injektion) سرنگ [ßorang]

spritzen v 1. (sprudeln) پاشیدن [pāschidan]; 2. (Injektion) آمپول زدن [āmpul zadan], سرنگ زدن [ßorong zadan], (gegen Schädlinge) سمپاشی کردن [ßam-pāschi kardan]

sprühen v پاشیدن [pāschidan]

Sprung m پرش [paresch], جهش [djahesch], (Wasser) شیرجه [schirdje], (Glas) ترک [tarak]

Spucke w تف [tof], (mir blieb die ~ weg) هاج و واج ماندم [hādj-o-wādj mānd.am]

spucken v تف کردن [tof kardan]

spülen v (allg.) شستن [schoßtan], (Geschirr) (ظرف) شستن [(zarf) schoßtan], (Toilette)

سیفون کشیدن [āb keschidan], أب كشیدن
[ßifon keschidan]

Spur w خط [chatt], رد [radd], (Wirkung) اثر
[aßar], (Fuß~) رد پا [radd.e pā], (Fahr~) خط
عبور [chatt.e obur]

spüren v حس کردن [heßß kardan],
احساس کردن [ehßāß kardan]

Staat m (Regierung) دولت [doulat]

staatlich adj دولتی [doulati]

Staatsangehörigkeit w ملیت [melliyat],
تابعیت [tāb'iyat]

Staatsanwalt m دادستان [dād-ßetān]

Staatsstreich m کودتا [kudetā]

Stachel m (allg.) تیغ [tigh], خار [chār], سیخ
[ßich], (Insekt) نیش [nisch]

Stacheldraht m سیم خاردار [ßim.e
chār-dār]

Stachelschwein s جوجه تیغی [djudje-tighi]

Stadion s میدان ورزش [meydān.e
warzesch]

Stadt w شهر [schahr]

Stadtmitte w مرکز شهر [markaz.e
schahr]

Stadtpark m پارک شهر [pārk.e schahr],
پارک ملی [pārk.e melli], باغ ملی [bāgh.e
melli]

Stadtplan m نقشه شهر [naghsche.ye
schahr]

Stadtteil m محله [mahalle], ناحیه [nāhiye],
منطقه [mantaghe]

Stadtverwaltung w شهرداری
[schahr-dāri]

Stahl m فولاد [fulād], پولاد [pulād]

Stall m طویله [tawile]

Stamm m (Baum~) تنه [tane], (Volks~) قبیله
[ghabile], قوم [ghoum], (Wort~) ریشه [rische]

stammen v (aus) اهل جایی بودن [ahl.e djāyi
budan]

Stammkunde m مشتری دائمی
[moschtari.ye dā'emi], مشتری همیشگی
[moschtari.ye hamischegi]

Stammplatz m (beliebter Treffpunkt)
پاتوق / پاطوق [pātugh]

stampfen v (Kartoffeln, Fleisch) له کردن
[leh kardan], کوبیدن [kubidan]

Standesamt s اداره ثبت احوال [edāre.ye
ßabt.e ahwāl], دفتر رسمی ازدواج [daftar.e
raßmi.ye ezdewādj]

Stand m (Verkaufs~) دکه [dakke]

standhaft adj محکم [mohkam], استوار
[oßtowār]

ständig adj / adv دائم [dā'em], مدام
[modām]

Stange w میله [mile], چوب [tschub]

stänkern v (ugs.) نق زدن [negh zadan],
قر زدن [ghor zadan]

stapeln v (aufeinander) روی هم چیدن
[ru.ye-ham tschidan], روی هم کپه کردن
[ru.ye-ham koppe kardan]

Star m 1. (Vogel) سار [ßār]; 2. (Film) ستاره
[ßetāre.ye ßinamā]; 3. (Grauer ~) سینما
آب مروارید [āb-morwārid], (Grüner ~)
آب سیاه [āb-ßiyā]

stark adj (kräftig) قوی [ghawi], نیرومند
[nirumand]

Stärke w قوه [ghowwe], نیرو [niru], قدرت
[ghodrat], (Speise~) نشاسته [neschāßte],
(Wäsche~) آهار [āhār]

starrköpfig adj لجوج [ladjudj], لج باز
[ladj-bāz], یک دنده [yek-dande]

starten v شروع کردن [schoru' kardan],
حرکت کردن [harakat], راه افتادن [rāh oftādan]
kardan]

Station w (Bus) اتوبوس ایستگاه [ißtgāh.e
otobuß], (Bahn) ایستگاه راه آهن [ißtgāh.e
rāh(.e)-āhan], (Krankenhaus) بخش [bachsch]

Stativ s سه پایه دوربین [ße-pāye.ye dur-bin]

statt prep به جای [be djā.ye],
(در) عوض [(dar) awaz(.e)], بعوض
[be-awaz.e]

stattfinden v انجام گرفتن [andjām
gereftan], صورت گرفتن [ßurat gereftan],
بر گزار شدن [bar-gozār schodan]

Statue w مجسمه [modjaßßame]

Stau m راه بندان [rāh-bandān]

Staub m گرد [gard], گردوخاک [gard-o-chāk], (~ wischen) گرد گیری کردن [gard-giri kardan]

staubig adj خاکی [chāki]

staubsaugen v جاروبرقی کشیدن [djāru-barghi keschidan], جاروبرقی زدن [djāru-barghi zadan]

Staubsauger m جاروبرقی [djāru-barghi]

staubwischen v گردگیری کردن [gard-giri kardan]

staunen v تعجب کردن [ta'djdjob kardan]

Stausee w سد [ßadd]

stechen v (Nadel) فرو کردن [foru kardan], سوراخ کردن [ßurāch kardan], (Insekt) نیش زدن [nisch zadan] گزیدن [gazidan]

Steckdose w پریز (برق) [priz(.e bargh)]

stecken v (hinein~) فروکردن [foru kardan], درنیامدن داخل کردن [dāchel kardan], (fest~) [dar nay.āmadan], بیرون نیامدن [birun nay.āmadan]

Stecker m دوشاخه [do-schāche]

Stecknadel w سنجاق ته گرد [ßandjāgh.e tah-gerd]

Steckrübe w شلغم [schalgham]

stehen v ایستادن [ißtādan]

stehlen v دزدیدن [dozdidan], ربودن [robudan]

steif adj شق [schagh], سفت [ßeft]

Steigbügel m رکاب [rekāb]

steigen v (auf etw.) بالا رفتن [bālā raftan], (Pferd, Fahrrad usw.) سوار شدن [ßawār schodan], (aus dem Bett) بلند شدن [boland schodan], (Temperatur, Kosten) بالارفتن [bālā raftan]

steigern v بالابردن [bālā bordan], افزودن [afzudan], زیاد کردن [ziyād kardan]

steil adj سرابلا [ßar-bālā]

Stein m سنگ [ßang], (Obstkern) هسته [haßte]

Steinbock m بز کوهی [boz.e kuhi]

steinigen v سنگسار کردن [ßangßār kardan]

Stelle w جا [djā], محل [mahall]

stellen v گذاشتن [gozāschtan], قرار دادن [gharār dādan]

Stellvertreter m معاون [mo'āwen]

Stempel m مهر [mohr]

stempeln v مهر کردن [mohr kardan], مهر زدن [mohr zadan]

Steppe w صحرا [ßahrā]

sterben v مردن [mordan], درگذشتن [dar-gozaschtan], فوت کردن [fout kardan]

Stern m ستاره [ßetāre]

stets adv همیشه [hamische]

Steuer 1. w (Abgabe) مالیات [māliyāt]; 2. s (Lenkung) فرمان [farmān], رل [rol]

steuern v (Auto) راندن [rāndan]

Stich m (Insekt) نیش [nisch] گزیش [gazesch], (Näh~) کوک [kuk]

sticken v گلدوزی کردن [gol-duzi kardan]

Stiefel m چکمه [tschakme], پوتین [putin]

Stiefbruder m برادر ناتنی [barādar.e nā.tani] نا برادری [nā.barāderi]

Stiefkind s فرزند ناتنی [farzand.e nā tani]

Stiefmutter w نامادری [nā.mādari], مادر ناتنی [mādar.e nā.tani]

Stiefmütterchen s بنفشه (گل) [(gol.e) banafsche]

Stiefschwester w نا خواهری [nā.chāheri] خواهرناتنی [chāher.e nā.tani]

Stiefvater m ناپدری [nā.pedari] پدرناتنی [pedar.e nā.tani]

Stiel m (Besen, Löffel usw.) دسته [daßte], (Blumen) ساقه [ßāghe]

Stier m گاو نر [gāw.e nar]

Stift m (Schreib~) مداد [medād]

Stil m سبک [ßabk]

still adj آرام [ārām], ساکت [ßāket]

Stille w سکوت [ßokut]

stillen v (Baby) شیر دادن [schir dādan]

Stimme w صدا [ßedā], (Wahl) رأى [ra'y]

stimmen v 1. (zutreffen) درست بودن [doroßt budan], صحیح بودن [ßahih budan]; 2. (Instrument) میزان کردن [mizān kardan]

Stimmung w حال [hāl]

stinken v بوی بد دادن [bu.ye bad dādan]

Stipendium s بورس تحصیلی [burß.e tahßili], کمک هزینه تحصیلی [komak-hazine.ye tahßili]

Stirn w پیشانی [pischāni]

Stock m (Spazier~) عصا [aßā]

stockdunkel adj تاریک تاریک [tārik.e tārik]

Stockwerk s طبقه [tabaghe]

Stoff m 1. (Substanz) ماده [mādde]; 2. (Textil) پارچه [pārtsche]

stöhnen v (آه و) ناله کردن [(āh-o-)nāle kardan], نالیدن [nālidan]

stolpern v سکندری خوردن [ßekandari chordan], به جایی گیر کردن و افتادن [be djā.yi gir kardan wa oftādan]

stolz adj مغرور [maghrur], (~ sein auf) افتخارکردن [eftechār kardan]

Stolz m غرور [ghorur]

stopfen v 1. (hinein~) پرکردن [por kardan], چپاندن [tschapāndan]; 2. (ausbessern) وصله کردن [waßle kardan], رفو کردن [rofu kardan]

stoppen v (Stopp!) ایست [ißt]

Stöpsel m (Korken) چوب پنبه [tschub-pambe]

Storch m لک لک [laklak]

stören v مزاحم شدن [mozāhem schodan]

stornieren v باطل کردن [bātel kardan], لغو کردن [laghw kardan], فسخ کردن [faßch kardan]

Störung w مزاحمت [mozāhemat]

Stoß m تنه [tane], هل [hol]

Stoßdämpfer m کمک فنر [komak-fanar]

stoßen v 1. (schubsen) تنه زدن [tane zadan], هل دادن [hol dādan]; 2. (auf etw.) خوردن به [chordan be]

Stoßstange w سپرماشین [ßepar.e māschin]

stottern v لکنت داشتن [loknat dāschtan]

Stottern s لکنت زبان [loknat.e zabān]

strafbar adv خلاف قانون [chalāf.e ghānun], غیر قانونی [gheyr.e ghānuni]

Strafe w (Gefängnis) مجازات [modjāzāt], (Kind) تنبیه [tambih], (Verkehrs~) جریمه [djarime]

strafen v مجازات کردن [modjāzāt kardan], تنبیه کردن [tambih kardan], جریمه کردن [djarime kardan]

Straftat w (Verbrechen) جنایت [djenāyat], (Verstoß) جرم [djorm]

Strahl m (Wasser~) فواره [fawwāre], (Licht~) اشعه [ascha'e]

strahlen v (a. radioaktiv) اشعه افکندن [ascha'e afkandan], پخش کردن [pachsch kardan]

strampeln v (zappeln) دست و پا زدن [daßt-o-pā zadan]

Strand m ساحل [ßāhel], (am ~) کنار دریا [kenār.e daryā], لب دریا [lab.e daryā]

Straße w (allg.) خیابان [chiyābān], (größere / Land~) جاده [djādde]

Straßenbahn w تراموا(ی) [t(e)rāmwā(y)]

Straßenecke w نبش خیابان [nabsch.e chiyābān], سر خیابان [ßar.e chiyābān], سر نبش [ßar.e nabsch]

Straßenkehrer m سپور [ßopur]

Strauch m بوته [bute], بته [bote]

Strauß m 1.(Blumen) دسته گل [daßte gol]; 2. (Vogel) شترمرغ [schotor-morgh]

Strecke w مسافت [maßāfat], فاصله [fāßele]

streicheln v نوازش کردن [nawāzesch kardan]

streichen v (auf~) مالیدن [mālidan],

(durch~) خط زدن حذف کردن [hazf kardan], [chatt zadan], (Farbe) رنگ زدن [rang zadan], رنگ کردن [rang kardan]

Streichholz s (چوب) کبریت [(tschub) kebrit]

Streichholzschachtel w قوطی کبریت [ghuti-kebrit]

Streifen m نوار [nawār], (Straße) خط [chatt]

Streik m اعتصاب [e'teßāb]

streiken v اعتصاب کردن [e'teßāb kardan]

Streit m دعوا [da'wā]

streiten v دعوا کردن [da'wā kardan]

Streitgespräch s گفت وگو [goft-o-gu], جروبحث [djarr-o-bahß]

streng adj سخت [ßacht]

Strich m خط [chatt]

Strick m طناب [tanāb]

stricken v بافتن [bāftan], بافتنی کردن [bāftani kardan]

Strickjacke w ژاکت [jākat]

Stroh s کاه [kāh]

Strohhalm m نی [ney]

Strohhut m کلاه حصیری [kolāh.e haßiri]

Strom m 1. (Fluss) رود خانه [rud-chāne], شط [schatt], نهر [nahr]; 2. (elektr.) برق [bargh]

Stromausfall m قطع برق [ghat' bargh]

strömen v (Menschen) هجوم کردن [hodjum kardan]

Strudel m (Wasser) گرداب [gerd-āb]

Strumpf m جوراب [djurāb]

Strumpfhose w جوراب شلواری [djurāb-schalwāri]

Stück s قطعه [ghat'e], تکه [tekke], دانه [dāne]

Student m دانشجو [dānesch-dju]

Studentenwohnheim s خوابگاه دانشجویان [chābgāh.e dānesch-dju.yān]

studieren v تحصیل کردن [tahßil kardan], به دانشگاه رفتن [be dāneschgāh raftan], (Lektüre ~) مطالعه کردن [motāle'e kardan]

Studium s تحصیل [tahßil]

Stufe w 1. (Treppe) پله [pelle]; 2. (Niveau) سطح [ßath]

Stuhl m صندلی [ßandali]

Stuhllehne w دسته صندلی [daßte.ye ßandali]

stumm adj لال [lāl], گنگ [gong]

stumpf adj کند [kond]

Stunde w ساعت [ßā'at]

stündlich adj هر یک ساعت [har yek ßā'at], ساعت به ساعت [ßā'at-be-ßā'at]

stur adj لجوج [ladjudj], لجباز [ladj-bāz], یک دنده [yek-dande]

Sturm m طوفان [tufān]

stürmen v (vorwärts) هجوم آوردن [hodjum āwardan], (milit.) حمله کردن [hamle kardan]

Sturz m سقوط [ßoghut]

stürzen v 1. (fallen) پرت شدن [part schodan], افتادن [oftādan]; 2. (Diktatur) سقوط کردن [ßoghut kardan]

Stute w مادیان [mādiyān], اسب ماده [aßb.e māde]

stützen v (sich ~ auf / gegen) تکیه کردن [takiye kardan], تکیه دادن [takiye dādan]

subtrahieren v کم کردن [kam kardan], تفریق کردن [tafrigh kardan], کسر کردن [kaßr kardan], منها کردن [menhā kardan]

suchen v جستجو کردن [djoßt-o-dju kardan], جستن [djoßtan], (nach etw. / j-m) دنبال چیزی / کسی گشتن [dombāl.e tschiz.i / kaß.i gaschtan]

süchtig adj معتاد [mo'tād]

Süden m جنوب [djonub]

südlich adv (von) جنوب [djonub.e]

Sumach m سماق [ßomāgh]

Summe w مبلغ [mablagh]

summen v زمزمه کردن [zem-zeme kardan], (Insekt) وز وزکردن [wez-wez kardan]

Sumpf m باتلاق [bātlāgh]

Sünde w گناه [gonāh]

Sünder *m* گناهکار [gonāhkār]

Sunnit *m* سنی [ßonni]

Supermarkt *m* سوپرمارکت [ßuper-mārket]

Suppe *w* سوپ [ßup]

Sure *w* سوره [ßure]

süß *adj* شیرین [schirin]

süßen *v* شیرین کردن [schirin kardan]

Süßigkeit *w* شیرینی [schirini]

Süßstoff *m* شکر مصنوعی [schekar.e maßnu'i]

sympathisch *adj* دوست داشتنی [dußt-dāschtani]

Synagoge *w* (Vatersschwester) کنیسه [kaniße], کنشت [konescht]

Syrer *m* سوری [ßuri]

Syrien *s* سوریه [ßuriye]

syrisch *adj* سوری [ßuri]

System *s* طرز [tarz], سبک [ßabk], شیوه [schiwe]

Szene *w* (Theater, Film) صحنه [ßahne], (Akt) پرده [parde]

T

Tabak *m* توتون [tutun], تنباکو [tambāku]

Tabelle *w* جدول [djadwal], لیست [lißt]

Tablett *s* سینی [ßini]

Tablette *w* قرص [ghorß], حب [habb]

Tafel *w* 1. (Speisen) سفره [ßofre], میز غذاخوری [miz.e ghazā-chori], 2. (Schul~) تخته (سیاه) [tachte(-ßiyāh)]

Tag *m* روز [ruz]

täglich *adj / adv* روزانه [ruzāne], هر روز [har ruz]

tagsüber *adv* در طی روز [dar tey.e ruz]

tagelang *adj* چندین روز [tschandin ruz], چند روز پشت سر هم [tschand ruz poscht.e ßar.e ham]

Tageszeitung *w* روزنامه [ruz-nāme]

Taille *w* کمر [kamar]

taktlos *adj* بی تربیت [bi-tarbiyat], بی ادب [bi-adab]

Tal *s* دره [darre]

Talent *s* استعداد [eßte'dād]

talentiert *adj* بااستعداد [bā-eßte'dād]

Talisman *m* طلسم [teleßm]

Tampon *m* تامپون [tāmpon]

Tank *m* (Auto) باک بنزین [bāk.e benzin]

tanken *v* بنزین زدن [benzin zadan], (Flugzeug) سوخت گیری کردن [ßucht-giri kardan]

Tankstelle *w* پمپ بنزین [pomp(.e)-benzin]

Tante *w* (Vatersschwester) عمه [amme], (Mutterschwester) خاله [chāle], (Ehefrau des Vatersbruders) زن عمو [zan-ammu], (Ehefrau des Mutterbruders) زن دایی [zan-dāyi]

Tanz *m* رقص [raghß], پاکوبی [pā-kubi]

tanzen *v* رقصیدن [raghßidan]

Tänzer *m* رقاص [raghghāß]

Tapete *w* کاغذ دیواری [kāghaz(.e)-diwāri]

tapfer *adj* شجاع [schodjā'], جسور [djaßur], باجرأت [bā-djor'at]

Tarif *m* تعرفه [ta'refe], قیمت [gheymat]

Tasche *w* 1. (Trage~) کیف [kif], ساک [ßāk]; 2. (in Kleidung) جیب [djib]

Taschendieb *m* جیب بر [djib-bor]

Taschenlampe *w* چراغ قوه [tscherāgh-ghowwe]

Taschenmesser *s* چاقو [tschāghu]

Taschenrechner *m* ماشین حساب جیبی [māschin.e heßāb-djibi]

Taschenspieler *m* شعبده باز [scho'bade-bāz]

Taschentuch *s* دستمال [daßt-māl]

Taschenuhr *w* ساعت جیبی [ßā'at.e djibi]

Tasse *w* فنجان [fendjān]

Tastatur *w* صفحه کلید [ßafhe.ye kelid]

Taste *w* دکمه [dokme]

Tat *w* عمل [amal], کار [kār], (gute Tat, von Gott belohnt) ثواب [ßawāb]

Tätigkeit w (Aktivität) فعاليت [fa'āliyat], (Beruf) شغل [schoghl], كار [kār]

tätowieren v خالكوبى كردن [chāl-kubi kardan]

Tatsache w حقيقت [haghighat], واقعيت [wāghe'iyat]

tatsächlich adv واقعاً [wāghe'an]

Tatze w پنجه [pandje]

Tau m (Morgen-) شبنم [schamb-nam]

taub adj كر [kar], ناشنوا [nā.schenawā], (sich ~ stellen) خود را به كرى نزدن [chod-rā be kari zadan], (Gefühllosigkeit an Händen, Füßen usw.) سر [ßer]

Taube w كبوتر [kabutar]

taubstumm adj كرولال [kar-o-lāl]

tauchen v (Sport) غواصى كردن [ghawwāßi kardan]

Tauchen v (Tauchsport) غواصى [ghawwāßi]

Taucher m غواص [ghawwāß]

Taucherbrille w عينك غواصى [eynak.e ghawwāßi]

tauen v آب شدن [āb schodan]

Taufe w غسل تعميد [ghoßl.e ta'mid]

taufen v غسل كردن [ghoßl kardan]

taugen v (ugs.) به درد خوردن [be dard chordan]

taumeln v تلو تلو خوردن [telou-telou chordan]

tauschen v عوض كردن [awaz kardan], (Blicke, Worte) رد و بدل كردن [radd-o-badal kardan]

täuschen v 1. (betrügen) فريب دادن [farib dādan], گول زدن [gul zadan], 2. (sich irren) اشتباه كردن [eschtebāh kardan]

tausend num هزار [hezār]

Tausendfüßler m هزارپا [hezār-pā]

Taxameter m تاكسى متر [tākßi-metr]

Taxi s تاكسى [tākßi]

Team s گروه [goruh]

Technik w فن [fann], تكنيك [teknik]

Techniker m تكنيسين [teknißiyen]

technisch adj فنى [fanni], تكنيكى [tekniki]

Tee m چاى [tschāy], چايى [tschāyi], (dünn, schwach) كم رنگ [kam-rang], (stark) پر رنگ [por-rang], (~ kochen) درست كردن [doroßt kardan], (~ ziehen) دم كردن [dam kardan]

Teehaus s قهوه خانه [ghahwe-chāne]

Teekanne w قورى [ghuri]

Teelöffel m قاشق چاى خورى [ghāschogh.e tschāy-chori]

Teer m قير [ghir]

Teich m درياچه كوچك [daryātsche.ye kutschek]

Teig m خمير [chamir]

Teil m (vom Ganzen) قسمت [gheßmat]

teilen v 1. (zerteilen) تكه كردن [tekke kardan], قطعه كردن [ghat'e kardan]; 2. (untereinander aufteilen) تقسيم كردن [taghßim kardan], قسمت كردن [gheßmat kardan]

teilnehmen v شركت كردن [scherkat kardan]

Teilnehmer m شركت كننده [scherkat-konande]

teilweise adv تا حدى [tā haddi]

Telefon s تلفن [telefon]

Telefonbuch s دفتر (راهنماى) تلفن [daftar.e (rāh-namā.ye) telefon]

Telefongespräch s مكالمه تلفنى [mokāleme.ye telefoni]

Telefonhörer m گوشى تلفن [guschi(.e)-telefon]

telefonieren v تلفن كردن [telefon kardan], تلفن زدن [telefon zadan]

Telefonnummer w شماره تلفن [schomāre.ye telefon]

Telefonzelle w اتاقك تلفن [otāghak.e telefon], باجه تلفن [bādje.ye telefon], تلفنخانه [telefon-chāne]

Teller m بشقاب [boschghāb]

Tempel m معبد [ma'bad], پرستشگاه [paraßteschgāh], عبادتگاه [ebadātgāh], در مهر [dar.e mehr]

Temperatur w حرارت [harārat]

Tempo s سرعت [ßor'at]

Teppich m قالی [ghāli], فرش [farsch], (klein) قالیچه [ghālitsche], (~ weben, knüpfen) قالی بافی کردن [ghāli-bāfi kardan]

Teppichboden m موکت [muket]

Teppichhändler m قالی فروش [ghāli-forusch], فرش فروش [farsch-forusch]

Termin m قرار [gharār], وقت [waght], موعد [mou'ed], (~ festsetzen) قرار گذاشتن [gharār gozāschtan]

Terrasse w ایوان [iwān]

Test m آزمایش [azmāyesch], امتحان [emtehān]

Testament s وصیت نامه [waßiyat-nāme]

testen v آزمایش کردن [āzmāyesch kardan], امتحان کردن [emtehān kardan]

teuer adj گران [gerān]

Teufel m دیو [diw], شیطان [scheytān], اهریمن [ahriman], ابلیس [ebliß], (armer ~) بد بخت [bad-bacht], بیچاره [bi-tschāre]

Text m متن [matn]

Theater s تأتر [ta'ātr]

Thema s موضوع [mouzu'], مطلب [matlab], (vom ~ abschweifen) از موضوع خارج شدن [az mouzu' chāredj schodan], از موضوع دور شدن [az mouzu' dur schodan], (~ wechseln) موضوع را عوض کردن [mouzu' rā awaz kardan]

therapieren v درمان کردن [darmān kardan]

Thermometer s حرارت سنج [harārat-ßandj], (ugs.) تبگیر [tab-gir]

Thermoskanne w فلاکس [felāßk], قمقمه [ghomghome]

Thron m تخت [tacht], تاج و تخت [tādj-o-tacht]

Thronbesteigung w تاج گذاری [tādj-gozāri]

Thymian m آویشن [āwischan]

tief adj گود [goud], عمیق [amigh], (nicht ~) کم عمق [kam omgh], (aus tiefstem Herzen) از ته دل [az tah.e ghalb] از ته قلب [az tah.e del], (bis ~ in die Nacht) تا دل شب [tā del.e schab], تا نصف شب [tā neßf.e schab]

Tiefe w عمق [omgh], گودی [goudi]

tiefgefroren adj یخ زده [yach-zade]

Tiefkühltruhe w فریزر [frizer]

Tier s حیوان [heywān], جانور [djān(e)war], (Vieh, Wild) دام [dām]

Tierarzt m دامپزشک [dām-pezeschk]

tierisch adj مثل حیوان [meßl.e heywān]

Tierpark m باغ وحش [bāgh.e wahsch]

Tiger m ببر [babr]

Tinte w جوهر [djouhar], مرکب [morakkab]

Tintenfisch m اختاپوس [ochtāpuß]

tippen v (auf Tastatur schreiben) نوشتن [neweschtan], تایپ کردن [tāyp kardan]

Tisch m میز [miz]

Tischdecke w رومیزی [ru-mizi], (Essen) سفره [ßofre]

Tischler m نجار [nadjdjār]

Tischtennis s پینگ پنگ [ping-pong]

Titel m 1. (akadem.) لقب [laghab], تیتر [titr]; 2. (Name eines Buches) تیتر [titr], عنوان [onwān]

Toast m نان تست [nān.e toßt], نان برشته [nān.e berechte]

toasten v تست کردن [toßt kardan], برشته کردن [berechte kardan]

Tochter w دختر [dochtar]

Tod m مرگ [marg], فوت [fout]

Todesstrafe w حکم اعدام [hokm.e e'dām]

tödlich adj کشنده [koschande]

todmüde adj (ugs.) خسته و کوفته [chaßte-o-kufte], درب و داغان [darb-o-dāghān]

Toilette w توالت [tualet], دست شویی [daßt-schuyi], (abschätzig) مستراح [moßtarāh]

Toilettenpapier s کاغذ توالت [kāghaz.e tuālet]

toll adj (ugs.) عالی [āli], ماه [māh]

Tollwut w هاری [hāri]

tollwütig adj هار [hār]

Tomate w گوجه فرنگی [goudje farangi]

Ton m 1. (Geräusch) صدا [ßedā]; 2. (Töpfererde) سفالی [ßofāli]

Tonne w 1. (Behälter) بشکه [boschke]; 2. (Gewichtseinheit) تن [ton]

tönen v (Haare) رنگ کردن [rang kardan], تن کردن [ton kardan]

Topf m دیگ [dig], قابلمه [ghābleme]

Tor s (Eingang) در (ب) [dar(b)], (Fußball~ / Treffer) گل [gol], (Stadt-/ Fußball~) دروازه [darwāze], (~ schießen) گل زدن [gol zadan]

Tornado m گردباد [gerd-bād]

Torte w (Kuchen) کیک [keyk], (Sahne~) کیک خامه ای [keyk.e chāme'i], (Obst~) کیک میوه دار [keyk.e miwe-dār]

Torwart m دروازه بان [darwāzebān], (ugs.) گلر [goler]

tot adj مرده [morde]

Toter m مرده [morde], (durch Verkehr, Gewalt) کشته [koschte]

töten v کشتن [koschtan], به قتل رساندن [be ghatl reßāndan]

totlachen adj (sich, ugs.) از خنده روده برشدن [az chande rude-bor schodan], از خنده مردن [az chande mordan]

Tourismus m جهانگردی [djahān-gardi]

Tourist m جهانگرد [djahān-gard]

Tradition w سنت [ßonnat], آداب [ādāb], رسم (و رسوم) [raßm(-o-roßum)]

traditionell adj سنتی [ßonnati]

tragen v 1. (schleppen) حمل کردن [haml kardan]; 2. (Kleidung) پوشیدن [puschidan], تن کردن [tan kardan]

Träger m باربر [bār-bar]

tragisch adj دردناک [dardnāk], غم انگیز [gham-angiz], فاجع [fādje']

Tragödie w فاجعه [fādje'e], مصیبت [moßibat]

Trainer m مربی [morabbi]

trainieren v تمرین کردن [tamrin kardan]

Traktor m تراکتور [t(e)rāktor]

Träne w اشک [aschk], (in Tränen ausbrechen) به گریه افتادن [be gerye oftādan], زیر گریه زدن [zir.e gerye zadan]

tränen v اشک رختن [aschk richtan]

Transport m حمل و نقل [haml-o-naghl]

transportieren v حمل کردن [haml kardan]

tratschen v (ugs.) پشت سر کسی حرف زدن [poscht.e ßar.i kaß.i harf zadan] پشت سر کسی صفحه گذاشتن [poscht.e ßar.e kaß.i ßafhe gozāschtan]

trauen v (sich, = wagen) جرأت کردن [djor'at kardan], جرأت داشتن [djor'at dāschtan]

Trauer w ماتم [mātam], (um Toten) عزا داری [a'zā-dāri]

trauern v (um Toten) عزاداری کردن [a'zā-dāri kardan]

Traum m خواب [chāb]

träumen v خواب دیدن [chāb didan]

traurig adj غمگین [ghamgin], افسرده [afßorde], غمناک [ghamnāk]

Trauung w ازدواج [ezdewādj], عقد [aghd]

Trauzeuge m شاهد [schāhed]

treffen v (begegnen) دیدن [didan], برخورد کردن [bar-chord kardan], (Verabredung) ملاقات کردن [molāghāt kardan]

Treffpunkt m محل ملاقات [mahall.e molāghāt]

Treibstoff m بنزین [benzin]

trennen v جدا کردن [djodā kardan], سوا کردن [ßawā kardan], (voneinander) از هم جدا کردن [az ham djodā kardan], (sich) از هم جدا شدن [az ham djodā schodan]

Trennung w جدایی [djodāyi]

Treppe w پله [pelle]

Treppenhaus s راه پله [rāh-pelle]

Tretboot s قایق پارویی [ghāyegh.e pāruyi]

treten *v* لگد زدن [lagad zadan], تیپا زدن [tipā zadan]

treu *adj* باوفا [bā-wafā], وفادار [wafā-dār]

treulos *adj* بی وفا [bi-wafā]

Trichter *m* قیف [gif]

Trick *m* حیله [hile], کلک [kalak]

Trickfilm *m* کارتون [kārtun]

trinkbar *adj* نوشیدنی [nuschidani], آشامیدنی [āschāmidani]

trinken *v* نوشیدن [nuschidan], آشامیدن [āschāmidan], (ugs.) آب خوردن [āb chordan], (Alkohol) مشروب خوردن [maschrub chordan]

Trinker *m* مشروب خور [alkoli], الکلی [maschrub-chor]

Trinkgeld *s* انعام [en'ām]

Trinkwasser *s* آب آشامیدنی [āb.e āschāmidani], آب خوردن [āb.e chordan]

trocken *adj* خشک [choschk]

Trockenheit *w* (Dürre) خشکی [choschki], خشکسالی [choschk-ßāli]

trocknen *v* خشک کردن [choschk kardan]

trödeln *v* (langsam arbeiten) فسفس کردن [feß-feß kardan]

Trommel *w* (Hand~) تنبک [tombak], (Membranophon) طبل [tabl]

Trommelfell *s* پردهٔ گوش [parde.ye gusch]

trommeln *v* طبل زدن [tabl zadan], تنبک زدن [tombak zadan]

Trompete *w* شیپور [scheypur]

Tropen *Mz* منطقه حار [mantaghe.ye hārr]

tropfen *v* چکیدن [tschekidan], چکه کردن [tschekke kardan]

Tropfen *m* قطره [ghatre], چکه [tschekke]

tropfenweise *adv* قطره قطره [ghatre-ghatre], چکه چکه [tschekke-tschekke]

Trost *m* دلداری [del-dāri]

trösten *v* دلداری دادن [del-dāri dādan], دلداری کردن [del-dāri kardan]

trotz *prep* باوجود [bā-wodjud.e]

trotzdem *conj* باوجود اینکه [bā-wodjud.e in-ke], با اینکه [bā in-ke], هر چند [har tschand]

trübe *adj* (Flüssigkeit) کدر [kader], (glanzlos) تار [tār], (Himmel, Stimmung) گرفته [māt], مات [gerefte]

tschüss *interj* خداحافظ [chodā-hāfez], خدا نگهدار [chodā negah-dār], به سلامت [be ßalāmat]

Tube *w* لوله [lule], تیوب [tiyub]

Tuch *s* دستمال [daßt-māl]

tüchtig *adj* زحمتکش [zahmat-kesch], زرنگ [zerang]

Tüll *m* تور [tur]

Tulpe *w* لاله [lāle]

Tumor *m* غده [ghodde]

tun *v* کردن [kardan]

Tunnel *m* تونل [tunel]

Tür *w* در [dar(b)]

Turban *m* عمامه [ammāme]

Türknauf *m* دستگیرهٔ در [daßt-gire.ye dar]

Türke *m* ترک [tork]

Türkei *w* ترکیه [torkiye]

türkisch *adj* ترکی [torki]

Turm *m* برج [bordj]

turnen *v* ژیمناستیک کردن [jimnāßtik kardan]

Turnhalle *w* سالن ورزش [ßālon.e warzesch]

Turnschuh *m* کفش ورزشی [kafsch.e warzeschi]

Türschloss *s* قفل در [ghofl.e dar]

Tüte *w* پاکت [pākat]

Typ *m* نوع [nou']

U

U-Bahn *w* مترو [metro]

übel *adj* (allg.) بد [bad], (wohl oder ~) خواه ناخواه [chāh-nā-chāh], (~ nehmen) بدخور شدن [be del gereftan], به دل گرفتن [del-chor schodan]

Wörterbuch Deutsch – Persisch

Übelkeit w تهوع [tahawwo']

üben v تمرین کردن [tamrin kardan]

über prep 1. (örtl.) بالای [bālā.ye], 2. (Thema) در بارۀ [dar bāre.ye], راجع به [radje' be]

überall adv همه جا [hame djā]

übereinstimmen v هم عقیده بودن [ham-aghide budan], به توافق رسیدن [be tawāfogh raßidan], به تفاهم رسیدن [be tafāhom raßidan], (ugs.) تا کردن [tā kardan]

überfahren v (Unfall) زیرگرفتن [zir gereftan], (ugs.) زیر کردن [zir kardan]

Überfahrt w گذر [gozar], عبور [obur]

Überfall m حمله [hamle], هجوم [hodjum]

überfallen v حمله کردن [hamle kardan], هجوم کردن [hodjum kardan]

überflüssig adj زیادی [ziyādi]

überfüllt adj پر [por]

übergeben v 1. (aushändigen) تحویل دادن [tahwil dādan]; 2. (sich erbrechen) استفراغ کردن [eßtefrāgh kardan], (ugs.) بالا آوردن [bālā āwardan]

Übergewicht s (Körper) اضافه وزن [ezāfe-wazn], (Koffer) اضافه بار [ezāfe-bār], اضافه وزن [ezāfe-wazn]

überhaupt adv اصلاً [oßlan], اصلاً [aßlan], از این گذشته [az in gozaschte]

überheblich adj مغرور [maghrur], از خود راضی [az-chod-rāzi]

überholen v 1. (Verkehr usw.) سبقت گرفتن [ßebghat gereftan], (ugs.) جلو زدن [djelou zadan], 2. (instand setzen) تعمیر کردن [ta'mir kardan]

überkochen v (Milch) سررفتن [ßar raftan]

überlassen v (j-m etw.) چیزی را در اختیار کسی گذاشتن [tschiz.i dar echtiyār.e kaß.i gozäschtan]

überleben v زنده ماندن [zende mändan], (mit heiler Haut davonkommen) جان سالم بدر بردن [djān.e ßālem be dar bordan]

überlegen 1. v (nachdenken) فکر کردن [fekr kardan]; 2. adj (j-m ~ sein) برتربودن [bar.tar budan]

übermäßig adv بیش از اندازه [bisch az andāze]

übermorgen adv پس فردا [paß-fardā]

überübermorgen adv پسین فردا [paßin-fardā]

übernehmen v به عهده گرفتن [be ohde gereftan]

überprüfen v بررسی کردن [bar-raßi kardan], کنترل کردن [kontrol kardan]

überqueren v گذشتن [gozaschtan], عبور کردن [obur kardan], رد شدن [radd schodan]

Überquerung w عبور [obur], گذر [gozar]

überraschen v (freudig) سورپریز کردن [ßurpriz kardan], (bei etw, ~, erwischen) غافلگیرکردن [ghāfel-gir kardan], (ugs.) مچ کسی را گرفتن [motsch.e kaß.i rā gereftan]

überrascht adj (~ sein) تعجب کردن [ta'adjob kardan]

Überraschung w اتفاق غیره منتظره [ettefāgh.e gheyre montazere], سورپریز [ßurpriz]

überreden v راضی کردن [rāzi kardan], قانع کردن [ghāne' kardan]

überschlagen v (sich, Auto) چپه شدن [tschape schodan]

Überschrift w عنوان [onwān], تیتر [titr]

Überschwemmung w سیل [ßeyl], سیل آب [ßeyl-āb]

übersehen v ندیدن [na.didan], متوجه نشدن [motawadjje na.schodan]

übersetzen v (sprachl.) ترجمه کردن [tardjome kardan]

Übersetzer m مترجم [motardjem]

Übersetzung w (sprachl.) ترجمه [tardjome]

Wörterbuch Deutsch – Persisch

übersichtlich *adj* واضح ['wāze], روشن [rouschan]

überspringen *v* (über etw. hinüber) از روی چیزی پریدن [az ru.ye tschiz.i paridan], (eine Zeile ~) نخوانده رد شدن [na.chānde radd schodan], جا انداختن [djā andāchtan]

Überstunde *w* اضافه کار [ezāfe-kār]

übertragen *v* (versch. Bedeutungen) منتقل کردن [montaghel kardan], انتقال دادن [enteghāl dādan], (Krankheit) سرایت کردن [ßerāyat kardan], (Radio, TV) پخش کردن [pachsch kardan], (live ~) زنده پخش کردن [zende pachsch kardan]

übertreiben *v* زیاده روی کردن [ziyāde-rawi kardan], افراط کردن [efrāt kardan], اغراق کردن [eghrāgh kardan], مبالغه کردن [mobāleghe kardan]

Übertreibung *w* مبالغه [mobāleghe], زیاده روی [ziyāde-rawi], اغراق [eghrāgh], افراط [efrāt]

überweisen *v* (Geld) حواله کردن [hawāle kardan]

Überweisung *w* حواله [hawāle]

überwiegend *adv* اغلب [aghlab], اکثراً [akßaran], بیشتر [bisch.tar]

überzeugen *v* قانع کردن [ghāne' kardan], راضی کردن [rāzi kardan]

überzeugt *adj* (sein) مطمئن بودن [motma'en budan], یقین داشتن [yaghin dāschtan], معتقد بودن [mo'taghed budan]

Überzeugung *w* اعتقاد [e'teghād], اعتماد [e'temād], اطمینان [etminān]

überziehen *v* 1. (über etw.) روکش کردن [ru-kesch kardan], پوشاندن [puschāndan], (Bettbezug) ملافه کشیدن [malāfe keschidan]; 2. (Konto) اضافه برداشت کردن [ezāfe bar-dāschtan]

üblich *adj* معمول [ma'mul], مرسوم [marßum]

üblicherweise *adv* معمولاً [ma'mulan], طبق معلوم [tebgh.e ma'lum]

übrig *adj* بقیه [baghiye], باقی [bāghi], (Personen) سایر [ßāyer]

übrigbleiben *v* باقی ماندن [bāghi māndan], زیاد آمدن [ziyād āmadan]

übrigens *adv* راستی [rāßti], ضمناً [zemnan], در ضمن [dar zemn], علاوه بر این [alāwe bar in]

übriglassen *v* باقی گذاشتن [bāghi gozāschtan]

Übung *w* تمرین [tamrin]

Ufer *s* ساحل [ßāhel]

Uhr *w* 1. (Zeitmesser) وقت [waght], زمان [zamān]; 2. (Uhrzeit) ساعت [ßā'at]

Uhu *m* بوف [buf]

um *prep* (örtl.) (در) اطراف [(dar) atrāf], دور [dour], در نزدیکی [dar nazdiki.ye], (zeitl.) (در) حدود [(dar) hodud.e], طرف [taraf.e], حوالی [hawāli]; *conj* (~ zu) تا [tā]

umändern *v* تغییر دادن [taghyir dādan], عوض کردن [awaz kardan]

umarmen *v* در آغوش گرفتن [dar āghusch gereftan], بغل گرفتن [baghal gereftan], بغل کردن [baghal kardan]

umbinden *v* بستن [baßtan]

umblättern *v* ورق زدن [waragh zadan]

umbringen *v* کشتن [koschtan], (sich) خودکشی کردن [chod-koschi kardan]

umdrehen *v* چرخاندن [tscharchāndan], برگرداندن [bar-gardāndan], (ugs.) اینرووآن رو کردن [in-ru-o-ān-ru kardan], پشت و رو کردن [poscht-o-ru-kardan], (zurück) دور زدن [dour zadan], برگشتن [bar-gaschtan]

Umfang *m* (Körper, Raum) اندازه [andāze], بزرگی [bozorgi], (Volumen, Inhalt) حجم [hadjm]

umfangreich *adj* وسیع [waßi']

umfassend *adj* کامل [kāmel], مفصل [mofaßßal]

Umgang *m* معاشرت [mo'āscherat], رفت و آمد [raft-o-āmad]

Wörterbuch Deutsch – Persisch

Umgangsformen *Mz* آداب معاشرت
[ādāb.e mo'āscherat]

Umgangssprache *w* زبان عامیانه
[zabān.e āmi(y)āne]

Umgebung *w* اطراف [atrāf], حوالی
[hāwali], دوروبر [dour-o-bar]

umgehen *v* 1. (vermeiden) ندیده گرفتن
[na.dide gereftan], نادیده گرفتن [nā.dide
gereftan]; از زیر کاری در رفتن [az zir.e kāri
dar-raftan]; 2. (um etw. herum) دور گشتن [dour
gaschtan], دور زدن [dour zadan]

umgekehrt *adj* بر عکس [bar-akß],
(seitenverkehrt, Hemd usw.) وارونه [wārune],
(etw. ~ drehen) برگرداندن [bar-gardāndan],
پشت و رو کردن [poscht-o-ru kardan], (ugs.)
این رو و آن رو کردن [in ru wa ān ru kardan]

Umhang *m* شنل [schenel]

umhängen *v* (über die Schulter)
روی دوش انداختن [ru.ye dusch andāchtan],
(um den Hals) به دور گردن انداختن [be dour.e
gardan andāchtan]

umherblicken *v* دور و برنگاه کردن
[dour-o-bar negāh kardan]

umherziehen *v* از اینجا به آنجا رفتن
[az in-djā be ān-djā raftan],
از اینجا به آنجا کوچ کردن [az in-djā be
ān-djā kutsch kardan]

umkehren *v* برگشتن [bar-gaschtan]

umkippen *v* چپه شدن [tschape schodan]

umkleiden *v* (sich) لباس عوض کردن [lebāß
awaz kardan]

umknicken *v* (sich den Fuß) پیچ خوردن
[pitsch chordan], (Papier, Stoff) دولا کردن
[do-lā kardan], تا کردن [tā kardan]

umkrempeln *v* (Ärmel) بالا زدن
[bālā zadan], برگرداندن [bar-gardāndan]

Umleitung *w* جادهٔ انحرافی [djādde.ye
enherāfi]

umrechnen *v* (Wechselkurs) تبدیل کردن
[tabdil kardan]

umrühren *v* هم زدن [ham zadan],

مخلوط کردن [ghāti kardan], قاتی کردن
[machlut kardan]

umschalten *v* عوض کردن [awaz kardan]

Umschlag *m* 1. (Kuvert) پاکت [pākat],
2. (Kompresse) کمپرس [kompreß]

umsonst *adv* مفت [moft], رایگان
[rāy(e)gān], مجانی [madjdjāni], مفتی [mofti]

Umstand *m* حالت [hālat], وضع [waz'],
موقعیت [moughe'iyat]

umständlich *adj* پر درد سر [por dard.e
ßar], پر زحمت [por zahmat]

umsteigen *v* (Bus, Zug) عوض کردن [awaz
kardan]

umtauschen *v* (Ware, Geld) عوض کردن
[awaz kardan], تبدیل کردن [tabdil kardan]

Umweg *m* بیراهه [bi-rāhe]

Umwelt *w* محیط [mohit], محیط زیست
[mohit.e zißt]

Umweltschutz *m* حفاظت محیط زیست
[hefāzat.e mohit.e zißt]

umwerfen *v* واژگون کردن [wājgun
kardan], چپه کردن [tschape kardan],
برگرداندن [bar-gardāndan], (Mantel)
روی دوش انداختن [ru.ye dusch andāchtan],
(Schal) به دور گردن انداختن [be dour.e gardan
andāchtan]

umziehen *v* 1. (sich) لباس عوض کردن
[lebāß awaz kardan]; 2. (Wohnung)
خانه عوض کردن [chāne awaz kardan]

Umzug *m* 1. (Wohnung) اسباب کشی
[aßbāb-keschi]; 2. (Parade) رژه [reje]

unabhängig *adj* مستقل [moßtaghell]

Unabhängigkeit *w* استقلال [eßteghlāl]

unangenehm *adj* ناخوش [nā.chosch],
ناراحت کننده [nā.rāhat-konande]

unanständig *adj* بی ادب [bi-adab], زشت
[zescht]

unbedingt *adv* بی چون و چرا
[bi-tschun-o-tscherā], حتماً [hatman]

Unannehmlichkeit *w* ناراحتی [nā.rāhati],
مزاحمت [mozāhemat],
دردسر [dard.e ßar]

Wörterbuch Deutsch – Persisch

unbegabt *adj* بی استعداد [bi-eßte'dād]

unbegrenzt *adj* نامحدود [nā.mahdud]

unbekannt *adj* (fremd) نا آشنا [nā.āschnā], ناشناس [nā.schenāß], (Ursache, Grund usw.) نامعلوم [nā.moschachchaß], نامشخص [nā.ma'lum]

unbequem *adj* ناراحت کننده [nā.rāhat-konande], ناخوش آیند [nā.chosch-āyand]

unbenutzt *adj* مصرف نشده [maßraf-na.schode], دست نخورده [daßt-na.chorde]

unbestimmt *adj* نا معین [nā.mo'ayyan]

unbrauchbar *adj* بدردنخور [be-dard-na-chor], غیر قابل استفاده [gheyr.e ghābel.e eßtefāde]

und *conj* و [wa], (~ so weiter) وغیره [wa gheyre]

undankbar *adj* ناشکر [nā.schokr], حق ناشناس [haghgh-nā.schenāß], (ugs.) نمک ناشناس [namak-na.schenāß]

uneben *adj* نا صاف [nā.ßāf]

unecht *adj* (Schmuck usw.) بدلی [badali], تقلبی [taghallobi]

unehrlich *adj* دروغگو [dorugh-ghu], ورود [do-ru], متقلب [motaghalleb]

unendlich *adj* بی انتها [bi.entehā], بی شمار [bi-schomār], بی اندازه [bi-andāze]

unentbehrlich *adj* ضروری [zaruri]

unentschieden *adj* (Sport) مساوی [moßāwi], برابر [barābar]

unentschlossen *adj* دودل [do-del], وسواسی [waßwāßi]

unerfahren *adj* ناشی [nāschi], بی تجربه [bi-tadjrobe], تازه کار [tāze-kār]

unerträglich *adj* غیر قابل تحمل [gheyr.e ghābel.e tahammol], طاقت فرسا [tāghat-farßā]

unerwartet *adj* غیر منتظره [gheyr.e montazere], ناگهان [nāgahān], (Besuch) سرزده [ßar-zade], ناخوانده [nā.chānde]

unfähig *adj* ناتوان [nā.tawān]

Unfähigkeit *w* ناتوانایی [nā.tawānāyi]

Unfall *m* حادثه [hādeße], (Auto usw.) تصادف [taßādof]

unfassbar *adj* باورنکردنی [bāwar-na.kardani], غیر قابل تصور [gheyr.e ghābel.e taßawwor]

unfreundlich *adj* بد اخلاق [bad-achlāgh]

unfruchtbar *adj* بی ثمر [bi-ßamar], (steril) عقیم [aghim], بچه دار نشدن [batschtsche-dār na.schodan]

Ungarn *s* مجارستان [madjāreßtān]

ungeduldig *adj* بی طاقت [bi-tāghat], بی صبر و حوصله [bi-ßabr-o-houßele], بی تاب (وحوصله) [bi-tāb-o-houßele], کم حوصله [kam houßele]

ungefähr *adv* تقریباً [taghriban], حدوداً [hodudan], کم و بیش [kam-o-bisch]

ungenau *adj* نادرست [nā.doroßt]

ungelegen *adj* نامناسب [nā.monāßeb], بد موقع [bad-mough'], بی موقع [bi-mough']

ungenügend *adj* نا کافی [nā.kāfi], کم [kam]

ungerade *adj* (Zahl) فرد [fard]

ungerecht *adj* غیر عادلانه [gheyr.e ādelāne], ناحق [nā.haghgh]

ungern *adv* بدون (شوق و) علاقه [(bedun.e (schough-o-)alāghe], (ugs.) زورکی [zuraki]

ungeschickt *adj* ناشی [nāschi]

ungesund *adj* ناسالم [nā.ßālem]

ungewiss *adj* نامعلوم [nā.ma'lum], نا مشخص [nā.moschachchaß]

ungewöhnlich *adj* غیر عادی [gheyr.e ādi], غیر معمولی [gheyr.e ma'muli], عجیب و غریب [adjib-o-gharib]

ungewohnt *adj* غیر عادی [gheyr.e ādi], غیرمعمول [gheyr.e ma'muli]

ungezogen *adj* بی ادب [bi-adab], بی تربیت [bi-tarbiyat]

ungläubig *adj* بی دین [bi-din]

Wörterbuch Deutsch – Persisch

Ungläubiger *m* بی دین [bi-din], كافر
[kāfar]

unglaublich *adj* باورنکردنی
[bāwar-na.kardani], (es schmeckt ~ gut)
عجيب خوشمزه است [adjib chosch-maze aßt]

ungleich *adj* نابرابر [nā.barābar],
نامساوى [nā.moßāwi]

Unglück *s* بلا [balā] بدبختى [bad-bachti]

unglücklich *adj* غمگين [ghamgin], افسرده
[afßorde]

unglücklicherweise *adv* بدبختانه
[bad-bachtāne]

Unglückstag *m* روز شوم [ruz.e schum],
روز نحس [ruz.e nahß]

Unglückszahl *w* عدد نحس [adad.e nahß]

ungültig *adj* باطل [bātel], بی اعتبار
[bi-e'tebār]

unheilbar *adj* غير قابل علاج [gheyr.e
ghābel.e alādj], علاج نشدنى
[alādj-na.schodani]

ungünstig *adj* نامناسب [nā.monāßeb],
ناجور [nā.djur]

unhöflich *adj* بی ادب [bi-adab], بی تربيت
[bi-tarbiyat]

uni *adj* (einfarbig) ساده [ßāde]

Uniform *w* اونيفرم [uniform], لباس يک شکل
[lebāß.e yek schekl], (Schule) روپوش
[ru-pusch]

Universität *w* دانشگاه [dāneschgāh]

unklar *adj* واضح نبودن [wāzeh na.budan],
نامشخص [nā.moschāchchaß], نامعلوم
[nā.ma'lum]

Unkraut *s* علف هرزه [alaf-harze]

unleserlich *adj* ناخوانا [nā.chānā]

unlösbar *adj* حل نشدنى [hall-na.schodani]

unmittelbar *adj* بلاواسطه [belā-fāßele],
مستقيم [moßtaghim], *adv* فوراً [fouran]

unmöglich *adj* غيرممكن [gheyr.e
momken], نشدنى [na.schodani]

unnatürlich *adj* غير طبيعى [gheyr.e tabi'i]

unnötig *adj* غير ضرورى [gheyr.e zaruri]

Unordnung *w* بی نظمى [bi-nazmi]

unordentlich *adj* بی نظم [bi-nazm],
نامرتب [nā.morattab], نامنظم [nā.monazzam]

unpassend *adj* بيجا [bi-djā], نابجا
[nā.djur], نامناسب [nā.monāßeb]

unpünktlich *adj* (sein) تأخيرداشتن [ta'chir
dāschtan], دير كردن [dir kardan], بی
سر موقع نبودن [ßar.e moughe' na.budan]

Unrecht *s* بی عدالتى [bi-edālati], ظلم
[zolm], ستم [ßetam], ناحقى [nā.haghghi],
بی انصافى [bi-enßāfi]

unreif *adj* نارس [nā.raß], كال [kāl],
نرسيده [na.raßide], خام [chām]

unrein *adj* (relig.) نجس [nadjeß]

Unruhe *w* (polit.) آشوب [āschub], شورش
[schuresch]

unruhig *adj* ناراحت [nā.rāhat], ناآرام
[nā.ārām], نگران [negarān]

unschuldig *adj* بی گناه [bi-gonāh],
بی تقصير [bi-taghßir]

unsicher *adj* دودل [do-del], مطمئن نبودن
[motma'en na.budan]

unsichtbar *adj* ناپديد [nā.padid], غيب
[gheyb]

Unsinn *m* حرف پوچ [harf.e putsch],
حرف مفت [harf.e moft]

unsympathisch *adj* ناخوش (آيند)
[nā.chosch(-āyand)]

unten *adv* زير [zir], پايين [pāyin]

unter *prep* زير [zir], پايين [pāyin],
(~ anderem) بعلاوه [be-'alāwe], از جمله
[az-djomle]

unterbrechen *v* قطع كردن [ghat' kardan]

Unterbrechung *w* قطع [ghat'], توقف
[tawaghghof]

unterbringen *v* (Platz finden) جا دادن [djā
dādan]

unterdrücken *v* (Volk)
جلوگيرى كردن [djelou-giri kardan], تحت فشار قرار دادن
[taht.e feschār gharār dādan], سركوب كردن
[ßar-kub kardan]

Unterdrückung w (Tyrannei) ستم [ßetam], ظلم [zolm], (~ erleiden) ستم دیدن [ßetam didan], ستم کشیدن [ßetam keschidan]

unterentwickelt adj عقب مانده [aghab-mānde], عقب افتاده [aghab-oftāde]

unterer adj پایین تر [pāyin.tar], زیرتر [zir.tar]

Unterführung w زیرگذر [zir-gozar]

Untergang m (Volk) زوال [zewāl], نابودی [nā.budi]

untergehen v 1. (Sonne) غروب کردن [ghorub kardan]; 2. (Schiff) غرق شدن [ghargh schodan]

unterhalb prep زیر [zir.e], پایین [pāyin.e]

Unterhalt m (finanziell) خرجی [chardji], هزینه [hazine]

unterhalten v (instand halten) رسیدگی کردن [raßidegi kardan], (finanziell) تأمین مخارج کردن [ta'min machāredj kardan], خرجی کسی را دادن [chardji.ye kaß.i rā dādan]

Unterhaltung w 1. (Gespräch) صحبت [ßohbat], گفت و گو [goft-o-gu], بخش [bahß]; 2. (Vergnügen) سرگرمی [ßar-garmi], تفریح [tafrih] صفا [ßafā]

Unterhemd s زیرپیراهنی [zir-pirāhani], زیرپیرهن [zir-pirhan]

Unterhose w زیرشلواری [zir-schalwāri], شرت [schort]

Unterkunft w خانه [chāne], منزل [manzel], جا [djā]

unternehmen v عمل کردن [amal kardan], اقدام کردن [eghdām kardan]

Unternehmen s مؤسسه [mo'aßßaße], شرکت [scherkat], بنگاه [bongāh]

Unterricht m درس [darß], تدریس [tadriß]

unterrichten v درس دادن [darß chāndan], تدریس کردن [tadriß kardan], آموختن [āmuchtan], تعلیم دادن [ta'lim dādan]

unterscheiden v تشخیص دادن [taschchiß dādan], (sich) فرق کردن [fargh kardan],

فرق داشتن [fargh dāschtan], تفاوت داشتن [tafāwot dāschtan]

Unterschenkel m ساق پا [ßagh.e pā]

Unterschied m اختلاف [echtelāf], فرق [fargh], تفاوت [tafāwot]

unterschiedlich adj متفاوت [motafāwet]

unterschreiben v امضاء کردن [emzā' kardan]

Unterschrift w امضاء [emzā']

unterstellen v تهمت زدن [tohmat zadan]

unterstreichen v (auch argumentativ) تأکید کردن [tayid kardan], تأیید کردن [ta'kid kardan]

unterstützen v کمک کردن [komak kardan], یاری کردن [yāri kardan], پشتیبانی کردن [poschtibāni kardan], حمایت کردن [hemāyat kardan]

Unterstützung w پشتیبانی [poschtibāni], حمایت [hemāyat], کمک [komak], یاری [yāri]

untersuchen v تحقیق کردن [tahghigh kardan], رسیدگی کردن [raßidegi kardan], بررسی کردن [bar-raßi kardan], (medizin.) معاینه کردن [moā'yene kardan], آزمایش کردن [āzmāyesch kardan], (polizeil.) بازجویی کردن [taftisch kardan], تفتیش کردن [bāz-djuyi kardan]

Untersuchung w تحقیق [tahghigh], رسیدگی [raßidegi], بررسی [bar-raßi], بازجویی [bāz-djuyi], (polizeil.) تفتیش [taftisch]

Untertasse w نعلبکی [na'l-baki]

Unterwäsche w لباس زیر [lebāß.e zir]

unterwegs adj بین راه [beyn.e rāh], میان راه [miyān.e rāh], سر راه [ßar.e rāh], توی راه [tu.ye rāh] (ugs.)

untreu adj بی وفا [bi-wafā]

Untreue adj بی وفایی [bi-wafāyi]

unüberlegt adj نسنجیده [na.ßandjide], بی فکرانه [bi-fekrāne]

unverantwortlich adj (sein) وظیفه خود را ندانستن [wazife.ye chod-rā na.dāneßtan], از زیرمسؤلیت دررفتن [az zir.e maß'ulivat dar-raftan]

unvergesslich *adj* فراموش نشدنی [farāmusch-na.schodani]

unvermeidlich *adj* ناگزیر [nā.gozir]

unvorsichtig *adj* بی احتیاط [bi-ehtiyāt]

unwohl *adj* ناخوش [nā.chosch], (ich fühle mich ~) حالم خوب نیست [hāl.am chub nißt]

unzufrieden *adj* ناراضی [nā.rāzi], راضی نبودن [rāzi na.budan]

Urin *m* ادرار [edrār]

Urkunde *w* سند [ßanad], مدرک [madrak], گواهی نامه [gawāhi-nāme]

Urlaub *m* مرخصی [morachchaßi], (in ~ fahren) مرخصی رفتن [be morachchaßi raftan], (~ nehmen) مرخصی گرفتن [morachchaßi gereftan]

Ursache *w* سبب [ßabab], علت [ellat], (keine ~!) خواهش میکنم! [chāhesch mi.kon.am]

Ursprung *m* منبع [manba'], اصل [aßl], عنصر [onßor]

ursprünglich *adv* در آغاز [dar āghāz], در ابتداء [dar ebtedā']

Urteil *s* حکم (دادگاه) [hokm(.e dādgāh)], قضاوت [ghazāwat]

urteilen *v* حکم کردن [hokm kardan], قضاوت کردن [ghazāwat kardan]

V

Vagabund *m* ولگرد [wel-gard], آواره [āwāre]

Vase *w* گلدان [goldān]

Vater *m* پدر [pedar], بابا [bābā]

Vegetarier *m* گیاه خوار [giyāh-chār]

vegetarisch *adj* (pflanzlich) گیاهی [giyāhi]

Ventilator *m* پنکه [panke]

verabreden *v* 1. (Absprache) تعیین کردن [ta'yin kardan]; 2. (sich ~, zu Treffen) قرار گذاشتن [gharār gozāschtan], وعده گذاشتن [wa'de gozāschtan]

Verabredung *w* (Treffen) قرار [gharār], قرار ملاقات [gharār.e molāghāt], وعده [wa'de]

verabscheuen *v* نفرت داشتن [nefrat dāschtan], بیزار بودن [bi-zār budan], متنفر بودن [motanaffer budan]

verabschieden *v* خداحافظی کردن [chodā-hāfezi kardan], (Gesetz) تصویب کردن [taßwib kardan]

veraltet *adj* قدیمی [ghadimi], کهنه [kohne]

verändern *v* تغییر دادن [taghyir dādan], عوض کردن [awaz kardan], (sich) تغییر کردن [taghyir kardan]

Veränderung *w* تغییر [taghyir]

veranlassen *v* اقدام کردن [eghdām kardan]

veranstalten *v* برگزار کردن [bar-gozār kardan]

Veranstaltung *w* (Theater) نمایش [namāyesch], برنامه [bar-nāme], (Fest) جشن [djaschn], مراسم [marāßem]

verantwortlich *adj* مسؤل [maß'ul]

Verantwortung *w* مسؤلیت [maß'uliyat]

verantwortungsvoll *adj* وظیفه شناس [wazife-schenāß], معتبر [mo'tabar]

veräppeln *v* مسخره کردن [maßchare kardan], دست انداختن [daßt andāchtan]

Verband *m* (medizin.) پانسمان [pānßemān], زخم بندی [zachm-bandi], بانداژ [bāndāj]

Verbandkasten *m* جعبه کمک های اولیه [dja'be.ye komak.hā.ye awwaliye]

Verbandszeug *s* لوازم پانسمان [lawāzem.e pānßemān], لوازم زخم بندی [lawāzem.e zachm-bandi]

verbessern *v* تصحیح کردن [taßhih kardan]

Verbesserung *w* تصحیح [taßhih]

verbieten *v* قدغن کردن [ghadaghan kardan], ممنوع کردن [mamnu' kardan]

verbinden *v* 1. (Verbindung) وصل کردن [waßl kardan], ارتباط برقرار کردن [ertebāt bar-gharār kardan]; 2. (Wunde) پانسمان کردن [pānßemān kardan],

زخم بندی کردن [zachm-bandi kardan], اشتباه گرفته اید (Sie sind falsch verbunden) [eschtebāh gerefte.id]

Verbindung w اتصال [ettessāl], (Beziehung) رابطه [tamāß], تماس [tamāß], ارتباط [rābete]

verblüht v پژمرده [pajmorde], پلاسیده [plāßide]

verbogen adj کج [kadj]

Verbot s قدغن [ghadaghan], منع [man']

verboten v ممنوع [mamnu'], قدغن [ghadaghan], (nach islam. Recht) حرام [harām]

Verbrauch m مصرف [maßraf], استفاده [eßtefāde]

verbrauchen v مصرف کردن [maßraf kardan], استفاده کردن [eßtefāde kardan]

Verbrechen s جنایت [djenāyat]

Verbrecher m جنایتکار [djenāyatkār]

verbreiten v پخش کردن [pachsch kardan], (ugs.) به گوش همه رساندن [be gusch.e hame raßāndan]

verbrennen v سوختن [ßuchtan], سوزاندن [ßuzāndan]

Verbrennung w (medizin.) سوختگی [ßuchtegi]

verbringen v گذراندن [gozarāndan], به سر بردن [be ßar bordan]

Verdacht m سوء ظن [ßu'.e zann], (~ schöpfen) شک آوردن [schak āwardan], شک داشتن [schak dāschtan], مشکوک شدن [schak kardan], شک کردن [maschkuk schodan]

verdächtig adj مشکوک [maschkuk]

Verdächtiger m متهم [motaham], آدم مشکوک [ādam.e maschkuk]

verdauen v هضم کردن [hazm kardan]

Verdauung w هضم [hazm]

verderben v (Lebensmittel) فاسد شدن [fāßed schodan], خراب شدن [charāb schodan]

verdienen v 1. (Geld) درآمد داشتن [dar-āmad dāschtan], پول در آوردن

[pul dar-āwardan]; 2. (z. B. Lob) لایق بودن [lāyegh budan]

verdoppeln v دوبرابر کردن [do-barābar kardan]

verdorben adj (ranzig) مانده [mānde], بوگرفته [bu-gerefte], گندیده [gandide], فاسد [fāßed]

verdünnen v رقیق کردن [raghigh kardan]

verdursten v از تشنگی مردن [az teschnegi mordan], از تشنگی هلاک شدن [az teschnegi halāk schodan]

verehren v احترام گذاشتن [ehterām gozāschtan], (Gott) پرستیدن [paraßtidan], ستایش کردن [ßetāyesch kardan]

Verein m انجمن [andjoman], کانون [kānun]

vereinfachen v ساده کردن [ßāde kardan]

vereinheitlichen v یکسان کردن [yek-ßān kardan], یکی کردن [yeki kardan]

vereinigen v متحد کردن [mottahed kardan], یکی کردن [yeki kardan]

Vereinigung w اتحادیه [ettehādiye]

vereinzelt adj به ندرت [be nodrat], گاه گاهی [gāh-gāhi], (ugs.) تک و توک [tak-o-tuk]

vereist adj یخ بسته [yach-baßte], یخ زده [yach-zade]

verfahren v (sich) راه را اشتباه رفتن [rāh rā eschtebāh raftan], (ugs.) عوضی رفتن [awazi raftan], راه را گم کردن [rāh rā gom kardan]

Verfahren s روش [rawesch], طرز اجرا [tarz.e edjrā']

Verfallsdatum s تاریخ انقضا [tārich.e enghezā']

Verfasser m مؤلف [mo'allef]

Verfassung w (polit.) قانون اساسی [ghānun.e aßāßi]

verfolgen v تعقیب کردن [ta'ghib kardan]

verfressen adj شکمو [schekamu]

verführen v وسوسه کردن [waßwaße kardan], فریفته کردن [farifte kardan]

vergangen adj گذشته [gozaschte], پیش [pisch], قبل [ghabl]

Vergangenheit *w* گذشته [gozaschte]

vergeblich *adj* بیهوده [bi-hude], بی فایده [bi-fāyede], بیخود [bi-chod]

vergessen *v* فراموش کردن [farāmusch kardan], از یاد رفتن [az yād raftan], از یاد بردن [az yād bordan]

vergesslich *adj* فراموش کار [farāmuschkār]

Vergesslichkeit *w* فراموش کاری [farāmuschkāri]

vergeuden *v* اسراف کردن [eßrāf kardan], به هدر دادن [be hadar dādan], (ugs.) تلف کردن (Zeit) حرام کردن [harām kardan], [talaf kardan]

vergewaltigen *v* تجاوز کردن [tadjāwoz kardan]

Vergewaltigung *w* تجاوز [tadjāwoz]

vergiften *v* مسموم کردن [maßmum kardan], سمی کردن [ßammi kardan], زهر دادن [zahr dādan]

Vergiftung *w* مسمومیت [maßmumiyat]

Vergleich *m* (allg.) مقایسه [moghāyeße], (vor Gericht) مقابله [moghābele]

vergleichen *v* مقایسه کردن [moghāyeße kardan]

vergnügen *v* (sich) لذت بردن [lezzat bordan], تفریح کردن [tafrih kardan], خوش بودن [chosch budan], خوش گذراندن [chosch gozarāndan], حظ کردن [hazz kardan], صفا کردن [ßafā kardan], کیف کردن [keyf kardan]

Vergnügen *s* لذت [lezzat], تفریح [tafrih], شادی [schādi], (mit ~ !) با کمال میل [bā kamāl.e meyl], (viel ~!) خوش بگذرد! [chosch be.gozar.ad]

vergriffen *adj* (ugs.) تمام شده [tamām-schode]

vergrößern *v* بزرگ کردن [bozorg kardan]

verhaften *v* توقیف کردن [toughif kardan], بازداشت کردن [bāz-dāscht kardan], دستگیر کردن [daßt-gir kardan]

verhalten *v* (sich) رفتار کردن [raftār kardan]

Verhalten *s* رفتار [raftār]

Verhältnis *s* (allg.) وضع [waz'], (Mz.) اوضاع [ouzā'], (romantisch) رابطه [rābete], (Relation) نسبت [neßbat]

verhandeln *v* مذاکره کردن [mozākere kardan], (gerichtl.) محاکمه کردن [mohākeme kardan], (geschäftl.) معامله کردن [mo'āmele kardan]

verhältnismäßig *adv* نسبتاً [neßbatan]

Verhandlung *w* (Gespräch) مذاکره [mozākere], (jurist.) محاکمه [mohākeme]

verheimlichen *v* پنهان کردن [penhān kardan], مخفی کردن [machfi kardan]

verheiratet *adj* متأهل [mota'ahhel]

verhindern *v* مانع شدن [māne' schodan], جلوگیری کردن [djelou-giri kardan], نگذاشتن [na.gozāschtan]

verhöhnen *v* دست انداختن [daßt andāchtan]

Verhör *s* بازپرسی [bāz-porßi]

Verhütungsmittel *s* قرص ضد حاملگی [ghorß.e zedd.e hāmelegi]

verirren *v* (sich) اشتباه کردن [eschtebāh kardan]

Verkauf *m* فروش [forusch]

verkaufen *v* فروختن [foruchtan]

Verkäufer *m* فروشنده [foruschande]

Verkehr *m* (Straße) ترافیک [t(e)rāfik], (sozialer Umgang) رفت و آمد [raft-o-āmad]

verkehren *v* (allg.) رفت و آمد کردن [raft-o-āmad kardan]

Verkehrsbüro *s* ادارۀ راهنمایی و رانندگی [edāre.ye rāh-namāyi wa rānandegi]

Verkehrsmittel *s* وسیله نقلیه [waßile.ye naghliye]

verkehrt *adj* وارونه [wārune], عوضی [awazi], پشت و رو [poscht-o-ru], برعکس [bar-akß]

verkleinern *v* کوچک کردن [kutschek kardan]

verkürzen *v* (Stoff, Seil usw.) کوتاه کردن [kutāh kardan], (Text, Gespräch) خلاصه کردن [choläße kardan], مختصر کردن [mochtaßar kardan]

Verlag *m* انتشارات [enteschārāt]

verlangen *v* طلب کردن [talab kardan], خواستن [chāßtan], (nach j-m ~) سراغ کسی را گرفتن [ßorāgh.e kaß.i rā gereftan]

verlängern *v* (Länge) درازترکردن [derāz.tar kardan], (Dokument) تمدید کردن [tamdid kardan]

Verlängerung *w* (Dokument) تمدید [tamdid]

verlangsamen *v* آهسته کردن [āheßte kardan], یواش کردن [yawāsch kardan], کم کردن [kam kardan]

verlassen *v* (Person) ترک کردن [tark kardan], تنها گذاشتن [tanhā gozāschtan], (Ort) ترک کردن [tark kardan], خارج شدن [chāredj schodan]

Verleger *m* ناشر [nāscher]

verleihen *v* قرض دادن [gharz dādan], (Titel) اعطاء کردن [e'tā' kardan]

verletzen *v* مجروح کردن [madjruh kardan], زخمی کردن [zachmi kardan]

verletzt *adj* مجروح [madjruh], زخمی [zachmi]

Verletzung *w* زخم [zachm]. صدمه [ßadame]

verleumden *v* تهمت زدن [tohmat zadan]

verlieben *v* (sich) عاشق شدن [āschegh schodan]

verliebt *adj* عاشق [āschegh]

verlieren *v* 1. (Gegenstand) گم کردن [gom kardan]; 2. (Wettkampf) باختن [bāchtan], شکست خوردن [schekaßt chordan]

verlobt *adj* (sein) نامزد بودن [nām-zad budan]

Verlobter *m* نامزد [nām-zad]

Verlobung *w* نامزدی [nām-zadi]

verlosen *v* قرعه کشی کردن [ghor'e-keschi kardan]

Verlust *m* ضرر [zarar], (Schaden) خسارت [cheßārat], صدمه [ßadame]

vermehren *v* (sich, = mehr werden) اضافه شدن [ezāfe schodan], بیشتر شدن [bisch.tar schodan], زیادتر شدن [ziyād.tar kardan], (sich, = s. fortpfanzen) تولید مثل کردن [toulid.e meßl kardan], (ugs.) بچه به دنیا آوردن [batschtsche be donyā āwardan]

vermeiden *v* دوری کردن [duri kardan], پرهیز کردن [parhiz kardan]

vermieten *v* اجاره دادن [edjāre dādan], کرایه دادن [kerāye dādan]

Vermieter *m* صاحبخانه [ßāheb-chāne]

vermindern *v* کم کردن [kam kardan], پایین آوردن [pāyin āwardan]

vermischen *v* مخلوط کردن [machlut kardan], قاتی کردن [ghāti kardan], (ugs.) به هم زدن [be-ham zadan]

vermissen *v* چیزی پیدا نکردن [tschiz.i peydā na.kardan], (j-n) دل تنگ شدن [del-tang schodan]

vermitteln *v* (bei Streitigkeiten) واسطه شدن [wāßete schodan], (j-m) معرفی کردن [mo'arefi kardan]

Vermögen *s* (finanziell) ثروت [ßerwat], دارایی [dārāyi]

vermögend *adj* ثروتمند [ßerwatmand], دارا [dārā], پول دار [pul-dār]

vermuten *v* حدس زدن [hadß zadan], گمان کردن [gamān kardan], فرض کردن [farz kardan]

vermutlich *adv* احتمالاً [ehtemālan]

Vermutung *w* احتمال [ehtemāl], حدس [hadß], گمان [gamān], فرض [farz]

vernachlässigen *v* بی توجهی کردن [bi-tawadjdjohi kardan], ندیده گرفتن [na.dide gereftan], غفلت کردن [gheflat kardan]

verneinen *v* انکار کردن [enkār kardan], جواب منفی دادن [djawāb.e manfi dādan], جواب رد دادن [djawāb.e radd dādan]

vernichten *v* نابود کردن [nā.bud kardan], از بین بردن [az beyn bordan]

Vernunft *w* عقل [aghl], شعور [scho'ur], خرد [cherad], فهم [fahm]

vernünftig *adj* عاقل [āghel], باشعور [bā-scho'ur], *adv* عاقلانه [āghelāne]

veröffentlichen *v* منتشرکردن [montascher kardan], انتشار کردن [enteschār kardan]

Veröffentlichung *w* انتشارات [enteschārāt]

verpacken *v* (einwickeln) بسته بندی کردن [baßte-bandi kardan]

Verpackung *w* بسته بندی [baßte-bandi]

verpassen *v* (Zug usw.) از دست دادن [az daßt dādan], نرسیدن به [na.raßidan be]

verpfänden *v* گرو گذاشتن [gerou gozāschtan], گرو دادن [gerou dādan]

verpflegen *v* (Essen) خوراک دادن [chorāk dādan], غذا دادن [ghazā dādan]

Verpflegung *w* غذا [ghazā], خوراک [chorāk], خورد و خوراک [chord-o-chorāk]

verpflichten *v* (sich) موظف کردن [mowazzaf kardan], تعهد کردن [ta'ahhod kardan]

verraten *v* (Verrat begehen) خیانت کردن [chiyānat kardan], لو دادن [lou dādan]

Verräter *m* خائن [chā'en], خیانتکار [chiyānatkār]

verringern *v* کم کردن [kam kardan]

versammeln *v* (sich) جمع شدن [djam' schodan], (دور هم) [(dour.e ham)]

Versammlung *w* نشست [neschaßt], مجلس [madjleß], جلسه [djalaße]

versäumen *v* غفلت کردن [gheflat kardan], از دست دادن [az daßt dādan], از دست در رفتن [az daßt dar-raftan]

verschieben *v* (hin und her schieben) جا به جا کردن [djā-be-djā kardan], پس و پیش کردن [paß-o-pisch kardan], (zeitl.) به عقب انداختن [be aghab andāchtan]

verschieden *adj* 1. (divers) مختلف [mochtalef], جوراوا جور [djur-wā-djur], گوناگون [gunāgun], جور بجور [djur-be-djur]; 2. (andersartig) جوردیگر [djur.e digar]

verschlafen *adj* خواب آلود [chāb-ālud]

verschlechtern *v* (sich) بدتر شدن [bad.tar kardan]

Verschluss *m* (Deckel) در [dar]

verschmutzen *v* کثیف کردن [kaßif kardan], آلوده کردن [ālude kardan]

Verschmutzung *w* کثیفی [kaßifi], آلودگی [āludegi]

verschnaufen *v* نفس تازه کردن [nafaß tāze kardan], نفس تازه کشیدن [nafaß.e tāze keschidan], نفس راحت کشیدن [nafaß.e rāhat keschidan]

verschreiben *v* 1. (sich, = fehlerhaft schreiben) غلط نوشتن [ghalat neweschtan], اشتباه نوشتن [eschtebāh neweschtan]; 2. (ärztl. Rezept) نسخه نوشتن [noßche neweschtan]

verschütten *v* (Flüssigkeit) ریختن [richtan]

verschwenden *v* اسراف کردن [eßrāf kardan], ولخرجی کردن [wel-chardji kardan]

Verschwendung *w* اسراف [eßrāf]

verschwinden *v* ناپدید شدن [nā.padid schodan], غیب شدن [gheyb schodan]

verschwommen *adj* تار [tār]

Versehen *s* اشتباه [eschtebāh], خطا [chatā]

versehentlich *adv* اشتباهاً [eschtebāhan]

versichern *v* (Besitz usw.) بیمه کردن [bime kardan]

Versicherung *w* بیمه [bime]

versinken *v* (Schiff) غرق شدن [ghargh schodan], (Boden) فرورفتن [foru raftan]

versöhnen *v* (sich) آشتی کردن [āschti kardan]

versorgen *v* تأمین کردن [ta'min kardan]

Wörterbuch Deutsch – Persisch

verspäten *v* (sich) تأخیر کردن [ta'chir kardan], دیر کردن [dir kardan]

Verspätung *w* تأخیر [ta'chir]

versprechen *v* قول دادن [ghoul dādan], اشتباه گفتن (sich) و عده دادن [wa'de dādan], [eschtebāh goften]

Versprechen *s* قول [ghoul], وعده [wa'de], قول دادن (~ geben) [ghoul dādan]

verstaatlichen *v* دولتی کردن [doulati kardan], ملی کردن [melli kardan]

Verstand *m* فهم [fahm], شعور [scho'ur], عقل [aghl], خرد [cherad], مغز [maghz]

verständigen *v* خبر دادن [chabar dādan]

verständlich *adj* واضح [wāze'], روشن [rouschan]

verstärken *v* محکم کردن [mohkam kardan], سفت کردن [ßeft kardan]

verstaucht *adj* رگ به رگ شده [rag-be-rag-schode], (ugs.) پیچ خورده [pitsch-chorde]

verstecken *v* پنهان کردن [penhān kardan], مخفی کردن [machfi kardan], (ugs.) قایم کردن [ghāyem kardan]

Versteckspiel *s* قایم موشک بازی [ghāyem-muschak-bāzi]

versteckt *adj* مخفی [machfi], پنهان [penhān]

verstehen *v* فهمیدن [fahmidan]

versteigern *v* حراج کردن [harādj kardan]

verstellen *v* (sich) تظاهر کردن [tazāhor kardan]

verstohlen *adj* (~ gucken) دزدکی [dozdaki], زیرچشمی [zir-tscheschmi], مخفیانه [machfiyāne], یواشکی [yawāschaki], (ugs.) قایمکی [ghāyemaki]

verstopft *adj* (Toilette) گرفته [gerefte]

Verstopfung *w* (Darm) یبوست [yobußat], (ugs.) شکم کار نکردن [schekam kār na.kardan]

Verstorbener *m* مرحوم [marhum], روانشاد [rawān-schād], شادروان [schād-rawān]

verstreut *adj* پراکنده [parākande]

Versuch *m* (wissenschaftl.) آزمایش [āzmāyesch]

versuchen *v* سعی کردن [ßa'y kardan], کوشش کردن [kuschesch kardan], تلاش کردن [talāsch kardan]

Versuchung *w* وسوسه [waßwaße]

verteidigen *v* دفاع کردن [defā' kardan]

Verteidigung *w* دفاع [defā']

verteilen *v* تقسیم کردن [taghßim kardan], پخش کردن [pachsch kardan]

vertiefen *v* عمیق (تر) کردن [amigh(.tar) kardan]

Vertrag *m* قرارداد [gharār-dād]

vertragen *v* (sich wieder ~) (با هم) آشتی کردن [(bā-ham) āschti kardan]

vertrauen *v* اعتماد کردن [e'temād kardan], اطمینان کردن [etminān kardan]

Vertrauen *s* اعتماد [e'temād], اطمینان [etminān]

vertraulich *adj* محرمانه [mahramāne], خصوصی [choßußi], (unter uns) خودمانی [chodemāni]

vertreten *v* (j-n) جانشین شدن [djā-neschin schodan], (Firma) نمایندگی کردن [namāyandegi kardan]

Vertreter *m* (Ersatz) جانشین [djā-neschin], (Repräsentant) نماینده [namāyande]

vertrocknen *v* خشکیدن [choschkidan], خشک شدن [choschk schodan]

vertrösten *v* دلداری دادن [del-dāri dādan]

verursachen *v* به وجود آوردن [be wodjud āwardan], ایجاد کردن [idjād kardan], باعث شدن [bā'eß schodan]

verurteilen *v* محکوم کردن [mahkum kardan]

vervollständigen *v* تکمیل کردن [takmil kardan], کامل کردن [kāmel kardan]

verwalten *v* اداره کردن [edāre kardan]

Verwaltung *w* اداره [edāre]

verwandt *adj* (sein) خویشاوند بودن با [chischāwand budan bā], فامیل بودن با [fāmil budan bā]

Verwandter *m* بستگان [baßtegān], خویشاوند [chischāwand], فامیل [fāmil]

Verwandtschaft *w* خویشاوندی [chischāwandi], بستگان [baßtegān]

verwaschen *adj* (Stoff, usw.) رنگ و رو رفته [rang-o-ru-rafte]

verwechseln *v* عوضی گرفتن [awazi gereftan], اشتباه گرفتن [eschtebāh gereftan]

verwenden *v* به کار بردن [be kār bordan], مصرف کردن [maßraf kardan], استفاده کردن [eßtefāde kardan]

Verwendung *w* مصرف [maßraf], استفاده [eßtefāde]

verwirklichen *v* عملی کردن [amali kardan], برآوردن [bar-āwardan]

verwirren *v* (j-m) دست پاچه کردن [daßt-pātsche kardan], گیج کردن [gidj kardan]

verwundet *adj* مجروح [madjruh], زخمی [zachmi]

verzeihen *v* بخشیدن [bachschidan], گذشت کردن [gozascht kardan]

verzichten *v* گذشت کردن [gozascht kardan], (auf etw.) صرف نظر کردن [ßarf.e nazar kardan]

verzieren *v* زینت کردن [zinat kardan], زینت دادن [zinat dādan], تزیین کردن [tazyin kardan]

verzogen *adj* کج و کوله [kadj-o-koule]

verzögern *v* طول کشیدن [tul keschidan], معطل کردن [mo'attal kardan], به تأخیر انداختن [be ta'chir andāchtan]

Verzögerung *w* تأخیر [ta'chir]

verzollen *v* عوارض گمرک پرداختن [awārez.e gomrok pardāchtan], (ugs.) گمرک دادن [gomrok dādan]

verzweifelt *adj* ناامید [nā.omid], مأیوس [ma'yuß]

Verzweiflung *w* ناامیدی [nā.omidi], یأس [ya'ß]

Vetternwirtschaft *w* پارتی بازی [pārti-bāzi]

Vieh *s* گاو و گوسفند [gāw-o-gußfand]

Viehzucht *w* دامداری [dām-dāri]

viel *adj / pron* زیاد [ziyād], بسیار [beß(i)yār], خیلی [cheyli]

vielleicht *adv* شاید [schāyad], احتمالاً [ehtemālan], احیاناً [ahyānan]

vielmals *adv* خیلی [cheyli], بسیار [beß(i)yār]

vier *num* چهار [tschahār]

viereckig *adj* چهارگوشه [tschahār-gusche]

vierzig *num* چهل [tschehel]

Viertel *s* یک چهارم [yek-tschahārom], ربع [rob']

vierteljährlich *adj / adv* هر سه ماه [har ße māh], هر سه ماه هب ماه سره [har ße māh be ße māh]

vierzehn *num* چهارده [tschahārdah]

Villa *w* خانه ییلاقی [chāne.ye yeylāghi], ویلا [wilā]

violett *adj* بنفش [banafsch]

Visitenkarte *w* کارت ویزیت [kārt.e wizit]

Visum *s* ویزا [wizā]

Vogel *m* پرنده [parande]

Volk *s* خلق [chalgh], ملت [mellat], مردم [mardom]

Volksmusik *w* موسیقی محلی [mußighi.ye mahalli], موسیقی سنتی [mußighi.ye sonnati]

voll *adj* پر [por], (betrunken) مست [maßt], (Zeitplan, Termin) پر فشرده [feschorde], (~ machen) پرکردن [por kardan], (ugs.) تا لب پر کردن [tā lab por kardan]

vollenden *v* به اتمام رساندن [be etmām raßāndan], به پایان رساندن [be pāyān raßāndan]

völlig *adv* کاملاً [kāmelan], تماماً [tamāman], بکلی [be-kolli]

volljährig *adj* بالغ [bālegh], سن بلوغ [ßen.e bolugh], (gesetzl.) سن قانونی [ßen.e ghānuni]

vollkommen *adj* کامل [kāmel]

Vollmacht *w* وکالت [wekālat]

Vollmond *m* بدر [badr], ماه شب چهارده [māh.e schab.e tschahārdah]

vollständig *adj* كامل [kāmel], *adv* تماماً [tamāman]

Volumen *s* حجم [hadjm]

von *prep* از [az]

voneinander *adv* از یکدیگر [az yek-digar], از همدیگر [az ham-digar]

vor *prep* (örtl.) (ى) جلو(.ye) [djelou(.ye)], (zeitl.) قبل از [ghabl az]

voraus *adv* (im ~) از پیش [az pisch], از قبل [az ghabl], پیشاپیش [pischāpisch]

voraussagen *v* پیشگویی کردن [pisch-guyi kardan], پیش بینی کردن [pisch-bini kardan]

voraussetzen *v* فرض کردن [farz kardan]

Voraussetzung *w* فرض [farz], شرط [schart]

voraussichtlich *adv* احتمالاً [ehtemālan]

vorbeifahren *v* عبور کردن [obur kardan], رد شدن [radd schodan], گذشتن [gozaschtan]

vorbeigehen *v* عبور کردن [obur kardan], رد شدن [radd schodan], گذشتن [gozaschtan]

vorbereiten *v* آماده کردن [āmāde kardan], تدارک دیدن [hāzer kardan], حاضر کردن [tadārok didan]

Vorbereitung *w* آمادگی [āmādegi], تهیه [tahiye], تدارک [tadārok]

Vorbild *s* سرمشق [ßar-maschgh], (sich j-n zum ~ nehmen) ازکسی سرمشق گرفتن [az kaß.i ßar-maschgh gereftan], از کسی عبرت گرفتن [az kaß.i ebrat gereftan]

vorderer *adj* جلویی [djelouyi]

Vorfahre *m* جد [djadd], (Mz.) اجداد [adjdād], نیاکان [niyākān]

Vorfahrt *w* حق تقدم [haghgh.e taghaddom]

Vorgesetzter *m* رئیس [ra'iß]

vorgestern *adv* پریروز [pariruz]

vorhaben *v* قصد داشتن [ghaßd dāschtan], خیال داشتن [taßmim dāschtan], تصمیم داشتن [chiyāl dāschtan]

Vorhang *m* پرده [parde], (~ aufziehen) کنار زدن [kenār zadan], (~ zuziehen) کنارکشیدن [kenār keschidan]

vorher *adv* از پیش [az pisch], قبلاً [ghablan], از قبل [az ghabl]

Vorhersage *w* پیشگویی [pisch-guyi], پیش بینی [pisch-bini]

vorhersagen *v* پیشگویی کردن [pisch-guyi kardan], پیش بینیکردن [pisch-bini kardan]

vorhin *adv* کمی پیش [kam.i pisch], چند لحظه پیش [tschand lahze pisch], قبلاً [ghablan]

vorig *adj* قبلی [ghabli], گذشته [gozaschte], سابق [ßābegh]

vorkommen *v* 1. (existieren) بودن [budan], وجود داشتن [wodjud dāschtan]; 2. (sich) به نظر آمدن [be nazar āmadan], به نظر رسیدن [be nazar raßidan]

vorläufig *adv* موقتاً [mowaghghatan], فعلاً [fe'lan]

vorlaut *adj* فضول [fozul], پررو [por-ru], جسور [djaßur]

Vorlesung *w* درس نظری [darß.e nazari]

vorletzter *adj* یکی مانده به آخر [yek.i mānde be āchar]

vormachen *v* نشان دادن [neschān dādan], وانمود کردن [wā-nemud kardan], تظاهر کردن [tazāhor kardan]

Vormittag *m* پیش از ظهر [pisch az zohr], قبل از ظهر [ghabl az zohr]

vormittags *adv* پیش از ظهر(ها) [pisch az zohr(.hā)], قبل از ظهر(ها) [ghabl az zohr(.hā)]

Vormund *m* ولی [wali], سرپرست [ßar-paraßt]

Vorname *m* اسم کوچک [eßm.e kutschek], نام کوچک [nām.e kutschek]

vorne *adv* پیش [pisch], جلو [djelou]

vornherein *adv* (von ~) از همان اول [az hamān awwal]

Vorrat *m* ذخیره [zachire]

vorsätzlich *adv* عمداً [amdan]

Vorschau *w* (Kino) پیش پرده [pisch-parde]

Vorschlag m پیشنهاد [pisch-nehād]

vorschlagen v پیشنهاد کردن [pisch-nehād kardan]

vorschreiben v (Brief) پیش نویس کردن [pisch-newiß kardan], (befehlen) دستوردادن [daßtur dādan]

Vorschrift w دستور [daßtur]. مقررات [mogharrarāt]

vorschriftsmäßig adj طبق دستور [tebgh.e daßtur] طبق مقررات [tebgh.e moghararrāt]

Vorschuss m پیش پرداخت [pisch-pardācht], مساعده [moßā'ede]

Vorsicht w دقت [deghghat], احتیاط [ehtiyāt]

vorsichtig adj با احتیاط [bā-ehtiyāt]

vorsichtshalber adv احتیاطاً [ehtiyātan]

Vorsitzender m رئیس [ra'iß]

Vorspeise w پیش غذا [pisch-ghazā]

Vorstadt w حومه [houme]

vorstellen v 1. (j-n, sich selbst) معرفی کردن [mo'arefi kardan]; 2.(imaginieren) تصور کردن [taßawwor kardan], تجسم کردن [tadjaßßom kardan], خیال کردن [chiyāl kardan], مجسم کردن [modjaßßam kardan]

Vorstellung w 1. (Imagination) تجسم [tadjaßßom], تصور [taßawwor], خیال [chiyāl]; 2. (Bühne) نمایش [namāyesch]

Vorstellungsgespräch s مصاحبه [moßāhebe]

Vorstufe w (Schule) دوره مقدماتی [doure.ye moghademāti]

Vorteil m نفع [naf']

vorteilhaft adj مفید [mofid]

Vortrag m نطق [notgh], سخنرانی [ßochan-rāni]

vorübergehend adj موقتی [mowaghghati], کوتاه مدت [kutāh-moddat]

Vorurteil s پیش داوری [pisch-dāwari], قضاوت غرض آمیز [ghazāwat.e gharaz-āmiz]

vorvorgestern adv پس پریروز [paß-pariruz]

Vorwahl w (کد (تلفن [kod(.e telefon)], پیش شماره [pisch-schomāre], شمارة جلو [schomāre.ye djelou]

Vorwand m بهانه [bahāne]

vorwärts adv (gehen~) جلورفتن [djelou raftan], پیش رفتن [pisch raftan]

vorwerfen v سرزنش کردن [ßar-zanesch kardan]

Vorwort s (Buch) پیشگفتار [pisch-goftār], مقدمه [mogahaddame], دیباچه [dibātsche]

Vorwurf m سرزنش [ßar-zanesch]

vorzeitig adj (vor dem gesetzten Termin) زودتر [zud.tar], قبل از موعد [ghabl az mou'ed]

vorziehen v ترجیح دادن [tardjih dādan]

Vulkan m کوه آتش فشان [kuh.e ātasch-feschān]

W

Waage w ترازو [tarāzu]

wabbelig adj شل و ول [schol-o-wel]

wach adj بیدار [bidār]

Wache w پاسدار [pāß-dār], کشیک [keschik], نگهبان [negahbān]

Wachs s موم [mum], (Haarentfernung) مومک [mumak]

wachsen v (Mensch, Pflanzen) رشد کردن [roschd kardan], قد کشیدن [ghadd keschidan], بزرگ شدن [bozorg schodan]

wackeln v تکان خوردن [takān chordan], جنبیدن [djombidan]

wacklig adj لق [lagh], شل [schol]

Wade w ماهیچه (ساق) پا [māhitsche.ye (ßāgh.e) pā]

Waffe w اسلحه [aßlahe]

wagen v جرأت کردن [djor'at kardan], ریسک کردن [rißk kardan]

Wagen m (Auto) اتومبیل [otomobil], (ugs.) ماشین [māschin], (Fuhrwerk) وسیله نقلیه [waßile.ye naghliye]

Wagenheber *m* جک [djak]

Waggon *m* واگون [wāgon]

Wahl *w* (Auswahl) انتخاب [entechāb], گزینش [gozinesch], (Abstimmung) انتخابات [entechābāt], رأی [ra'y]

wählen *v* (aus~) انتخاب کردن [entechāb kardan], (abstimmen) رأی دادن [ra'y dādan]

wahllos *adj* بدون هدف [bedun.e hadaf]

wählerisch *adj* مشکل پسند [moschkel-paßand], پر مدعا [por-modda'ā]

Wahnsinn *m* جنون [djonun], دیوانگی [diwānegi]

wahr *adj* حقیقی [haghighi], درست [doroßt], راست [rāßt], (nicht ~?) مگه نه؟ [mage na], (ist das ~?) واقعاً؟ [wāghe'an], راست میگی،؟ [rāßt mi.g.i]

während *conj* درمدت [dar moddat.e], در طول [dar tule], در حین [dar heyn.e], درحالی که [dar hāli ke], هنگامی که [hengāmi ke], درضمن آنکه [dar zemn.e ān-ke]

währenddessen *adj* دراین بین [dar in beyn], دراین فاصله [dar in fāßele]

Wahrheit *w* حقیقت [haghighat], راستی [rāßti]

wahrsagen *v* غیبگویی کردن [gheyb-guyi kardan], (Karten, Kaffeesatz) فال گرفتن [fāl gereftan]

Wahrsager *m* (Karten, Kaffeesatz) فالبین [fāl-bin], فالگیر [fāl-gir]

wahrscheinlich *adv* احتمالاً [ehtemālan], لابد [lābod]

Währung *w* ارز [arz]

Waise *w* یتیم [yatim]

Wal *m* نهنگ [nahang]

Wald *m* جنگل [djangal]

Wallfahrtsort *m* زیارتگاه [ziyāratgāh]

Walnuss *w* گردو [gerdu]

Wand *w* دیوار [diwār]

wandern *v* راه پیمایی کردن [rāh-peymāyi kardan], پیاده روی کردن [piyāde-rawi kardan]

Wanderung *w* (Spaziergang) راه پیمایی [rāh-peymāyi], پیاده روی [piyāde-rawi]

Wange *w* گونه [gune], لپ [lop]

wann *adv* کی [key]

Wanne *w* وان [wān]

Wanze *w* 1. (Ungeziefer) ساس [ßāß]; 2. (Abhörvorrichtung) میکروفون مخفی [mikrofon.e machfi]

Wappen *s* آرم [ārm]

Ware *w* جنس [djenß], کالا [kālā]

warm 1. *adj* (Temperatur) گرم [garm]; 2. *adv* (herzlich) قلباً [ghalban]

Wärme *w* گرما [garmā]

wärmen *v* گرم کردن [garm kardan]

warnen *v* اخطارکردن [echtār kardan]

Warnung *w* اخطار [echtār]

warten *v* 1. (abwarten) صبر کردن [ßabr kardan], منتظر بودن [motazer budan], (j-n ~ lassen) منتظر گذاشتن [montazer gozāschtan], معطل کردن [mo'attal kardan]; 2. (instand halten) تعمیر کردن [ta'mir kardan]

Wartezimmer *s* اتاق انتظار [otāgh.e entezār]

warum *adv* چرا [tscherā]

was *pron* چه [tsche], (ugs.) چی [tschi]; (Relativpronomen) که [ke]; (~ für einer) چه چیزی [tsche tschiz.i], چی [tschi]

Waschanlage *w* (Auto) کارواش [kār-wāsch]

Waschbecken *s* دست شویی [daßt-schuyi]

Wäsche *w* (Kleidung) لباس [lebāß], (Waschgut) لباس کثیف [lebāß.e kaßif]

waschen *v* شستن [schoßtan], (sich vor dem islam. Gebet ~) وضو گرفتن [wozu gereftan]

Wäschetrockner *m* ماشین لباس خوشک کنی [māschin.e lebāß choschk-koni]

Waschmaschine *w* ماشین لباس شویی [māschin.e lebāß-schuyi]

Waschpulver s پودر رخت شویی [pudr.e racht-schuyi], پودر لباس شویی [pudr.e lebäß-schuyi]

Wasser s آب [āb]

wasserdicht adj کیپ [kip]

Wasserfall m آبشار [āb-schār]

Wasserhahn m شیرآب [schir.e āb]

Wasserkocher m (elektr.) کتری برقی [ketri.ye barghi]

Wassermangel m کم آبی [kam-ābi]

Wassermann m (Tierkreiszeichen) دلو [dalw]

Wassermelone w هندوانه [hendewāne]

Wasserski m اسکی روی آب [eßki.ye ru.ye āb]

Wasserpfeife w قلیان [ghelyān]

Wasserspülung w (آب) سیفون [ßifon(.e āb)], (~ betätigen) سیفون کشیدن [ßifon keschidan], آب کشیدن [āb keschidan]

wässrig adj آبکی [āb.aki], رقیق [raghigh]

Watte w پنبه [pambe]

weben v بافتن [bāftan]

Wechsel m سفته [ßofte]

Wechselgeld s (Kleingeld) پول خرد [pul.e chord]

wechseln v (austauschen) عوض کردن [awaz kardan], (Geld umtauschen) تبدیل کردن [tabdil kardan], عوض کردن [awaz kardan], (Geld kleinmachen) پول خرد کردن [pul chord kardan]

Wechselstube w صرافی [ßarrāfi]

wecken v بیدار کردن [bidār kardan]

Wecker m ساعت شماطه دار [ßā'at.e schammāte-dār], (ugs.) ساعت کوکی [ßā'at.e kuki]

weder conj (~ ... noch) نه ... نه [na ... na]

weg adv (weit ~) خیلی دور [cheyli dur]

Weg m راه [rāh], جاده [djādde]

wegen prep به خاطر [be chāter.e], به علت [be ellat.e], (bezüglich) در مورد [dar moured.e], راجع به [rādje be], درباره [dar bāre.ye], بابت [bābat.e]

wegfahren v حرکت کردن [harakat kardan], رفتن [raftan]

weggehen v رفتن [raftan]

weglaufen v فرار کردن [farār kardan], در رفتن [dar-raftan], گریختن [gorichtan]

wegnehmen v برداشتن [bar-dāschtan]

wegschmeißen v دور انداختن [dur andāchtan]

wegschütten v دور ریختن [dur richtan]

wegsehen v نگاه پس کردن [negāh paß kardan]

wehren v (sich) از خود دفاع کردن [az chod defā' kardan]

wehtun v درد کردن [dard kardan], درد گرفتن [dard gereftan]

Weibchen s (Tier) حیوان ماده [heywān.e māde]

weiblich adj زنانه [zanāne], مؤنث [mo'annaß]

weich adj (Stoff) نرم [narm], لطیف [latif]

Weide w 1. (Baum) درخت بید [deracht.e bid], 2. (Wiese) چراگاه [tscharāgāh]

weiden v (Vieh) چریدن [tscharidan]

weigern v (sich) امتناع کردن [emtenā' kardan], نخواستن [na.chāßtan], نپذیرفتن [na.paziroftan]

Weihnachten s کریسمس [kriß-maß], (frohe ~!) کریسمس مبارک [kriß-maß mobārak]

Weihnachtsmann m بابانوئل [bābā-no'el]

weil conj زیرا [zirā], چون [tschon], چونکه [tschon-ke], برای اینکه [barāye in-ke]

Weile w مدت [moddat]

Wein m شراب [scharāb], (literar.) می [mey]

Weinberg m تاکستان [tākeßtān]

weinen v گریه کردن [gerye kardan]

Weinglas s گیلاس شراب [gilāß.e scharāb]

Weinstube w (literar.) می کده [meykade]

Weintraube w انگور [angur], (unreif) غوره [ghure]

weise adj عاقل [āghel] دانا [dānā], خردمند [cheradmand]

Weise w (Art) طرز [tarz] روش [rawesch], طور [tour] طریق [tarigh]

Weisheitszahn m دندان عقل [dandān.e aghl]

weiß adj سفید [ßefid], (Mensch) سفید پوست [ßefid-pußt]

weißhaarig adj موسفید [mu-ßefid]

weit 1. adj (breit) پهن [pahn], (Kleidung) گشاد [goschād]; 2. adv (entfernt) دور [dur]

weiter adv باز [bāz] دیگر [digar], (und so ~) وغیره [wa gheyre]

weitermachen v ادامه دادن [edāme dādan] دنبال کردن [dombāl kardan]

Weizen m گندم [gandom]

welcher pron (Fragewort) چه [tsche], (ugs.) چی [tschi] کدام [kodām], (Relativpron.) که [ke]

welken v پژمردن [pajmordan], پلاسیدن [plāßidan]

Welle w موج [moudj], (Haar) فر [fer]

Welt w جهان [djahān] دنیا [donyā]

Weltall s عالم [ālam], کیهان [keyhān], گیتی [giti]

Weltkrieg m جنگ جهانی [djang.e djahāni]

Weltreise w مسافرت دور دنیا [moßāferat.e dour.e donyā]

weltweit adj سراسر جهان [ßarā.ßar.e djahān]

wenden v 1. (etw. drehen) برگرداندن [bar-gardāndan], دور زدن [dour zadan]; 2. (zurückfahren) برگشتن [bar-gaschtan]; 3. (sich an j-n ~) رجوع کردن [rodju kardan], مراجعه کردن [morādje'e kardan]

wenig adj کم [kam], (ein ~) قدری [ghadr.i], اندکی [andaki] کمی [kam.i]

wenigstens adv دست کم [daßt(.e)-kam], حداقل [lā-aghall] اقلاً [aghallan], لااقل [hadd.e aghall]

wenn conj 1. (zeitl.) وقتی که [waght.i ke], موقعی که [mougheʿi ke]; 2. (falls) اگر [agar], چنانچه [tschen.ān-tsche]

wer pron کی [ki]

werben v تبلیغ کردن [tabligh kardan] آگهی کردن [āgahi kardan]

Werbung w (Reklame) تبلیغ [tabligh] تبلیغات [tablighāt], آگهی [āgahi], رکلام [reklām]

werden v شدن [schodan]

werfen v انداختن [andāchtan], پرت کردن [part kardan]

Werk s 1. (Betrieb) کارخانه [kār-chāne], 2. (Kunst~) آثار هنری [āßār.e honari]

Werkstatt w کارگاه [kārgāh], تعمیرگاه [ta'mirgāh]

Werkzeug s ابزار [abzār]

wert adj با ارزش [bā-arzesch], قیمتی [gheymati]

Wert m ارزش [arzesch] قیمت [gheymat]

wertlos adj بی ارزش [bi-arzesch], بی قیمت [bi-gheymat]

wertvoll adj پرارزش [por-arzesch], با ارزش [bā-arzesch], گرانبها [gerān-bahā] قیمتی [gheymati]

Wesen s ذات [zāt] وجود [wodjud]

wesentlich adj اساسی [aßāßi] اصلی [aßli]

Wespe w زنبور [zambur]

wessen pron که [ke]

Weste w جلیقه [djelighe]

Westen m غرب [gharb], مغرب [maghreb], باختر [bāchtar]

westlich adj غربی [gharbi]

Wettbewerb m رقابت [reghābat], (Sport) مسابقه [moßābeghe]

Wette w شرط [schart], شرط بندی [schart-bandi]

wetten v شرط بستن [schart baßtan], شرط بندی کردن [schart-bandi kardan]

Wetter s هوا [hawā], آب و هوا [āb-o-hawā]

Wettervorhersage w گزارش وضع هوا
[gozāresch.e waz'.e hawā]

wichtig adj مهم [mohemm]

wickeln v 1. (Draht u. ä.) پیچیدن
[pitschidan]; 2. (Kind) قنداق کردن [ghondāgh kardan]

Widder m قوچ [gutsch]

widersprechen v مخالفت کردن
[mochālefat kardan], اعتراض کردن [e'terāz kardan]

Widerspruch m مخالفت
[mochālefat], اعتراض [e'terāz]

Widerstand m مقاومت [moghāwemat],
ایستادگی [ißtādegi]

widerstehen v مقاومت کردن
[moghāwemat kardan], ایستادگی کردن
[ißtādegi kardan]

wie adv (Fragewort) چطور [tsche-tour],
چه جور [tsche-djur], چه [tsche], conj (so ~)
مثل [meßl]

wieder adv دوباره [do-bāre], دو مرتبه
[do-martabe], باز [bāz]

wiedergutmachen v تلافی کردن [talāfi
kardan], جبران کردن [djobrān kardan]

wiederholen v تکرار کردن [tekrār kardan]

wiederholt adj مجدد [modjaddad],
adv مجدداً [modjaddadan]

Wiederholung w تکرار [tekrār], تکراری
[tekrāri]

wiederkäuen v نشخوار کردن [nosch-chār
kardan]

Wiedersehen s دیدار [didār], (auf ~!)
خدا حافظ! [chodā-hāfez], خدانگهدار! [chodā
negah-dār]

Wiege w گهواره [gahwāre]

wiegen v (Gewicht haben) وزن داشتن [wazn
dāschtan], (Gewicht messen) وزن کردن [wazn
kardan], وزن کشیدن [wazn keschidan]

Wiegenlied s لالائی [lālā'i]

Wiese w چمن [tschaman]

wieso adv چرا [tscherā], برای چه [barāye
tsche], به چه علت [be tsche ellat]

wild adj وحشی [wahschi]

Wild s حیوانات شکاری [heywānāt.e
schekāri]

Wildleder s جیر [djir]

Wildschwein s گراز [gorāz], خوک وحشی
[chuk.e wahschi]

Wille m اراده [erāde], اختیار [echtiyār]

willkommen adj خوش آیند
[chosch-āyand], (herzlich ~!) خوش آمدید!
[chosch āmad.id]

wimmeln v لولیدن [lulidan], وول زدن [wul
zadan]

wimmern v ناله کردن [nāle kardan],
نالیدن [nālidan]

Wimper w مژه [moje]

Wimperntusche w ریمل [rimel]

Wind m باد [bād]

Windel w قنداق [ghondāgh]

Windrose w گردباد [gerd-bād]

Windpocken Mz آبله مرغان
[ābele-morghān]

Windschutzscheibe w شیشه جلوی اتومبیل
[schische.ye djelou.ye otomobil],
شیشهٔ جلوی ماشین [schische.ye djelou.ye
māschin]

Winkel m 1. (Geometrie) زاویه [zāwiye];
2. (Ecke) گوشه [gusche], 3. (hinterster ~)
کنج [kondj], ته ته [tah.e tah]

winken v دست تکان دادن [daßt takān
dādān]

winseln v زوزه کشیدن [zuze keschidan]

Winter m زمستان [zemeßtān]

winterlich adj زمستانی [zemeßtāni]

winzig adj خیلی کوچک [cheyli kutschek],
کوچولو [kutschulu], ریز [riz], فسقلی [feßgheli]

wir pron ما [mā]

Wirbel m 1. (Strudel) گرداب [gerd-āb];
2. (an Wirbelsäule) مهره [mohre]

Wörterbuch Deutsch – Persisch

Wirbelsäule w ستون فقرات [ßotun.e faghārāt]

wirken v اثرگذاشتن [aßar gozāschtan], تأثیر گذاشتن [ta'ßir gozāschtan]

wirklich adj جدی [djeddi], adv واقعاً [wāghe'an], جداً [djeddan]

Wirklichkeit w واقعیت [wāghe'yat], حقیقت [haghighat], (in ~) در واقع [dar wāghe']

wirksam adj مؤثر [mo'aßßer]

Wirkung w تأثیر [ta'ßir], اثر [aßar]

Wirrwarr s درهم و برهم [dar-ham-o-bar-ham], پرت و پلا [part-o-palā], بی نظمی [bi-nazmi]

Wirt m (privat) میزبان [mizbān], (Restaurant usw.) صاحب رستوران [ßāheb.e reßtorān]

Wirtschaft w (Ökonomie) اقتصاد [eghteßād]

wirtschaftlich adj (haushalten, sparen) صرفه جویی کردن [ßarfe-djuyi kardan]

wischen v پاک کردن [pāk kardan], تمیز کردن [tamiz kardan]

wispern v پچ پچ کردن [petsch-petsch kardan], زیر لب حرف زدن [zir.e lab harf zadan], درگوشی حرف زدن [dar-guschi harf zadan]

wissen v دانستن [dāneßtan]

Wissen s دانش [dāneßtan], علم [elm]

Wissenschaft w علم [elm], دانش [dānesch]

Wissenschaftler m دانشمند [dāneschmand], پژوهشگر [pajuheschgar]

Witwe w (بیوه) زن [(zan.e) biwe]

Witwer m (بیوه) مرد [(mard.e) biwe]

Witz m شوخی [schuchi], لطیفه [latife]

witzig adj خنده دار [chande-dār], (ugs.) بامزه [bā-maze]

wo adv کجا [kodjā]

wobei adv در حالی که [dar hāli ke]

Woche w هفته [hafte]

Wochenende s آخر هفته [āchar.e hafte]

wöchentlich adj هر هفته [har hafte]

woher adv از کجا [az kodjā]

wohin adv به کجا [be kodjā]

wohl adv خوب [chub], سالم [ßālem], (lebe ~!) به سلامت [be ßalāmat]

wohlriechend adj خوشبو [chosch-bu]

Wohltat w خیر [cheyr]

wohnen v زندگی کردن [zendegi kardan]

Wohngebiet s منطقة مسکونی [mantaghe.ye maßkuni]

wohnhaft adj ساکن [ßāken], مقیم [moghim]

Wohnmobil s کاروان (ماشین) [(māschin.e) kārāwān]

Wohnsitz m محل سکونت [mahall.e ßokunat], محل اقامت [mahall.e eghāmat]

Wohnung w منزل [manzel], خانه [chāne], آپارتمان [āpārt(e)mān]

Wohnzimmer s اتاق نشیمن [otāgh.e neschiman], اتاق پذیرایی [otāgh.e pazirāyi], مهمان خانه [mehmān-chāne]

Wolf m گرگ [gorg]

Wolke m ابر [abr]

Wolkenbruch m رگبار [rag-bār]

Wolkenkratzer m آسمان خراش [āßmān-charāsch]

wolkig adj ابری [abri]

Wolldecke w پتو [patu]

Wolle w پشم [paschm]

wollen v خواستن [chāßtan]

wollig adj پشمی [paschmi]

Wort s لغت [loghat], واژه [waje], کلمه [kalame]

Wörterbuch s فرهنگ [farhang], فرهنگ لغت نامه [farhang.e loghat-nāme], واژه نامه [wāje-nāme]

Wörterverzeichnis s فهرست [fehreßt]

wringen v چلانیدن [tschelānidan], چلاندن [tschelāndan]

wühlen v زیر و رو کردن [zir-o-ru kardan]

Wunde w زخم [zachm]

Wunder s معجزه [mo'djeze]

wunderbar *adj* [āli] عالی, بسیار خوب [beß(i)yār chub]

wundern *v* (sich) [ta'djdjob kardan] تعجب کردن

Wunsch *m* [ārezu] آرزو

wünschen *v* [ārezu kardan] آرزو کردن

Würde *w* [liyāghat] لیاقت

würdig *adj* [lāyegh] لایق, شایسته [schāyeßte]

Würfel *m* [moka'ab] مکعب, (Spiel) [tāß] تاس / طاس

Würfelzucker *m* [ghand] قند

würgen *v* (j-n) [chafe kardan] خفه کردن

Wurm *m* [kerm] کرم

Wurst *w* [kālbāß] کالباس, سوسیس [ßoßiß]

Wurzel *w* [rische] ریشه

würzen *v* [adwiye zadan] ادویه زدن

würzig *adj* [chosch(-bu-o-)ta'm] خوش (بو و) طعم

Wüste *w* [biyābān] بیابان, (Salz~) [kawir] کویر

Wut *w* [chaschm] خشم, عصبانیت [aßabāniyat]

wütend *adj* [aßabāni] عصبانی, خشمگین [chaschmgin]

X

x-beliebig *adj* (Sache) هر چیزی [har-tschiz.i], (Person) هرکسی [har-kaß.i]

x-mal *adv* [bār.hā] بار ها, چندین بار [tschandin bār] چندین مرتبه [tschandin martabe]

Y

Yoga *m / s* [yogā] یوگاه

Z

zäh *adj* (Fleisch) [ßeft] سفت, (ugs.) چغر [tschaghar]

Zahl *w* [adad] عدد, رقم [ragham], (Menschen) تعداد [te'dād], عده [edde], (gerade ~) زوج [zoudj], (Kopf oder ~) شیر یا خط [schir yā chatt]

zahlen *v* [pardāchtan] پرداختن

zählen *v* [schomordan] شمردن, حساب کردن [heßāb kardan]

zahlreich *adj* [bi-schomār] بی شمار, فراوان [farāwān]

Zahlung *w* [pardācht] پرداخت

zahm *adj* [rām] رام, اهلی [ahli]

zähmen *v* [rām kardan] رام کردن, اهلی کردن [ahli kardan]

Zahn *m* [dandān] دندان, (Zähne putzen) مسواک زدن [meßwāk zadan], (~ füllen) دندان کشیدن [por kardan], (~ ziehen) پرکردن [dandān keschidan], (ugs.) دندان کندن [dandān kandan]

Zahnarzt *m* دندان پزشک [dandān-pezeschk]

Zahnbelag *m* جرم دندان [djerm.e dandān]

Zahnbürste *w* مسواک [meßwāk]

Zähneknirschen *s* دندان غرچه [dandān-gheretschtsche]

zahnen *w* دندان در آوردن [dandān dar-āwardan]

Zahnfleisch *s* [laße] لثه

Zahnkrone *w* [tādj] تاج, روکش [ru-kesch]

Zahnpasta *w* خمیر دندان [chamir-dandān]

Zahnschmerz *m* دندان درد [dandān-dard]

Zahnseide *w* نخ دندان [nach.e dandān]

Zahnstocher *m* خلال [chalāl]

Zange *w* [gāz-ambor] گازانبر, انبر (دست) [ambor(-daßt)]

zanken *v* دعوا کردن [da'wā kardan]

Zapfen *m* (Nadelbaum) جوز [djoz], مخروط [machrut]

zappelig *adj* دست پاچه [daßt-pātsche]

Zarathustra (Prophet) زرتشت [zartoscht], زردشت [zardoscht]

Zarathustrier *m* زرتشتی [zartoschti],

زردشتی [zardoschti]

zart adj ظریف [zarif], نرم [narm], لطیف [latif]

zärtlich adj مهربان [mehr(a)bān], بامحبت [bā-mohabbat]

Zauber m جادو [djādu]

Zauberer m جادوگر [djādugar]

zauberhaft adj جذاب [djazzāb], دلربا [del-robā]

Zaun m نرده [narde]

Zebra s گورخر [gur.e-char]

Zebrastreifen m خط کشی (عابر پیاده) [chatt-keschi(.ye āber.e piyāde)]

Zecke w کنه [kane]

Zehe w انگشت پا [angoscht.e pā], (große ~, ugs.) شست پا [schaßt.e pā]

zehn num ده [dah]

zehnter adj num دهم [dahom]

Zeichen s علامت [alāmat], نشانه [neschāne]

zeichnen v (malen) نقاشی کردن [naghghāschi kardan]

Zeichnung w نقاشی [naghghāschi]

zeigen v نشان دادن [neschān dādan]

Zeigefinger m انگشت اشاره [angoscht.e eschāre]

Zeiger m عقربه [aghrabe]

Zeile w سطر [ßatr]

Zeit w وقت [waght], زمان (Zeitraum, Epoche) [zamān], (zur ~) در حال حاضر [dar hāl.e hāzer], فعلاً (im Laufe der ~) [fe'lan], به مرورزمان [be morur.e zamān]

Zeitalter s دوران [dourān], عصر [aßr], زمان [zamān]

zeitgemäß adj امروزی [em.ruzi], باب روز [bāb.e ruz]

Zeitschrift w مجله [madjalle]

Zeitung w روزنامه [ruz-nāme]

Zeitungsverkäufer m روزنامه فروش [ruz-nāme-forusch]

Zelt s چادر [tschādor]

zelten v چادر زدن [tschādor zadan]

Zeltplatz m محل چادر زدن [mahall.e tschādor zadan]

Zensur w سانسور [ßānßur]

Zentimeter m سانتیمتر [ßāntimetr]

zentral adj مرکزی [markazi]

Zentrale w اداره مرکزی [edāre.ye markazi]

Zentrum s مرکز [markaz]

zerbrechen v شکستن [schekaßtan], خرد کردن [chord kardan]

zerbrechlich adj شکستنی [schekaßtani]

Zeremonie w مراسم [marāßem], آیین [āyin]

zerdrücken v له کردن [leh kardan]

zerfleischen v دریدن [daridan], تیکه پاره کردن [tikke-pāre kardan]

zerkleinern v ریزریزکردن [riz-riz kardan], خرد خرد کردن [chord-chord kardan], قطعه قطعه کردن [ghate'-ghate' kardan]

zerquetschen v پایمال کردن [pā(y)-māl kardan], له کردن [leh kardan]

zerreißen v پاره کردن [pāre kardan], (in Stücke) تیکه پاره کردن [tikke-pāre kardan], جردادن [djer dādan]

zerstören v خراب کردن [charāb kardan], نابود کردن [nā.bud kardan], ویران کردن [wirān kardan], درب و داغان کردن [darb-o-dāghān kardan]

Zerstörung w خرابی [charābi], ویرانی [wirāni], نابودی [nā.budi]

zerstreut adj (Gedanke) حواس پرت [hawāßß-part], گیج [gidj]

Zerstreutheit w (Gedanke) حواس پرتی [hawāßß-parti]

zerzaust adj (Haar) ژولیده [julide], به هم ریخته [be-ham richte]

Zettel m ورقه [waraghe], تیکه ورق [tikke waragh], تیکه کاغذ [tikke kāghaz]

Zeuge m شاهد [schāhed]

Zeugnis s گواهی نامه [gawāhi], گواهی [gawāhi-nāme], (Schule) کارنامه [kār-nāme]

Zicklein s بز غاله [boz-ghāle]

Ziege w بز [boz]

Ziegel m (Baustein) آجر [ādjor], (aus Lehm) خشت [tschescht], (Dach~) سفال [ßofāl]

ziehen v کشیدن [keschidan], (aus etw. heraus~) بیرون آوردن [birun āwardan], بیرون کشیدن [birun keschidan], در آوردن [dar-āwardan]

Ziel s 1. (Absicht) هدف [hadaf], مقصود [maghßud]; 2. (~punkt) مقصد [maghßad]

zielen v نشانه گرفتن [neschāne gereftan]

ziemlich adv نسبتاً [neßbatan], تقریباً [taghriban], کم و بیش [kam-o-bisch]

zierlich adj ظریف [zarif]

Ziffer w رقم [ragham]

zigmal adv بارها [bār.hā]

Zigarette w سیگار [ßigār], (mit Filter) فیلتردار [filter-dār], (ohne Filter) بدون فیلتر [bedun.e filter]

Zigarre w سیگار برگ [ßigār.e barg]

Zigeuner m کولی [kouli]

Zimmer s اتاق / اطاق [otāgh]

Zimmermädchen s نظافت چی [nezāfattschi]

Zimt m دارچین [dār-tschin]

Zins m بهره [bahre]

zirka adv تقریباً [taghriban], حدوداً [hodudan]

Zirkus m سیرک [ßirk]

Zisterne w آب انبار [āb-ambār]

Zitadelle w (Befestigungsanlage) ارگ [arg], ارک [ark]

Zitrone w لیمو ترش [limu-torsch]

Zitronensaft m آب لیمو [āb(.e)-limu]

zittern v لرزیدن [larzidan], لرز کردن [larz kardan]

zivil adj شخصی [schachßi]

zivilisiert adj متمدن [motamadden]

zögern v مکث کردن [makß kardan], (ohne zu ~) بلافاصله [belā-fāßele]

Zoll m گمرک [gomrok]

Zollamt s گمرک (اداره) [(edāre.ye) gomrok]

Zollbeamter m گمرکچی [gomroktschi]

zollfrei adj بدون گمرک [bedun.e gomrok]

Zoo m باغ وحش [bāgh.e wahsch]

Zopf m موی بافته [mu.ye bāfte], گیس [giß]

Zorn m خشم [chaschm]

zornig adj خشمگین [chaschmgin], عصبانی [aßabāni]

zu prep به [be taraf.e], به سوی [be ßu.ye], به سمت [be ßamt.e]

Zubehör s لوازم یدکی [lawāzem yadaki]

zubereiten v (Essen) آماده کردن [āmāde kardan], درست کردن [doroßt kardan], پختن [pochtan]

Zucchini m کدو [kadu]

züchten v پرورش دادن [parwaresch dādan]

Zucker m شکر [schekar], قند [ghand]

Zuckerdose w قند دان [ghanddān]

Zuckerhut m کله قند [kalle-ghand]

Zuckerwatte w پشمک [paschmak]

zuckrig adj شکری [schekari]

zudecken v پوشاندن [puschāndan], روی چیزی انداختن [ru.ye tschiz.i andāchtan]

zuerst adv اول [awwal], نخست [nachoßt]

Zufall m اتفاق [ettefāgh], پیش آمد [pisch-āmad], (durch ~) تصادفاً [taßādofan]

zufällig adj اتفاقی [ettefāghi], تصادفی [taßādofi], adv تصادفاً [taßādofan], اتفاقاً [ettefāghan]

Zuflucht w پناه [panāh], (~ suchen, finden) پناه بردن [panāh bordan], پناه آوردن [panāh āwardan]

zufrieden v راضی [rāzi], قانع [ghāne']

Zufriedenheit w رضایت [rezāyat], خوشنودی [choschnudi]

Zug m قطار [ghatār]

Zugabe! (Beifallsbekundung) دوباره دوباره [do-bāre do-bāre]

Zugang *m* دسترس [daßt-raß], دسترسی
[daßt-raßi]

zugänglich *adj* (~ machen) در دسترس گذاشتن
[dar daßt-raß gozäschtan]

zugeben *v* (einräumen) اقرار کردن [eghrār
kardan], اعتراف کردن [e'terāf kardan]

Zügel *m* افسار [afßār]

zugleich *adv* هم زمان [ham-zamān]

Zugluft *w* کوران [kurān]

zugunsten *prep* به نفع [be naf'.e]

zuhören *v* شنیدن [schenidan] گوش دادن
[gusch dādan], گوش کردن [gusch kardan]

Zuhörer *m* شنونده [schenawande]

zukleben *v* چسباندن [tschaßbāndan]

zuknöpfen *v* با دگمه بستن [bā dogme
baßtan]

Zukunft *w* آینده [āyande], (in nächster ~)
در آینده نزدیک [dar āyande.ye nazdik]

zukünftig *adj* آینده [āyande], آتی [āti]

zulassen *v* اجازه دادن [edjāze dār.am],
(zum Studium zugelassen werden) پذیرش گرفتن
[paziresch gereftan]

zulässig *adj* مجاز [modjāz]

zuletzt *adv* آخر از همه [āchar az hame],
آخرین بار [ācharin bār], اخیراً [achiran]

zumachen *v* بستن [baßtan], تعطیل کردن
[ta'til kardan]

zünden *v* روشن کردن [rouschan kardan]

Zündkerze *w* شمع [scham']

Zündschlüssel *m* سویچ ماشین [ßuitsch.e
māschin]

zunehmen *v* افزایش یافتن [afzāyesch
yāftan], بیشتر شدن [bisch.tar schodan]

Zuneigung *w* علاقه [alāghe], محبت
[mohabbat], مهر [mehr]

Zunge *w* زبان [zabān]

zurück *adv* پس [paß], عقب [aghab],
(hin und ~) رفت و برگشت [raft-o-bar-gascht]

zurückbleiben *v* جا ماندن [djā māndan],
عقب افتادن [aghab oftādan], عقب ماندن
[aghab māndan]

zurückerstatten *v* پس دادن [paß
dādan], پس پرداختن [paß pardāchtan]

zurückfahren *v* برگشتن [bar-gaschtan]

zurückgeben *v* پس دادن [paß dādan],
بر گرداندن [bar-gardāndan]

zurückhalten *v* نگه داشتن [negah
dāschtan]

zurückkehren *v* برگشتن [bar-gaschtan],
بازگشتن [bāz-gaschtan]

zurücklegen *v* 1. (etw. an seinen Ort)
جای خود گذاشتن [djā.ye chod
gozāschtan], پس گذاشتن [paß gozāschtan];
2. (eine Strecke) پشت سر گذاشتن [poscht.e ßar
gozāschtan], طی کردن [tey kardan]

zurücktreten *v* 1. (nach hinten) عقب رفتن
[aghab raftan], (treten Sie zurück!) بروید کنار
[be.raw.id kenār], بروید عقب [be.raw.id
aghab]; 2. (von Amt) استعفاء دادن [eßte'fā'
dādan]

zurückweisen *v* رد کردن [radd kardan]

zurückzahlen *v* پس پرداختن [paß
pardāchtan]

zurzeit *adv* فعلاً [fe'lan], در حال حاضر [dar
hāl.e hāzer]

zurückziehen *v* (sich) عقب کشیدن [aghab
keschidan]

zusammen *adv* با هم [bā-ham],
با همدیگر [bā yek digar], با یکدیگر
[bā-ham digar]

zusammenarbeiten *v* با هم کار کردن
[bā-ham kār kardan], (Mitarbeit)
همکاری کردن [ham-kāri kardan]

zusammenbrechen *v* فرو ریختن
[foru richtan], در هم شکستن [dar-ham
schekaßtan]

zusammendrücken *v* به هم فشردن
[be-ham feschordan]

zusammenfallen *v* مصادف شدن
[moßādef schodan]

Zusammenfassung *w* خلاصه [cholāße]

Zusammenhang *m* ارتباط [ertebāt], ربط
[rabt]

zusammenhängen *v* به هم تعلق داشتن
[be-ham ta'alogh dāschtan], ارتباط داشتن
[ertebāt dāschtan], مربوط بودن [marbut
budan], ربط داشتن [rabt dāschtan]

zusammensetzen *v* (sich) گرد هم آمدن
[gerd.e ham āmadan], درهم جمع شدن
[dour.e ham djam' schodan], (aus
Bestandteilen) تشکیل شدن [taschkil schodan]

Zusammenstoß *m* برخورد [bar-chord],
(Auto usw.) تصادف [taßādof]

zusammenstoßen *v* برخورد کردن
[bar-chord kardan], (Auto usw.)
تصادف کردن [taßādof kardan]

zusammentreffen *v* برخورد کردن
[bar-chord kardan]

zusammenzucken *v* یکه خوردن [yekke
chordan]

zusätzlich *adj* اضافی [ezāfi], اضافه بر این
[ezāfe bar in]

Zuschauer *m* تماشاچی [tamaschātschi]

Zuschlag *m* اضافه بها [ezāfe-bahā]

zuspielen *v* پاس دادن [pāß dādan]

Zustand *m* حال [hāl], حالت [hālat], وضع
[waz']

zuständig *adj* مسؤل [maß'ul]

zustellen *v* (Post) تحویل دادن [tahwil
dādan]

zustimmen *v* موافقت کردن [mowāfeghat
kardan], موافق بودن [mowāfegh budan],
رضایت دادن [rezāyat dādan]

Zustimmung *w* موافقت [mowāfeghat],
رضایت [rezāyat]

zuteilen *v* تقسیم کردن [taghßim kardan]

Zutritt *m* (ی)ورود [worud(i)], (~ verboten!)
ورود ممنوع! [worud mamnu']

zuverlässig *adj* مطمئن [motma'en]

zuziehen *v* (Vorhang) کنار زدن [kenār
zadan], کنار کشیدن [kenār keschidan]

Zwang *m* اجبار [edjbār], زور [zur]

zwanghaft *adj* اجباری [edjbāri],
زورکی [zuraki], *adv* اجباراً [edjbāran]

zwanzig *num* بیست [bißt]

zwar *adv* اگر چه [agar tsche], گرچه [gar
tsche]

Zweck *m* فایده [fāyede], مقصود [maghßud]

zwecklos *adj* بی فایده [bi-fāyede], بیهوده
[bi-hude]

zweckmäßig *adj* مناسب [monāßeb],
مفید [mofid], (ugs.) بدردبخور [be dard
bo-chor]

zwecks *prep* به قصد [be ghaßd.e],
به نیت [be niyat.e], به منظور [be manzur.e]

zwei *num* دو [do]

Zweifel *m* شک [schak], تردید [tardid]

zweifelhaft *adj* مشکوک [maschkuk]

zweifellos *adj* بدون شک [bedun.e
schak], بی تردید [bi-tardid]

zweifeln *v* به شک افتادن [be schak
oftādan], شک داشتن [schak dāschtan],
مشکوک بودن [maschkuk budan]

Zweig *m* (Baum) شاخه [schāche], (~stelle)
شعبه [scho'be]

zweihundert *num* دویست [dewißt]

zweisprachig *adj* دو زبانه [do-zabāne]

zweiter *adj num* دومین [dowwomin]

zweitens *adv num* ثانیاً [ßānian], دوماً
[dowwoman]

Zwerg *m* کوتوله [kutule]

Zwetschge *w* آلوچه [ālutsche], گوجه
[goudje]

zwicken *v* نیشگون گرفتن [nischgun
gereftan]

Zwieback *m* نان سوخاری [nān-ßuchāri]

Zwiebel *w* پیاز [piyāz]

Zwietracht *w* کشمکش
[kesch-ma-kesch], مرافعه [morāfa'e]

Zwilling *m* دوقلو [do-gholu]

zwingen *v* مجبور کردن [madjbur kardan],
وادار کردن [wā-dār kardan], زورآوردن
[zur āwardan]

zwinkern *v* چشمک زدن [tscheschmak
zadan]

Zwirn *m* نخ [nach]

zwischen *prep* بین [beyn], میان [miyān]

zwischenzeitlich *adv* دراین فاصله [dar in fāßele], در این میان [dar in miyān], در این بین [dar in beyn]

Zwist *m* دعوا [da'wā], نزاع [nezā']

zwitschern *v* چهچه زدن [tschah-tschahe zadan], جیک جیک کردن [djik-djik kardan]

Zwischenlandung *w* توقف [tawaghghof]

zwölf *num* دوازده [dawāzdah]

Zylinder *m* سیلندر [ßilandr]

zynisch *adj* تمسخرآمیز [tamaßchor-āmiz], اهانت آمیز [ehānat-āmiz]

Zypresse *w* سرو [ßarw]

Das komplette Programm zum Reisen und Entdecken
von REISE KNOW-HOW

- **Reiseführer** – alle praktischen Reisetipps von kompetenten Landeskennern
- **CityTrip** – kompakte Informationen für Städtekurztrips
- **CityTrip**[PLUS] – umfangreiche Informationen für ausgedehnte Städtetouren
- **InselTrip** – kompakte Informationen für den Kurztrip auf beliebte Urlaubsinseln
- **Wohnmobil-Tourguides** – alle praktischen Reisetipps für Wohnmobil-Reisende
- **Wanderführer** – exakte Tourenbeschreibungen mit Karten und Anforderungsprofilen
- **KulturSchock** – Orientierungshilfe im Reisealltag
- **Die Fremdenversteher** – kulturelle Unterschiede humorvoll auf den Punkt gebracht
- **Kauderwelsch Sprachführer** – vermitteln schnell und einfach die Landessprache
- **Kauderwelsch plus** – Sprachführer mit umfangreichem Wörterbuch
- **world mapping project**[TM] – aktuelle Landkarten, wasserfest und unzerreißbar
- **Edition REISE KNOW-HOW** – Geschichten, Reportagen und Abenteuerberichte

Reisen? We know how!